WICHTIGE MASSE UND GEWICHTE

1/8 l (Liter) = 8 El (Eßlöffel) = 1 Tasse
1/10 l = 6 El
1/16 l = 4 El

El = Eßlöffel
Tl = Teelöffel

1 El = 3 Tl

1 El (Eßlöffel)	Butter, Fett	= 15 g
1 El	Grieß	= 12 g
1 El	Mehl	= 10 g–12 g
1 El	Reis	= 10 g
1 El	Semmelbrösel	= 10 g
1 El	Stärkemehl	= 10 g
1 El	Grießzucker	= 12 g–15 g
1 El	Puderzucker	= 10 g

VERSCHIEDENE NAMEN FÜR EIN UND DASSELBE

Aprikosen – Marillen
Berliner Pfannkuchen – (Faschings-)Krapfen
Blaukraut – Rotkraut – Rotkohl
Blumenkohl – Karfiol
Eigelb – Eidotter
Einbrenne – Mehlschwitze – Einmach
Eisbein – Surhaxe
Eiweiß – Eiklar
Frikadellen – Fleischpflanzl – Bouletten
Grapefruit – Pampelmuse
Grüne Bohnen – Fisolen
Hörnchen – Kipferl
Johannisbeeren – Ribisel
Kalbsmilch – Kalbsbries
Kastanien – Maroni
Klöße – Knödel
Kohlrabi – Kohlrüben
Kohl – Kraut
Koteletten – Rippchen – Karbonaden
Lauch – Porree
Meerrettich – Kren
Mohrrüben – Möhren – Gelbe Rüben – Karotten
Napfkuchen – Gugelhupf
Nockerl – Kleine längliche Klößchen
Orangen – Apfelsinen
Pfannkuchen – Eierkuchen – Palatschinken
Quark – Weißkäse – Topfen
Rosenkohl – Kohlsprossen
Rote Rüben – Rote Beete
Sahne – Rahm
Sauerkraut – Sauerkohl
Schlagsahne – Schlagobers – Schlagrahm
Schweinebauch – Wammerl
Semmelbrösel – Weckmehl – Mutschelmehl
Semmeln – Brötchen
Senf – Mostrich
Vorteig – Dämpfl – Hefestück
Wirsing – Kohl

Ulrike Hornberg

Knaurs Großes Kochbuch

Ulrike Hornberg

Knaurs Großes Kochbuch

mit 1700 Rezepten,
32 Farbtafeln
und 140 farbigen Zeichnungen

Geleitwort von
Johannes Mario Simmel

Droemer Knaur

Gesamtauflage 165 000

Schmuckzeichnungen: Anneliese Baron
Sachzeichnungen: Gerlind Bruhn
Schutzumschlag- und Farbfotos: Studio Teubner, Füssen
Satz und Druck: DVG Darmstadt
Aufbindung: Großbuchbinderei Klotz, Augsburg
Printed in Germany · 9 · 3 · 81
ISBN 3-85886-002-6

Inhaltsverzeichnis

Alle Rezepte sind für 4 Personen berechnet, wenn nichts anderes angegeben ist.

Zum Geleit

»Es muß nicht immer Kaviar sein« – das schrieb ich vor etlichen Jahren. Es war ein Buchtitel und ein Glaubensbekenntnis. Wer von Ihnen, schöne und charmante Leserin, geistreicher und kritischer Leser, sich auch nur ein paar Seiten tief in »Knaurs Großes Kochbuch« hinein »gefressen« hat, der wird meiner Behauptung wahrlich zustimmen und von einem Rezept zum anderen die Augen (und den Magen) weiter und weiter aufsperren angesichts eines Schlaraffenlandes von allein rund neunzig Suppen, zweihundert Fleischgerichten, hundert Saucen und so weiter und so fort – alles in allem siebzehnhundert Rezepte! Wer immer, wie weiland Christophorus Columbus, sich daranmachen will, eine, und sei's denn ihm gänzlich neue, fremde Welt zu entdecken, kann das mit diesem Buch zur Seite getrost wagen. Bei Herrn Columbus war es übrigens nur ein neuer Erdteil (und ein gekochtes Ei). Hier aber ist es tatsächlich die ganze Welt! Denn die Autorin hat etwas Fabelhaftes geschaffen: Zunächst einmal sammelte sie die schönsten (und abwechslungsreichsten und kalorienbedachtesten) Rezepte der Küche Mitteleuropas. Diese ist, wie im Zeitalter der Ferienreisen jeder weiß, von Landschaft zu Landschaft verschieden. Alle Gegenden hat die Verfasserin erforscht, auch ihre eigene, die österreichische. Dazu aber bringt sie Ihnen im wahrsten Sinne des Wortes noch den Duft der großen weiten Welt in die Küche: Sie können nach diesem Buch französisch, italienisch, wie auf dem Balkan, oder, wenn Sie wollen, köstlich exotisch kochen.
Als alter Schlemmer habe ich mir beim bloßen Lesen der Rezepte die dazugehörenden Speisen im Geiste auf der Zunge zergehen lassen. Ich bin hingerissen! Und kann nur mit größtem Behagen bestätigen: Ob Sie bescheiden oder opulent essen wollen, natürlich-kräftig oder extravagant, preisgünstig oder (auch einmal!) wie Onassis – es wird nichts geben, das Sie auf den fünfhundert Seiten dieses Buches nicht finden werden. Und darum erlaube ich mir, der verehrten Verfasserin meine Reverenz zu erweisen, indem ich das erwähnte Glaubensbekenntnis von einst solcherart erweitere: Nein, Kaviar bestimmt nicht, aber »Knaurs Großes Kochbuch« muß es immer sein!

Ganz einfach – gewußt wie

KLEINER WEGWEISER DURCH DIE KÜCHENSPRACHE

abhäuten	Mit einem langen Messer die dünne Haut von Fleisch oder Leber ablösen oder die Schale von Früchten wie Aprikosen und Pfirsichen entfernen, nachdem man sie kurz in siedendes Wasser getaucht und abgeschreckt hat.
ablöschen	Zu einer Einbrenne, zu angebratenem Fleisch, Zwiebeln oder etwa Gemüse einige Löffel warme Flüssigkeit geben.
abschäumen	Den beim Kochen entstandenen Schaum vorsichtig abschöpfen.
abschlagen	Hefeteig kräftig mit einem großen Kochlöffel oder der Hand schlagen.
abschmecken	Die Speisen nach persönlichem Geschmack fertig würzen.
abschrecken	Gekochte Speisen kurz mit kaltem oder lauwarmem Wasser überbrausen.
anbraten	Fleischstücke bei starker Hitze rasch von allen Seiten bräunen; dabei schließen sich die Poren sofort, und der Saft bleibt erhalten.
andünsten	Gemüse oder Zwiebeln in Fett erhitzen, ohne sie dabei zu bräunen.
anrösten	Gemüse oder Zwiebeln in heißem Fett bräunen.
anschwitzen	leicht andünsten.

aufgießen	Zu Gebratenem, Angedünstetem oder Angeröstetem eine bestimmte Menge Flüssigkeit geben.
ausbacken	Garen von Nahrungsmitteln in heißem Fett – in der Pfanne oder schwimmend in einem hohen Topf oder der Frîteuse.
backen	Garen von Speisen bei trockener Hitze oder in Fett in einer Pfanne.
binden	Andicken beziehungsweise Sämigmachen einer Flüssigkeit durch ein beliebiges Bindemittel wie Mehl, Stärkemehl, Eigelb, Sahne.
blanchieren	Nahrungsmittel mit kochendem Wasser überbrühen, eventuell 1–2 Minuten ziehen lassen und dann kalt überbrausen.
braten	Garen von Fleisch, Fisch oder Geflügel in heißem Fett, und zwar in der Bratpfanne oder im Rohr.
dämpfen	Garen von Nahrungsmitteln in Dampf – in einem Spezialtopf mit entsprechendem Einsatz oder in einer gut verschlossenen Kasserolle.
dressieren	Geflügel vor dem Braten durch Festbinden von Flügeln oder Keulen in die gewünschte Form bringen.
dünsten	Schonendes Garen von Nahrungsmitteln in eigenem Saft oder unter Zusatz von etwas Flüssigkeit bei geschlossenem Topf.
entbeinen	Fleisch, in erster Linie Geflügel, von den Knochen befreien.
entfetten	Bei sehr fetten Gerichten (Suppen, Saucen) das an der Oberfläche schwimmende Fett vorsichtig abschöpfen, am besten nach dem Abkühlen.
gratinieren	Kurzes Überbacken der mit einer Bechamelsauce überzogenen oder mit Käse bestreuten Speisen bei starker Oberhitze. Gratinierte Speisen werden auf der internationalen Speisekarte »au gratin« genannt.
karamelisieren	Zucker leicht bräunen – eventuell unter Zusatz von etwas Butter.
klären	Fleischbrühe oder Sülze durch Kochen mit Eiweiß und nachheriges Abseihen klar machen.
legieren	Binden einer Suppe oder Sauce mit Eigelb, das meist mit einigen Löffeln Sahne oder Milch verquirlt wird. Wichtig: Die Flüssigkeit darf dabei nicht kochen.
marinieren	Fleisch- oder Fischstücke in eine gewürzte, leicht säuerliche Flüssigkeit (= Marinade) legen und zugedeckt mehrere Stunden darin ruhen lassen.
Mehlbutter	Zum Dicken von Suppen, Saucen und Gemüse wird eine gleich große Menge Butter und Mehl verknetet und in kleinen Stückchen eingerührt.
panieren	Fleisch, Fisch, Pilze oder Gemüsescheiben zunächst in Mehl, dann in mit etwas Wasser und Salz verquirltem Ei und zuletzt in Semmelbrösel (Paniermehl) wenden.
passieren	Speisen durch ein feines Sieb streichen.

rösten	Speisen in heißem Fett in der Pfanne bräunen.
schmoren	Die angebratenen Speisen mit etwas Flüssigkeit aufgießen und bei schwacher Hitze im geschlossenen Topf garen.
seihen, durchseihen	Suppen oder Saucen durch ein Sieb gießen.
spicken	Mageres Fleisch (Geflügel, Wild) mit dünnen Speckstreifen durchziehen – am besten mit einer »Spickgabel«.
stauben	Angedünstete oder angeröstete Speisen mit Mehl bestreuen und gut verrühren.
Suppengrün	1 kleine Mohrrübe, ½ Petersilienwurzel, 1 Scheibe Sellerie, 1 Lauchstange.
tranchieren	Zerlegen von Geflügel oder Wild.
unterheben	Geschlagenes Eiweiß, geschlagene Sahne oder Mehl vorsichtig, ohne zu rühren, mit einem Teig vermischen.
verbröseln	Butter und Mehl zwischen den Handflächen reiben, bis eine gleichmäßige bröselige Masse entstanden ist.
verlesen	Bei Beeren oder etwa Spinat die schlechten Stücke aussortieren.
Wasserbad	In einen größeren Topf mit kochendem Wasser eine kleine Kasserolle oder eine Schüssel stellen. Die Speisen können so bei schonender Hitze gerührt oder warm gehalten werden.
Wurzelwerk	1 Mohrrübe, 1 Petersilienwurzel, ⅛–¼ Sellerieknolle.

4 DUTZEND TIPS ERLEICHTERN DIE KÜCHENARBEIT

Alu-Folie	ist ein idealer Helfer in der Küche: Gerichte können darin gekocht oder gebraten, Reste aufgewärmt werden. Sie eignet sich zum luftdichten Verschließen von Töpfen und Schüsseln oder zum Aufbewahren von Fleisch- oder Wurstresten.
Backbleche – Kuchenformen	zum Reinigen noch warm mit Papier abreiben; bei sehr verschmutzten Blechen Salz zur Hilfe nehmen.
Beeren	für Kuchen vorher in Mehl oder Zucker rollen; sie sinken dann nicht so leicht ein.
Blumenkohl	verfärbt sich während des Kochens nicht, wenn Sie beim Kochen 1 Tasse Milch oder ½ Zitrone in das Wasser geben. Geruchsvermindernd wirkt eine rohe Kartoffel.
Bratenreste	können ohne Schaden aufgewärmt werden, wenn man sie mit einem kleinen Stückchen Butter in Alu-Folie packt und in das schwach erhitzte Rohr stellt.
Bratensaucen	die zu hell geraten sind, können mit etwas Pulverkaffee gefärbt werden.

Butter die Sie nicht rechtzeitig aus dem Kühlschrank genommen haben, läßt sich leichter rühren, wenn Sie die Rührschüssel mit heißem Wasser ausspülen.
Das Abtrocknen nicht vergessen!

Champignons bleiben weiß, wenn sie sofort nach dem Schneiden mit Zitronensaft beträufelt werden.

Champignonscheiben Sie werden schnell und gleichmäßig mit einem Eierschneider geschnitten.

Eier sollen einzeln in eine Tasse geschlagen und erst dann in die Rührschüssel gegeben werden; schlechte Eier lassen sich so leicht aussondern.

Eigelb das zum Bestreichen von Backwerk verwendet wird, kann mit etwas Honig ($\frac{1}{2}$ Tl auf 1 Eigelb) vermischt werden: das Gebäck erhält eine besonders schöne goldbraune Farbe.

Eigelb aufbewahren Eigelb kann leicht aufbewahrt werden, wenn man über das noch nicht zerronnene Eigelb etwas Öl oder Wasser gießt. Vor Gebrauch wieder entfernen.

Eischnee läßt sich durch Zugabe von einem Tropfen Wasser oder einer Prise Salz schneller schlagen. Mit einem Löffel eiskaltem Wasser geschlagen wird der Schnee schaumiger, ist aber nicht sehr lange haltbar. Mit einigen Tropfen Zitronensaft wird er fester und ist auch länger haltbar.

Einbrenne gelingt immer, wenn Sie folgende Regel beachten: das Mehl sorgfältig anrösten, mit etwas kaltem Wasser ablöschen und dann unter ständigem Schlagen mit einem Schneebesen die restliche Flüssigkeit zugeben.

Eiswürfel lassen sich leicht zerkleinern, wenn Sie sie in ein Geschirrtuch packen und dann mit dem Fleischklopfer darauf schlagen.

Fleisch sofort nach dem Einkaufen aus dem Papier nehmen und auf einem Teller oder in einem Stück Alu-Folie aufbewahren.

Gewürze oder Kräuter die Sie nach dem Kochen wieder entfernen wollen, werden am besten in ein Stückchen Mull gebunden (oder in ein Tee-Ei gegeben).

Glutamat ist ein geschmackloses, weißliches Pulver; es intensiviert den Eigengeschmack eines Gerichtes. Verwenden Sie 1 Messerspitze bis $\frac{1}{2}$ Tl.

Käse läßt sich mühelos reiben, wenn Sie die Raspel vorher leicht mit Öl bestreichen.

Käsekruste Beim Gratinieren erhalten Sie eine besonders schöne braune Kruste, wenn Sie den Käse mit Semmelbrösel (ein Teil Semmelbrösel auf 4 Teile Käse) mischen.

Knoblauchzehen die nur kurze Zeit mitgekocht werden sollen, lassen sich leicht entfernen, wenn man sie vorher auf Zahnstocher spießt.

Kohlgeruch in der Küche ist lästig; Sie verhindern ihn, wenn Sie eine Scheibe Brot mitkochen; vor dem Auftragen wieder herausnehmen. Tiefgefrorener Kohl riecht beim Kochen nicht.

Konservendosen	eignen sich geöffnet nicht mehr zum Aufbewahren. Reste können bis zum nächsten Tag zugedeckt in einer Porzellan-, Glas- oder Plastikschüssel aufgehoben werden.
Kuchen	soll vor dem Stürzen etwa 10 Minuten in der Form ruhen; auf dem Blech gebackene sollen dagegen sofort auf ein Gitter gelegt werden.
Kunststoffbeschichtete Formen und Bleche	Backformen und Tortenbleche ersparen viel Arbeit – das Fetten erübrigt sich, das Reinigen geht mühelos und schnell vonstatten.
Mandeln	lassen sich gut schälen, wenn sie 1 Minute mit kochendem Wasser überbrüht worden sind.
Mandeln gehackt	Auf einem mit Zucker bestreuten Brett lassen sie sich wesentlich leichter hacken.
Mehl	zum Bestreuen von Fleischstücken füllen Sie am besten in einen Zuckerstreuer.
Milch	kocht nicht über, wenn Sie den Topfrand mit etwas Butter bestreichen.
Petersilie	die bereits welk geworden ist, wird wieder frisch, wenn Sie sie ganz kurz mit kochendem Wasser übergießen; sofort kräftig ausschütteln.
Rosinen	sinken nicht so tief in den Kuchenteig ein, wenn sie vorher in Mehl gewälzt werden.
Sahne	immer nur sehr kalt schlagen und wenig zuckern. Soll sie längere Zeit geschlagen aufbewahrt werden, kann man sie mit etwas gelöster Gelatine (½ Tl auf ¼ l) steif halten.
Schlagsahne	Wenn sich durch längeres Stehen etwas Flüssigkeit abgesetzt hat, kann Schlagsahne – sofern sie nicht gezuckert ist – nochmals nachgeschlagen werden.
Schneidbrettchen	sollten Sie mehrere in der Küche haben. Verwenden Sie für Zwiebel und Knoblauch immer dasselbe Brettchen. Holzbrettchen sollten vor der Verwendung kalt gespült werden, damit Saft nicht ins Holz dringt.
Schokolade	läßt sich gut auf einem Stück Alu-Folie schmelzen. Sie sparen Geschirr!
Speck	läßt sich am leichtesten in dünne Scheiben oder Streifen schneiden, wenn Sie ihn vorher für kurze Zeit (etwa 1 Stunde) in das Gefrierfach legen.
Speck gebraten	Gegrillt oder gebraten schmeckt Speck oft zu salzig; er wird milder, wenn Sie ihn 2–3 Minuten in Wasser kochen.
Speckscheiben	werden beim Braten besonders knusprig, wenn Sie sie vorher kurz in Milch und dann in Mehl tauchen.
Teigplatten	lassen sich leicht vom Brett auf das Backblech geben, wenn Sie sie locker über die Teigrolle legen.
Tiefkühlen	erspart Zeit! Kochen Sie von Eintöpfen, Ragout oder auch Gemüse gleich die doppelte oder dreifache Menge und frieren Sie den Rest für den späteren Gebrauch ein.
Tiefkühlware	darf nur in einem Tiefkühlfach (Temperatur –18 °) aufbewahrt werden. Im Eiswürfelfach hält sie sich gut eingepackt bis zum nächsten Tag.

Töpfe	lassen sich besonders gut verschließen, wenn man zwischen Topf und Deckel Alu-Folie (oder ein feuchtes Tuch) gibt.
Tomaten	lassen sich sehr leicht schälen, wenn sie kurz in kochendes Wasser getaucht werden.
Tomatenmark	das übrig geblieben ist, bleibt frisch, wenn man es in ein kleines Glas füllt und 1 El Öl darauf gießt.
Zitronen	geben mehr Saft, wenn Sie sie 1 Minute in kochendes Wasser legen.
Zitronenhälften	bleiben länger frisch, wenn man sie mit der Schnittfläche auf eine mit Essig befeuchtete Untertasse legt.
Zwiebelhälften	halten sich länger frisch, wenn die Schnittfläche mit Öl oder Margarine bestrichen wird.
Zwiebelgeruch	verschwindet am schnellsten, wenn man Messer, Brett und Hände sofort mit kaltem Wasser abwäscht.

DAS MUSS MAN GANZ SCHNELL WISSEN

Versalzene	Speisen kann man oft durch Strecken mit Sahne oder Joghurt retten. Ist das nicht möglich, so hilft eine ganze geschälte Kartoffel, die wir etwa 15 Minuten mitkochen lassen. Die gleichen Dienste leistet 1–2 El gewaschener Reis (am besten im Mullsäckchen mitkochen).
Angebrannte	Speisen nie umrühren! Geben Sie sie sofort mit einem Löffel in einen anderen Topf und achten Sie dabei darauf, daß alle angebrannten Stellen zurückbleiben! Das Gericht schmeckt dann meist noch tadellos. Den Topf reinigen Sie leicht, wenn Sie (nötigenfalls mehrmals) Wasser mit etwas Waschpulver darin aufkochen.
Angebrannte	Kartoffeln können Sie retten, wenn Sie sie 1–2mal mit frischem Wasser aufstellen; es muß nach dem Aufkochen sofort abgegossen werden. Dann wie gewohnt fertig kochen.
Verbrannte	Kuchen oder Torten an den verbrannten Stellen mit einem Reibeisen abreiben und dann mit Zucker bestreuen (oder glasieren).
Zu dünn	geratene Suppen oder Saucen lassen sich schnell mit 1 El in kaltem Wasser angerührtem Stärkemehl andicken. Auch 1–2 Tl Mehlbutter hilft.
Zu dick	geratene Suppen oder Saucen lassen sich mit etwas heißem Wasser, Würfelbrühe oder mit einem Schuß Wein verdünnen.
Übergelaufene	Milch riecht nicht, wenn man die Kochstelle sofort mit einem in Essig getränkten Tuch sauber abwischt.
Geronnene	Buttercreme wird durch gleichmäßiges Rühren im Wasserbad wieder glatt. Bis zum Erkalten weiterrühren!

WIE WIR WÜRZEN

Gut und exotisch gewürzte Speisen erfreuen sich wachsender Beliebtheit. Gewürze machen unsere Nahrung schmackhafter, abwechslungsreicher und bekömmlicher. Heute werden für den Gewürzhandel keine Flotten mehr ausgerüstet und auch keine abenteuerlichen Karawanen organisiert. Das Angebot ist reichhaltig und gut würzen ist wieder »in«. Keine moderne Küche kann mehr ohne einen Vorrat von allerlei Gewürzen auskommen.

Fast so wichtig wie die Auswahl ist die Lagerung des Gewürzvorrates. Die Papiertüten, in denen die Gewürze feilgeboten werden, eignen sich dazu nicht – ebensowenig die kleinen Gewürzladen. Sie sind zwar meist sehr attraktiv, aber oft undicht, so daß sich das eine Aroma mit dem anderen vermischt und die Gewürze sich nicht mehr genau unterscheiden.

Gewürze gehören in gut schließende, dunkle Gläser, in denen sie vor Licht geschützt sind und ihr Aroma behalten.

Besondere Aufmerksamkeit sollten wir den Gewürzkräutern schenken. Frische Kräuter schmecken am besten und sind zudem sehr gesund. Aber auch getrocknete Kräuter werden in ausgezeichneter Qualität angeboten; sie haben die zwei- bis vierfache Würzkraft der frischen Gewürzkräuter.

Die Regeln über die Verwendung von Gewürzen haben oft eine lange Tradition (Paprika an Gulasch, Majoran an Hackbraten . . .). Versuchen Sie auch persönliche Gewürzvarianten und eigene Kombinationen; Ihre Küche wird dadurch abwechslungsreicher! Dabei müssen Sie allerdings einige Grundregeln beachten:

1. Würzen Sie sparsam! Gewürze sollen ein Gericht verfeinern, ohne den Eigengeschmack zu übertönen. Es gibt nur wenige Gerichte, bei denen ein Gewürz besonders intensiv sein darf!

2. Dosieren Sie vorsichtig! Nachwürzen können Sie immer noch. In den Rezepten werden die Gewürzmengen in »Prise« (so viel, wie gerade zwischen zwei Fingerspitzen paßt), Messerspitze und Teelöffel angegeben.

3. Denken Sie daran: nicht alle Gewürze ergänzen einander; viele töten sich!

4. Gewürze (Pfefferkörner, Gewürzkörner, Gewürznelken . . .) entfalten unzerteilt ihr Aroma nur beim Mitkochen voll; in Pulverform kommen sie – mit wenigen Ausnahmen (Paprika, Curry) – erst in das fertige Gericht.

5. Frische Kräuter werden auf einem nassen Brett (damit der Saft nicht vom trockenen Holz aufgesaugt wird) fein gehackt und im letzten Moment unter die fertigen Speisen gemischt; getrocknete Kräuter brauchen dagegen Zeit, um ihr Aroma zu entfalten, sie müssen einige Minuten mitkochen oder – bei Salatmarinaden – ziehen.

Eines sollte man beim Würzen bedenken: Grundgewürze sind nicht die von weither importierten, sondern die, die wir täglich in der Küche benutzen (wie Salz, Zucker, Zwiebel) oder im Haushalt vorrätig haben. Diesen einfachen Gewürzen müssen wir unsere besondere Aufmerksamkeit schenken.

Von Alkohol bis Zwiebel

Alkohol wird häufig zum Würzen verwendet. Viele Saucen und Gerichte lassen sich mit einigen wenigen Tropfen Cognac, Madeira oder Sherry auf angenehme Art verfeinern. Frisches Geflügel und Kalbfleisch kann man in Weißwein garen, für Wild und dunkles Fleisch eignet sich ein kräftiger Rotwein besser.

Essig ist für die Zubereitung von Salaten fast unentbehrlich. Verwenden Sie nicht das aus Essigessenzen erzeugte künstliche Produkt! Nur der durch Gärung gewonnene Essig hat neben der Schärfe auch das feine Aroma. Und auch hier ist Essig nicht gleich Essig! Wir unterscheiden zwischen dem leichteren Weißweinessig und dem volleren Rotweinessig. Sie können ganz nach Geschmack wählen.
Daneben gibt es noch die verschiedenen Kräuteressigsorten; am bekanntesten und beliebtesten ist der »Estragon-Essig«.

Käse ist als Gewürz vor allem in der italienischen Küche beliebt. 1 Tl geriebener Parmesan macht jede Suppe und viele Saucen sehr schmackhaft. Neben Parmesan gibt es andere ausgesprochene Würzkäse, die alle recht pikant sind.

Pilze gehören unbedingt in einige der besten Saucen. Viele Gerichte erhalten durch die Beigabe von Champignons, Steinpilzen, Morcheln oder gar Trüffeln ihren besonderen Geschmack.

Salz ist ganz gewiß das am meisten verwendete »Gewürz«. Eine salzlos zubereitete Speise ist für unseren Gaumen nicht angenehm. Salz hebt den Eigengeschmack aller Speisen, und zwar nicht nur bei »salzigen Gerichten«, sondern auch bei Mehlspeisen und Backwaren.

Saure Sahne verleiht den Gerichten einen pikanten, leicht säuerlichen Geschmack. Sie eignet sich vor allem zum Würzen von Salaten und Saucen, von Gemüsen und Fleischgerichten. Bei warmen Speisen darf sie erst gegen Ende der Kochzeit beigegeben werden, da sie sonst gerinnt; das beeinträchtigt zwar nicht den Geschmack, aber das Aussehen.

Senf gehört wohl zu den bekanntesten Gewürzen. Er macht nicht nur eine Wurst schmackhafter, sondern eignet sich auch bestens, wenn man einer Mayonnaise oder einer von Haus aus etwas »faden« Sauce eine pikante Note geben will. Die zahlreichen Senfsorten von scharf bis süß bieten viele Variationsmöglichkeiten.

Zitronen werden häufig zum Würzen verwendet. Fast alle Backwaren lassen sich mit etwas geriebener Zitronenschale verfeinern. Feine Saucen und Salate gewinnen durch einige Tropfen Zitronensaft. Ein Stück Zitronenschale gibt man in Aperitifs. Bei Verwendung der Zitronenschale aber unbedingt darauf achten, daß die Zitronen nicht mit gefährlichen Konservierungsmitteln behandelt sind!

Zucker gehört neben dem Salz zu den Hauptgewürzen. Eine Prise Zucker (aber wirklich nicht mehr!) zu einer pikanten Sauce, einem Salat, einem Gemüse oder einer Fleischspeise gegeben, dient der Abrundung des Geschmacks.

Zwiebeln

sind aus unserer Küche nicht wegzudenken. Wir würzen Suppen, Saucen, Gemüse, Salate, Fisch, Fleisch und Geflügel damit, und alle diese Gerichte profitieren von ihrem eigenwilligen, herzhaften Geschmack und Aroma.

Vor der Verwendung muß die Zwiebel geschält werden. Danach wird sie je nach Vorschrift gehackt, in Streifen oder in Ringe geschnitten. Diese Zubereitung geht meist nicht ohne Tränen vor sich. Versuchen Sie einmal, stets einige Zwiebeln im Kühlschrank aufzubewahren, Ihre Augen werden beim Schneiden der kalten Zwiebeln nicht so sehr gereizt. Auch ein Stück trockenes Brot, während des Schneidens zwischen die Zähne genommen, ist eine kleine Hilfe.

Das Hacken der Zwiebel läßt sich mit einer Zwiebelhackmaschine oder einem Zwiebelschneider schnell und mühelos bewerkstelligen. – Um eine Zwiebel in Ringe zu schneiden, werden zunächst 1–3 mm dicke Scheiben geschnitten, durch leichtes Drücken entstehen dann die Ringe. – Für Zwiebelstreifen muß die geschälte Zwiebel zunächst der Länge nach halbiert und dann quer in dünne Scheiben geschnitten werden, die beim Rösten sofort in Streifen zerfallen. – Wer nicht will, daß man die Zwiebelstücke in der Speise noch spürt, der beachte folgenden Ratschlag: Nach dem Schneiden salzt man die Zwiebel noch auf dem Brett, läßt sie einen Augenblick ziehen und gibt sie erst dann in die Pfanne. Die Stücke zerkochen so völlig und übrig bleibt nur das gewünschte Aroma. – Wer nur einen Hauch von Zwiebelaroma will, der preßt am besten eine halbe Zwiebel aus und gibt nur den Saft in die Sauce.

Die feineren Verwandten der Zwiebel sind die Schalotten. Sie sind wesentlich kleiner, eiförmig, mit einer bräunlichen Haut und einem oft violetten Fleisch. Ihr Geschmack ist zarter als der der Zwiebel, sie eignet sich daher besonders gut für feine Saucen und Salate.

Und nun kommen wir zu den Gewürzen, die Bestandteil der Hohen Schule des Kochens sind. Die folgende Aufstellung soll Ihnen die Auswahl für jedes Gericht erleichtern.

Von Anis bis Zitronenmelisse

Anis

hat einen unverwechselbaren Geruch und Geschmack. Er kann im ganzen, gehackt oder gemahlen verwendet werden. Anis wird zum Würzen von Backwaren gebraucht. Kleinste Mengen verleihen einem Gericht aus Rind- oder Schweinefleisch eine exotische Note.

Basilikum
= Königskraut

hat einen besonders würzigen Geschmack. Es wird frisch oder getrocknet verwendet und dient zum Würzen von Suppen, Saucen und Salaten. Fleischspeisen, Eintopfgerichten und Eierspeisen verleiht es eine »italienische« Note.

Beifuß

ist ein leicht bitter schmeckendes Würzkraut. Er neutralisiert fette Speisen und wird daher gerne bei Gänse- und Entenbraten verwendet. Besonders schmackhaft: Gänsefett, dem beim Auslassen etwas Beifuß beigegeben wird.

Bohnenkraut = Pfefferkraut	hat einen leicht scharfen, an Pfeffer erinnernden Geschmack. Es kann frisch oder getrocknet verwendet werden. Bohnenkraut ist das klassische Bohnengewürz, verleiht aber auch Gurkensalat, Brechbohnensalat und Kohlgerichten einen pikanten Geschmack. Besonders pikant: etwas frisch gehacktes Bohnenkraut kurz vor dem Auftragen über ein Pilzgericht, über Kalbskoteletts oder über Lammkoteletts gestreut.
Borretsch = Gurkenkraut	Vom Gurkenkraut werden nur die zarten grünen Blätter frisch gehackt verwendet. Sie haben einen etwas an Zwiebel erinnernden Geschmack und passen besonders gut zu Gurkensalat, zu Blattsalaten und zu Gemüsesuppen. Die eßbaren blauen Borretschblüten eignen sich sehr gut zum Garnieren von Gerichten.
Cayennepfeffer	ist ein äußerst scharfes Gewürz, das aus den kleinen südamerikanischen Verwandten der Paprikaschoten, den Cayenneschoten oder Chillies, gewonnen wird. Cayennepfeffer darf nur in kleinsten Dosen verwendet werden und ist für Fleischgerichte, für Saucen und für Gemüsegerichte besonders geeignet.
Chilipulver	ist eine Gewürzmischung, die hauptsächlich aus Cayennepfeffer besteht. Beigefügt werden meist: Knoblauch, Oregano, Koriander, Chilipulver paßt gut zu allen Fleisch- und Geflügelgerichten. Es verleiht ihnen exotischen Geschmack. Unentbehrlich ist es für das nach ihm benannte mexikanische Nationalgericht Chili con carne.
Curry	ein gelb-bräunliches Pulver, besteht aus einer Mischung von 10–15 Gewürzen (unter anderem Pfeffer, Ingwer, Kurkuma, Kümmel, Koriander, Kardamom, Nelken, Zimt . . .). Es hat einen unverwechselbaren würzigen, leicht scharfen Geschmack und verleiht den Speisen charakteristischen »Currygeschmack«. Curry eignet sich besonders gut für Fleisch-, Fisch- und Geflügelgerichte, für Eierspeisen, für Saucen und für Suppen; außerdem ist er das Reisgewürz. Bei der Verwendung sollten Sie aber beachten: Das Pulver muß zunächst leicht in Fett angedünstet (notfalls in einer Flüssigkeit angerührt) werden, um sein Aroma voll zu entfalten.
Dill	wird frisch und getrocknet angeboten. Das würzig schmeckende frische Kraut paßt besonders gut zu Fischgerichten, zu Krustentieren und zu Salaten (Gurkensalat). Auch Gerichte aus hellem Fleisch und Saucen schmecken mit Dillkraut ausgezeichnet. Achten Sie bei der Verwendung darauf: Dillkraut schmeckt frisch anders als gekocht.
Estragon	hat einen pikant herben Geschmack. Er wird frisch (gehackt) oder getrocknet (zerrieben) verwendet und paßt zu Suppen, Saucen und Salaten, zu Fleisch- und Geflügelgerichten. Sein Geschmack ist so intensiv, daß Sie ihn – wenn Sie kein ausgesprochenes »Estragon«-Gericht wollen – immer nur sparsam verwenden dürfen.
Ingwer	kommt als geschälter Wurzelstock oder – gemahlen – als weißes Pulver in den Handel. Er schmeckt aromatisch scharf und eignet sich besonders gut zum Würzen von Backwaren; Kompott gibt er eine pikante Würze, Fleischgerichten eine fremdartige Note.

Kapern haben einen herb-würzigen Geschmack; dazu gesellt sich noch der Geschmack des Essigs, in dem sie eingelegt werden. Sie werden fein gehackt zu Fleischgerichten, zu Fischen, zu Saucen und zu Eierspeisen verwendet.

Kardamom kommt ganz (schwarze Samen in weißen Samenkapseln) oder in Pulverform in den Handel. Es hat einen würzigen, leicht scharfen Geschmack und wird hauptsächlich bei der Zubereitung von Backwaren (Pfefferkuchen, Spekulatius) verwendet. Es paßt außerdem gut zu Fleisch- und Geflügelgerichten (Frikassees).
Einem Punsch verleihen 1–2 miterhitzte Kardamomen eine ganz besondere Würze.

Kerbel hat einen herzhaften frischen Geschmack. Die grünen und gehackten Blätter passen gut zu Suppen und Saucen, zu Kräuterbutter und zu Salaten.
Kerbel kann frisch und getrocknet verwendet werden.

Knoblauch gehört zu den umstrittensten Gewürzen. Die einen lieben ihn in großen Mengen, die anderen verschmähen ihn vollkommen. Sparsam verwendet, gibt er Schweinefleisch, Lamm- und Hammelfleisch eine besondere Würze, außerdem paßt er gut zu Salaten, zu Saucen und zu manchen Gemüsen.
Knoblauch als Würze wird am besten frisch verwendet: 1 oder 2 geschälte Zehen werden ausgepreßt oder fein mit Salz zerrieben. Wollen Sie wirklich nur einen »Hauch Knoblauch«, so halbieren Sie die Knoblauchzehe und reiben das Gefäß mit der Schnittfläche aus. Trokkenknoblauch kommt als feines, helles Pulver in den Handel. Er läßt sich sehr genau dosieren und hat den Vorteil, daß die Hände danach nicht nach Knoblauch riechen.

Koriander gehört zu den ältesten Gewürzen, ist aber heute fast ganz in Vergessenheit geraten. Er kommt im ganzen (helle Körner etwa in der Größe von Pfefferkörnern) oder gemahlen in den Handel. Koriander hat einen etwas süßlichen, an Anis erinnernden Geschmack und wird vor allem für Kleingebäck (Lebkuchen) verwendet. Er hat eine verdauungsfördernde Wirkung und eignet sich daher besonders gut zum Würzen von fettem Schweine- und Hammelfleisch.

Kümmel hat einen intensiven Geschmack, der einem Gericht seinen Stempel aufdrückt. Er wird daher nur selten mit anderen Gewürzen verwendet. Kümmel eignet sich für Schweinefleisch und Kohlgerichte (nicht zuletzt wegen seiner magenberuhigenden Wirkung). Außerdem schmeckt er gut in Suppen und Saucen und wird auch bei Quark, Käse und salzigem Gebäck verwendet.

Kurkuma = Gelbwurz zeichnet sich durch die intensive gelbe Farbe und den brennenden Geschmack aus. Es kann überall dort verwendet werden, wo ein Gericht nicht nur gewürzt, sondern auch »gelb gefärbt« werden soll.

Liebstöckel = Maggikraut ist ein aromatisches, duftendes Kraut, das im Geschmack an Suppenwürze erinnert. Es kann für Suppen, Saucen und Gemüse verwendet werden.

Lorbeerblätter

haben einen charakteristischen, leicht strengen Geschmack. Die unzerteilten Blätter werden in Suppen, Saucen, Gemüse und Fischsud mitgekocht. Fein zerrieben kann eine Spur Lorbeer in Hackfleisch oder in ein anderes Fleischgericht gegeben werden.

Majoran

gehört zu den klassischen Gewürzen. Die kleinen grünen Blättchen können frisch und getrocknet verwendet werden und passen vor allem zu Hackfleisch, Lebergerichten, Gänsebraten und zu Kartoffelgerichten.

Minze
= Pfefferminze

ist ein besonders frisch und aromatisch schmeckendes Kraut. Es wird vor allem in England und in den kleinasiatischen Ländern zum Würzen von Fleisch und Saucen verwendet. Es paßt auch gut zu Gemüse und Salaten.

Muskatblüte
= Macisblüte

ist eigentlich keine Blüte, sondern der getrocknete rote Samenmantel der Muskatnuß. Sie wird hauptsächlich bei Backwaren (Lebkuchen ...) verwendet.

Muskatnuß

ist immer dann gemeint, wenn nur von »Muskat« gesprochen wird. Sie hat einen sehr intensiven Geschmack und darf nur in kleinsten Mengen verwendet werden. Am besten reibt man etwas von der sehr harten Nuß direkt in die Speise. Muskatnuß gehört zu gebundenen Suppen, zu Frikassees, zu Ragouts und paßt auch zu Gemüse.

Nelken
= Nägelein

sind seit eh und je ein beliebtes Gewürz, nicht zuletzt wegen ihres Aromas. Die ganzen Nelken werden zum Würzen von Fleisch (das damit »gespickt« wird), von Reis, von Gemüsegerichten und vor allem von Kompott verwendet. Gemahlene Nelken gehören in feines Kleingebäck.

Oregano

ist der in Italien heimische Verwandte unseres Majorans, sein Geschmack ist viel herber. Verwenden Sie Oregano zu Minestrone, zu Fleisch und Gemüse immer dann, wenn Sie »italienisch« kochen möchten.

Paprika

ist ein unterschiedlich rot gefärbtes Pulver, das aus den kleinen roten Paprikaschoten hergestellt wird. Es ist in verschiedenen Qualitäten im Handel: Die mildeste Sorte ist der lebhaft rote, besonders aromatische Delikateßpaprika. Edelsüßpaprika ist am gebräuchlichsten; er ist dunkler und etwas schärfer als Delikateßpaprika. Halbsüßpaprika und Rosenpaprika sind wesentlich schärfer und sollen nur messerspitzenweise verwendet werden. – Paprika beeinflußt den Geschmack der Speisen sehr intensiv; es gibt typische »Paprikagerichte« wie Gulasch oder Pörkölt. In kleinen Mengen kann er zum Würzen von Suppen, Saucen, Gemüsegerichten, Eintöpfen, Salaten und Eiergerichten verwendet werden. Paprika sollte immer vorsichtig in Fett angedünstet werden; wird er überhitzt, schmeckt er bitter.

Petersilie

ist das bekannteste unserer Würzkräuter. Die vitamin- und mineralienreichen Blätter sollten nur frisch oder tiefgekühlt verwendet werden. Sie passen zu Suppen, Saucen, Salaten und Gemüse, zu Fleisch-, Fisch-, Geflügel-, Kartoffel- und Eierspeisen. – Petersilie gibt es in zwei Formen: der aromatischeren glatten Form oder der gekrausten Zierpetersilie.

Pfeffer	ist in zwei Sorten, als schwarzer (scharfer) und als weißer Pfeffer erhältlich. Außerdem wird er im ganzen (Pfefferkörner) oder gemahlen angeboten. Sie sollten immer die Pfefferkörner verwenden und sie bei Bedarf in einer Pfeffermühle mahlen; nur dann erhalten Sie ein wirklich aromatisches Gewürz. Der fertig gemahlene Pfeffer schmeckt eher etwas kratzig. Pfefferkörner werden in Suppen und Marinaden verwendet; frisch gemahlen, würzt er Fleisch-, Geflügel- und Fischgerichte, Salate, Gemüse und Saucen.
Piment = Nelkenpfeffer = Allspice	ist, wie der englische Name sagt, ein äußerst vielseitiges Gewürz. Es vereint die Schärfe des Pfeffers mit dem Aroma der Nelken. Es ist praktisch für alle Gerichte geeignet. Die Körner (oft auch Gewürzkörner genannt) werden in Suppen oder Saucen mitgekocht; gemahlen paßt er zu Fleisch- und Gemüsegerichten.
Rosmarin	hat einen würzigen und aromatischen Geschmack, der sich gut mit Geflügel und hellem Fleisch verträgt. Dazu können die eingerollten, wie Nadeln aussehenden kleinen Blätter im ganzen oder zerstoßen verwendet werden.
Safran	ist ein heute fast in Vergessenheit geratenes Gewürz von herb-würzigem Geschmack mit gelber Farbe. Er sollte vor der Verwendung in etwas Wasser angerührt und kurz stehengelassen werden. Safran bringt den Duft des Südens in unsere Küche, er gehört unbedingt zur Bouillabaisse.
Salbei	ist ein stark würzendes, streng bis leicht bitter schmeckendes Kraut. Es paßt gut zu Geflügel, Kalb- und Lammfleisch, zu Leber- und Fischgerichten. Verwendet werden die ganzen frischen oder getrockneten Blätter.
Schnittlauch	wird immer nur frisch geschnitten verwendet und im letzten Moment über Suppen, Salate, Omeletten, Gemüse und Quarkaufstriche gestreut.
Thymian	ist ein herb-würziges Kraut, das etwas an Majoran erinnert. Die kleinen Stämmchen werden vor allem zum Würzen von Suppen, hellem Fleisch und Geflügel oder Lebergerichten verwendet.
Vanille	paßt mit seinem feinen Aroma zu allen süßen Speisen (Backwaren, Cremes . . .). Die langen schwarzbraunen Schoten werden am besten in Zucker aufbewahrt, dem sie ihr Aroma geben. Der fertige Vanillinzucker ist ein künstliches Produkt.
Wacholderbeeren	haben ein eigenwilliges, kräftiges Aroma, das besonders gut zu Wildfleisch, Wildgeflügel und zu Kohlgerichten paßt. Sie werden im ganzen oder zerdrückt verwendet.
Zimt	kommt als Stangenzimt (mit dem feinen Aroma) und gemahlen in den Handel. Die Stangen werden vor allem bei Kompott und Fruchtsaucen mitgekocht; mit gemahlenem Zimt würzt man Backwaren und Mehlspeisen. Eine Prise Zimt paßt außerdem gut zu Fleischgerichten (Sauerbraten) oder Gemüsegerichten (Rotkohl).
Zitronenmelisse	hat einen angenehm frischen, zitronenähnlichen Geschmack und eignet sich ausgezeichnet zum Würzen von Salaten.

SUPPEN

Die Suppe erfreut sich in der einfachen wie in der anspruchsvollen Küche großer Beliebtheit. Sie gibt gleich zu Beginn einer Mahlzeit darüber Aufschluß, wie es um die nachfolgenden Speisen und um die Kochkunst bestellt ist. Dabei kommt es gar nicht darauf an, ob nun eine einfache oder eine aufwendige Suppe aufgetischt wird. Wichtig ist vielmehr, daß sie mit Liebe und Sorgfalt gemacht worden ist. Eine phantasielos zubereitete Suppe läßt mit Sicherheit kaum noch etwas Gutes erwarten.

Im Speisenplan dient die Suppe verschiedenen Zwecken. Sie kann als »Appetitanreger« ein Essen einleiten oder aber, wenn sie recht nahrhaft zubereitet ist, eine ganze Mahlzeit ersetzen. In unseren Haushalten ist sie meist der Auftakt zu einer Mahlzeit. In der gepflegten internationalen Küche wird sie stets nach der kalten, aber vor einer warmen Vorspeise serviert.

Vor einem schweren Gericht wird eine leichte Suppe, vor einem leichteren Hauptgang eine kräftigere und nahrhaftere Suppe serviert.

Heute erlebt die Suppe, vor allem die kräftige, die früher einmal besonders in der bäuerlichen Küche ihren festen Platz hatte, eine Art Renaissance in Skihütten, auf Campingplätzen oder aber auch im Junggesellenhaushalt. Wie wichtig sie geworden ist, dokumentiert nicht zuletzt die Vielzahl kochfertiger Suppen, die uns von der Nahrungsmittelindustrie in Beuteln und Büchsen angeboten werden. Sie sind oft ganz vorzüglich im Geschmack und können schnell und ohne besondere Kochkennt-

nisse zubereitet werden. Man kann sie mit Küchenkräutern, Gewürzen, einem Eigelb, etwas Sahne oder einem Teelöffel Cognac vielfältig abwandeln und zu einer Mahlzeit mit persönlicher Note machen.
Früher galt nur die mit Fleisch zubereitete als »echte« Suppe. Die anderen – so etwa auf Gemüse basierende Suppen – bezeichnete man als falsche Suppen. In der modernen Küche spielt diese Aufteilung keine Rolle mehr. So unterscheiden wir im nachfolgenden zwischen klaren Fleisch- und Gemüsebrühen, den gebundenen Suppen, den kalten Brühen und Kaltschalen.

KLARE FLEISCHBRÜHEN

Die gute, aus Rindfleisch gewonnene Fleischbrühe kann man als »Königin der Suppen« bezeichnen. Sie ist nicht nur leicht bekömmlich und »magenfreundlich«, sondern wirkt auch belebend und appetitanregend. Sie eignet sich daher ausgezeichnet dazu, eine Mahlzeit einzuleiten. Außerdem bildet sie die Grundlage zu sehr feinen Suppen, die von Kennern besonders geschätzt werden.
Die Herstellung einer klaren Fleischbrühe macht einige Mühe. Wer die Zeit nicht hat, eine »echte« Fleischbrühe selbst zuzubereiten, kann auch die in jedem Lebensmittelgeschäft erhältlichen Bouillonwürfel verwenden. Mit einiger Phantasie können sie etwa mit selbstgemachten Einlagen zu »eigenen« Suppen abgewandelt werden.

Helle Fleischbrühe = Bouillon

500 g Rindsknochen,
600 g Rindfleisch (Querrippe, Bug, Brustkern, Wadschenkel, Schwanzstück . . .),
1 Suppengrün, 1 braune Zwiebelschale, 10 Pfefferkörner,
1 Prise Safran, Salz, 1 El Cognac.

Die gewaschenen Knochen in kochendes Wasser geben, 3–5 Minuten kräftig kochen lassen, dann in ein Sieb gießen und mit kaltem Wasser überbrausen. Die Knochen mit dem gewaschenen Fleisch, dem geputzten und gewaschenen Suppengrün, der gewaschenen Zwiebelschale und den Pfefferkörnern in einen 4–5 l fassenden Topf legen und so viel kaltes Wasser zugießen, daß es etwa handbreit über Fleisch und Knochen steht, salzen und den Safran zufügen. Das Ganze zum Kochen bringen, die Hitze reduzieren und die Brühe 2–2½ Stunden langsam (wichtig, da die Brühe bei zu starkem Kochen trüb wird) bei offenem Topf kochen. Dabei den anfangs auftretenden graubraunen Schaum sorgfältig abschöpfen. Auch größere Fettschichten, wie sie beim Kochen von sehr fettem Fleisch entstehen, sollten abgeschöpft werden. Die Brühe durch ein feines Sieb seihen und bei Bedarf noch etwas salzen. 1 El Cognac, kurz vor dem Auftragen in die fertige Brühe gegeben, verfeinert den Geschmack. Diese Brühe ist klar und kräftig im Geschmack. Der einzige Nachteil: Das Fleisch ist jetzt ziemlich ausgelaugt und trocken. Es eignet sich nur mehr zur Herstellung von *Rindfleischsalat,* Haschees oder ähnlichem.
Soll das Fleisch als Hauptgang serviert werden, das heißt, wird Wert auf ein saftiges Stück Fleisch gelegt, so werden zunächst die Knochen mit den übrigen Zutaten zum Kochen gebracht, das Fleisch wird aber erst in die kochende Brühe gelegt. Gesalzen wird in diesem Fall erst kurz vor dem Auftragen (vgl. *Rindfleisch gekocht*).

Braune Fleischbrühe

500 g Rindsknochen, 500 g Rindfleisch (Querrippe, Wadschenkel . . .), 150 g Rindsleber, 1 Suppengrün, ½ Zwiebel, 40 g Butter oder Öl, 10 Pfefferkörner, Salz.

Die Knochen wie vorher beschrieben vorbereiten, abtropfen lassen und dann mit der Leber, dem geschnittenen Suppengrün und der grob gehackten Zwiebel im Fett anrösten. Das Rindfleisch dazugeben und alles zusammen mit reichlich Wasser bedecken. – Die Suppe wie vorher beschrieben fertig kochen.
Braune Fleischbrühe hat eine kräftigere Farbe und einen intensiveren Wurzelgeschmack als helle Fleischbrühe.

Kraftbrühe = Consommé

1½ l helle Fleischbrühe, 400 g mageres Rindfleisch, Eiweiß von 1–2 Eiern.

Die Fleischbrühe vollkommen entfetten: Am besten wird die Brühe am Vortag gekocht und über Nacht kalt gestellt; die Fettschicht läßt sich dann mühelos entfernen. Rindfleisch kleinschneiden und mit den Eiweißen und 2 Schöpflöffeln Brühe verrühren. Die restliche Brühe darübergießen und das Ganze unter kräftigem Schlagen (mit einem Schneebesen) zum Kochen bringen. Noch 2 Stunden leicht kochen und dann 1–2 Stunden setzen lassen. Die Consommé zuletzt löffelweise durch ein Tuch seihen.
Kraftbrühe ist eine vollkommen klare, sehr kräftige Suppe. Sie wird meist nur mit Schnittlauch bestreut in Tassen serviert.
Die vollkommen ausgelaugten Fleischrückstände können als Füllung für *Fleischkuchen, Fleischstrudel* und ähnliche Gerichte verwendet werden. (Abb. s. S. 53)

Rindsknochenbrühe

1 kg Rindsknochen, 1 Suppengrün, 1 mittelgroße Zwiebel, 10 Pfefferkörner, 5 Pimentkörner, Salz, eine beliebige Suppenwürze.

Die gewaschenen Knochen 3–5 Minuten in stark kochendem Wasser abbrühen, kaltes Wasser darüberlaufen lassen. Die Knochen in 3 l kaltem Wasser aufsetzen, das gereinigte Suppengrün, die Zwiebel und die Gewürze dazugeben und alles 2–3 Stunden (45 Minuten im Dampfdrucktopf) bei mittlerer Hitze kochen. Die Brühe abseihen und mit Salz und Suppenwürze (Maggi, Aromat...) abschmekken. Suppengrün und Knochen können vor dem Kochen auch in 20–30 g Fett angeröstet werden (vgl. *braune Fleischbrühe*). Auch kann man in der letzten halben Stunde eine mittelgroße Tomate dazugeben.

Bouillon mit Ei

¾ l Bouillon (besser noch Kraftbrühe), 4 Eigelbe, Schnittlauch.

Die Eigelbe vorsichtig in 4 gewärmte Suppentassen gleiten lassen. Die erhitzte Bouillon langsam von der Seite zugießen, damit die Eigelbe ganz bleiben. Mit etwas Schnittlauch bestreuen und sofort auftragen.

Bouillon mit Mark

¾ l Bouillon oder Kraftbrühe, 1 großer Markknochen, Schnittlauch, Petersilie.

Den Markknochen waschen, mit kochendem Wasser übergießen, 3–5 Minuten ziehen lassen und dann mit kaltem Wasser überbrausen. Das Mark herauslösen, in Scheiben schneiden und in die erhitzte Brühe geben. Mit Petersilie oder Schnittlauch bestreuen.

Biskuitsuppe

2 Eier, Salz, Pfeffer, Muskat, 30 g Mehl, 1 l Fleisch- oder Knochenbrühe, Schnittlauch, Semmelbrösel.

Die Eigelbe salzen, mit Pfeffer und Muskat leicht würzen. Das Mehl und den Schnee der 2 Eiweiße darunterziehen. – Die Masse fingerdick auf ein gefettetes, mit Bröseln bestreutes Backblech geben und bei mittlerer Hitze hellbraun backen. Das Biskuit in kleine Rhomben schneiden und mit der kochenden Brühe übergießen. Mit Schnittlauch bestreut servieren.

Fleischbrühe mit Backerbsen

Das Mehl mit dem Ei, dem Öl, dem Salz und der Milch zu einem dickflüssigen Teig, ähnlich einem Pfannkuchenteig, verrühren. Diesen Teig $\frac{1}{2}$ Stunde ruhen lassen, durch einen Spatzenseiher (oder durch einen Dressiersack) in das erhitzte Backfett tropfen und goldbraun backen.
Diese recht knusprigen Backerbsen in die erhitzte Bouillon geben und die fein gewiegten Kräuter darüberstreuen.
In vielen Gegenden erfolgt die Zubereitung der Backerbsen noch auf andere Art: Bereiten Sie einen Brandteig wie unter *Fleischbrühe mit Schwemmklößchen* beschrieben und tropfen Sie diesen durch einen Spatzenseiher in das erhitzte Backfett. Diese Backerbsen sind nicht ganz so knusprig, dafür aber flaumiger.

60 g Mehl, 1 Ei, 1 Tl Öl, Salz, Milch nach Bedarf, Backfett, 1 l Kraftbrühe, Petersilie, Schnittlauch oder Kerbel.

Fleischbrühe mit Bröselknödeln

Die Butter mit dem Ei schaumig rühren und so viel Semmelbrösel dazugeben, daß ein mittelfester Teig entsteht; Masse mit Salz, Muskat und Petersilie würzen. Nach kurzem Ruhen kleine Knödel formen, in die kochende Fleischbrühe einlegen und 10 Minuten darin ziehen lassen. (Machen Sie am besten zuerst einen Probeknödel: ist er zu fest, können Sie noch etwas Butter dazugeben, zerfällt er, müssen Sie noch Brösel hinzufügen.) Die Suppe mit gehackter Petersilie, vermischt mit etwas Estragon, bestreuen und sofort auftragen.

30 g Butter, 1 Ei, Semmelbrösel nach Bedarf, Salz, Muskat, 1 Tl gehackte Petersilie, Fleischbrühe, Petersilie, Estragon.

Fleischbrühe mit Eierstich

Die Eier mit der Sahne verquirlen, würzen, in einer gut gebutterten Form in ein heißes (aber nicht mehr kochendes) Wasserbad stellen und die Masse darin stocken lassen (je nach Höhe der Form 20–40 Minuten). Den Eierstich abkühlen lassen, stürzen, in passende Stücke schneiden und kurz vor dem Anrichten in die heiße Brühe geben.
Zur Abwechslung können Sie den Eierstich mit Tomatenmark, fein gehackten Kräutern (Petersilie vermischt mit Kerbel, Estragon oder Basilikum) oder Paprika färben und geschmacklich variieren.
Sehr hübsch wirkt es, wenn Sie die Masse in 2 oder 3 Portionen getrennt färben und stocken lassen, so daß die fertige Suppe Würfelchen in verschiedenen Farben enthält.

2 Eier, $\frac{1}{10}$ l Sahne (oder Milch oder Bouillon), Salz, Muskat, weißer Pfeffer, 10 g Butter, 1 l Fleisch- oder Kraftbrühe.

Einlaufsuppe

Das Ei salzen und mit Mehl zu einem dickflüssigen Teig verrühren. Aus einem kleinen Schnabelkrug oder durch einen Spatzenseiher direkt in die kochende Brühe tropfen und nicht länger als 2–3 Minuten kochen lassen. Vor dem Auftragen mit Schnittlauch bestreuen.

1 Ei, Salz, Mehl nach Bedarf, 1 l Fleischbrühe, Schnittlauch.

Fleischbrühe mit geriebenem Gerstel = Riebelesuppe

Das Ei in eine flache Schüssel geben, salzen und mit Mehl zu einem festen Nudelteig verarbeiten, der geknetet werden muß, bis er vollkommen glatt ist. Den Teig $\frac{1}{2}$ Stunde ruhen lassen und dann durch ein grobes Reibeisen in die kochende Brühe reiben; 4–5 Minuten ziehen lassen und die Suppe, mit Petersilie oder Schnittlauch bestreut, zu Tisch geben.
Einen sehr pikanten Geschmack erhält die Riebelesuppe, wenn Sie die Hälfte oder $\frac{1}{3}$ der Mehlmenge durch fein geriebenen Parmesan (oder anderen Hartkäse) ersetzen. Würzen Sie mit etwas Pfeffer und streuen Sie statt Petersilie oder Schnittlauch fein gehacktes Basilikum oder Oregano auf die Suppe.

1 Ei, Salz, 120–150 g Mehl (je nach Größe des Eies), 1 l Fleischbrühe, Petersilie oder Schnittlauch.

Goldwürfelsuppe

2 altbackene Semmeln,
$^1/_8$ l Milch, 1 Ei, Salz, Muskat,
30 g Butter oder 3 El Öl,
1 l Fleischbrühe.

Die Semmeln (oder die entsprechende Menge Weißbrot) in kleine Würfelchen schneiden. Die Milch mit dem Ei und den Gewürzen verquirlen, über die Semmelwürfelchen gießen, gut vermischen und in der erhitzten Butter auf allen Seiten goldbraun backen. Erst im letzten Augenblick in die erhitzte Bouillon geben!
Sind Sie ein Liebhaber von pikanten Sachen: Rühren Sie $^1/_2$–1 Tl Paprika (oder Curry) in die Backbutter, die dann allerdings nicht zu stark erhitzt werden darf. (Paprika wird in zu großer Hitze bitter!) Streuen Sie auf die Suppe mindestens 1 Tl fein gehackten Kerbel oder auch Petersilie. (Abb. s. S. 53)

Grießnockerlsuppe

80 g grober Grieß, 30 g Butter,
1 Ei, 1 l Bouillon, Salz, Muskat,
Schnittlauch.

Die Butter mit dem Ei schaumig rühren, salzen, etwas Muskat hineinreiben und zuletzt den Grieß dazugeben. Das Ganze 10 Minuten ruhen lassen. Dann mit 2 Teelöffeln kleine Nockerln ausstechen und direkt in die kochende Brühe einlegen. 10 Minuten ziehen lassen.
Die fertige Suppe mit Schnittlauch bestreut anrichten!

Ausstechen von Grießnockerln

Kaiserschöberlsuppe

80 g Butter, 4 Eier, Salz,
2 El Sahne, 100 g Mehl,
1 l Fleischbrühe, Schnittlauch.

Die Butter mit den Eigelben und dem Salz schaumig rühren und dann die Sahne dazugeben. Die Eiweiße mit etwas Salz sehr steif schlagen und den Schnee abwechselnd mit dem Mehl unter die Buttermasse rühren. Eine Backform mit Butter ausstreichen und mit Semmelbröseln bestreuen. Den vorbereiteten Teig etwa daumendick in die Form füllen, in das auf 180° vorgeheizte Backrohr stellen und hellgelb backen (etwa 15–20 Minuten).
Den fertigen Kuchen in beliebige Stücke schneiden, die »Schöberln« auf gewärmte Suppenteller legen und mit der kochenden Fleischbrühe übergießen. Diese Suppe mit Schnittlauch bestreuen.

Fleischbrühe mit Leberspätzle = Leberreissuppe

120 g Rinds- oder Kalbsleber,
50 g Milz, 1 altbackene Semmel,
$^1/_4$ Zwiebel, 1 Tl Öl, Salz, Pfeffer,
1 Ei, 1–2 El Mehl, 1 l Fleischbrühe.

Die Leber, die Milz und die eingeweichte, gut ausgedrückte Semmel zweimal durch den Fleischwolf drehen. Die im Fett angeschwitzte Zwiebel dazugeben, mit Pfeffer und Salz würzen und mit dem Ei und dem Mehl binden. Die weiche Lebermasse durch einen Spatzenseiher in die kochende Suppe geben und 3–4 Minuten kochen lassen. Die Suppe mit Petersilie bestreut auftragen.

Fleischspätzlesuppe

Wird genauso zubereitet wie *Leberspätzlesuppe.* Verwenden Sie anstelle von Leber und Milz 150 g fein gehacktes, gekochtes oder gebratenes Fleisch (Reste).

Leberknödelsuppe

Die Leber und die Milz sorgfältig reinigen und mit der eingeweichten, gut ausgedrückten Semmel zweimal durch den Fleischwolf drehen. Die Zwiebel fein hacken, mit der Petersilie im Öl erhitzen und dann zu der Leber geben. Das Ganze mit dem Ei binden, mit Salz, Pfeffer und Majoran würzen, mit der notwendigen Menge Semmelbrösel zu einer streichfähigen Masse verarbeiten und kurz beiseite stellen. Dann kleine Knödel formen (mit nassen Händen), in die schwach kochende Suppe legen und 15–20 Minuten ziehen lassen.
Die fertige Suppe mit Schnittlauch bestreut auftragen.

150 g Rinds- oder Kalbsleber, 50 g Milz, 1 altbackene Semmel. ¼ Zwiebel, ½ Tl gehackte Petersilie, 1 El Öl, 1 Ei, Salz, Pfeffer, ½ Tl Majoran, 70–100 g Semmelbrösel, 1 l Fleischbrühe, Schnittlauch.

Fleischbrühe mit Markklößchen

Das Rindermark in einer kleinen Kasserolle zerlassen und durch ein Sieb gießen (um eventuell vorhandene Knochensplitter zu entfernen). Das Mark mit dem Ei und dem Eigelb möglichst schaumig rühren. Die Semmeln in Milch einweichen, ausdrücken, mit einer Gabel fein zerdrücken und zu dem Mark geben. Mit Salz, Muskat und gehackter Petersilie würzen und noch so viel Semmelbrösel dazugeben, daß eine halbfeste Masse entsteht. Die Masse etwa 20 Minuten ruhen lassen, dann mit nassen Händen kleine Klöße formen, in die kochende Fleischbrühe legen und ¼ Stunde ziehen lassen. (Kochen Sie ein Probeklößchen. Sollte es zerfallen, müssen Sie noch Brösel dazugeben; zu feste Klößchen können Sie mit etwas flüssiger Butter lockerer machen.)
Die Suppe mit reichlich gehackten Kräutern bestreuen und dann sofort auf den Tisch bringen.

50 g Rindermark, 1 Ei, 1 Eigelb, 2 altbackene Semmeln, Milch, Salz, Muskat, Petersilie, Semmelbrösel, 1 l Fleischbrühe.

Mitternachtssuppe

Den Tomatensaft mit der Kraftbrühe und der Hühnerbouillon zum Kochen bringen und mit Salz, Pfeffer und 1 Messerspitze Ingwer pikant abschmecken.
Diese Suppe, die um Mitternacht müde Lebensgeister wieder weckt, in Suppentassen geben, mit etwas Petersilie bestreuen und mit Zitronenscheiben garnieren.
Ein frischer, mit Knoblauchbutter bestrichener Toast schmeckt besonders gut dazu.

¼ l Tomatensaft, ⅜ l Kraftbrühe, ⅜ l Hühnerbouillon, Salz, Pfeffer, Ingwer, Petersilie, 1 Zitrone.

Kraftbrühe Nizza

Die Tomaten schälen (vorher heiß abbrühen), entkernen und in Würfel schneiden. Die grünen Bohnen kochen und in schmale Rhomben schneiden. Die gekochten Kartoffeln in kleine Würfel schneiden. Das gekochte, geschnittene Gemüse in die erhitzte Kraftbrühe geben und darin erwärmen.
Die Kraftbrühe dann mit dem gehackten Kerbel bestreuen und mit dem Cognac verfeinern.

100 g Tomaten, 100 g grüne Bohnen, 100 g gekochte Kartoffeln, ¾ l Kraftbrühe, 2 El frischer Kerbel, 1 Tl Cognac.

Nudelsuppe

Das Mehl salzen und mit dem Ei und etwas lauwarmem Wasser zu einem festen, glatten Teig verarbeiten. Den Teig kurz ruhen lassen, dann möglichst dünn auswalken, kurz trocknen lassen und feine Nudeln daraus schneiden. Die Nudeln in die siedende Suppe geben und 5 Minuten darin kochen.
Viel schneller fertig und genauso gut wird Ihre Suppe, wenn Sie fertige Suppennudeln verwenden. 100–200 g Suppennudeln, je nachdem, wie ergiebig die Suppe sein soll, in Salzwasser weichkochen, abseihen, abschrecken und in die kochende Brühe geben. (Ein direktes Einkochen in die Brühe ist bei den meisten fertigen Produkten nicht ratsam, da die Brühe leicht trüb wird.)

200 g Mehl, 1 Ei, Salz, 1 l Fleischbrühe.

Fleischbrühe mit Schwemmklößchen

1/8 l Milch, 30 g Butter, Salz, 125 g Mehl, 2 Eier, 1 l Fleischbrühe, Schnittlauch.

Die Milch (Sie können anstelle von Milch auch Wasser nehmen) mit der Butter und dem Salz aufkochen, das Mehl dazugeben und unter ständigem Rühren erhitzen, bis sich der Teig vom Kochtopf lösen läßt. Nach kurzem Überkühlen die Eier dazugeben und den Teig gut glattrühren. Mit einem in heißes Wasser getauchten Teelöffel kleine Klößchen abstechen und diese 10 Minuten in kochendem Wasser gar ziehen lassen. Die Schwemmklößchen mit kaltem Wasser überbrausen und in der kochenden Fleischbrühe erwärmen. Sie Suppe mit fein geschnittenem Schnittlauch bestreuen.

Sie können die Schwemmklößchen aber auch in reichlich heißem Fett goldbraun backen und dann in die Suppe geben; sie sind dann knuspriger.

Fleischbrühe mit Pfannkuchen = Flädlisuppe

1 Ei, Salz, 1/4 l Milch, Mehl und Öl nach Bedarf, 1 l Fleischbrühe, Petersilie.

Das Ei salzen und mit der Milch und dem nötigen Mehl zu einem dickflüssigen Teig verrühren, dann schöpflöffelweise in das in einer Pfanne stark erhitzte Öl geben und von beiden Seiten goldbraun backen. Die Pfannkuchen zusammenrollen und in schmale Streifen schneiden.

Diese Flädli mit der kochenden Fleischbrühe übergießen und die Suppe mit gehackter Petersilie bestreuen.

Zitronenbouillon

4 Eigelbe, Salz, Muskat, 4 Tl Zitronensaft, 1 l Fleischbrühe, 1 El gehackte Petersilie.

Die Eigelbe leicht salzen, mit Muskat bestreuen und dann mit Zitronensaft und der gehackten Petersilie verquirlen. Die kochende Fleischbrühe dazugießen, dabei ständig mit einem Schneebesen schlagen, und die Zitronenbouillon sofort zu Tisch geben.

Zuppa Pavese

4 Weißbrotscheiben, 20 g Butter, 4 Eier, Essig, 40 g Parmesan, 1 l Fleischbrühe.

Die Weißbrotscheiben in der Butter hellbraun rösten und in gewärmte Suppenteller legen. Die Eier in kochendem Essigwasser pochieren (vgl. *Verlorene Eier*) und auf die gerösteten Weißbrotscheiben legen. Den geriebenen Parmesan über die Eier streuen und zuletzt die kochende Brühe vorsichtig darübergießen. Die Suppe mit gehacktem Schnittlauch bestreuen und sofort auftragen.

Ochsenschwanzsuppe, klare

500 g Ochsenschwanz, 4 El Öl (oder anderes Fett), Salz, 1 Mohrrübe, 1 Petersilienwurzel, 1/4 Sellerieknolle, 1 Zwiebel, 1/8 l Weißwein, Pfeffer, Oregano, 125 g Erbsen, 60 g Rollgerste.

Den Ochsenschwanz am besten schon beim Metzger in mehrere Stücke hacken lassen. Die Schwanzstücke waschen, gut abtrocknen und in dem in einer Pfanne erhitzten Fett von allen Seiten braun anrösten. Die Fleischstücke aus dem Fett nehmen und in 1/2 l Salzwasser zum Kochen bringen. Die geputzten Wurzeln in Streifen (oder Würfel) schneiden und in dem Bratfett anrösten. Die angerösteten Wurzeln nach 1 Stunde in die kochende Suppe geben, ebenso die geschälte Zwiebel (im ganzen!) und alles bei mäßiger Hitze kochen, bis das Fleisch sehr weich geworden ist (etwa 1 1/2 Stunden). Die Zwiebel und die Fleischstücke aus der Suppe nehmen. Das Fleisch von den Knochen lösen, in gleichmäßige Stücke teilen und zurück in die Suppe geben. Den Weißwein dazugeben, nochmals kurz erhitzen und danach mit Pfeffer und Oregano abschmecken.

In der Zwischenzeit die Erbsen und die Rollgerste, jedes für sich, in wenig Salzwasser garen, abseihen und als Einlage in die Suppe geben.

Zur Abwechslung: Servieren Sie die Ochsenschwanzsuppe nur mit den Fleischwürfelchen oder – vor einem reichhaltigen Essen – ganz ohne Einlage. Würzen Sie mit Rotwein (anstelle des Weißweins) und 1–2 El Madeira.

Kalbfleischbrühe

Das Kalbfleisch und die Knochen zerkleinern, mit dem gereinigten Suppengrün und den Gewürzen in 2 l kaltem Salzwasser etwa 2 Stunden schwach kochen lassen und dann durch ein Sieb gießen.
Kalbfleischbrühe ist auf Grund des hohen Leimgehaltes leicht trüb. Sie wird, mild gewürzt und mit reichlich gehackter Petersilie bestreut, hauptsächlich in der Diätküche verwendet. Daneben findet sie vor allem zur Herstellung fein gebundener Suppen, z. B. *helle Einbrennsuppe,* Verwendung.

750 g Kalbfleisch mit Knochen (Hals, Füße), 1 Suppengrün, ½ Zwiebel, 5 Pfefferkörner, Salz.

Suppen

Kalbsknochenbrühe

Wird genauso wie *Kalbfleischbrühe* hergestellt, nur daß 1–1½ kg Kalbsknochen verwendet werden.
Sie wird ausschließlich zur Zubereitung gebundener Suppen verwendet, die sie schmackhafter und nahrhafter macht. Sie können ruhig eine größere Menge auf Vorrat kochen und diese bei Bedarf verwenden.

Hühnerbrühe = Hühnerbouillon

Das gewaschene Huhn mit dem Suppengrün in 2 l Wasser bei geschlossenem Topf 1½–2 Stunden gar kochen. Das Huhn aus der Brühe nehmen, von Haut, Knochen und Knorpeln befreien und in mundgerechte Portionen zerteilen. Die Brühe durch ein Sieb gießen und das Hühnerfleisch hineingeben.
Die Suppennudeln getrennt in Salzwasser etwa 5 Minuten kochen und als Einlage in die Brühe geben.
Die fertige Hühnerbouillon vor dem Auftragen mit gehackter Petersilie bestreuen.

1 Suppenhuhn (1½–2 kg), 1 Suppengrün, 3 Pfefferkörner, ½ Zwiebel, 100–150 g Suppennudeln, Petersilie.

Hühnerbrühe auf mexikanische Art = Canacha Mexicana

Das Huhn mit dem Suppengrün in 1 l Salzwasser garen (1½–2 Stunden). Die Brühe abseihen, das Hühnerfleisch von den Knochen lösen, kleinschneiden und beides beiseite stellen. Die Zwiebeln fein hacken und in dem Öl goldgelb rösten. Die Tomaten schälen (vorher in siedendes Wasser tauchen), nach dem Herausdrücken der Kerne in kleine Stücke schneiden und mit den Zwiebeln 5 Minuten durchrösten. Dann mit der Hühnerbrühe aufgießen, zum Kochen bringen, die Pfefferminzblätter und das Hühnerfleisch dazugeben und alles 10 Minuten nahe dem Siedepunkt ziehen lassen.
Zur Abwechslung können Sie noch das Fruchtfleisch einer Avocadofrucht kleinschneiden und kurz vor dem Anrichten in die Suppe geben.

½ Brathähnchen (oder 500 g tiefgekühlte Huhnstücke), 1 Suppengrün, Salz, 2 mittlere Zwiebeln, 2 El Olivenöl (oder anderes Öl), 500 g Tomaten, 1 El gehackte Pfefferminzblätter.

Schottische Hühnersuppe = Cockaleekie

Das gewaschene Huhn mit der Zwiebel, den Pfefferkörnern und der Gewürznelke in Salzwasser zum Kochen bringen und bei schwacher Hitze 2–3 Stunden gar kochen. Das Huhn aus dem Sud nehmen, von Haut und Knochen befreien und in feine Streifen schneiden. Die Brühe durch ein Sieb gießen, kurz stehen lassen und möglichst vollständig entfetten.
Inzwischen den Lauch waschen (nur das Weiße verwenden) und in 1 cm dicke Scheiben schneiden. Die Lauchscheiben mit den gewaschenen Graupen in die Suppe geben und etwa 30 Minuten darin garen. Das Hühnerfleisch dazugeben und alles noch 5 Minuten ziehen lassen. Die Suppe nochmals mit Salz und Pfeffer abschmecken und mit viel Petersilie bestreuen.
Diese Suppe ist sehr ausgiebig. Reichen Sie sie als kleinen Lunch oder als leichten Abendimbiß (Weißbrot dazu).

1 Suppenhuhn (1½–2 kg), 1 Zwiebel, 12 Pfefferkörner, 1 Gewürznelke, Salz, 6 Lauchstangen (etwa 1 kg), 60 g Graupen, Pfeffer, Petersilie.

Taubenbouillon

1–2 Tauben, 1 Suppengrün, Salz, Petersilie oder Estragon.

Die gewaschenen Tauben mit dem geputzten Suppengrün in 1½ l Salzwasser 40–50 Minuten bei mittlerer Hitze garen, dann aus dem Sud nehmen, von Haut und Knochen befreien und in kleine Stückchen schneiden. Die Brühe durch ein Sieb gießen und bei Bedarf noch etwas nachwürzen. Das Taubenfleisch als Einlage in die fertige Suppe geben.
Servieren Sie diese vor allem für die Krankenkost vorzüglich geeignete Suppe in Suppentassen und bestreuen Sie sie mit etwas gehackter Petersilie oder Estragon.
Zusätzlich können Sie noch einige Suppennudeln oder etwas *Eierstich* als Einlage hineingeben.

Gemüsebrühe

500 g möglichst verschiedenartiges Gemüse, je nach Jahreszeit, 4 große Tomaten, 2 Pfefferkörner, 2 Gewürzkörner, 2 El gehackte Kräuter (z. B. Kerbel, Basilikum, Estragon, Bohnenkraut . . .), Selleriesalz, 10 g Butter, 2 El Kresse.

Das Gemüse putzen, kleinschneiden und in 1½ l Wasser 1 Stunde langsam garen lassen. In den letzten 20 Minuten die Gewürze, die Kräuter und die zerteilten Tomaten dazugeben. Die Brühe abseihen, mit Selleriesalz abschmecken, mit frischer Butter verfeinern und zuletzt mit der grob gehackten Kresse (oder Schnittlauch) bestreuen.
Gemüsebrühe ist nicht nur schmackhaft, sondern auch leicht bekömmlich und daher für Diätzwecke besonders geeignet. Wollen Sie eine kräftigere Suppe, so seihen Sie die Brühe nicht ab, sondern servieren Sie sie mit den Gemüsen. Die Tomaten sollten Sie dann aber vorher kurz überbrühen und enthäuten.
Noch ein Tip: Gemüsebrühe, eiskalt serviert, eignet sich ausgezeichnet als Auftakt eines sommerlichen Grillessens im Garten.

Wurzelbrühe

2 Mohrrüben, 1 Petersilienwurzel, ¼ Sellerieknolle, 1–2 Lauchstangen, 1 große Zwiebel, 2 El Öl, Salz, 5 Pfefferkörner, 3 Gewürzkörner, Salz, Muskat, Suppenwürze.

Sämtliche Wurzeln, die Lauchstangen und die Zwiebel putzen und kleinschneiden. Das Öl in einer Kasserolle erhitzen und die Gemüse darin unter ständigem Rühren kräftig anrösten. Mit ¼ l Wasser aufgießen, salzen, die Pfeffer- und Gewürzkörner dazugeben und 1 Stunde bei mäßiger Hitze kochen lassen. Dann die Brühe abseihen und mit Salz, Muskat und Suppenwürze abschmecken.
Wurzelbrühe hat einen herzhaften, kräftigen Geschmack und wird in vielen Fällen als Ersatz für Fleischbrühe verwendet. Sie können Sie mit jeder unter Fleischbrühen beschriebenen Suppeneinlage servieren.

Minestrone

1 kleine Zwiebel, 2 Knoblauchzehen, 3 El Öl, 500 g in Würfel oder Streifen geschnittenes Gemüse (je nach Jahreszeit), Salz, Pfeffer, 1 Lorbeerblatt, Oregano, Basilikum, 2 frische Tomaten, 150 g gekochtes oder gebratenes Fleisch (Reste) oder Schinken, 80 g Kleinteigwaren oder Reis, ²/₁₀ l Rotwein, 50 g geriebener Parmesan.

Die Zwiebel fein hacken und mit den halbierten Knoblauchzehen im Öl anrösten, die Knoblauchzehen dann entfernen. Das Gemüse dazugeben und nach kurzem Durchrösten mit etwa 2 l kochendem Wasser aufgießen. Mit Salz, Pfeffer, Lorbeerblatt und je 1 Messerspitze Oregano und Basilikum würzen. Die Gemüse bei mäßiger Hitze etwa 1 Stunde weichkochen. In den letzten 20 Minuten die geschälten, in Achtel geschnittenen Tomaten, das in kleine Würfel geschnittene Fleisch und den Reis (oder die Teigwaren) dazugeben. Die Suppe mit Salz und Pfeffer abschmecken und mit dem Rotwein würzen.
Ein Tip: Anstelle der Tomaten können Sie auch 1 El Tomatenmark verwenden. Geben Sie es in den letzten 20 Minuten mit den Fleischwürfeln in die Suppe.
Und noch eine Variation: In Norditalien werden vielfach etwa 100 g am Vorabend eingeweichte weiße Bohnen in der Minestrone mitgekocht.
Servieren Sie die Minestrone in einer gewärmten Suppenschüssel und reichen Sie den geriebenen Parmesan dazu. (Abb. s. S. 53.)

GEBUNDENE SUPPEN

Gebundene Suppen sind ausgiebiger als klare Brühen. Sie sind nahrhaft und sättigend und bieten zudem – mit etwas Geschick zubereitet – einen rechten Gaumenreiz. Reichen Sie eine gebundene Suppe zum Mittag und lassen Sie eine warme Mehlspeise – etwa einen Apfelstrudel – darauf folgen, vor allem Kinder werden begeistert sein! Abends kann eine deftige Suppe eine ganze Mahlzeit ersetzen, besonders wenn Sie ein Stück Brot und etwas Käse dazu (oder danach) reichen.
Und noch ein Tip! Eine würzige serbische Bohnensuppe oder eine feurige Gulaschsuppe haben zu nächtlicher Stunde schon mancher Party neuen Aufschwung gegeben.

Aalsuppe, Hamburger

Den ausgenommenen, enthäuteten Aal in 3 cm lange Stücke schneiden, leicht salzen und zur Seite stellen. Den Schinkenknochen in 2 l Wasser zusetzen und 1½–2 Stunden kochen lassen. Den Knochen aus der Brühe nehmen, das Fleisch loslösen und kleinschneiden. Die über Nacht eingeweichten Backpflaumen, die geschälten, entkernten und geviertelten Birnen, die geputzten Wurzeln und die Zwiebeln, beides in Streifen geschnitten, in die Schinkenbrühe geben und 15–20 Minuten darin garen. Das Stärkemehl in etwas kaltem Wasser anrühren und in die kochende Suppe gießen. Die Aalstücke und die gehackten Kräuter dazugeben und alles nochmals 10 Minuten kochen. Zuletzt mit Salz, etwas Essig und einer Prise Zucker süß-sauer abschmecken.
Servieren Sie die Suppe in einer gewärmten Suppenschüssel und reichen Sie separat in Salzwasser gegarte *Schwemmklößchen* dazu.
Können Sie keinen grünen Aal erhalten, so können Sie die Hamburger Aalsuppe auch mit geräuchertem Aal zubereiten. Sie können auch 150–200 g gekochte Erbsen in die Suppe geben.

300 g grüner Aal, 1 Schinkenknochen, 100 g Backpflaumen, 250 g Kleinbirnen, 2 Mohrrüben, 1 Petersilienwurzel, ⅛ Sellerieknolle, 3 junge Zwiebeln, 1 El Stärkemehl, 2 El gehackte Kräuter (Basilikum, Estragon, Majoran, Thymian), Salz, Essig, Zucker.

Aalsuppe auf holländische Art

Den gewaschenen, ausgenommenen und enthäuteten Aal mit dem geputzten Suppengrün, der Zwiebel, dem Lorbeerblatt und den Pfefferkörnern in 1½ l Salzwasser etwa 10 Minuten gar kochen. Dann aus dem Sud nehmen, in Stücke teilen und warm stellen.
Das Mehl in dem Öl hellgelb rösten und mit der durchgeseihten Fischsuppe aufgießen. 15 Minuten leicht kochen. Den Sauerampfer und den Kerbel dazugeben und 10 Minuten darin ziehen lassen. Die Suppe mit dem in der Sahne oder einer entsprechenden Menge Suppe verrührten Eigelb legieren, über die Aalstückchen gießen und sofort zu Tisch geben.
Wenn kein Sauerampfer zu erhalten ist, kann er auch durch gehackte Petersilie ersetzt werden.

500 g Aal, Salz, 1 Suppengrün, 1 Lorbeerblatt, 10 Pfefferkörner, 1 Zwiebel, 2 El Öl (oder anderes Fett), 2 El Mehl, 100 g gehackter Sauerampfer, ½ El gehackter Kerbel, 1 Eigelb, 3 El Sahne.

Bayerische Kartoffelsuppe

Das gewaschene Rindfleisch in 1–2 cm große Würfel schneiden und in 1¼ l Salzwasser ½ Stunde leicht kochen lassen. Dann die geschälten, in Würfel geschnittenen Kartoffeln dazugeben. Alles noch weitere 20 Minuten kochen. Inzwischen aus Butter und Mehl eine helle Mehlschwitze zubereiten und mit einem Teil des Kochsudes aufgießen. Unter ständigem Schlagen mit einem Schneebesen kräftig kochen lassen und dann zu der Suppe geben. Die Suppe mit Petersilie und etwas Muskat würzen und bei Bedarf noch etwas nachsalzen. Dann die in Scheiben geschnittene Bratwurst in die fertige Suppe geben und nur noch darin erwärmen.

300 g Rindfleisch (Nacken, Brust), Salz, 500 g mehlige Kartoffeln, 40 g Butter, 40 g Mehl, Bratwurst, Petersilie, Muskat.

Biersuppe

½ l helles Bier, 1 ungespritzte Zitrone, 2 El Stärkemehl, Muskat, Nelkenpulver, Ingwer, 1 Eigelb.

½ l Wasser mit der fein abgeriebenen Zitronenschale zum Kochen bringen, das in etwas kaltem Wasser angerührte Stärkemehl dazugeben und alles 10 Minuten kochen lassen. Das Bier dazugießen, kurz aufkochen und die Suppe mit Muskat, Nelkenpulver und feingemahlenem Ingwer abschmecken. Je nach Belieben noch mit einem Eigelb verfeinern (in die nicht mehr kochende Suppe schlagen). Servieren Sie die Suppe heiß in Suppentassen und geben Sie je 2–3 Schneeklößchen obenauf: Eiweiße von 2 Eiern zu einem steifen Schnee schlagen, mit 2 Teelöffeln kleine Klößchen abstechen und in kochendem Wasser (oder direkt in der Suppe) steif werden lassen.

Blumenkohlsuppe

1 mittelgroßer Blumenkohl, Salz, 40 g Butter, 2 El Mehl, Pfeffer, Muskat, Petersilie.

Den Blumenkohl ½ Stunde wässern (eventuell vorhandene Schnecken oder Würmer kriechen dabei heraus) und in Salzwasser etwa 20–30 Minuten gar, aber nicht zu weich kochen. ⅓ des Blumenkohls in kleine Röschen teilen, den Rest passieren oder im Mixer pürieren. Das Mehl in der Butter leicht anschwitzen (es soll nicht braun werden) und dann mit dem Blumenkohlsud aufgießen. 10 Minuten unter häufigem Rühren mit einem Schneebesen kochen, mit Salz, Pfeffer und Muskat abschmecken. Den passierten Blumenkohl in die Suppe geben.
Die Suppe mit der gehackten Petersilie bestreuen und die in Butter gerösteten Weißbrotwürfel als Einlage dazu reichen.

Bohnensuppe

250 g weiße Bohnen, 1 Lorbeerblatt, 2 Stengel Thymian, 3 Pfefferkörner, Salz, 1 El Mehl, 1 El Öl, Pfeffer, Essig, 100 g Räucherspeck.

Die über Nacht eingeweichten Bohnen mit frischem Wasser aufkochen und abseihen. Erneut mit 1½ l warmem Wasser zusetzen, würzen, salzen und bei mäßiger Hitze 1½ Stunden weichkochen. Die Bohnen abseihen; ⅓ davon beiseite stellen, den Rest passieren. Aus Öl und Mehl eine helle Einbrenne herstellen, mit dem Bohnensud aufgießen und 20 Minuten kräftig kochen lassen. Das Bohnenpüree dazurühren, mit Pfeffer und Essig abschmecken und zuletzt die zurückgehaltenen Bohnen dazugeben. Die Suppe in eine gewärmte Suppenschüssel füllen und mit den gebräunten Speckwürfeln übergießen.
Zur Abwechslung können Sie auch eine größere Zwiebel in Streifen schneiden, in Öl goldbraun rösten und über die Suppe gießen.

Serbische Bohnensuppe

200 g weiße Bohnen, 2 mittelgroße Zwiebeln, 2 Knoblauchzehen, Salz, 1 große Zwiebel, 4 El Schweineschmalz (oder Öl), 2 Paprikaschoten, 1 El Paprika, 2 mittelgroße Kartoffeln, 300 g geräucherte Schweinsrippe, Pfeffer.

Die am Vorabend eingeweichten Bohnen in frischem Wasser aufkochen, abseihen und mit kaltem Wasser überbrausen. Die Bohnen mit 1¼ l warmem Wasser zusetzen, die geschälten, halbierten Zwiebeln und die Knoblauchzehen dazugeben, salzen und alles etwa 1½ Stunden kochen, bis die Bohnen weich sind. Die Zwiebeln und die Knoblauchzehen herausnehmen.
Die große Zwiebel in feine Streifen schneiden und in dem Fett hellbraun rösten. Die geviertelten, geputzten Paprikaschoten (Stiel, Kerne und Scheidewände entfernen) in fingerdicke Streifen schneiden und ebenfalls leicht anrösten. Den Paprika dazugeben und mit ¼ l Wasser aufgießen. Die geschälten, in kleine Würfel geschnittenen Kartoffeln hinzufügen und mit dem Gemüse bei schwacher Hitze etwa 20 Minuten weichdünsten. Das Gemüse zu den Bohnen geben. Inzwischen die Schweinsrippe in etwas Wasser etwa 45 Minuten kochen, in kleine Stücke schneiden und in die Suppe geben. Sollte die Suppe zu dick sein, mit etwas Kochflüssigkeit des Fleisches verdünnen.
Die Suppe nochmals mit Salz und Pfeffer abschmecken und sehr heiß in einer gewärmten Suppenschüssel zu Tisch geben. (Abb. s. S. 53.)

Borschtsch

Das Rindfleisch in 3 l Salzwasser zum Kochen bringen und 2 Stunden bei mäßiger Hitze weiterkochen. Dann die geschälten, in kleine Würfel geschnittenen Kartoffeln und den gewaschenen, in Streifen geschnittenen Wirsing dazugeben. Die Roten Rüben sauber waschen, auf ein Backblech legen und für 40–50 Minuten in das auf 160° erhitzte Rohr stellen. Die Rüben enthäuten (die Haut läßt sich sehr leicht abziehen), fein hacken und mit dem Essig mischen. Das Öl in einer kleinen Kasserolle erhitzen, den Rübenbrei darin einige Minuten unter dauerndem Rühren durchrösten. Dann das Tomatenmark und den Zucker dazugeben, kurz aufkochen lassen und den Brei zu der kochenden Fleischbrühe geben. Die Zwiebel und die Mohrrüben fein hacken und beides in dem Öl hellbraun rösten. Mit dem Mehl stauben, nochmals gut durchrösten und dann mit 1–2 Schöpflöffeln der kochenden Suppe aufgießen. Das Ganze etwa 5 Minuten kochen lassen und dann zu der Fleischbrühe gießen.
Den Borschtsch mit den in ein Mullsäckchen gebundenen Gewürzen, Salz und einer Prise Zucker würzen und weitere 1–1½ Stunden bei schwacher Hitze kochen. Dann das Fleisch aus der Brühe nehmen, in mundgerechte Portionen schneiden und zurück in die Suppe geben.
Den Borschtsch mit der gehackten Petersilie vermischen, wenn nötig noch mit Salz und Zucker abschmecken (das Gewürzsäckchen entfernen) und in einer gewärmten Suppenschüssel auftragen. Geben Sie beim Austeilen auf jeden Suppenteller 1 El saure Sahne und schöpfen Sie den heißen Borschtsch darüber. Die hier angegebenen Mengen reichen für wenigstens 8–10 Personen; aber auch wenn es weniger Esser sind: Je öfter der Borschtsch aufgewärmt wird, desto besser schmeckt er!
Anstelle des Rindfleisches können Sie auch Hammelfleisch mit einem Stückchen Schinken oder Geflügelstücke (vor allem Gänse- oder Entenklein) zur Herstellung eines Borschtsch verwenden, zumal die Zubereitung dieses typisch russischen Gerichts sich von Gegend zu Gegend ändert und jeder Russe behauptet, er kenne das »einzig echte« Rezept.

¾ kg Rindfleisch (fettes Siedfleisch), Salz, 3 mittelgroße Kartoffeln, 300 g Wirsing oder Weißkohl, 2 mittelgroße Rote Rüben, 2 El Essig, 3 El Öl, 1 mittelgroße Dose Tomatenmark (etwa 100 g), 1 El Zucker, 1 mittelgroße Zwiebel, 2 Mohrrüben, 2 Tl Öl, 1 Tl Mehl, 12 Pfefferkörner, 1 Lorbeerblatt, 1 Knoblauchzehe, 1 Stengel Basilikum, 1 Stengel Dillkraut, 3 El gehackte Petersilie, ¼ l saure Sahne.

Bouillabaisse = französische Fischsuppe

Die Fische sorgfältig putzen (Kopf, Schwanz und Flossen entfernen) und in Portionsstücke teilen. Die Fischabfälle in etwas Salzwasser 1 Stunde auskochen und dann abseihen.
Die Zwiebel fein hacken, die Lauchstange in dünne Scheibchen schneiden (nur das Weiße verwenden!), die Knoblauchzehe zerdrücken und alles zusammen in einem flachen Kochtopf in dem erhitzten Öl anrösten. Die Fischstücke darüberlegen, mit den abgehäuteten, entkernten, kleingeschnittenen Tomaten bedecken und mit dem Fischsud und dem Weißwein übergießen. Wenn nötig noch so viel Wasser zugießen, daß alles gerade bedeckt ist. Mit dem Salz und den Gewürzen abschmecken und alles 15–20 Minuten bei schwacher Hitze gar kochen. Zuletzt die Muscheln und die Krabben in der Suppe heiß werden lassen. Die Suppe in einer gewärmten Suppenschüssel anrichten und mit den gehackten Kräutern bestreuen.
Die Weißbrotscheiben im Rohr trocknen, rösten und separat auftragen. Vor dem Essen auf jeden Teller 1–2 Weißbrotscheiben legen und die heiße Suppe darüberschöpfen.
Selbstverständlich entspricht das hier wiedergegebene Rezept nicht dem der »Original-Bouillabaisse«. Abgesehen davon, daß es ein solches Rezept gar nicht gibt, da jeder Ort, oft sogar jede Familie ein eigenes Rezept hat, sind die unbedingt dazugehörenden Fischsorten wie Knurrhahn; Drachenfisch, Petersfisch, Seehahn in Deutschland selten erhältlich.

1½ kg verschiedene Seefische (wenigstens 6 Sorten!), 1 Zwiebel, 1 Lauchstange, 1 Knoblauchzehe, 3 El Olivenöl, 3–4 Tomaten, ¼ l Weißwein, 1 Lorbeerblatt, 2 Stengel Thymian, 1 Messerspitze Safran, 1 Messerspitze getrocknete Orangenschale, ½ Tl frischer gemahlener Pfeffer, 1 kleine Dose Muscheln, 1 kleines Döschen Krabben, 1 El gehackte Petersilie, ½ El gehackter Thymian, 4 oder 8 Weißbrotscheiben.

Brotsuppe

150 g altes Mischbrot,
3 El Öl (oder anderes Fett),
1 Zwiebel, 1 Mohrrübe,
1/8 Sellerieknolle, 1/4 Tl Kümmel,
Salz, Pfeffer, Suppenwürze,
Schnittlauch.

Das Öl in einer größeren Kasserolle erhitzen und die fein gehackte Zwiebel darin bräunen. Die geputzten, geschnittenen Wurzeln und das zerteilte Brot ebenfalls leicht anrösten und mit 1 l kaltem Wasser aufgießen. Die Gewürze hinzufügen, alles langsam zum Kochen bringen, 1/4 Stunde kochen lassen und dann passieren. Die Suppe erhitzen, wenn nötig nachwürzen, in eine gewärmte Suppenschüssel geben und mit Schnittlauch bestreuen.

Champignonsuppe

200 g Champignons, Zitronensaft,
40 g Butter, 40 g Mehl,
1 l Kalbsknochenbrühe
(Würfelbrühe), Salz, Pfeffer,
Muskat, 1 Eigelb, 2 El Sahne.

Die geputzten Champignons in feine Scheiben schneiden, sofort mit etwas Zitronensaft beträufeln (damit sie schön hell bleiben) und in etwas Butter zugedeckt gar dünsten. Aus Butter und Mehl eine helle Mehlschwitze zubereiten, mit der Brühe aufgießen und 5 Minuten kräftig kochen. Die Champignons dazugeben, mit Salz, Pfeffer und einer Prise Muskat würzen und alles noch 1/4 Stunde ganz leicht kochen lassen.

Die Suppe mit dem mit der Sahne verquirlten Eigelb legieren, in einer gewärmten Suppenschüssel anrichten und mit der gehackten Petersilie bestreuen.

Curry-Suppe

2 saure Äpfel, 2 mittelgroße
Zwiebeln, 3/4 l Knochenbrühe,
1 Tl Curry, 10 g Butter, Salz,
Pfeffer, 1/4 l Sahne,
Pfefferminzblätter.

Die Äpfel schälen, entkernen, kleinschneiden, mit den ebenfalls kleingeschnittenen Zwiebeln in der Brühe etwa 10 Minuten weichkochen und dann passieren. Den Curry 3 Minuten in der zerlassenen Butter andünsten (er entfaltet so sein Aroma besser), mit einem Schöpflöffel Suppe aufgießen und zu der übrigen Suppe geben. Alles nochmals kurz aufkochen und mit Salz und Pfeffer fertig abschmecken. Kurz vor dem Auftragen die Sahne einrühren und mit gehackten Pfefferminzblättern bestreuen.

Erbsensuppe

200 g getrocknete grüne Erbsen,
1/2 Zwiebel, 2 Stengel Thymian,
1 Lorbeerblatt, Salz, 2 El Öl,
1 gehäufter El Mehl, 20 g Butter,
120 g Speck.

Die über Nacht eingeweichten Erbsen mit der Zwiebel und den Gewürzen in frischem Wasser 1–2 Stunden weichkochen. Die Zwiebel, den Thymian und das Lorbeerblatt entfernen und die Erbsen passieren. Das Mehl in dem Fett hellbraun anrösten und mit 1/4 l Wasser zum Kochen bringen. Den Erbsenbrei (samt Kochsud) dazugeben, wenn nötig noch mit etwas Wasser verdünnen und 10 Minuten bei schwacher Hitze gut durchkochen lassen. Zuletzt mit der Butter verfeinern. Die Suppe mit Salz und Pfeffer abschmecken und in einer gewärmten Suppenschüssel anrichten. Den Speck in Würfel schneiden, im eigenen Fett knusprig braun rösten und mit dem ausgebratenen Fett über die Suppe gießen.

Fischbeuschelsuppe

Kopf- und Schwanzstück eines
Karpfens, 1 Karpfenrogen,
Essig, Salz, 1 Suppengrün,
8 Pfefferkörner, 2 Stengel
Thymian, 1–2 Lorbeerblätter,
Essig, Öl, 1 Stück Würfelzucker,
2 El Mehl, 4 El Rotwein.

Kopf- und Schwanzstück des Karpfens waschen, mit dem Suppengrün und den Gewürzen in kaltem Essig-Salzwasser zugedeckt etwa 1 Stunde leicht kochen; dann abseihen. Den Karpfenrogen in einem Schöpflöffel des Fischsudes garen und abseihen.

Den Würfelzucker in dem Fett leicht karamelisieren lassen, das Mehl dazugeben und braun rösten. Mit dem Rotwein ablöschen, mit dem abgeseihten Fischsud aufgießen und alles 15 Minuten kräftig kochen lassen. Die Suppe mit Salz und Essig leicht sauer abschmecken und zuletzt mit dem Fischrogen vermischen. Die Suppe in einer gewärmten Suppenschüssel anrichten und mit gerösteten Semmelwürfeln bestreuen.

Gemüsesuppe

Das Gemüse putzen, waschen und kleinschneiden, in 1 l Salzwasser etwa 30 Minuten gar kochen und dann abseihen. Aus dem Öl und dem Mehl eine helle Mehlschwitze herstellen und mit dem Gemüsesud 15 Minuten gut verkochen. Das Gemüse dazugeben und die Suppe mit Salz und Pfeffer mild würzen. Zuletzt die fein gehackten Kräuter und etwas frische Butter dazugeben. Die Suppe in eine gewärmte Suppenschüssel geben und mit in wenig Butter gerösteten Weißbrotwürfeln reichen.

300 g gemischtes Gemüse (z. B. grüne Bohnen, Mohrrüben, Erbsen, Kohlrabi, Wirsing . . .), 3 El Öl (oder anderes Fett), 3 El Mehl, 2 El gehackte Kräuter (Petersilie oder Kerbel oder Gurkenkraut).

Geröstete Grießsuppe

Die Zwiebel sehr fein hacken und mit dem Grieß in dem Fett anrösten. Mit etwa 1 l heißem Wasser aufgießen und unter öfterem Rühren 15 Minuten schwach kochen lassen. Die Suppe mit Salz und Suppenwürze abschmecken und beim Anrichten mit reichlich Schnittlauch bestreuen.

50 g Weizengrieß, 1 kleine Zwiebel, 2 El Öl (oder anderes Fett), Salz, Suppenwürze, Schnittlauch.

Gulaschsuppe

Die Zwiebeln fein hacken und in dem Fett hellgelb anrösten. Den Paprika darunterrühren und sofort das gewaschene, gut abgetropfte und in Würfel geschnittene Fleisch dazugeben. Unter ständigem Rühren rundherum anbraten. Mit ½ l Wasser aufgießen, salzen und bei geschlossenem Topf ¾ Stunde schmoren. Dann die geschälten, in Würfel geschnittenen Kartoffeln dazugeben, noch ½–¾ l Wasser zugießen und in etwa 20 Minuten gar kochen. In den letzten 5 Minuten die geschälte, in kleine Würfel geschnittene Tomate dazugeben.
Servieren Sie diese kräftige Suppe als einfache Hauptmahlzeit und reichen Sie frische Semmeln oder Graubrot dazu.

½ kg Rindsschulter, 200 g Zwiebeln, 1 El Schweineschmalz (oder anderes Fett), 2 El Paprika, 1 Tl Salz, ½ kg Kartoffeln, 1 Tomate (oder 1 Tl Tomatenmark).

Gulaschsuppe auf original ungarische Art

Bereiten Sie eine Gulaschsuppe nach dem obigen Rezept. Das Ei mit Salz und der nötigen Menge Mehl zu einem festen Nudelteig verarbeiten und diesen in erbsengroße Stückchen zerzupfen. Die Csipetki (= Zupfteig) mit der gewürfelten Tomate in den letzten 5 Minuten mitkochen.

Zutaten wie für Gulaschsuppe, 1 Ei, Salz, Mehl nach Bedarf.

Haferflockensuppe

Die Haferflocken in der Butter goldgelb rösten und dann mit der erhitzten Brühe übergießen. Die Suppe mit Salz, Pfeffer und Muskat abschmecken und mit dem geschlagenen Ei legieren. Bestreuen Sie die Suppe vor dem Auftragen mit viel Schnittlauch.

60 g Haferflocken, 40 g Butter (oder Öl), 1 l Knochenbrühe, Salz, Pfeffer, Muskat, 1 Eigelb, Schnittlauch.

Haferschleimsuppe

Die Haferflocken in ¼ l kaltem Wasser quellen lassen, dann mit 1 l heißem Wasser übergießen und 1 Stunde bei ganz schwacher Hitze kochen. Die Suppe passieren und mit Salz und Zitronensaft abschmecken. Die geputzten Mohrrüben fein reiben (oder auspressen) und zu der Suppe geben. Servieren Sie diese vor allem für Diätzwecke gut geeignete Suppe mit fettlos gerösteten Weißbrotscheiben.
Ist die Suppe nicht für strenge Diät gedacht, können Sie die Haferflocken statt in Wasser in Kalbsknochenbrühe oder in Würfelbrühe kochen. Dann können Sie die Suppe noch mit einem Eigelb, das mit $^1/_{10}$ l Sahne verquirlt wird, legieren.

100 g Haferflocken, Salz, Zitronensaft, 1–2 Mohrrüben.

Halászlé = Szegediner Fischsuppe

500 g möglichst verschiedenartige Fische (Hecht, Zander, Wels, Aal, Karpfen ...), Salz, 200 g Zwiebeln, 50 g Öl (oder anderes Fett), 1 El Paprika, 2 El Mehl.

Die Fische waschen, in mundgerechte Portionen schneiden, leicht salzen und beiseite stellen. Die Zwiebeln fein hacken und in dem erhitzten Öl goldbraun rösten. Den Paprika dazugeben, gut verrühren (ohne den Paprika zu überhitzen), mit dem Mehl stauben und nach nochmaligem Durchrösten mit etwa 1 l Wasser aufgießen. Das Ganze 10 Minuten zu einer sämigen Suppe kochen. Die Fischstücke in die kochende Suppe geben und nahe dem Siedepunkt (ohne zu kochen) darin ziehen lassen. Die Suppe bei Bedarf noch etwas nachsalzen und in einer gewärmten Suppenschüssel anrichten.
Reichen Sie zu dieser Fischsuppe leicht angeröstetes Weißbrot.

Hascheesuppe

300–400 g gekochtes oder gebratenes Rindfleisch (Reste!), 40 g Öl (oder anderes Fett), 40 g Mehl, 1 l Knochenbrühe (Würfel), Salz, Pfeffer, Essig, 2 El gehackter Schnittlauch.

Das Mehl in dem Fett mittelbraun rösten, unter ständigem Schlagen mit dem Schneebesen mit der Brühe aufgießen und einige Minuten kräftig kochen. Das Fleisch zweimal durch den Fleischwolf drehen und in der Suppe etwa 20 Minuten schwach kochen lassen. Die Suppe mit Salz, Pfeffer und einem Spritzer Essig leicht sauer abschmecken, in eine gewärmte Suppenschüssel geben und mit gehacktem Schnittlauch bestreuen.
Eine Suppe, die sich vorzüglich zur Verwendung von Fleischresten eignet! Servieren Sie sie mit in Butter gerösteten Semmelwürfeln als Einlage.

Helle Einbrennsuppe

40 g Butter (oder anderes Fett), 2 El Mehl, 1 l Kalbsknochenbrühe (oder eine Würfelbrühe), Salz, Muskat, weißer Pfeffer, 1 Eigelb, $^{2}/_{10}$ l Sahne, eventuell 6 El Weißwein.

Aus Mehl und Butter eine helle Einbrenne bereiten, mit der Brühe übergießen und 15 Minuten bei geringer Hitze kochen lassen. Die Suppe mit Salz, Muskat und weißem Pfeffer mild abschmecken und mit dem in der Sahne verquirlten Eigelb legieren. Die Zugabe von 6 El herbem Weißwein verfeinert den Geschmack!
Richten Sie diese Suppe in einer gewärmten Suppenschüssel an und geben Sie einige *Bröselknödel* oder *Markklößchen* oder trocken geröstete Weißbrotschnitten hinein.

Holundersuppe

400 g Holunderbeeren (entstielt), 120 g Zucker, 1 El Zitronensaft, 2 Birnen, 2 mürbe Äpfel, 2 El Stärkemehl, $^{1}/_{4}$ l Weißwein.

Die Holunderbeeren gut waschen, in 1 l Wasser weichkochen (etwa 20 Minuten) und passieren. – Den Fruchtsaft mit dem Zucker und dem Zitronensaft zum Kochen bringen und die geschälten, entkernten, in kleine Würfeln geschnittenen Früchte dazugeben. Das Stärkemehl mit dem Weißwein glatt verrühren und zu dem kochenden Fruchtsaft geben. Unter häufigem Rühren 15 Minuten kochen lassen.
Servieren Sie die Holundersuppe heiß in einer gewärmten Suppenschüssel und geben Sie *Grießklößchen* oder Suppenmakronen als Einlage.

Hühnercremesuppe

$^{1}/_{4}$ Suppenhuhn (oder Hühnerklein von 1–2 Hühnern), 1 Suppengrün, 40 g Butter (oder Öl), 2 El Mehl, 4 El Weißwein, 1 Eigelb, $^{2}/_{10}$ l Sahne, Muskat.

Das gewaschene Huhn mit Suppengrün in 1 $^{1}/_{2}$ l Salzwasser etwa $^{3}/_{4}$ Stunde weichkochen. Das Hühnerfleisch dann aus dem Sud nehmen, von den Knochen lösen und in kleine Stücke teilen. Die Brühe abseihen. Aus Butter und Mehl eine helle Mehlschwitze zubereiten, mit der Hühnerbrühe aufgießen, glattrühren und 15 Minuten leicht kochen lassen. Den Weißwein dazugeben und die Suppe mit Salz und Muskat milde würzen. Das Hühnerfleisch in die Suppe geben und mit dem in der Sahne verquirlten Eigelb legieren.
Richten Sie die Suppe in Suppentassen oder einer gewärmten Suppenschüssel an und geben Sie *Markklößchen* oder *Bröselknödel* als Einlage hinein.

Kalbfleischsuppe

Das gewaschene Kalbfleisch in zentimetergroße Würfel schneiden und mit dem geputzten Suppengrün in 1 l Salzwasser etwa 30 Minuten gar kochen. Die Brühe abseihen und das Fleisch zur Seite stellen. Die Champignons putzen, waschen, in feine Scheiben schneiden, mit etwas Zitronensaft beträufeln und bei geschlossenem Topf in einem kleinen Teil der Butter etwa 5–10 Minuten gar dämpfen. Aus der restlichen Butter und dem Mehl eine helle Mehlschwitze bereiten, mit der Kalbfleischbrühe aufgießen – dabei kräftig mit einem Schneebesen schlagen – und 10 Minuten kochen. Die Kalbfleischwürfel und die Champignons in die Suppe geben und noch 10 Minuten darin ziehen lassen. Die Suppe mit weißem Pfeffer und einer Spur Muskat würzen und bei Bedarf noch etwas nachsalzen. Kurz vor dem Anrichten mit dem in der Sahne verquirlten Eigelb legieren.
Richten Sie die Suppe in Suppentassen oder in einer gewärmten Suppenschüssel an und bestreuen Sie sie mit dem gehackten Kerbel.

200 g Kalbfleisch (Schulter), 1 Suppengrün (1 Mohrrübe, 1 Petersilienwurzel, $^1/_8$ Sellerieknolle), Salz, 200 g Champignons, Zitronensaft, 60 g Butter, 40 g Mehl, weißer Pfeffer, Muskat, 1 Eigelb, $^2/_{10}$ l Sahne, 1 El fein gehackter Kerbel (oder Schnittlauch).

Suppen

Kardinalsuppe

Die gewaschenen Tomaten halbieren, mit den Gewürzen, der Zitrone und dem Weißwein 10 Minuten in der Fleischbrühe kochen und danach passieren. Das Stärkemehl mit dem Madeira verrühren, unter ständigem Schlagen mit dem Schneebesen in die kochende Suppe geben und alles 5 Minuten leicht kochen lassen. Die Suppe mit Salz, Zucker, Pfeffer und einer halben Messerspitze Cayennepfeffer gut abschmecken und dann in vorgewärmten Suppentassen anrichten.
Die Sahne steif schlagen und in jede Suppentasse 1 El der steifen ungesüßten Sahne geben. Wenn Sie wollen, können Sie das Ganze noch mit etwas gehacktem Estragon bestreuen.

1 kg Tomaten, 1 l Fleischbrühe (Würfel), 1 Lorbeerblatt, 2 Stengel Thymian, 2 Gewürznelken, $^1/_2$ ungespritzte Zitrone, $^1/_4$ l Weißwein, 1 Tl Stärkemehl, 2 El Madeira, Salz, Zucker, weißer Pfeffer, Cayennepfeffer, $^2/_{10}$ l Sahne.

Kartoffelsuppe auf französische Art

Die Kartoffeln schälen und in Stücke schneiden. Die Lauchstange gut waschen und in Scheiben schneiden. Die Mohrrübe und die Sellerieknolle ebenfalls putzen und kleinschneiden, die Zwiebel fein hacken. Lauchstange, Mohrrübe, Sellerie und Zwiebel in dem Öl leicht andunsten und mit 1 l Wasser aufgießen. Die Kartoffeln dazugeben, mit Salz und Pfeffer würzen und alles etwa 30 Minuten weichkochen. Das Ganze abseihen, im Mixer pürieren (oder passieren) und wieder zu der Brühe geben. Die Suppe nochmals zum Kochen bringen und zuletzt mit der Sahne und der frischen Butter verfeinern.
Die Suppe am besten in Suppentassen anrichten und mit reichlich Schnittlauch bestreuen.
Zur Abwechslung können Sie die Suppe auch mit einigen gerösteten Zwiebelringen bestreuen. Richten Sie sie in diesem Fall in einer Suppenschüssel an. Reichen Sie Landbrot und Butter dazu.

400 g Kartoffeln, 1 Lauchstange, 1 Mohrrübe, 1 kleines Stück Sellerieknolle, 1 Zwiebel, 3 El Öl, Salz, Pfeffer, $^1/_8$ l Sahne, 30 g Butter.

Käsesuppe

Aus Butter und Mehl eine helle Einbrenne bereiten, mit der Brühe aufgießen und 15 Minuten leicht kochen lassen. Die Suppe vom Feuer nehmen und den Käse unter ständigem Rühren mit dem Schneebesen dazugeben. Mit Salz, Pfeffer und etwas Knoblauchsalz abschmecken und mit der Sahne verfeinern.
Die Suppe in einer gewärmten Suppenschüssel auftragen und mit reichlich Schnittlauch bestreuen.
Besonders pikant: Würzen Sie zusätzlich mit 1 El zerstoßenem Kümmel.

40 g Butter, 40 g Mehl, 1 l Kalbsknochenbrühe (oder eine doppelt verdünnte Würfelbrühe), 80 g geriebener Emmentaler (oder ein anderer Hartkäse), Salz, Pfeffer, Knoblauchsalz, $^2/_{10}$ l Sahne.

Königinsuppe

$^1/_2$ Suppenhuhn, 1 Suppengrün, Salz, 1 Tl Butter, 1 Tl Mehl, Muskat, Zitronensaft, 120 g gekochten Schinken, 1 kleine Dose Spargelköpfe (oder 100 g Champignons und etwas Butter), 2 Eigelbe, $^2/_{10}$ l Sahne, Petersilie oder Zitronenmelisse.

Das gewaschene Suppenhuhn mit dem Suppengrün in Salzwasser etwa 1 Stunde gar kochen. Das Suppenhuhn aus der Brühe nehmen, von Haut und Knochen befreien und in schmale Streifen schneiden. Die Brühe durch ein Sieb gießen und zum Kochen bringen. Die Butter mit dem Mehl verkneten und langsam in die kochende Suppe geben. Nochmals 5 Minuten kochen lassen und dann mit Salz, Muskat und Zitronensaft abschmecken. Das Hühnerfleisch, den in Würfel geschnittenen Schinken und die Spargelköpfe (oder die in wenig Butter gar gedämpften, geviertelten Champignons) als Einlage in die Suppe geben. Die Suppe mit dem in der Sahne verquirlten Eigelb legieren (nicht kochen) und vor dem Anrichten noch 5 Minuten ziehen lassen. Die Suppe in einer gewärmten Suppenschüssel oder in Suppentassen anrichten und mit gehackter Petersilie oder Zitronenmelisse bestreuen.

Lauchsuppe auf Hausfrauen-Art

600 g Lauch, 30 g Butter, 2 große mehlige Kartoffeln, Salz, Pfeffer, Muskat, $^1/_8$ l Milch, $^1/_8$ l Sahne, 1 Eigelb.

Den gewaschenen und geputzten Lauch in etwa $^1/_2$ cm breite Scheibchen schneiden, in der zerlassenen Butter kurz dünsten. Mit etwa $^3/_4$ l Wasser aufgießen (Sie können auch Brühe nehmen), die geschälten, in kleine Würfelchen geschnittenen Kartoffeln dazugeben und alles bei schwacher Hitze etwa 30 Minuten gar kochen; mit Salz, Pfeffer und Muskat abschmecken. Das Eigelb mit der Milch und der Sahne verquirlen, in die erhitzte Suppe geben und noch 15 Minuten ziehen lassen.
Servieren Sie die Suppe sehr heiß mit gerösteten Weißbrotscheiben als Einlage. Auch 100 g in feine Streifen geschnittener gekochter Schinken paßt ausgezeichnet dazu.

Leberpüreesuppe

250 g Kalbs- oder Rindsleber, 1 Wurzelwerk (1 Mohrrübe, $^1/_4$ Sellerieknolle, 1 Lauchstange), 1 Zwiebel, 2 El Öl (oder anderes Fett), 40 g Mehl, 40 g Butter, $^1/_8$ l Rotwein, Salz, Pfeffer, Suppenwürze, Essig.

Die gewaschene Leber schaben oder durch den Fleischwolf drehen. Das geputzte Wurzelwerk und die Zwiebel kleinschneiden und mit der Leber im Fett anrösten. Mit $^3/_4$ l Wasser aufgießen, die Gewürze dazugeben, alles $^1/_2$ Stunde leicht kochen lassen und dann passieren. Aus Mehl und Butter eine mittelbraune Einbrenne bereiten und mit der passierten Suppe aufgießen. Den Rotwein dazugeben, kurz aufkochen und dann mit Salz, Pfeffer, Suppenwürze und einem Spritzer Essig abschmecken.
Servieren Sie die Leberpüreesuppe in einer gewärmten Suppenschüssel und bestreuen Sie sie mit in Butter gerösteten Weißbrotwürfeln und gehackter Petersilie.
Sehr schmackhaft wird die Leberpüreesuppe, wenn Sie geröstete Zwiebelringe darüberstreuen.

Linsensuppe

200 g Linsen, 1 Lorbeerblatt, 1 Stengel Thymian, Salz, 2 mehlige Kartoffeln, 2 El Schmalz (oder Öl), 2 El Mehl, Pfeffer, 1 Tl Essig, 1 Paar Würstchen.

Die am Vortag eingeweichten Linsen abseihen und mit dem Lorbeerblatt und dem Thymian in frischem Salzwasser garen (1–2 Stunden). In den letzten 20 Minuten die geschälten, in kleine Würfel geschnittenen Kartoffeln mitkochen. Aus Fett und Mehl eine dunkle Einbrenne zubereiten, mit dem Linsensud (samt Linsen und Kartoffeln) aufgießen und noch 10 Minuten leicht kochen lassen. Die Suppe mit Salz, Essig und Pfeffer abschmecken.
Die Würstchen in Scheiben schneiden, in die Suppe geben und darin heiß werden lassen.
Diese sehr nahrhafte Suppe in einer gewärmten Schüssel anrichten.
Verwenden Sie bereits aufgeschlossene Linsen, so brauchen Sie sie nicht einzuweichen; auch die Kochzeit vermindert sich weitgehend.

Ochsenschwanzsuppe, gebunden

Den in Stücke gehackten Ochsenschwanz waschen und gut abtropfen lassen. Den in Würfel geschnittenen Speck im eigenen Fett hellbraun rösten. Die geputzten, geschälten Wurzeln, die in Scheiben geschnittene Zwiebel und die Fleischstücke dazugeben, kräftig rösten und mit etwa 1 l heißem Salzwasser aufgießen. Die in ein Mullsäckchen gebundenen Gewürze dazugeben und alles kochen, bis das Fleisch gar geworden ist (etwa 1½ Stunden). Die Fleischstücke aus dem Sud nehmen. Das Fleisch von den Knochen lösen, in nicht zu große Stücke teilen und in einer vorgewärmten Suppenschüssel warm stellen. Das Mehl in dem Fett kräftig braun anrösten, mit der Suppe aufgießen und 5 Minuten lang kochen. Den Rotwein dazugeben und die Suppe nochmals mit Salz und Pfeffer abschmecken. Die Suppe über die Fleischstücke gießen und mit gerösteten Weißbrotwürfeln auftragen.
Sehr pikant: Geben Sie noch 1–2 El Madeira dazu.

500 g Ochsenschwanz, 120 g Speck, 1 Mohrrübe, 1 Petersilienwurzel, ½ Sellerieknolle, 1 Zwiebel, Salz, 5 Pfefferkörner, 3 Pimentkörner, ½ Lorbeerblatt, 2 Stengel Thymian, 2 Gewürznelken, 2 El Öl (oder Schmalz), 2 El Mehl, ⅛ l Rotwein.

Suppen

Pflaumensuppe

Die gewaschenen Pflaumen entkernen und mit dem Zucker und den Gewürzen in dem auf das Doppelte verdünnten Rotwein etwa 30 Minuten sehr weich kochen. Das »Pflaumenkompott« passieren und wenn nötig noch etwas nachzuckern.
Das Weißbrot mit Butter bestreichen, mit Zucker bestreuen, in daumendicke Streifen schneiden und in dem auf 120° erwärmten Backrohr 10 Minuten überbakken. Die Brotstreifen in erwärmte Suppenteller geben und mit der heißen Pflaumensuppe übergießen.
Anstelle des Weißbrots können Sie die Pflaumensuppe auch mit Suppenmakronen servieren.

300 g frische Pflaumen, ⅜ l Rotwein, 50 g Zucker, Zimt, Nelken, 4 Scheiben Weißbrot, 20 g Butter, 1 El Zucker.

Pilzsuppe

Die geputzten Pilze (das gelbe Hutfutter älterer Pilze entfernen) in feine Scheiben schneiden und mit der gehackten Petersilie zugedeckt in einem Teil der Butter 5 Minuten dünsten. Dann mit ½ l Wasser aufgießen und die Pilze noch etwa 5 Minuten garen. Aus der restlichen Butter mit dem Mehl eine mittelbraune Mehlschwitze bereiten und mit ½ l kochendem Wasser aufgießen. 5 Minuten kräftig kochen, dabei mit dem Schneebesen schlagen, und dann mit den Pilzen (inklusive Sud) vermischen. Alles nochmals 10 Minuten schwach kochen, die saure Sahne dazurühren und zuletzt mit Salz und Pfeffer abschmecken.
Die Suppe in einer gewärmten Suppenschüssel anrichten und mit gerösteten Weißbrotwürfeln bestreuen.

250 g Steinpilze, 1 Tl gehackte Petersilie, 60 g Butter, 2 El Mehl, 1 El saure Sahne.

Rassoljnik-Suppe

Die Nieren gut reinigen (das Fett und die Haut entfernen), in je 4 Teile schneiden, mit kochendem Wasser überbrühen, nochmals waschen und dann in 1½ l Salzwasser garen (etwa 1 Stunde). Die Zwiebel, die Petersilienwurzeln und die Sellerieknolle in Streifen schneiden, in das erhitzte Fett geben und einige Minuten gut durchrösten. Die in dünne Scheiben geschnittenen Gurken und die geschälten, in kleine Würfel geschnittenen Kartoffeln dazugeben, mit dem Nierensud aufgießen und das Ganze 30–40 Minuten bei schwacher Hitze kochen. Zuletzt den fein gehackten Sauerampfer hinzufügen und die Suppe mit Salz und Pfeffer abschmecken. Die Nieren in feine Scheiben schneiden, in die Suppe geben und kurz darin ziehen lassen.
Die Suppe in einer gewärmten Suppenschüssel anrichten und die saure Sahne separat dazu reichen; sie wird vor dem Austeilen in die Suppenteller gegeben.

400 g Rindsnieren, Salz, 1 Zwiebel, 2 Petersilienwurzeln, ½ Sellerieknolle, 2 El Schmalz (oder anderes Fett), 2 große Salzgurken, 3 mittelgroße Kartoffeln, 100 g Sauerampfer, Salz, Pfeffer, ¼ l saure Sahne.

Reisschleimsuppe

1 Tasse Milchreis, 1 l Fleischbrühe (Würfel- oder Kalbsknochenbrühe), Salz, Petersilie, 1 Eigelb, $^1/_{10}$ l Sahne.

Den gewaschenen Reis in der Brühe sehr weich kochen und dann durchpassieren. Die Suppe mit Salz und Petersilie würzen und, wenn sie nicht für Diätzwecke verwendet werden soll, mit dem in der Sahne verquirlten Eigelb legieren.

Rotweinsuppe

1 kleine Mohrrübe,
$^1/_2$ Petersilienwurzel,
$^1/_4$ Sellerieknolle, 2 El Öl,
500 g Tomaten, $^1/_4$ l Fleischbrühe,
$^1/_2$ l leichter Rotwein, $^1/_8$ l Sahne,
1 Eigelb, 150 g gekochter Schinken, Spargelspitzen oder Champignons.

Sämtliche Wurzeln putzen, fein schneiden und in dem Öl anrösten. Die geviertelten Tomaten dazugeben. Alles bei geschlossenem Topf im eigenen Saft gar dünsten und dann passieren. Den Gemüsebrei mit der Brühe und dem Rotwein verrühren, kurz zum Kochen bringen und den in feine Streifen geschnittenen Schinken dazugeben. Die Suppe mit Salz, Pfeffer und einer Spur Zucker pikant abschmecken und kurz vor dem Anrichten mit dem in der Sahne verrührten Eigelb binden.
Wenn Sie wollen, können Sie die Suppe noch mit einigen Spargelspitzen oder in Butter gedämpften Champignons verfeinern.
Servieren Sie diese Suppe in gewärmten Suppentassen, bestreuen Sie sie mit Schnittlauch und reichen Sie frischen Toast dazu.

Sauerampfersuppe

250 g Sauerampfer, 2 El Butter, 3 El Mehl, $^2/_{10}$ l Milch, 1 Eigelb, Salz, Suppenwürze.

Den Sauerampfer waschen, die groben Stiele entfernen und 1–2 Minuten mit etwas Wasser (3–4 El) erhitzen. Dann die Blätter fein hacken. Aus Butter und Mehl eine helle Mehlschwitze bereiten, mit $^3/_4$ l heißem Salzwasser aufgießen und 15 Minuten leicht kochen. Den Sauerampfer dazugeben und die Suppe mit dem in Milch verrührten Eigelb legieren, mit Salz und Suppenwürze abschmecken und in einer gewärmten Suppenschüssel anrichten. Mit gerösteten Weißbrotwürfeln bestreuen.
Genauso gut schmeckt diese Suppe, wenn Sie anstelle des Sauerampfers Kerbel verwenden.

Spinatsuppe

Wird genauso wie *Sauerampfersuppe* bereitet. Verwenden Sie anstelle des Sauerampfers 150–200 g gewaschene Spinatblätter.

Schtschi = russische Krautsuppe

500 g Rind-, Hammel- oder Räucherfleisch,
500 g Sauerkraut, 1 mittelgroße Zwiebel, 1 Petersilienwurzel,
1 Mohrrübe, $^1/_4$ Sellerieknolle,
2 El Schweineschmalz (oder Öl),
1 El Mehl, 1 El Tomatenmark,
Salz, Pfeffer, 1 Lorbeerblatt,
$^1/_8$ l saure Sahne.

Das Sauerkraut gut ausdrücken (ist es sehr sauer, sollte es vorher kurz durchgewaschen werden), mit dem Fleisch in etwa 2 l Wasser 2 Stunden bei mäßiger Hitze kochen lassen. Die Zwiebel fein hacken, die Petersilienwurzel, die Mohrrübe und die Sellerieknolle grob raspeln und alles in dem Fett hellbraun anrösten. Das Mehl dazugeben, gut durchrösten, das Tomatenmark hinzufügen und mit 1–2 Schöpflöffeln der Fleisch-Kraut-Brühe aufgießen. Alles einige Minuten kräftig kochen lassen und dann zu der restlichen Suppe geben. Mit Salz, Pfeffer und dem Lorbeerblatt würzen und den Schtschi noch 1 Stunde zu dicklicher Konsistenz einkochen.
Den Schtschi mit Salz und Pfeffer abschmecken und dann in einer gewärmten Suppenschüssel auftragen. Vor dem Austeilen auf jeden Suppenteller 1 El sauren Rahm geben. Statt mit Mehl können Sie den Schtschi auch mit Kartoffeln binden: Man schält 2–3 mehlige Kartoffeln, raspelt sie und gibt sie in der letzten $^1/_2$ Stunde zu dem Schtschi. Gleichzeitig können Sie noch 5–6 Wacholderbeeren, in ein Mullsäckchen gebunden, mitkochen.

Selleriesuppe

Die Sellerieknolle waschen, schälen, in feine Scheiben schneiden und mit dem Zitronensaft in Salzwasser etwa 30 Minuten garen, dann aus dem Sud nehmen. Einen Teil der Sellerieknolle (etwa $1/3$ in kleine Würfel schneiden, den Rest im Mixer pürieren oder passieren). Aus Butter und Mehl eine helle Mehlschwitze bereiten und mit dem Selleriesud aufgießen. Alles 5 Minuten kräftig kochen lassen, wenn nötig noch etwas Wasser zusetzen und mit Salz und weißem Pfeffer abschmecken. Zuletzt die geschnittenen Selleriewürfel in die Suppe geben, kurz darin ziehen lassen und mit der Sahne verfeinern.
Die Suppe in einer gewärmten Suppenschüssel anrichten und mit fein gehacktem Selleriegrün oder Petersilie bestreuen. Reichen Sie in Butter geröstete Weißbrotwürfelchen dazu.

1 größere Sellerieknolle, Zitronensaft, 30 g Butter (oder 2 El Öl), 1 El Mehl, Salz, Pfeffer, $1/8$ l Sahne, Petersilie.

Suppen

Spargelcremesuppe

Den Spargel schälen, in 2–3 cm lange Stücke schneiden und mit einer Prise Zucker in Salzwasser etwa 30 Minuten garen, dann abseihen. Aus Butter und Mehl eine helle Mehlschwitze bereiten, mit der Spargelbrühe aufgießen und 10 Minuten kräftig kochen lassen. Die Spargelstücke in die Suppe geben, wenn nötig noch Wasser zusetzen und etwas nachsalzen. Zuletzt mit der Sahne und einem nußgroßen Stück frischer Butter verfeinern.
Die Suppe in Suppentassen oder einer gewärmten Suppenschüssel anrichten.

500 g Spargel, 1 Messerspitze Zucker, 2 El Butter (oder Öl), 2 El Mehl, $1/8$ l Sahne, 10 g Butter.

Tomatensuppe

Die Tomaten mit der Gewürznelke und der Zitronenschale in $1/2$ l Wasser gar kochen. Die Zwiebel fein hacken, salzen und in dem Öl ganz leicht andünsten. Mit dem Mehl stauben, kurz durchrösten, mit $1/2$ l kochendem Wasser (oder Brühe) aufgießen und einige Minuten kräftig kochen. Die Tomaten daruntermischen und alles passieren. Die Suppe anschließend mit Salz, Pfeffer und einer Spur Zucker abschmecken.
Servieren Sie diese Suppe in Suppentassen oder einer gewärmten Suppenschüssel, bestreuen Sie sie mit dem Schnittlauch und geben Sie gekochten Reis oder geröstete Weißbrotwürfelchen als Einlage.

1 kg fleischige Tomaten, 1 Gewürznelke, die Schale einer halben ungespritzten Zitrone, 1 Zwiebel, Salz, 3 El Öl, 2 El Mehl, Schnittlauch.

Zwiebelsuppe auf französische Art

Die Zwiebeln in Scheiben schneiden und in dem Öl goldgelb anrösten. Mit dem Wein ablöschen und zugedeckt 10 Minuten dünsten. Dann mit der heißen Fleischbrühe auffüllen, mit Salz und Pfeffer abschmecken und noch weitere 5 Minuten schwach kochen lassen. Die Suppe in eine feuerfeste Schüssel füllen. Die in Butter gerösteten Weißbrotscheiben vorsichtig darüberlegen und den Parmesan darüberstreuen. Das Ganze in dem stark erhitzten (200° Oberhitze) Rohr 5 Minuten überkrusten lassen. Die Suppe kochend heiß in der feuerfesten Schüssel zu Tisch geben.
Haben Sie Gäste, füllen Sie die Suppe in feuerfeste Portionsschüsselchen: In jedes Schüsselchen eine Brotscheibe geben und im übrigen so wie oben beschrieben verfahren.
Wollen Sie Ihre Zwiebelsuppe einmal anders servieren: Beträufeln Sie die gerösteten Brotscheiben mit ganz wenig Cognac und schichten Sie sie abwechselnd mit dem geriebenen Parmesan in eine gewärmte Suppenschüssel. Gießen Sie die kochende Zwiebelsuppe darüber und legieren Sie zuletzt mit 2 Eigelben, die Sie mit 1 El Cognac verquirlt haben. Sie können die Suppe dann noch mit fein geschnittenem Zwiebelgrün bestreuen.

6 Zwiebeln, 2 El Öl, $1/8$ l Weißwein, 1 l Fleischbrühe, Salz, Pfeffer, 8 kleine Weißbrotscheiben, 20 g Butter, 80 g geriebenen Parmesan.

KALTE BRÜHEN UND KALTSCHALEN

Kalte Brühen und ihre süßen Verwandten, die Kaltschalen, sind sehr erfrischende Suppen. Sie eignen sich vor allem zur Einleitung einer kleinen sommerlichen Mahlzeit oder eines Grillessens im Freien.

Consommé, kalte

1 l Kraftbrühe, 4 El Sherry oder Cognac.

Die Kraftbrühe wenigstens 12 Stunden, am besten über Nacht, sehr kalt stellen und dann sorgfältig entfetten. Den Sherry (oder den Cognac) dazugeben und bei Bedarf noch etwas nachsalzen.
Servieren Sie die Consommé eiskalt mit *Eierstich* und kleinen Tomatenwürfeln als Einlage.
Und zur Abwechslung: Bieten Sie diese erfrischende Suppe einmal mit »grünen Eiswürfeln« an: Hacken Sie 3–4 El beliebige Kräuter (Petersilie, Estragon, Kerbel, Gurkenkraut, je nach gewünschter Geschmackrichtung) sehr fein, füllen Sie sie mit nicht zu viel Wasser in einen kleinen Eiswürfelbehälter und lassen Sie sie gefrieren.

Gazpacho

250 g Tomaten, 1 mittlere Gurke, 1 grüne Paprikaschote, 1 kleine Zwiebel, 50 g Semmelbrösel, 3 El Olivenöl, ½ Tl Trockenknoblauch, 1 Messerspitze Cayennepfeffer, Salz, Essig.

Die Tomaten enthäuten, entkernen und in Würfel schneiden. Die Gurke schälen und grob hacken. Die Paprikaschote entkernen und hacken. Die Zwiebel fein hacken. Die Tomaten, die Gurke, die Paprikaschote und die Zwiebel mit den Semmelbröseln und dem Öl in den Mixer geben und bei hoher Geschwindigkeit pürieren. (Haben Sie keinen Mixer, so treiben Sie das Gemüse durch den Fleischwolf, vermischen die Masse mit den Semmelbröseln und rühren das Öl langsam dazu.) Die Mischung mit dem Trockenknoblauch, dem Cayennepfeffer, Salz und Essig abschmecken und mit kaltem Wasser auf 1 l Flüssigkeit verdünnen. Den Gazpacho in einer Suppenschüssel anrichten und auf wenigstens 5 Stunden kalt stellen.
Servieren Sie den Gazpacho eiskalt und reichen Sie beim Auftragen folgende Zutaten, in kleinen Schüsselchen angeordnet, dazu: 2–3 in etwa 1 cm große Würfel geschnittene Semmeln, 1 geschälte, in kleine Würfel geschnittene Gurke, 1–2 grob gehackte Zwiebeln, 2–3 hartgekochte, gehackte Eier, 2 grüne (oder 1 grüne und 1 rote) Paprikaschote, geschält und grob gehackt, 3 enthäutete, entkernte und würfelig geschnittene Tomaten.
Jeder kann sich dann seinen Gazpacho mit den ihm zusagenden Einlagen anrichten: Ein leichtes, vor allem für heiße Sommertage geeignetes Abendessen, dem Sie am besten nur noch einige Pastetchen oder ähnliches folgen lassen.

Madrilene

1 kg mageres Rindfleisch, 1 Mohrrübe, ½ Petersilienwurzel, 1 kleine Sellerieknolle, 1 Zwiebelschale, ¼ l Tomatensaft, 6 El Weißwein (oder Madeira), Salz, Pfeffer, Muskat, Zitronensaft, 2 kleine Tomaten, ½ Gurke, 1 Tl gehackter Kerbel (oder Estragon).

Das gewaschene Rindfleisch mit den geputzten, geschnittenen Wurzeln und der Zwiebelschale in 1 l Salzwasser 1½ Stunden bei geringer Hitze kochen lassen. Die Brühe abseihen und wenigstens 12 Stunden kalt stellen. Die Brühe vollständig entfetten, mit dem Tomatensaft und dem Weißwein mischen und mit Salz, Pfeffer, Muskat und Zitronensaft abschmecken. Die Tomaten überbrühen, enthäuten, entkernen. Die Gurke schälen, entkernen. Beides in Würfel schneiden, als Einlage in die Suppe geben und diese in Suppenschalen anrichten. Mit den gehackten Kräutern bestreuen.
Wichtig ist, daß die Madrilene sehr kalt aufgetragen wird.

Suppen

Kaltschale Ilona

250 g grüne Erbsen, $\frac{3}{4}$ l Hühnerbrühe, $\frac{1}{2}$ Tl Curry, $\frac{1}{8}$ l Sahne, Paprika.

Die Erbsen in etwas Salzwasser ca. 15–20 Minuten garen, abseihen und passieren. Den Erbsenbrei nach dem Erkalten mit der kalten, vollkommen entfetteten Hühnerbrühe verrühren und mit dem Curry, wenn nötig auch noch mit etwas Salz, würzen.
Die Suppe in Suppentassen anrichten.
Kurz vor dem Auftragen auf jede Tasse 1 El geschlagene Sahne geben und diese mit etwas Paprika bestreuen.
Reichen Sie frischen Toast und Butter dazu.

Erdbeerkaltschale

500 g Erdbeeren, 250 g Zucker, $\frac{1}{2}$ l Weißwein, Saft von 1 Zitrone, 1 Eiweiß, 1 El Zucker.

Die Erdbeeren waschen und gut abtropfen lassen. Einen Teil der Früchte (etwa $\frac{1}{4}$, suchen Sie die schönsten aus!) beiseite stellen und den Rest passieren. Das Erdbeermark mit dem Zucker, dem Wein und dem Zitronensaft verrühren (am besten in einem Mixergerät) und wenn nötig mit etwas Wasser verdünnen. Die Erdbeermasse dann in die Suppentassen verteilen und einige Stunden sehr kalt stellen.
Das Eiweiß zunächst allein und danach mit dem Zucker sehr steif schlagen und kurz vor dem Auftragen auf die Tassen verteilen.
Reichen Sie die Erdbeerkaltschale eisgekühlt.

Kirschenkaltschale

1 kg dunkle Kirschen, 250 g Zucker, Saft von 1 Zitrone, 1 Messerspitze Zimt, 1 Päckchen Vanillezucker, 1 El Stärkemehl, 4 El Madeira.

Die Kirschen waschen, abtropfen lassen und entsteinen (möglichst mit einem Kirschenentsteiner, damit die Kirschen nicht zerrissen werden). Die entsteinten Kirschen mit dem Zucker bestreuen und 1 Stunde zugedeckt stehen lassen. Den Zitronensaft, den Zimt, den Vanillezucker und das mit dem Madeira angerührte Stärkemehl dazugeben, mit $\frac{1}{2}$ l Wasser auffüllen, zum Kochen bringen und nicht länger als 1–2 Minuten kräftig sprudelnd kochen lassen. Die Suppe für einige Stunden kalt stellen.
Servieren Sie die Kirschenkaltschale in Suppentellern und geben Sie einige Suppenmakronen darauf.
Besonders pikant wird die Kirschenkaltschale, wenn Sie statt dunkler Kirschen Sauerkirschen verwenden.

Melonenkaltschale

1 Zuckermelone, $\frac{1}{4}$ l leichter Weißwein, 1 Tl Zucker, 1 Zimtrinde, 1 Nelke, 1 Stück Ingwer, $\frac{1}{2}$ Tl Stärkemehl.

Die Melone schälen, halbieren und die Kerne entfernen. Die eine Hälfte kleinschneiden und mit dem Wein, den Gewürzen und dem in etwas Wasser angerührten Stärkemehl 5 Minuten kochen lassen, dann passieren und kalt stellen. Die restliche Melone in ganz feine Scheiben (oder kleine Würfel) schneiden und als Einlage in die Kaltschale geben.
Reichen Sie die Melonenkaltschale eisgekühlt in Suppentassen.

Milchkaltschale

1 l Milch, 1 großes Stück Zimtrinde, Salz, 3 El Zucker, 2 El Kartoffelmehl, 3 Eigelbe.

$\frac{3}{4}$ l Milch mit der Zimtrinde, dem Salz und dem Zucker zum Kochen bringen. Das Kartoffelmehl mit der restlichen Milch versprudeln und unter ständigem Schlagen mit einem Schneebesen in die kochende Milch rühren. Zuletzt die 3 Eigelbe in die fertige Suppe, die dann nicht mehr kochen darf, schlagen. Die Suppe langsam unter häufigem Rühren erkalten lassen. Verteilen Sie die Suppe in Suppentassen und bestreuen Sie sie je nach Geschmack mit Rosinen, frischen Beeren oder Suppenmakronen.

VORSPEISEN

Der alte Brauch, bei besonders festlichen Mahlzeiten kleine kalte oder warme »Leckerbissen« vor dem Hauptgericht zu reichen, ist auch heute noch sehr beliebt. Diese »Leckerbissen« müssen nicht unbedingt aus so erlesenen Delikatessen wie Kaviar oder Austern bestehen; auch ein Appetitbrötchen, einige auf Spießen steckende Oliven oder ein Heringscocktail erfüllen ihren Zweck.

Die Vorspeisen sind dazu gedacht, den Appetit anzuregen und ganz nebenbei die Wartezeit bis zum Hauptgericht zu verkürzen. Sie sollen daher nicht nur klein und pikant, sondern – nach dem Motto »die Augen essen mit« – dekorativ angerichtet sein. Wir unterscheiden zwischen der kalten Vorspeise – dem eigentlichen Horsd'œuvre – und der warmen Vorspeise – auch Zwischengericht genannt. Kalte Vorspeisen werden immer vor der Suppe gereicht, warme dagegen zwischen Suppe und Hauptgericht. Die Vorspeise kann auch – nicht zuletzt im Zeichen der schlanken Linie – an die Stelle der Suppe treten.

Folgende Regeln sollten Sie beachten:

1. Servieren Sie ein kleines Horsd'œuvre, wenn das nachfolgende Hauptgericht sehr gehaltvoll ist, eine kräftigere warme Vorspeise dagegen am besten nur vor einem leichten Fisch- oder Fleischgericht.
2. Die Vorspeise muß sich farblich und geschmacklich vom nachfolgenden Hauptgang unterscheiden. Servieren Sie also nie etwa Geflügelsalat vor einem Hühnergericht oder Heringe vor einem Fischgericht.

KALTE VORSPEISEN

Die moderne Küche gibt den Horsd'œuvres meist den Vorzug vor den warmen Vorspeisen. Zum einen belasten sie den Magen nicht so sehr, zum anderen können sie – was bei der Vorbereitung eines festlichen Mahls recht praktisch ist – meist schon im voraus (oft schon am Vortag) zubereitet werden, und nicht zuletzt: Die Skala der kalten Vorspeisen reicht von belegten Broten und Appetithappen über verschiedene »Cocktails«, Salate und Sülzen bis zu den teuersten Delikatessen. Die nachfolgenden Gerichte sollen nur eine Anregung sein; die Zahl der kleinen pikanten Gerichte ist unendlich, und der Phantasie sind keine Grenzen gesetzt.
Neben den hier angeführten eignen sich auch viele Rezepte aus dem Kapitel *Salate* als Vorspeise wie Avocadosalat, Bismarcksalat, Calvadossalat, Eiersalat auf holländische Art, Fischsalat Tokio, Heringssalat, Kopfsalat Nizza, Hühnersalate, Waldorfsalat und viele andere.

Appetitbrötchen

8 Scheiben Pumpernickel, Butter, 8 Eier, weitere Zutaten nach Belieben.

Den Pumpernickel dünn mit Butter bestreichen und dann in je 9 Stücke schneiden. Die Eier hart kochen (10 Minuten), kalt abschrecken, schälen und in Scheiben schneiden. Je eine Eischeibe auf ein Stückchen Pumpernickel legen und je nach Geschmack mit den verschiedensten Zutaten belegen. Z. B.: ein Stückchen Gurke in eine Wurstscheibe gewickelt, etwas Beefsteak Tatar mit einem Zwiebelstückchen, ein Stück Käse mit einer Tomate, ein Stückchen Sardine mit Petersilie und Dillkraut bestreut. (Abb. s. S. 54)

Appetitkrapferl

60 g Butter, ½ Tl Salz, 60 g Mehl, 3 Eier.

Die Butter und das Salz in 3 El Wasser aufkochen, das Mehl dazugeben und unter ständigem Rühren weitererhitzen, bis sich die Masse vom Topfboden und vom Löffel löst, dann abkühlen lassen und die Eier einzeln einrühren (ein Ei muß immer vollkommen eingerührt sein, bevor das nächste dazugegeben wird). Aus dem Teig mit einem Spritzsack nußgroße Häufchen auf ein schwach gefettetes, bemehltes Backblech spritzen und in einem auf 250° erhitzten Rohr 10 Minuten hellbraun backen. (Achtung, das Rohr darf während der ersten 6–7 Minuten nicht geöffnet werden.) Die Krapferl nach dem Auskühlen auseinanderschneiden und mit einer oder mehreren der nachfolgenden Füllungen versehen. (Abb. s. S. 54)

150 g Schinken, 1 Tl Meerrettich, 1/16 l Sahne, 1 Messerspitze Gelatine.

Schinkenfülle: Den Schinken durch den Fleischwolf drehen und mit dem Meerrettich vermischen. Die Sahne steif schlagen, die in etwas heißem Wasser gelöste Gelatine dazugeben und mit dem gewürzten Schinken vermischen.

5 Sardinen, 50 g Butter, 2 Eigelbe, Zitronensaft.

Sardinenfülle: Die Sardinen mit der Butter und den passierten hartgekochten Eigelben schaumig rühren und mit Zitronensaft würzen.

18 Oliven, 50 g Butter.

Olivenfülle: 15 Oliven mit dem Mixerstab pürieren (oder passieren) und mit der Butter schaumig rühren; die restlichen 3 Oliven grob hacken und daruntermischen.

Belegte Brote

Belegte Brote gehören zu den am leichtesten und schnellsten herzustellenden kalten Vorspeisen. Dabei genügt eine appetitlich belegte Scheibe pro Kopf. In größerer Menge zubereitet, können belegte Brote eine Abendmahlzeit ersetzen.

Sie eignen sich auch vorzüglich für die Bewirtung einer größeren Gästezahl, sei es als »Sandwich« zu einem Nachmittagstee, sei es als Imbiß zu einem Glas Wein am Abend.
Verwenden Sie zur Zubereitung der belegten Brote ein in dünne Scheiben geschnittenes Weißbrot (Brot vom Vortag läßt sich besser schneiden). Die Brote werden zunächst mit frischer oder gewürzter Butter bestrichen und dann mit Schinken, kaltem Braten, verschiedener Wurst, Sardinen, Eier, Käse usw. belegt und mit Tomatenscheiben, Gurkenscheiben, Radieschen, Kapern, Oliven ... garniert. Der Phantasie ist da keine Grenze gesetzt, achten Sie nur darauf, daß alle Zutaten geschmacklich und farblich zueinander passen. Und noch ein Tip: Zu hoch aufgetürmte Brote erfreuen keinen Gast.

Smørrebrød

Smørrebrød ist die aus Dänemark stammende reichhaltigere Abwandlung unserer belegten Brote. Ein Smørrebrød pro Person ergibt eine reichhaltige Vorspeise. Eine Platte mit verschiedenartig vorbereiteten Broten kann eine ganze Abendmahlzeit ersetzen und ist vor allem ideal für die Bewirtung einer größeren Anzahl von Gästen.
Für ein gutes Smørrebrød wird in der Regel in dünne Scheiben geschnittenes Roggenbrot, manchmal auch Weiß- oder Knäckebrot verwendet. Jede Scheibe wird zunächst dünn mit frischer, noch besser mit leicht gesalzener Butter bestrichen und dann beliebig belegt und farblich und geschmacklich passend garniert.
Nachfolgend nur einige Beispiele aus der großen Zahl von Möglichkeiten:
Eine Scheibe frischer Räucherlachs garniert mit 1 El kaltem Rührei, einigen Spargelspitzen und etwas frischer Brunnenkresse.
Einige Scheiben hartgekochter Eier garniert mit Sardellenfilet (die Sie, wenn Sie sie nicht so scharf wollen, vorher in kalte Milch legen können), Tomatenscheiben und Brunnenkresse.
Einige Scheiben Zunge garniert mit Tomatenscheiben und Petersilie.
Kaltes Rührei mit Schnittlauch bestreut und mit vorher in Milch gelegten Sardellenfilets und Tomatenscheiben garniert.
Filets vom geräucherten Hering mit einigen Tupfen Mayonnaise verziert und mit einem Gemisch von gehackten Eiern und gehackten Radieschen bestreut.
Eine dünne Scheibe gebratene Kalbsleber mit 1 El gehackter frischer Gurke und Schnittlauch bestreut.
Eine Scheibe Roastbeef mit frisch gerösteten Zwiebeln und 1 El kaltem Rührei garniert und mit Schnittlauch bestreut.

Pikanter Struwwelpeter

1 fester Kohlkopf, Wurst, Käse, gefüllte Oliven, Trauben ...

Einen möglichst runden Kohlkopf von den äußersten Blättern befreien und den Strunk so zurechtschneiden, daß der Kohlkopf gerade steht. Kleine Cocktailhappen – z. B. in Würfel geschnittener Hartkäse mit blauen Trauben; Schmelzkäsewürfel mit Tomatenstückchen; Sardellenfilets mit Kapern; Salamischeiben, zu Tüten gerollt, mit einem Gurkenstückchen; Oliven mit Paprika oder Mandeln gefüllt; Schinkenwürfel mit einem Radieschenstück – auf Zahnstocher stecken und auf dem Kohlkopf befestigen.
Der pikante Struwwelpeter ist sehr dekorativ und paßt gut zum Aperitif (als Vorspeise) oder zu einer Cocktailparty. (Abb. s. S. 54)

Oben: Minestrone, Goldwürfelsuppe (links), Kraftbrühe (rechts) ▷
Unten: Serbische Bohnensuppe

Horsd'œuvres-Platte

Ein Horsd'œuvre können Sie auf einer großen Platte (so daß sich jeder Gast nach seinem Geschmack bedienen kann) oder auf kleinen Portionstellern (= »Vorspeisentellern«) anrichten. Für eine solche Platte eignen sich kleine Mengen pikanter Salate, Heringe, Sardinen, Sardellen, eingelegte Gemüse (Pilze), Gurken, Paprika, Perlzwiebeln, Schinken (roh oder gekocht), Salami, Gänseleberpastete, gefüllte Eier usw. Achten Sie beim Vorbereiten darauf, daß Sie die einzelnen Gerichte farblich aufeinander abstimmen.

Vorspeisen

Artischockenherzen

Artischockenherzen gibt es natur (d.h. in Salzwasser) oder in Essig und Öl eingelegt zu kaufen. Wählen Sie nach Ihrem Geschmack! Die Artischockenherzen auf eine Platte stellen, mit Sherry marinieren und mit dem gehackten und mit Estragon vermischten Ei überstreuen.

8 Artischockenherzen, 1–2 El Sherry, 1 hartgekochtes Ei, 1/2 Tl Estragon.

Artischockenböden, gefüllt

4 schöne Salatblätter auf eine flache Platte legen und auf jedes einzelne Blatt 1 oder 2 Artischockenböden legen. Die Mayonnaise mit dem Sherry, Salz und Zitronensaft abschmecken, mit den abgeseihten Krabben vermengen und auf die Artischockenböden verteilen. Mit je einer Krabbe garnieren.

4 Salatblätter, 4 große oder 8 kleine Artischockenböden, Zitronensaft, 150 g Krabben 4 El Mayonnaise, 2 El Sherry, Salz.

Avocadococktail

Die Avocados halbieren, den Kern entfernen, das Fruchtfleisch vorsichtig mit einem Löffel herauslösen, in kleine Würfel schneiden und mit Zitronensaft beträufeln. Die Orange mit einem scharfen Messer schälen (die weiße Haut dabei völlig entfernen), die Orangenspalten vorsichtig herausschneiden, in kleine Stücke schneiden und mit den Avocadostücken mischen. Die Mayonnaise mit Salz, einer Prise Cayennepfeffer und 1 El Cognac würzen, mit der geschlagenen Sahne vermengen und unter die Avocado-Orangen-Stücke mengen. Das Ganze in die Avocadoschalen füllen und mit einer Orangenspalte garnieren.

2 große Avocados, Zitronensaft, 1 Orange, 2 El Mayonnaise, Salz, Cayennepfeffer, 1 El Cognac, 1 El geschlagene Sahne.

Avocados, gefüllt

Die Avocados halbieren, den Kern entfernen und das Fruchtfleisch vorsichtig, ohne die Schale zu verletzen, mit einem Löffel herauslösen. Das Fruchtfleisch in kleine Würfel schneiden, salzen, mit Zitronensaft beträufeln und mit den Krabben mischen. Die saure Sahne mit Zitronensaft, Salz, je einer Prise Zucker und Cayennepfeffer verrühren und unter das Avocado-Krabben-Gemisch mengen. Das Ganze in die Avocadohälften füllen, mit etwas Paprika bestreuen und mit Petersilie garnieren.
Sie können die Avocadohälften auch noch mit anderen Salaten füllen: z. B. *Krabbencocktail, Hummercocktail* oder *Geflügelcocktail.* Mischen Sie jeweils die geschnittenen Avocadostückchen darunter und würzen Sie zusätzlich mit einer Prise Cayennepfeffer.
Und noch eine Variation: Anstelle der Avocados können große saftige Birnen verwendet werden. Halbieren Sie die Früchte, entfernen Sie das Kerngehäuse und lösen Sie das Birnenfleisch bis auf einen etwa 1/2 cm breiten Rand heraus. Sowohl das »Körbchen« als auch das herausgelöste Fruchtfleisch sofort mit Zitronensaft beträufeln und im übrigen wie oben weiterverfahren.

2 Avocados, Salz, Zitronensaft, 100–150 g Krabben, 2 El saure Sahne (oder Joghurt), 2 El Zitronensaft, Zucker, Cayennepfeffer, Paprika.

◁ *Pikanter Struwwelpeter, Appetitkrapferl, Appetitbrötchen (von hinten nach vorn)*

Austern

Austern, Zitrone.

Austern gehören zu den kostbarsten Horsd'œuvres. Vor allem im Binnenland sind sie ein richtiger Luxusartikel. Sie sind nur in den Wintermonaten (September bis April) erhältlich, in den übrigen Monaten, der Fortpflanzungszeit, sind sie ungenießbar.
Servieren Sie Austern immer nur roh. Öffnen Sie die Austern unmittelbar vor dem Auftragen. (Schieben Sie die stumpfe Klinge eines Austernbrechers zwischen die beiden Schalenhälften und trennen Sie diese durch leichtes Drehen voneinander. Verwenden Sie niemals ein spitzes Messer und achten Sie darauf, die innere Perlmuttschicht nicht zu verletzen.) Servieren Sie die Schalenhälften auf einer Platte mit zerstoßenem Eis. Träufeln Sie Zitronensaft darüber und reichen Sie frischen Toast dazu.

Crabmeat

200 g (1 Dose) Crabmeat, Salat, $^{1}/_{10}$ l saure Sahne, 1 El Zitronensaft, $^{1}/_{2}$ Tl Curry, Salz, Zucker, 1 Grapefruit, Dillkraut.

Crabmeat ist das ausgelöste Fleisch einer großen, im Pazifik beheimateten Krebsart. Es ist bei uns in Dosen erhältlich.
Das Crabmeat auf vier Salatblätter verteilen und mit einer aus Sahne, Zitronensaft, Curry, Salz und einer Prise Zucker gemischten Marinade übergießen. Mit Grapefruitstückchen garnieren und mit etwas frischem Dillkraut bestreuen.

Eiercocktail

4 Eier, 4 Salatblätter, 50 g Krabben, $^{1}/_{8}$ l Sahne, Salz, Pfeffer, Cayennepfeffer.

Flache Sektschalen mit den Salatblättern auslegen und die 10 Minuten gekochten, geschälten und in Scheiben geschnittenen Eier darauf anordnen. Die Krabben im Mixer pürieren, mit der Sahne zu einer dickflüssigen Sauce verschlagen und mit Salz, einer Prise Pfeffer und einer Prise Cayennepfeffer abschmecken. Die Sauce über die Eischeiben verteilen und den Cocktail mit Tomatenscheiben und Petersilie garnieren.

Eier, gefüllt

4 Eier, 80 g Butter, 2 Sardinen, 2 Sardellen.

Die Eier hart kochen (8 Minuten), schälen und der Breite nach halbieren. Die Eigelbe herauslösen, die Eiweißhälften auf ein Salatblatt oder eine Portion *französischen Salats* stellen. Die Eigelbe, die Sardinen und die Sardellen passieren und mit der Butter schaumig rühren. Die Füllmasse mit einem Spritzsack in die Eiweißhälften füllen und nach Belieben verzieren, z. B. mit einem Stückchen Sardelle, einem Lachsstreifen oder etwas Kaviar.

Eier, gefüllt auf Helgoländer Art

4 Eier, 4 Salatblätter, 100 g Hummerfleisch, 3–4 El Sahne, Zitronensaft, Salz, Zucker.

Die Eier hart kochen, schälen, der Länge nach halbieren und die Eigelbe herauslösen. Die Salatblätter auf eine Glasschale legen und je 2 ausgehöhlte Eihälften daraufsetzen. Das Hummerfleisch klein zerzupfen und in die Eihälften füllen. Die Eigelbe durch ein Sieb streichen, mit der Sahne verrühren und mit Zitronensaft, Salz und Zucker abschmecken. Die Creme mit einem Spritzbeutel auf die gefüllten Eihälften spritzen und mit Schnittlauch bestreuen.

Eier, russische

4 Eier, grüne Salatblätter oder französischer Salat, 2 El Mayonnaise, etwa 2 Tl Kaviar

Die Eier hart kochen, schälen, der Länge nach halbieren und auf Salatblätter oder auf eine Portion *französischen Salat* legen. Die Eihälften mit der Mayonnaise verzieren (am besten eignet sich dazu ein Spritzsack oder fertige Mayonnaise aus einer Spritztube) und mit Kaviar garnieren. (Anstelle des Kaviars können Sie auch Räucherlachs oder Sardellenfilets verwenden.)

Eier, verlorene (pochierte)

4 Eier, $^1/_8$ l Weinessig, 1 El Salz.

2 l Wasser zusammen mit dem Essig und dem Salz in einem flachen Topf zum Kochen bringen. Die Eier einzeln auf Untertassen schlagen, vorsichtig in das siedende Wasser gleiten lassen und dabei gleichzeitig das Eiweiß über das Eigelb ziehen. Die Eier 3–4 Minuten leicht kochen, dann mit einem Schaumlöffel herausheben und in kaltem Wasser auskühlen lassen. Vor der Verwendung den ausgefransten Rand mit einer Schere glattschneiden.

Verlorene Eier sind nicht nur schnell zubereitet und leicht bekömmlich, sie lassen sich außerdem auf die unterschiedlichste Art servieren. Die folgenden Rezepte sollen Ihnen einige Anregungen geben: Legen Sie die verlorenen Eier in flache Schalen, übergießen Sie sie mit einer pikanten, kalten Sauce (z. B. *Tiroler Sauce, Sauce Chantilly, Guacamole ....),* bestreuen sie mit Schnittlauch und garnieren mit einer Zitronenscheibe, die am Rand des Glases befestigt wird. Auch eine Verzierung mit einer fächrig geschnittenen Gurke macht sich gut.

Legen Sie das verlorene Ei auf eine frischgeröstete, mit fein gehacktem, pikant abgeschmecktem Spinat bedeckte Weißbrotscheibe und bestreuen sie mit gerösteten Zwiebelringen.

Die Eier in große ausgehöhlte, mit etwas gebackenem Schinken gefüllte Tomaten legen und mit Schnittlauch bestreuen oder mit einer pikanten Sauce überziehen.

Die Eier zusammen mit einem Rohkostsalat anrichten.

Vorspeisen

Feigen mit Rohschinken

4–8 frische Feigen, Sherry, 8 Scheiben rohen Schinken, Pfeffer.

Die Feigen schälen, halbieren, auf eine flache Platte (oder Portionsteller) legen und mit etwas Sherry beträufeln. Den möglichst dünn geschnittenen rohen Schinken über oder zwischen den Feigen anordnen und mit etwas frischgemahlenem Pfeffer bestreuen.

Forellenfilets, geräuchert

2 große oder 4 kleine geräucherte Forellen.

Die Forellen abhäuten, halbieren und entgräten. Die Forellenfilets auf kleine Teller verteilen und mit Zitronenspalten und Tomatenvierteln garnieren. Auch ein Sträußchen Petersilie sieht hübsch aus. Reichen Sie Toast und Butter dazu.

Geflügelcocktail

200 g Geflügelfleisch (Reste), 1 kleine Dose Spargelspitzen, 1 kleine Dose Champignons, 2 El Mayonnaise, 1 El Tomatenketchup, 1 El Sahne, 1 Tl Zitronensaft, Tabascosauce.

Das Geflügelfleisch (Haut und Knochen entfernen) in kleine Stücke schneiden und mit den etwa 2 cm langen Spargelstücken und den unzerteilten Champignons (nur zu große Pilze halbieren) vermengen. Die Mayonnaise mit Tomatenketchup und Sahne verrühren, mit Zitronensaft und Tabasco abschmecken und unter die festen Zutaten ziehen. Flache Sektschalen mit je einem Salatblatt auslegen und den Cocktail darauf verteilen. Mit einer Zitronenscheibe verzieren.

Heringscocktail

4 Matjesfilets, Salatblätter, 4 Eigelbe, 4 El Chilisauce.

Die Matjesfilets zunächst kosten; zu salzige Filets müssen einige Stunden gewässert oder in Milch gelegt werden. Die Filets in 2 cm große Stücke schneiden und so auf die Salatblätter verteilen, daß in der Mitte eine kleine Vertiefung bleibt. Die Eigelbe vorsichtig dort hineingleiten lassen und die mit dem Schnittlauch verrührte Chilisauce darübergießen. (Mögen Sie es nicht so scharf: verwenden Sie anstelle der Chilisauce Tomatenketchup.)

Hummercocktail

200 g Hummerfleisch (aus der Dose), 150 g Erbsen, 2 El Mayonnaise, 1 El Zitronensaft, 1 El Kapern, Salz, Petersilie, 2 Tomaten.

Das Hummerfleisch in kleine Stücke zerzupfen und mit den in etwas Salzwasser gekochten, abgetropften und abgekühlten Erbsen vermischen. Die Mayonnaise, mit dem Zitronensaft, den Kapern und etwas Salz verrührt, vorsichtig darunterziehen.
Den Cocktail in Sektgläser füllen, mit gehackter Petersilie bestreuen und mit Tomatenscheiben garnieren.
Eine wohlschmeckende Variation: Verwenden Sie anstelle der Erbsen 150 g Spargelspitzen und garnieren Sie mit Eivierteln statt mit Tomaten.
Dieser Cocktail kann genauso gut mit Crabmeat, mit Krabben oder mit Shrimps zubereitet werden.

Gänseleberpastete

Echte Straßburger Gänseleberpastete zählt mit zu den feinsten Delikatessen. Sie wird in kleinen Terrinen oder kleinen Dosen angeboten. Sie können die Gänseleberpastete direkt in der Terrine, am besten in zerstoßenem Eis eingebettet, servieren. Gänseleberpastete aus der Dose herausnehmen (eventuell die Dose vorher ganz kurz in heißes Wasser tauchen), in ½ cm starke Scheiben schneiden und auf zerstoßenem Eis auftragen.
Garnieren Sie nur mit etwas Petersilie und reichen Sie frischen Toast und Butter dazu.

Grapefruit, mariniert

2 Grapefruits, 4 Tl Cognac, 2–4 Tl Zucker, 4 Cocktailkirschen.

Die Grapefruits halbieren und die Fruchtfleischeckchen mit einem spitzen Messer losschneiden (nicht herausnehmen). Die Grapefruithälften auf kleine Teller stellen, mit Cognac und – je nach Geschmack – ½–1 Tl Zucker pro Fruchthälfte marinieren, mit je einer Cocktailkirsche garnieren und vor dem Auftragen sehr kühl stellen.

Grapefruit, gefüllt

2 große Grapefruits, 1 kleine Sellerieknolle, 150 g Krabben oder Hummerfleisch, 2 El Mayonnaise, 2 El Sahne, 1 El Zitronensaft, 1 Tl Chilisauce, Salz, Zucker.

Die Grapefruits halbieren, das Fruchtfleisch sorgfältig herauslösen und kleinschneiden. Die gewaschene Sellerieknolle in Salzwasser kochen, abkühlen lassen und würfeln. Die Krabben gut abtropfen lassen. Die Mayonnaise mit der Sahne verrühren und mit Zitronensaft, Chilisauce, einer Prise Salz und einer Prise Zucker würzen. Grapefruitwürfel, Selleriewürfel und Krabben vorsichtig miteinander mischen und die abgeschmeckte Mayonnaise daruntergeben. Die Mischung bergartig in die Grapefruitschalen füllen, mit feingehacktem Schnittlauch bestreuen und mit je zwei zurückbehaltenen Krabben und einem Grapefruitstück garnieren. (Ein zackenförmig geschnittener Schalenrand wirkt ganz besonders dekorativ.)

Krabbencocktail

200 g Krabben (Dose), 1 kleine Dose Spargelspitzen, 1 kleine Dose Champignons, 2 El Mayonnaise, ⅛ l Sahne, 2 El Tomatenketchup, 1 El Zitronensaft, Salz, Worcestersauce.

Die Krabben kurz unter kaltes Wasser halten und abtropfen lassen. Die Spargelspitzen und die Champignons abtropfen lassen und mit den Krabben mischen. Die Mayonnaise mit der geschlagenen Sahne, dem Tomatenketchup, Zitronensaft und Worcestersauce vermengen, mit Salz und einer Prise Zucker abschmecken und unter die festen Zutaten ziehen. Den Cocktail in Sektschalen füllen und mit 2 zurückbehaltenen Krabben verzieren.
Dieser Cocktail kann genausogut mit Hummerfleisch oder mit Crabmeat zubereitet werden.

Vorspeisen

Kaviar

Der beste Kaviar ist der lockere, grobkörnige, graue, aus den Küstengewässern des Kaspischen Meeres stammende Beluga-Kaviar. Servieren Sie diese Kostbarkeit im Originalglas auf einem Sockel von zerstoßenem Eis, garnieren Sie mit Zitronenspalten und reichen Sie Toast und frische Butter dazu.

30–35 g Kaviar, Zitronen.

Lachs

Räucherlachs, vor allem der frische, mild geräucherte Lachs, ist eine Delikatesse. Legen Sie den in dünne Scheiben geschnittenen Lachs auf Portionsteller, garnieren Sie mit Zitronenspalten und geben Sie 1 Tl Meerrettichsahne daneben. Servieren Sie den Lachs mit Toast und Butter.
Dosenlachs ist schärfer und nicht so edel im Geschmack. Wollen Sie die Schärfe etwas mildern, legen Sie ihn einige Stunden in kalte Milch, trocknen ihn auf Küchenkrepp und servieren ihn wie oben.

200 g geräucherter Lachs, 2 Zitronen, 1 Tl Meerrettichsahne.

Matjeshering, garniert

Die Matjesfilets mehrere Stunden wässern oder in Milch legen, gut abtropfen lassen, in daumenbreite Stücke schneiden; auf flachen Tellern anrichten und auf eine der folgenden Arten garnieren:
1 große Zwiebel kleinschneiden, mit $\frac{1}{8}$ l saurer Sahne verrühren und über die Filets gießen; mit Schnittlauch bestreuen.
3 El Mayonnaise mit 1 El Meerrettich vermengen und über die Filets geben; mit Tomatenvierteln garnieren.
3 El Mayonnaise mit 1 Tl Currypulver und 1 kleinen, geschälten, geriebenen Apfel vermengen, über die Heringe gießen, mit Zitronenspalten und Petersilie garnieren.

4 Matjesfilets

Melonencocktail

Die Melone halbieren, schälen, von den Kernen befreien, in kleine Würfel schneiden und mit den Krabben, der sauren Sahne, dem Zitronensaft und dem Weißwein vermengen. Den Cocktail in Sektschalen füllen, mit gehacktem Dillkraut bestreuen und vor dem Anrichten $\frac{1}{4}$ Stunde kühl stellen.

1 kleine Honigmelone, 250 g Krabben, $\frac{1}{10}$ l saure Sahne, Saft von $\frac{1}{2}$–1 Zitrone, 6 El herber Weißwein, Dillkraut.

Melone mit Schinken

Die Melone halbieren und die Kerne mit einem Eßlöffel herausnehmen. Die Melonenhälften in 3–4 cm breite Spalten schneiden, auf einer Platte anrichten und den in dünne Scheiben geschnittenen rohen Schinken (Westfälischer Schinken oder Parmaschinken) dazwischenlegen. Zuletzt mit wenig frischgemahlenem Pfeffer bestreuen.
Eine besondere Delikatesse erhalten Sie, wenn Sie die Melone vorher einige Stunden in Portwein oder in Sherry marinieren.

1 Zuckermelone, 150 g roher Schinken, Pfeffer.

Muschelkelch

Die Muscheln und die Paprikaschoten abtropfen lassen und abwechselnd in Weingläser schichten, mit einer aus Öl, Tomatenketchup, Zitronensaft, Knoblauchsaft (oder eine schwache Messerspitze Trockenknoblauch), frischgemahlenem Pfeffer und Salz gemixten Marinade übergießen, mit Petersilie und einer Zitronenscheibe garnieren.
Die Weingläser dann als »Muschelkelche« servieren.

200 g Muscheln (aus der Dose), 4 El eingelegter Tomatenpaprika, 2 El Öl, 2 El Tomatenketchup, 2 El Zitronensaft, 1 ausgepreßte Knoblauchzehe, Pfeffer, Salz, Petersilie, $\frac{1}{2}$ Zitrone.

Schinkenröllchen

4 Salatblätter, 8 kleine Scheiben mageren gekochten Schinken, $\frac{1}{8}$ l Sahne, 4 Tl Meerrettich, 1–2 Tl Zitronensaft, 2 Tomaten, Petersilie.

Die Salatblätter auf kleine Teller oder eine große Platte legen. Die Sahne steif schlagen, mit Meerrettich und dem Zitronensaft vermischen und auf die Schinkenscheiben verteilen. Den Schinken zusammenrollen, auf die Salatblätter legen und mit Tomatenvierteln und Petersilie garnieren.
Schinkenröllchen können auch auf einer Portion *französischen Salats* angerichtet und mit einem Eiviertel garniert werden.
Und noch eine Variation: Füllen Sie die Schinkenröllchen anstelle der Meerrettichsahne mit 2–3 kleinen Spargelstangen, mit Salat Argentinia oder einem Käsesalat.

Selleriescheiben, garniert

1 große Sellerieknolle, Salz, 4 Salatblätter, Zitronensaft, 3 El Mayonnaise, 1 El Sahne, 1 El Cognac, 100 g Krabben.

Die gewaschene Sellerieknolle gar, aber nicht zu weich kochen, nach dem Auskühlen schälen und in fingerdicke Scheiben schneiden. Die vier größten Scheiben auf Salatblätter legen und mit Zitronensaft beträufeln. Die Mayonnaise mit der Sahne verrühren und mit Cognac, Salz und Zitronensaft abschmecken. Die Randstücke der Sellerieknolle fein hacken, mit den Krabben unter die Mayonnaise geben und auf die Selleriescheiben häufen. Mit etwas feingehacktem Selleriegrün (oder Petersilie) bestreuen und mit je einer zurückbehaltenen Krabbe verzieren.

Spargelcocktail

400–500 g Spargel (aus der Dose), 150 g magerer gekochter Schinken, 2 Eier, 2 El Mayonnaise, 1 El Zitronensaft, 1 Tl Cognac, Salz, $\frac{1}{10}$ l Sahne.

Den Spargel gut abtropfen lassen, in etwa 2 cm lange Stücke schneiden und mit dem gewürfelten Schinken und den grobgehackten Eiern vermengen. Mayonnaise mit Zitronensaft, Cognac und Salz abschmecken und die steif geschlagene Sahne darunterrühren. Die Creme mit dem Spargel vermischen, in flache Schalen füllen und mit Petersilie und 1 Zitronenscheibe verzieren.

Spargel Vinaigrette

400–500 g Spargel, Sauce Vinaigrette.

Den Spargel abtropfen lassen und auf einer flachen Platte anrichten. *Sauce Vinaigrette* in einem kleinen Kännchen dazu reichen.

Tomaten, gefüllt

4 große Tomaten, Salz, Pfeffer, Salatblätter.

Gefüllte Tomaten sind eine leichte, appetitliche Vorspeise, die sich in unzähligen Variationen zubereiten läßt.
Die Tomaten waschen, einen kleinen Deckel abschneiden und mit einem Löffel aushöhlen. (Die Abfälle können für eine Suppe oder als Juice verwendet werden.) Die Tomaten innen mit Salz und Pfeffer bestreuen und auf Salatblätter oder, besonders dekorativ, auf Brechbohnensalat anrichten.
Die so vorbereiteten Tomaten je nach Belieben füllen. Besonders geeignet sind Salate wie zum Beispiel *Eiersalat auf bayerische Art, Fleischsalat mit Mayonnaise, Griechischer Salat, Heringssalat Kopenhagen, Hühnersalat Caracas, Hühnersalat Chantilly, Italienischer Salat, Salat Prinzeß, Thunfischsalat, Waldorfsalat,* ein Reissalat ... oder eine der bei *Geflügelcocktail, Krabbencocktail, Hummercocktail* oder *Spargelcocktail* angegebenen Mischung. Garnieren Sie mit einer Zutat aus dem verwendeten Salat, mit Petersilie oder mit ½ Zitronenscheibe.
Nachfolgend noch 3 besonders delikate Variationen:

Tomaten auf Malteser Art

Die Tomaten so wie vorher beschrieben vorbereiten und auf grüne Salatblätter setzen. Die Krabben kurz mit kaltem Wasser überbrausen und gut abtropfen lassen. Die Orange schälen (die weiße Schale dabei vollkommen entfernen), entkernen und in Würfel schneiden. Die Mayonnaise mit dem Cointreau, Salz und Pfeffer abschmecken und zunächst mit den Orangenwürfeln (inklusive dem sich absetzenden Saft) und dann mit den Krabben vermischen. In die Tomaten füllen, mit etwas Schnittlauch bestreuen und mit einem Orangenstück und einer zurückbehaltenen Krabbe garnieren.

4 große Tomaten, 4 Salatblätter, Salz, Pfeffer, 100 g Krabben, 1 Blutorange, 3 El Mayonnaise, 1 El Cointreau.

Vorspeisen

Tomaten auf sizilianische Art

Die wie vorher vorbereiteten Tomaten auf Salatblätter stellen. Die Sardinen mit zwei Gabeln zerkleinern, mit den Pfeffergurken und dem hartgekochten Ei (beides fein gehackt) vermischen und mit Essig, Salz und Pfeffer pikant würzen. Die Mischung in die Tomaten füllen, mit Petersilie bestreuen und mit einer halben Eischeibe garnieren.

4 große Tomaten, Essig, Salz, Pfeffer, 4 Salatblätter, 4 Sardinen, 2 Pfeffergurken, 1 hartgekochtes Ei.

Tomaten mit Schinkencreme

Die Tomaten wie vorher vorbereiten und auf Salatblätter stellen. Die Sahne steif schlagen, mit dem Zitronensaft, dem Meerrettich und dem feingehackten Schinken vermengen und in die Tomaten füllen. Mit einem Stengel Dillkraut oder Thymian und einer halben Zitronenspalte garnieren.

4 große Tomaten, Salz, Pfeffer, 4 Salatblätter, 200 g gekochter Schinken, $\frac{1}{8}$ l Sahne, 1 El Zitronensaft, 2 Tl Meerrettich.

Tomatenbecher

Die Tomaten kurz mit kochendem Wasser überbrühen, schälen, halbieren und – nach dem Herausdrücken der Kerne – in kleine Würfel schneiden. Die Tomatenwürfel mit dem Joghurt vermischen und mit Salz, Pfeffer und Zitronensaft pikant abschmecken. Flache Gläser mit Salatblättern auslegen, die Tomatenmischung darauf verteilen und mit einer Zitronenscheibe garnieren.

4 große fleischige Tomaten, 4 El Joghurt, Salz, Pfeffer, Zitronensaft.

Sülzen-Gerichte in Aspik

Sülzen sind kleine pikante Vorspeisen, die den Vorteil haben, daß sie in zahlreichen Abwandlungen zubereitet werden können. Grundlage für jede Sülze ist die »Sülze« im engeren Sinn, auch »Aspik« genannt, eine gallertartige Masse. Dorthinein werden die übrigen Zutaten (Braten- oder Geflügelstücke, Gemüsestücke, Fischstücke, Krustentiere ...) vor dem Erstarren eingebettet. Die Sülze können Sie auf Tellern oder in kleinen Förmchen zubereiten, die vor dem Servieren gestürzt werden. (Die Sülze vorher mit einem spitzen Messer vom Rand der Form lösen und für einen Moment in heißes Wasser tauchen.)

Sülze = Aspik

Die *Fleischbrühe* sorgfältig entfetten (am besten kochen Sie die Brühe schon am Vortag und stellen sie über Nacht kalt; das Fett sammelt sich als feste Schicht an der Oberfläche und kann leicht abgehoben werden) und leicht erwärmen. Das Eiweiß halb steif schlagen, mit der zerkleinerten Eierschale unter die Brühe mischen und unter ständigem Schlagen mit dem Schneebesen zum Kochen bringen; 5–10 Minuten ziehen lassen und vorsichtig durch ein feines Sieb oder ein

1 l Fleischbrühe oder Hühnerbrühe oder Fischsud oder Gemüsebrühe oder verdünnter Wein, 2 Eiweiß, 6 El Weißwein, 1–2 El Weinessig, 16 Blatt Gelatine.

angefeuchtetes Tuch seihen. Die vollkommen klare Brühe mit Wein, Weinessig und, falls erforderlich, etwas Salz kräftig abschmecken. (Erstarrte Sülze ist weniger kräftig im Geschmack, daher genügend würzen.) Die Gelatine in kaltem Wasser einweichen, ausdrücken und in der siedend heißen Brühe auflösen. (Nicht kochen!) Die Sülzbrühe kühl stellen und weiterverwenden, wenn sie zu erstarren beginnt.
»Aspik« wird zur Herstellung verschiedener Sülzen verwendet. Wollen Sie Aspik jedoch in kleine Würfel geschnitten zum Garnieren verwenden, sollten Sie auf die angegebene Flüssigkeitsmenge 20–22 Blatt Gelatine verwenden.
Sülze ist – gut verschlossen im Kühlschrank aufbewahrt – 2–3 Wochen haltbar. Sie kann also auf Vorrat zubereitet werden und muß vor der Verwendung nur im Wasserbad erwärmt werden.

Bunte Sülzchen

Sülze nach Bedarf, hartgekochte Eier, Fleischreste, Gewürzgurken, Tomatenviertel, Karottenstücke, grüne Erbsen, Sardellen . . .

Kleine flache Schüsselchen oder Sülzförmchen (1 Stück pro Kopf) mit kaltem Wasser ausspülen und ein wenig Sülzbrühe darin leicht erstarren lassen. Einen Teil der Zutaten auf der Sülzeschicht gefällig anordnen, mit ein wenig Sülzbrühe begießen und leicht fest werden lassen. Die übrigen Zutaten darauf verteilen und mit der restlichen Sülze auffüllen. Für 5–6 Stunden im Kühlschrank erstarren lassen und vor dem Servieren auf mit kaltem Wasser abgespülte Teller stürzen. Die Zutaten für diese bunten Sülzchen können – ganz nach Belieben – (z. B. statt Fleischreste Geflügelreste oder Schinkenstücke) geändert werden.

Krabben-Sülze

150 g Krabben, 1 kleine Dose Spargelspitzen, einige Stengel Dillkraut, 1/4 l Wasser, 1/4 l Wein, 1–2 El Weinessig, 8 Blatt Gelatine.

Aus dem mit 1/4 l Wasser verdünnten Wein, dem Essig und der Gelatine eine Sülzbrühe bereiten und 1/2 cm hoch in kleine Sülzförmchen geben. Leicht erstarren lassen und die unter kaltes Wasser gehaltenen, gut abgetropften Krabben darüber verteilen. Einige Stengel Dillkraut dazu anordnen. Mit Sülzbrühe knapp bedecken und steif werden lassen. Die Spargelspitzen darüber verteilen, mit der restlichen Sülzbrühe aufgießen und für 4–5 Stunden in den Kühlschrank stellen. Vor dem Auftragen stürzen und mit *Sauce Chantilly* servieren.

Forellen in Aspik

4 kleine Forellen, 1 Zitrone, 1–2 Tomaten, 1–2 hartgekochte Eier, 1 El Kapern, 1/4 l Fischsud, 1/4 l Weißwein, Zitronensaft, 8 Blatt Gelatine.

Die Forellen gar kochen (siehe *Forelle blau*), halbieren und von Haut und Gräten befreien. Aus Fischsud, Weißwein, Zitronensaft und Gelatine eine gut gewürzte Sülze bereiten. Auf einer flachen, mit kaltem Wasser abgespülten Platte etwas Sülzbrühe steif werden lassen. Darüber eine Sülzschicht mit Forellenfilets und nach dem Erstarren eine weitere mit Tomatenscheiben, Eischeiben und Kapern anordnen. Zuletzt die restliche Sülzbrühe darübergießen und vor dem Auftragen noch 3–4 Stunden im Kühlschrank erstarren lassen. Meerrettichsahne oder *Remouladensauce* dazu reichen.

Zunge in Aspik

150–200 g Räucherzunge, 4 Gewürzgurken, 2 hartgekochte Eier, Sülze aus 1/4 l Fleischbrühe.

Eine nicht zu flache, mit kaltem Wasser abgespülten Platte dünn mit Sülzbrühe begießen und diese erstarren lassen. Die Zunge in 2 mm dicke Scheiben schneiden, dachziegelartig darauf anrichten, mit den der Länge nach halbierten fächrig geschnittenen Gurken und den Eischeiben garnieren und mit einigen Löffel Sülzbrühe befestigen. Nach dem Erstarren die restliche Sülzbrühe darübergießen und vor dem Auftragen noch 3–4 Stunden im Kühlschrank erstarren lassen.

WARME VORSPEISEN

Warme Vorspeisen werden bei großen festlichen Anlässen zwischen Suppe und Hauptgang gereicht. Sonst ersetzen sie häufig die Suppe; vor allem dann, wenn das nachfolgende Hauptgericht nicht allzu reichhaltig ist.
Als warme Vorspeisen eignen sich pikante kleine Gerichte, wie etwa Aufläufe (am besten in Portionsförmchen) oder Gemüsegerichte (gefüllt, gebacken oder mit Butter und Bröseln), aber auch mehr sättigende Speisen, wie sie die italienische Küche bevorzugt (Pasta asciutta, Pizza und Risotto).
Im folgenden nur einige Rezepte, die sich besonders gut als warme Vorgerichte eignen. Darüber hinaus können Sie fast alle im Kapitel *Kleine Hauptgerichte* angeführten Rezepte verwenden. Sie müssen dann allerdings beachten, daß die dort angegebenen Mengen für eine Hauptmahlzeit berechnet sind; die gleiche Menge würde – als Vorspeise zubereitet – für eine Runde von 8–10 Personen reichen.

Eier im Näpfchen

Eier im Näpfchen sind eine schnell zubereitete Abart der pochierten Eier. Die Eier einzeln in kleine, gebutterte, feuerfeste Förmchen – meist zu den schon erwärmten Geschmackszutaten – geben und in einem Wasserbad in dem auf 120° erhitzten Rohr 3–5 Minuten stocken lassen. Als Geschmackszutaten können Sie je nach Belieben verschiedene warme Saucen, Haschees (Fleisch, Geflügel, Pilze) oder feines Gemüse verwenden. Nachfolgend nur einige Beispiele:

Eier à la Creme: Die Sahne erwärmen und in die gebutterten Näpfchen verteilen, je 1 Ei hineinschlagen und mit Salz und Muskat bestreuen.

8 El Sahne, 4 Eier, Salz, Muskat.

Eier à la Princesse: Die Spargelköpfe in der Dose erwärmen, herausnehmen, gut abtropfen lassen und in die gebutterten Näpfchen verteilen. Die Eier daraufschlagen, mit Salz und Muskat bestreuen und mit der Sahne begießen.

1 kleine Dose Spargelköpfe, 4 Eier, Salz, Muskat, $^1/_8$ l Sahne.

Eier in Rotwein: Den Rotwein bis nahe an den Siedepunkt erhitzen und dann in die gebutterten Förmchen verteilen, je 1 Ei dazuschlagen und mit Salz und Pfeffer bestreuen.

$^1/_{10}$ l Rotwein, 4 Eier, Salz, Pfeffer.

Hirnkroketten

Das Kalbshirn waschen, abhäuten und hacken. Die Zwiebel fein hacken und mit der gehackten Petersilie in der Hälfte der Butter anschwitzen. Das Hirn dazugeben und durchrösten. Das Mehl in der restlichen Butter anschwitzen, mit der Milch aufgießen, zu einer dicken Béchamelsauce verkochen und mit dem gerösteten Hirn vermischen. Mit Salz, Pfeffer und Muskat abschmecken, dann fingerdick auf ein nasses Brett streichen und abkühlen lassen. Die kalte, erstarrte Masse in daumenlange Stücke schneiden. Die einzelnen Stücke hintereinander in Mehl, dem mit 1 El Wasser verquirlten Ei und den Semmelbröseln wenden und in dem erhitzten Fett goldbraun backen.

1 Kalbshirn, $^1/_2$ kleine Zwiebel, 1 Tl Petersilie, 40 g Butter, 20 g Mehl, 6 El Milch, Salz, Pfeffer, Muskat, Mehl, 1 Ei, Semmelbrösel, Fett.

Schinkenkroketten

Schinkenkroketten werden wie Hirnkroketten zubereitet. Anstelle des Kalbshirns werden 200 g Schinken oder mageres Rauchfleisch verwendet.

Käse, gebacken

4 Scheiben Schnittkäse,
75 g Mehl, Salz, ½ El Öl, 1 Ei,
⅛ l Bier.

Das Mehl mit Salz, Öl, Ei und Bier zu einem glatten Teig verrühren und ½ Stunde ruhen lassen. Den Käse (verwenden Sie Emmentaler, Edamer oder Tilsiter je nach Geschmack) in den Teig tauchen und in reichlich erhitztem Fett (am besten im Fritiertopf) goldbraun backen. Kurz auf Küchenkrepp abtropfen lassen und mit Zitronenspalten und Tomatenvierteln garnieren.

Käsekrapfen

50 g Butter, 50 g Mehl,
150 g geriebener Käse, 3 Eier,
Salz, Pfeffer, Öl oder anderes Fett.

Das Mehl in der Butter leicht anrösten, mit etwa ¼ l warmem Wasser aufgießen und bei schwacher Hitze so lange rühren, bis sich die dicklich gewordene Masse vom Topfboden löst. Den Käse und – nach kurzem Überkühlen – die verquirlten Eigelbe dazugeben. Mit Salz und Pfeffer pikant abschmecken und zuletzt den Schnee der drei Eiweiße unterziehen. Mit 2 Teelöffel kleine Bällchen abstechen und in Öl schwimmend goldbraun backen. Die Krapfen kurz auf Küchenkrepp abtropfen lassen und heiß auftragen.
Richten Sie die Käsekrapfen auf grünen Salatblättern an und garnieren Sie mit Tomatenvierteln oder Radieschen.

Käsepastetchen Saloniki

200 g Parmesan,
200 g Schafskäse, 60 g Butter,
60 g Mehl, ¾ l Milch, 5 Eier,
Salz, Pfeffer, 1 Paket Blätterteig (tiefgekühlt), 1 Ei.

Den Parmesan reiben; den Schafskäse in kleine Würfel schneiden. Das Mehl in der zerlassenen Butter leicht bräunen, mit der erwärmten Milch aufgießen und unter ständigem Rühren erhitzen, bis eine glatte dickliche Masse entstanden ist. Den Parmesan und den Schafskäse daruntermischen, die geschlagenen Eier einzeln einarbeiten und mit Salz und Pfeffer pikant abschmecken.
Den aufgetauten Blätterteig in 8 cm große Quadrate schneiden und die Käsefüllung in die Mitte dieser Quadrate geben. Die Ränder mit etwas Eiweiß bestreichen, übereinanderlegen und festdrücken. Die Pastetchen auf ein nasses Blech legen, mit dem restlichen Ei bestreichen und 15–20 Minuten in dem auf 220° erhitzten Rohr knusprig backen.
Besonders schmackhaft werden diese Pastetchen, wenn sie in heißem Fett schwimmend (Friteuse) goldbraun gebacken werden.

Käseschnitten

4 Scheiben Weißbrot,
120 g Emmentaler, 40 g Butter,
1 Eigelb, Salz, Pfeffer, Muskat.

Den Käse reiben, mit der Butter und dem Eigelb verrühren und mit Salz, Pfeffer und Muskat würzen. Die Masse auf die Weißbrotscheiben streichen und in dem auf 150° erhitzten Rohr 5–10 Minuten überbacken.
Mit Schnittlauch bestreuen und mit Tomatenvierteln garnieren.

Königinnenpastetchen

1 Paket Blätterteig (tiefgekühlt),
1 Eigelb.

Königinnenpastetchen sind eine leichte Vorspeise, die in vielen Variationen gereicht werden kann. Bereiten Sie die Pastetchen aus aufgetautem Blätterteig oder kaufen Sie fertige Blätterteigpastetchen und stellen Sie diese kurz vor Gebrauch für 5 Minuten in ein auf 150° erhitztes Rohr.
Den Blätterteig ½ cm dick auswellen und 5–6 cm große Plätzchen ausstechen. Aus ⅔ der Plätzchen kleinere Scheiben (etwa 2 cm) ausstechen, so daß Ringe übrigbleiben. Den Rand der größeren Plätzchen mit Wasser bestreichen, je einen Ring aufsetzen, wieder mit Wasser bestreichen und den zweiten Ring darübergeben. Die so erhaltenen Pastetchen mit einem verquirlten Eigelb bestreichen, auf ein nasses Backblech geben und in dem auf 230° vorgeheizten Rohr backen

(15–20 Minuten). Die kleinen Scheiben ebenfalls mit Eigelb bestreichen und backen. Die Hälfte davon wird als Pastetendeckel verwendet, die restlichen können Sie aufbewahren und als Garnitur zu einem Braten reichen.
Die Pastetchen noch heiß füllen und sofort auftragen. Zum Füllen der Pastetchen können verschiedene Ragouts (*Ragoût fin, Kalbfleischragout, Rahmragout*), *Kalbshirn, eingemacht* oder Pilzsaucen verwendet werden.

Gefüllte Pflaumen

16 große kalifornische Trockenpflaumen, 1/4 l Rotwein, 50 g Speck, 1/2 Zwiebel, 150 g Hühnerleber, Salz, Pfeffer, Muskatnuß, 1 El gehackte Petersilie, 1 Eigelb, Semmelbrösel nach Bedarf, 4 El Bouillon.

Die Pflaumen einige Stunden (am besten über Nacht) im Wein einweichen und dann entkernen. Den Speck kleinschneiden und mit der geriebenen Zwiebel andünsten. Die feingehackte Hühnerleber und die Gewürze dazumischen und mit dem Eigelb und der nötigen Menge Semmelbrösel binden. Die entkernten Pflaumen mit dieser Masse füllen und je 4 Stück in kleine gebutterte Auflaufförmchen schichten. Mit je 1 El Fleischbrühe übergießen und in dem auf 120° erhitzten Rohr 15 Minuten backen. Diese delikaten Pflaumen können Sie auch als Beilage zu gebratenem Huhn oder, einzeln auf kleine Spieße gesteckt, als Cocktailbissen reichen.

Ragoût fin

2 Kalbsbriese, Salz, 120 g Champignons, 60 g Butter, 30 g Mehl, 1/10 l Weißwein, Salz, Pfeffer, 1/2 Zitrone, 2 Eigelbe, 1 El geriebener Parmesan, 1 El Semmelbrösel.

Die gewaschenen Kalbsbriese 3 Minuten in kochendem Wasser blanchieren, kalt abschrecken, abhäuten, in frischem Salzwasser gar kochen (etwa 25 Minuten), aus dem Sud nehmen, abtropfen lassen und in Würfel schneiden. Die Champignons putzen, waschen, in Scheiben schneiden und in 20 g Butter weichdünsten. Das Mehl in der restlichen Butter anschwitzen, mit 1/4 l des Kochsudes aufgießen und in 10 Minuten sämig kochen. Mit dem Wein verrühren und mit Salz, Pfeffer, Zitronensaft und geriebener Zitronenschale würzen. Zuletzt die Eigelbe dazurühren und die Brieswürfel und die Champignonscheiben dazugeben. Das Ragout in Muscheln oder kleine Auflaufförmchen füllen, mit Semmelbrösel und geriebenem Parmesan bestreuen und 5–10 Minuten bei 160° überbacken.

Sardellen au gratin

12 Sardellenfilets, 2 Zwiebeln, 20 g Butter, 4 mittlere Kartoffeln, 4/10 l Sahne.

4 kleine Auflaufförmchen leicht buttern und die in 2–3 Teile geschnittenen Sardellenfilets hineinlegen. Die Zwiebel in Streifen schneiden, in der Butter hellbraun anrösten und darüber verteilen. Die Kartoffeln schälen, in möglichst dünne Scheiben schneiden (Gurkenhobel) und über die Zwiebeln legen. Zuletzt die Sardellenflüssigkeit mit der Hälfte der Sahne vermischen und darübergießen. Das Gericht in dem auf 130° vorgeheizten Backrohr in etwa 20 Minuten garen; dabei nach 10–15 Minuten die restliche Sahne zugeben.

FISCHE

Fische sind wohlschmeckende, bekömmliche und vielseitige Nahrungsmittel. Sie sind reich an hochwertigem Eiweiß, ihr Fleisch ist wegen seiner lockeren Struktur besonders leicht verdaulich. Fische enthalten Mineralstoffe: Jod, Fluor, Phosphor sowie die Vitamine A, B und D.
Mit Fischen läßt sich eine ideale Kranken- bzw. Schonkost bereiten, und Fisch eignet sich auch hervorragend zur Diät. Kinder und Jugendliche sollten häufig Fisch essen, ebenso diejenigen, die auf ihre schlanke Linie achten müssen oder wollen.
Bei der Aufstellung eines Speisezettels sollten Sie aber beachten, daß es »Fettfische« gibt wie Aal, Forelle, Karpfen, Lachs, Hering, Scholle, Steinbutt, von denen nur der Aal den Fettgehalt von Schweinefleisch erreicht, und »Magerfische« wie Goldbarsch, Kabeljau, Schellfisch, Barsch, Felchen, Hecht und Zander. Nährwert und Kaloriengehalt eines Fischgerichtes werden nicht unwesentlich von der Zubereitung beeinflußt.
Fisch verdirbt sehr leicht. Kaufen Sie deshalb möglichst nur ganz frische Fische und zögern Sie die Zubereitung nicht allzulange hinaus.
Frische Fische haben blutrote Kiemen, festes, elastisches Fleisch und einen frischen Geruch.
Tiefgekühlte Fische sind fangfrisch eingefroren und den frischen Fischen gleichwertig. Die Auswahl an tiefgekühlten Fischen ist sehr groß und wird noch vermehrt durch Halbfertigprodukte (panierte Filets etc.) und Fertigprodukte (Schlemmerfilets). Tiefgekühlter Fisch und

Fischprodukte, die an- oder aufgetaut sind, müssen noch am gleichen Tag verwendet werden.
Das Schuppen, Enthäuten oder Filetieren erledigt heute – auf Wunsch – jeder Fischhändler für Sie. Sollten Sie aber doch vor dem Kochen, Dünsten, Braten, Backen oder Grillen Fische selbst vorbereiten müssen, hier einige Hinweise: Zum Schuppen halten Sie den Fisch – am besten mit einem Tuch – am Schwanz fest und schuppen ihn (unter Wasser, wenn Sie ein Herumspritzen der Schuppen vermeiden wollen) mit einem kräftigen Messer oder einem Fischschupper vom Schwanz zum Kopf hin. Fische mit besonders tief- und festsitzenden Schuppen, beispielsweise Barsche, halten Sie zunächst für 1 Minute in kochendes Wasser; sie lassen sich dann leichter schuppen. Danach werden vor allem bei größeren Fischen Schwanz- und Rückenflossen zugeschnitten. Nach dem Schuppen wird der Fisch ausgenommen: Schneiden Sie ihn vorsichtig (um die Galle nicht zu verletzen) an der Bauchseite auf (vom Schwanz zum Kopf) und ziehen Sie die Eingeweide mit einem kräftigen Ruck heraus. Entfernen Sie sämtliche Blutreste und das bei den meisten Fischen direkt an der Rückengräte sitzende Häutchen.
Aal und Seezunge werden vor der Zubereitung enthäutet. Dazu wird beim Aal die Haut unterhalb des Kopfes, bei der Seezunge am Schwanz eingeschnitten und abgezogen. Zum Filetieren müssen Sie den Fisch entlang der Hauptgräte einschneiden und zuerst die oberen, danach die unteren Filets ablösen.

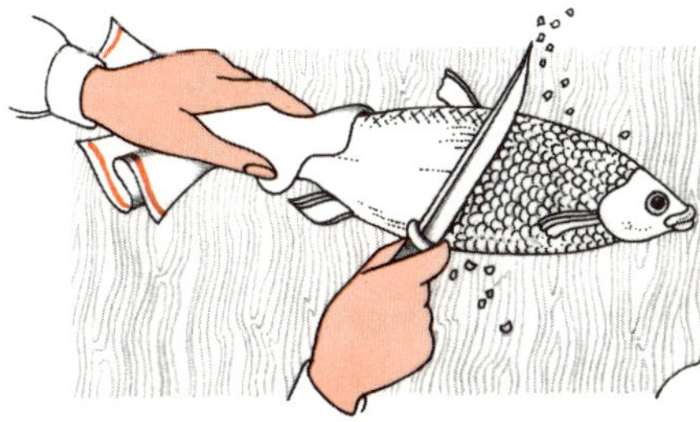

Fische schuppen

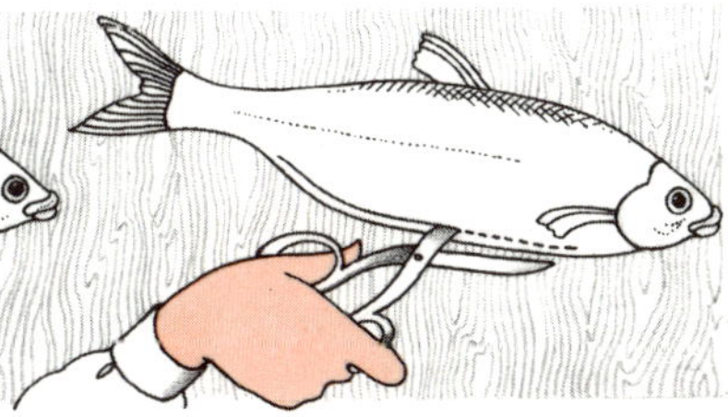

ausnehmen

Lange Zeit galt der Grundsatz, Fische nach dem Waschen zu säuern, zu salzen und Salz, Zitronensaft oder Essig wenigstens ¼ Stunde einwirken zu lassen; dieser Grundsatz ist nicht empfehlenswert, denn die Fische verlieren an Saft und büßen ihr Eigenaroma ein. Wohl ist Zitronensaft in der Fischküche wichtig: er bannt den Fischgeruch und festigt das Fischfleisch, aber der Fisch soll erst unmittelbar vor der Zubereitung mit Zitronensaft beträufelt werden, und gesalzen wird er entweder gleichzeitig oder während der Zubereitung.
Vorbereitete Fische werden gekocht, gedämpft, gebraten oder gebakken. Über Grillen von Fisch wird im Kapitel *Grillen* gesprochen.

Kochen: Fische werden in Wasser oder in Sud gekocht. Beachten Sie, daß Fischsud etwa 10 Minuten kochen muß, um seine Geschmackstoffe zu entfalten. Erst dann wird der Fisch eingelegt und kann bei schwacher Hitze gar ziehen. Er ist gar, wenn sich die Rückenflosse herausziehen läßt, ohne daß etwas vom Fischfleisch daran hängenbleibt, die Augen müssen als weiße Kugeln hervortreten.

Garen im Dampf: Ist dem Kochen vorzuziehen, da mehr von dem Fischaroma erhalten bleibt. Zum Garen im Dampf eignet sich am besten ein Fischkochtopf mit Einsatz. Als Ersatz können Sie auch eine größere Kasserolle mit passendem Fetteinsatz verwenden. Der kräftig abgeschmeckte Fischsud wird einige Zentimeter hoch in den Kochtopf gefüllt, die Fische auf den Einsatz gelegt und zugedeckt gegart.

Dämpfen in Butter und Wein: Die Fische werden in eine gebutterte Pfanne gelegt, mit etwas Wein begossen und zugedeckt gar gedämpft. Diese Methode eignet sich besonders für feine Fische wie Forelle, Äsche, Seezunge und Scholle.

Braten: Die Fische werden in reichlich Butter (die Menge richtet sich nach dem Fettgehalt des Fisches) in der Pfanne gebraten. Sie können vor dem Braten zusätzlich mit Mehl bestäubt und nach dem Braten mit beliebigen Kräutern versetzt werden (= auf Müllerin-Art).

Backen: Die Fische werden entweder mit Mehl, Ei und Semmelbröseln paniert oder in Backteig getaucht und hellbraun gebacken. Karpfen, Hecht und Seefischfilets schmecken gebacken besonders gut.

Garen in der Folie: Die Fische werden nach Belieben gewürzt, in ein zurechtgeschnittenes Stück Alu-Folie verpackt auf einem Backblech ins erhitzte Rohr gestellt und gegart; eine Methode, die nicht nur schnell geht, sondern die Ihre Küche und Wohnung von unerwünschtem Fischgeruch freihält, dazu wird sie unterhalb des Kopfes eingeschnitten.

SÜSSWASSERFISCHE

Süßwasserfische kommen heute in zahlreichen Arten auf den Markt.

Aal wird vorwiegend in den Monaten Oktober bis April angeboten. Sein Fleisch ist wohlschmeckend, allerdings auch fett. Sehr schmackhaft sind junge Aale, deren Gewicht 500–750 g nicht überschreitet, gut zubereitet ergeben aber auch ältere Fische schmackhafte Gerichte, jedoch muß die Haut vor der Zubereitung abgezogen werden.

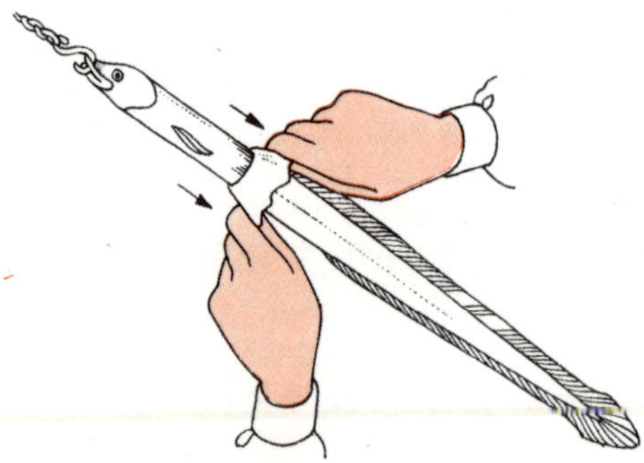

Aal enthäuten

Äsche gehört zur großen Familie der Lachsfische. Sie lebt in größeren Gebirgsbächen und wird hauptsächlich in der zweiten Jahreshälfte gefangen. Äschen gelangen selten auf den Markt. Sie erhalten sie meist direkt von Fischern. Ihr Fleisch ist fest und schmeckt leicht nach Thymian. Äschen können nach allen Forellen-Rezepten zubereitet werden.

Barsch: Der in Seen und Flüssen heimische Flußbarsch wird in den Monaten Juni bis November gefangen. (Achtung! An den spitzen Flossen kann man sich leicht verletzen.) Barschfleisch ist fest und wohlschmeckend. Der Fisch wird im ganzen oder filetiert zubereitet.

Felchen bewohnen mit ihren kaum zu unterscheidenden Verwandten, den *Maränen* und *Renken*, die Flüsse und Seen ganz Deutschlands. Sie werden zwischen Mai und Dezember gefangen; ihr Fleisch ist fest und wohlschmeckend. Sie können Sie im ganzen oder als Filet zubereiten und die Rezepte für Äsche und Forelle verwenden.

Forelle: Forellen sind sehr begehrte Süßwasserfische. Sie schmecken am besten im Sommer, aus den Gebirgsbächen frisch gefangen. Züchtereien bieten frische Forellen das ganze Jahr über an. Bereiten Sie diesen wohlschmeckenden Fisch nur sparsam gewürzt zu, am besten blau gekocht.

Hecht: Dieser bis zu 5 kg schwere Raubfisch hat ein wohlschmeckendes, allerdings etwas trockenes Fleisch. Er schmeckt am besten mit einem Gewicht von 1½–2 kg. Kleinere Hechte werden im ganzen zubereitet; größere Hechte werden zuvor in Scheiben geschnitten.

Karpfen ist der bei uns am meisten konsumierte Süßwasserfisch, besonders geschätzt wird der durch Züchtung entstandene schuppenarme Spiegelkarpfen. Er wird in größeren Teichen gezüchtet und kommt hauptsächlich zwischen Oktober und März in den Handel. Karpfen können ganz oder zerteilt zu vielen schmackhaften Gerichten verarbeitet werden.

Lachs oder *Salm* ist ein der Forelle verwandter, äußerst wohlschmeckender Fisch, zartrosa im Fleisch, der vor allem im Frühsommer gefangen wird. Wegen seiner beträchtlichen Größe wird er meist zerteilt angeboten.

Schleien sind die kleineren Verwandten des Karpfens. Ihr Fleisch schmeckt leicht süßlich, sie müssen daher bei der Zubereitung entsprechend gewürzt werden.

Wels ist der größte europäische Süßwasserfisch mit einer Länge bis zu 3 Metern. Vor allem die jüngeren Fische haben ein äußerst wohlschmeckendes Fleisch. Gekocht oder gedämpft sind sie sehr wohlschmeckend, können aber auch gebraten oder gebacken werden.

Zander, in der Donaugegend oft auch *Schill*, in Ungarn *Fogosch* genannt, hat ein saftiges, wohlschmeckendes Fleisch. Er kann sowohl im ganzen als auch in Stücke zerteilt zubereitet werden.

Aal, gebacken

600 g Aal, Salz, Zitronensaft, 2 El Mehl, 2 El Semmelbrösel, 80 g Öl.

Den ausgenommenen, enthäuteten und gewaschenen Aal mit Salz und Zitronensaft einreiben, in 4–5 cm lange Stücke teilen und in einem Gemisch von Mehl und Semmelbröseln wenden. Das Öl in einer Pfanne erhitzen und die Aalstücke darin unter ständigem Rütteln der Pfanne von allen Seiten goldbraun backen. Die Aalstücke auf einer gewärmten Platte anrichten und mit Zitronenspalten und Petersilie garnieren.
Reichen Sie als Beilage Petersilienkartoffeln und grünen Salat oder Kartoffelsalat.

Aal, gekocht

800 g Aal, Salz, Essig.

Den ausgenommenen, enthäuteten und gewaschenen Aal in 4 oder 8 Portionsstücke teilen, in etwas kochendes, mit Salz und Essig gewürztes Wasser legen (schmecken Sie den Kochsud recht kräftig ab!) und 15–20 Minuten gar ziehen lassen. Den Aal herausheben, abtropfen lassen und auf einer gewärmten Platte anrichten. Mit einigen Stengeln frischem Dillkraut und Zitronenspalten garnieren. Servieren Sie den Aal mit Salzkartoffeln (oder Pellkartoffeln) und *Sahnemeerrettich*; auch *Gurkensalat* paßt dazu.
Junge Aale mit einer noch zarten Haut müssen nicht enthäutet werden; sie werden mit etwas heißem Essig übergossen und wie vorher beschrieben fertiggestellt = **Aal blau**.

Grüner Aal auf Berliner Art

1 kg Aal, Salz, 40 g Mehl, 40 g Butter, $^1/_2$ l Brühe, 1 El Dillkraut, 1 El Kerbel, 1 El Petersilie, Zitronensaft, $^1/_{10}$ l Sahne, 1 Eigelb.

Den ausgenommenen, enthäuteten, gut gewaschenen Aal innen und außen mit Salz einreiben und in 5–10 cm lange Stücke schneiden. Das Mehl in der Butter anschwitzen, mit der Brühe aufgießen und 15 Minuten bei schwacher Hitze zu einer sämigen Sauce verkochen. Die Aalstücke in die Sauce legen, 15–20 Minuten (je nach Dicke) gar ziehen lassen (nicht kochen), herausheben, in eine gewärmte Schüssel legen und warm stellen. Die Sauce mit den fein gewiegten Kräutern, Zitronensaft und Salz abschmecken und mit dem in der Sahne verquirlten Eigelb legieren. Die fertige Sauce über die warmgestellten Aalstücke gießen.
Servieren Sie den grünen Aal mit Salzkartoffeln oder Pellkartoffeln und Gurkensalat. (Abb. s. S. 72)

Äsche in Alu-Folie

4 Äschen, Salz, Zitronensaft, 40 g Butter, 4 Salbeiblätter (oder Rosmarin).

Die geschuppten, ausgenommenen und gewaschenen Äschen salzen und mit Zitronensaft beträufeln. 4 entsprechend große Stücke Alu-Folie zurechtschneiden und mit der Hälfte der erweichten Butter bestreichen. Die Fische darauflegen und die restliche Butter in kleinen Stückchen darüber verteilen. Je 1 Salbeiblatt (Sie können auch Rosmarin verwenden) in die Bauchhöhle der Fische geben. Die Folie zu kleinen Päckchen zusammenfalten, auf ein Backblech legen und in das auf 180° erhitzte Rohr stellen. Die Fische brauchen 15–25 Minuten (je nach Größe) zum Garen.
Die Fische in den Folienpäckchen auf eine Platte legen und so zu Tisch geben. Die Päckchen werden erst auf dem Teller geöffnet, damit nichts von dem köstlichen Saft verlorengeht.
Reichen Sie als Beilage Petersilienkartoffeln und einen Salat.

Äsche, gebraten

4 Äschen (je 250 g), Zitronensaft, Mehl, 80 g Butter, Salz.

Die geschuppten, ausgenommenen und gewaschenen Äschen mit etwas Zitronensaft beträufeln, in Mehl wenden und in die stark erhitzte Butter geben. Die Hitze etwas reduzieren, die Fische langsam von beiden Seiten braten (15–25 Minuten) und dabei leicht salzen.
Die Fische auf einer gewärmten Platte anrichten und mit Zitronenspalten und Petersilie garnieren.
Reichen Sie zu gebratenen Äschen Petersilienkartoffeln und einen beliebigen Salat.

Forelle blau mit Petersilienkartoffeln und Salat ▷

Barsch, gebacken

Die vorbereiteten Fische (geschuppt, ausgenommen und gewaschen) mit Küchenkrepp abtupfen. Mehl, Semmelbrösel und Salz miteinander vermischen. Die Fische darin wenden und in dem stark erhitzten Öl von beiden Seiten etwa 5 Minuten backen. Die Fische auf einer gewärmten Platte anrichten und mit Zitronenspalten garnieren.
Reichen Sie zu gebackenem Barsch eine *Sauce Chantilly* oder eine *Remouladensauce,* Petersilienkartoffeln und grünen Salat.

4 kleine Barsche, 2 El Mehl, 2 El Semmelbrösel, 1 Tl Salz, 8 El Öl.

Barschfilet mit Mandeln

Die gut gewaschenen Barsche enthäuten und von den Gräten befreien. Sie erhalten so aus jedem Fisch 4 Filets. (Heute nimmt Ihnen jede gute Fischhandlung diese Arbeit ab!) Die Filets mit einigen Tropfen Zitronensaft einreiben. Das Ei salzen und mit der Milch verquirlen. Die Filets in dem Ei und dann in dem Mehl wenden und in dem erhitzten Fett auf beiden Seiten goldbraun braten (3–5 Minuten je Seite). Inzwischen die Mandeln in der Butter leicht anrösten. Die Fischfilets in den Mandeln wenden, diese dabei gut andrücken und sofort auf einer gewärmten Platte anrichten. Mit Zitronenspalten und Petersilie garnieren.
Reichen Sie Salzkartoffeln und beliebigen Salat dazu.

4 Barsche, Saft von 1 Zitrone, 1 Ei, 2 El Milch, Salz, Mehl nach Bedarf, 50 g Butter (oder Öl), 40 g gehobelte Mandeln, 20 g Butter.

Fische

Felchen, Maräne, Renke, gebraten

Die ausgenommenen und gewaschenen Fische mit Salz einreiben, mit Zitronensaft beträufeln und mit Mehl stauben. Die Butter in einer Pfanne erhitzen, die Fische darin zunächst auf der einen, dann auf der anderen Seite braun braten (je 5–10 Minuten). Die Fische auf einer gewärmten Platte anrichten, mit der Bratbutter übergießen und mit Zitronenspalten garnieren.
Servieren Sie die Fische mit Petersilienkartoffeln und grünem Salat.

4 Felchen, Salz, 1 El Zitronensaft, 1 Tl Mehl, 60 g Butter.

Felchen in Weinsauce

Die ausgenommenen und gewaschenen Felchen filetieren (von Haut und Gräten befreien) und mit Salz und frischgemahlenem Pfeffer würzen. Die Butter in einer Bratpfanne zerlassen, die sehr fein gehackte Zwiebel hineinstreuen und die Fischfilets obenauf legen. Den Wein zugießen. Die Bratpfanne zudecken und die Fische in dem auf 120° erhitzten Rohr etwa 15 Minuten gar dämpfen. Die Fische auf einer Platte warm stellen. Den Fischsud in einer kleinen Kasserolle zum Kochen bringen und mit der Mehlbutter (die Butter mit dem Mehl verkneten) nach und nach andicken. Die Sauce mit Salz, Pfeffer, Zitronensaft und Tomatenketchup abschmecken, mit der Sahne verrühren, mit den gehackten Kräutern (Petersilie, Kerbel) vermischen und über die warmgestellten Fischfilets gießen.

4 mittelgroße Felchen (je 250 g), Salz, Pfeffer, 20 g Butter, ½ Zwiebel, ¼ l Weißwein, 30 g Butter, 1 El Mehl, ¼ l Sahne, 1 El Zitronensaft, 1 Tl Tomatenketchup, 2 El gehackte Kräuter.

Forelle, gebraten

Die ausgenommenen und gewaschenen Forellen mit Salz einreiben, mit Zitronensaft beträufeln und mit dem Mehl stauben. Die Butter in einer Pfanne erhitzen und die Fische darin langsam von beiden Seiten braun braten (10–15 Minuten). Die Fische herausnehmen, auf eine gewärmte Platte legen, mit der Bratbutter übergießen und mit einer Zitronenspalte garnieren.

4 Forellen, Salz, ½ Zitrone, 1 Tl Mehl, 60 g Butter.

◁ *Grüner Aal auf Berliner Art mit Salzkartoffeln und Gurkensalat*

Forelle blau

4 Forellen, Essig, Salz.

Die Forellen, die nach Möglichkeit erst kurz vor dem Essen getötet werden sollen, vorsichtig in kaltem Wasser ausnehmen, gut waschen und auf eine Platte legen. (Wenn Sie wollen, können Sie die Fische auch ringförmig binden: Nehmen Sie einen kräftigen Faden, ziehen ihn durch Unterkiefer und Schwanzende und binden ihn zusammen.) Die Forellen mit 1–2 El leicht erwärmtem Essig begießen und 1–2 Minuten ziehen lassen. Die Fische dann in kochendes, gesalzenes und mit Essig säuerlich abgeschmecktes Wasser legen und 10–20 Minuten gar ziehen lassen. Die Fische sind fertig, wenn die Augen weiß werden und herausfallen. Die Fische vorsichtig herausheben, auf einer gewärmten Platte anrichten und mit Zitronenspalten und Petersilie garnieren.

Reichen Sie heiße braune Butter, Petersilienkartoffeln und grünen Salat dazu.

Zu dem Fischsud werden häufig noch weitere Gewürze wie ½ Zwiebel, 1 Lorbeerblatt, Pfefferkörner oder Estragon verwendet, der köstliche Eigengeschmack der Forellen wird aber dadurch leicht verfälscht. (Abb. s. S. 71)

Forelle à la Creme = Forelle in Sahnesauce

4 Schalotten. 30 g Butter, 4 Forellen, Salz, Pfeffer, Saft von einer Zitrone, ²/₁₀ l herber Weißwein, ¼ l Sahne, 100 g Champignons, ½ Zitrone, 10 g Butter, Salz, Pfeffer, Petersilie.

Die Schalotten sehr fein hacken, in der Butter glasig andünsten und danach auf dem Boden einer flachen Pfanne verteilen. Die ausgenommenen und gewaschenen Forellen salzen, pfeffern und auf die Schalotten legen. Den Zitronensaft darüberträufeln und den Weißwein dazugießen. Die Pfanne gut abdecken (haben Sie keinen passenden Deckel, so verwenden Sie Alu-Folie) und die Forellen in dem auf 200° vorgeheizten Bratrohr in 10–15 Minuten gar dämpfen. Die Forellen aus dem Sud nehmen (Achtung, daß sie nicht zerfallen!), vorsichtig enthäuten und auf einer Platte warm stellen.

Die Sahne unter ständigem Rühren zu dem restlichen Sud in die Pfanne geben, kurz aufkochen und dann durch ein Sieb streichen. Die geputzten Champignons in feine Scheiben schneiden, mit dem Saft der halben Zitrone beträufeln, salzen, pfeffern und in der Butter gar dünsten. Die Champignons unter die Sahnesauce mischen und diese über die Forellen gießen. Mit fein gehackter Petersilie bestreuen und mit Zitronenhälften garnieren.

Mit Salzkartoffeln und *Chicoréesalat* auftragen.

Forelle à la Meunière = Forelle auf Müllerin-Art

4 Forellen, Salz, ½ Zitrone, 1 Tl Mehl, 60 g Butter, 2 El gehackte Kräuter, 30 g Butter.

Die Forelle so wie oben beschrieben braten und auf eine gewärmte Platte legen. Die Kräuter (nehmen Sie vorwiegend Petersilie, vermischt mit einer Spur Estragon und Kerbel) über die Fische streuen. Die frische Butter zu der Bratbutter in die Pfanne geben, kurz aufschäumen lassen, über die Fische gießen und sofort auftragen. Reichen Sie Kartoffeln und grünen Salat dazu.

Hecht, gebacken

1 Hecht (etwa 1½ kg), 150 g Mehl, Salz, 1 El Öl, 2 Eier, ¼ l helles Bier, Backfett.

Den vorbereiteten Hecht (geschuppt, ausgenommen, gewaschen) von Kopf und Schwanzstück befreien und in daumendicke Scheiben schneiden. Aus Mehl, Salz, Öl, Eigelb und Bier einen Backteig rühren und ¼ Stunde ruhen lassen. Das Eiweiß steif schlagen und unter den Teig ziehen. Die Hechtstücke kurz in den Backteig tauchen und in dem erhitzten Fett (wenigstens 3 Finger hoch, am besten in einem Fettopf oder einer Friteuse) goldbraun backen. Die Stücke herausheben, kurz auf Küchenkrepp abtropfen lassen und auf einer gewärmten Platte anrichten.

Garnieren Sie den Hecht mit Zitronenspalten und reichen Sie eine *Remouladensauce* und Petersilienkartoffeln dazu.

Hechtklößchen

Das Hechtfleisch von Haut und Gräten befreien und fein zerstoßen (am besten im Mixer zerkleinern). Mit den 2 Eiweißen, den Semmelbröseln und der Sahne (nach Bedarf) zu einer geschmeidigen Masse verarbeiten. Mit Salz und Pfeffer pikant abschmecken. Die Masse wenigstens 1 Stunde im Kühlschrank ruhen lassen. Dann kleine Klößchen formen und diese 10 Minuten in der leicht kochenden Hühnerbrühe gar ziehen lassen. (Kochen Sie zunächst ein Probeklößchen; sollte es zerfallen, müssen Sie noch einige Brösel zu der Masse geben.) Die Klößchen aus der Brühe nehmen, gut abtropfen lassen und in eine gewärmte Schüssel legen.

Sauce: Aus Butter, Mehl und Milch eine Béchamelsauce bereiten, die Sahne dazugeben und 5 Minuten bei schwacher Hitze kochen lassen. Dann die Krebsbutter nach und nach darunterziehen und die Krabben dazumischen. (Tiefgekühlte Krabben vorher auftauen, konservierte Krabben mit kaltem Wasser überbrausen und abtropfen lassen.) Die Sauce salzen, mit einem Hauch Cayennepfeffer und einigen Tropfen Zitronensaft abschmecken und über die Klößchen gießen.

500 g Hechtfleisch, 2 Eiweiße (von nicht zu großen Eiern!), 20–30 g Semmelbrösel, Salz, Pfeffer, Sahne nach Bedarf, 1 l Hühnerbrühe.
20 g Butter, 20 g Mehl, ¼ l Milch, ⅛ l Sahne, 50 g Krebsbutter, 75 g Krabben, Salz, Cayennepfeffer, Zitronensaft.

Fische

Hecht auf russische Art

Den vorbereiteten Hecht (geschuppt, ausgenommen, gewaschen) in Portionsstücke teilen und in etwas Salz-Essig-Wasser gar ziehen lassen (25–30 Minuten). Die Fischstücke aus dem Sud nehmen, abtropfen lassen und nebeneinander in eine feuerfeste Schüssel schichten. Die geputzten Pilze und die Gurke, beides in dünne Scheiben geschnitten, mit den Kapern und den halbierten Oliven in einem Schöpflöffel Fischsud garen (etwa 10 Minuten). Die Zwiebel, die Mohrrübe und die Petersilienwurzel fein hacken und in der zerlassenen Butter leicht anrösten. Das Tomatenmark dazugeben und mit ¼ l Fischsud aufgießen. Die Pilzsauce daruntermischen und alles noch 10 Minuten kochen. Die Sauce mit Zitronensaft, Salz und Pfeffer pikant abschmecken und dann über die Fischstücke gießen. Das Ganze in dem auf 180° erhitzten Rohr 10 Minuten überbacken.

Den Hecht mit Zitronenspalten garnieren und in der feuerfesten Schüssel zu Tisch geben.

Reichen Sie Salzkartoffeln oder Kartoffelpüree und *Gurkensalat,* mit sehr viel Dillkraut bestreut, dazu.

1 großer Hecht (etwa 1½ kg), Salz, Essig, 150 g Steinpilze, 1 Salzgurke, 1 El Kapern, 5 Oliven, 1 große Zwiebel, 1 Mohrrübe, 1 Petersilienwurzel, 30 g Butter (oder 2 El Öl), 100 g Tomatenmark, Zitronensaft, Salz, Pfeffer.

Hecht in Weinsauce

Den vorbereiteten Hecht (ausgenommen, geschuppt und gewaschen) innen und außen gut salzen und in eine leicht gebutterte Pfanne legen. Die fein gehackte Zwiebel und die in kleine Würfel geschnittene Sellerieknolle in der restlichen Butter weichdünsten. Mit dem auf das Doppelte verdünnten Wein aufgießen, die Gewürze dazugeben und zum Kochen bringen. Den Fisch mit der kochenden Sauce übergießen, mit den Semmelbröseln bestreuen, in dem auf 150° vorgewärmten Rohr langsam gar schmoren (15–20 Minuten), auf eine gewärmte Platte legen und warm stellen. Kurz vor dem Anrichten mit Zitronenspalten und Petersilie garnieren.

Das Mehl in der Butter hellgelb anrösten, mit dem Fischsud aufgießen und unter ständigem Rühren 5 Minuten zu einer sämigen Sauce verkochen. (Sollte die Sauce zu dick werden, noch etwas Wein aufgießen.) Die Kapern unter die Sauce mischen und zuletzt die zwei verquirlten Eigelbe einrühren. (Die Sauce darf dann nicht mehr kochen!)

Die Sauce in einem separaten Kännchen auftragen.

Reichen Sie Salzkartoffeln und Salat dazu.

1 Hecht (1½–2 kg), 50 g Butter, 1 kleine Zwiebel, ¼ Sellerieknolle, ¼ l Weißwein, Pfeffer, Muskat, Muskatblüte, 1 Eßlöffel Semmelbrösel, 50 g Butter, 40 g Mehl. 1 El Kapern, 2 Eigelbe.

Hecht, gekocht

1 Hecht (1200–1500 g), Essig, Salz, ½ Lorbeerblatt, 5 Pfefferkörner.

Den vorbereiteten Hecht (geschuppt, ausgenommen und gewaschen) in einen mit Essig, Salz, Lorbeerblatt und Pfefferkörnern kräftig gewürzten kochenden Fischsud geben, bei schwacher Hitze leicht kochen (25–30 Minuten), aus dem Sud heben, auf eine gewärmte Schüssel geben und mit Zitronenspalten garnieren.
Geben Sie den Hecht sofort zu Tisch und reichen Sie Petersilienkartoffeln und heiße braune Butter dazu.
Eine besonders schmackhafte Variante: Hacken Sie 1–2 hartgekochte Eier und vermischen Sie sie mit 2 El gehackter Petersilie. Verteilen Sie das Gemisch über den angerichteten Hecht und gießen Sie braune Butter darüber.

Karpfen blau

1 mittelgroßer Karpfen (etwa 1–½ kg), Essig, Salz, ½ Zwiebel, 5 Pfefferkörner, ½ Lorbeerblatt.

Den ausgenommenen, gewaschenen, aber nicht geschuppten Karpfen auf eine Platte legen – Schwanz und Flossen etwas zurechtstutzen –, mit 1 El erwärmtem Essig begießen und einige Minuten ruhen lassen. In einer großen Pfanne einen mit Essig, Salz, Zwiebel, Pfefferkörnern und Lorbeerblatt kräftig abgeschmeckten Fischsud zubereiten, 10 Minuten kochen lassen und den Karpfen darin bei schwacher Hitze gar ziehen lassen (30–45 Minuten). Den Fisch vorsichtig, damit er nicht zerfällt, herausheben, auf eine gewärmte Platte legen und mit Petersilie und Zitronenspalten garnieren.
Servieren Sie Salzkartoffeln und *Sahnemeerrettich* dazu.
Beim Kochen eines Karpfens, vor allem eines größeren Fisches, müssen Sie darauf achten, daß das Fischfleisch bis zur Mitte gar ist, ohne dabei außen zu zerfallen. Einfacher haben Sie es, wenn Sie den Fisch vorher in Portionsstücke teilen und diese im Fischsud gar ziehen lassen (15–25 Minuten).

Karpfen auf polnische Art

1 Karpfen (etwa 1½ kg), 1 Suppengrün, 1 Lorbeerblatt, 5 Pfefferkörner, Salz, 4 mittlere Zwiebeln, 60 g Butter, ¼ l Rotwein, 3 Stengel Petersilie, 1 Stengel Thymian, 100 g Lebkuchen, Zucker, Essig, Cayennepfeffer, 50 g Mandeln.

Den vorbereiteten Karpfen (geschuppt, ausgenommen und gewaschen) von Kopf und Schwanzstück befreien und in 2–3 cm breite Scheiben teilen. Die Fischabfälle mit dem Suppengrün, dem Lorbeerblatt und den Pfefferkörnern in 1 l Salzwasser ½ Stunde kochen und dann abseihen. (Die Flüssigkeitsmenge sollte zuletzt ½ l betragen.) Die Zwiebeln hacken und in der erhitzten Butter leicht andünsten. Mit dem Fischsud und dem Rotwein aufgießen, die zusammengebundenen Kräuter dazugeben und aufkochen. Die Karpfenstücke in den kochenden Fischsud geben, 15–25 Minuten gar ziehen lassen und dann auf einer Platte warm stellen. Den restlichen Kochsud auf ¼ l Flüssigkeit einkochen, mit dem geriebenen Lebkuchen versetzen und – nach weiteren 5 Minuten Kochzeit – passieren. Die Sauce mit Zucker, Salz, Essig und einer Prise Cayennepfeffer pikant abschmecken und über die Karpfenstücke gießen. Die geschälten, grob gehackten Mandeln darüberstreuen. Geben Sie den Karpfen mit Salzkartoffeln zu Tisch. Wenn Sie wollen, können Sie bei diesem Rezept den Rotwein auch durch dunkles Bier ersetzen.

Karpfen, gebacken

1 Karpfen (etwa 1½ kg), Salz, Mehl, 2 Eier, Semmelbrösel, Fett zum Backen.

Den vorbereiteten Karpfen (geschuppt, ausgenommen und gewaschen) von Kopf und Schwanzende befreien und der Länge nach halbieren. Jede Hälfte in 2–3 cm breite Stücke schneiden. Die Stücke leicht salzen, hintereinander in Mehl, den verquirlten Eiern und den Semmelbröseln wenden und in dem erhitzten Fett goldbraun backen. Die Fische gut abtropfen lassen (am besten auf Küchenkrepp) und auf einer erwärmten Platte anrichten. Mit Zitronenspalten garnieren.
Zum gebackenen Karpfen schmeckt ein beliebiger Kartoffelsalat.

Pfefferkarpfen

1 Karpfen (etwa 1 1/2 kg), 1 Zwiebel, 1/2 Knoblauchzehe, 1 Lorbeerblatt, 1 Stengel Thymian, 20 Pfefferkörner, 1/10 l Essig, Salz, 1 Karotte, 1 Petersilienwurzel, 1/8 Sellerieknolle, Pfeffer.

Den vorbereiteten Karpfen (geschuppt, ausgenommen und gewaschen) von Kopf und Schwanz befreien, der Länge nach halbieren und dann in beliebig große Stücke teilen. Die Zwiebel vierteln und mit der Knoblauchzehe, dem Lorbeerblatt, dem Thymian, den zerdrückten Pfefferkörnern, Essig, Salz und dem abgeschnittenen Kopf und Schwanzstück des Karpfens 1/2 Stunde in 1 l Wasser kochen lassen und dann abseihen. Den Sud zum Kochen bringen. Die Fischstücke mit den in Streifen geschnittenen Wurzeln in den Sud geben, etwa 20 Minuten ziehen lassen, herausnehmen und auf einer Platte anordnen. Die Wurzeln mit einem Teil des Sudes darübergeben und mit frischgemahlenem Pfeffer bestreuen.
Servieren Sie den Pfefferkarpfen mit Kartoffelklößen oder Salzkartoffeln.

Karpfenpörkölt

1 Karpfen (etwa 1 1/2–2 kg), Salz, 400 g Zwiebeln, 4 El Öl (oder anderes Fett), 2–3 El Edelsüßpaprika, 3 Tomaten, 6 grune Paprikaschoten.

Den vorbereiteten Karpfen (geschuppt, ausgenommen und gewaschen) halbieren und von beiden Seiten mit Salz einreiben. Die Karpfenhälften in etwa 2 cm breite Stücke schneiden und in eine gefettete Pfanne (noch besser eine entsprechende feuerfeste Schüssel) schichten. Die Zwiebel in feine Streifen schneiden und in dem erhitzten Fett hellbraun anrösten. Den Paprika dazugeben, gut verrühren und das Ganze über die Karpfenstücke verteilen. Die geschälten, in Scheiben geschnittenen Tomaten und die gewaschenen, in Streifen geschnittenen Paprikaschoten darüberlegen und mit so viel Wasser (noch besser ein Fischsud, den Sie durch Auskochen von Kopf und Schwanz des Karpfens gewinnen können) aufgießen, daß Fisch und Gemüse knapp bedeckt sind. Das Ganze in dem auf etwa 150° erhitzten Rohr schmoren, bis der Fisch gar ist (etwa 20–30 Minuten; eine Gabel muß leicht in das Fischfleisch dringen können). Das Pörkölt in einer gewärmten Schüssel anrichten und mit Salzkartoffeln oder Spätzle zu Tisch geben.

Karpfen, süß-sauer

1 Karpfen (etwa 1 1/2 kg), 1 Tl Ingwer, Salz, 1 Tl Mehl, 1/8 l Öl, 4 El Sojasauce, 4 El Sherry, 1 Tl brauner Zucker, 2 El Lauch, 4 Ingwerpflaumen.

Den geschuppten, ausgenommenen, gewaschenen und abgetrockneten Karpfen innen und außen mit Salz und Ingwer einreiben und mit dem Mehl stauben. Das Öl in einer Bratpfanne stark erhitzen und den Fisch darin von beiden Seiten braun braten (etwa 10 Minuten pro Seite, dabei die Hitze gegen Ende der Bratzeit etwas reduzieren). Die Sojasauce mit dem Sherry und dem braunen Zucker verrühren. Den in feine Streifen geschnittenen Lauch und die in dünne Streifen geschnittenen Ingwerpflaumen dazugeben und alles mit der beim Braten des Karpfens entstandenen Sauce mischen. Zuletzt mit etwa 1/4 l Wasser oder Fleischbrühe aufgießen und den Fisch zugedeckt fertig garen.
Richten Sie den Karpfen unzerteilt auf einer gewärmten Platte an, begießen Sie ihn mit der Bratensauce und reichen Sie Salzkartoffeln oder Kartoffelpüree dazu.

Meurette = Fischtopf auf Burgunder Art

300 g Aal, 300 g Karpfen, 300 g Hecht, 3/4 l Rotwein (Burgunder), 1 Zwiebel, 1 Stämmchen Thymian, 1 Lorbeerblatt, 1 Sträußchen Petersilie, 10 Pfefferkörner, Salz, 6 El Cognac, 30 g Butter, 1 El Mehl, Pfeffer.

Die ausgenommenen, enthäuteten und gewaschenen Fische in 3–4 cm große Stücke schneiden. Den Rotwein mit Zwiebel, Thymian, Lorbeerblatt, Petersilie und Pfefferkörnern 1/4 Stunde kochen lassen. Die Fischstücke in den Rotweinsud geben, salzen und 10 Minuten nahe dem Siedepunkt ziehen lassen. Den Cognac dazugeben und die Fische noch weitere 10–15 Minuten garen. Die Fische aus dem Sud nehmen und in einer Schüssel warm stellen. Den Fischsud durch ein Sieb in eine kleine Kasserolle gießen, zum Kochen bringen und mit der Mehlbutter (Butter und Mehl verkneten) nach und nach andicken. Die Sauce mit Salz und Pfeffer abschmecken und über die warmgestellten Fischstücke gießen.
Servieren Sie mit Weißbrot, mit Trockenreis oder mit Salzkartoffeln.

Lachs, gedämpft

4 große Lachsscheiben (je 200 g), 40 g Butter, $^1/_4$ l Weißwein, 2 Schalotten.

Die vorbereiteten Lachsschnitten in die in einer Kasserolle zerlassene Butter geben und mit dem Wein begießen. Die kleingeschnittenen Schalotten dazugeben. Die Fischscheiben langsam bei geschlossener Kasserolle gar dämpfen (20–30 Minuten). Während der halben Garzeit salzen. Aus dem Sud nehmen und auf einer gewärmten Platte anrichten.
Geben Sie den Lachs sofort zu Tisch und reichen Sie eine *Sauce Hollandaise* und Petersilienkartoffeln dazu.

Lachsschnitten in Weinsauce

4 Lachsschnitten (5 cm dick), 40 g Butter, 1 El Petersilie, $^1/_2$ Zitrone, 1 Lorbeerblatt, 6 Rosmarinnadeln, 2 Gewürznelken, Salz, Weißwein, 2 Eigelbe, $^1/_8$ l Sahne, Zitronensaft.

Die gesäuberten Lachsschnitten in die erhitzte Butter legen (keine zu große Kasserolle verwenden). Die gehackte Petersilie, die in Scheiben geschnittene Zitrone und die Gewürze dazugeben, leicht salzen und mit Weißwein aufgießen, bis die Schnitten gerade bedeckt sind. Die Kasserolle schließen und die Schnitten langsam weichdünsten (sie dürfen nicht zerfallen). Die Scheiben herausnehmen und auf eine gewärmte Platte legen. Den Fischsud durch ein Sieb gießen, nochmals kurz zum Kochen bringen, von der Kochstelle nehmen und mit dem mit der Sahne verquirlten Eigelb legieren. Die Sauce mit Salz und Zitronensaft mild abschmecken und über die Lachsschnitten gießen. Das Gericht mit Schnittlauch bestreuen und sofort zu Tisch geben. Reichen Sie Salzkartoffeln und Salat dazu.

Schleie blau

1–2 Schleie, Essig, Salz, 1 Zwiebel, 6 Pfefferkörner, 1 Lorbeerblatt, 1 Suppengrün.

Die ausgenommenen, gewaschenen Schleie mit 1–2 El heißem Essig übergießen. Aus Essig, Salz, Zwiebel, Pfefferkörner, Lorbeerblatt und dem geputzten Suppengrün einen kräftig abgeschmeckten Fischsud zubereiten und 10 Minuten kochen lassen. Die Fische in den Sud geben, 15–20 Minuten gar ziehen lassen, herausnehmen und auf eine gewärmte Platte legen. Mit Zitronenspalten und Tomatenvierteln garnieren.
Servieren Sie dazu Petersilienkartoffeln und eine pikante Sauce (*Senfsauce, Remouladensauce, Sahnemeerrettich*).

Wels = Waller, gekocht

1–1$^1/_2$ kg Wels, Essig, Salz, 10 Pfefferkörner, 1 Zwiebel.

Zu diesem Gericht können Sie einen jungen Wels oder 4 Portionsstücke eines größeren Fisches verwenden.
Aus Essig, Salz, Zwiebel und Pfefferkörnern einen kräftig abgeschmeckten Sud zubereiten, 10 Minuten kochen lassen und den Fisch langsam darin gar dämpfen (25–50 Minuten). Den Fisch herausnehmen, auf eine gewärmte Platte legen und mit Zitronenspalten garnieren.
Reichen Sie zum gekochten Wels eine *Sauce Hollandaise* (oder *Sahnemeerrettich* oder braune Butter), Salzkartoffeln und grünen Salat.

Zander, gekocht

1–2 Zander, Salz, Essig, 6 Pfefferkörner.

Die geschuppten, ausgenommenen, gewaschenen Fische in einem mit Salz, Essig und Pfefferkörnern kräftig abgeschmeckten Kochsud 20–30 Minuten (je nach Größe) gar ziehen lassen, herausnehmen und auf eine gewärmte Platte legen. Garnieren Sie den Fisch mit Petersilie und Zitronenspalten und reichen Sie Salz- oder Petersilienkartoffeln, braune Butter und grünen Salat dazu.
Besonders schmackhaft wird der gekochte Zander, wenn Sie 1–2 Tl Sardellenpaste mit der heißen, gebräunten Butter verrühren.

Zander in Meerrettichsauce

1–2 Zander (je nach Größe), Salz, 60 g Butter, 2 El Meerrettich, 1/4 l saure Sahne.

Die geschuppten, ausgenommenen, gewaschenen Fische innen und außen mit Salz einreiben und in die in einer Pfanne erhitzte Butter legen. Den geriebenen Meerrettich über die Fische verteilen, die saure Sahne darübergießen. Die Fische zugedeckt (mit Alu-Folie abdecken) bei mittlerer Hitze 20 Minuten dünsten, wenden und weitere 20–25 Minuten fertig garen. Dabei immer wieder mit der Sahnesauce begießen.
Richten Sie den Zander auf einer gewärmten Platte an, gießen Sie die Sahnesauce darüber und reichen Sie Salzkartoffeln (oder Kartoffelklöße) dazu.

Zander = Fogosch auf Plattenseer Art

2 mittlere Zander (600–800 g), Salz, Essig, 60 g Butter (oder Öl), 250 g Zwiebeln, 1 El Paprika, 3/8 l saure Sahne, 1 El Mehl.

Die ausgenommenen, gewaschenen Fische der Länge nach halbieren, abhäuten und entgräten. Die Filets in etwas Salz-Essig-Wasser gar ziehen lassen (15–20 Minuten) und dann auf einer gewärmten Platte anrichten. Die Zwiebeln fein hacken und in der zerlassenen Butter hellgelb rösten. Den Paprika darunterrühren und sofort mit 1/2 l warmem Wasser aufgießen. Die ausgelösten Fischgräten dazugeben und das Ganze 20 Minuten kräftig kochen lassen. Die saure Sahne mit dem Mehl verquirlen, zu dem Sud geben und 5 Minuten bei schwacher Hitze mitkochen. Die Sauce durch ein Sieb geben und über die warmgestellten Fischfilets gießen.
Servieren Sie diese Spezialität mit Salzkartoffeln und reichen Sie Paprikasalat oder Gurkensalat dazu.

SEEFISCHE

Seefische sind das ganze Jahr über in den einschlägigen Geschäften erhältlich. Sie haben – mit einigen Ausnahmen – keinen so zarten Eigengeschmack wie die Süßwasserfische, und außerdem tritt der ganz typische Fischgeruch stärker hervor. Seefische können fast alle auf die gleiche Art zubereitet werden. Wenn in den Rezepten von Seefischfilets die Rede ist, können Goldbarsch-, Kabeljau- oder Dorschfilets verwendet werden.

Goldbarsch, oft auch Rotbarsch genannt, hat ein schmackhaftes, festes Fleisch. Seine kräftigen stacheligen Flossen können Verletzungen und Blutvergiftungserscheinungen hervorrufen. Davor müssen sich allerdings nur die Fischer in acht nehmen, die den Goldbarsch auf See filetieren und für den Binnenlandhandel vorbereiten.

Hering wird in Nord- und Ostsee in großen Mengen gefangen. Die frischen Heringe, auch »Grüne Heringe« genannt, kommen vor allem in den Hauptfangzeiten von Mai bis Oktober in den Handel. Ein Großteil des Fanggutes wird bereits auf See ausgenommen und eingesalzen und kommt dann als »Salzhering« in den Handel. Er muß vor der Verwendung gewässert werden und dient hauptsächlich zur Zubereitung würziger Salate (siehe dort). Außerdem sind noch die Bismarckheringe (in Essig eingelegt) und die Bücklinge (geräuchert) erhältlich. Diese Sorten werden wie der Salzhering in der Hauptsache kalt verwendet.

Matjesheringe sind die jungen, noch nicht geschlechtsreifen Heringe. Man legt sie nach dem Räuchern ein. Sie sind in der Qualität recht unterschiedlich. Sie werden als Vorspeisen oder als Salat verwendet.

Kabeljau ist einer der wichtigsten Speisefische. Er gehört zur großen Gruppe der Schellfische und hat ein weißes, leicht zerfallendes Fleisch. Er kommt in der Regel als Filet in den Handel. – Der junge Kabeljau wird *Dorsch* genannt. Er hat ein recht zartes Fleisch. – *Stockfisch* ist getrockneter, *Klippfisch* gesalzener und getrockneter Kabeljau.

Die *Makrele* wird hauptsächlich im Frühjahr nahe der Meeresküste gefangen. Sie ähnelt im Geschmack dem Hering und kann auf dieselbe Weise zubereitet werden. Die Makrele wird auch geräuchert und dann kalt mit einer beliebigen Sauce gegessen.

Der *Schellfisch* hat ein weißes, leicht in Lagen zerfallendes (= zerschellendes) Fleisch. Kleinere Fische werden ganz, größere als Filets angeboten.

Die *Scholle* ist der bekannteste, am häufigsten verwendete Plattfisch. Er wird im ganzen oder als Filet frisch oder tiefgekühlt verkauft und läßt sich zu schmackhaften Speisen verarbeiten.

Die *Seezunge* ist die Königin unter den Seefischen. Sie liefert das feinste und wohlschmeckendste Fleisch. Sie sollte nur wenig gewürzt und mit sorgfältig ausgewählten Zutaten zubereitet werden. Seezungen kommen im ganzen oder bereits filetiert in den Handel. Sie müssen vor der Zubereitung abgehäutet werden.

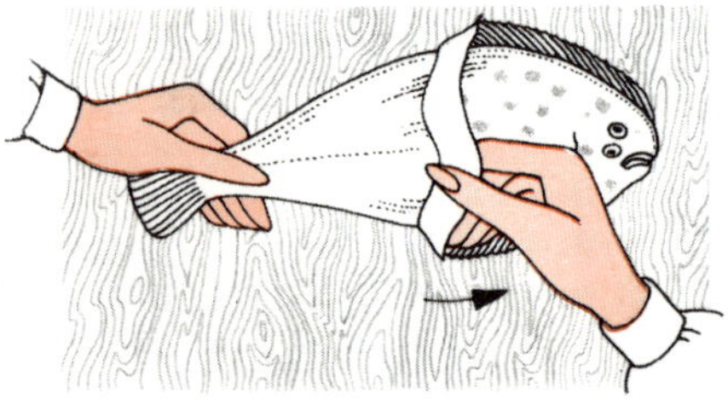

Seezunge enthäuten

Steinbutt, ein Plattfisch, hat weißes festes Fleisch und gehört mit der Seezunge zu den schmackhaftesten Seefischen. Kleinere Fische werden im ganzen gekocht, größere in Scheiben zubereitet.

Der *Heilbutt* ist der größte der Plattfische (Gewicht bis zu 2 Zentner). Sein Fleisch ähnelt dem des Steinbutts, schmeckt aber nicht so delikat. Er wird fast immer in Scheiben geschnitten angeboten.

Fisch-Curry

600 g Seefischfilet, Salz,
1 El Zitronensaft, 2 Zwiebeln,
50 g Butterfett, 1 El Mehl,
1–2 Tl Curry, 1 Prise Zimt,
1 Prise Ingwer, 1 Prise Paprika,
1 Prise Zucker, 1 Prise Salz,
das Abgeriebene von
½ Zitrone,
1 El Tomatenmark,
6 El Weißwein, ¼ l Sahne.

Die gewaschenen Fischfilets (tiefgekühlte Filets leicht antauen lassen) von beiden Seiten salzen und mit Zitronensaft beträufeln. Die Zwiebeln fein hacken und mit dem Butterfett in einer nicht zu großen feuerfesten Schüssel anschwitzen. Die Fischfilets auf die Zwiebeln legen und alles in einem auf 180° erhitzten Rohr weichdünsten (15–20 Minuten). In der Zwischenzeit das Mehl mit sämtlichen Gewürzen vermischen, mit 2 El Wasser zu einer pastenartigen Masse verarbeiten und unter ständigem Rühren zum Kochen bringen. Das Tomatenmark, den Wein und die Sahne dazugeben und die Sauce über die gedünsteten Fischfilets gießen. Alles noch 5 Minuten im abgeschalteten Rohr durchziehen lassen und dann in der feuerfesten Schüssel zu Tisch geben.
Servieren Sie den Fisch-Curry mit Trockenreis.

Fischragout

Die gewaschenen Fischfilets in fingerdicke, 3–4 cm lange Streifen schneiden. Die Paprikaschoten dritteln (der Länge nach), Kerne und Scheidewände entfernen und in schmale Streifen schneiden. Die Lauchstangen putzen (das Weiße verwenden) und in dünne Scheiben schneiden. Die Zwiebel grob hacken. Das Öl in einer Kasserolle erhitzen und Paprikaschoten, Lauch und Zwiebel darin einige Minuten unter ständigem Rühren durchrösten und mit den Gewürzen abschmecken. Das Tomatenmark und die Fischstreifen 5 Minuten mitdämpfen (kleine Hitze!). Zuletzt den Weißwein dazugießen und alles bei geschlossenem Topf weitere 5–10 Minuten garen; die Fischstreifen dürfen dabei nicht zerfallen. Das Ragout vorsichtig mit der Sahne vermengen und in einer gewärmten Schüssel (oder im Kochtopf) auftragen.

800 g Goldbarschfilet, 2 grüne Paprikaschoten, 2 mittelgroße Lauchstangen, 1 große Zwiebel, 4 El Öl, Salz, Pfeffer, 1 Messerspitze Koriander, 1 El Tomatenmark, $^1/_4$ l Weißwein, $^1/_{10}$ l Sahne.

Fischtopf, dalmatinischer

Die Zwiebel in feine Streifen schneiden, in dem Öl hellgelb anrösten und mit dem Weißwein aufgießen. Die Gewürze dazugeben und dann die mit dem Mehl verquirlte Sahne nach und nach dazurühren. 5 Minuten leicht kochen lassen. Die gewaschenen Fischfilets in eine flache feuerfeste Form schichten, mit der Wein-Sahne-Sauce übergießen und in ein auf 150° erhitztes Rohr stellen: Die Fischstücke sollen jetzt 5–10 Minuten gar ziehen, ohne dabei zu zerfallen.
Den Fischtopf in der Form zu Tisch geben und Salzkartoffeln oder Weißbrot (frisch oder geröstet) dazu reichen.

800 g möglichst verschiedenes Fischfilet, 500 g Zwiebeln, 6 El Öl, $^3/_4$ l herber Weißwein, 1 El gehackte Petersilie, 2 Tl Paprika, 1 Messerspitze Trockenknoblauch, 1 zerdrücktes Lorbeerblatt, Salz, Pfeffer, 1 El Mehl, $^1/_4$ l Sahne.

Goldbarschfilet Helgoland

Die gewaschenen Goldbarschfilets auf eine Platte legen. Das Öl mit Zitronensaft, der fein gehackten Zwiebel und den Kräutern verrühren und über die Fischfilets gießen; 1 Stunde ziehen lassen. Eine flache feuerfeste Schüssel mit zerlassener Butter ausstreichen, die marinierten Fischfilets hineinlegen (nebeneinander oder dachziegelartig), leicht salzen und mit der restlichen Marinade übergießen. Die Form in ein auf 180° erhitztes Rohr stellen und die Fischfilets 15–25 Minuten (je nach Dicke) gar dünsten. Die Filets aus dem Rohr nehmen und warm stellen. Den abgeschöpften Fischsud in eine kleine Kasserolle geben, zum Kochen bringen und mit der Mehlbutter (Butter und Mehl verkneten) nach und nach binden. Die Krevetten (tiefgekühlte Krevetten auftauen, konservierte Krevetten kalt schwemmen und abtropfen lassen) darin erwärmen, die gehackte Petersilie dazugeben und die Sauce über die warmgestellten Filets gießen.
Garnieren Sie mit einigen Zitronenspalten und geben Sie das Gericht mit Petersilienkartoffeln und grünem Salat zu Tisch.

4 größere Goldbarschfilets (je 200 g), 4 El Öl, 2 El Zitronensaft, 1 kleine Zwiebel, 1 El gehackte Petersilie, 1Tl Dillkraut, 10 g Butter, Salz, $^1/_2$ Tl Mehl, 20 g Butter, 100 g Krevetten.

Goldbarsch auf portugiesische Art

Die gewaschenen Fischfilets (am besten eignen sich 4 größere Filets) mit Salz, Pfeffer und Trockenknoblauch einreiben und mit Zitronensaft beträufeln. Die Tomaten und die Zwiebeln in Scheiben schneiden und die Hälfte davon auf den Boden einer gut mit Olivenöl gefetteten feuerfesten Form verteilen. Die gewürzten Fischfilets darüberlegen und mit den restlichen Tomaten und Zwiebelscheiben, der in dünne Scheiben geschnittenen Zitrone und den ebenfalls in dünne Scheiben geschnittenen, entkernten Oliven (Sie können auch gefüllte Oliven verwenden) bedecken. Zuletzt das Olivenöl darübergießen und Weißwein zugeben, bis die Filets ganz knapp bedeckt sind. Die Form in ein auf 180° erhitztes Backrohr stellen und die Fische 15–25 Minuten (je nach Dicke) darin dämpfen.
Die Fische in der Form zu Tisch geben und Salzkartoffeln dazu reichen.

800 g Goldbarschfilet, Salz, Pfeffer, 1 Messerspitze Trockenknoblauch, 1 El Zitronensaft, 4 Tomaten, 2 Zwiebeln, $^2/_{10}$ l Olivenöl, 1 Zitrone, 10 Oliven, $^1/_8$–$^1/_4$ l Weißwein.

Heringe, gekocht

4 Heringe, Salz, Essig,
2 hartgekochte Eier,
1 El gehacktes Dillkraut,
1 El gehackte Petersilie,
80 g Butter.

Zu diesem Gericht können grüne Heringe oder Salzheringe verwendet werden. Salzheringe müssen 24 Stunden gewässert werden, außerdem entfällt beim Kochen der Salzzusatz.
Die ausgenommenen, gewaschenen Heringe in etwas Essigwasser 15–20 Minuten gar ziehen lassen. Die Fische auf eine gut gewärmte Platte legen und mit einem Gemisch aus harten gehackten Eiern und Kräutern bestreuen. Zuletzt die zerlassene, haselnußbraune Butter darübergießen.
Reichen Sie Pellkartoffeln dazu.

Kräuterheringe

4 Heringe, Salz, 1 El Zitronensaft,
2 El Petersilie, 1 Tl Estragon,
40 g Semmelbrösel, 40 g Mehl,
60 g Butter oder Öl.

Die ausgenommenen, gewaschenen Heringe innen und außen salzen und mit Zitronensaft beträufeln. Die Kräuter fein hacken und in das Innere der Fische geben. Die Semmelbrösel mit Mehl mischen, die Fische darin wenden und in dem erhitzten Fett auf beiden Seiten knusprig braun braten. Auf einer gewärmten Platte anrichten und mit Tomatenvierteln und Zitronenspalten garnieren.
Servieren Sie die Kräuterheringe mit Pellkartoffeln und Gurkensalat.
Den Geschmack der Heringe können Sie beliebig variieren, indem Sie verschiedene Kräuter verwenden: Ersetzen Sie den Estragon durch Salbei, Rosmarin, Thymian, Basilikum, Kerbel oder Borretsch.

Kabeljau, gratiniert

600 g Kabeljaufilet, Salz,
Pfeffer, 20 g Butter, 4 El Dillkraut,
250 g Tomaten, Weißwein,
30 g Butter, 30 g Mehl,
$^1/_{10}$ l Sahne, Tomatenketchup,
geriebener Käse.

Die gewaschenen Fischfilets von beiden Seiten mit Salz und Pfeffer bestreuen und in eine gebutterte, flache feuerfeste Form legen. Das Dillkraut darüberstreuen, die in Scheiben geschnittenen Tomaten darauflegen und Wein darübergießen, bis alles gerade bedeckt ist. Die Schüssel in ein auf 130° erhitztes Rohr stellen und die Fischfilets 15–25 Minuten (je nach Größe) gar ziehen lassen. Die Fische aus dem Rohr nehmen und die überschüssige Flüssigkeit vorsichtig abschöpfen. Das Mehl in der Butter leicht anrösten, mit dem abgeschöpften Fischsud aufgießen und 5 Minuten durchkochen. Die Sahne und das Tomatenketchup einrühren. Die Sauce über die Fischfilets gießen, den geriebenen Käse darüberstreuen und das Ganze 10 Minuten in mittelheißem Rohr überbacken. Den gratinierten Kabeljau sofort in der Form zu Tisch geben.
Besonders delikat wird dieses Gericht, wenn man in die Sauce einige in Butter gedämpfte Champignons (100–150 g) gibt und mit gratiniert.
Reichen Sie eine große Schüssel Salat und, wenn sehr hungrige Esser bei Tisch sind, einige Kartoffeln dazu.

Kabeljaufilet in Weinsauce

800 g Kabeljaufilet,
$^1/_2$ l Weißwein, Salz,
4 Schalotten,
200 g Champignons, 30 g Butter,
1 El Mehl, Pfeffer, Cayennepfeffer,
1 Eigelb, $^1/_{10}$ l Sahne.

Die gewaschenen Kabeljaufilets in den kochenden, leicht gesalzenen Weißwein geben und darin 15–20 Minuten (je nach Größe) gar ziehen lassen (ohne zu kochen). Die Filets herausheben, gut abtropfen lassen und auf einer Platte warm stellen. Die Schalotten (zur Not zwei kleine Zwiebeln nehmen) fein hacken und mit den gewaschenen, geputzten, grobgehackten Champignons zu dem Weinsud geben; auf $^1/_4$ l Flüssigkeit einkochen. Die Butter mit dem Mehl verkneten (= Mehlbutter), die Sauce damit nach und nach andicken (dabei kräftig rühren) und mit Salz, Pfeffer und Cayennepfeffer abschmecken. Zuletzt mit der mit dem Eigelb verquirlten Sahne legieren. Die Sauce über die warmgestellten Fischfilets gießen und mit gehackter Petersilie bestreuen.
Servieren Sie die Kabeljaufilets mit Petersilienkartoffeln und Gurkensalat.

Makrele, gebacken

4 kleine Makrelen, Salz, Zitronensaft, 2 El Mehl, 2 El Semmelbrösel, 80 g Fett.

Die geschuppten, ausgenommenen, gewaschenen Makrelen innen und außen salzen und mit Zitronensaft einreiben. Das Mehl mit den Semmelbröseln mischen und die gewürzten Fische in dieser Mischung wenden. Das Fett in einer Pfanne erhitzen und die Makrelen darin von beiden Seiten langsam backen. Die Fische auf eine gewärmte Platte legen und mit Zitronenspalten, Tomatenvierteln und grüner Petersilie garnieren.
Servieren Sie die gebackenen Makrelen mit einer *Remouladensauce* und Petersilienkartoffeln.

Makrele, gekocht

2–4 Makrelen (je nach Größe), Essig, Salz, 1 Zwiebel, 1 Lorbeerblatt, 5 Pfefferkörner.

Die geschuppten, ausgenommenen und gewaschenen Makrelen mit 1 El heißem Essig übergießen. 1 l Wasser mit Essig, Salz, Zwiebel, Lorbeerblatt und Pfefferkörnern kräftig würzen und 10 Minuten kochen lassen. Die Makrelen in dem Fischsud 15–25 Minuten gar ziehen lassen, aus dem Sud heben, auf eine gewärmto Platte legen und mit Petersilie und Zitronenspalten garnieren.
Reichen Sie als Beilage Salzkartoffeln und eine *Senfsauce* (oder *Meerrettichsauce*).

Schellfisch, gekocht

1 Schellfisch (etwa 1200 g), Essig, Salz, 1 Suppengrün, 1 Zwiebel, ½ Zitrone, 5 Pfefferkörner, 1 Lorbeerblatt.

Den geschuppten, ausgenommenen und gewaschenen Schellfisch in einen mit Essig, Salz, dem geputzten Suppengrün, der Zwiebel, der Zitrone, den Pfefferkörnern und dem Lorbeerblatt kräftig abgeschmeckten kochenden Fischsud geben, aufkochen und dann je nach Größe 20–40 Minuten im geschlossenen Topf gar ziehen (nicht kochen) lassen. Den Fisch aus dem Sud nehmen, auf eine gewärmte Platte legen und mit Petersilie und Zitronenspalten garnieren.
Servieren Sie den Schellfisch mit Salzkartoffeln und brauner Butter (oder einer *Remouladensauce* oder *Sahnemeerrettich*).
Nach diesem Rezept können Sie auch andere Seefische wie Kabeljau, Seelachs, Goldbarsch usw. zubereiten.

Scholle in Alu-Folie

4 kleine Schollen, Salz, 1 El Zitronensaft, 20 g Butter, 2 mittelgroße Zwiebeln, 400 g Champignons, 40 g Butter, 60 g Butter, 2 El saure Sahne, 2 El Sherry, 1 El Petersilie, 1 El Schnittlauch, 1 Tl Kerbel, Salz, Pfeffer.

Die ausgenommenen, gewaschenen Schollen innen und außen salzen und mit Zitronensaft beträufeln. 4 zugeschnittene Stücke Alu-Folie mit zerlassener Butter bestreichen und die Schollen darauflegen. – Die Zwiebeln fein hacken und in der Butter andünsten. Die geputzten, gewaschenen Champignons grob schneiden und mit den Zwiebeln etwa 10 Minuten weichdünsten; abkühlen lassen. Die Butter mit der sauren Sahne und dem Sherry geschmeidig rühren und mit den gehackten Kräutern, Salz und einer Prise Pfeffer pikant abschmecken. Die Champignons mit der gewürzten Butter vermischen und das Ganze über die Schollen verteilen. Die Alu-Folie sorgfältig zusammenfalten. Die Päckchen auf ein Backblech (oder den Rost) legen und die Schollen in dem auf 200° erhitzten Rohr etwa 30 Minuten dünsten. – Die Fische mit der Folie auf eine Platte legen und diese so weit öffnen, daß der Fisch wie in einem Nest darin liegt.
Servieren Sie dazu grünen Salat und Petersilienkartoffeln oder Kartoffelbrei, auch gedünsteter Reis paßt gut.
Dieses Gericht können Sie genausogut aus Schollenfilets zubereiten: Nehmen Sie pro Kopf 2 Schollenfilets und verteilen Sie die Champignonbutter zwischen und über die Filets.
Und besonders delikat: Auf die gleiche Art zubereitete Seezungenfilets.

Schollenfilet, gratiniert

600 g Schollenfilet, Salz, Pfeffer, 1 El Zitronensaft, 20 g Butter, $^1/_4$ l saure Sahne, 2 El gehackte Kräuter, 1 El Semmelbrösel.

Die gewaschenen Schollenfilets (Sie können auch tiefgekühlte Filets verwenden, sie müssen nur leicht angetaut werden) von beiden Seiten mit Salz und einer Prise Pfeffer bestreuen und mit Zitronensaft beträufeln. Eine flache feuerfeste Form mit Butter bestreichen und die Filets hineinschichten. Die saure Sahne mit den gehackten Kräutern (am besten schmeckt Petersilie mit etwas Borretsch und Estragon vermischt) verrühren und über die Filets gießen. Die Semmelbrösel darüberstreuen, die Form in das auf 180° erhitzte Rohr stellen und die Filets in etwa 20 Minuten gar dünsten.
Die Filets in der feuerfesten Form zu Tisch geben und Kartoffelpüree dazu reichen.

Schollenfilet Tokio

600 g Schollenfilet, 20 g Butter, 2 Zitronen, 2 El Sojasauce, 2 Messerspitzen Salz, 1 Messerspitze Glutamat, 1 El gehackte Petersilie.

Die Schollenfilets kalt abwaschen und mit Küchenkrepp trocknen (Sie können auch tiefgekühlte Schollenfilets verwenden, sie müssen nur leicht angetaut werden). Eine flache feuerfeste Form mit der Hälfte der Butter ausstreichen und die Schollenfilets nebeneinander oder dachziegelartig darin anordnen. Den Saft der beiden Zitronen mit der Sojasauce, Salz und Glutamat mischen und über die Fische gießen. Wenn nötig noch einige Löffel Wasser zugießen und zuletzt die restliche Butter in kleinen Stückchen über die Fische verteilen. Die Form mit einem Stück Alu-Folie abdecken, in ein auf 180° vorgeheiztes Rohr stellen und die Fische darin 20–25 Minuten gar dämpfen.
Bestreuen Sie die Fische mit der gehackten Petersilie, garnieren Sie – wenn Sie wollen – noch mit einigen Zitronenachteln und geben Sie sie in der feuerfesten Form zu Tisch.
Reichen Sie je nach Geschmack Trockenreis, Petersilienkartoffeln oder Kartoffelpüree dazu.

Schollenröllchen

600 g Schollenfilet, Salz, Zitronensaft, 1 mittelgroße Zwiebel, 60 g Butter, 1 El Kümmel, 150 g Emmentaler.

Die gewaschenen Schollenfilets (tiefgekühlte Filets auftauen) leicht salzen und mit Zitronensaft beträufeln. Die Butter schaumig rühren und mit der sehr fein gehackten Zwiebel vermischen. Die Zwiebelbutter auf den Schollenfilets verteilen, diese zusammenrollen und möglichst eng nebeneinander in eine gebutterte feuerfeste Form schichten. Den zerhackten (oder zerquetschten) Kümmel darüberstreuen und das Ganze mit dünnen Käsescheiben belegen. Die Form in ein auf 130° vorgeheiztes Rohr stellen und die Schollenröllchen je nach Größe der Filets 15–20 Minuten garen.
Mit Salzkartoffeln (oder Kartoffelbrei) und grünem Salat auftragen.

Seefischfilet in Bierteig

600 g Seefischfilet, Salz, Zitrone, 150 g Mehl, Salz, 1 El Öl, 2 Eier, $^1/_4$ l Bier, Backfett.

Die gewaschenen Seefischfilets in etwa 5 cm breite Streifen schneiden, salzen und mit Zitronensaft beträufeln. Das Mehl mit Salz, Öl, Eigelben und Bier zu einem glatten Teig verrühren und $^1/_2$ Stunde ruhen lassen. Das Eiweiß steif schlagen und unter den Teig ziehen. Die Fischstreifen in den Bierteig tauchen und in dem in einem Fettopf stark erhitzten Fett goldbraun backen. Die Filets auf Küchenkrepp abtropfen lassen, auf einer gewärmten Platte anrichten und mit Zitronenspalten garnieren.
Servieren Sie die gebackenen Filets mit einer *Remouladensauce,* einer *Senfsauce* oder einer *grünen Sauce* und reichen Sie Kartoffelsalat oder gemischten Salat dazu.

Seefischfilet Cartagena

800 g Seefischfilet, Salz, Zitronensaft, 2 kleine Zwiebeln, 50 g Öl, 400 g Tomaten, Pfeffer, 1 Messerspitze Safran, 12 grüne Oliven, 2 Zitronen.

Die gewaschenen Filets unmittelbar vor der Weiterverwendung leicht salzen und mit Zitronensaft beträufeln. Die Zwiebeln fein hacken und in dem Öl hellgelb anrösten. Die geschälten (vorher kurz in kochendes Wasser tauchen) Tomaten kleinschneiden und zu den Zwiebeln geben. Mit Salz, frischgemahlenem Pfeffer und Safran kräftig würzen und einige Minuten dämpfen. Etwa ⅔ des Zwiebel-Tomaten-Gemisches auf den Boden einer flachen feuerfesten Form verteilen, die Fischfilets darauf schichten (nebeneinander oder dachziegelartig) und die restliche Zwiebel-Tomaten-Mischung darüber verteilen. Die Oliven entkernen (Sie können auch mit Paprika gefüllte Oliven verwenden), grob hacken oder in ganz feine Scheiben schneiden und über die Fischfilets streuen. Zuletzt die in sehr dünne Scheiben geschnittenen Zitronen darüber verteilen. Die Form gut verschließen (mit Alu-Folie abdecken), in ein auf 160° erhitztes Backrohr stellen und die Fische in 20–30 Minuten gar dämpfen.
Servieren Sie die Filets in der feuerfesten Form und reichen Sie Trockenreis oder Salzkartoffeln dazu.

Seefischfilet, gebacken

800 g Seefischfilet, Salz, Zitronensaft, Mehl, 2 Eier, Semmelbrösel.

Die gewaschenen, getrockneten Fischfilets salzen, mit Zitronensaft beträufeln und hintereinander im Mehl, den verquirlten Eiern und den Semmelbröseln wenden. Die panierten Filets in erhitztem Fett (1 cm hoch in der Pfanne) von beiden Seiten goldbraun backen.
Richten Sie diese Fische auf einer gewärmten Platte an und reichen Sie eine *Remouladensauce* oder eine *grüne Sauce* und Petersilienkartoffeln oder Kartoffelsalat dazu.

Seefischfilet in Haselnußsauce

600 g Seefischfilet, Saft von 1 Zitrone, Salz, Pfeffer, 20 g Butter, Muskat, 150 g Haselnüsse, 4 El Milch, 4 El Sherry, 50 g Parmesan (gerieben), Salz, Pfeffer, Semmelbrösel, Butter.

Den Zitronensaft mit Salz und Pfeffer verrühren, die gewaschenen Fischfilets beidseitig damit bestreichen und 1 Stunde zugedeckt marinieren lassen. Eine flache feuerfeste Schüssel mit etwas Butter bestreichen, die Fischfilets hineinlegen und mit einer Prise Muskat bestreuen. Die Haselnüsse reiben, mit Milch, Sherry und Käse zu einer dickflüssigen Sauce verrühren, mit Salz und Pfeffer abschmecken und über die Fischfilets gießen. Das Ganze mit Semmelbröseln bestreuen, einige Butterflöckchen daraufgeben und bei etwa 150° im Backofen garen (etwa 20 Minuten).
Servieren Sie die Filets in der feuerfesten Schüssel und reichen Sie Petersilienkartoffeln und Kopfsalat dazu.

Seefischfilet à la Livornaise

800 g Seefischfilet, 100 g Räucherspeck, 500 g Zwiebeln, 1 Petersilie (Wurzel und Stengel), 8 Pfefferkörner, ½ Knoblauchzehe, Salz, 1 El Tomatenmark, 1 Messerspitze Paprika, 1 Messerspitze Zucker, 6 El Weißwein, 1 Eigelb, 1 Tl Semmelbrösel.

Die Fischfilets rasch waschen, mit Küchenkrepp trocknen (tiefgekühlte Filets auftauen lassen und trockentupfen) und mit dem in schmale Streifen geschnittenen Speck spicken. Die Zwiebeln vierteln und mit der Petersilie, den Pfefferkörnern, der Knoblauchzehe und 1–2 Tl Salz 15 Minuten in ½ l Wasser kochen. Die Fischfilets in den Sud legen, 10 Minuten weichziehen lassen, herausnehmen und auf einer Platte warm stellen. Den Fischsud durch ein Sieb streichen, mit dem Tomatenmark aufkochen und mit Paprika, Zucker (wenn nötig noch etwas Salz) und dem Wein abschmecken. Die Sauce zuletzt mit dem mit den Semmelbröseln verquirlten Eigelb binden und über die warm gestellten Fischfilets gießen.
Geben Sie die Filets sofort zu Tisch und reichen Sie Weißbrot oder Salzkartoffeln dazu.

Seefischfilet à l'Indienne

800 g Seefischfilet, 20 g Butter, Salz, $\frac{1}{2}$–1 Tl Curry, 1 Messerspitze Ingwer, 1 Tl Senf, $\frac{1}{4}$ l Sahne, 20 g Butter, 50 g Mandeln.

Die gewaschenen Seefischfilets nebeneinander in eine gut gebutterte feuerfeste Form schichten und leicht salzen. Curry, Ingwer und Senf mit 1 Tl Sahne zu einer pastenartigen Masse verrühren, mit der übrigen Sahne verdünnen und über die Fischfilets gießen. Die in kleine Stückchen zerteilte Butter und die geschälten, geriebenen Mandeln darüber verteilen. Die Form in das auf 150° erhitzte Rohr stellen und die Fischfilets etwa 20 Minuten überbacken.
Servieren Sie die Fische in der feuerfesten Form und reichen Sie Weißbrot oder *Orangenreis* und grünen Salat dazu.
Zur Abwechslung können Sie die geriebenen Mandeln durch 2–3 El Kokosraspeln ersetzen.

Seefischfilet Peking

4 Seefischfilets (je 150 g), Salz, Pfeffer, 1 Messerspitze Ingwer, 2 El Öl, 2 El Bambussprossen, $\frac{1}{2}$ Zwiebel, 2 El Sherry, 2 El Sojasauce, $\frac{1}{8}$–$\frac{1}{4}$ l Fleischbrühe.

Die Fischfilets kalt waschen, mit Küchenkrepp trockentupfen und mit Salz, Pfeffer und einer Spur Ingwer einreiben. Das Öl in einer Pfanne erhitzen, die Fischfilets darin einzeln von beiden Seiten hellbraun anbraten und dann nebeneinander in eine mit Öl bepinselte, flache, feuerfeste Form legen. Die Bambussprossen in feine Streifen schneiden und mit der feingehackten Zwiebel über die Fischfilets verteilen. Den mit der Sojasauce vermischten Sherry darübergeben und seitlich so viel Fleischbrühe zugießen, bis sie gerade so hoch wie die Fischstücke steht. Die Form in das auf 150° erhitzte Rohr stellen und die Fische etwa 10 Minuten gar ziehen lassen.
Den Fisch in der feuerfesten Form servieren und – nach chinesischer Sitte – Trokkenreis dazu reichen.
Bambussprossen erhalten Sie in fast allen Delikatessengeschäften, zur Not können Sie aber auch die entsprechende Menge Lauch verwenden.

Seefischfilet, überbacken

800 g Seefischfilet, 1 Zitrone, Salz, 40 g Butter, 40 g Mehl, $\frac{1}{2}$ l Milch, Salz, Pfeffer, 2 Eier, Semmelbrösel, 5 g Butter.

Die gewaschenen Fischfilets auf beiden Seiten mit Zitronensaft einreiben, salzen und dann in eine gebutterte flache Auflaufform schichten. Aus Butter und Mehl eine helle Mehlschwitze bereiten, mit der kochenden Milch aufgießen und einige Minuten kräftig kochen lassen. Mit Salz und Pfeffer abschmecken und, nach kurzem Abkühlen, die 2 Eigelbe einrühren. Zuletzt den steifen Eischnee darunterziehen. Die Sauce über die Fischfilets verteilen, die Semmelbrösel darüberstreuen. Die Form in das auf etwa 180° vorgeheizte Rohr schieben und etwa 20 Minuten überbacken. Zur Abwechslung kann die Sauce mit gehackten Kräutern (Dill paßt besonders gut), mit Kapern, mit in etwas Butter gedünsteten Champignons oder mit einigen Krevetten verfeinert werden.
Reichen Sie einen gemischten Salat dazu.

Seefischfilet im Wurzelbett

800 g Seefischfilet, 1 El Zitronensaft, 2 mittelgroße Zwiebeln, 60 g Butter, 1 El Petersilie, 2 Mohrrüben, 1 Petersilienwurzel, $\frac{1}{4}$ Sellerieknolle, Salz, $\frac{1}{4}$ l Weißwein, 1 El Kapern.

Die gewaschenen Filets von beiden Seiten mit Zitronensaft beträufeln. Die Zwiebeln fein hacken, in der Butter anschwitzen und in eine gebutterte, feuerfeste Form geben. Die gehackte Petersilie und die in kleine Würfel geschnittenen Wurzeln dazulegen. Die Fischfilets darüberschichten, leicht salzen und mit dem Weißwein übergießen. Die Form mit einem Stück Alu-Folie bedecken und in ein auf 180° erhitztes Rohr stellen. Die Filets langsam weichdünsten (15–25 Minuten). Die Fische mit den Kapern bestreuen (wenn Sie wollen, können Sie auch mit einigen Zitronenspalten garnieren) und in der feuerfesten Form zu Tisch geben.
Reichen Sie Salzkartoffeln und eine *Remouladensauce*.

Seefischfilet auf russische Art

Die gewaschenen Fischfilets mit Salz und Pfeffer bestreuen, in dem Mehl wenden, in dem erhitzten Öl von beiden Seiten hellbraun braten und beiseite stellen. – Die geputzten, gewaschenen Pilze in dünne Scheiben schneiden und in der Butter dünsten, bis die sich bildende Flüssigkeit völlig verdampft ist. – Die Kartoffeln schälen, in 2–3 mm starke Scheiben schneiden und in der Butter goldbraun braten. Die hartgekochten Eier in Scheiben schneiden. Eine flache feuerfeste Schüssel mit Butter bestreichen und die gebratenen Fischfilets in der Mitte anordnen. Die gedünsteten Pilze und die Eischeiben über die Fische verteilen und die gekochten Kartoffeln rundherum anordnen. Die saure Sahne mit dem Mehl verquirlen und darübergießen. Zuletzt den geriebenen Käse und die in kleine Stückchen zerteilte Butter darauf verteilen. Die Form in das auf 200° erhitzte Rohr stellen und die Filets 10 Minuten überbacken.
Bestreuen Sie die Filets mit gehackter Petersilie und servieren Sie sie in der Backform. Als Beilage reicht ein beliebiger Salat.

600 g Fischfilet, Salz, Pfeffer, 2–3 El Mehl, 60 g Öl, 250 g Steinpilze (oder Champignons), 40 g Butter, 500 g gekochte Kartoffeln, 40 g Butter, 2 hartgekochte Eier, 20 g Butter, 1/4 l saure Sahne, 1 El Mehl, 30 g geriebener Parmesan, 20 g Butter, Petersilie.

Zitronenfilet

Die Fischfilets rasch waschen, mit Küchenkrepp trocknen und auf zugeschnittene, sorgfältig mit Olivenöl bepinselte Stücke Alu-Folie legen. Den Zitronensaft mit Salz, Pfeffer und Thymian verrühren und die Hälfte dieser Marinade über die Fischfilets gießen. Die Zitronen in dünne Scheiben schneiden und darauf verteilen. Die restliche Marinade darübergießen und die Folien gut verschließen. Die Päckchen auf ein Backblech legen, in das auf 200° erhitzte Rohr stellen und die Fische 15–20 Minuten (je nach Größe der Filets) gar dämpfen. Den Fisch in der Folie auftragen, damit nichts von dem wohlschmeckenden Saft verlorengeht.
Reichen Sie als Beilage Persilienkartoffeln, Kartoffelbrei oder Weißbrot.

4 Seefischfilets (je 200 g), 2 Tl Olivenöl, 2 El Zitronensaft, Salz, 1/4 Tl Pfeffer, 1 Tl Thymian, 2 Zitronen.

Seezunge, gedünstet

Die vorbereiteten Seezungen (enthäutet und ausgenommen) innen und außen salzen und mit Zitronensaft beträufeln. Eine flache feuerfeste Form mit Butter ausstreichen. Die gewaschenen, geputzten Champignons grob hacken und mit der feingehackten Zwiebel und den gehackten Kräutern (wenn Sie wollen, können Sie die Petersilie noch mit etwas Estragon, Kerbel, Salbei oder Rosmarin mischen) vermengen. Die Hälfte dieser Mischung auf den Boden der Form verteilen, die Seezungenfilets darauflegen und mit der restlichen Champignon-Kräuter-Mischung bedecken. Die Butter in Flocken obenauf legen und den Wein seitlich zugießen. Die Form zudecken und die Fische in dem auf 150° erhitzten Rohr 10–20 Minuten gar dünsten. Die Fische in der Form zu Tisch geben.
Reichen Sie Petersilienkartoffeln als Beilage.

4 Seezungen (etwa 1 kg), Salz, Zitronensaft, 20 g Butter, 250 g Champignons, 1 Zwiebel, 2 El Petersilie, 20 g Butter, 1/8 l Weißwein.

Seezunge à la Meunière

Die vorbereiteten Seezungen (ausgenommen und enthäutet) in Filets teilen (auf Wunsch erledigt das Ihr Fischhändler für Sie). Die Filets leicht salzen, mit Zitronensaft beträufeln und mit Mehl bestreuen. Die Butter in einer Bratpfanne erhitzen, die Filets darin auf beiden Seiten braten, herausnehmen und auf eine gewärmte Platte legen. Die feingehackten Kräuter in der Bratbutter anschwitzen, die frische Butter dazugeben, kurz aufschäumen lassen und über die Filets gießen (der leichte Schaum soll noch während des Auftragens sichtbar sein), mit Zitronenspalten garnieren und sofort auftragen.
Reichen Sie als Beilage Salzkartoffeln und grünen Salat oder Chicoréesalat.

4 Seezungen (etwa 1 kg), Salz, Zitronensaft, 1 El Mehl, 60 g Butter, 1 El Petersilie, 1/2 Tl Estragon (oder Kerbel), 20 g Butter.

Seezunge auf normannische Art

4 Seezungen (je 250 g), 30 g Butter, Weißwein nach Bedarf, 300 g Champignons, Saft von 1/2 Zitrone, 10 g Butter, 1 El Mehl, 1/8 l Sahne, 250 g Muscheln (aus der Dose), 150 g Krabben (tiefgekühlt), Salz, Pfeffer, Zitronensaft.

Die Seezungen ausnehmen und enthäuten (eine Arbeit, die Ihnen jeder Fischhändler gerne abnimmt). Die Butter in einer flachen feuerfesten Form schmelzen, die Seezungen hineinlegen und mit Weißwein aufgießen, bis die Fische gerade bedeckt sind. Die Form in ein mittelstark erhitztes Rohr (etwa 150°) stellen und die Fische langsam gar ziehen lassen, ohne daß sie dabei zerfallen (15–20 Min. je nach Größe der Fische). Die Fische aus dem Rohr nehmen und nach Abschöpfen des überschüssigen Kochsudes warm stellen. Die Champignons putzen, enthäuten, in 1/2 cm dicke Scheibchen schneiden, sofort mit dem Zitronensaft beträufeln (damit sie schön hell bleiben!) und in der Butter etwa 10 Minuten gar dünsten. Wenn die sich dabei bildende Flüssigkeit fast verdampft ist, das Mehl darunterrühren und mit der Sahne aufgießen. Das Ganze 10 Minuten leicht kochen lassen. (Sollte die Sauce zu dick werden, können Sie mit dem Fischsud verdünnen.) Die abgetropften Muscheln und die aufgetauten Krabben unter die Sauce mischen und mit Salz, Pfeffer und Zitronensaft abschmecken. Die Sauce über die warmgestellten Fische gießen, alles nochmals 5 Minuten im schwach erwärmten Rohr (100°) ziehen lassen und dann sofort auftragen.
Servieren Sie Weißbrot oder Salzkartoffeln dazu.

Steinbutt, gebraten

4 Scheiben Steinbutt (je 200 g), Salz, Zitronensaft, 80 g Butter, 1 El gehackte Kräuter.

Die gewaschenen, getrockneten Steinbuttscheiben salzen und mit Zitronensaft beträufeln. Die Butter in einer Pfanne erhitzen und die Steinbuttscheiben darin von beiden Seiten bei mittlerer Hitze hellbraun braten. Dann auf einer gewärmten Platte anrichten, mit den Kräutern bestreuen (verwenden Sie Petersilie, Kerbel und Dillkraut, jedes für sich oder auch gemischt) und mit der Bratbutter begießen. Garnieren Sie die Steinbuttscheiben mit Zitronenspalten und reichen Sie Petersilienkartoffeln und *Remouladensauce* (oder *Sahnemeerrettich*) dazu.
Genauso wie der Steinbutt kann auch der Heilbutt zubereitet werden = **Heilbutt, gebraten.**

Steinbutt in Weinsauce

4 Scheiben Steinbutt (je 200 g), 20 g Butter, 1/4 l Weißwein, 1 El Butter, 1 El Mehl, Salz, Zitronensaft, 1 Eigelb, 1 Tl Kapern.

Die gewaschenen, getrockneten Steinbuttscheiben leicht salzen und mit Zitronensaft beträufeln. Die Butter in einer flachen Pfanne (oder feuerfesten Schüssel) zerlassen, die Steinbuttscheiben hineinlegen und mit dem Wein begießen. Die Pfanne abdecken (Alu-Folie), in ein auf 150° erhitztes Backrohr stellen und die Fische 15–20 Minuten gar dämpfen. Die Steinbuttscheiben auf eine Platte legen und warm stellen. Den Fischsud in eine kleine Kasserolle gießen, zum Kochen bringen und mit der Mehlbutter (Butter und Mehl verkneten) nach und nach andicken. Die Sauce mit Salz und Zitronensaft abschmecken, mit dem Eigelb verfeinern und über den Steinbutt gießen. Die Kapern obenaufstreuen.
Garnieren Sie den Fisch mit Zitronenspalten und Petersilie und reichen Sie Kartoffelpüree oder Reis und grünen Salat dazu.
Heilbutt kann genauso wie Steinbutt in dieser Weinsauce zubereitet werden = **Heilbutt in Weinsauce.**

SCHALEN- ODER KRUSTENTIERE

Die meisten Schalentiere gelten als ausgesprochene Leckerbissen. Lebende Hummer, Langusten und Krebse sind nur in Delikatessengeschäften und dort nicht gerade zu niedrigen Preisen zu haben. Darüber hinaus werden die Schalentiere bereits gekocht in Konserven oder tiefgekühlt in ausgezeichneter Qualität und zu erschwinglichen Preisen angeboten. Von Vorteil sind hier außerdem die kleineren Mengen. Denn häufig benötigt man nur etwas Hummer oder Krebs für feine Horsd'œuvres (vgl. Kapitel *Vorspeisen*). Im folgenden die wichtigsten Schalentiere und ihre Zubereitung.

Hummer

Der Hummer zählt zu den größten Seekrebsen. Er trägt anstelle des vorderen Beinpaares kräftige Scheren. Lebende Hummer haben einen elastischen, stark gekrümmten Schwanz. Verletzte oder nicht mehr ganz gesunde Tiere haben einen gestreckten Schwanz; sie dürfen nicht mehr verwendet werden.
Hummer ist eine ausgesprochene Delikatesse, die im Binnenland nur selten erhältlich ist. Hummerfleisch in Dosen (oder Gläsern) ist jederzeit griffbereit, qualitativ gut und vor allem für Cocktails und Salate geeignet.

Hummer, gekocht

1 Hummer, 2–3 Tl Salz,
½ Tl Kümmel, 1 Zwiebel,
½ Zitrone, 3 Stengel Petersil
2 Stengel Dillkraut.

Den Hummer vor der Verwendung sorgfältig unter fließendem Wasser waschen, noch besser aber abbürsten. (Achten Sie dabei auf die kräftigen Scheren, Sie können sich daran erheblich verletzen.) 3–5 l Wasser mit Salz, Kümmel, Zwiebel, Zitrone und den Kräutern zum Kochen bringen. Den Hummer mit dem Kopf voran in den lebhaft kochenden Sud geben (er wird dabei sofort getötet) und bei schwacher Hitze 20–30 Minuten (je nach Größe) kochen lassen. Der Hummer nimmt dabei die schöne rote Farbe an. Den gekochten Hummer noch ¼ Stunde im Sud ziehen lassen bzw. – wenn er kalt gegessen werden soll – im Sud erkalten lassen. Den Hummer aus dem Sud heben, gut abtropfen lassen und auf einer Platte anrichten. Der Hummer kann schon in der Küche zerlegt werden, meist wird er jedoch – als Augenweide (Sie können den leuchtend roten Panzer noch mit Öl einreiben) – im ganzen aufgetragen. Beim Zerlegen werden zunächst die Scheren abgetrennt. Das kleinere Scherenglied wird herausgedreht; das größere seitlich aufgeschnitten; stärkere Scheren können mit einem Nußknacker zerbrochen werden. Jetzt kann das Fleisch der Scheren, das das schmackhafteste Stück des Hummers ist, leicht mit einer kleinen Gabel herausgeholt werden. Der restliche Hummer wird der Länge nach durchgeschnitten und das Fleisch ebenfalls mit einer Gabel herausgelöst. Die Eingeweide, die eine graue bis schwarze Farbe haben, werden in der Schale zurückgelassen.
Reichen Sie zum Hummer, ob Sie ihn nun warm oder kalt servieren, pikante Saucen wie *Remouladensauce, Sauce Chantilly, Sauce Vinaigrette . . .*

Krabben = Garnelen = Shrimps

Krabben sind kleine (6–8 cm lange) Seekrebse. Sie sind sehr leicht verderblich und werden daher meist schon auf See gekocht, ausgelöst (nur die Schwänze werden verwendet) und konserviert bzw. tiefgefroren. Tiefgekühlte Krabben werden vor der Verwendung auf- bzw. angetaut; konservierte Krabben müssen mit kaltem Wasser überbraust werden.

Krabben in Currysauce

250 g Krabben, Currysauce.

Krabben aus der Dose mit kaltem Wasser überbrausen und gut abtropfen lassen; tiefgekühlte Krabben leicht antauen. Bereiten Sie eine *Currysauce* (vgl. Kapitel *Saucen).* Legen Sie die Krabben hinein und lassen Sie sie 10 Minuten darin ziehen.
Richten Sie das Gericht im Reisring an und reichen Sie grünen Salat dazu.

Krabben in Dillsauce

250 g Krabben, Dillsauce.

Die Krabben wässern (Dosenkrabben) bzw. leicht antauen (tiefgekühlte Krabben), eine *Dillsauce* zubereiten (vgl. Kapitel *Saucen*), die Krabben hineinlegen und 10 Minuten ziehen lassen.
Richten Sie das Gericht in einem Reisring an und reichen Sie grünen Salat oder Gurkensalat dazu.

Krabben in Safranreis

250 g Krabben aus der Dose,
1 Knoblauchzehe, 40 g Butter,
1 Zwiebel, 1 Mohrrübe,
1 Stange Sellerie (oder
$^1/_4$ Sellerieknolle), Pfeffer,
$^1/_2$ Tl Basilikum, Weißwein nach
Bedarf, 30 g Butter,
200 g Langkornreis,
$^1/_2$ Tl Safran.

Die Krabben aus der Dose mit kaltem Wasser überbrausen und gut abtropfen lassen. Die Knoblauchzehe halbieren, einige Minuten in der geschmolzenen Butter dünsten lassen und dann entfernen. Zwiebel, Mohrrübe und Sellerie fein hacken und in der Knoblauchbutter hellbraun rösten. $^1/_3$ der Krabben dazugeben, mit Salz, frischgemahlenem Pfeffer (1 gute Messerspitze) und Basilikum würzen und mit $^1/_4$ l Wasser aufgießen. Alles 20 Minuten kochen lassen und dann durch ein Sieb streichen. Die Sauce mit Weißwein auf $^1/_2$ l Flüssigkeit ergänzen, die Butter, den gewaschenen, gut abgetropften Reis und den in etwas Flüssigkeit angerührten Safran dazugeben, alles zum Kochen bringen, in geschlossenem Topf 20 Minuten bei schwacher Hitze dünsten. Die restlichen Krabben daruntermischen und alles nochmals 10 Minuten zugedeckt bei ganz schwacher Hitze ziehen lassen. Das fertige Gericht sofort in einer gewärmten Schüssel zu Tisch geben und grünen Salat oder Chicoréesalat dazu reichen.

Krebse

Als Krebse werden meist Bach- oder Flußkrebse bezeichnet. Sie werden durchschnittlich 10–15 cm lang, haben einen dunklen Panzer und anstelle des vorderen Beinpaares ungleiche Scheren. Frische Krebse werden nur in den Monaten Mai bis August angeboten. Ihr Schwanz muß deutlich gekrümmt sein, sonst sind sie nicht mehr frisch und ungenießbar.

Krebse, gekocht

4 Krebse pro Person, Salz,
$^1/_2$ Tl Kümmel, 1 Zwiebel,
1–2 El Petersilie, 1 El Dillkraut,
$^1/_4$ l Weißwein.

Die Krebse unter fließendem Wasser gründlich waschen bzw. abbürsten. 2–3 l Wasser mit Salz, Kümmel, der gehackten Zwiebel und den gehackten Kräutern zum Kochen bringen und die Krebse einzeln in den sprudelnd kochenden Sud geben. (Achten Sie darauf, daß die Flüssigkeit, bevor Sie den nächsten Krebs hineingeben, wieder kräftig kocht, nur so werden die Tiere sofort getötet.) Die Krebse etwa 10 Minuten bei mittlerer Hitze kochen lassen (sie werden dabei kräftig rot), den Wein hinzufügen und alles noch 10 Minuten ziehen lassen.
Richten Sie die Krebse mit dem Sud in einer Suppenschüssel an und reichen Sie frisches Weißbrot dazu.

Langusten

Langusten gehören zu den größeren Seekrebsen. Sie haben keine Scheren, dafür zwei lange starke Fühler und einen mit Stacheln besetzten Panzer. Langusten kommen fast ausschließlich konserviert in den Handel. Frische Langusten werden wie frischer Hummer zubereitet.

Scampi

Scampi sind kleine (bis 20 cm lange), hauptsächlich im Mittelmeer lebende Seekrebse mit kleinen stacheligen Scheren, die Sie bei uns nur selten frisch erhalten.

Scampi Fritti

6–10 Scampi pro Person, 75 g Mehl, Salz, 1 Tl Öl, 1 Ei, 1/8 l Weißwein.

Rohe Scampi müssen zunächst in einem mit Salz, 1/2 Zwiebel und 1/2 Zitrone gewürzten Sud gekocht werden (10–15 Minuten). Tiefgekühlte Scampi werden aufgetaut; konservierte kurz kalt überbraust. Die Scampi aus dem Sud nehmen und aus der Schale lösen. Aus dem Salz, Öl, Eigelb und Wein einen glatten Teig rühren, 1/2 Stunde ruhen lassen und dann das steif geschlagene Eiweiß einziehen. Die Scampi in den Teig tauchen, in stark erhitztes Fett geben und schwimmend goldbraun backen, gut abtropfen lassen und auf einer erwärmten Platte anrichten.
Garnieren Sie mit Zitronenspalten und reichen Sie *Remouladensauce* oder *Sauce tatare* und grünen Salat dazu.

Muscheln

2 kg Muscheln, 2 Zwiebeln, 40 g Butter, 2 El gehackte Kräuter, 1/2 l Weißwein, Salz, 5 Pfefferkörner.

Die Muscheln zunächst einzeln unter fließendem Wasser kräftig abbürsten. (Jede nicht fest geschlossene Muschel fortwerfen, da sie verdorben ist.) Die Muscheln für 1–2 Stunden in kaltes Wasser legen. Das Wasser muß klar bleiben, wenn nötig nochmals auswechseln. (Wenn Sie wollen, können Sie die Bärte entfernen.) Die Zwiebel fein hacken und in der Butter anschwitzen. Die gehackten Kräuter (nur Petersilie oder Petersilie mit Dill, Kerbel oder Estragon gemischt) hinzufügen und mit dem Wein aufgießen. Mit Salz und Pfefferkörnern würzen und das Ganze zum Kochen bringen. Die Muscheln in den Sud geben und unter kräftigem Rütteln kochen, bis sich die Schalen öffnen (etwa 10–15 Minuten). Die Muscheln bei geschlossenem Kochtopf weitere 5 Minuten ziehen lassen und dann mit dem Kochsud in einer gewärmten Schüssel anrichten.
Reichen Sie Zitronenspalten und frisches Weißbrot dazu.

Muscheln im Reisrand

2 kg Muscheln, 2 Zwiebeln, 40 g Butter, 2 El gehackte Kräuter, 1/2 l Weißwein, Salz, 5 Pfefferkörner, 40 g Butter, 30 g Mehl, 1 Eigelb, 3 El Sahne.

Die Muscheln wie oben beschrieben reinigen und dämpfen, aus dem Sud heben, aus der Schale lösen und warm stellen. Das Mehl in der Butter leicht anschwitzen, mit dem Muschelsud aufgießen und unter ständigem Rühren 15 Minuten zu einer sämigen Sauce kochen. Das Eigelb mit der Sahne verquirlen und abseits vom Herd in die Sauce verrühren. Die Muscheln in die Sauce geben und noch 5 Minuten darin ziehen lassen.
Richten Sie das Gericht in einem *Reisrand* an.

GEFLÜGEL

Das Geflügel ist aus der modernen Küche nicht mehr wegzudenken. Dabei galt es vor nicht allzulanger Zeit noch als reiner Luxusartikel. Unter dem Motto, jeder solle am Sonntag sein Huhn im Topf haben, bemühte sich König Heinrich IV. von Frankreich, den Lebensstandard seiner Landeskinder zu heben – allerdings mit wenig Erfolg. Mehr als drei Jahrhunderte hat es gedauert, bis es soweit war: Heute ist das Geflügel einer der billigsten Fleischlieferanten auf unserem Speisezettel. Es macht wenig Mühe bei der Zubereitung und ist leicht bekömmlich. Wir teilen es in zwei Gruppen ein: das Hausgeflügel und das Wildgeflügel. Das für unsere Küche weit bedeutendere Hausgeflügel wird heute auf speziellen Hühnerfarmen gezüchtet; um die Weiterverarbeitung für den Markt hat sich eine regelrechte Industrie entwickelt.

HUHN

Das Huhn ist nicht ohne Grund das am meisten gekaufte Geflügel: Es ist leicht bekömmlich, fett- und kalorienarm und nicht zuletzt sehr schmackhaft.
Im Handel sind folgende Sorten erhältlich:
Jung-, Mast- oder Brathähnchen sind 8–14 Wochen alt und wiegen 700–1400 g.
Größere Brathühner wiegen zwischen 1500–2000 g.
Poularden sind 12–16 Wochen alte gemästete Hühner,
Kapaune sind gleichalte kastrierte, gemästete Hähne.
Poularden und Kapaune sind besonders fleischreich und wiegen zwischen 1500 und 2500 g. Sie sind nicht ganz so leicht bekömmlich wie die Brathähnchen.

Das ganze Jahr hindurch sind Hühner frisch und daneben natürlich auch tiefgekühlt – in ausgezeichneter Qualität – erhältlich. Sie müssen eine zarte helle Haut, helle Füße und ein biegsames Brustbein haben. Tiere mit dunklen Beinen und hartem Brustbein sind alt und haben zähes Fleisch. Sie eignen sich nur mehr als Suppenhuhn. – Bei dem Einkauf von tiefgekühlten Hühnern müssen Sie darauf achten, daß die Packung unbeschädigt und mit einem Gütesiegel versehen ist. Wenn Sie kleinere, einzeln abgepackte Mengen benötigen, sind die Geflügelteile aus der Tiefkühltruhe wie Hühnerbrüste, Hühnerschenkel, Hühnerschnitzel und Hühnerleber sehr praktisch.
Da alle Hühner beim Verkauf bratfertig vorgerichtet, d. h. gerupft und ausgenommen sind, ist die Vorbereitung denkbar einfach: Sie müssen nur gewaschen, getrocknet und, je nach der Zubereitungsart, dressiert oder zerlegt werden:
Zum Dressieren werden die Schenkel und die Flügel dicht an den Körper gelegt und mit einer dünnen Schnur festgebunden. Ein Durchstechen der Schenkel beim Anbringen der Schnur ist nicht empfehlenswert, da sonst beim Braten zuviel Saft verlorengeht.
Ein rohes Huhn wird auf folgende Weise zerlegt: Es wird zunächst halbiert; bei manchen Gerichten entfernt man am besten gleich das Rückgrat mit (es kann mit Hühnerklein für eine Suppe verwendet werden). Die beiden Hälften können dann nochmals in 2–3 Stücke geteilt werden.
Um ein Huhn in kleinere Stücke zu zerlegen, verfährt man wie folgt: Zunächst wird der Schenkel im Gelenk abgetrennt und nochmals (wieder im Gelenk) geteilt. Dann trennt man die Bruststücke mit den Flügelstümpfen ab und teilt das verbleibende Rückenstück in 2 Teile. (Je nach Belieben können Brust und Rückenstücke noch weiter geteilt werden.)

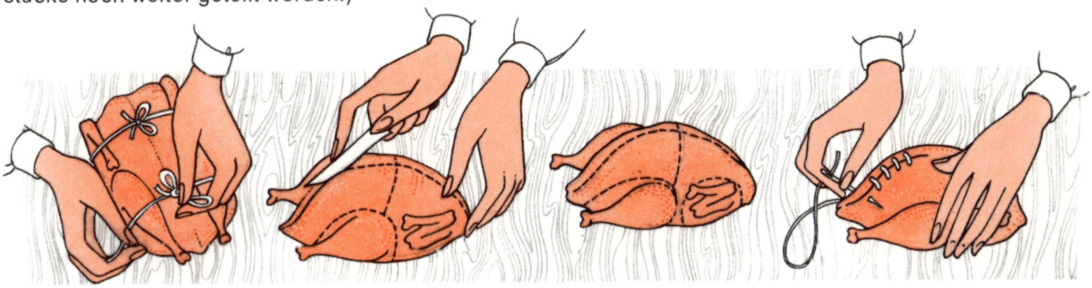

Hähnchen dressieren — zerlegen (2–6 Teile) — (kleine Teile) — zunähen

Tiefgekühlte Hühner werden bei offener Packung aufgetaut, sie brauchen etwa 12 Stunden (Hühnerteile entsprechend weniger).
Gebratene Hähnchen werden, wie oben beschrieben, in 4 Teile zerlegt. Bei größeren Hühnern oder Poularden werden zunächst Schenkel und Flügel mit einem Stückchen Brustfleisch abgetrennt. Dann werden die Schenkel im Gelenk geteilt und der Rumpf erst der Länge nach und dann quer halbiert.
Der den Hähnchen eigene Geschmack kommt wohl am besten zur Geltung, wenn beim Braten und Grillen mit den Zutaten recht sparsam verfahren wird. Bei der Häufigkeit, mit der heute Hühner in unserer alltäglichen Kost erscheinen, ist es freilich ratsam, die vielen schmackhaften Zubereitungsarten auszuprobieren.
Bei fast allen Rezepten spielt es keine Rolle, ob wir eine Poularde oder ein Brathähnchen verwenden. Die Siebenbürger Poularde etwa schmeckt genauso köstlich, wenn Sie statt eines Poulards ein Brathähnchen oder tiefgekühlte Hähnchenteile verwenden. Meist wird es von der Größe der Tafelrunde abhängen, zu welchem Geflügel Sie sich entschließen.

Brathähnchen

2 junge Hähnchen, Salz, 4 El Öl (oder ausgelassene Butter).

Die vorbereiteten Hähnchen innen und außen salzen, dressieren und mit der Brust nach unten in eine nicht zu große Bratpfanne legen. Jedes Hähnchen mit 2 El Öl begießen und in das auf etwa 250° erhitzte Rohr stellen. Nach 1/4 Stunde Bratzeit wenden und dann bei 200° unter häufigem Begießen mit dem eigenen Saft fertig braten (je nach Größe der Hähnchen 60–75 Minuten). Die Hähnchen tranchieren und auf einer gewärmten Platte anrichten.
Zur Bereitung der Sauce das überschüssige Bratfett abgießen und den Bratrückstand mit Wasser oder Hühnerbrühe aufnehmen. Die Sauce separat servieren.
Reichen Sie zu den Brathähnchen Reis oder Petersilienkartoffeln und Salat.

Brathuhn, gefüllt

1 größeres Brathuhn, Salz, Pfeffer, 3 El Öl, 10 g Butter, 1 Tl Mehl. Füllung: 2 altbackene Semmeln, Milch nach Bedarf, 100 g Butter, 100 g Hühnerleber oder Kalbsleber, 2 Eier, Salz, Pfeffer, Petersilie, Estragon.

Das vorbereitete Huhn außen salzen und ganz leicht pfeffern. Die Semmeln in der Milch einweichen, gut ausdrücken und mit den Innereien des Huhnes (Leber, Herz und Magen) und der Leber durch den Fleischwolf drehen. Die Butter mit den Eiern schaumig rühren und dazugeben. (Sollte die Füllung zu weich sein, können noch Semmelbrösel zugesetzt werden.) Mit Salz, Pfeffer und den Kräutern pikant würzen. Das Huhn damit füllen, mit einem Stück Schnur vernähen (das geht am leichtesten mit einer gebogenen Tapezierernadel), dann mit der Brustseite nach unten in eine Bratpfanne legen, mit dem Öl begießen und in das auf 250° erhitzte Rohr stellen. Das Huhn nach 15 Minuten wenden und bei 200° unter häufigem Begießen mit dem eigenen Saft fertig braten (70–90 Minuten). Danach kurz ruhen lassen und tranchieren. Die Füllung in die Mitte einer gewärmten Platte legen und die Huhnstücke rundherum anordnen. Das überschüssige Bratfett abgießen, den Bratrückstand mit der Butter aufnehmen, das Mehl dazugeben und nach kurzem Durchrösten mit Wasser aufgießen. Zu einer dünnen Sauce verkochen, die durch ein Sieb gegossen und separat gereicht wird.
Gefülltes Brathuhn ist viel ausgiebiger als ein Brathähnchen. Reichen Sie am besten nur Salat (*Kartoffelsalat, französischen Bohnensalat*) dazu.

Brathuhn, kalifornisch

1 Brathuhn, Salz, Pfeffer, Mehl, 80 g Butter (oder anderes Fett), 1 El Rohzucker, 1 Tl Essig, 1 Messerspitze Chilipfeffer, Muskat, 1 Dose feste kalifornische Pfirsiche (1/2 kg), 1 große Mohrrübe, 10 Rosmarinblätter.

Das vorbereitete Huhn vierteln, mit Pfeffer und Salz einreiben und im Mehl wenden. Die Butter in einer Pfanne erhitzen, die Huhnstücke darin von allen Seiten anbraten und warm stellen.
Den Zucker mit dem Essig verrühren, Muskat und Chilipfeffer dazugeben und mit Pfirsichsaft auf 1/4 l Flüssigkeit ergänzen. – Die geputzte Mohrrübe in dünne Scheiben schneiden und auf den Boden einer großen Kasserolle legen. Die Huhnstücke darauf verteilen. Den Bratrückstand in der Pfanne mit dem gewürzten Pfirsichsaft loskochen und darübergießen. Die Rosmarinblätter dazugeben. Deckel schließen und das Huhn im Rohr 3/4 Stunde bei mittlerer Hitze dünsten. Die abgeseihten, in Spalten geschnittenen Pfirsiche in den letzten 15 Minuten mitdünsten. Das Huhn mit der Mohrrübe und den Pfirsichen auf einer vorgewärmten Platte anrichten und mit Kartoffelpüree und Salat servieren.

Champagnerhähnchen

1 Masthähnchen (1200 g), Salz, Pfeffer, 40 g Butter, 3/8 l Champagner (oder Sekt), 1 Mohrrübe, 1 Zwiebel, 1 Lorbeerblatt, 1 Tl Mehl, 1/4 l Sahne, 1 El Madeira.

Das vorbereitete Hähnchen salzen, pfeffern und von allen Seiten in der erhitzten Butter goldbraun anbraten. Mit dem Champagner aufgießen, die Mohrrübe, die Zwiebel und das Lorbeerblatt dazugeben und das Hähnchen im verschlossenen Topf weichdämpfen (50–70 Minuten). Dann aus dem Sud nehmen, von Haut und Knochen befreien und warm stellen. Die Brühe auf etwa 1/8 l einkochen lassen,

durch ein Sieb in eine kleine Kasserolle gießen und aufkochen. Die Butter mit dem Mehl verkneten und nach und nach dazugeben. Die Sahne einrühren, abschmecken und zuletzt mit dem Madeira verfeinern. Die Hähnchenstücke kurz in der Sauce ziehen (nicht kochen) lassen.
Sofort auftragen und *Risipisi* oder *Champignonreis* dazu reichen.

Coq au vin

2 Brathähnchen, Salz, Pfeffer, 60 g Butter (oder 5 El Öl), ½ Zwiebel, 50 g Speck, 4 El Cognac, ¾ l Rotwein (am besten Burgunder), 1 Knoblauchzehe, 1 Lorbeerblatt, 1 Stämmchen Thymian, Petersilie, 100 g Champignons, 1 El Mehl, 2 El Butter.

Die vorbereiteten Hähnchen in je 6 Stücke teilen, salzen und pfeffern. Die Butter – am besten in einer feuerfesten Schüssel – erhitzen. Die gehackte Zwiebel und den gewürfelten Speck darin glasig werden lassen. Die Geflügelstücke dazugeben und goldbraun anbraten. Den Cognac über das Fleisch gießen und anzünden. Nach Verlöschen der Flamme mit dem Rotwein aufgießen. Die Gewürze (am besten in einem Säckchen) und die geputzten, in Scheiben geschnittenen Champignons dazugeben. Die Schüssel zudecken und die Hähnchen langsam bei mittlerer Hitze gar schmoren (30–40 Minuten). Dann das überschüssige Fett abschöpfen. Das Mehl mit der Butter verkneten und nach und nach in die Sauce rühren. Noch einige Minuten kochen, abschmecken und das Gericht direkt in der feuerfesten Form zu Tisch geben.
Dazu paßt am besten gedünsteter Reis und Salat.

Geflügel

Curryhuhn

1 mittelgroßes Brathuhn, Salz, Pfeffer, 2 Schalotten (oder 1 größere Zwiebel), 5 El Öl (oder 50 g Butter), 1 El Curry, 1 mürber Apfel, 50 g Mandeln (geschält und fein gehackt), etwa ¼ l Hühnerbrühe, ⅛ l Sahne, 1 El Stärkemehl.

Das vorbereitete Brathuhn in 8 Stücke teilen, salzen und pfeffern. Die Schalotten fein hacken, mit dem Curry in dem erhitzten Fett glasig werden lassen. Die Huhnstücke darin von allen Seiten anbraten. Den geschälten, kleingeschnittenen Apfel und die Mandeln hinzufügen und mit der Hühnerbrühe aufgießen. Das Huhn zugedeckt bei mittlerer Hitze gar dämpfen (ca. 30–40 Minuten). Die Sahne mit dem Stärkemehl verquirlen und unter die Sauce rühren. Nach kurzem Aufkochen in einer vorgewärmten Schüssel anrichten.
Reichen Sie Trockenreis dazu.

Huhn mit Kokosnüssen

Zutaten wie bei Curryhuhn, statt Mandeln 80 g geraspelte Kokosnüsse.

Bereiten Sie das Huhn wie oben unter Curryhuhn beschrieben. Verwenden Sie statt der Mandeln die geraspelten Kokosnüsse.

Genter Waterzooi

2 kleine Masthähnchen, 2 Petersilienwurzeln, 4 mittelgroße Lauchstangen, 1 kleine Zwiebel (mit einer Gewürznelke besteckt), Salz, 8 Pfefferkörner, Muskat, 40 g Mehl, 40 g Butter, ¼ l Sahne, 2 Eigelbe, Saft einer Zitrone, 2 El gehackte Petersilie.

Die vorbereiteten Hähnchen nebeneinander in einen großen Topf (die belgische Küche verwendet einen »irdenen Topf«) legen. Das kleingeschnittene Gemüse und die Gewürze dazugeben und 1 l Wasser zugießen. Den Topf schließen und bei mittelgroßer Hitze im Rohr 1½–2 Stunden leicht schmoren lassen. (Das Hühnerfleisch muß sich leicht von den Knochen lösen lassen, das Gemüse butterweich sein.) Die Hähnchen herausnehmen und das Fleisch von den Knochen und der Haut lösen.
Das Mehl in der Butter hellgelb rösten, mit der durchgeseihten Hühnerbrühe aufgießen und 10 Minuten leicht kochen lassen. Das Gemüse durch ein Sieb in die Sauce streichen. Die Sahne halbsteif schlagen, mit den verquirlten Eigelben verrühren und die Sauce damit verfeinern. Mit dem Zitronensaft und der gehackten Petersilie würzen (eventuell noch mit etwas Salz und Pfeffer abschmecken). Die Hühnerstücke in dieser Sauce 5 Minuten ziehen lassen (nicht kochen). Im irdenen Topf oder in einer Suppenschüssel auftragen. Dazu passen am besten Kartoffelknödel, Petersilienkartoffeln oder Reis.

Gemüsehähnchen im Römertopf

1 Brathähnchen, Salz, Curry, 10 g Butter, 100 g Reis, 1 Zwiebel, 20 g Butter, 1 grüne Paprikaschote, ⅛ Sellerieknolle, 1–2 Mohrrüben, 1 kleine Lauchstange (das Grüne entfernen), Salz, Pfeffer, ⅛ l Weißwein.

Das vorbereitete Hähnchen innen und außen mit Salz einreiben, mit einer Spur Curry bestreuen und mit der geschmolzenen Butter bepinseln. Den Römertopf für 10 Minuten in kaltes Wasser legen, herausnehmen und das Hähnchen in den nassen Topf geben. Den Reis 15–20 Minuten in wenigstens 2 l Salzwasser nicht ganz weich kochen, abseihen und mit kaltem Wasser überbrausen. Die Zwiebel fein hacken und in der Butter andünsten. Das geputzte, kleingeschnittene Gemüse dazugeben, salzen, leicht pfeffern und im geschlossenen Topf 10 Minuten dünsten, mit dem Reis vermengen und neben das Hähnchen in den Römertopf geben. Den Wein darübergießen. Das Gericht in der geschlossenen Tonform in das kalte Rohr stellen, langsam auf 220° erhitzen und 70–90 Minuten garen. Den Deckel in den letzten 5 Minuten entfernen; dann bekommt das Hähnchen eine schöne knusprige Haut.
Das Hähnchen mit Petersilie garnieren und direkt im Römertopf zu Tisch geben. Sie brauchen zu diesem schmackhaften Gericht keine weitere Beilage, höchstens etwas frisches Weißbrot. (Abb. s. S. 105)

Hähnchen Marengo

2 Brathähnchen, Salz, 4 El Öl, 1 El Mehl, ⅛ l Weißwein, ¼ l Bouillon, 2 El Tomatenpüree, 1 Knoblauchzehe, 150 g Champignons.

Die vorbereiteten Hähnchen in je 8 Teile teilen. Die Stücke salzen, in dem erhitzten Öl von allen Seiten anbraten und im geschlossenen Topf gar braten (30–40 Minuten). Dann aus dem Fett nehmen und warm stellen. Das Mehl in dem Bratfett leicht anrösten, mit dem Wein ablöschen und mit der Bouillon aufgießen. Das Ganze unter ständigem Rühren zu einer sämigen Sauce verkochen. Das Tomatenmark, die zerdrückte Knoblauchzehe (Sie können auch eine Messerspitze Trockenknoblauch verwenden) und die geputzten, geviertelten oder in Scheiben geschnittenen Champignons (je nach Größe) dazugeben. Die Sauce 5 Minuten leicht kochen lassen. Dann die Hähnchenstücke darin 5 Minuten ziehen lassen und das fertige Gericht mit Reis oder Spätzle zu Tisch geben.
Sie können auch einige in Scheiben geschnittene Oliven und 4–5 kleingeschnittene Anchovisfilets an das Marengohähnchen geben. Probieren Sie es einmal, es gibt Ihrem Gericht eine völlig neue Geschmacksnote.

Hähnchen in der Folie

1 Brathähnchen (etwa 1 kg), Salz, Pfeffer, 20 g Butter, 1 Zweiglein Rosmarin (oder 3 Salbeiblätter oder 1 Stämmchen Thymian).

Das vorbereitete Hähnchen innen und außen salzen, ganz leicht pfeffern und mit der zerlassenen Butter bepinseln. Das Rosmarinzweiglein hineinlegen, das Hähnchen dressieren und in eine gefettete Folie packen. Die Folie sehr gut verschließen (sie soll nicht zu fest anliegen) und das Paket in dem auf etwa 200° erhitzten Rohr garen (etwa 50–60 Minuten). Das Hähnchen in der Folie auf eine Platte legen und erst bei Tisch öffnen und tranchieren.
Dieses Hähnchen ist sehr leicht bekömmlich, aber vollkommen farblos. Möchten Sie es lieber knusprig braun haben, braten Sie es in den letzten 10 Minuten bei geöffneter Folie. Bepinseln Sie dabei das Hähnchen mit etwas zerlassener Butter.

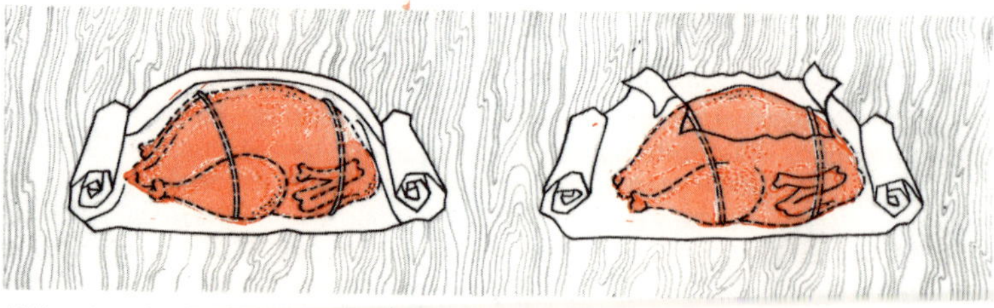

Hähnchen in die Folie einpacken

Hähnchen mit feinen Gemüsen

Bereiten Sie ein Hähnchen in der Folie wie vorher beschrieben und füllen Sie es vor dem Dressieren statt mit den Kräutern mit den Erbsen und den in Würfel geschnittenen Karotten. Das Gemüse teilt dem Hähnchen während der Kochzeit sein feines Aroma mit.
Ein wohlschmeckendes, schnell zubereitetes und vor allem für die Krankenküche geeignetes Gericht!

1 Brathähnchen (etwa 1 kg), Salz, Pfeffer, 20 g Butter, 125 g feine Erbsen (tiefgekühlt), 125 g junge Karotten.

Hähnchen im Römertopf

Das vorbereitete Hähnchen mit dem Fett und den Gewürzen bestreichen und in die nasse Tonform geben (vorher 10 Minuten in kaltes Wasser legen). Die geschlossene Form in das kalte Rohr stellen, langsam auf 200° erhitzen und das Hähnchen 70–90 Minuten (je nach Größe) garen. Es kann direkt in der Tonform oder tranchiert auf einer gewärmten Platte zu Tisch gegeben werden.
Diese schon sehr alte Zubereitungsart eignet sich besonders gut, wenn Sie Gäste haben; können Sie doch die Vorbereitungen schon Stunden vorher treffen und brauchen die Form dann nur noch im Rohr zu erhitzen.
Ergänzen Sie das schmackhafte Gericht mit Petersilienkartoffeln und grünen Erbsen oder gemischtem Salat.

1 größeres Brathähnchen, 10 g Butter (oder 1 El Öl), Salz, je nach Belieben noch 1 El feingehackte Kräuter.

Hähnchen nach der Art der Südstaaten

Die vorbereiteten Hähnchen in je 4 Teile zerlegen und mit Salz einreiben. Das Mehl mit den Gewürzen mischen. Die Hähnchenstücke kurz in die Milch tauchen und dann in dem gewürzten Mehl wenden, so daß sie gleichmäßig überzogen werden. (Ein Tip: Füllen Sie die Mehl-Gewürz-Mischung in einen Plastikbeutel, geben Sie die Hähnchenstücke hintereinander hinein und schütteln Sie sie, bis sich das Mehl gleichmäßig verteilt hat.) In eine Pfanne etwa 1½–2 cm hoch Öl geben, die Hähnchenstücke darin von allen Seiten knusprig backen, herausnehmen, abtropfen lassen und auf einer Platte warm stellen. Das überschüssige Fett aus der Bratpfanne abgießen. Das restliche Mehl in der Bratpfanne leicht anrösten, mit der Hühnerbrühe aufgießen, kurz kochen lassen, die Sahne dazurühren und 2–3 Minuten zu einer dicklichen Sauce kochen. Wenn nötig, noch etwas nachwürzen und in einem separaten Kännchen reichen.
Servieren Sie Kartoffelbrei oder Champignonreis und Salat dazu.
Und noch ein Tip: Sie können dieses schnell zubereitete Gericht beliebig abwandeln, indem Sie das zum Stauben der Hähnchenteile verwendete Mehl nach eigenem Gutdünken mit beliebigen Gewürzen versetzen; z. B.: 2 Tl Curry-Pulver oder ½ Tl Trockenknoblauch und 2 Tl Selleriesalz oder 1 Tl Ingwerpulver und 1 Messerspitze Koriander oder 1–2 El frische gehackte Kräuter.

2 Junghähnchen, Salz, ½ Tl Paprika, frischgemahlener Pfeffer (5–6 Umdrehungen der Pfeffermühle), 1 Prise Cayennepfeffer, 100 g Mehl, Milch nach Bedarf, Öl, ⅛ l Hühnerbrühe, ⅛ l Sahne.

Hähnchenbrüste in Weinsauce

Die Hähnchenbrüste enthäuten, in dünne Streifen schneiden, salzen, pfeffern und in dem heißen Öl unter ständigem Rühren (oder Schwenken der Pfanne) durchrösten (nicht länger als 3–4 Minuten). Dann auf ein Sieb gießen und abtropfen lassen. Das Mehl in der Butter hellbraun rösten, mit dem Rotwein aufgießen und zu einer sämigen Sauce verkochen. Die Champignons in der Butter dämpfen. Den Bratrückstand in der Pfanne mit dem Sherry aufnehmen, die Weinsauce, die Champignons und den in Streifen geschnittenen Schinken dazugeben. Kurz zum Kochen bringen und mit Salz, Pfeffer und etwas Zitronensaft abschmecken. Die Brüstchen noch 5 Minuten in der Sauce ziehen lassen (nicht kochen).
Mit Kartoffelbrei oder gedämpftem Reis auftragen.

600 g Hähnchenbrüste, Salz, Pfeffer, $^2/_{10}$ l Öl, 1 El Mehl, 30 g Butter, ¼ l Rotwein, 20 g Butter, 150 g Champignons (oder Steinpilze), 6 El Sherry, 100 g gekochter Schinken, Salz, Pfeffer, Zitronensaft.

Hähnchenbrüste mit Mandeln

600 g Hähnchenbrüste, Salz, Rosmarin, Mehl nach Bedarf, 2 Eier, gehobelte Mandeln nach Bedarf, Öl zum Backen.

Die Hähnchenbrüste enthäuten, flachklopfen, leicht salzen und mit etwas zerriebenem Rosmarin bestreuen. Dann in Mehl, den zerschlagenen Eiern und den gehobelten Mandeln wenden. Die Mandeln vorsichtig festdrücken, die Brüste in das erhitzte Fett legen und auf beiden Seiten goldbraun braten.
Mit *Pommes frites* oder Petersilienkartoffeln und grünen Erbsen auftragen.

Hähnchenbrüste Prinzeß

600 g Hähnchenbrüste, Salz, Saft von ½ Zitrone, Ingwer, 2 El Öl, 1 El Mehl, ¼ l Weißwein, 1 kleine Dose Spargel, ⅛ l Sahne, 1 Eigelb.

Die Hähnchenbrüste enthäuten, in dünne Scheiben schneiden, mit dem Zitronensaft beträufeln, mit Ingwer bestauben und ¼ Stunde marinieren. Das Öl in einer Pfanne sehr stark erhitzen, die Hähnchenstücke darin 3–4 Minuten von allen Seiten anbraten und aus dem Fett nehmen. Den Bratrückstand mit dem Mehl stauben, mit dem Weißwein aufnehmen und 10 Minuten leicht kochen. Die Hähnchenstücke mit dem geschnittenen Spargel in der Sauce 10 Minuten ziehen lassen. Zuletzt mit der Sahne und dem Eigelb verfeinern.
Mit körnig gekochtem Reis auftragen.

Huhn Honduras

1 größeres Brathuhn, 4 Bananen, 3 El Olivenöl (oder anderes Öl), ½ Tl Salz, 1 Messerspitze Trockenknoblauch, 1 fein zerriebenes Lorbeerblatt, ¼ Tl Chilipulver, 40 g Butter (oder 3 El Öl), ½ l Hühnerbrühe (Würfel), 1 El Mehl, ⅒ l Sahne, 50 g Rosinen.

Das vorbereitete Huhn in 8 Teile zerlegen. Die Bananen schälen und quer halbieren. Das Olivenöl mit sämtlichen Gewürzen zu einer Marinade verrühren und die Huhnstücke und die Bananen damit bestreichen. Die Butter in einer größeren Kasserolle erhitzen, die Huhnstücke darin rasch von allen Seiten braun anbraten. Die restliche Marinade darüber verteilen und mit der Hälfte der Hühnerbrühe aufgießen. Die geschlossene Kasserolle in das auf 200° erhitzte Rohr stellen und die Huhnstücke 20–25 Minuten schmoren lassen. Dann die Bananen dazugeben und das Ganze noch weitere 15 Minuten bei geöffnetem Topf unter häufigem Begießen im heißen Rohr braten. Die Huhnstücke mit Bananen auf einer gewärmten Platte anrichten.
Das überschüssige Bratfett aus der Kasserolle vorsichtig abgießen und den Rückstand mit der restlichen Hühnerbrühe aufnehmen. Das Mehl mit der Sahne verquirlen und unter kräftigem Schlagen mit dem Schneebesen zu der Sauce rühren. Die Rosinen darin warm werden lassen. Die fertige Sauce bei Bedarf noch etwas nachsalzen und über die Huhnstücke gießen.
Mit Trockenreis servieren.

Hühnerfrikassee

1 größeres Brathuhn oder 1 Poularde, 1 Suppengrün, ½ Zwiebel, 4 Pfefferkörner, Salz, 40 g Butter (Öl oder Margarine), 40 g Mehl, ⅛ l Weißwein, Zitronensaft, Muskat, ⅛ l Sahne, 1 Eigelb.

Das vorbereitete Huhn mit Suppengrün, Zwiebel und Gewürzen in etwas Wasser dämpfen (etwa 1 Stunde; 25 Minuten im Dampfdrucktopf). Das Huhn aus der Brühe nehmen, enthäuten, auslösen und in mundgerechte Stücke teilen. Das Mehl in der Butter hellgelb rösten, mit ¼ l Hühnerbrühe aufgießen und 10 Minuten kochen. Den Wein dazugeben und mit Zitronensaft und Muskat abschmecken. Das Hühnerfleisch 5 Minuten darin ziehen lassen. Das Frikassee, das nicht mehr kochen darf, mit dem mit der Sahne verrührten Eigelb legieren.
Servieren Sie das Hühnerfrikassee in einer gewärmten Schüssel und reichen Sie gedünsteten Reis dazu.
Für festliche Gelegenheiten können Sie das Frikassee noch verfeinern: Mischen Sie Spargelspitzen (mit einigen Löffeln Sud), gedünstete Champignons, grüne Erbsen oder Krabben gleichzeitig mit dem Hühnerfleisch unter die kochende Frikassee-Sauce, lassen Sie sie 5 Minuten ziehen und legieren Sie sie erst dann mit dem in der Sahne verrührten Eigelb.

Hühnerfrikassee auf norddeutsche Art

Das vorbereitete Huhn mit dem Suppengrün, der Zwiebel und den Gewürzen in Salzwasser gar kochen (1 Stunde). Das Hühnerfleisch von Knochen und Haut befreien und in mundgerechte Stücke schneiden. Die Brühe durch ein Sieb gießen und, wenn nötig, etwas einkochen (es soll nicht mehr als 3/8 l Flüssigkeit sein). Aus 60 g Butter und Mehl eine helle Mehlschwitze bereiten, mit der Hühnerbrühe aufgießen und 5 Minuten zu einer sämigen Soße kochen. Die Bratwurstfüllung mit der gehackten Hühnerleber mischen, kleine Klößchen formen und diese in der Sauce gar ziehen lassen (10–15 Minuten). Den Weißwein dazugeben und mit Pfeffer und Zitronensaft abschmecken. Zuletzt die geputzten, in Scheiben geschnittenen, in der Butter gedämpften Champignons, den Spargel und das ausgelöste Hühnerfleisch dazugeben. Nochmals bis nahe an den Siedepunkt erhitzen und dann mit Reis oder *Risipisi* auftragen.
Dieses sehr leicht verdauliche Gericht können Sie selbstverständlich auch aus Geflügelklein oder Resten eines Brathuhns zubereiten. Auch können Sie durch kleine Änderungen wieder ganz andere Frikassees herstellen.
Hier einige Vorschläge:

1 größeres Brathuhn,
1 Suppengrün, 1/2 Zwiebel,
1/2 Lorbeerblatt, 8 Pfefferkörner,
3 Pimentkörner, 60 g Butter,
50 g Mehl,
250 g Bratwurstfüllung,
1/8 l Weißwein, Zitronensaft,
Pfeffer, 10 g Butter,
150 g Champignons,
1 kleine Dose Spargel.

Berliner Hühnerfrikassee

Mischen Sie noch 200 g gekochte, in kleine Würfel geschnittene Kalbszunge und 1 El fein gehackte Kapern unter das wie oben zubereitete Frikassee und runden Sie den Geschmack mit 1 Prise Zucker und 1 El Sherry ab.

Hamburger Hühnerfrikassee

Geben Sie anstelle der Champignons und des Spargels ein mit heißem Wasser überbrühtes und kleingeschnittenes Kalbsbries in das Frikassee.

Hühnerschenkel auf Winzer-Art

Die Hühnerschenkel salzen, pfeffern und von allen Seiten in der Butter braun braten. Mit dem Wein aufgießen, den Estragon dazugeben und in geschlossener Pfanne langsam gar schmoren (etwa 30 Minuten).
Die Fleischstücke auf einer Platte warm stellen. Die Sauce auf etwa 1/5 l Flüssigkeit einkochen und mit der Mehlbutter nach und nach eindicken. Die Weintrauben enthäuten (nach Möglichkeit entkernen) und in der Sauce kurz ziehen lassen. Über die Hähnchenschenkel gießen und zu Kartoffelkroketten reichen.

4 Hühnerschenkel, Salz,
Pfeffer, 40 g Butter,
1/4 l herber Weißwein,
1 Tl Estragon, 1 Tl Mehl,
1 Tl Butter, 1/4 kg Weintrauben.

Hühnerschenkel mit Orangen

Die Schale der Orangen (ungespritzte verwenden) hauchdünn abschälen und die Orangen dann auspressen. Die getrocknete Orangenschale, Salz und Ingwer mit etwas Orangensaft verreiben. Die Hühnerschenkel damit bepinseln, wenigstens 10 Minuten marinieren, dann in der Butter anbraten und mit dem Orangensaft aufgießen. Die abgeschälte Orangenschale dazugeben und die Schenkel in einer gut verschlossenen Kasserolle bei mittlerer Hitze (180°) im Rohr gar schmoren (30 Minuten). (Sie brauchen die Schenkel dann während der ganzen Schmorzeit nicht begießen!)
Die Schenkel auf eine gewärmte Platte legen und den Bratsaft durch ein Sieb darübergießen. Mit Orangenscheiben (die Sie in etwas Butter anbräunen können) und gehackter Petersilie garnieren.
Servieren Sie *Herzoginkartoffeln* dazu.

4 Hühnerschenkel, Salz,
Ingwer, 1 Tl getrocknete
Orangenschale (als Gewürz
zu kaufen), 40 g Butter,
2 Orangen.

Königshuhn = Chicken à la King

1 mittelgroßes Huhn,
1 Suppengrün, Salz,
60 g Butter (oder Öl),
20 g Mehl, 2 Paprikaschoten,
300 g Champignons oder Steinpilze, Muskat, Pfeffer,
6 El Sherry, 1 Eigelb,
$\frac{1}{8}$ l Sahne.

Das vorbereitete Huhn mit dem Suppengrün in Salzwasser garen (1 Stunde), enthäuten, entbeinen und in mundgerechte Stücke schneiden. Das Mehl in der Hälfte der Butter anrösten (nicht braun werden lassen), mit $\frac{3}{8}$ l der Hühnerbrühe aufgießen und 10 Minuten zu einer sämigen Sauce verkochen. Die Paprikaschoten in feine Streifen, die geputzten Champignons in feine Scheiben schneiden; beides in der restlichen Butter gar dämpfen (10 Minuten) und dann mit dem Hühnerfleisch in die Sauce geben. Kurz ziehen lassen. Mit Muskat, Pfeffer und dem Sherry abschmecken und zuletzt mit dem verquirlten Eigelb und der Sahne verfeinern.
Mit Butternudeln oder Reis auftragen.

Kräuterhähnchen

1 großes Brathähnchen,
20 g Butter,
1 El feingehackte frische Kräuter:
(oder 1 Tl getrocknete Kräuter: am besten Estragon, aber auch Kerbel, Thymian, Rosmarin oder Oregano), Salz, Pfeffer,
2 El Öl (oder Butterschmalz),
$\frac{1}{8}$ l Sahne, 2 El Cognac.

Das vorbereitete Hähnchen salzen und leicht pfeffern. Die Kräuter mit der Butter verkneten und das Hähnchen innen damit ausstreichen, dressieren, mit der Brustseite nach unten in eine nicht zu große Pfanne legen, mit dem Öl begießen und in ein stark erhitztes Rohr (250°) stellen. Nach 15 Minuten wenden und die Hitze reduzieren (200°). Nach weiteren 30 Minuten die Hälfte der Sahne und 1 El Cognac dazugießen und das Hähnchen unter häufigem Begießen mit dieser Mischung fertig braten (Gesamtbratzeit je nach Größe 70–80 Minuten). Das Hähnchen kurz ruhen lassen, tranchieren und auf eine vorgewärmte Platte legen. Die Sauce mit dem restlichen Cognac und der Sahne vermischen, kurz aufkochen lassen, bei Bedarf noch etwas nachsalzen und über das tranchierte Hähnchen gießen.
Reichen Sie Reis oder *Risipisi* und grünen Salat dazu.

Mexikanischer Hühnertopf

1 mittelgroßes Brathuhn,
1 Zwiebel, 5 Pfefferkörner,
Salz, 3 El Tomatenmark,
$\frac{1}{10}$ l Sahne, 3 Avocados,
20 g geriebener Parmesan,
10 g Butter.

Das vorbereitete Huhn mit der Zwiebel und den Pfefferkörnern in etwas Salzwasser gar kochen (1 Stunde). Das Huhn aus der Brühe nehmen, von Haut, Knochen und Knorpeln befreien und in mundgerechte Stücke teilen. Die Brühe abseihen und auf $\frac{1}{4}$ l Flüssigkeit einkochen. Das Tomatenmark und die Sahne dazurühren. Eine feuerfeste Schüssel mit Butter ausstreichen und das geschnittene Hühnerfleisch und die geschälten, in Scheiben geschnittenen Avocados abwechselnd hineinschichten. Die abgeschmeckte Brühe darübergießen und den Käse darüberstreuen. 10 Minuten in das auf 250° erhitzte Bratrohr stellen und dann sofort mit Weißbrot oder Kartoffeln zu Tisch geben.
Den Hühnertopf in der feuerfesten Schüssel zu Tisch geben und Weißbrot oder Kartoffeln dazu reichen.

Paprikahuhn = Hühnerpaprikasch

1 mittelgroßes Brathuhn,
2 größere Zwiebeln (200 g),
100 g Fett (Öl oder Schweineschmalz),
2 Tl Paprika, Salz,
$\frac{3}{8}$ l saure Sahne, 1 Tl Mehl.

Das vorbereitete Huhn in 6–8 Stücke teilen. Die Zwiebeln fein hacken, salzen und im Fett goldbraun rösten. Den Paprika kurz darunterrühren und die Huhnstücke darin von allen Seiten anbraten. Mit $\frac{1}{8}$ l Wasser aufgießen, salzen und das Huhn bei geschlossenem Topf gar schmoren (40–50 Minuten). Das Mehl mit der sauren Sahne verrühren und zum Schluß zu den Huhnstücken geben. Mit der Sauce in einer gewärmten Schüssel auftragen. Zu diesem ungarischen Gericht passen am besten Spätzle oder Salzkartoffeln.
Wollen Sie das Paprikahuhn streng nach ungarischer Küche zubereiten, schmoren Sie in den letzten 20 Minuten 2 in Streifen geschnittene grüne Paprika und 2 geschälte, entkernte Tomaten (oder 2 El Tomatenmark) mit.

Poularde auf Jäger-Art

Die vorbereitete Poularde in 6–8 Teile schneiden, mit Salz und Pfeffer bestreuen. Den Speck in kleine Würfel schneiden und in einer Bratpfanne glasig werden lassen. Die Poulardenteile hineingeben, rasch von allen Seiten anbraten und wieder aus der Pfanne nehmen. Die Zwiebeln fein hacken und in dem Bratfett hellbraun anrösten. Die in feine Scheiben oder in kleine Würfel geschnittenen Mohrrüben kurz mit durchrösten und dann die angebratenen Geflügelstücke wieder in die Pfanne legen. Den Rotwein darübergießen, fast ganz verkochen lassen und dann mit der Hühnerbrühe aufgießen. Die Poulardenstücke bei geschlossener Pfanne langsam gar schmoren (40–50 Minuten).
Inzwischen die gereinigten Pilze in dickere Scheiben schneiden und 10 Minuten in der Butter dämpfen. Das Mehl mit der sauren Sahne verquirlen und mit den Pilzen zu den Poulardenstücken geben. Alles noch 5 Minuten leicht kochen lassen. Das Gericht in eine gewärmte Schüssel geben und mit reichlich gehackter Petersilie (wenigstens 2 El) bestreuen.
Reichen Sie Spätzle oder auch andere Teigwaren, Reis oder ein Kartoffelgericht dazu.

1 mittelgroße Poularde, Salz, Pfeffer, 150 g Räucherspeck, 2 mittelgroße Zwiebeln, 2 Mohrrüben, 1/8 l Rotwein, 1/4 l Hühnerbrühe, 300 g frische Pilze (Steinpilze, Pfifferlinge), 20 g Butter, 1 El Mehl, 1/8 l saure Sahne, Petersilie.

Geflügel

Poularde la Rochelle

Das vorbereitete Huhn in 8 Stücke teilen. Das Fett in einer Pfanne erhitzen, die Huhnstücke darin von allen Seiten goldbraun braten und beiseite stellen. Das überschüssige Bratfett abgießen und die Geflügelstücke zurück in die Pfanne geben, salzen und pfeffern. Den leicht erwärmten Calvados darübergießen und unter kräftigem Schütteln der Pfanne flambieren. Nach dem Verlöschen der Flamme die Hühnerbrühe dazugießen und den Bratsatz damit lösen. Die Schalotten, die Äpfel und die Sellerieknolle kleinschneiden und in der Butter weichdünsten. Das Gemüse mit dem Thymian über die Poulardenstücke geben, alles zum Kochen bringen und bei mittlerer Hitze gar schmoren (40–50 Minuten). Die Huhnstücke auf einer Platte warm stellen.
Die in der Pfanne zurückbleibende Sauce durch ein Sieb drücken (oder im Mixer pürieren), in eine kleine Kasserolle geben und auf etwa 1/8 l einkochen. Die Eigelbe mit der Sahne verquirlen, langsam unter die Sauce rühren und noch 2–3 Minuten ziehen lassen (nicht kochen). Mit Salz und Pfeffer abschmecken und über die warm gestellten Huhnstücke gießen.
Mit *Pommes frites* und Rosenkohl auftragen.

1 Poularde, 50 g Fett (am besten Butter und Öl gemischt), Salz, Pfeffer, 1 Schnapsglas Calvados, 3/8 l Hühnerbrühe (Hühnerklein oder Würfel verwenden), 2 Schalotten, 2 mittelgroße Äpfel, 1/4 Sellerieknolle, 20 g Butter, 1/2 Tl getrockneter Thymian, 1/8 l Sahne, 2 Eigelbe, Salz, Pfeffer.

Siebenbürger Poularde

Die vorbereitete, in 8 Teile zerlegte Poularde salzen, in der erhitzten Butter von allen Seiten braun anbraten, herausnehmen und warm stellen. Das überschüssige Bratfett abgießen. Den Bratrückstand mit dem Mehl stauben und unter ständigem Umrühren (Schneebesen) mit 1/4 l Wasser aufgießen. Kurz kochen und die Poulardenstücke wieder in die Sauce geben. Die gereinigten, geviertelten Champignons, die Zwiebel und den Weißwein dazugeben und im geschlossenen Topf bei schwacher Hitze schmoren, bis das Huhn weich geworden ist (etwa 50 Minuten). Die beim Schmoren sämig gewordene Sauce mit der sauren Sahne, Salz, und je nach Geschmack, einem Hauch Pfeffer abschmecken. Die Poulardenstücke in eine vorgewärmte tiefe Schüssel legen, die Sauce mit den Champignons (die Zwiebel entfernen) darübergießen und das Gericht mit der Petersilie und dem Dillkraut bestreuen. Eine besondere Note: Verwenden Sie anstelle des Dillkrautes gehackte frische Pfefferminzblätter.
Mit Bandnudeln oder Reis auftragen.

1 Poularde, Salz, 50 g Butter (oder anderes Fett), 1 Tl Mehl, 350 g Champignons, 1 mittelgroße Zwiebel, 1/8 l Weißwein, 1/8 l saure Sahne, je 2 El gehackte Petersilie und gehacktes Dillkraut.

Wiener Backhendel

2 junge Hähnchen, Salz, 2 Eier, Mehl und Semmelbrösel nach Bedarf, Öl zum Backen.

Die vorbereiteten Hähnchen in je 4–6 Stücke teilen und salzen. Die einzelnen Stücke hintereinander in Mehl, den geschlagenen Eiern und den Semmelbröseln drehen. Die Brösel leicht festdrücken und die Stücke in reichlich heißem Öl (am besten im Fettopf) goldbraun backen. Kurz auf Küchenkrepp abtropfen und auf einer gewärmten Platte anrichten. Mit Zitronenspalten und einem Petersiliensträußchen garnieren und dann mit Kartoffelsalat oder einem anderen Salat servieren.
Wichtig für das gute Gelingen dieser Wiener Spezialität: Panieren Sie jedes Stück erst unmittelbar bevor Sie es ins Fett geben!

Hühnerleber mit Äpfeln

500 g Hühnerleber, Pfeffer, 1 El Mehl, 1 mittelgroße Zwiebel, 2 mürbe Äpfel, Salz, 50 g Butter (oder anderes Fett), 1 El Sherry, Salz.

Die Hühnerlebern waschen, gut abtrocknen lassen und halbieren. Mit frischgemahlenem Pfeffer bestreuen und in dem Mehl wälzen (am besten in einer nicht zu großen Schüssel kräftig hin und her schütteln). Die Zwiebel fein hacken und in der Butter leicht anrösten. Die Hühnerlebern darin rasch von allen Seiten braun anbraten. Die geschälten, in dünne Scheibchen geschnittenen Äpfel dazugeben, die Pfanne schließen und Lebern und Äpfel 5 Minuten braten. Den Sherry dazugeben, nochmals 2 Minuten ziehen lassen (nicht kochen), salzen und sofort auf einer gewärmten Schüssel auftragen.
Dazu reichen Sie am besten *Schloßkartoffeln* oder Kartoffelpüree und Preiselbeeren.

Hühnerleber auf Burgunder Art

500 g Hühnerleber, Pfeffer, 3 El Öl, 200 g Champignons, 10 junge Zwiebelchen, Salz, ⅛ l Rotwein, ⅛ l Sahne.

Die gewaschenen Hühnerlebern abtrocknen und mit frischgemahlenem Pfeffer bestreuen. Das Fett in einer Pfanne erhitzen und die Lebern darin rasch von allen Seiten anbraten. Die Zwiebelchen und die geputzten, in feine Scheibchen geschnittenen Champignons dazugeben, die Pfanne schließen und alles 10 Minuten bei mittlerer Hitze dünsten. Die Lebern salzen, mit dem Rotwein aufgießen und mit der Sahne verfeinern. Noch 2 Minuten dünsten und sofort mit Champignonreis auftragen.

Hühnerleber, gebraten

500 g Hühnerleber, 2 El Hühnerfett (oder Butter), Salz.

Die gewaschenen, abgetrockneten Hühnerlebern in dem erhitzten Fett unter ständigem Rühren braten, bis die Lebern außen knusprig braun, innen aber noch leicht rosa sind (etwa 10 Minuten). Salzen und sofort auf einer gewärmten Platte auftragen.
Reichen Sie am besten frisches Weißbrot dazu.

Hühnerleber in Madeira

500 g Hühnerleber, 1 mittelgroße Zwiebel, Salz, 40 g Butter, 1 El Mehl, Salz, Pfeffer, 6 El Madeira, Petersilie.

Die gewaschenen, abgetrockneten Hühnerlebern in feine Streifen schneiden. Die Zwiebel hacken, leicht salzen und in der Butter goldbraun anrösten. Die Lebern dazugeben, durchrösten und dann noch 5 Minuten in geschlossenem Topf dünsten. Dann den Deckel wegnehmen und die Lebern kräftig erhitzen, bis alle Flüssigkeit verdampft ist. Mit dem Mehl stauben und mit 6 El Wasser (besser Brühe) aufgießen. Mit Salz und Pfeffer abschmecken, den Madeira dazugießen und die Lebern noch 2 Minuten in dieser Sauce ziehen lassen.
Das Gericht dann mit Petersilie bestreuen und im Reisring oder im Kartoffelring anrichten.

Hühnerleber mit Orangen

Die Zwiebel fein hacken, salzen und in der Butter glasig werden lassen. Die gewaschenen, gut abgetrockneten Hühnerlebern darin kurz durchrösten. Die Orangen schälen (die weiße Haut vollkommen entfernen) und die Orangenspalten einzeln herausschneiden.
Die Orangenspalten zu den Lebern geben, noch 5 Minuten rösten und mit dem Sherry ablöschen. Sofort auftragen.

500 g Hühnerleber, ½ kleine Zwiebel, Salz, 40 g Butter (Öl oder Margarine), 2 mittelgroße Orangen, 4 El Sherry.

Hühnerleber auf ungarische Art

Die gewaschenen Hühnerlebern abtrocknen und halbieren. Die Zwiebeln in Streifen schneiden und in dem Öl hellbraun rösten. Den Paprika darunterrühren. Die Lebern dazugeben, von allen Seiten kurz anbraten und bei geschlossenem Topf gar werden lassen (etwa 10–15 Minuten). Zuletzt mit der sauren Sahne verfeinern und mit Salz und Pfeffer abschmecken.
Die Lebern sofort mit Spätzle oder anderen Teigwaren auftragen.

500 g Hühnerleber, 2 große Zwiebeln, 3 El Öl (oder 40 g Butter), 1 El Paprika, ¼ l saure Sahne, 1 Tl Mehl, Salz, Pfeffer.

ENTE

Die Ente ist auf unserem Speiseplan viel seltener vertreten als das Hähnchen – sicherlich zu Unrecht. Das Fleisch ist zwar nicht so zart und weich und oft recht hartnäckig in das ein wenig verpönte Fett eingebettet, doch ist es dafür kräftiger im Geschmack. Sie kann – mit etwas Geschick zubereitet – zu einem herrlichen Festtagsbraten werden.
Eine Ente reicht für 4 Personen nur knapp aus; servieren Sie sie also mit sättigenden Beilagen (siehe dort).
Zum Braten am besten geeignet sind die 7–8 Wochen alten Frühmastenten, die im Spätsommer auf den Markt kommen und ein Gewicht von 1800–2000 g haben. Aber auch die älteren Jungenten von 2000–2500 g ergeben einen saftigen Braten. Tiefgekühlt sind Enten das ganze Jahr zu haben. Junge Enten erkennt man am weichen Brustknochen. Sie werden wie jedes Geflügel gerupft und ausgenommen angeboten. Achten Sie darauf, ob die wie weiße Bohnen aussehenden Drüsen neben dem After entfernt sind; sie geben Ihrem Braten sonst einen tranigen Geschmack.
Vor dem Braten muß die Ente dann nur noch gewaschen und sorgfältig abgetrocknet werden.
Um eine Ente fachgerecht zu tranchieren, schneidet man zunächst die Schenkel ab und teilt diese im Gelenk in zwei Teile. Dann werden die Flügelstümpfe mit einem Teil des Brustfleisches abgeschnitten. Der Rumpf wird der Länge nach halbiert und je nach Größe der Enten in 3–5 Teile geteilt.

Ente tranchieren

Bratente

1 junge Ente, Salz, Pfeffer, Majoran

Die vorbereitete Ente mit Salz, Pfeffer und Majoran einreiben, dressieren und mit der Brustseite nach unten in eine Bratpfanne legen. Mit ⅛ l kochendem Wasser begießen und in ein auf 200° erhitztes Rohr stellen. Nach einer ½ Stunde wenden und die Ente unter häufigem Begießen (mit dem eigenen Saft, nach Bedarf von Zeit zu Zeit mit etwas Wasser aufgefüllt) knusprig braun braten (80–100 Minuten). Dann tranchieren und auf eine gewärmte Platte legen. – Das Bratfett abgießen und den Bratrückstand mit etwas Wasser loskochen. Den Saft eventuell noch etwas nachwürzen, durch ein Sieb gießen und separat reichen.
Als Beilagen eignen sich vor allem Bratkartoffeln oder Kartoffelklöße und Blaukraut.
Zu festlichen Gelegenheiten können Sie die Ente mit in der Schale gebratenen, kleinen Äpfeln servieren.
Auch Sauerkirschen, die Sie nur ganz kurz im eigenen Saft erwärmen, oder kleine Melonenwürfelchen, die direkt in den Bratensaft gegeben werden, schmecken ganz vorzüglich dazu.

Bratente, gefüllt

1 junge Ente, Salz, Pfeffer, 1 Zwiebel, 30 g Butter, 1 Tl gehackte Petersilie, 250 g gehacktes Schweinefleisch, 1 eingeweichte Semmel, 1 Ei, ½ Tl Majoran, Salz, Pfeffer, 1 Apfel.

Die vorbereitete Ente innen und außen mit Salz und Pfeffer einreiben. Die Zwiebel fein hacken und in der Butter goldbraun rösten. Die Petersilie und die gehackte Entenleber kurz mit durchrösten. Das Hackfleisch, die Semmel und das Ei hinzufügen und alles zu einem Fleischteig verarbeiten; mit Salz, Pfeffer und Majoran abschmecken. Ganz zuletzt den geschälten, entkernten, kleinwürfelig geschnittenen Apfel dazugeben. Die so entstandene Masse in den Entenbauch füllen. Die Bauchöffnung zunähen, die Ente dressieren und mit der Brustseite nach unten in eine Bratpfanne, in der sich ca. 1 cm hoch heißes Wasser befindet, legen. Die Pfanne in das auf 230° vorgeheizte Bratrohr stellen und die Ente unter häufigem Begießen knusprig braten (80–100 Minuten, wobei die Ente nach 40 Minuten umgedreht werden muß).
Die fertige Ente tranchieren und auf eine vorgewärmte Schüssel legen. Die Fülle in Scheiben schneiden und um die Ente herum anordnen. Das Bratfett abgießen und den Bratrückstand mit wenig Wasser aufnehmen. Die klare Sauce abschmecken und über die Entenstücke gießen.
Die Ente nur mit Blaukraut auftragen. Wenn viele Esser sind, können Sie auch noch Kartoffeln oder Kartoffelklöße dazu reichen.

Ente auf Berliner Art

1 junge Ente, Salz, Pfeffer, 3 Stämmchen Majoran (oder Beifuß), 5 kleine Äpfel.

Die vorbereitete Ente salzen und pfeffern. Mit den geschälten, geviertelten und vom Kerngehäuse befreiten Äpfeln und dem Majoran füllen, vernähen und dressieren. Die Ente dann mit der Brustseite nach unten in eine Bratpfanne legen, in der sich 1 cm hoch heißes Wasser befindet. Die Pfanne in ein auf 220° vorgeheiztes Rohr schieben und die Ente 30 Minuten unter häufigem Begießen braten; dann umdrehen und weitere 50–70 Minuten fertig garen. Bepinseln Sie die Haut während der letzten 5 Minuten mit kaltem Wasser, sie wird dann besonders knusprig.
Die Ente tranchieren und auf einer gewärmten Platte anrichten. Die Apfelfüllung rundherum anordnen. Reichen Sie Kartoffelklöße und Blaukraut oder Rosenkohl dazu.

Gemüsehähnchen im Römertopf ▷

1
2
3
5
6
4
8
7
9

Ente mit Orangen = Canard à l'Orange

Die vorbereitete Ente innen und außen salzen und pfeffern. Die Rosmarinblätter fein hacken und mit der Orangenmarmelade verrühren. Die Ente innen damit ausstreichen, dann dressieren, mit der Brust nach unten in eine Bratpfanne legen, ¼ l kochendes Wasser zugießen und in das auf etwa 200° erhitzte Rohr geben. (Ist die Ente sehr mager, übergießen Sie sie zunächst mit 1–2 El Öl oder zerlassener Butter.) Die Ente unter dauerndem Begießen, zunächst mit dem eigenen Saft, dann mit dem Rotwein knusprig braun braten. (Nach ½ Stunde wenden! Gesamtbratdauer 80–100 Minuten.) Die Ente auf eine gewärmte Platte legen. Sie wird am besten erst bei Tisch tranchiert. Während die Ente im Rohr schmort, die Schale von 2 ungespritzten Orangen ganz dünn abschälen, in ⅛ l kaltes Wasser legen, 5 Minuten im geschlossenen Topf kochen lassen und abseihen. Die 2 Orangen nochmals sorgfältig schälen (die weiße Haut völlig entfernen) und die Orangenspalten mit einem scharfen Messer vorsichtig herauslösen. Die dritte Orange auspressen. Das überschüssige Bratfett abgießen. Den Bratrückstand mit dem Mehl stauben, mit dem Orangenwasser und dem Orangensaft aufgießen, kurz verkochen und durch ein Sieb geben. Die Orangenspalten in der Sauce einige Minuten ziehen lassen und mit Sherry oder Cognac abschmecken. Die Ente mit den Orangenspalten garnieren und mit der Sauce begießen.
Dazu reichen Sie am besten *Kartoffelkroketten* oder *Safranreis*.
Sie können die Ente vor dem Braten noch mit einigen mürben Äpfeln füllen, die geschält, in etwas Butter gedämpft und mit Grand Marnier oder Orangenlikör beträufelt werden; eine sehr wohlschmeckende Abwandlung.

1 junge Ente, Salz, Pfeffer,
1 El bittere Orangenmarmelade,
einige Rosmarinblätter,
¼ l leichter Rotwein,
3 Orangen, 1 Tl Mehl,
6 El Sherry oder Cognac.

Geflügel

Ente auf kolumbianische Art

Die vorbereitete Ente salzen und pfeffern. Innen mit dem Paprika einreiben. – Die Bananen und die Avocados schälen und zu einem Brei stampfen (am besten mit dem Mixgerät) oder ganz klein schneiden. Die möglichst fein gehackten Zwiebeln daruntermischen, mit Salz und Pfeffer würzen und damit die Ente füllen. Die Öffnung vernähen und die Beine und Flügel festbinden. Diese Ente dressieren und in dem erhitzten Fett rundherum, die Bauchseite zuerst, anbraten. Mit ⅛ l kochendem Wasser aufgießen (neben die Ente geben). Die Ente in einem stark erhitzten Rohr unter häufigem Begießen mit dem eigenen Saft knusprig braun braten (je nach Größe der Ente 80–100 Minuten). Dann tranchieren und – ohne Füllung – auf einer gewärmten Platte warm stellen. Das überschüssige Bratfett abgießen und den Bratrückstand mit etwas Wasser (noch besser Brühe) aufnehmen.
Die Füllung und das Tomatenmark dazugeben und alles zu einer sämigen Sauce verkochen. Mit Salz und Pfeffer abschmecken und zuletzt mit dem Cognac verfeinern.
Die Sauce durch ein Sieb drücken und über die Entenstücke gießen. Dazu reichen Sie am besten gedünsteten Reis, der mit in Butter gebratenen Bananenhälften belegt wird.

1 junge Ente, Salz, Pfeffer,
½ Tl Paprika, 2 Bananen,
2 Avocados, 2 mittelgroße Zwiebel, 1 El Öl,
1 El Tomatenmark, 2 El Cognac.

◁ *Fleischstücke vom Rind:*

1 Filet **2** Roastbeef **3** Hüfte **4** Schulter (Bug) **5** Keule (Rouladenstück) **6** Kamm **7** Brust **8** Hals, Nacken **9** Wadschenkel

GANS

Eine ganz besondere Stellung unter dem Geflügel nimmt in unserer Küche die Gans ein. Sie kommt zu besonders festlichen Anlässen auf den Tisch. Die Martini- und Weihnachtsgans spielt noch heute in ländlichen Gegenden eine große Rolle. Ihre beachtliche Größe gestattet es auch meist, mindestens 6 bis 8 Personen um den Tisch zu versammeln. Eine mittelgroße Gans wiegt in der Regel zwischen 4–5 kg (größere bis zu 6 kg und mehr). Aber nicht nur das gebratene Gänsefleisch, sondern auch das ausgelassene Fett und die Leber der Gans werden sehr geschätzt. Die verarbeitete Gansleber gilt als besondere Delikatesse.
Zum Braten sind besonders einjährige Gänse geeignet, die von Mitte bis Ende November auf den Markt kommen. Sie haben ein zartes, schmackhaftes Fleisch. Ältere Gänse, vor allem die sogenannten Mastgänse, haben viel Fett und eine große Leber, aber auch trockenes und nicht so schmackhaftes Fleisch. Tiefgefrorene Gänse sind immer junge Tiere und gut zum Braten geeignet; sie müssen nur zuvor über Nacht bei geöffneter Packung aufgetaut werden.
Sowohl frische als auch tiefgefrorene Gänse kommen bratfertig (gerupft und ausgenommen) in den Handel. Manchmal müssen allerdings noch die bohnenförmigen weißen Drüsen neben dem After entfernt werden. Dann wird die Gans gewaschen, abgetrocknet und nach einem der folgenden Rezepte verarbeitet.
Beim Tranchieren der Gans trennt man zunächst die Keulen ab und teilt diese noch einmal im Gelenk. Dann werden die Flügelstümpfe mit einem Teil der Brust abgetrennt. Zuletzt löst man die Brüste von den Knochen und teilt die Gans je nach Größe in 3–6 Stücke.

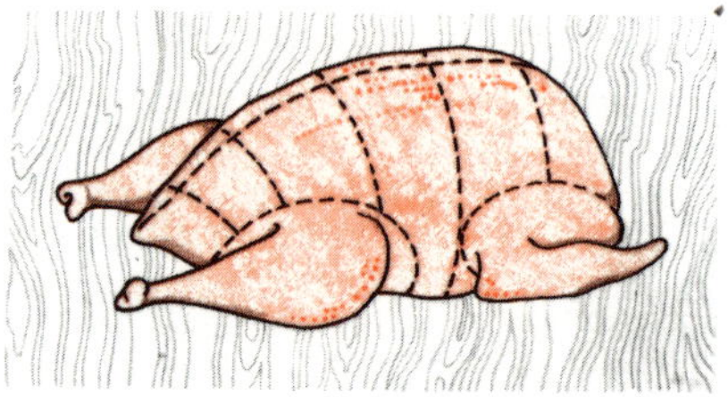

Gans tranchieren

Gans, gebraten

1 junge Gans, Salz, Pfeffer, Majoran, 600 g kleine Äpfel.

Die vorbereitete Gans innen und außen mit den Gewürzen einreiben. Die ganzen, ungeschälten Äpfel vom Gehäuse befreien. Die Gans damit füllen, vernähen (oder mit Hölzchen zustecken), Beine und Flügel festbinden und mit der Brust nach unten in eine Pfanne legen. Mit 4–5 El heißem Wasser begießen und im mittelheißen Rohr (etwa 220°) langsam weichbraten (durchschnittlich 2–3 Stunden). Nach 1 Stunde Bratzeit wenden. Während des Bratens häufig mit dem Bratensaft übergießen und das Fett von Zeit zu Zeit abschöpfen. Nach beendeter Bratzeit das Fett vollkommen abgießen und den Bratrückstand mit etwas Wasser aufkochen. Die Gans tranchieren und mit Kartoffelklößchen und Blaukraut anrichten.
Eine ältere Gans sollte man in den ersten 2 Stunden am besten in 1–2 cm hohem Wasser mehr schmoren als braten. Dann läßt man das Wasser verdampfen und brät die Gans in der letzten Stunde normal fertig.
Wollen Sie eine sehr knusprige Haut haben, bepinseln Sie den Braten während der letzten 15 Minuten immer wieder mit kaltem Wasser.
Eine schmackhafte Abwandlung ist der Gänsebraten mit Kastanienfüllung.

Gänsebraten mit Kastanienfüllung

Die vorbereitete Gans salzen und pfeffern. Die Äpfel schälen, vierteln, mit den geschälten Kastanien versehen und 1/4 Stunde im Rohr erhitzen. Die Gans damit füllen, zunähen und wie oben beschrieben braten, dann tranchieren und auf der Füllung anrichten. Mit Bratkartoffeln und Weinkraut servieren.

1 junge Gans, Salz, Pfeffer, 500 g kleine Äpfel, 250 g Kastanien.

Gänsebraten auf Elsässer Art

Die vorbereitete Gans salzen, pfeffern und mit der Bratwurstfüllung füllen. Gut vernähen und die Flügel und die Keulen festbinden. Die Gans mit der Brust nach unten in eine Pfanne legen, etwa 1/8 l heißes Wasser zugießen und in dem auf 220° erhitzten Rohr unter häufigem Begießen fertigbraten (2–3 Stunden).
Inzwischen die Zwiebeln sehr fein hacken und in dem Gänseschmalz goldgelb anrösten. Das Sauerkraut dazugeben und unter ständigem Wenden (am besten mit 2 Gabeln, da das Kraut dann gleichzeitig gelockert wird) 5 Minuten andünsten. Mit dem Wein aufgießen und den geschälten, geraspelten Apfel und die Wacholderbeeren dazugeben. Das Sauerkraut im geschlossenen Topf bei mittlerer Hitze gar dünsten (30–40 Minuten; wenn notwendig, etwas Wasser, besser Brühe nachgießen). Den Speck in Würfel schneiden und in der letzten 1/4 Stunde mitdünsten. Das Sauerkraut mit Salz abschmecken und mit dem Kirschwasser verfeinern. Noch einige Minuten ziehen lassen und dann auf einer möglichst großen Schüssel anrichten.
Die Gans tranchieren und auf das Sauerkraut legen. Die Füllung in mehrere Stücke schneiden und um die Gans anordnen.

1 junge Gans, Salz, Pfeffer, 750 g Bratwurstfüllung, 1 kg Sauerkraut, 2 mittelgroße Zwiebeln, 100 g Gänseschmalz, 1/4 l Weißwein, 1 säuerlicher Apfel, 15 Wacholderbeeren (in ein Mullsäckchen gebunden), 250 g Räucherspeck, Salz, 1 Gläschen Kirschwasser.

Gänsebraten mit Äpfel-Zwiebel-Füllung

Die vorbereitete Gans salzen und pfeffern. Die Äpfel schälen, entkernen und achteln; die Sellerieknolle grob raspeln, die Zwiebel in Scheiben schneiden. Alles mit den Gewürzen vermischen. Die Gans damit füllen, gut vernähen, Beine und Flügel festbinden und mit der Brust nach unten in eine Bratpfanne legen. Einige Löffel Wasser zugießen und die Gans in dem auf 220° erhitzten Rohr 2–3 Stunden knusprig braun braten (nach 1 Stunde wenden); dann aus dem Rohr nehmen und noch 5 Minuten ruhen lassen. Inzwischen das Bratfett abgießen und den Bratrückstand mit etwas Wasser (noch besser schmeckt es, wenn Sie etwas Weiß- oder Rotwein verwenden) loskochen und diesen Saft mit der Mehlbutter (die Butter mit dem Mehl verkneten) eindicken.
Die Gans tranchieren und ohne Füllung auf einer gewärmten Platte anrichten. Die Sauce und die Füllung separat reichen. Dazu passen am besten Kartoffelklöße.

1 junge Gans, Salz, Pfeffer, 2 kleine Äpfel, 1/2 Sellerieknolle, 2 mittelgroße Zwiebeln, 1 El gehackte Petersilie, 1 Messerspitze Beifuß, 1 Messerspitze Majoran, 1 Tl Mehl, 1 Tl Butter.

Gänseklein = Gansjung

Das Gänseklein (Hals, Flügel, Herz und Magen) waschen und mit den Wurzeln, dem Lauch, der Zwiebel und den Gewürzen in Salzwasser weichkochen (40–60 Minuten). Das Mehl im Fett hellbraun anrösten und mit der abgeseihten Brühe aufgießen. Etwa 10 Minuten zu einer glatten dicklichen Sauce verkochen lassen und dann mit Salz, Pfeffer und Zitronensaft pikant säuerlich abschmecken. Das Gansfleisch von den Knochen lösen; Magen, Herz und die Wurzeln in feine Streifen schneiden. Alles in der Sauce 10 Minuten ziehen lassen. Das Gansjung mit Salzkartoffeln oder Kartoffelklößen auftragen.
Zur Abwechslung können Sie noch 1/2 Blumenkohl in Röschen teilen, weichkochen und als Beilage in das Gansjung geben. Auch ein paar in etwas Butter gedämpfte Champignons geben dem Gericht eine besondere Note.

1 Gänseklein, 1 Petersilienwurzel, 1 Mohrrübe, 1/4 Sellerieknolle, 1 Lauchstange, 1 Zwiebel, Salz, Thymian, Majoran, 5 Pfefferkörner, 50 g Gänsefett (oder Butter), 40 g Mehl, Salz, Pfeffer, Zitronensaft (oder Essig).

Gänseklein auf Pommersche Art

1 Gänseklein, 4 mittelgroße Zwiebeln, 3 El Gänseschmalz (oder 4 El Öl), 1 Mohrrübe, ¼ Sellerieknolle, 1 Stange Lauch, 300 g gemischtes Backobst (eingeweicht), Salz, 5 Pfefferkörner, 5 Gewürzkörner, 1 Nelke, 2–3 Tl Zucker, 1–2 El Essig.

Die Zwiebeln in Scheiben schneiden und in dem Fett goldbraun anrösten. Das gewaschene, kleingeschnittene Gänseklein darin von allen Seiten anbraten (natürlich können Sie auch die Reste eines Gänsebratens mit verwenden). Die geputzte Mohrrübe und die geschälte Sellerieknolle raspeln, kurz mit durchrösten und mit etwa ½ l Wasser aufgießen (Fleischstücke und Gemüse sollen immer mit Flüssigkeit bedeckt sein). Die gewaschene, in Scheiben geschnittene Lauchstange, das Backobst, das Salz und die in ein Mullsäckchen gebundenen Gewürze dazugeben und das Gänseklein bei schwacher Hitze gar kochen (40–50 Minuten). Zuletzt mit Salz, Zucker und Essig süßsäuerlich abschmecken und das Säckchen mit den Gewürzen entfernen.
Zusammen mit Salzkartoffeln oder Kartoffelklößen auftragen.

Schwedische Martinigans

1 mittelgroße Gans (4–6 kg), Salz, Saft von 1 Zitrone, 4–8 möglichst kleine Äpfel, 300 g Dörrpflaumen, ⅛ l Rotwein.

Die vorbereitete Gans salzen und mit Zitronensaft einreiben. Mit den geschälten, vom Kerngehäuse befreiten Äpfeln und den vorher eingeweichten Dörrpflaumen füllen und gut verschließen. Die Gans dressieren, mit der Brustseite nach unten in eine Bratpfanne legen, ⅛ l Wasser zugießen und in dem auf 200° erhitzten Rohr langsam gar braten (2–3 Stunden); dabei immer wieder mit dem austretenden Gänsefett begießen. (Nach einer Stunde Bratzeit wenden!) Die Gans tranchieren, auf eine gewärmte Platte legen und mit den Äpfeln und Pflaumen garnieren. Das Gänsefett vollkommen abgießen, den Bratrückstand mit dem Rotwein loskochen und diesen klaren Saft separat reichen. Dazu gehören kleine Kartoffelklößchen, Blaukraut oder Rosenkohl und Apfelmus.
Besonders pikant wird die Martinigans, wenn Sie die Pflaumen statt in Wasser in Rotwein einweichen. Die abgeseihte Einweichflüssigkeit können Sie dann zum Loskochen des Bratsatzes verwenden.

Gänseleber, gebraten

2 Gänselebern, Milch nach Bedarf, 30 g Gänsefett (oder Butter), 6 El Madeira, 1 Tl Mehl, 1 Tl Butter, Salz, Pfeffer.

Die Gänselebern enthäuten, vom Fett befreien, 1–2 Stunden in Milch legen, abtrocknen, in eine Kasserolle legen, mit dem zerlassenen Fett begießen und in dem auf 200° erhitzten Bratrohr 10–15 Minuten garen; sie sollten innen noch leicht rosa sein. Die Lebern salzen, kurz ruhen lassen, in Scheiben schneiden und auf einer vorgewärmten Platte anrichten.
Den Bratsatz mit dem Madeira loslösen, zum Kochen bringen und mit dem mit der Butter verkneteten Mehl leicht eindicken. Mit Salz und Pfeffer abschmecken und separat reichen. Servieren Sie Weißbrot und junge Erbsen dazu.
Eine sehr festliche Variante: Spicken Sie die Leber vor dem Braten mit einigen Mandelstiften oder Trüffelstückchen.

Gänseleber mit gebratenen Äpfeln

1–2 Gänselebern, 50 g Gänsefett (oder Butter), Salz, Pfeffer, 1–2 mürbe Äpfel, ⅛ l Weißwein.

Die vorbereiteten Gänselebern (von Haut und Fett befreit und 1–2 Stunden in Milch gelegt) in ½ cm dicke Scheiben schneiden, leicht pfeffern, in dem erhitzten Fett rasch von beiden Seiten braten, salzen und auf einer Platte warm stellen. Inzwischen die Äpfel schälen, in Scheiben schneiden, das Kerngehäuse entfernen, in dem Bratfett bei geschlossener Pfanne garen und dann um die Leber anordnen. Den Bratrückstand mit dem Wein aufnehmen, 2 Minuten kräftig kochen lassen und diesen Saft über die Leberstücke gießen.
Mit trockenem Reis oder *Risipisi* anrichten.

TRUTHAHN – PUTE

Der Truthahn, in Amerika und England schon lange beliebt, wird auch bei uns mehr und mehr geschätzt. Sein Durchschnittsgewicht beträgt 4–8 kg.
Frische Truthähne müssen 2–3 Tage abgehangen und vor allem jung sein. Man erkennt das an der grauweißen bis graublauen Färbung der Beine. Ältere Tiere haben dagegen eine hornartige rötliche Haut an den Beinen.
Tiefgekühlte Truthähne sind immer mit einem Qualitätssiegel versehen. Hüten Sie sich davor, Tiere zu kaufen, die keinen Stempel tragen; sie sind meist nicht einwandfrei. Außer ganzen Tieren erhält man folgende Einzelteile: Truthahnbrust, Truthahnschenkel mit oder ohne Knochen, auch ohne Ober- bzw. Unterschenkel.
Tiefgekühlter Truthahn wird bei geöffneter Packung aufgetaut (am besten über Nacht) und dann wie frischer Truthahn zubereitet. Die Vorbereitung des Truthahnes ist einfach: Sämtliche Tiere werden gerupft und ausgenommen angeboten. Sie müssen nur noch sorgfältig gewaschen und abgetrocknet werden. Wollen Sie den Truthahn im ganzen braten, müssen Sie den Hals und die Flügelspitzen abschneiden, die Halshaut über den »Stummel« ziehen und festbinden. Flügel und Schenkel eng an den Körper binden (= dressieren). Wollen Sie den Truthahn in einzelnen Stücken verwenden, trennen Sie zunächst die Schenkel (die Sie nochmals im Gelenk teilen) und die Flügel vom Körper. Dann wird der Vogel halbiert und Brust und Rücken in beliebig große Portionen geteilt.
Braten Sie den Truthahn im ganzen, tranchieren Sie ihn folgendermaßen: Zuerst die Schlegel abtrennen und im Gelenk nochmals teilen. Dann die Flügel mit einem kleinen Stückchen Brust abschneiden. Zuletzt die Brust vorsichtig von den Knochen lösen und mit schräggeführten Querschnitten in fingerdicke Scheiben schneiden. Bei festlichen Anlässen können Sie den Truthahn wieder zusammengesetzt (mit Zahnstochern nachhelfen) zu Tisch geben.

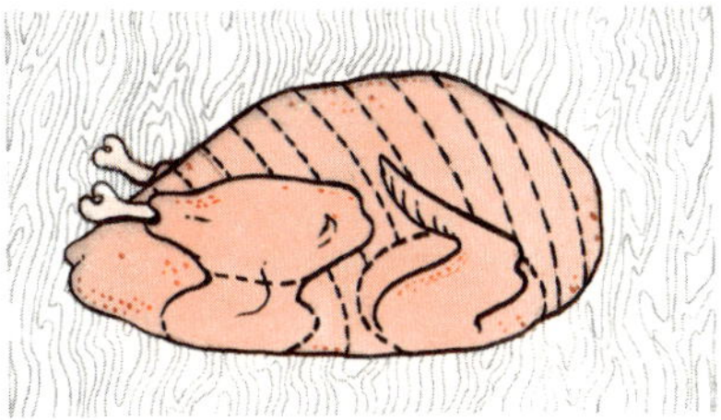

Truthahn tranchieren

Truthahn = Pute, gebraten

1 Truthahn, Salz, Zitronensaft,
50 g Speck, ½ Zwiebel,
3 Stengel Petersilie,
2 Salbeiblätter,
⅛ l Öl, 10 g Butter.

Den vorbereiteten Truthahn innen und außen salzen und mit Zitronensaft einreiben. Die Brust und die Schenkel mit dem in dünne Streifen geschnittenen Speck spicken (oder – später – die Brust mit Speckscheiben umwickeln). Den Truthahn mit der Zwiebel, der Petersilie und den Salbeiblättern füllen, die Flügel und die Füße festbinden und mit der Brust nach unten in eine passende Bratpfanne legen, mit dem Öl begießen und in das auf 200° erhitzte Rohr stellen. Den Braten nach 1 Stunde wenden, die Hitze auf etwa 180° reduzieren und langsam fertig braten (je nach Größe des Truthahnes 3–4 Stunden, eventuell sogar länger). Während des Bratens möglichst oft mit dem eigenen Saft begießen. Sollte die Brust zu braun werden, kann sie mit etwas Alu-Folie abgedeckt werden. Den Truthahn tranchieren und auf eine gewärmte Platte legen (die Gewürze aus dem Inneren entfernen). Das überschüssige Bratfett abgießen, die Butter zu dem Bratrückstand geben, zerlassen und mit Wasser zu einer dünnen Soße aufgießen.
Mit Kartoffelklößen und Blaukraut oder mit Kartoffeln und einem beliebigen anderen Gemüse auftragen.

Truthahn in der Folie

1 Truthahn, Salz, Saft von 1 Zitrone, 20 g Butter, 1 El fein gehackte Kräuter (Petersilie, Estragon oder Thymian), 10 g Butter.

Den vorbereiteten Truthahn salzen und mit dem Zitronensaft einreiben. Die Butter erwärmen und mit den Kräutern verkneten. Den Truthahn damit innen ausstreichen, dressieren und sorgfältig in ein großes, mit etwas Butter bestrichenes Stück Alu-Folie einpacken. Das Paket in das auf 200° erhitzte Rohr schieben und den Truthahn darin gar werden lassen. (Rechnen Sie 40–50 Minuten Bratzeit pro kg Fleisch.) In den letzten 15 Minuten die Folie öffnen und den Truthahn knusprig braun werden lassen. Den Truthahn vorsichtig, ohne den Saft in der Folie zu verschütten, herausnehmen, tranchieren und auf eine gewärmte Platte legen. Den Bratensaft in einem kleinen Kännchen separat reichen.
Servieren Sie Salzkartoffeln und Apfelmus oder Blaukraut, in dem Sie einige Kastanien mitkochen, dazu.
Dieser Truthahn ist sehr leicht verdaulich. Außerdem bleibt der feine Eigengeschmack erhalten und Sie bewahren Ihren Braten vor dem Austrocknen!

Truthahn, gefüllt

1 Truthahn, Salz, Pfeffer, 20 g Butter, 2 Schalotten, 250 g Bratwurstfüllung, 1 in Milch geweichte Semmel, 1 Ei, $\frac{1}{10}$ l Sahne, 500 g Kastanien, 1–2 Äpfel, Salz, Pfeffer, Thymian, Petersilie, 1 Gläschen Sherry, 4 El Öl, 100 g Speck, etwa $\frac{1}{2}$ l Hühnerbrühe (Würfel), 1 Tl Mehl, 1 Tl Butter

Den vorbereiteten Truthahn salzen und pfeffern. Die Butter in einer kleinen Kasserolle zerlassen. Die fein gehackten Schalotten, die gehackte Truthahnleber und die Bratwurstfüllung darin kurz durchrösten und dann die Semmel, das Ei und die Sahne daruntermischen. Die Masse mit Salz, Pfeffer, Thymian und Petersilie pikant abschmecken. Die Kastanien einschneiden, $\frac{1}{4}$ Stunde im Rohr braten, schälen, zerkleinern und mit den geschälten, geraspelten Äpfeln unter die Füllung mischen. (Sie können auch vorgekochte, geschälte Kastanien aus der Dose verwenden.) Zuletzt den Sherry dazurühren. Mit dieser Masse den Truthahn füllen, vernähen (oder mit Hölzchen zustecken), dressieren und mit der Brustseite nach oben in eine passende Bratpfanne legen. Die Brust und die Schenkel dicht mit den in feine Scheiben geschnittenen Speck belegen, etwas Hühnerbrühe zugießen und den Truthahn in einem auf 200° erhitzten Rohr unter häufigem Begießen in 3–4 Stunden gar braten.
Den Truthahn noch kurz ruhen lassen und tranchieren. Die Füllung kugelförmig auf einer gewärmten Platte anrichten und die Truthahnstücke rundherum anordnen. Mit Petersilie garnieren.
Das überschüssige Bratfett abgießen. Den Bratrückstand mit etwas Hühnerbrühe aufnehmen und zum Kochen bringen. Die Butter mit dem Mehl verkneten, den dünnen Saft damit nach und nach andicken und separat anrichten.
Zu diesem Festtagsbraten reichen Sie am besten *Herzoginkartoffeln* oder *Kartoffelkroketten* und Selleriesalat; aber auch Petersilienkartoffeln und Blaukraut oder ein anderes Gemüse passen gut dazu.

Truthahn in Steinpilzsauce

$\frac{1}{2}$ Truthahn (oder eine entsprechende Menge Truthahnteile), Salz, Pfeffer, 3 El Öl, $\frac{1}{8}$ l Weißwein, 1 Stämmchen Thymian, 5 Pimentkörner, 2 mittelgroße Zwiebeln, 300 g Steinpilze (auch Pfifferlinge oder Champignons), 30 g Butter, 30 g Mehl.

Den vorbereiteten Truthahn in 4 Portionen teilen, mit Salz und Pfeffer einreiben und in einer Pfanne mit erhitztem Öl rundherum goldbraun anbraten. Mit dem auf das Doppelte verdünnten Weißwein aufgießen und die in ein Mullsäckchen gebundenen Gewürze dazugeben. Die Pfanne schließen und den Truthahn bei schwacher Hitze gar schmoren (60–80 Minuten).
Inzwischen die Zwiebeln fein hacken, leicht salzen und in der zerlassenen Butter hellgelb anrösten. Die geputzten, in Scheiben geschnittenen Pilze darin bei geschlossenem Topf 10 Minuten dünsten. Dann mit dem Mehl stauben und mit einem Teil der Schmorflüssigkeit aufgießen. Diese Pilzsauce unter ständigem Rühren einige Minuten kochen lassen und dann über die Truthahnstücke gießen. Alles kurz ziehen lassen und in einer gewärmten Schüssel mit Reis oder Teigwaren auftragen. (Das Säckchen mit den Gewürzen vorher entfernen.)

Truthahn, süßsauer

Das Truthahnfleisch in nicht zu große Portionen teilen, salzen, in dem stark erhitzten Öl braun anbraten und dann bei reduzierter Hitze etwa 20 Minuten weiter braten. (Probieren Sie mit einer Gabel, ob die Stücke wirklich gar sind!) Die Stücke warm stellen. Den Zucker mit Essig, der fein gehackten Zwiebel und den Gewürzen aufkochen und den Bratrückstand mit dieser Mischung loskochen. Das Öl mit Pfeffer, Cayennepfeffer und Paprikamark verrühren und unter ständigem Rühren zu dem Bratensaft gießen. Die Truthahnstücke in dieser Sauce 10 Minuten ziehen lassen.
Richten Sie dieses Gericht auf einer gewärmten Schüssel an und garnieren Sie mit halbierten, in Butter gebratenen Bananen. Reichen Sie, je nach Hunger, Kartoffelpüree oder Weißbrot, eventuell mit Knoblauchbutter bestrichen, dazu.
Sie können dieses Gericht auch aus gebratenen Truthahnresten zubereiten. Rösten Sie die Fleischstücke nur kurz in 1–2 El Öl an und verfahren Sie dann wie oben beschrieben weiter.

800 g Truthahnfleisch, 8 El Öl, 2 El Zucker, 4 El Weinessig, 1 kleine Zwiebel, $1/2$ Tl Salz, je 1 Messerspitze Nelkenpulver, Zimt, englisches Senfpulver und Trockenknoblauch, $1/8$ l Olivenöl, je eine Messerspitze weißer Pfeffer und Cayennepfeffer, 2 El Paprikamark (ist in Dosen erhältlich), 2 Bananen, 20 g Butter.

TAUBE

Die Taube, ein schon bei den Römern beliebter Leckerbissen, war noch um die Jahrhundertwende nicht aus dem deutschen Speisezettel wegzudenken. Heute hat sie zugunsten der größeren Geflügelsorten viel von ihrer Beliebtheit eingebüßt. Sie ist das kleinste, zarteste und am leichtesten bekömmliche Hausgeflügel. Sie eignet sich besonders gut für die Krankenküche, ist aber auch ein willkommener Leckerbissen bei jeder festlichen Tafel.
Auch die Tauben kommen bratfertig vorbereitet in den Handel. Achten Sie beim Einkauf darauf, daß Sie nur junge Tiere erhalten: Diese haben einen breiten weichen Schnabel, eine weiße Haut und helle Füße.
Die Zubereitung einer Taube ähnelt der eines Hähnchens. Sie müssen pro Kopf eine Taube rechnen.

Taube, gefüllt

Die vorbereiteten Tauben leicht salzen. Die Butter schaumig rühren, die Eier und die in Milch geweichten, wieder ausgedrückten und passierten Semmeln daruntermischen und noch so viel Semmelbrösel dazugeben, daß eine nicht zu feste Masse entsteht. Mit den Kräutern und etwas Salz abschmecken und mit dem Cognac verfeinern. Die Tauben mit dieser Masse füllen, mit einem Zahnstocher verschließen und in der zerlassenen Butter von allen Seiten braun anbraten. Die Pfanne in das auf 180° erhitzte Rohr stellen und die Tauben unter häufigem Begießen mit dem eigenen Saft gar braten (30–40 Minuten). Dann unzerteilt auf einer gewärmten Platte anrichten und mit Zitronenscheiben und Petersilie garnieren.
Das überschüssige Bratfett abgießen und den Bratrückstand mit etwas Wasser (oder Hühnerbrühe) aufnehmen. Mit dem mit der Butter verkneteten Mehl eindicken und die Sauce über die Tauben gießen.
Reichen Sie zu den gefüllten Tauben nur einen Salat; je nach Hunger gemischten Salat oder Kartoffelsalat.

4 junge Tauben, Salz, 40 g Butter, 2 Eier, 2 Semmeln, Milch nach Bedarf, Semmelbrösel nach Bedarf, 1 El gehackte Petersilie (oder 1 Tl gehackter Rosmarin), Salz, 1 Tl Cognac, 60 g Butter, 1 Tl Mehl, 1 Tl Butter.

Taube, gebraten

Die vorbereiteten Tauben mit dem in dünne Scheiben geschnittenen Speck umwickeln, dressieren und so wie *Hähnchen gebraten* fertigstellen.

Taube in der Folie

4 junge Tauben, Salz, 60 g Butter, 1 El gehackter frischer Estragon (oder ½ Tl getrockneter).

Die vorbereiteten Tauben innen und außen salzen. Den gehackten Estragon mit ⅔ der Butter verkneten, Tauben damit innen ausstreichen, dann dressieren und mit der restlichen erweichten Butter bepinseln, einzeln auf ein entsprechend großes Stück Alu-Folie legen und letztere gut verschließen. Die Päckchen auf den Bratrost legen und die Tauben in dem 200° heißen Rohr 30–40 Minuten garen. Die Tauben in den ungeöffneten Päckchen zu Tisch geben.
Reichen Sie grüne Bohnen oder grüne Erbsen und Butterkartoffeln dazu.
Wollen Sie sie lieber knusprig braun, öffnen Sie die Folie während der letzten 5 Minuten und bepinseln Sie die Haut mit etwas zerlassener Butter.

WILDGEFLÜGEL

Das Fleisch des Wildgeflügels unterscheidet sich vom Fleisch des Hausgeflügels in ähnlicher Weise wie das Fleisch des Wildes von dem der Haustiere. Es ist kräftiger in seinem Eigengeschmack und fast völlig ohne Fett. Große Geschmacksvariationen sind bei der Zubereitung nicht zu erreichen. Es geht daher vornehmlich darum, den Eigengeschmack des Wildgeflügels zu unterstreichen. Um dies zu erreichen, muß man die Vögel möglichst lange in den Federn abhängen lassen. Beim Kauf sollte darauf geachtet werden, ob an der Haut grüngefärbte Stellen sind; dann ist das Geflügel nicht mehr frisch genug.

Fasan auf normannische Art

2 Fasane, Salz, Pfeffer, 6 Pimentkörner, 10 g Butter, 120 g Räucherspeck, 50 g Butter, 800 g mürbe Äpfel, 20 g Butter, ⅛ l Weißwein, ⅛ l Sahne, 6 El Calvados.

Die vorbereiteten Fasane salzen und pfeffern. Die Pimentkörner zerstoßen, mit der Butter verrühren und die Fasane innen damit ausstreichen. Die Fasanenbrüste möglichst dicht mit dem in feine Streifen geschnittenen Speck spicken. Die Fasane dressieren, mit der Brustseite nach unten in die in einer Bratpfanne erhitzte Butter legen und in dem auf 200° erhitzten Rohr 40 Minuten unter häufigem Begießen mit dem eigenen Saft, ohne zu wenden, braten. Die Äpfel schälen, in dünne Blättchen schneiden und auf den Boden einer gut gebutterten feuerfesten Form verteilen. Die Fasane, diesmal mit dem Rücken nach unten, in das Apfelbett legen. Den Bratsatz in der Pfanne mit dem Wein loskochen und über die Fasane gießen. Die Sahne mit dem Calvados (oder einem anderen Apfelschnaps) verrühren und darübergeben. Die Form gut verschließen (wenn Sie keinen Deckel haben, können Sie Alu-Folie verwenden) und etwa 15–20 Minuten – die Äpfel müssen weich sein – in das Rohr stellen. Den Deckel wegnehmen und die Fasanbrüste noch 5 Minuten bei starker Hitze bräunen.
Sofort mit *Pommes frites* oder Kartoffelklößen auftragen.

Fasan im Römertopf

2 Fasane, Salz, Pfeffer, 20 g Butter, 8 Wacholderbeeren, 80 g Speck.

Die vorbereiteten Fasane salzen und pfeffern. Die Wacholderbeeren zerquetschen und mit der leicht erwärmten Butter verkneten. Die Fasane innen damit ausstreichen, mit der Brustseite nach oben in den nassen Römertopf (vorher 10 Minuten in kaltes Wasser legen) geben und mit dem in dünne Scheiben geschnittenen Speck belegen. Die Tonform schließen und in das kalte Rohr stellen. Langsam bis auf 200° erhitzen und den Fasan 80–90 Minuten garen. Den Fasan aus der Form nehmen und mit Weinkraut und Kartoffelklößen zu Tisch geben. Einen pikanten Geschmack können Sie Ihrem Fasan geben, wenn Sie ihn vor dem Braten innen und außen mit etwas Cognac bepinseln.

Fasan im Speckhemd

2 Fasane, Salz, 60 g Butter,
150 g Speck,
200 g Räucherspeck,
$^{1}/_{10}$ l Sherry, $^{1}/_{10}$ l Sahne.

Die Fasanlebern schaben und gut mit der Butter verrühren. Die vorbereiteten, gesalzenen Fasane damit ausstreichen, dressieren und mit dünnen Speckscheiben umwickeln (festbinden!) – Den Räucherspeck kleinschneiden und in einer Bratpfanne bei schwacher Hitze glasig werden lassen. Die Fasane zu den Speckwürfeln legen und in dem auf 200° erhitzten Rohr weich braten (etwa 80 Minuten); dabei abwechselnd auf die eine und dann auf die andere Brustseite und erst ganz zum Schluß auf den Rücken legen. Nach beendeter Bratzeit den Speck entfernen und die Fasane nochmals ganz kurz im heißen Rohr bräunen. Die Fasane halbieren, auf eine gewärmte Platte legen und mit gebratenen Kastanien garnieren. Den Bratrückstand mit Sherry aufnehmen, mit der Sahne verfeinern, 2 Minuten kochen und mit den Speckwürfelchen über die Fasane gießen.
Als Beilage eignen sich Blaukraut und Bratkartoffeln besonders gut.

Rebhuhn, gebraten

4 Rebhühner, Salz, Pfeffer,
160 g Speck,
40 g Schweineschmalz (oder anderes Fett).

Die Rebhühner salzen und pfeffern. Den in dünne Scheiben geschnittenen Speck an Brust und Schenkeln befestigen und dabei Flügel und Beine an den Körper binden. Das Fett in einer genügend großen Kasserolle erhitzen, die Rebhühner hineingeben und in dem auf etwa 200° erhitzten Rohr unter häufigem Begießen mit dem eigenen Saft etwa 30 Minuten braten. Dann die Speckscheiben entfernen und die Rebhühner 5 Minuten im heißen Rohr goldbraun werden lassen. Dann ganz oder halbiert auf eine gewärmte Platte legen. Den Bratrückstand mit etwas Wasser aufnehmen, kurz kochen und den Saft über die Rebhühner gießen.
Als Beilage passen *Specklinsen* und Semmelknödel oder Kartoffelklöße.

Rebhuhn in Rotwein

4 Rebhühner, Salz, Pfeffer,
200 g Speck, 40 g Butter,
$^{1}/_{4}$ l Rotwein.

Die vorbereiteten Rebhühner innen und außen salzen und pfeffern. Die Brüste mit dem in dünne Scheiben geschnittenen Speck umwickeln und die Flügel und Schenkel mit den Speckscheiben dicht an den Körper binden. Die Rebhühner mit der Brustseite nach oben in eine Bratpfanne legen, mit der zerlassenen Butter und einem Teil des Rotweins begießen und in dem auf 220° erhitzten Rohr unter häufigem Begießen mit dem restlichen Rotwein und dem eigenen Saft gar braten (ca. 40 Minuten). Die Rebhühner mit den gebräunten Speckscheiben auf einer gewärmten Platte anrichten (Fäden vorher entfernen).
Reichen Sie Kartoffeln (in beliebiger Form) und Blaukraut mit Kastanien dazu.

Rebhuhn in saurer Sahne

4 Rebhühner,
200 g Champignons,
40 g Butter, 1 El gehackte Petersilie, 80 g Speck (in dünne Scheiben geschnitten),
150 g Räucherspeck,
6 El Rotwein, $^{1}/_{8}$ l saure Sahne.

Die gehackte Petersilie kurz in der zerlassenen Butter schwenken. Die gewaschenen und geputzten Champignons (kleinere Pilze bleiben ganz, größere werden halbiert oder geviertelt) darin in geschlossenem Topf 5 Minuten dämpfen. Die Rebhühner mit den Champignons füllen, mit einem Zahnstocher verschließen, mit den Speckscheiben umwickeln und dabei dressieren. Den Räucherspeck in kleine Würfel schneiden und in einer Bratpfanne glasig werden lassen. Die Rebhühner hineinlegen und in dem auf 200° erhitzten Rohr gar braten (etwa 30–40 Minuten). Den Speck entfernen und die Rebhühner nochmals 5 Minuten im heißen Rohr goldbraun werden lassen. Die Rebhühner dann unzerteilt auf einer gewärmten Platte anrichten. Den Bratrückstand mit dem Rotwein aufnehmen und die saure Sahne dazurühren. Die Sauce kurz kochen und dann über die Rebhühner gießen.
Garnieren Sie die Schüssel mit ausgehöhlten, gebratenen Äpfeln, in die Sie Preiselbeeren füllen, und reichen Sie Kartoffelpüree und Blaukraut dazu.

FLEISCHGERICHTE

Fleisch bildet einen Hauptbestandteil unserer Nahrung. Ja, für viele Leute ist eine Mahlzeit ohne Fleisch irgendwie unvollkommen – und das nicht ganz ohne Grund, denn sein Gehalt an hochwertigem Eiweiß (etwa $1/5$) macht es zu einem für unsere Gesundheit unentbehrlichen Nahrungsmittel.

Fettes Fleisch enthält in der Regel weniger Eiweiß, dafür aber mehr Kalorien. Auch Häute, Sehnen und Bindegewebe verringern den Gehalt an wertvollem Eiweiß. Jedes Stück Fleisch enthält außerdem wichtige Mineralien und Vitamine. Dies gilt vor allem für die Innereien, insbesondere für die Leber.

Wie ein Fleischgericht gelingt, hängt schon vom richtigen Einkauf – Sorte und Qualität des Fleisches – ab; nicht für alle Gerichte ist das teuerste auch das beste Fleisch. Als Regel gilt, daß Fleisch zum Braten oder Grillen von bester Qualität sein muß. Geschmortes Fleisch, das eine längere Garzeit benötigt, darf ruhig etwas billiger sein.

Fleisch von zu alten oder nicht gut gemästeten Tieren läßt allerdings jedes Gericht mißlingen; es wird trocken und zäh bleiben.

Über die Verwendung der einzelnen Stücke bei den verschiedenen Fleischarten informieren unsere Tabellen und Schaubilder. Was Sie beim Einkauf beachten müssen, finden Sie bei den Hinweisen zu den einzelnen Fleischsorten. Im allgemeinen fährt man am besten, wenn man einen Metzger – »seinen Metzger« – hat, dem man in puncto Qualität voll vertrauen kann.

Damit ein Fleischgericht auch wirklich gelingt, müssen folgende Regeln beachtet werden:

1. Fleisch darf nie im Wasser liegen, es laugt sonst aus und schmeckt dann fad: Nur kurz unter fließendem Wasser waschen und sofort abtrocknen.

2. Nähr- und Geschmackstoffe bleiben weitgehend erhalten, wenn dem Fleisch zunächst ein Hitzeschock versetzt wird: Siedfleisch in kochendes Wasser legen, Brat- und Schmorfleisch sowie kleine Fleischstücke in heißem Fett anbraten.

3. Fleischstücke – mit nur wenigen Ausnahmen wie etwa *Wiener Schnitzel, Pariser Schnitzel* und einigen Braten – erst nach dem Anbraten salzen.

4. Das Fleisch nie vor Beendigung der Garzeit einstechen, da sonst kostbarer Saft verlorengeht.

5. Größere Fleischstücke nach der Garzeit einige Minuten ruhen lassen: Beim Aufschneiden geht dann weniger von dem sehr kostbaren Fleischsaft verloren.

Die wichtigsten Garmethoden

Kochen: Das Garen des Fleisches in reichlich Wasser (das Fleisch muß völlig von Wasser bedeckt sein). Das Fleisch soll in siedendes Wasser getaucht und nachher langsam gekocht werden.

Schmoren: Das Fleisch wird zuerst in heißem Fett von allen Seiten angebraten und dann, nach Zusatz von Flüssigkeit (Wasser oder Fleischbrühe) langsam (im geschlossenen Topf) gargeschmort (auf dem Herd oder im Rohr).

Braten: Das Fleisch wird rundherum in heißem Fett angebraten und dann (fast ohne Zusatz von Flüssigkeit) bei großer Hitze im Rohr (nicht im geschlossenen Topf) gebraten.

Kurz braten: Die Fleischstücke werden in heißes Fett gegeben und rasch von beiden Seiten gebraten (dazu gehört auch das Grillen).

Die in den Rezepten angegebene Garzeit beim Braten, Schmoren oder Kochen soll nur eine gewisse »Richtschnur« bieten: Die genaue Garzeit hängt vom jeweiligen Gewicht und der Dicke des Fleischstückes, der Temperatur, dem Herd (Rohr, Grill etc.), der Häufigkeit des Begießens und der Qualität des Fleisches ab.

Die Rezepte im Fleischkapitel sind reine Fleischgerichte; Eintöpfe und dergleichen (wie etwa Pichelsteiner), bei denen das Fleisch eine Zutat neben anderen ist, finden Sie in den Kapiteln *Kleine Hauptgerichte* und *Eintöpfe.*

RINDFLEISCH

Aus Rindfleisch lassen sich mehr schmackhafte Gerichte zubereiten als aus jeder anderen Fleischsorte.

Das beste Rindfleisch stammt von jungen Mastochsen. Ältere Ochsen und Kühe liefern ein gröberes Fleisch, das beim Kochen zäh und trocken wird und weniger Nährwert besitzt. Rindfleisch kann man nicht frisch verwenden – es muß vor der Zubereitung gelagert werden, d. h. »abhängen«. Beim Einkauf von Rindfleisch sollte man auf folgende Punkte achten:

Das Fleisch junger, gut gemästeter Tiere ist kurzfaserig, hat eine kräftige hellrote Farbe, die durch das Abhängen dunkelrot wird, weißes Fett und helle Knorpel; es fühlt sich fest und elastisch an.

Das Fleisch älterer Rinder ist grobfaserig, hat eine bläulichrote Farbe, gelbes Fett und dunklere Knorpel.

Fleisch mit einem schmierigen, welken Aussehen ist zu lange abgehangen und nicht mehr einwandfrei.

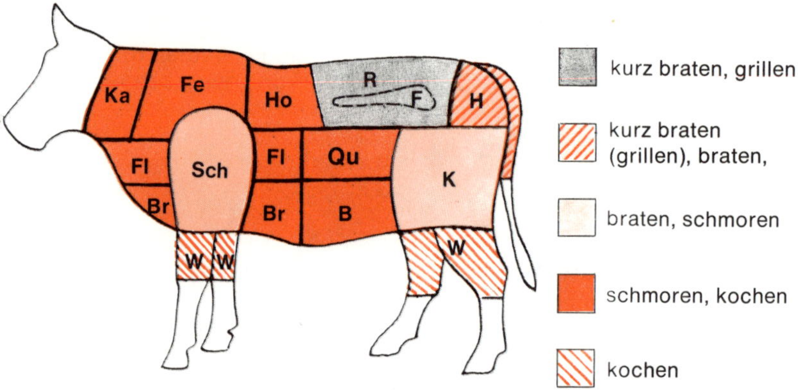

F Filet = Lende = Lungenbraten **R** Roastbeef = Lendenstück **H** Hüfte, Huft **Sch** Schulter, Bug **K** Keule, Schlegel **Ho** Hochrippe, Hohe Rippe = Zwischenrippe = Rieddeckel **Fe** Fehlrippe, Nacken, Zungenstück **Ka** Kamm, Hals, Grat **Fl** Flachrippe, Spannrippe **Qu** Querrippe = Zwerchrippe **Br** Brust, Bug **B** Bauch, Nabel, Wamme **W** Wadschenkel, Bein, Hesse

Nachfolgend eine kurze Übersicht über die wichtigsten Fleischarten und ihre Verwendungsmöglichkeiten; im übrigen beachten Sie bitte die entsprechenden Hinweise bei den Rezepten.

Das *Filet* ist das beste Stück des Rindes. Es wird im Stück gebraten, und zwar so, daß es innen rosig bleibt, oder es wird zerteilt als *Filetsteak, Chateaubriand* oder *Tournedo* zubereitet; Stücke, die ebenfalls nur kurz gebraten oder gegrillt werden.

Das *Roastbeef* ist dem Filet gleichwertig, aber etwas gröber und herzhafter im Geschmack; es wird ebenfalls nur kurz gebraten. In Scheiben zerteilt, erhalten wir die *Rumpsteaks* oder *Lendenschnitten* (dünner geschnitten) und das *Entrecôte* (dicker geschnitten).

Die *Hüfte* kann im Stück gebraten oder in stärkere Scheiben geschnitten als *Hüftsteaks* verarbeitet werden; dünn geschnitten erhält man *Rouladen, Rindsschnitzel* und *Rostbraten.*

Die *Schulter (Bug)* und die *Keule* (mit den Teilen *Oberschale, Unterschale* und *Nuß = Kopfstück)* ergeben ausgezeichnete Rindsbraten (gebraten und geschmort) und (in dünne Scheiben geschnitten) Rouladen sowie (in Stücke zerteilt) Ragoutfleisch.

Die *Hochrippe* ist vor allem zum Schmoren geeignet, kann aber auch zum Sieden verwendet werden; geteilt erhält man Rostbraten.

Die *Fehlrippe* und der *Kamm* sind Stücke, die sowohl zum Sieden als auch zum Schmoren geeignet sind. In kleinere Stücke zerteilt, erhält man Gulasch oder Ragoutfleisch.

Querrippe, Brust, Bauch, Wadschenkel und *Schwanzstücke* sind mehr oder weniger fette, hauptsächlich als Siedfleisch geeignete Fleischstücke.

Bœuf Miroton

600 g Rindfleisch (gekocht),
3 Zwiebeln, 30 g Butter,
2 El Semmelbrösel,
1 El gehackte Petersilie,
1 El zerlassene Butter.

3 Zwiebeln, 40 g Butter,
2 El Mehl, $^1/_4$ l Weißwein,
$^3/_4$ l Fleischbrühe, Salz, Pfeffer,
Zitronensaft.

Die Zwiebeln in Scheiben schneiden, in der Butter glasig dünsten und in eine flache feuerfeste Form geben. Das Rindfleisch in dünne Scheiben schneiden und über die Zwiebeln legen. Semmelbrösel und Petersilie darüberstreuen und mit zerlassener Butter beträufeln. Das Ganze 10 Minuten im stark erhitzten Rohr (etwa 200°) gratinieren. Sofort – zusammen mit *Sauce Lyon* – auftragen.
Sauce Lyon: Die Zwiebeln in Scheiben schneiden und in der Butter glasig andünsten. Das Mehl dazugeben und nach kurzem Durchrösten mit dem Wein und der Fleischbrühe aufgießen. Unter ständigem Rühren zu einer sämigen Sauce verkochen. Mit Salz, Pfeffer und Zitronensaft pikant abschmecken.
Zu diesem Gericht passen Salzkartoffeln oder Petersilienkartoffeln am besten.

Bœuf Parmentier

Sämtliche Zutaten wie
für Bœuf Miroton.
750 g Kartoffeln, 30 g Butter,
Salz, Milch nach Bedarf,
1 Ei.

Im Unterschied zum Bœuf Miroton das Fleisch nur in der Mitte der feuerfesten Form anordnen. Die Kartoffeln dämpfen und mit Butter, Salz und Milch zu einem festen Kartoffelbrei verarbeiten. (Natürlich können Sie den Kartoffelbrei auch aus fertigen Kartoffelflocken herstellen, nehmen Sie dann aber nur $^2/_3$ der vorgeschriebenen Flüssigkeitsmenge.) Das Ei verquirlen und unter den Kartoffelbrei rühren. Den fertigen Kartoffelbrei rund um das Fleisch häufen, die *Lyoner Sauce* darübergießen und das Ganze erst jetzt in ein stark erhitztes Rohr stellen und überbacken. Mit grünem oder gemischtem Salat auftragen.

Bœuf à la Mode

800 g Rindfleisch (von der
Keule), $^1/_8$ l Weinessig,
1 Zwiebel, 1 Suppengrün,
6 Pfefferkörner, 40 g Butter,
1 Tl Zucker, 40 g Mehl,
$^1/_{16}$ l Rotwein.

Das gewaschene Fleisch in einen kleinen Topf legen. $^3/_4$ l Salzwasser mit dem Weinessig, der in Streifen geschnittenen Zwiebel, dem geputzten, kleingeschnittenen Suppengrün und den Pfefferkörnern aufkochen, abkühlen lassen und über das Fleisch gießen, bis es vollkommen bedeckt ist; den Topf zudecken und das Fleisch drei Tage an einem kühlen Ort stehen lassen (täglich einmal wenden). Dann das Fleisch aus der Marinade nehmen, diese zum Kochen bringen, das Fleisch wieder hineinlegen und langsam garen (1–1 $^1/_2$ Stunden). Das Fleisch aus dem Sud nehmen, kurz abkühlen lassen und in fingerdicke Scheiben schneiden. In der zerlassenen Butter erst den Zucker und dann das Mehl bräunen, die abgeseihte Marinade aufgießen und 10 Minuten schwach kochen. Die Sauce mit Salz, Pfeffer und dem Rotwein abschmecken. Die geschnittenen Fleischscheiben in die Sauce legen und – ohne zu kochen – noch 10 Minuten darin ziehen lassen. Das fertige Fleisch zusammen mit der Sauce in einer gewärmten Schüssel anrichten. Reichen Sie als Beilage Semmelknödel oder einen *Serviettenknödel*.

Bœuf Stroganoff

600 g Rindsfilet, 40 g Butter, Salz, Pfeffer, 1 mittelgroße Zwiebel, 1 Tl Mehl, 1 El Tomatenmark, 1/8 l saure Sahne.

Das gewaschene, abgehäutete Rindsfilet in dünne Scheiben schneiden und in der stark erhitzten Butter möglichst rasch von allen Seiten anbraten (das Fleisch soll außen braun, innen aber noch zart rosig sein!), erst dann salzen, pfeffern und in einer Schüssel warm stellen. Die Zwiebel fein hacken und im Bratfett hellbraun anrösten. Mit dem Mehl stauben, nach kurzem Durchrösten das Tomatenmark und die saure Sahne dazugeben, einige Minuten leicht kochen lassen, mit Salz und Pfeffer abschmecken und die fertige Sauce über die vorbereiteten Fleischstückchen gießen.
Servieren Sie Bœuf Stroganoff mit trockenem Reis und *Brechbohnensalat.*

Burgunder Topf

800 g Rindfleisch (Schulter, Hüfte, Keule), 2 Zwiebeln, 4 El Öl (oder 50 g Butter), 2 Tl Mehl, 1 Knoblauchzehe (oder 1/2 Messerspitze Trockenknoblauch), Rotwein nach Bedarf, 100 g Speck, 3 El feingehackte Kräuter (Petersilie, Estragon, Thymian), 20 Perlzwiebeln, 200 g Champignons.

Die Zwiebeln in dünne Scheiben schneiden, mit dem gewaschenen, in Würfel geschnittenen Fleisch im Öl anbraten. Mit dem Mehl stauben und noch 2 Minuten weiterrösten. Den Knoblauch dazugeben und mit so viel Rotwein aufgießen, daß das Fleisch gerade bedeckt ist. Den gewürfelten Speck leicht bräunen und mit den Kräutern zu dem Fleisch in den Kochtopf geben. Den Topf sehr gut verschließen und alles bei schwacher Hitze 2–3 Stunden gar schmoren lassen. Die Sauce durch ein feines Sieb gießen und mit den Fleischstücken zurück in den Topf geben. Die Perlzwiebelchen hinzufügen, zudecken und 1/4 Stunde weiterschmoren. Danach die geputzten, in Scheiben geschnittenen Champignons beifügen und das Ganze noch 1/4 Stunde leicht kochen, ohne den Topf zu öffnen (damit das feine Aroma nicht verlorengeht!) Den Burgunder Topf direkt im Kochgeschirr auftragen.
Dieses köstliche Gericht aus Burgund wird um so mehr schmecken, je besser der dazu verwendete Wein ist. Reichen Sie nur frisches Weißbrot dazu!

Chateaubriand

1 Stück Rindsfilet (400 – 500 g), 1 El Öl, Pfeffer, Salz, 20 g Butter.

Das Filet einige Stunden vor der Zubereitung mit dem Öl einreiben, gut durchkneten und leicht flachdrücken. Dann mit Pfeffer bestreuen, in eine stark erhitzte, kunststoffbeschichtete (Teflon) Pfanne legen (eine gewöhnliche Pfanne vorher kräftig mit Öl ausstreichen) und so lange braten, bis oben kleine Blutstropfen austreten. Das Fleisch wenden, oben salzen und so lange braten, bis sich kleine helle Tröpfchen zeigen (Bratdauer etwa 6–8 Minuten pro Seite). Gegen Ende der Bratzeit die Butter dazugeben, kurz aufschäumen lassen und das Fleisch damit begießen. Ein gutes Chateaubriand muß außen kräftig braun und innen sehr rosig sein. Richten Sie es am besten auf einem Holzbrett (mit Saucenrand!) an. Erst bei Tisch in schräge Scheiben schneiden. Garnieren Sie mit gebratenen Tomaten und reichen Sie eine *Sauce Béarnaise* und Pommes frites dazu.
Ein Chateaubriand reicht für zwei, höchstens drei Personen. Für eine größere Tafelrunde bereiten Sie am besten einen Filetbraten.

Chili con carne = Chilifleisch

500 g weiße oder rote Bohnen, 800 g Rindfleisch (Kamm, Nacken oder Brust) 2 Zwiebeln, Salz, Pfeffer. 1 Tl Chilipulver, 4 El Tomatenmark, 1 Tl Stärkemehl.

Die am Vorabend eingeweichten Bohnen mit dem in Würfel geschnittenen Fleisch und einer halbierten Zwiebel in kaltes Wasser legen und so lange kochen, bis das Fleisch weich geworden ist und die Häutchen der Bohnen platzen (etwa 50 Minuten). Nach etwa 25 Minuten mit Salz, Pfeffer und Chilipulver würzen. Die Zwiebelhälften entfernen. Die zweite Zwiebel sehr fein hacken und mit dem Tomatenmark zu einem Brei verrühren, mit dem in etwas kaltem Wasser angerührten Kartoffelmehl zu den gargekochten Bohnen geben und alles 5 Minuten durchkochen.

Das Chilifleisch kann man geschmacklich noch mit einer Messerspitze Koriander oder etwas Trockenknoblauch abrunden. Auch kann man die Hälfte des Rindfleischs durch Schweinefleisch ersetzen.
Reichen Sie zu diesem mexikanischen Nationalgericht am besten frisches Weißbrot oder Salzkartoffeln oder Kartoffelklöße. Auch gebackene *Polentaschnitten* schmecken gut dazu.

Entrecôte

2–4 Entrecôtes, Pfeffer, Salz, 6 El Öl.

Das Fleisch schon am Vortag mit Öl einreiben, kräftig durchkneten und in Alu-Folie eingepackt im Kühlschrank liegen lassen. Vor dem Braten den Fettrand mehrmals einschneiden und die Entrecôtes von beiden Seiten mit Pfeffer bestreuen. Das Öl in einer Pfanne erhitzen und die Fleischstücke darin so lange braten, bis oben Blutströpfchen austreten. Das Fleisch dann wenden, salzen und auf der anderen Seite fertig braten, bis sich wasserhelle Tröpfchen an der Oberfläche zeigen.
Die Entrecôtes auf einer gewärmten Platte anrichten und mit gebratenen Tomaten oder gedünsteten Süßzwiebeln garnieren.
Als Beilage eignen sich am besten Pommes frites, Kartoffelkroketten oder Strohkartoffeln.

Esterházy-Rostbraten

4 Lendenschnitten (oder von der Hüfte oder der Hochrippe geschnittene Scheiben) à 150 g – 180 g, Pfeffer, 6 El Öl, Salz, 2 große Mohrrüben, 1 große Petersilienwurzel, ¼–½ Sellerieknolle (je nach Größe), 2 mittelgroße Zwiebeln, 40 g Mehl, 1 Tl Paprika, 1 El Kapern, ⅛ l saure Sahne, 20 g Butter.

Die gewaschenen, gut getrockneten Lendenschnitten leicht klopfen (Fettränder etwas einschneiden) und mit Pfeffer bestreuen. Das Öl in einer Pfanne erhitzen, die vorbereiteten Fleischstücke rasch von beiden Seiten anbraten, dann salzen und in eine größere Kasserolle legen. Die Wurzeln und die Zwiebeln in Streifen schneiden, in das Bratfett geben und etwa 5 Minuten unter ständigem Rühren anrösten. Mit dem Mehl stauben, mit Paprika würzen und mit etwa ½ l Wasser oder Fleischbrühe aufgießen. Einige Minuten kräftig kochen lassen und den Saft dann über die Fleischstücke gießen. Die Kasserolle zudecken und das Fleisch in dem auf 180° vorgewärmten Rohr weich schmoren (etwa 20 Minuten). Die Rostbraten auf eine vorgewärmte Platte legen. Die gehackten Kapern und die saure Sahne in die Sauce rühren, nochmals kurz zum Kochen bringen und zuletzt mit der Butter verfeinern.
Die Sauce mit den Gemüse-Zwiebel-Streifen und den Kapern über die Fleischstücke gießen und die Rostbraten mit Zitronenscheiben garnieren.
Reichen Sie zu diesem Gericht einen Serviettenknödel, Spätzle, Teigwaren oder Reis.

Filet, geschnetzelt auf Herren-Art

600 g Rindsfilet, 2 Zwiebeln, Salz, 60 g Butter, Pfeffer, ⅛ l Portwein (oder Madeira).

Das gewaschene, getrocknete Filet abhäuten, von allen Fettresten befreien und in ganz feine Scheiben schneiden. (Am besten zerteilen Sie das Filet in daumendicke Stücke, aus denen Sie dann die Scheiben schneiden können.) Die Zwiebel fein hacken, mit ½ Tl Salz vermischen und in der Butter anschwitzen. Die Filetstückchen hineingeben, mit frischgemahlenem Pfeffer bestreuen und unter ständigem Wenden braun braten. Mit dem Portwein aufgießen und zugedeckt 2–3 Minuten ziehen lassen, ohne daß das Gericht kochen darf (sonst wird das Fleisch zäh). Sofort in einer gewärmten Schüssel anrichten.
Servieren Sie dieses leichte, schnell zubereitete Gericht mit jungen Kartoffeln oder frischem Weißbrot.

Filetbraten

1½ kg Rindsfilet, 100 g Speck, 100 g Butter oder Öl, Pfeffer, Salz.

Das gewaschene Filet abhäuten, mit in dünne Streifen geschnittenem Speck spicken und mit frischgemahlenem Pfeffer bestreuen. Die Butter (oder Öl) in einer Pfanne erhitzen und das vorbereitete Fleisch rasch von allen Seiten kräftig braun anbraten. Dann das Filet salzen und in dem auf 200° erhitzten Rohr unter wiederholtem Begießen mit dem eigenen Saft fertigbraten. (Bratdauer etwa 30 Minuten, das Filet soll innen noch rosig sein.) Den Braten einige Minuten abkühlen lassen, in fingerdicke Scheiben schneiden und auf eine gewärmte Platte legen.
Wollen Sie einen besonders mürben Filetbraten haben, reiben Sie das Fleisch 1–2 Tage vor Gebrauch kräftig mit Öl ein und bewahren Sie es – in Alu-Folie verpackt – im Kühlschrank auf.
Ihr Filet wird um so saftiger bleiben, je größer das verwendete Fleischstück ist. Der Rest schmeckt, kalt aufgeschnitten und mit einer kalten Sauce ergänzt (z. B. *Sauce Chantilly*, *Remouladensauce*, *Cumberlandsauce*) ausgezeichnet.

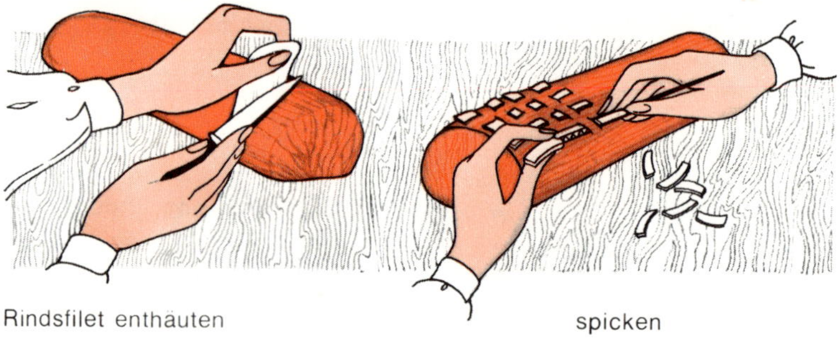

Rindsfilet enthäuten spicken

Filetbraten auf Wiener Art

1 – 1½ kg Rindsfilet, 1 Tl Öl, 60 g Butter, Pfeffer, Salz, ½ Zwiebel, 1 Wurzelwerk, 1 El Mehl, ¼ l Weißwein, ⅛ l saure Sahne.

Das gewaschene, trockengetupfte Filet abhäuten, mit dem Öl einreiben, mit Pfeffer bestreuen und zugedeckt 1–2 Stunden ruhen lassen. Die Butter in einer Pfanne erhitzen, das Fleisch von allen Seiten kräftig anbraten, rundherum salzen und zur Seite stellen. Die Zwiebel fein hacken und mit dem geputzten, geraspelten Wurzelwerk im Bratfett kurz durchrösten. Das Mehl ebenfalls leicht mitrösten und dann mit dem Wein und ¼ l Wasser aufgießen. Das angebratene Filet wieder in die Pfanne legen und in dem auf 200° erhitzten Rohr unter häufigem Begießen mit dem eigenen Saft so lange gar schmoren, bis das Fleisch außen braun, innen aber noch leicht rosig ist (etwa 30–40 Minuten). Den Braten noch 5 Minuten stehen lassen, dann in fingerdicke Scheiben schneiden und auf einer gewärmten Platte anrichten. Den Bratrückstand mit Wasser aufnehmen, gut durchkochen und den entstandenen Saft abseihen oder, wenn Sie eine dickere Sauce wünschen, im Mixer pürieren. Die Sauce kann noch mit ⅛ l saurer Sahne verrührt werden.
Reichen Sie dieses Filet mit einem Serviettenknödel oder Kartoffelkroketten.

Zwiebelrostbraten mit Bratkartoffeln und Salat ▷

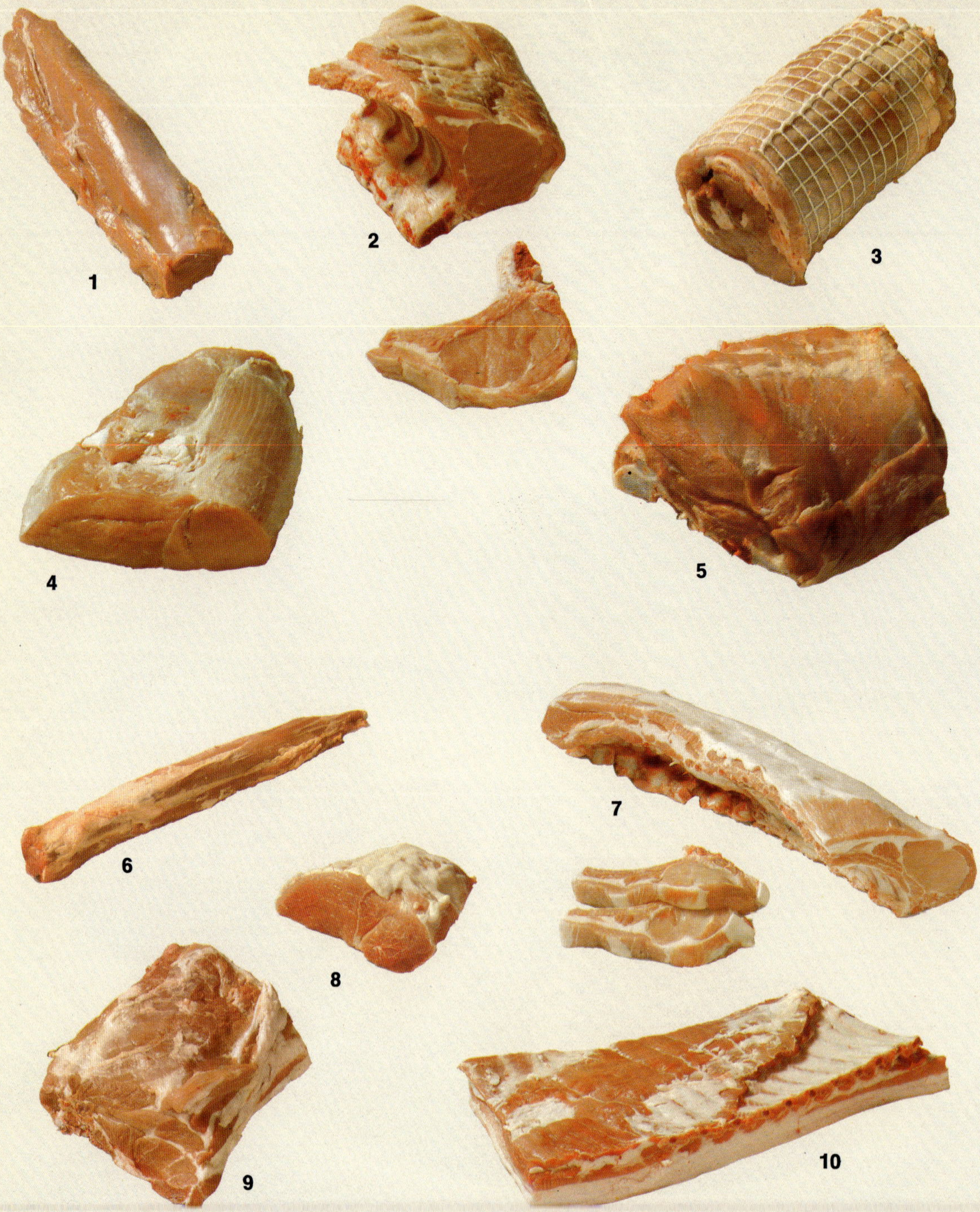
1
2
3
4
5
6
7
8
9
10

Filet Wellington

Das gewaschene, trockengetupfte Filet abhäuten und mit frischgemahlenem Pfeffer einreiben. Das Öl in einer Bratpfanne erhitzen, das Filet darin von allen Seiten kräftig anbraten, dann zur Seite stellen und abkühlen lassen. Die Zwiebel fein hacken und mit den geputzten, gehackten Champignons und den Kräutern in der Butter anschwitzen.
Den Blätterteig zu einem dünnen Rechteck ausrollen.
Das abgekühlte Filet salzen, mit der Zwiebel-Champignon-Kräuter-Mischung bestreichen und sorgfältig in den Blätterteig einwickeln. Das Fleischpaket auf ein nasses Blech legen (Nahtstelle nach unten), mit dem zerschlagenen Ei bestreichen und in dem auf 200° vorgeheizten Rohr etwa 30 Minuten backen. Das Filet Wellington kurz abkühlen lassen, in fingerstarke Scheiben schneiden und auf einer gewärmten Platte anrichten.
Garnieren Sie es mit gebratenen Tomaten (die Sie mit Kräutern bestreuen können), und reichen Sie grüne Erbsen oder Kopfsalat dazu.

1 kg Rindsfilet, Pfeffer, 2 – 3 El Öl, 1 Zwiebel, 100 g Champignons, je ½ Tl Petersilie und Kerbel, 20 g Butter, Salz, 1 Paket tiefgekühlter Blätterteig, 1 Ei.

Filetsteak = Beefsteak

Die gewaschenen, getrockneten Filetstücke abhäuten, gut mit Öl einreiben und dabei leicht durchkneten. Die Steaks dann zudecken, einige Stunden ruhen lassen und kurz vor dem Braten mit frischgemahlenem Pfeffer bestreuen. Das restliche Öl in einer Pfanne erhitzen und die vorbereiteten Steaks darin so lange braten, bis an der Oberfläche kleine Blutströpfchen austreten. Die Beefsteaks dann wenden, an der Oberseite salzen, die frische Butter dazugeben und noch so lange weiterbraten, bis sich kleine helle Tröpfchen zeigen (durchschnittliche Bratzeit 3–4 Minuten pro Seite); das Fleisch ist dann außen braun und innen kräftig rosa.
Wollen Sie Ihrem Steak einmal einen besonderen Geschmack verleihen, so bestreichen Sie es nicht nur mit Öl, sondern auch mit etwas mildem Senf oder einer der pikanten Grillsaucen.
Servieren Sie die Beefsteaks mit *Kräuterbutter* oder *Marchand-de-vin-Butter* und reichen Sie Pommes frites und Salat oder feines Gemüse dazu.

4 Filetsteaks (etwa 3 cm stark), Pfeffer, 2 El Öl, Salz, 20 g Butter.

Filetsteak Hubertus

Die gewaschenen, getrockneten Steaks von beiden Seiten mit dem Zitronensaft beträufeln, 20 Minuten ziehen lassen und dann mit Küchenkrepp trockentupfen. Die marinierten Steaks im stark erhitzten Öl auf jeder Seite 4 Minuten braten, herausnehmen, salzen und warm stellen. Die feingehackten Schalotten im Bratrückstand bräunen, die geputzten, feingeschnittenen Pilze und den Knoblauch dazugeben, kurz rösten und mit dem Wein aufgießen. Das Lorbeerblatt und den Fleischextrakt hinzufügen und alles zusammen 5 Minuten ziehen lassen, die Steaks auf einer vorgewärmten Platte anrichten und mit Petersilie bestreuen. Die Sauce mit der Mehlbutter (Butter und Mehl verkneten) andicken und separat reichen. Dazu passen am besten Nudeln oder Semmelknödel.

4 Filetsteaks (oder Entrecôtes), Saft von 2 Zitronen, 2 El Öl (oder Schmalz oder zerlassene Butter), Salz, 5 Schalotten (oder 2 mittelgroße Zwiebeln), 300 g Steinpilze (oder Champignons), 1 Messerspitze Trockenknoblauch, ⅛ l Rotwein, ½ Lorbeerblatt, 1 Tl Fleischextrakt, 1 Tl gehackte Petersilie, 1 Tl Butter, 1 Tl Mehl.

◁ *Fleischstücke vom Kalb:*

1 Filet **2** Rücken und Kotelett **3** Nierenbraten **4** Keule (Fricandeau) **5** Hals

Fleischstücke vom Schwein:

6 Filet **7** Kotelettstück und Koteletts **8** Schinken, Unterschale (stark verkleinert) **9** Halsgrat **10** Bauch

Gulasch, ungarisches

800 g Rindfleisch (Schulter, Kamm, Nacken), 400 g Zwiebeln, 2 El Schweineschmalz (oder ein anderes Fett), 2–3 El milder Paprika, 1 Tl Salz, ½ kg Kartoffeln, 1 Tl Tomatenmark.

Die Zwiebeln fein hacken (oder in Streifen schneiden) und in dem Fett hellgelb anrösten. Den Paprika hinzufügen, gut verrühren und sofort das gewaschene, gut abgetropfte, in große Würfel geschnittene Fleisch dazugeben. Unter ständigem Rühren so lange weiterrösten, bis das Fleisch rundherum eine graue Farbe angenommen hat. Dann salzen, mit ¼ l Wasser aufgießen, zudecken und eine ¾ Stunde schmoren lassen. Die geschälten, in Würfel geschnittenen Kartoffeln – wenn nötig, auch noch etwas Wasser – hinzufügen und alles zusammen fertigschmoren (20–30 Minuten). Das Tomatenmark dazurühren, eventuell noch nachsalzen und mit einem Spritzer Essig würzen. In einer gewärmten Schüssel auftragen.
Reichen Sie Kümmelkartoffeln oder frische Semmeln als Beilage.

Käserouladen

4 dünne Rindfleischscheiben (Hüfte), Salz, Pfeffer, 4 Scheiben Chester (oder Gouda), Mehl, 40 g Butter, ⅛ l Rotwein, 1 Tl Stärkemehl, 3 El Sahne.

Die gewaschenen Rindfleischschnitten gut abtrocknen, sehr fest klopfen, salzen und pfeffern. Die Käsescheiben auf die Fleischscheiben legen. Das Fleisch zusammenrollen und mit zwei Zahnstochern (oder Rouladenklammern) zustekken. Die Rouladen in Mehl wenden und in der erhitzten Butter anbraten. Mit dem auf das Doppelte verdünnten Rotwein aufgießen, zudecken und in etwa 40 Minuten gar schmoren. Die Rouladen auf einer gewärmten Platte anrichten. Den Bratensaft mit dem in etwas kaltem Wasser angerührten Stärkemehl binden, kurz aufkochen, abschmecken, mit der Sahne verfeinern und darübergießen.
Reichen Sie als Beilage Safranreis oder Curryreis und Salat.

Lendenschnitten auf Jäger-Art

4 Lendenschnitten (etwa 1½ cm stark), 50 g Speck, Pfeffer, 50 g Räucherspeck, 2 Zwiebeln, 1 El Schmalz (oder Öl), 1 El Mehl, 2 Gewürzgurken, 150 g Pilze (Pfifferlinge oder Steinpilze), 1 Tl Butter, 1 Tl Kapern, ¼ l saure Sahne.

Das gewaschene, getrocknete Fleisch gut klopfen und den Fettrand mehrmals einkerben. Die Lendenschnitten dann mit dem in feine Streifen geschnittenen Speck spicken und mit Pfeffer bestreuen. Den Räucherspeck in kleine Würfel schneiden und mit den gehackten Zwiebeln im Fett anschwitzen. Die vorbereiteten Fleischstücke dazugeben, rasch auf beiden Seiten anbraten, salzen, zudecken und langsam gar schmoren (etwa 40 Minuten). Die Lendenschnitten aus der Pfanne nehmen und zur Seite stellen. Das überschüssige Bratfett abgießen, den Bratrückstand mit dem Mehl stauben, mit ¼ l Wasser aufnehmen und gut loskochen. Die gehackten Gewürzgurken, die geputzten, gehackten, vorher in der Butter angedünsteten Pilze und die feingewiegten Kapern dazugeben und 5 Minuten leicht kochen lassen. Zuletzt die Sahne dazumischen. Die Fleischstücke zurück in die Sauce legen und noch 5 Minuten darin ziehen lassen. Richten Sie die Lendenschnitten auf einer flachen Platte an, übergießen Sie sie mit einem Teil der Sauce und garnieren Sie sie mit in Butter gedünsteten Pilzen. Den Rest der Sauce in einer Sauciere reichen.
Besonders gute Beilagen sind Teigwaren oder Kartoffelklöße.

Lendenschnitten auf ungarische Art

4 Lendenschnitten (1 cm stark), Pfeffer, Mehl, 1 El Schmalz (oder Öl), 100 g Räucherspeck, 3 Zwiebeln, 1 Tl Edelsüßpaprika, 1 Messerspitze Trockenknoblauch, ⅛ l Fleischbrühe, ⅛ l saure Sahne.

Die gewaschenen, trockenen Lendenschnitten leicht klopfen, am Fettrand mehrmals einschneiden, mit Pfeffer bestreuen und mit einer Seite in Mehl tauchen. Das Fett in einer Pfanne erhitzen, die Lendenschnitten hineinlegen – mit der Mehlseite zuerst –, rasch von beiden Seiten braun braten und zur Seite stellen. Den Räucherspeck in kleine Würfel schneiden und im Bratfett bräunen. Die feingehackten Zwiebeln dazugeben und hellbraun rösten. Den Paprika und den Knoblauch dazugeben, verrühren, mit der Fleischbrühe aufgießen und gut verkochen. Die angebratenen Lendenschnitten salzen, in die Sauce legen und zugedeckt bei kleiner Hitze gar schmoren (etwa 40–50 Minuten). Die saure Sahne zu dem Fleisch geben und noch 5 Minuten ziehen lassen. Die Lendenschnitten auf eine gewärmte Platte legen und mit der abgeschmeckten Sauce übergießen. Reichen Sie Spätzle oder Kartoffelbrei und Kopfsalat dazu.

Ochsenschwanzragout

Den Ochsenschwanz schon vom Metzger in nicht zu große Stücke schneiden lassen. Den Rotwein mit dem Weinessig, dem gereinigten, geschnittenen Wurzelwerk und dem Lorbeerblatt zum Kochen bringen, abkühlen lassen, über die Ochsenschwanzstücke gießen und diese über Nacht marinieren lassen. Die marinierten Stücke abtrocknen, mit dem Mehl bestauben, im stark erhitzten Fett von allen Seiten anbraten, zur Seite stellen, salzen und pfeffern. Die Zwiebeln fein hacken, in das Bratfett geben und darin anrösten. Mit 1/4 l Wasser aufgießen, die angebratenen Fleischstücke und die in ein Mullsäckchen gebundenen Gewürze dazugeben und alles zusammen bei mittlerer Hitze gar schmoren (etwa 1–1 1/2 Stunden). Das Ragout mit dem Cognac und der Butter verfeinern.
Servieren Sie das Ochsenschwanzragout mit Teigwaren oder Kartoffelpüree.

1 kg Ochsenschwanz,
1/2 l Rotwein, 2 El Essig.
1 Wurzelwerk, 1 Lorbeerblatt,
2 El Mehl, 4 El Öl, Salz,
Pfeffer, 2 Zwiebeln,
4 Pfefferkörner, 6 Gewürzkörner,
1 Stämmchen Thymian,
1/2 Lorbeerblatt, 1 Tl Cognac
(Weinbrand), 1 Tl Butter.

Parmesanfleisch

Das Rindfleisch in fingerdicke Scheiben schneiden. Aus Butter und Mehl eine helle Einbrenne zubereiten, mit der Fleischbrühe aufgießen, die Sahne dazugeben und alles zusammen 10 Minuten leicht kochen lassen. Den Käse unter die Sauce rühren und mit Salz und Pfeffer abschmecken. Die geschnittenen Rindfleischstücke einzeln in die Sauce tauchen und dann dachziegelartig in eine gebutterte feuerfeste Form schichten. Die restliche Sauce darübergießen, die Semmelbrösel darüberstreuen und das Ganze in dem auf 200° vorgeheizten Rohr 25 Minuten überbacken. Direkt in der Form auftragen!
Das Parmesanfleisch mit Petersilienkartoffeln und Salat auftragen.

600 g gekochtes Rindfleisch
(Reste), 40 g Butter, 30 g Mehl,
1/4 l Fleischbrühe, 1/4 l Sahne,
40 g geriebener Parmesan,
Salz, Pfeffer.

Pfeffertokány

Das gewaschene Rindfleisch in fingerstarke Streifen schneiden. Die Zwiebeln fein hacken und in dem erhitzten Fett goldbraun rösten. Das Fleisch und das Tomatenmark dazugeben und mit Salz und reichlich frischgemahlenem Pfeffer (wenigstens 1 Tl) würzen. Mit dem Weißwein aufgießen und das Fleisch bei mäßiger Hitze gar schmoren (etwa 30 Minuten). Den fertigen Tokány in einer gewärmten Schüssel anrichten und Kartoffeln, Teigwaren oder Reis dazu reichen.

750 g Rindfleisch (Hochrippe,
Flachrippe, Bug), 100 g Öl
oder Schmalz, 250 g Zwiebeln,
4 El Tomatenmark, Salz, Pfeffer,
2/10 l herber Weißwein.

Rindfleisch, geschnetzelt auf Förster-Art

Das gewaschene Rindfleisch in ganz feine Scheiben schneiden (= schnetzeln), mit 1 El Mehl vermischen und im stark erhitzten Fett unter ständigem Rühren kräftig anbraten. Sobald das Fleisch beginnt, Farbe anzunehmen, mit Salz und frischgemahlenem Pfeffer würzen. Das angebratene Fleisch aus der Pfanne nehmen und zur Seite stellen. Die Zwiebel fein hacken und im Bratfett goldbraun rösten. Das restliche Mehl dazurühren, nochmals kurz durchrösten und mit der Brühe aufgießen. Das Tomatenmark und den Rotwein dazugeben und alles zusammen 5 Minuten leicht kochen. Die gewaschenen, geputzten und geviertelten Pfifferlinge in die Sauce geben und zugedeckt darin garen. Das Fleisch zurück in die Sauce geben und ohne zu kochen darin erwärmen.
In einer gewärmten Schüssel auftragen und *Berner Rösti* oder Spätzle dazu reichen.

600 g Rindfleisch (Hochrippe
oder Keule), 2 El Mehl, 2 El Öl
oder Schmalz, 1 große Zwiebel,
1/4 l Fleischbrühe,
1 El Tomatenmark,
1/8 l Rotwein, 200 g Pfifferlinge.

Rindfleisch, gekocht

1½ kg Suppenfleisch (Zwerchrippe, Schwanzstück, Brustkern, Wadschenkel), 1 Suppengrün, ½ Zwiebel, 6 Pfefferkörner.

Das gewaschene Fleisch mit dem Suppengrün, der Zwiebel und den Pfefferkörnern in 2 l kochendes Salzwasser geben, warten, bis das Wasser (das durch die Zugabe des kalten Fleisches abgekühlt ist) erneut aufwallt, die Hitze dann reduzieren und das Fleisch in 2–3 Stunden (je nach Qualität und Größe des verwendeten Fleischstückes) gar kochen. Erst ¼ Stunde vor beendeter Kochzeit salzen!
Das Rindfleisch in fingerstarke Stücke teilen und in eine gewärmte Schüssel (am besten eine Suppenterrine) legen, mit der kochenden Suppe übergießen und auftragen.
Zu gekochtem Rindfleisch passen Petersilienkartoffeln, Kartoffelschmarren, Bratkartoffeln, Weinkartoffeln etc., außerdem jede Art von Gemüse, viele warme Saucen, Meerrettichsaucen usw.
Bevor Sie das Suppenfleisch einkaufen, beachten Sie bitte: Je größer das verwendete Fleischstück ist, desto saftiger bleibt das Fleisch. Reste können zu weiteren schmackhaften Speisen verarbeitet (*Bœuf Miroton, Parmesanfleisch, Sardellenfleisch*) oder kalt verwendet werden (*Rindfleisch mit Sauce Vinaigrette, Rindfleischsalat*). Auch sollte Suppenfleisch nie zu mager sein, sonst bleibt es nicht saftig genug. Fettfeinde und Kalorienzähler können die Brühe nachträglich entfetten und den Fettrand des Fleisches vor dem Essen entfernen.

Tafelspitz

Der Tafelspitz ist eine besondere Wiener Spezialität: Ein saftiges Stück gekochtes Rindfleisch aus der Keule, das immer mit Kartoffelschmarren und *Schnittlauchsauce* und (oder) *Apfelkren* gereicht wird.
Die Zubereitung gleicht der des *gekochten Rindfleisches* (siehe oben).

Rindfleischragout

800 g Rindfleisch (Kamm, Schulter, Keule, Hüfte), 4 El Olivenöl oder anderes Fett, Salz, Pfeffer, 2 mittelgroße Zwiebeln, 4 Knoblauchzehen, ⅛ l Rotwein, 500 g Tomaten, ⅛ l saure Sahne.

Das gewaschene Rindfleisch in größere Würfel schneiden, in dem erhitzten Öl rasch rundherum anbraten, dann salzen und pfeffern. Die feingehackten Zwiebeln und die zerdrückten Knoblauchzehen kurz mitrösten, mit dem Rotwein ablöschen und die geschälten (vorher kurz mit kochendem Wasser überbrühten) Tomaten dazugeben. Das Rindfleisch zugedeckt in 1½–2 Stunden gar schmoren und die Sauce gleichzeitig eindicken lassen. Zuletzt die saure Sahne dazurühren.
Das Ragout in einer gewärmten Schüssel anrichten und zusammen mit Kartoffeln und Teigwaren auftragen.

Rindfleischragout Tatar

700 g Rindfleisch (Hochrippe, Bug, Keule, Hüfte), Salz, Pfeffer, ½ l Knochenbrühe, 2 Zwiebeln, 2 El Öl, 500 g Tomaten, 2 Salzgurken, 1 Knoblauchzehe, 500 g Kartoffeln, 3 El gehacktes Dillkraut.

Das Rindfleisch in fingergroße Stücke schneiden und diese möglichst rasch in dem stark erhitzten Öl von allen Seiten anbraten. Mit Salz und Pfeffer würzen und mit der Brühe aufgießen. Die Zwiebeln in Streifen schneiden und in Öl glasig andünsten. Die Tomaten kurz überbrühen, abhäuten, entkernen, in Würfel schneiden und mit den ebenfalls in Würfel geschnittenen Salzgurken und der zerdrückten Knoblauchzehe zu den Zwiebeln geben. Alles zusammen kurz durchrösten, mit den Fleischstücken vermischen und noch so lange schmoren, bis Fleisch und Gemüse in etwa 1–1½ Stunden gar geworden sind. Zuletzt die gekochten, in Streifen geschnittenen Kartoffeln dazugeben und in dem Ragout erhitzen. Das Ragout, wenn nötig, mit Salz und Pfeffer nachwürzen, in einer gewärmten Schüssel anrichten und mit dem gehackten Dill bestreuen.
Reichen Sie zu diesem schmackhaften Ragout, das Sie noch mit saurer Sahne anreichern können, nur Weiß- oder Roggenbrot.

Rindsbraten, geschmort = Schmorbraten

1 kg Rindfleisch (Keule), Salz, Pfeffer, 5 El Öl oder Schmalz, 2 Zwiebeln, 1 Wurzelwerk, 1 Tl Mehl, 4 El Rotwein.

Das gewaschene Rindfleisch mit Salz und Pfeffer einreiben, in dem stark erhitzten Fett rasch von allen Seiten anbraten und zur Seite stellen. Die Zwiebeln in Streifen schneiden; das Wurzelwerk putzen und raspeln. Die Zwiebeln und das Wurzelwerk im Bratfett anrösten, mit dem Mehl bestauben und mit 1/4 l Wasser aufgießen. 5 Minuten kochen lassen und dabei den Bratsatz loslösen. Das Fleisch zurück in die Sauce geben, in das auf 180° erhitzte Rohr stellen und zugedeckt gar schmoren (2 1/2–3 Stunden). Den Braten aus der Sauce nehmen, in fingerstarke Scheiben schneiden und auf einer gewärmten Platte anrichten. Die Bratensauce passieren (im Mixer pürieren), mit Salz, Pfeffer und dem Rotwein abschmecken und nochmals aufkochen. Einen Teil der Sauce über die Fleischscheiben gießen, den Rest separat reichen.
Zum Schmorbraten passen Kartoffelgerichte, Knödel oder Teigwaren.

Rindsbraten auf italienische Art

1 kg Rindfleisch (Keule), Salz, Pfeffer, 100 g Speck, 1 El Olivenöl oder Butter, 500 g Tomaten, 1/2 Sellerieknolle, 1 Zwiebel, 3 Gewürznelken, 2 Lorbeerblätter, 1/2 l Rotwein, 1/4 l Fleischbrühe.

Das gewaschene, getrocknete Fleisch sorgfältig vom Fett befreien, mit Salz und Pfeffer einreiben und mit dem in dünne Streifen geschnittenen Speck spicken. Das Fleisch in einen gefetteten Schmortopf legen, die halbierten Tomaten, die geschälte geschnittene Sellerieknolle, die in Streifen geschnittene Zwiebel und die Gewürze dazugeben. Die Hälfte des Rotweins dazugießen, den Topf sehr gut verschließen (geben Sie am besten zwischen Deckel und Topf ein Stück Alu-Folie) und in das auf 120° erhitzte Rohr stellen. Das Fleisch ganz langsam gar schmoren (etwa 4 Stunden), kurz ruhen lassen, in fingerstarke Scheiben schneiden und auf einer gewärmten Platte anrichten. Den eingekochten Bratensaft mit dem restlichen Rotwein und der Brühe aufnehmen, passieren, mit Salz und Pfeffer abschmecken und über das Fleisch gießen.
Rindsbraten auf italienische Art wird besonders schmackhaft, wenn Sie ihn statt im Schmortopf im Römertopf zubereiten.
Servieren Sie ihn mit Reis, Makkaroni oder *Polenta*.

Rindsbraten in Sahnesauce

1 kg Rindfleisch (Keule), 100 g Speck, Salz, Pfeffer, 40 g Schmalz oder anderes Fett, 1 große Zwiebel, 1 kleine Mohrrübe, 1 Brotrinde, 1/4 l saure Sahne, 1 El Mehl, 4 El Rotwein, Zitronensaft.

Das Rindfleisch waschen, trocknen und mit dem in dünne Streifen geschnittenen Speck quer zur Faser spicken. Das Fett erhitzen, den Rindsbraten darin rasch von allen Seiten anbraten, zur Seite stellen, salzen und pfeffern. Die gehackte Zwiebel und die geputzte, geraspelte Mohrrübe im Bratfett anrösten. Die Brotrinde dazugeben und mit 3/4 l Wasser aufgießen. Das angebratene Fleisch in die Sauce legen, in das auf 180° erhitzte Rohr stellen und unter häufigem Begießen mit dem Bratensaft in 2 1/2–3 Stunden gar schmoren. Den Braten aus der Sauce nehmen, kurz ruhen lassen, in 1 cm starke Scheiben schneiden und auf einer gewärmten Platte anrichten. Das Mehl und die Sahne verquirlen und mit dem Rotwein zu dem Bratensaft rühren. Mit Salz, Pfeffer und Zitronensaft abschmecken, noch 2 Minuten leicht kochen und dann abseihen.
Einen Teil der abgeseihten Sauce über die Fleischscheiben gießen, den Rest separat reichen.
Servieren Sie den Rindsbraten mit Spätzle oder Butternudeln.

Rindsbraten in Senfsauce

Zutaten so wie für *Rindsbraten in Sahnesauce;* dazu 3 El scharfer Senf.

Das Rindfleisch wie oben beschrieben anbraten, salzen, pfeffern und mit 1 El Senf bestreichen. Das gewürzte Fleisch nach Vorschrift braten und anrichten. Die Bratensauce zusätzlich mit dem restlichen Senf würzen.

Fleisch

Rindsbraten im Römertopf

1 kg Rindfleisch (Keule), Salz,
1 Tl Paprika, 50 g Speck,
3 Zwiebeln, 2 Brotrinden,
5 Pfefferkörner, 3 Gewürzkörner,
2 Wacholderbeeren,
1 Stückchen Ingwer,
$1/8$ l Rotwein.

Das gewaschene, getrocknete Rindfleisch mit Salz und Paprika einreiben und mit dem in dünne Scheiben geschnittenen Speck spicken (quer zur Faser). Das Fleisch in den vorher 10 Minuten gewässerten Römertopf legen. Die in Streifen geschnittenen Zwiebeln, die zerbröselten Brotrinden und die Gewürze dazugeben und $1/4$ l Wasser zugießen. Den Topf verschließen und in das kalte Backrohr stellen. Langsam auf 200° erhitzen und das Fleisch in $2\frac{1}{2}$–3 Stunden gar braten. Das Fleisch in fingerstarke Scheiben schneiden und auf einer gewärmten Platte anrichten. Die Bratensauce mit dem Rotwein verdünnen, passieren und separat reichen.
Als Beilage sind vor allem Nudeln, Spätzle oder Knödel geeignet.

Rindsrouladen

4 Rindsrouladen
je 100–120 g, Salz,
Pfeffer, 250 g Schweinefleisch
gehackt, 1 El gehackte
Petersilie, $1/4$ Tl Kümmel,
3 - 4 El saure Sahne, 4 dünne
Scheiben Speck, 2 El Öl
oder Schmalz, 2 Mohrrüben,
2 mittelgroße Zwiebeln,
2 El Tomatenmark,
$1/4$ l Weißwein.

Die Rindsrouladen klopfen, salzen und pfeffern. Das Schweinehackfleisch mit der Petersilie und dem zerstoßenen Kümmel vermischen, je nach Geschmack salzen und mit der sauren Sahne zu einer geschmeidigen Masse verrühren. Die Rouladen mit der Schweinefleischmasse bestreichen und zusammenrollen. Die Speckscheiben um die einzelnen Rollen wickeln und festbinden (oder mit einer Rouladenklammer befestigen). Die Rouladen in dem erhitzten Fett rundherum anbraten (der Speck muß knusprig werden!), herausnehmen und zur Seite stellen. Die in Stäbchen geschnittenen Mohrrüben und die in Streifen geschnittenen Zwiebeln im Bratfett so lange rösten, bis die Zwiebeln glasig und hellbraun geworden sind. Das Tomatenmark dazurühren und mit dem Weißwein aufgießen. Die Rouladen zurück in die Sauce legen, zudecken und langsam gar schmoren (etwa 50 Minuten). Die Rouladen aus der Sauce nehmen und, nach Entfernen der Fäden (oder Klammern), auf einer gewärmten Platte anrichten. Die Sauce mit Salz und Pfeffer abschmecken und je nach Geschmack passiert oder nur abgeseiht über die Rouladen gießen.
Möglichst heiß auftragen und Spätzle, Teigwaren oder Knödel dazu reichen. Auch ein Salat eignet sich als Beilage.

Reis-Rouladen

4 dünne Scheiben Rindfleisch
(Hüfte), Salz, Pfeffer, 1 Tl Senf,
40 g Speck, 1 El Butter, 2 kleine
Zwiebeln, 60 g Reis, Mehl,
3 El Öl oder anderes Fett,
$1/2$ l Fleischbrühe.
1 Tl Butter, 1 Tl Mehl.

Die Fleischscheiben klopfen, salzen, pfeffern und mit dem Senf bestreichen. Den Speck in kleine Würfel schneiden und in der Butter andünsten. Die gehackten Zwiebeln mit dem Speck leicht bräunen und dann auf das Fleisch streichen. Den Reis waschen, in 2 l kochendem Salzwasser 3 Minuten kochen, abseihen, abschrecken und auf einem sauberen Tuch abtropfen lassen. Den trockenen Reis über die Zwiebel-Speck-Mischung geben; das Fleisch zusammenrollen und mit Zahnstochern oder Rouladenklammern zustecken. Die Rouladen in Mehl wenden und im erhitzten Fett von allen Seiten anbraten. Mit der Knochenbrühe aufgießen und die Rouladen noch 40–50 Minuten gar schmoren. Die Rouladen in der gewärmten Schüssel anrichten. Die Butter mit dem Mehl verkneten und langsam in die Bratensauce geben, noch 1 Minute kochen lassen und danach über die Rouladen gießen.
Reichen Sie als Beilage gebratene Tomaten oder ein anderes Gemüse und Bratkartoffeln.

Rindsrouladen auf Jäger-Art

4 Rindsrouladen, 2 kleine
Zwiebeln, 50 g Speck,
10 g Butter, 300 g Pfifferlinge,

Die gewaschenen Rindsrouladen ganz dünn klopfen, salzen und pfeffern. Die Zwiebeln fein hacken und mit dem in kleine Würfel geschnittenen Speck in der Butter bräunen. Die Pfifferlinge waschen und putzen; die Hälfte davon grob

hacken und mit den Zwiebeln und den Speckwürfeln vermischen, den Rest beiseite stellen. Die in kleine Würfel geschnittenen Gewürzgurken dazugeben. Die Masse mit Salz und frischgemahlenem Pfeffer würzen und auf die vorbereiteten Fleischscheiben verteilen. Das Fleisch zu Rouladen rollen und mit 2 Zahnstochern oder Rouladenklammern zustecken. Die Rouladen in Mehl wenden, in dem erhitzten Fett von allen Seiten anbraten und zur Seite stellen. Die gehackte Zwiebel und die geputzten, kleingeschnittenen Wurzeln im Bratfett kräftig anrösten. Mit dem Mehl stauben und mit ¼ l Wasser aufgießen. Die Rouladen zurück in die Sauce legen und zugedeckt weich schmoren (etwa 40–50 Min.). Die Rouladen aus der Sauce nehmen, auf einer Platte anrichten und warm stellen. Die Sauce abseihen (oder passieren), mit dem Rotwein verdünnen, mit Salz und Pfeffer abschmecken und zuletzt mit der Sahne verfeinern. Die beiseite gestellten Pfifferlinge vierteln, in die Sauce geben und darin garen.
Einen Teil der fertigen Sauce über die Rouladen gießen und den Rest separat reichen.
Geeignete Beilagen sind jede Art von Knödeln oder Klößen, Teigwaren oder Spätzle.

2 Gewürzgurken, Mehl, 4 El Öl oder Schmalz, 1 Zwiebel, 1 Mohrrübe, ¼ Sellerieknolle, ⅛ l Rotwein, ⅛ l saure Sahne.

Rindsschnitzel in Biersauce

8 kleine Rindsschnitzel (Keule), Mehl, Salz, Pfeffer, 4 El Öl, 1 große Zwiebel, ¼ l helles Bier, 1 Tl Tomatenmark, ¼ Fleischbrühe, 2 El Perlzwiebelchen.

Die gewaschenen, getrockneten Rindsschnitzel klopfen, am Rand mehrmals leicht einkerben, mit Mehl stauben und in dem erhitzten Fett auf beiden Seiten gut anbraten. Die Schnitzel aus der Pfanne nehmen, salzen, mit frischgemahlenem Pfeffer bestreuen und zur Seite stellen. Die Zwiebel fein hacken und im Bratfett hellgelb andünsten. Mit dem Bier aufgießen, das Tomatenmark und die Brühe dazugeben und kurz zum Kochen bringen. Die Schnitzel zurück in die Sauce legen, zugedeckt in 40–50 Minuten gar schmoren, auf einer Platte warm stellen.
Die Bratensauce, wenn nötig, noch mit etwas Fleischbrühe verdünnen und mit Salz und Pfeffer nachwürzen. Die Perlzwiebelchen in die fertige Sauce legen und darin erwärmen.
Die Sauce mit den Zwiebelchen über die angerichteten Rindsschnitzel gießen und sofort auftragen.
Als Beilage zu diesem herzhaften Gericht eignen sich Spätzle oder Kartoffelpüree besonders gut; dazu Preiselbeeren oder ein Salat.

Rindsschnitzel, geschmort

4 Rindsschnitzel (fingerdick, aus der Keule), 4 El Öl, Salz, Pfeffer, 2 große Zwiebeln, 50 g Speck, 1 Wurzelwerk, ⅛ l Rotwein, ½ l Fleischbrühe.

Die gewaschenen Rindsschnitzel leicht klopfen, mit Öl einreiben und mit Salz und Pfeffer würzen. Die Zwiebeln in Streifen schneiden und auf die vorbereiteten Rindsschnitzel verteilen. Das Fett in einem schmalen, hohen Topf erhitzen und den in Würfel geschnittenen Speck darin hellbraun rösten. Das geputzte, kleingeschnittene Wurzelwerk dazugeben, ebenfalls gut durchrösten und dann mit dem Rotwein aufgießen. Die Rindsschnitzel übereinander auf das Wurzelbett legen, die Brühe seitlich zugießen, den Topf zudecken und das Fleisch ganz langsam gar schmoren (etwa 1½–2 Stunden bei 130–140°), wobei die Schnitzel von Zeit zu Zeit mit dem eigenen Saft begossen werden müssen. Die Schnitzel aus dem Saft nehmen und mit den darübergegebenen Zwiebeln auf einer gewärmten Platte anrichten. Die Sauce, wenn nötig, noch mit etwas Brühe oder Rotwein verdünnen, passieren (oder im Mixer pürieren), nochmal kurz aufkochen und mit Salz und Pfeffer nachwürzen. 2–3 El der Sauce über die Fleischstücke verteilen, den Rest separat reichen.
Servieren Sie zu diesem Gericht, das sich vor allem durch seine wohlschmekkende Sauce auszeichnet, Semmelknödel oder Teigwaren.

Roastbeef im Römertopf

1 kg Roastbeef (Lendenstück), Salz, Pfeffer, 1 Tl Öl, 1 Tl Senf.

Das gewaschene, getrocknete Roastbeef salzen, pfeffern, mit Öl einreiben, mit dem Senf bestreichen und mit der Fettseite nach oben in den vorher 10 Minuten gewässerten Römertopf legen. Die Form schließen und in den kalten Backofen stellen. Das Rohr langsam auf 250° erhitzen und das Roastbeef in 70–80 Minuten (je nach Dicke des Fleischstückes) fertig garen. Das Fleisch dann kurz ruhen lassen, in dünne Scheiben schneiden und auf einer gewärmten Platte anrichten. Reichen Sie Pommes frites und grüne Bohnen oder grüne Erbsen dazu.

Roastbeef

1½ – 2 kg Roastbeef (Lendenstück), Pfeffer, 6 El Öl oder 60 g Fett, Salz, 20 g Butter.

Das gewaschene, wieder getrocknete Lendenstück mit Pfeffer einreiben, mit der Fettseite nach unten in das stark erhitzte Öl legen und kräftig braun anbraten. Das Fleisch wenden, auch an der Unterseite anbraten und von allen Seiten salzen. Das angebratene Fleisch in dem auf 180° erhitzten Backrohr so lange braten, bis es außen knusprig braun, innen jedoch noch kräftig rosa bis leicht blutig ist. Dabei von Zeit zu Zeit mit dem Bratfett begießen, jedoch keine Flüssigkeit zugeben. Die genaue Bratzeit ist kaum anzugeben, da sie sich nach der Dicke und Qualität des Fleisches richtet. Ungefähre Bratdauer: 50–60 Minuten. (Stecken Sie eine Spicknadel in das Fleisch bis zur Mitte und halten Sie die Spitze danach an die Lippen; sie muß gerade schwach warm sein. Ist sie noch kalt, so ist das Fleisch zu roh, ist sie heiß, so ist das Fleisch bereits zu stark durchgebraten.) Das fertige Fleisch 5 Minuten abkühlen lassen. Danach in ½ cm starke Scheiben schneiden und auf einer gewärmten Platte anrichten. Das Bratfett abgießen, ein Stück Butter in der Pfanne zergehen lassen und mit etwas Wasser aufgießen. Den Saft nachwürzen und durch ein Sieb gießen.
Achten Sie darauf, daß Sie immer ein genügend großes Stück Fleisch auf einmal braten; nur so erhalten Sie ein wirklich saftiges Roastbeef. Reste schmecken kalt aufgeschnitten und mit einer kalten Sauce (*Sauce Tatare, Sauce Chantilly, Tiroler Sauce* usw.) fast noch besser als der warme Braten.
Als Beilagen zum Lendenstück passen vor allem Kartoffelgerichte, besonders *Pommes frites,* Teigwaren und, wenn Sie es »englisch« wollen, ein Yorkshire-Pudding; dazu noch grüne Bohnen und *Leipziger Allerlei.*

Rumpsteak

4 Rumpsteaks (etwa 2 cm stark, aus dem Lendenstück), 3 El Öl oder Schmalz.

Die gewaschenen, getrockneten Rumpsteaks gut mit den Fingerspitzen durchmassieren, am Fettrand mehrmals leicht einschneiden und auf beiden Seiten mit Pfeffer bestreuen. Das Öl in einer Pfanne stark erhitzen und die Fleischstücke auf jeder Seite etwa 6–8 Minuten braten (beim Umdrehen salzen). Nach dieser Zeit ist das Fleisch außen schön braun, innen aber noch zartrosa.
Die Rumpsteaks mit Pommes frites, Pommes chips oder Strohkartoffeln anrichten.

Sardellenfleisch

600 g gekochtes Rindfleisch (Reste), 6 Sardellen, Pfeffer, Zitronensaft, ¼ l saure Sahne.

Das Rindfleisch in etwa 1 cm starke Scheiben schneiden und dachziegelartig in eine gebutterte, flache feuerfeste Form legen. Die Sardellen entgräten (sind sie sehr scharf, müssen sie vorher gewässert werden), sehr fein hacken und über die Rindfleischstücke verteilen. Die Fleischstücke mit frischgemahlenem Pfeffer bestreuen, mit Zitronensaft beträufeln und zuletzt mit der sauren Sahne übergießen. Die Form darauf für 20 Minuten in das auf 180° vorgeheizte Rohr stellen.
Das Sardellenfleisch direkt in der feuerfesten Form auftragen.
Reichen Sie Kartoffelpüree oder Teigwaren und Mohrrübensalat dazu.

Sauerbraten

Das Fleisch sorgfältig waschen, mit Salz und Pfeffer einreiben und in ein enges hohes Gefäß legen. Den Wein mit dem Essig vermischen, das kleingeschnittene Gemüse und die Gewürze dazugeben und alles zusammen einige Minuten aufkochen lassen. Die Marinade wieder erkalten lassen und über das bereitgestellte Fleisch gießen. Das Fleisch nun 2–3 Tage an einem kühlen Ort stehen lassen und während der Zeit täglich einmal wenden.
Das marinierte Fleisch gut abtropfen lassen und mit Küchenkrepp trockentupfen. Die Marinade abseihen.
Den Speck in Würfel schneiden und im Öl hellbraun braten. Das Fleisch von allen Seiten darin kräftig anbraten und zur Seite stellen. Die in Streifen geschnittene Zwiebel und das geputzte, in Streifen geschnittene Gemüse im Bratfett gut durchrösten, mit dem Mehl stauben und mit einem Teil der abgeseihten Marinade aufgießen.
Das Fleisch zurück zu dem Gemüse geben, zudecken und langsam gar schmoren (etwa 2 Stunden), wobei von Zeit zu Zeit mit etwas Marinade aufgegossen werden muß. (Natürlich können Sie den Sauerbraten auch in dem auf 180° erhitzten Rohr gar schmoren.) Den Braten aus der Sauce nehmen, in fingerstarke Scheiben schneiden und auf einer gewärmten Platte anrichten. Die Bratensauce durch ein Sieb streichen, mit etwas Marinade zur gewünschten Konsistenz verdünnen, nochmals kurz aufkochen und mit Salz und Pfeffer abschmecken. 2–3 Eßlöffel der Sauce neben den fertigen Braten gießen, den Rest separat reichen.
Servieren Sie den Sauerbraten mit Kartoffeln oder Semmelknödeln, Nudeln oder Spätzle und Rosenkohl. Auch Kartoffelpüree und Preiselbeeren passen dazu.

1 kg Ochsenfleisch (Schlegel), Salz, Pfeffer, $^1/_2$ l Rotwein, $^1/_4$ l Weinessig, 2 Zwiebeln, 1 Mohrrübe, $^1/_4$ Sellerieknolle, 1 Knoblauchzehe, 2 Lorbeerblätter, 4 Pfefferkörner, 4 Gewürzkörner, 100 g Speck, 1 El Öl oder Schmalz, 1 große Zwiebel, 1 Mohrrübe, $^1/_4$ Sellerieknolle, 1 El Mehl.

Fleisch

Schinkensteak

Die gewaschenen Steaks mit der Knoblauchzehe einreiben, mit frischgemahlenem Pfeffer bestreuen und in dem erhitzten Öl anbraten. Das Fleisch nach 1 Minute wenden, leicht salzen und mit einer Schinkenscheibe belegen. Die Pfanne zudecken und die Steaks in 5 Minuten fertig braten. Den Bratfond mit dem Wein aufnehmen, das Fleisch noch 3 Minuten abseits vom Herd ziehen lassen und dann sofort in der Pfanne auftragen.
Reichen Sie Pommes frites und in Butter geschwenkte Maiskörner oder Butterbohnen (tiefgekühlt) dazu.

4 Steaks (Hüfte) à 150 g, 1 Knoblauchzehe, Pfeffer, 3 El Öl, Salz, 4 Scheiben roher Schinken, $^1/_8$ l Rotwein.

Schwäbisches Fleisch

Das gewaschene Filet in fingerdicke Scheiben schneiden, leicht klopfen, salzen, pfeffern und mit 80 g in dünne Streifen geschnittenem Speck spicken. Die Fleischstücke in Mehl wenden, in der erhitzten Butter braten (5–6 Minuten pro Seite) und zur Seite stellen. Die Zwiebel fein hacken und mit dem in Würfel geschnittenen Speck im Bratfett bräunen. Das Mehl dazugeben, kurz durchrösten und mit der Brühe aufgießen. Die abgeriebene Zitronenschale, die Petersilie und die Kapern hinzufügen und alles zusammen 5 Minuten schwach kochen lassen. Das Fleisch in die Sauce legen und – ohne es zu kochen – noch 5 Minuten darin ziehen lassen.
Das fertige Fleisch auf einer gewärmten Platte anrichten und mit der Sauce übergießen.
Als Beilage Spätzle reichen.
Lieben Sie pikante Speisen, so können Sie die Sauce mit zwei gewässerten, gehackten Sardellen und zwei feingehackten Gewürzgurken anreichern.

800 g Rindsfilet, Salz, Pfeffer, 120 g Speck, 40 g Butter oder anderes Fett, 1 Zwiebel, 1 El Mehl, $^3/_8$ l Fleischbrühe, 1 abgeriebene Zitronenschale, 1 El Kapern, 1 El Petersilie.

Schweizer Saftbraten

1 kg Rindfleisch (Hochrippe oder Keule), Salz, Pfeffer, 3 El Öl, 1 mittelgroße Zwiebel, 1 Mohrrübe, ½ Sellerieknolle, 1 Petersilienwurzel, 1 El Tomatenmark, 1 Tl milder Senf, 4 dünne Scheiben Emmentaler, 4 dünne Scheiben Räucherspeck, ⅛ l saure Sahne, 1 El Mehl.

Das gewaschene, getrocknete Fleisch gut mit den Fingern durchkneten und dann mit Salz und Pfeffer einreiben. Das Öl in einer größeren Kasserolle erhitzen und das Fleisch von allen Seiten kräftig braun anbraten. Die in Streifen geschnittenen Zwiebeln und die geputzten, ebenfalls in Streifen geschnittenen Wurzeln dazugeben und leicht anrösten. Mit ¼ l kochendem Wasser aufgießen, das Tomatenmark hinzufügen und die Kasserolle in das auf etwa 200° erhitzte Rohr stellen. Das Fleisch langsam gar schmoren (etwa 2–3 Stunden), wobei eventuell noch etwas Flüssigkeit zugesetzt werden muß. Das Fleisch aus dem Rohr nehmen, etwa 10 Minuten abkühlen lassen und dann mit dem Senf bestreichen. Die Käsescheiben und die Speckscheiben darüberlegen und mit einem dünnen Faden festbinden. Das Fleisch nochmals für etwa 15 Minuten in das heiße Rohr stellen – bis der Käse anfängt zu schmelzen und der Speck knusprig ist. Den Saftbraten nach kurzem Abkühlen in fingerstarke Scheiben schneiden und auf einer gewärmten Platte anrichten. Die Sauce mit dem in der Sahne verquirlten Mehl binden und separat reichen.
Servieren Sie den Schweizer Saftbraten mit *Berner Rösti*, Spätzle oder Teigwaren und Salat.

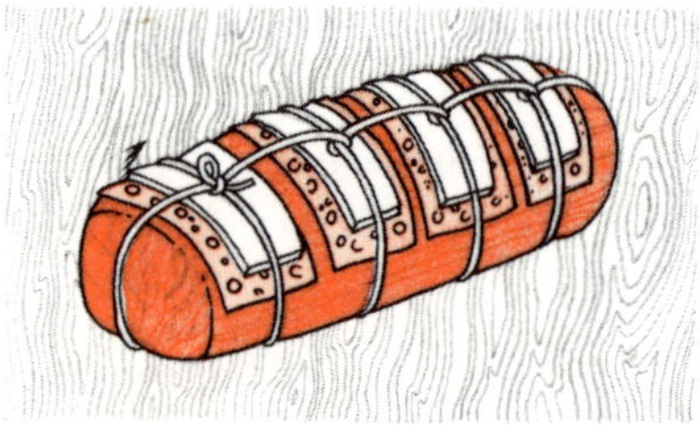

Schmorbraten mit Käse- und Speckscheiben

Weinbraten

1 kg Rindslende (oder Hochrippe), ¾ l Rotwein, 3 Zwiebeln, 1 Mohrrübe, 1 Lorbeerblatt, 6 Gewürznelken, 10 Pfefferkörner, 100 g Butter oder anderes Fett, 2 El Mehl, 5 Tropfen Worcestersauce.

Das gewaschene Fleisch mit Salz einreiben und in einen knapp passenden Topf legen. Den Rotwein mit den in Streifen geschnittenen Zwiebeln, der geputzten, geschnittenen Karotte und den Gewürzen aufkochen, abkühlen lassen und über das Fleisch gießen. Das Fleisch 2 Tage lang zugedeckt stehen lassen, dann herausnehmen und trockentupfen. Das marinierte Fleisch in der erhitzten Butter anbraten und zur Seite stellen. Das Mehl in die Bratbutter geben, leicht durchrösten, mit der Hälfte der Marinade aufgießen und zum Kochen bringen. Das Fleisch in die Sauce legen, zudecken und in dem auf 170° erhitzten Rohr 1½ Stunden schmoren. Den Deckel entfernen, die restliche Marinade zugeben und den Braten noch eine weitere ½ Stunde unter häufigem Begießen mit der Bratensauce gar schmoren. Das Fleisch kurz ruhen lassen, in fingerdicke Scheiben schneiden und auf einer gewärmten Platte anrichten. Die Sauce abseihen, mit der Worcestersauce versetzen, mit Salz und Pfeffer nachwürzen und separat reichen.
Servieren Sie den Weinbraten mit Petersilienkartoffeln, Kartoffelpüree oder Kartoffelkroketten und Salat.

Weinrostbraten

4 Rindersteaks (1 cm dick, vom Lendenstück oder der Hüfte), Pfeffer, 1 El Öl, Salz,

Die Steaks waschen, abtrocknen, klopfen, an den Rändern leicht einschneiden und mit reichlich Pfeffer einreiben. Das Öl in einer Pfanne erhitzen, die Fleischstücke rasch von beiden Seiten anbraten und dann salzen. Die gewaschenen

Tomaten zusammen mit der geviertelten Zwiebel und dem Knoblauch 10 Minuten im Wein kochen und dann passieren. Die Tomaten-Weinsauce über die angebratenen Fleischstücke gießen und diese dann darin gar schmoren (etwa 40 Minuten).
Richten Sie den Weinrostbraten, mit einem Teil der Sauce übergossen, auf einer gewärmten Platte an und reichen Sie die restliche Sauce und Spätzle oder Cremekartoffeln dazu.

500 g Tomaten, 1 Zwiebel, ½ Knoblauchzehe, ¾ l Weißwein.

Rostbraten auf Znaimer Art

Die Fleischstücke gut klopfen, am Rande leicht einschneiden, salzen und pfeffern. Den Rostbraten in dem erhitzten Fett auf beiden Seiten anbraten. Die Fleischstücke aus der Pfanne nehmen und warm stellen. Die Zwiebel, die Mohrrübe und die Sellerieknolle in feine Streifen schneiden, im Bratfett kräftig anrösten, mit ¼ l Wasser aufgießen und kurz aufkochen lassen. Die Fleischstücke zurück in die Sauce legen und alles zusammen zugedeckt bei mittlerer Hitze etwa 1 Stunde weich dünsten. Die süßsauren Gurken (Sie können auch Salzgurken verwenden) in kleine Stücke schneiden und ebenso wie die mit dem Mehl verquirlte Sahne zu den Fleischstücken geben. Alles zusammen noch einige Minuten ziehen lassen.
Die Fleischstücke dann auf einer gewärmten Platte anrichten und die Sauce samt den Gemüsen darübergießen.
Servieren Sie Znaimer Rostbraten mit Knödeln oder einem Serviettenknödel und Endiviensalat.

4 Rindersteaks (Hüfte oder Hochrippe), Salz, Pfeffer, 80 g Schweineschmalz oder Öl, 1 Zwiebel, 1 Mohrrübe, ½ Sellerieknolle, 2 – 4 süßsaure Gurken (je nach Größe), ¼ l saure Sahne, 1 El Mehl.

Zwiebelfleisch auf Wiener Art

Das gewaschene Fleisch in ½ cm starke Streifen schneiden. Die Zwiebeln in Streifen schneiden und in dem erhitzten Fett leicht glasig anschwitzen. Das Fleisch dazugeben, kräftig anrösten und dann mit dem Essig ablöschen. Die restlichen Gewürze hinzufügen und mit etwa ½ l Wasser aufgießen. Den Kochtopf zudecken und das Zwiebelfleisch langsam gar schmoren (30–40 Minuten), wobei die Flüssigkeit auf etwa ⅛ l einkochen soll. Das Mehl mit der sauren Sahne quirlen und zu dem Fleisch geben.
Nochmals einige Minuten kochen, abschmecken und in einer vorgewärmten Schüssel auftragen.
Servieren Sie das Zwiebelfleisch mit Bratkartoffeln, Kartoffelschmarren oder Spätzle.

600 g Rindfleisch (Kamm oder Schulter), 300 g Zwiebeln, 4 El Öl oder anderes Fett, 1 El Weinessig, je ½ Tl Majoran und Thymian, je 1 Messerspitze Knoblauchpulver und Pfeffer, Salz, ¼ l saure Sahne, El Mehl.

Zwiebelklopse, ostpreußische

Die gewaschenen Filetscheiben sorgfältig abhäuten, mit Pfeffer bestreuen und auf jeder Seite 4–5 Minuten in dem stark erhitzten Öl braten. (Achten Sie darauf, daß vor dem Wenden kleine Blutströpfchen an der Oberfläche austreten, salzen Sie die Filets dann und braten Sie sie auf der anderen Seite so lange, bis sich kleine helle Safttröpfchen zeigen.) Die Filets auf einer Platte anrichten und warmstellen. Die Zwiebeln in Streifen schneiden, leicht salzen, in dem Fett goldgelb rösten und über die Filetscheiben verteilen. Den Bratsatz mit der Fleischbrühe loskochen und den Saft mit der sauren Sahne, in der vorher das Mehl verquirlt wurde, vermischen.
Die Sauce über die warmgestellten Fleischstücke gießen.
Tragen Sie die Klopse sofort auf und reichen Sie Kartoffelbrei, Salzkartoffeln oder Reis dazu.

4 Filetscheiben (à 150 g), Pfeffer, 1 El Öl, Salz, 4 Zwiebeln, 3 El Öl oder Schmalz, ⅛ l Fleischbrühe, ¼ l saure Sahne, 2 Tl Mehl.

Zwiebelrostbraten

4 Steaks (1 cm dick, vom Lendenstück, von der Hochrippe oder der Hüfte), Salz, Pfeffer, Mehl, 40 g Schmalz oder 3 El Öl, 2 große Zwiebeln, 6 El Öl.

Die gewaschenen Steaks gut klopfen, an den Seiten leicht einschneiden, salzen, pfeffern und mit einer Seite in Mehl tauchen. Das Fett in einer Bratpfanne erhitzen, die Steaks mit der Mehlseite zuerst hineinlegen und 4–6 Minuten pro Seite braten. Die Fleischstücke auf einer gewärmten Platte anrichten und mit dem Bratfett übergießen. Inzwischen die Zwiebeln in Streifen schneiden und in einer zweiten Pfanne in dem Öl hellbraun und knusprig rösten. Die gerösteten Zwiebeln über die angerichteten Rostbraten verteilen (Abb. s. S. 123).
Reichen Sie zu den Rostbraten Bratkartoffeln und Gurkensalat oder Kopfsalat.

KALBFLEISCH

Kalbfleisch ist das zarteste, aber auch das teuerste der gängigen Fleischarten. Es ist nicht so nahrhaft wie Rindfleisch, dafür aber leicht bekömmlich. Es hat keinen kräftigen, um nicht zu sagen, einen leicht faden Geschmack; Gewürze und andere Zutaten spielen bei Kalbfleischgerichten darum eine große Rolle.
Das beste Kalbfleisch liefern junge (6 Wochen–3 Monate), mit Milch gemästete Kälber; es ist fest und kernig und hat eine weißliche hellrosa Farbe mit einem perlmuttartigen Schimmer. Weicheres dunkelrosa Fleisch stammt nicht von Milchmastkälbern und ist nicht so hochwertig.
Kalbfleisch wird immer schlachtfrisch, also ohne vorheriges Abhängen angeboten. Die besten Stücke sind das Filet und die Keule (Schnitzel). Die untenstehende Zeichnung soll zusammen mit den Hinweisen bei den Rezepten eine Hilfe beim Einkauf der jeweils richtigen Fleischstücke sein.

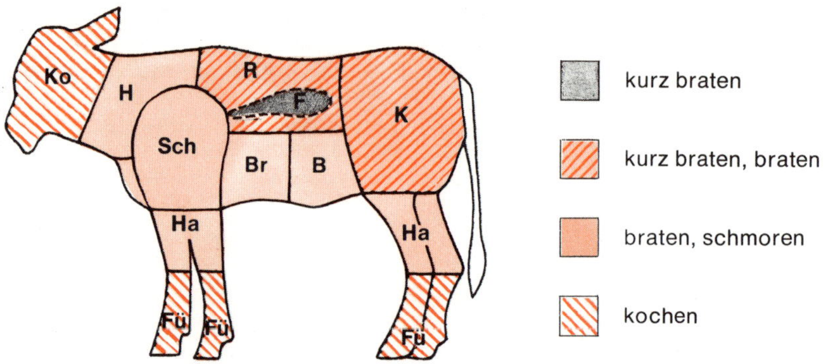

F Filet **R** Rücken = Kotelett und Nierenstück **K** Keule, Schlegel **Sch** Schulter
H Hals, Nacken **Br** Brust **B** Bauch **Ha** Haxen **Ko** Kopf **Fü** Füße

Das *Filet* ist das zarteste und beste Stück. Es wird in stärkere Scheiben (Medaillons) geschnitten und kurz gebraten oder gegrillt.

Der *Rücken* besteht aus dem vorderen *Kotelettstück* und dem an die Keule anschließenden *Nierenstück*. Das Kotelettstück wird in die Koteletts zerteilt oder – ausgelöst – im ganzen gebraten. Das Nierenstück wird ausgelöst und mit dem darunterliegenden Bauch als Nierenbraten zubereitet.

Die *Keule* wird in *Oberschale, Fricandeau* oder *Unterschale, Nuß* und *Hüfte* zerlegt. Aus allen Stücken können Sie einen ausgezeichneten Braten zubereiten. Zerteilt erhält man *Schnitzel* (dünn geschnitten), *Kalbssteaks* (dick geschnitten) und *Rouladen.* Aber auch Geschnetzeltes und Frikassee können aus der Keule zubereitet werden.

Die *Schulter* ergibt einen saftigen Braten. Zerteilt läßt sie sich zu Frikassee, Ragout und Gulasch verarbeiten.

Den *Hals* verwendet man meist für Gulasch, Ragout und ähnliches.

Die *Brust* wird hauptsächlich gefüllt gebraten.

Den *Bauch* bereitet man zusammen mit dem entsprechenden Nierenstück als Nierenbraten oder ohne Nieren als Rollbraten zu.

Die *Haxen* werden gebraten oder gesotten.

Der *Kopf* und die *Füße* werden gekocht und dann weiter verarbeitet. Man kann sie auch für Sülze verwenden.

Bierbraten

Das gewaschene, getrocknete Kalbfleisch mit dem in dünne Streifen geschnittenen Speck quer zur Faser spicken, in der erhitzten Butter rundherum bräunen und dann salzen. Mit dem Bier aufgießen, die in ein Mullsäckchen gebundenen Gewürze dazugeben und das Fleisch zugedeckt langsam (etwa 1½ Stunden) gar dünsten. Das Fleisch aus der Sauce nehmen, in fingerdicke Scheiben schneiden und auf einer gewärmten Platte anrichten. Die Biersauce mit dem in etwas kaltem Wasser angerührten Stärkemehl binden und mit Salz, Zitronensaft und Muskat abschmecken. Einen Teil der Sauce über die Fleischschnitten gießen, den Rest gesondert dazu reichen.
Als Beilage eignen sich am besten Semmelknödel, Spätzle oder Teigwaren.

1 kg Kalbfleisch (Keule oder Schulter), 40 g Speck, 40 g Butter, Salz, 1 l dunkles Bier, 1 Lorbeerblatt, 2 Gewürznelken, 4 Gewürzkörner, 1 Tl Stärkemehl, Zitronensaft, Muskat.

Fleisch

Champignonkotelett

Die gewaschenen, getrockneten Koteletts leicht klopfen, am Rand mehrmals einschneiden und in dem erhitzten Fett von beiden Seiten kräftig anbraten. Die angebratenen Koteletts salzen und zur Seite stellen. Die Champignons putzen, waschen, gut abtropfen lassen, in Scheiben schneiden und in dem Bratfett andünsten. Das Mehl dazugeben, kurz durchrösten und mit der Fleischbrühe aufgießen. Die Sauce kurz zum Kochen bringen, die Koteletts hineinlegen und noch eine ½ Stunde schmoren lassen. Die Koteletts auf einer gewärmten Platten anrichten und mit Petersilie garnieren. Die Sauce separat reichen.
Als Beilage eignen sich besonders Safranreis, Petersilienkartoffeln oder Butternudeln, dazu ein Rohkostsalat.

4 Kalbskoteletts, 50 g Butter oder Öl, 150 g Champignons, 1 Tl Mehl, ¼ l Fleischbrühe, Petersilie.

Dillfleisch

Das gewaschene, getrocknete Kalbfleisch in ½ cm starke Streifen schneiden und in der erhitzten Butter von allen Seiten gut anbraten. Mit Salz, frischgemahlenem Pfeffer und Paprika würzen, mit der Brühe aufgießen und zugedeckt in etwa ½ Stunde gar schmoren. Den Topf vom Herd nehmen und die Sahne und den Dill dazurühren. Sofort auftragen.
Reichen Sie Spätzle, Reis oder Butterkartoffeln dazu.

600 g Kalbfleisch (Keule), 40 g Butter, Salz, Pfeffer, 1 Messerspitze Paprika, ¼ l Fleischbrühe, ⅛ l saure Sahne, 3 – 4 El feingehackter Dill

Cordon Bleu

4 Kalbsschnitzel (etwa 1½ cm stark), Zitronensaft, Salz, Pfeffer, 4 Scheiben gekochter Schinken, 4 Scheiben Emmentaler, Mehl nach Bedarf, 2 Eier, Semmelbrösel nach Bedarf, Öl oder anderes Fett.

Die gewaschenen, getrockneten Schnitzel mit einem scharfen Messer so von der Seite her einschneiden, daß eine große Tasche entsteht und danach gut klopfen. Das Fleisch kräftig mit Zitronensaft einreiben, salzen und pfeffern. Den Käse und den Schinken flach in die Tasche legen und diese danach mit Zahnstochern verschließen. Die gefüllten Schnitzel nacheinander in dem Mehl, den verquirlten Eiern und den Semmelbröseln wenden und dann in dem erhitzten Fett, das wenigstens zwei Finger hoch in der Pfanne stehen soll, langsam goldbraun backen.
Die fertigen Schnitzel auf einer gewärmten Platte anrichten, mit Zitronenspalten garnieren und mit Salat auftragen.

Schnitzel füllen

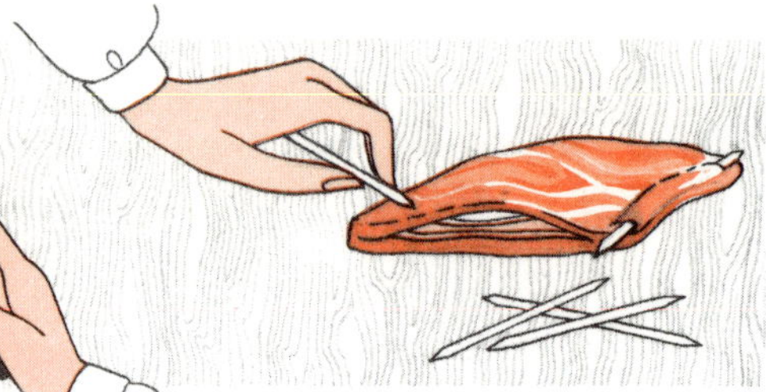

zustecken

Emmentaler Schnitzel

4 Kalbsschnitzel, Zitronensaft, Salz, Pfeffer, 1 El geriebener Emmentaler, Mehl, 1 Ei, Semmelbrösel, 4 Scheiben Emmentaler (etwa in Schnitzelgröße) 80 g Butter, Tomaten nach Bedarf.

Die gewaschenen, getrockneten Schnitzel gut klopfen, am Rand leicht einschneiden und mit Zitronensaft einreiben. Die Schnitzel mit Salz, Pfeffer und dem geriebenen Emmentaler bestreuen und nacheinander in Mehl, dem mit einem Löffel Wasser verquirlten Ei und den Semmelbröseln wenden. Die Schnitzel sofort in der erhitzten Butter auf der einen Seite goldbraun backen. Die Schnitzel dann umdrehen, mit den Käsescheiben belegen und bei verminderter Hitze zugedeckt fertig backen: Die Schnitzel sollen dann gar und auch auf der Unterseite goldbraun sein, wenn der Käse zu schmelzen beginnt. Die Schnitzel auf eine gewärmte Platte legen und mit gebratenen Tomaten garnieren.
Diese Schnitzel sind so ausgiebig, daß sie keiner weiteren Beilage bedürfen. Reichen Sie höchstens Kopfsalat dazu.

Holsteiner Schnitzel

4 Kalbsschnitzel, Mehl, 80 g Butter, Salz, 4 gewässerte Sardellen, 4 Eier, 1 Tl Kapern, Gewürzgurken nach Bedarf.

Die gewaschenen Kalbsschnitzel klopfen, am Rand mehrmals einkerben und mit Mehl stauben. Die Butter in einer Pfanne erhitzen, die Schnitzel auf der einen Seite braun braten, salzen, wenden und auf der anderen Seite fertig braten. Die Schnitzel dann auf eine gewärmte Platte geben und mit den in dünne Längsstreifen geschnittenen Sardellen belegen. Inzwischen 4 Spiegeleier bereiten und auf die Schnitzel legen. Zuletzt die gehackten Kapern darüberstreuen.
Garnieren Sie die Holsteiner Schnitzel mit einigen in Fächerform geschnittenen Gurken und reichen Sie ein beliebiges Gemüse dazu.

Jägerkotelett

4 Kalbskoteletts, Salz, 30 g Butter oder Öl, 100 g Champignons, 1 El Zitronensaft.

Die gewaschenen Koteletts leicht klopfen, am Rand einkerben, in dem stark erhitzten Fett von beiden Seiten hellbraun anbraten, salzen und zur Seite stellen. Die Champignons putzen, waschen, grob hacken und mit dem Zitronensaft vermi-

schen. Die Zwiebeln fein hacken. Die Butter zu dem Bratrückstand in die Pfanne geben und zerlassen. Die Champignons, die Zwiebeln und die Petersilie darin leicht andünsten. Mit dem Mehl stauben und dann mit der Fleischbrühe aufgießen. Die Sauce 2–3 Minuten kochen lassen und mit Salz, Pfeffer und Zitronensaft abschmecken. Die Koteletts in der Sauce zugedeckt weich schmoren, auf einer gewärmten Platte anrichten und mit einem Teil der Sauce übergießen. Die restliche Sauce separat reichen.
Servieren Sie Jägerkoteletts mit *Risipisi* oder Spätzle und Salat (Kopfsalat, Feldsalat, Tomatensalat).

2 mittelgroße Zwiebeln,
1 El gehackte Petersilie.
30 g Butter 1 Tl Mehl,
$^1/_4$ l Fleischbrühe.

Kalbfleisch, eingemacht

Das gewaschene Kalbfleisch in etwa 2 cm große Würfel schneiden, mit den Wurzeln, der Zwiebel und den Gewürzen in kaltem Salzwasser ansetzen und in $^1/_2$ Stunde gar kochen. Das Kalbfleisch mit einer Schaumkelle aus dem Sud heben und zur Seite stellen. Die Wurzeln ebenfalls aus dem Sud nehmen, in Streifen oder Scheiben schneiden und beiseite stellen. Die Zwiebel und die Gewürze entfernen. Den Blumenkohl in kleine Röschen teilen, in dem Kalbfleischsud gar kochen, abseihen und zur Seite stellen. Die Erbsen in Salzwasser garen und abseihen. Die geputzten, gewaschenen Champignons in feine Scheiben schneiden und in 10 g Butter gar dünsten.
Das Mehl in der restlichen Butter leicht anschwitzen, mit der abgeseihten Kalbfleischbrühe aufgießen und 5 Minuten kochen lassen. Den Weißwein dazugießen und die Sauce mit Zitronensaft, Salz und Muskat würzig abschmecken. Die Fleischwürfel und das Gemüse in die Sauce geben und darin – ohne zu kochen – warm werden lassen.
Das eingemachte Kalbfleisch in eine gewärmte Schüssel geben und sofort auftragen.
Als Beilage eignen sich Salzkartoffeln oder Kartoffelklöße. Besonders gut schmecken kleine Markklößchen (vgl. *Fleischbrühe mit Markklößchen*), die Sie direkt in das eingemachte Kalbfleisch legen können. Reichen Sie in diesem Fall Weißbrot dazu.

800 g Kalbfleisch (Schulter),
Mohrrüben, $^1/_4$ Sellerieknolle,
$^1/_2$ Zwiebel, 1 Lorbeerblatt,
5 Pfefferkörner, Salz,
$^1/_2$ Blumenkohl, 150 g Erbsen,
150 g Champignons, 40 g Mehl,
50 g Butter, $^1/_8$ l Weißwein,
Zitronensaft, Muskat.

Kalbfleisch, geschnetzelt

Wichtig für das gute Gelingen dieses Rezeptes ist, daß das gewaschene, von allen Sehnen befreite Fleisch in ganz dünne, etwa daumennagelgroße Stückchen geschnitten (= »geschnetzelt«) wird. (Manche Metzger haben Schnetzelmaschinen und erledigen diese Arbeit für Sie. Besitzt Ihr Metzger keine derartige Maschine, dann lassen Sie sich das Fleisch am besten in fingerstarke Scheiben schneiden, die Sie dann leichter schnetzeln können.)
Das geschnetzelte Fleisch so mit dem Mehl stauben, daß alle Stückchen gleichmäßig überzogen sind.
Die Zwiebel sehr fein hacken, mit einer Messerspitze Salz vermischen und in der leicht erhitzten Butter goldbraun anrösten. Das Fleisch dazugeben und bei starker Hitze und unter ständigem Rühren so lange von allen Seiten braten, bis keine blutigen Stellen mehr zu sehen sind. Das Fleisch dann aus der Pfanne nehmen und warm stellen. Den Bratrückstand mit dem Wein aufnehmen, kurz durchkochen und dann die Sahne hinzufügen. Nochmals zum Kochen bringen und die Sauce mit Salz und Pfeffer abschmecken. Das Fleisch zurück in die Sauce geben und noch 2–3 Minuten zugedeckt darin ziehen lassen (nicht mehr kochen!).
Das Geschnetzelte in einer gewärmten Schüssel anrichten und *Berner Rösti* oder Teigwaren dazu reichen.

600 g Kalbfleisch (Keule), Salz,
2 El Mehl, 1 kleine Zwiebel,
80 g Butter, $^2/_{10}$ l Weißwein,
$^2/_{10}$ l süße oder saure Sahne
(ganz nach Geschmack).

Kalbfleisch Marengo

600 g Kalbfleisch (Schulter, Keule), 1 El Mehl, 1 kleine Zwiebel, 40 g Butter oder Öl, 100 g Champignons, 2 El Tomatenmark, ½ l Fleischbrühe, ¼ l Weißwein.

Das gewaschene Kalbfleisch in 2–3 cm große Würfel schneiden und mit dem Mehl stauben. Die Zwiebel fein hacken und in dem Fett hellgelb rösten. Das Fleisch dazugeben, von allen Seiten anbraten und dann salzen. Die gewaschenen, geputzten und in Scheiben geschnittenen Champignons kurz mitdünsten. Das Tomatenmark dazurühren, mit der Brühe aufgießen und alles zusammen zugedeckt bei mäßiger Hitze in etwa ¾ Stunden gar schmoren. Kurz vor beendeter Schmorzeit den Wein dazugießen und alles zusammen noch 5 Minuten bei offenem Topf schmoren lassen.
Das Gericht in einer gewärmten Schüssel anrichten und Reis oder Kartoffelpüree dazu reichen.

Kalbfleisch in pikanter Sauce

400 – 600 g gebratenes Kalbfleisch (Reste), 40 g Butter, 30 g Mehl, ⅜ l Fleischbrühe, ⅛ l saure Sahne, 6 Kapern, 3 gewässerte Sardellen, Zitronensaft, Salz, Pfeffer, Muskat.

Das Kalbfleisch in dünne Scheiben oder in feine Streifen schneiden. Aus Butter und Mehl eine helle Einbrenne zubereiten, mit der Fleischbrühe aufgießen und 15 Minuten leicht kochen lassen. Die saure Sahne, die gehackten Kapern und die gehackten Sardellen dazugeben und mit Zitronensaft, Salz, Pfeffer und Muskat abschmecken. Das Kalbfleisch in die Sauce legen und darin ziehen lassen.
Ähnliche Gerichte können Sie noch mit vielen anderen warmen Saucen zubereiten, z. B. *Champignonsauce, Senfsauce.*
Servieren Sie das Kalbfleisch mit einem Kartoffelgericht oder mit *Risipisi.*

Kalbfleischragout

600 g Kalbfleisch (Schulter), 1 Zwiebel, 1 Wurzelwerk, ¼ l Weißwein, 6 Pfefferkörner, 2 Gewürznelken, 2 Gewürzkörner, 40 g Butter, 40 g Mehl, 1 El Kapern, Zitronensaft, 1 hartgekochtes Ei.

Das gewaschene Kalbfleisch in 2–3 cm große Würfel schneiden. Die geviertelte Zwiebel, das geputzte, kleingeschnittene Wurzelwerk, den Weißwein und die Gewürze in etwa 1½ l Wasser zum Kochen bringen. Die Kalbfleischwürfel in den kochenden Sud geben und ganz langsam darin garen (etwa 50 Minuten). Das Kalbfleisch dann aus dem Sud nehmen und zur Seite stellen. Den Sud durch ein Sieb gießen und auf ¼ l Flüssigkeit einkochen.
Das Mehl in der Butter anschwitzen, ohne daß es Farbe annimmt, mit dem eingekochten Kalbfleischsud aufgießen und 10 Minuten ganz schwach kochen. Die gehackten Kapern unter die Sauce mischen und mit Salz und Zitronensaft pikant abschmecken. Die Kalbfleischwürfel wieder in die Sauce geben und darin erwärmen. Servieren Sie das Kalbfleischragout sofort in einer gewärmten Schüssel und bestreuen Sie es mit einigen ganzen Kapern und dem grobgehackten Ei.
Reichen Sie Kartoffelbrei oder Reis und Salat dazu.

Kalbfleischtopf nach Hausfrauen-Art

600 g Kalbfleisch (Keule), Salz, Pfeffer, 2 El Mehl, 200 g Champignons, Saft von 1 Zitrone, 80 g Butter, 400 g kleine, feste, junge Kartoffeln, 1 Knoblauchzehe, 1 El gehackte Petersilie.

Das gewaschene Kalbfleisch in ganz feine Streifen schneiden, salzen, pfeffern und mit dem Mehl stauben. Die geputzten, gewaschenen Champignons in größere Scheiben schneiden, und sofort mit dem Zitronensaft beträufeln (damit sie schön hell bleiben) und bei ganz schwacher Hitze in 20 g Butter zugedeckt gar dünsten. Die gekochten, geschälten Kartoffeln in einer mit Knoblauch ausgeriebenen Pfanne in 20 g Butter goldbraun anbraten. 40 g Butter in einer größeren Pfanne erhitzen und das Fleisch darin so lange durchrösten, bis es von allen Seiten Farbe angenommen hat. Die Champignons und die Kartoffeln dazugeben und alles zusammen 3–4 Minuten zugedeckt ziehen lassen. Den Kalbfleischtopf sofort in einer gewärmten Schüssel anrichten und mit gehackter Petersilie bestreut servieren.
Reichen Sie nur Salat (Blattsalat, Endiviensalat, Feldsalat) dazu.

Kalbsbraten

Den gewaschenen Kalbsbraten trocknen, salzen und zu einer festen Rolle zusammenbinden. Die Butter in einer Pfanne erhitzen und das Fleisch darin rundherum braun braten. Einen Teil der Fleischbrühe seitlich zugießen und den Braten in dem auf 180° erhitzten Rohr unter häufigem Begießen mit dem Bratensaft (wenn nötig, noch weitere Brühe hinzufügen) gar braten (etwa 1½ Stunden). Den Braten kurz stehen lassen, dann in fingerdicke Scheiben schneiden und auf einer gewärmten Platte anrichten. Den Bratrückstand mit etwas Brühe loskochen und mit der nach und nach dazugegebenen Mehlbutter (Mehl und Butter miteinander verkneten) andicken. Den erhaltenen dünnen Bratensaft mit Salz (je nach Geschmack auch noch frischgemahlenem Pfeffer) abschmecken und in einem Kännchen separat reichen.

Diesen Kalbsbraten können Sie noch beliebig verändern: Legen Sie vor dem Braten 2–3 Salbeiblätter oder 1 Rosmarinzweiglein oder 2 Stämmchen Thymian in den Braten.

Eine andere geschmackvolle Variation: Dünsten Sie 150 g geputzte, in Scheiben geschnittene Champignons in etwas Butter gar und geben Sie sie beim Anrichten über den aufgeschnittenen Braten; bestreuen Sie sie mit gehackter Petersilie = **Champignonbraten.**

Zu Kalbsbraten passen alle Reisgerichte oder Petersilienkartoffeln und Kopfsalat.

1 kg Kalbsbraten (Bug, Kotelettstück, Fricandeau), Salz, 40 g Butter, ½ l Fleischbrühe, 1 Tl Mehl, 1 Tl Butter.

Kalbsbraten à la Dijonnais

Das gewaschene Fleisch mit reichlich Senf bestreichen, in eine kleine Schüssel legen und mit der Sahne übergießen. Mit Alu-Folie zudecken und 1–2 Tage im Kühlschrank stehen lassen.

Das marinierte Fleisch gut abtropfen lassen, von allen Seiten in der Butter anbraten, salzen und pfeffern. Das geputzte, geschnittene Gemüse dazugeben und mitrösten. Mit 2–3 El Wein und der Fleischbrühe aufgießen. Das Fleisch bei mittlerer Hitze (etwa 200°) im Rohr fertig braten (1–1½ Stunden). Das Fleisch dann aus dem Topf nehmen und warm stellen. Den Bratrückstand und das Gemüse mit Mehl stauben, mit dem restlichen Wein aufgießen, gut durchkochen und dann die Sauce durch ein Sieb streichen. Die Sahne von der Marinade dazugeben, nochmals bis zum Kochen erhitzen und eventuell mit etwas Salz und Pfeffer nachwürzen.

Das Fleisch in fingerdicke Scheiben schneiden und auf eine vorgewärmte Platte legen.

Die Sauce separat dazu reichen.

Servieren Sie *Risipisi* oder Kartoffelpüree und Salat dazu.

1 kg Kalbfleisch (Fricandeau oder Nuß), Senf und Sahne nach Bedarf, 60 g Butter, Salz, Pfeffer, ½ Sellerieknolle, 1 Mohrrübe, 1 kleine Zwiebel, 1 kleine Lauchstange, ⅛ l Fleischbrühe, ⅜ l Weißwein, 1 Tl Mehl, 1 El scharfer Senf.

Kalbsfrikassee

Das gewaschene Kalbfleisch in kleine Scheiben schneiden und in der erhitzten Butter von allen Seiten anbraten. Mit dem Weißwein ablöschen und mit etwa ½ l kochendem Wasser (oder Fleischbrühe) aufgießen. Die halbierte Zwiebel, die Zitronenschale und die Kräuter dazugeben, mit Salz, Pfeffer und Muskat würzen und alles zugedeckt in etwa 1 Stunde weich schmoren. Die Zwiebelhälfte, die Zitronenschale und die Kräuter wieder entfernen und das Frikassee mit der nach und nach dazugegebenen Mehlbutter (die Butter mit dem Mehl verkneten) andikken. Noch 5 Minuten ganz leicht kochen lassen und zuletzt mit dem in der Sahne verquirlten Eigelb legieren.

Das Frikassee in einer gewärmten Schüssel anrichten und *Risipisi* oder *Herzoginkartoffeln* dazu reichen.

800 g Kalbfleisch (Keule oder Bug), 40 g Butter, ⅛ l Weißwein, 1 kleine Zwiebel, 1 Zitronenschale (dünn abgeschält), 1 Sträußchen Petersilie, 1 Zweiglein Thymian, Salz, Pfeffer, Muskat, 30 g Butter, 30 g Mehl, 1 Eigelb, ⅛ l Sahne.

Kalbsbrust, gefüllt

800 g ausgelöste Kalbsbrust,
Salz, weißer Pfeffer,
3 altbackene Semmeln, Milch
nach Bedarf, ½ Zwiebel,
1 El gehackte Petersilie,
30 g Butter, 3 Eier, Muskat,
2 El Öl, 1 Zwiebel, 1 Wurzelwerk,
1 Tl Mehl, ¼ l Weißwein,
Fleischbrühe.

In die Schmalseite der Kalbsbrust eine Tasche schneiden (am besten macht das gleich der Metzger). Das Fleisch dann waschen, trockentupfen und innen und außen mit Salz und einer Prise Pfeffer einreiben. Die Semmeln in Milch einweichen, wieder ausdrücken und mit einer Gabel zerteilen. Die Zwiebel fein hacken und mit der gehackten Petersilie in der Butter andünsten. Die Eier dazugeben, schaumig rühren, mit den Semmeln vermengen und mit Salz und Muskat würzen. Gut durchkneten und in die Kalbsbrust füllen. Die Öffnung zunähen. Die gehackte Zwiebel und das geputzte, kleingeschnittene Wurzelwerk in Bratfett gut durchrösten, mit dem Mehl stauben und mit dem Weißwein aufgießen. Das Fleisch zurück in die Sauce legen und in dem auf 180° erhitzten Rohr unter häufigem Begießen zunächst mit dem eigenen Saft, dann mit Brühe in 1½–2 Stunden gar braten, herausnehmen, 10 Minuten ruhen lassen, dann in fingerstarke Scheiben schneiden und auf einer gewärmten Platte anrichten. Die Bratensauce, wenn nötig, noch mit etwas Brühe verdünnen, abseihen und separat reichen.
Geben Sie Reis oder *Risipisi* und Salat oder feine Gemüse dazu.

300 g Bratwurstfüllung,
1 altbackene Semmel,
100 g gekochter Schinken,
4 Gewürzgurken, Pfeffer, Salz.

Kalbsbrust mit Fleischfülle kann nach dem gleichen Rezept zubereitet werden. Verwenden Sie zum Füllen folgende Fleischmasse: Die Bratwurstfüllung mit der eingeweichten Semmel, dem gewürfelten Schinken und den gewürfelten Gurken vermischen, pikant und gut verkneten.

Kalbsbrust füllen — zunähen

Kalbsgulasch

800 g Kalbfleisch (Bug, Keule,
Nacken), 250 g Zwiebeln, Salz,
2 El Edelsüßpaprika, ¼ l saure
Sahne, 1 El Mehl, 4 El Öl.

Das gewaschene, getrocknete Kalbfleisch in 2–3 cm große Würfel schneiden. Die Zwiebeln fein hacken, leicht salzen und in dem Fett hellgelb anrösten. Den Paprika und das Fleisch dazugeben und so lange unter ständigem Rühren erhitzen, bis das Fleisch rundherum leicht angebraten ist. Mit etwa ¼ l Wasser aufgießen. Das Fleisch salzen und dann zugedeckt in etwa 2 Stunden gar schmoren. Die saure Sahne mit dem Mehl verquirlen, zu dem Fleisch geben, noch 5 Minuten leicht kochen lassen und in einer gewärmten Schüssel anrichten.
Mit Salzkartoffeln oder Spätzle auftragen.

Kalbshaxe, gesotten

1 Kalbshaxe, Salz, ⅛ l Weinessig,
⅛ l Weißwein, 2 Zwiebeln,
2 Mohrrüben, ½ Sellerieknolle,
4 Pfefferkörner, 4 Gewürzkörner,
die Schale von 1 Zitrone,
1 Lorbeerblatt, 1 Zweiglein
Thymian, 1 Zweiglein Rosmarin.

2 l Wasser mit Salz, dem Weinessig, dem Wein, den geviertelten Zwiebeln, den in Würfel geschnittenen Mohrrüben, dem in Würfel geschnittenen Sellerie und den in ein Mullsäckchen gebundenen Gewürzen zum Kochen bringen. Die gewaschene Kalbshaxe darin langsam gar kochen (1–1½ Stunden). Die Haxe unzerteilt auf eine Platte legen – sie wird erst bei Tisch (entlang der einzelnen Muskelpartien) tranchiert – und mit den Karotten und Selleriewürfeln garnieren.
Reichen Sie dazu Kartoffelklöße oder Salzkartoffeln.

Kalbshaxe, gebraten

Die Kalbshaxe waschen, abtrocknen und in dem stark erhitzten Fett von allen Seiten kräftig anbraten. Die Haxe danach aus dem Fett nehmen, salzen und pfeffern. Das gereinigte Wurzelwerk und die Zwiebel kleinschneiden und im Bratfett leicht anrösten. Das Schwarzbrot ebenfalls kleinschneiden und zu den Wurzeln geben. Die angebratene Kalbshaxe auf dieses »Bett« aus Wurzeln und Brot legen, mit etwas heißem Wasser aufgießen (nur neben das Fleisch) und in das auf 160° erhitzte Rohr stellen. Die Haxe in 1½–2 Stunden gar braten (bei zu schnellem Braten wird sie hart und trocken!) und dabei immer wieder mit dem eigenen Saft begießen. Die fertige Haxe auf einer vorgewärmten Platte oder einem Schneidbrett anrichten. Den Bratrückstand mit etwas Brühe verdünnen und durch ein Sieb streichen (oder im Mixer pürieren). Die Sauce mit Salz und Pfeffer abschmecken und separat reichen.
Servieren Sie zur gebratenen Kalbshaxe *Kartoffelklöße* oder Spätzle und Salat.

1 Kalbshaxe, 8 El Öl oder anderes Fett, Salz, Pfeffer, 1 Wurzelwerk, 1 Zwiebel, 1 Scheibe Schwarzbrot.

Kalbshaxe, glasiert

Das geputzte, gewaschene Suppengrün mit der geteilten Zwiebel und den Gewürzen in 2–3 l Salzwasser zum Kochen bringen. Die gewaschene Kalbshaxe zugedeckt darin 30–40 Minuten kochen, aus dem Sud nehmen und gut abtropfen lassen. Die abgekühlte Haxe in eine Bratpfanne (oder auf den Rost) legen, mit der zerlassenen Butter bepinseln und für 30–40 Minuten in das auf 180° vorgeheizte Rohr stellen, dabei wiederholt mit zerlassener Butter bepinseln.
Die so zubereitete Kalbshaxe ist innen sehr saftig und hat außen eine knusprige Haut. Ein Tip: Bestreichen Sie die Kalbshaxe während der letzten 5 Minuten mit 1–2 El dunklem Bier.
Die Kalbshaxe auf einer gewärmten Platte oder auf einem schönen Schneidbrett anrichten. Reichen Sie *Semmelknödel* und Kopfsalat dazu (Abb. s. S. 157).

1 Kalbshaxe, 1 Suppengrün, 1 kleine Zwiebel, 1 Lorbeerblatt, 2 Gewürznelken, 5 Pfefferkörner, Salz.

Fleisch

Kalbshaxe auf italienische Art = Ossobuco

Lassen Sie die Kalbshaxe vom Metzger in 4–5 cm dicke Scheiben teilen. Die einzelnen Scheiben sorgfältig waschen, trocknen und mit einem Bindfaden rund binden. Das Mehl mit dem Salz und dem Pfeffer vermischen und die gereinigten Fleischstücke gleichmäßig damit bestäuben. Das Öl in einer Pfanne erhitzen und die Fleischstücke (nur so viele Stücke nehmen, wie leicht Platz haben!) rundherum kräftig anbraten. Die Stücke dann herausnehmen und nebeneinander in eine große Kasserolle schichten. Die Zwiebel, die Karotte und die Sellerieknolle kleinschneiden, im Bratfett kräftig durchrösten und danach mit dem Wein aufgießen. Kurz aufkochen lassen und dabei den Bratsatz sorgfältig lösen und mit so viel Brühe aufgießen, daß das Fleisch gerade bedeckt ist. Die in ein Mullsäckchen gebundenen Gewürze hinzufügen. Die Kasserolle zudecken, in ein mittelheißes Rohr stellen und das Fleisch 1 Stunde langsam schmoren. Die Tomaten schälen (vorher überbrühen), vierteln – die Kerne dabei etwas herausdrücken – und zu dem Fleisch geben. Alles zusammen noch weitere 15–30 Minuten (je nach Fleischqualität) schmoren. Die Fleischstücke auf der gewärmten Platte anrichten und mit einem Teil der im Mixer pürierten (oder passierten) Sauce übergießen; die restliche Sauce separat reichen. Die Zitronenschale sehr fein hacken, mit der ebenfalls feingehackten Sardelle und der gehackten Petersilie mischen und vor dem Auftragen über das Fleisch streuen.
Reichen Sie zum Ossobuco Safranreis, *Risipisi* oder Teigwaren.

1 große Kalbshaxe, 1 El Mehl, 1 Tl Salz, ½ Tl Pfeffer, 6 El Öl, 1 Zwiebel, 1 Mohrrübe, ½ Sellerieknolle, ¼ l Weißwein, Fleischbrühe nach Bedarf, 1 Knoblauchzehe, 1 Stengel Thymian, 1 Lorbeerblatt, ½ Tl Basilikum, 2–3 Tomaten, die Schale von 1 Zitrone, 1 gewässerte Sardelle, 1 El Petersilie.

Kalbskopf, gebacken

½ Kalbskopf, Salz,
3 El Weinessig, 1 Zwiebel,
1 Suppengrün, 4 Pfefferkörner,
Mehl, 1 Ei, Semmelbrösel,
Backfett.

Den gewaschenen Kalbskopf in etwa 2 l kochendes Salzwasser legen, den Weinessig, die Zwiebel, das Suppengrün und die Pfefferkörner dazugeben und den Kalbskopf in etwa 2 Stunden weich kochen. Das Fleisch von den Knochen lösen, in ein kleineres Gefäß legen, mit einem Brett beschweren und erkalten lassen. Die kalte Fleischmasse in 1 cm starke Scheiben schneiden, diese nacheinander im Mehl, dem leicht gesalzenen, mit 2 El Wasser verquirlten Ei und den Semmelbröseln wenden (die Brösel leicht andrücken) und in dem stark erhitzten Fett von beiden Seiten goldbraun backen. Auf Küchenkrepp abtropfen lassen und auf einer erwärmten Platte anrichten.
Garnieren Sie den Kalbskopf mit Zitronenspalten und reichen Sie Kartoffelsalat oder einen anderen Salat dazu.
Auf die gleiche Weise wie gebackenen Kalbskopf können auch *Kalbsfüße, gebacken* zubereitet werden: 2 saubere Kalbsfüße spalten, kochen und wie oben fertigstellen.

Kalbskotelett Meran

4 Kalbskoteletts, 2 Tl Öl, Salz,
60 g Butter, 2 Zwiebeln,
4 Tomaten, 4 Salbeiblätter,
40 g geriebener Parmesan.

Die Koteletts waschen, trockentupfen und in dem stark erhitzten Öl auf jeder Seite 1 Minute anbraten. Die Butter dazugeben, die Koteletts salzen und in 4–5 Minuten pro Seite fertig braten. Die Koteletts auf ein Backblech oder in eine flache feuerfeste Schüssel legen. Die Zwiebel fein hacken und in Bratfett leicht anrösten. Die überbrühten Tomaten schälen, entkernen, kleinschneiden, zu den Zwiebeln geben und mit diesen 5 Minuten dünsten. Die Zwiebel-Tomaten-Masse auf die Koteletts verteilen, je ein Salbeiblatt darauflegen und den geriebenen Käse darüberstreuen. Die Koteletts noch so lange in das auf 200° erhitzte Rohr stellen, bis der Käse geschmolzen ist. Auf einer gewärmten Platte anrichten oder direkt in der feuerfesten Form auftragen.
Servieren Sie die Koteletts mit Kartoffelbrei oder *Risotto*.

Kalbskotelett Sevilla

4 Kalbskoteletts (etwa 3–4 cm dick), Salz, Pfeffer,
3 hartgekochte Eigelbe,
20 g Butter, 50 g Parmesan,
2 El Öl, 1 große Zwiebel, 1 Nelke,
½ Lorbeerblatt, ½ Tl Majoran,
⅛ l Weißwein.

Die gewaschenen und getrockneten Kalbskoteletts seitlich so einschneiden, daß eine Tasche entsteht. Die Koteletts danach außen mit Salz und Pfeffer, innen mit Weißwein einreiben. Die Eigelbe mit der Butter schaumig rühren, den Käse dazugeben und die Masse mit reichlich frischgemahlenem Pfeffer würzen. Diese Füllung in die Fleischtaschen verteilen und die Koteletts mit Zahnstochern verschließen. Das Öl erhitzen, die feingehackte Zwiebel und die übrigen Gewürze dazugeben, und die Koteletts von beiden Seiten braun anbraten. Den mit $^1/_{10}$ l Wasser verdünnten Wein zu den Koteletts gießen und alles zusammen zugedeckt auf kleinem Feuer weich schmoren.
Richten Sie die Koteletts auf einer gewärmten Platte an und reichen Sie *Safranreis* und *Paprikasalat* dazu.

Kalbsmedaillons

600 – 800 g Kalbsfilet, Mehl,
2 El Öl oder anderes Fett,
2 Orangen, 4 gewässerte Sardellen, 1 Prise Zucker,
1 Tl Cognac.

Das gewaschene, getrocknete Filet in 8 stärkere Scheiben schneiden, in Mehl wenden, in dem erhitzten Fett auf einer Seite braun anbraten, salzen, pfeffern, umdrehen und auf der anderen Seite fertig braten. Die Filets auf einer Platte warm stellen. Eine Orange so abschälen, daß die weiße Haut vollkommen entfernt wird, in dünne Scheiben schneiden und in dem Bratfett erwärmen. Die Orangenscheiben auf die warmgestellten Medaillons legen und mit den in Längsstreifen geschnittenen Sardellen verzieren. Die zweite Orange auspressen und den

Bratsatz mit dem Orangensaft loskochen. Den Bratensaft mit Salz, Pfeffer und einer Prise Zucker abschmecken, mit dem Grand Marnier verfeinern und über die Medaillons gießen.
Servieren Sie dieses wohlschmeckende Gericht mit *Pommes chips* oder Reis und Salat.

Kalbsnierenbraten

800 g ausgelöster Kalbsnierenbraten, 3 El Öl oder anderes Fett,
Salz, Pfeffer, 1 Zwiebel,
1 Wurzelwerk, 3/8 l Fleischbrühe,
20 g Butter, 1 Tl Mehl.

Das gewaschene, getrocknete Fleisch leicht salzen. Die Niere in die Mitte des Bratens legen; diesen fest zusammenrollen und -binden. (In einer guten Metzgerei erhalten Sie den Nierenbraten bereits fertig gerollt.) Das Fett in einer Bratpfanne erhitzen, den Braten rundherum goldbraun braten, herausnehmen, zur Seite stellen, salzen und pfeffern. Die Zwiebel und das geputzte Wurzelwerk in Streifen schneiden und in dem Bratfett leicht anrösten. Mit einem Teil der Brühe aufgießen und aufkochen lassen. Das angebratene Fleisch zurück in die Bratpfanne geben und in dem auf 180° vorgeheizten Backrohr unter häufigem Begießen mit dem eigenen Saft oder etwas zusätzlicher Brühe in etwa 1½ Stunden gar braten. Den Braten kurz abkühlen lassen, in fingerstarke Scheiben schneiden und auf einer gewärmten Platte anrichten. Den Bratensaft, wenn nötig, noch mit etwas Brühe verdünnen, mit Salz und Pfeffer pikant abschmecken und mit der nach und nach dazugegebenen Mehlbutter (Butter und Mehl verkneten) binden. Die Sauce durch ein Sieb gießen und separat reichen.
Zum Kalbsnierenbraten passen alle Reis- und Kartoffelgerichte als Beilage, dazu ein Rohkostsalat oder feines Gemüse. Aber auch Kartoffelsalat schmeckt sehr gut dazu.

Kalbspaprikasch

800 g Kalbfleisoh (Bug, Nacken),
250 g Zwiebeln, Salz, 4 El Öl oder anderes Fett, 2 El Edelsüßpaprika,
2 grüne Paprikaschoten,
2 El Tomatenmark, 1/4 l saure Sahne, 1 El Mehl.

Das Kalbfleisch waschen, trocknen und in etwa 3 cm große Würfel schneiden. Die Zwiebeln fein hacken, mit 1 Tl Salz vermischen und in dem erhitzten Fett glasig andünsten. Den Paprika dazugeben, kurz verrühren, dann die Fleischwürfel dazulegen und so lange bei starker Hitze braten, bis die sich bildende Flüssigkeit fast ganz verkocht ist. Die entkernten, in Streifen geschnittenen Paprikaschoten und das Tomatenmark dazugeben, mit etwas Wasser oder Fleischbrühe aufgießen und alles zusammen zugedeckt gar schmoren. Die saure Sahne mit dem Mehl verquirlen und zu dem Fleisch gießen.
Noch 5 Minuten leicht kochen lassen und dann in einer gewärmten Schüssel auftragen.
Reichen Sie Spätzle oder Salzkartoffeln dazu.

Kalbsrouladen

4 dünne Kalbsschnitzel, Salz,
2 kleine Zwiebeln, 60 g Butter,
1 El gehackte Petersilie,
8 gewässerte Sardellen,
4 Tl Kapern, 40 g Speck,
1/4 l Weißwein, 1 Tl Mehl,
1 Tl Butter.

Die gewaschenen Schnitzel dünn klopfen und salzen. Die Zwiebeln fein hacken und in der Butter anschwitzen. Die Petersilie, die gehackten Sardellen und die gehackten Kapern dazugeben und die Mischung gleichmäßig auf die 4 Fleischstücke verteilen. Die Schnitzel zu kleinen Rouladen zusammenrollen und mit einer Rouladennadel zusammenstecken (oder zusammenbinden). Die Rouladen mit Speckstreifen spicken und in der erhitzten Butter von allen Seiten anbraten. Mit dem Wein oder der Brühe aufgießen und zugedeckt in 20 Minuten gar schmoren. Die Rouladen auf einer gewärmten Platte anrichten. Den Bratensaft mit der Mehlbutter (die Butter mit dem Mehl verkneten) andicken, nochmals nachwürzen und über die angerichteten Rouladen gießen.
Die besten Beilagen sind *Risipisi* oder Spätzle.

Kalbsschnitzel, gratiniert

4 Kalbsschnitzel, Salz, 90 g Butter, 200 g Champignons, 1 mittelgroße Zwiebel, 1 El gehackte Petersilie, 30 g Mehl, ¼ l Milch, 1 Ei, 50 g geriebener Parmesan, 1 El Semmelbrösel, Tomaten und grüne Erbsen nach Bedarf.

Die gewaschenen, geklopften Kalbsschnitzel am Rand mehrmals einkerben, salzen und in der erhitzten Butter von beiden Seiten hellbraun braten. Eine flache feuerfeste Schüssel (oder ein Backblech) mit Butter bestreichen und die angebratenen Schnitzel nebeneinander hineinlegen. Die Champignons putzen, waschen, fein hacken, mit der feingehackten Zwiebel und der gehackten Petersilie in 20 g Butter anschwitzen und dann auf die Schnitzel verteilen. Das Mehl in Butter anschwitzen, mit der gewärmten Milch aufgießen und in 5 Minuten zu einer dicken *Béchamelsauce* verkochen. Nach kurzem Abkühlen das Ei und den Käse dazurühren. Die Sauce über die Schnitzel gießen und mit den Semmelbröseln bestreuen. Die Schnitzel in dem auf 200° erhitzten Rohr in 10–15 Minuten überbacken. Die Schnitzel auf einer gewärmten Platte (oder direkt in der feuerfesten Schüssel) anrichten und mit gebratenen Tomaten und grünen Erbsen schön garnieren.

Zu diesem ausgiebigen Gericht können Sie als Beilage einen beliebigen Salat servieren (Abb. s. S. 158).

Kalbsschnitzel, gespickt

4 Kalbsschnitzel (Nuß), 40 g Speck, 40 g Butter oder anderes Fett, Salz, Pfeffer, 4 El Portwein oder Madeira, ¼ Tl geriebene Orangenschale, 1 Messerspitze Ingwer.

Die gewaschenen Kalbsschnitzel klopfen, am Rand mehrmals einschneiden, mit Speckstreifen spicken und in der erhitzten Butter von beiden Seiten hellbraun braten (5–6 Minuten pro Seite); während des Umdrehens salzen und mit etwas frischgemahlenem Pfeffer bestreuen. Die Schnitzel auf einer Platte warm stellen. Den Bratrückstand mit dem Portwein ablöschen, kurz aufkochen, mit der Orangenschale und dem Ingwer würzen (wenn nötig, noch etwas salzen und pfeffern) und durch ein Sieb über die warmgestellten Schnitzel gießen.

Servieren Sie die gespickten Kalbsschnitzel mit *Champignonreis* oder mit Kartoffelpüree und Salat.

Kalbsschnitzel auf Bologneser Art

4 Kalbsschnitzel, Saft von 1 Zitrone, Salz, Mehl, 1 Ei, Semmelbrösel, Öl zum Backen, 4 Scheiben gekochter Schinken, 4 Scheiben Emmentaler (oder 40 g geriebener Parmesan), 30 g Butter.

Die gewaschenen Schnitzel gut klopfen, am Rand leicht einschneiden, mit dem Zitronensaft einreiben und 2 Stunden zugedeckt stehen lassen. Die marinierten Schnitzel leicht salzen, nacheinander in Mehl, dem mit 1 El Wasser verquirlten Ei und den Semmelbröseln wenden und in dem erhitzten Fett von beiden Seiten goldbraun backen (etwa 5 Minuten pro Seite). Die Schnitzel gut vom Fett abtropfen lassen und nebeneinander in eine feuerfeste Form (oder eine Bratpfanne) geben. Auf jedes Schnitzel eine Scheibe Schinken und darüber eine Scheibe Käse legen, die zerlassene Butter darübergießen und das Ganze so lange in das auf 200° erhitzte Rohr stellen, bis der Käse geschmolzen ist.

Reichen Sie zu diesem ausgiebigen Gericht nur Salat oder Gemüse.

Kalbssteak

4 Kalbssteaks (mindestens daumenstark aus dem Fricandeau), Zitronensaft, 1 – 2 El Öl, 40 g Butter.

Die gewaschenen, getrockneten Kalbssteaks mit Zitronensaft und Öl einreiben und zugedeckt 2 Stunden ruhen lassen. In einer Pfanne etwas Fett erhitzen und die Kalbssteaks darin 8–10 Minuten braten (oben sollen kleine Blutströpfchen austreten). Die Steaks wenden, salzen, die Butter dazugeben und in weiteren 8–10 Minuten gar braten. Die Kalbssteaks, die – anders als Beefsteaks – gerade durchgebraten sein sollen, auf einer gewärmten Platte anrichten und mit Zitronenspalten und Petersilie garnieren.

Reichen Sie zu diesem Gericht Petersilienkartoffeln und Feingemüse oder Salat als Beilage.

Kalbsvögel, gespickt

Die gewaschene Kalbshaxe entlang der einzelnen Muskelpartien in Portionsstücke teilen, mit Speckstreifen spicken (quer zur Faser), salzen und mit einem dünnen Faden zusammenbinden. Die Zwiebel fein hacken und mit dem restlichen, ebenfalls feingehackten Speck in der Butter goldbraun rösten. Die vorbereiteten Kalbsvögel von allen Seiten anbraten und zugedeckt gar dünsten (etwa 1 Stunde). Wenn das Bratfett zu dunkel werden sollte, seitlich einige Löffel Brühe zugeben. Die Kalbsvögel auf einer Platte warmstellen. Den Bratrückstand mit dem Mehl stauben, mit einigen Löffeln Brühe aufnehmen und kurz aufkochen lassen. Die saure Sahne dazurühren und noch 2–3 Minuten leicht kochen lassen. Die Sauce mit Salz und Pfeffer abschmecken und über die Kalbsvögel gießen.
Servieren Sie die Kalbsvögel mit Spätzle und *Semmelknödeln*.

700 g ausgelöste Kalbshaxe, 100 g Speck, Salz, 1 Zwiebel, 50 g Butter, Fleischbrühe, 1 El Mehl, ¼ l saure Sahne.

Kalbsvögel mit Ei

Die gewaschenen Kalbsschnitzel gut klopfen, salzen und leicht pfeffern. Die Schinkenscheiben auf die Schnitzel legen und die hartgekochten Eier (8 Minuten) in die Mitte geben. Die Schnitzel über dem Schinken und dem Ei zusammenrollen, kleine Päckchen binden, in Mehl wenden und in dem erhitzten Fett rundherum anbraten. Mit der Brühe aufgießen und das Fleisch noch 30 Minuten weiterschmoren. Die Kalbsvögel dann aus der Sauce nehmen und auf einer gewärmten Platte anrichten. Die Sauce mit dem Tomatenmark verrühren, mit Salz, Pfeffer und Zitronensaft abschmecken, mit der Sahne verfeinern und über die warmgestellten Kalbsvögel gießen. (Sollte Ihnen die Sauce zu dünn sein, können Sie sie noch mit 1 Tl in etwas kaltem Wasser angerührtem Stärkemehl binden.)
Reichen Sie Spätzle, Teigwaren oder ein Kartoffelgericht als Beilage.

4 dünne Kalbsschnitzel, Salz, Pfeffer, 4 Scheiben roher Schinken, 4 Eier, Mehl, 2 El Öl oder anderes Fett, ¼ l Fleischbrühe, 1 El Tomatenmark, Zitronensaft, ⅛ l Sahne.

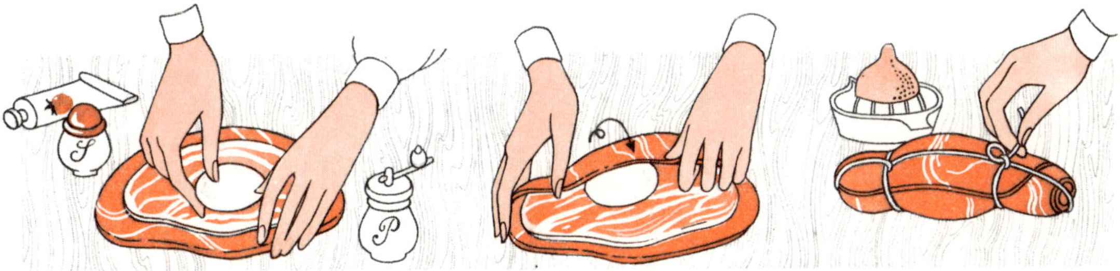

Kalbsschnitzel mit Ei und Schinkenscheibe belegen — einrollen — zusammenbinden

Kalbsvögel auf nordische Art = Kalvekyllinger

Die gewaschenen Kalbsschnitzel klopfen, an den Rändern leicht einschneiden; salzen und mit etwas Zitronensaft beträufeln. Die Petersilie mit der schaumig gerührten Butter verkneten und diese Kräuterbutter gleichmäßig auf die 4 Schnitzel verteilen. Die Schnitzel danach einrollen und mit einer dünnen Schnur zusammenbinden (natürlich können Sie auch Zahnstocher oder Rouladenklammern verwenden). Die Butter in einer Bratpfanne erhitzen und die Fleischrollen rundherum anbraten. Die mit der Milch vermischte Sahne dazugeben und die Kalbsvögel in dieser Sauce in etwa 30–40 Minuten garen. Die Fleischrollen in einer gewärmten Schüssel anrichten und die Sauce, die noch mit etwas mildem Senf pikant abgeschmeckt wird, darübergießen.
Reichen Sie Kartoffeln oder Reis, Knödel oder Teigwaren und einen *Rote-Rüben-Salat* dazu.

4 dünne Kalbsschnitzel, Salz, Zitronensaft, 100 g Butter, 2 El gehackte Petersilie, ⅛ l Sahne, ⅛ l Milch, milder Senf nach Bedarf.

Mexikaner-Tokány

1 kg Kalbfleisch (Nacken, Bug), 400 g Zwiebeln, 150 g Fett, 2 El Paprika, 5 Tomaten oder 3 El Tomatenmark, Salz, 300 g Champignons, 30 g Butter.

Die Zwiebeln fein hacken und im erhitzten Fett goldgelb rösten. Das in feine Streifen geschnittene Fleisch, den Paprika, die geschälten, entkernten Tomaten und das Salz dazugeben und alles zusammen im eigenen Saft in 30–40 Minuten gar dünsten. Die geputzten, gewaschenen Champignons in kleine Würfel schneiden, in der Butter dünsten und mit dem Fleisch vermischen. Den fertigen Tokány sofort in einer gewärmten Schüssel auftragen.
Dazu reichen Sie am besten Teigwaren oder Reis.

Naturschnitzel

4 Kalbsschnitzel, Salz, 60 g Butter, 1/8 l Fleischbrühe, 10 g Mehl.

Die gewaschenen, getrockneten Kalbsschnitzel klopfen und am Rand mehrmals einkerben. Die Butter in einer Pfanne erhitzen, die Schnitzel von jeder Seite 3–4 Minuten braten, salzen und auf einer Platte warmstellen. Den Bratrückstand mit der Brühe (Sie können auch Wasser oder verdünnten Wein verwenden) aufnehmen, kurz aufkochen lassen und mit der nach und nach dazugegebenen Mehlbutter (die Butter mit dem Mehl verkneten) binden. Die Sauce neben die Schnitzel gießen oder separat in einer Sauciere reichen. (Statt mit Sauce können Sie die Schnitzel mit einem Stückchen frischer Butter oder Kräuterbutter servieren.)
Die beste Beilage zum Naturschnitzel ist Reis (vor allem Champignonreis oder *Risipisi*) oder Petersilienkartoffeln.

Paprikaschnitzel

4 Kalbsschnitzel, Salz, Mehl, 4 El Öl oder Schmalz, 2 Zwiebeln, 2 Tl Edelsüßpaprika, 1/4 l saure Sahne, 1 El Mehl, 1 Prise Pfeffer.

Die gewaschenen Schnitzel am Rand mehrmals einschneiden, salzen und auf der einen Seite mit Mehl stauben. Das Öl in einer Pfanne erhitzen, die Schnitzel mit der Mehlseite hineinlegen, hellbraun braten, umdrehen und auf der anderen Seiten gar braten (etwa 4 Minuten pro Seite). Die Schnitzel aus der Pfanne nehmen und zur Seite stellen. Die Zwiebeln sehr fein hacken, in das Bratfett geben und hellgelb andünsten. Den Paprika dazurühren und mit 1/8 l Wasser aufgießen. Kurz aufkochen lassen, die mit dem Mehl verquirlte saure Sahne dazugeben und noch 2–3 Minuten ganz leicht kochen. Die Sauce mit Salz und einer Prise Pfeffer abschmecken.
Die gebratenen Schnitzel in die Sauce legen, noch 5 Minuten darin ziehen lassen, dann auf eine gewärmte Platte legen und mit einem Teil der Sauce übergießen; den Rest separat reichen.
Reichen Sie zu den Paprikaschnitzeln Spätzle, Teigwaren oder einen *Serviettenknödel* und Blattsalat.

Parmaschnitzel

4 Kalbsschnitzel, 1 Tl Zitronensaft, Mehl, 1 Ei, Salz, Pfeffer, 60 g geriebener Parmesan, 4 El Semmelbrösel, Öl oder Schmalz zum Backen.

Die gewaschenen Kalbsschnitzel sehr dünn klopfen, am Rand mehrmals einschneiden und mit etwas Zitronensaft betupfen. Das Ei mit 1–2 El Wasser verquirlen und mit Salz und Pfeffer würzen. Den geriebenen Parmesan mit den Semmelbröseln vermischen. Die Schnitzel nacheinander im Mehl, dem gewürzten Ei und dem Käse-Brösel-Gemisch wenden und sofort in dem in einer Bratpfanne stark erhitzten Fett (wenigstens fingerhoch) von beiden Seiten goldbraun backen. (Legen Sie die Schnitzel nicht zu dicht nebeneinander in die Pfanne!) Die Schnitzel auf Küchenkrepp abtropfen lassen, auf eine gewärmte Platte legen und mit Zitronenspalten garnieren.
Servieren Sie die Schnitzel sofort und reichen Sie einen *Kopfsalat Nizza*, einen *Tomatensalat* oder einen beliebigen anderen Salat dazu.

Pariser Schnitzel

Die Schnitzel waschen, trocknen, am Rand mehrmals einkerben und leicht salzen. Die Eier ebenfalls leicht salzen und mit 1–2 El Wasser verquirlen. In eine Pfanne 1½–2 cm hoch Fett geben und kräftig erhitzen. Die Schnitzel im Mehl wenden, in die Eier tauchen und im erhitzten Fett von beiden Seiten goldbraun backen. Die Schnitzel kurz auf Küchenkrepp abtropfen lassen und sofort auf einer gewärmten Platte anrichten.
Garnieren Sie mit Zitronenspalten und gebratenen Tomaten.
Reichen Sie als Beilage Petersilienkartoffeln und grüne Erbsen; ein beliebiger Kartoffelsalat paßt gut.

4 Kalbsschnitzel, Salz, Mehl, 2 Eier, Öl oder Schmalz zum Backen.

Rahmschnitzel = Sahneschnitzel

Die gewaschenen Schnitzel leicht klopfen, am Rand mehrmals einschneiden, salzen und auf einer Seite mit Mehl stauben. Die Butter in einer Bratpfanne erhitzen, die Schnitzel mit der Mehlseite hineinlegen, 2–3 Minuten braten, wenden und auf der anderen Seite in weiteren 2–3 Minuten fertig braten. Die Schnitzel dann aus der Pfanne nehmen und zur Seite stellen. Den Bratsatz mit der Brühe (oder Wasser) loskochen. Die Sahne mit dem Mehl verquirlen, zu dem Bratensaft geben und 2–3 Minuten ganz leicht kochen lassen. Die Sauce mit Salz, Pfeffer und Zitronensaft abschmecken. Die Schnitzel zurück in die Sauce geben und noch 2–3 Minuten darin – ohne zu kochen – ziehen lassen.
Die Rahmschnitzel auf einer gewärmten Platte anrichten, mit einem Teil der Rahmsauce begießen und mit gebratenen Tomaten garnieren; die restliche Sauce separat reichen.
Die besten Beilagen sind *Risipisi*, Butternudeln oder Spätzle und dazu ein beliebiger Salat.

4 Kalbsschnitzel, Salz, Mehl, 40 g Butter, 6 El Fleischbrühe, ¼ l saure oder süße Sahne, 1 El Mehl, Pfeffer, Zitronensaft, Tomaten nach Bedarf.

Fleisch

Piccata

Die gewaschenen Kalbsschnitzel dünn klopfen, mit Salz und Pfeffer würzen und mit Mehl bestreuen. Die Eier mit dem Käse und dem Mehl verquirlen, so daß ein dickflüssiger Teig entsteht. Die vorbereiteten Schnitzel durch diesen Teig ziehen und in erhitztem Fett von beiden Seiten goldbraun backen.
Die Piccata auf einer gewärmten Platte anrichten und mit Zitronenspalten garnieren.
Reichen Sie zu der Piccata in Butter geschwenkte Spaghetti oder ein *Risotto*, aber auch ein beliebiger Salat paßt ausgezeichnet dazu.

8 kleine Kalbsschnitzel (Filet), Salz, Pfeffer, Mehl, 3 Eier, 40 g Parmesan, ⅛ l Öl.

Piccata Milanese

Die gewaschenen, gut getrockneten Kalbsschnitzel klopfen, am Rand mit kleinen Einschnitten versehen und mit Zitronensaft einreiben. Die Schnitzel etwa 1 Stunde stehen lassen, dann salzen, wenig pfeffern, nacheinander im Mehl, dem verquirlten Ei und den Semmelbröseln wenden und in reichlich Fett goldbraun backen. Inzwischen die Spaghetti in Salzwasser (wenigstens 3 l) kernig-weich kochen, abseihen, mit der Butter vermischen und auf einer gewärmten, flachen Platte anrichten.
Die gebackenen Schnitzel auf dem Spaghettiberg verteilen und mit gehackter Petersilie bestreuen.
Zur Abwechslung können Sie die Piccata auch ohne Brösel, wie das Pariser Schnitzel, zubereiten: Wenden Sie die vorbereiteten Schnitzel nur in Mehl und verquirltem Ei und backen Sie sie dann sofort in heißem Fett.

8 kleine Kalbsschnitzel, Zitronensaft, Salz, Pfeffer, Mehl, 1 Ei, Semmelbrösel, Backfett, 300 g Spaghetti, 40 g Butter, 1 El Petersilie.

Ražnjiči

400 g Kalbfleisch (Keule), 400 g Schweinefleisch, Salz, Pfeffer, 2 große Zwiebeln, 1 rote Paprikaschote.

Das gewaschene, gut abgehangene Fleisch in etwa 3 cm große Würfel schneiden und diese abwechselnd auf 15–20 cm lange Spießchen stecken. Die Spießchen auf dem gut eingefetteten Rost unter häufigem Wenden von allen Seiten braun braten. Erst gegen Ende der Bratzeit salzen und pfeffern. Die Spießchen sofort auf eine gewärmte Platte legen und mit den in Streifen geschnittenen Zwiebeln und der entkernten und in dünne Streifen geschnittenen Paprikaschote garnieren.

Als Beilage eignet sich am besten frisches Weißbrot; Sie können aber auch ein Kartoffelgericht dazu servieren.

Saltimbocca alla Romana

8 kleine Kalbsschnitzel (etwa 80 g), Salz, Pfeffer, 8 Scheiben gekochter Schinken (in der Größe der Schnitzel),
8 – 16 Salbeiblätter, 60 g Butter (oder 3 El Öl und 1 El Butter),
4 El Sherry.

Die gewaschenen Schnitzel dünn klopfen, salzen und ganz wenig pfeffern. Die Salbeiblätter auf die Schnitzel verteilen, je 1 Scheibe Schinken darüberlegen und mit Zahnstochern befestigen. $^2/_3$ der Butter in einer Pfanne erhitzen und die Schnitzel darin bei guter Hitze von beiden Seiten hellbraun braten. Die Schnitzel mit der Schinkenseite nach oben auf einer gewärmten Platte anrichten und mit Zitronenspalten garnieren. Den Bratrückstand mit dem Sherry aufnehmen, die restliche Butter darin zerlassen und diesen Saft über das angerichtete Fleisch gießen.

Reichen Sie Petersilienkartoffeln oder *Safranreis* und Salat dazu.

Dieses italienische Rezept können Sie auch noch variieren: Verwenden Sie statt gekochtem Schinken Landschinken oder rohen Schinken; auch können Sie die Salbeiblätter durch einen Stengel Tymian ersetzen.

Kalbsschnitzel mit Salbeiblättern belegen, Schinkenscheibe darauf befestigen

Vitello Tonnato

1 kg Kalbfleisch (am besten von der Keule), $^1/_2$ l Weißwein,
1 Mohrrübe, $^1/_2$ Sellerieknolle,
$^1/_2$ Zwiebel (mit einer Gewürznelke besteckt), Salz, 1 mittelgroße Dose Thunfisch, 4 Sardellen,
1 Eigelb, 8 El Öl, 4 El Weißwein,
Saft von 1 Zitrone, 1 El Kapern,
1 – 2 Essiggurken, Tomaten.

Das gewaschene Kalbfleisch von den gröbsten Häuten befreien und zu einer festen Rolle zusammenbinden. Den Wein mit den geputzten Wurzeln, der Zwiebel und Salz zum Kochen bringen, das Kalbfleisch hineinlegen und so viel kochendes Wasser zugießen, daß das Fleisch reichlich bedeckt ist. Das Fleisch in diesem Sud gar kochen ($1^1/_2$–2 Stunden) und darin erkalten lassen. Den Thunfisch vom Öl abtropfen lassen und mit den gewässerten, entgräteten Sardellen passieren. Das Eigelb dazugeben und das Öl unter ständigem Rühren nach und nach hinzufügen, so daß eine dickflüssige, gebundene Sauce entsteht. Mit dem Wein und dem Zitronensaft abschmecken.

Das erkaltete Kalbfleisch in $^1/_2$ cm dicke Scheiben schneiden, mit der Thunfischsauce übergießen und wenigstens 6 Stunden zugedeckt kühl stellen.

Kurz vor dem Anrichten mit den Kapern und den kleingeschnittenen Gurken bestreuen und mit Tomatenvierteln garnieren.

Wiener Schnitzel

4 dünne Kalbsschnitzel, Salz, Mehl, 1 Ei, Semmelbrösel, Öl oder Schmalz zum Backen.

Die gewaschenen Schnitzel sehr gut klopfen, am Rand mehrmals einkerben und leicht salzen. Die Schnitzel nacheinander in Mehl, dem leicht gesalzenen, mit 1–2 El Wasser verquirlten Ei und den Semmelbröseln wenden und die Brösel leicht andrücken. Die Schnitzel in reichlich heißem Öl (oder Schmalz) rasch von beiden Seiten knusprig goldbraun backen, kurz auf Küchenkrepp abtropfen lassen, auf einer gewärmten Platte anrichten und mit Zitronenspalten und Petersilie garnieren.
Richtige Wiener Schnitzel müssen knusprig und trocken sein. Dazu einige Tips: Panieren Sie die Schnitzel erst unmittelbar vor dem Ausbacken; achten Sie darauf, daß das Fett genügend heiß ist, daß Sie die Schnitzel nicht zu dicht nebeneinander in die Pfanne legen, und servieren Sie die fertigen Schnitzel sofort.
Zu Wiener Schnitzel passen alle Salate, vor allem Kartoffelsalat, Blattsalat und *Tomatensalat.*

Zitronenschnitzel

500 g Kalbsfilet (oder ganz dünn geschnittene Schnitzel), Saft von 1 Zitrone, 40 g Butter, Salz, 1 El gehackte Petersilie.

Das gewaschene Filet in ganz dünne Scheiben schneiden, klopfen, mit dem Zitronensaft einreiben und 1 Stunde zugedeckt stehen lassen. Die Schnitzel trockentupfen, in die erhitzte Butter geben, rasch von beiden Seiten braten (2 Minuten pro Seite, während des Umdrehens salzen) und auf einer gewärmten Platte anrichten. Die Schnitzel mit gehackter Petersilie bestreuen und mit Zitronenspalten garnieren.
Reichen Sie zu diesem schnell zubereiteten Gericht Petersilienkartoffeln und grüne Erbsen oder Spargel.

SCHWEINEFLEISCH

Vielen gilt der Schweinebraten als der beste, saftigste und knusprigste Braten überhaupt. »Kalorienzähler« müssen sich diesen Leckerbissen allerdings oft versagen, denn sein hoher Fettgehalt macht ihn nicht nur schwer verdaulich, sondern auch zum Feind der schlanken Linie. Heutzutage kann man Koteletts und Bratenfleisch jedoch schon so »mager« einkaufen, daß das Kaloriengespenst seine Schrecken weitgehend verliert.
Das beste Schweinefleisch stammt von jungen Tieren mit einem Gewicht von rund 100 kg. Das Fleisch jüngerer Tiere ist nicht so kernig, das älterer Schweine erweist sich oft als zäh. Wenn das Fleisch feinfaserig, fest und elastisch ist, eine zart- bis mittelrosa Farbe und weißes Fett hat, dann kann man seiner hervorragenden Qualität sicher sein; das Fleisch älterer Tiere ist dunkel und grobfaseriger. Schweinefleisch darf höchstens zwei Tage alt sein und sollte so frisch wie möglich zubereitet werden.
Schweinefleisch läßt sich ausgezeichnet pökeln und räuchern. So entstehen dann Köstlichkeiten wie Schinken (Keule), Kasseler Rippenspeer (Kotelettstück), Eisbein usw. Einige beliebte Schinkengerichte sind auf den folgenden Seiten verzeichnet, weitere finden Sie im Kapitel *Kleine Hauptgerichte*.

Das *Filet* ist das beste und zarteste Stück. Es eignet sich vorzüglich zum Braten und Kurzbraten. In dickere Scheiben geschnitten erhält man die *Medaillons*.

Das *Kotelettstück* kann mit den Rippen oder ausgelöst und gerollt verwendet werden. Geteilt kommt es als *Koteletts* oder *Karbonaden*, geräuchert als *Kasseler* in den Handel.

Der *Schinken* wird in *Oberschale, Unterschale, Nuß* und *Hüfte* zerlegt. Jedes dieser Stücke ergibt einen ausgezeichneten, nicht zu fetten Braten. Geteilt wird er als Schnitzel und Rouladen verkauft. Besonders schmackhaft ist auch der gepökelte und geräucherte Schinken, der gekocht und ungekocht zubereitet werden kann.

Der *Vorderschinken* liefert einen sehr saftigen Braten und, in kleine Stücke zerteilt, das Gulasch.

Der *Bauch* ist zwar das fetteste Stück vom Schwein, ergibt aber geräuchert – den mageren Speck. Das dazugehörige Rippenstück (dünne Rippen) wird vor allem gefüllt gebraten.

Die *Haxen* können frisch, geräuchert oder gepökelt (Eisbein) verarbeitet, und zwar gebraten, geschmort oder gekocht werden.

Kopf und *Füße* werden nur gekocht für Sülzen verwendet.

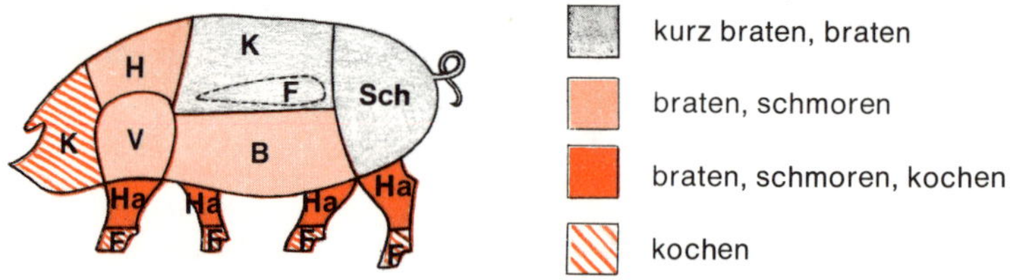

F Filet **K** Kotelettstück = Karree = Rücken **Sch** Schinken = Keule = Schlegel **V** Vorderschinken = Bug = Schulter **H** Halsgrat = Nacken = Kamm **B** Bauch = Wamme, Rippenstück **Ha** Haxen, Eisbein **K** Kopf **F** Füße

Bauernschmaus

1½ kg Sauerkraut,
600 g Rauchfleisch,
10 – 12 Schweinsbratwürstchen,
2 El Schmalz oder Öl, (nach Belieben) Räucherspeck, Regensburger oder andere Würste.

Der Bauernschmaus ist ein sehr ausgiebiges Essen, das Sie am besten gleich für einen größeren Kreis zubereiten. Das eventuell schon am Vortag zubereitete Sauerkraut erwärmen und in einer großen Schüssel anrichten. Das Rauchfleisch in kochendem Wasser garen, in fingerstarke Scheiben schneiden und auf einem Teil des Krautes anordnen. Die Schweinsbratwürstchen in dem Fett braun braten und ebenfalls auf das Kraut legen. Außerdem können noch im eigenen Fett gebratene Räucherspeckscheiben, erhitzte Regensburger oder beliebige andere Würste auf das Kraut gelegt werden.
Servieren Sie den Bauernschmaus sehr heiß und reichen Sie *Semmelknödel* oder *Kartoffelklöße* dazu.

Berliner Eisbein

2 gepökelte Schweinshaxen (etwa 2 kg), 2 Zwiebeln,
2 Lorbeerblätter, 6 Pfefferkörner,
6 Gewürzkörner, 1 Prise Zucker.

Bevor Sie mit der Zubereitung beginnen, kosten Sie das Eisbein: Zu kräftig gepökelte Stücke müssen vor ihrer Verwendung für einige Stunden in kaltes Wasser gelegt werden.
In einem großen Topf 2–3 l Wasser zum Kochen bringen, die halbierten Zwiebeln, die Lorbeerblätter, die Pfefferkörner, die Gewürzkörner und den Zucker dazugeben und das Eisbein langsam darin gar kochen (etwa 1½–2 Stunden); das Fleisch muß sich leicht vom Knochen lösen, das Fett aber noch kernig fest sein.
Das Eisbein auf einer Schüssel mit Sauerkraut anrichten und Erbsenpüree mit gebräunten Zwiebelringen dazu reichen. Auch *Kartoffelklöße* oder Kartoffelbrei eignen sich als Beilage.

Bremer Matrosenfleisch

Das gewaschene Fleisch in 2–3 cm große Würfel schneiden. Das Schweineschmalz erhitzen und die Fleischwürfel von allen Seiten stark anbraten. Die Zwiebeln und das geputzte, gewaschene Wurzelwerk in Würfel schneiden, zu dem Fleisch geben und kurz durchrösten. Mit Salz und Pfeffer würzen, mit dem Rotwein aufgießen, den Meerrettich und das Lorbeerblatt hinzufügen und alles zusammen in 40–50 Minuten gar schmoren.
Das Matrosenfleisch mit dem in etwas kaltem Wasser angerührten Stärkemehl binden, noch 1–2 Minuten kochen lassen und dann in einer gewärmten Schüssel anrichten.
Reichen Sie Salzkartoffeln und *Gurkensalat* dazu.

500 g Schweinefleisch (oder 250 g Schweine- und 250 g Rindfleisch),
2 El Schweineschmalz oder anderes Fett, 2 Zwiebeln,
1 Wurzelwerk, Salz, Pfeffer,
¼ l Rotwein, 2 Tl geriebener Meerrettich, 1 Lorbeerblatt,
1 Tl Stärkemehl.

Chop Suey

Das Fleisch in kleine (1–1½ cm) Würfel schneiden, pfeffern, salzen und in dem stark erhitzten Fett von allen Seiten anbraten. Mit dem Sherry und der Sojasauce ablöschen, zudecken und die Würfel fertig garen (3–5 Minuten). Das gewaschene Gemüse in Streifen schneiden, im Öl anrösten, mit der Brühe aufgießen, langsam weich dämpfen, zu dem Fleisch geben und nochmals kurz aufkochen. Sofort mit Trockenreis servieren.
In manchen Gegenden wird dieses aus Amerika stammende Gericht als Eintopf zubereitet: Rösten Sie das Gemüse mit dem Fleisch an, geben Sie ¼ l sauber gewischten Reis dazu und gießen Sie mit etwa ¾ l Brühe (oder Wasser) auf und lassen alles zusammen erst offen, dann zugedeckt gar dämpfen.

500 g Schweinefleisch (Kamm oder Vorderschinken), Salz,
Pfeffer, 6 El Öl, 4 El Sherry,
2 El Sojasauce, 250 g Sellerie oder Stangensellerie,
1 Paprikaschote,
⅛ l Fleischbrühe.

Fleisch

Curryfleisch

Das gewaschene Schweinefleisch in feine Scheibchen oder Streifen schneiden. Das Mehl mit Salz, Pfeffer, Curry und Knoblauch vermischen und das geschnittene Fleisch mit dieser Mischung bestreuen. Die Schalotten fein hacken und in dem Fett anschwitzen. Das Fleisch dazugeben und unter ständigem Rühren rundherum anbraten. Mit dem Weißwein ablöschen, mit der Brühe aufgießen und alles zusammen zugedeckt 15 Minuten ganz schwach kochen lassen. Die Mehlbutter (die Butter mit dem Mehl verkneten) nach und nach dazugeben, nochmals abschmecken und zuletzt mit der Sahne verfeinern. Das Curryfleisch in einer gewärmten Schüssel auftragen.
Reichen Sie zum Curryfleisch Reis oder Salzkartoffeln.

600 g Schweinefleisch (Schlegel),
Mehl, Salz, Pfeffer, 2 Tl Curry,
1 Messerspitze Trockenknoblauch,
2 Schalotten,
2 El Öl oder Schmalz,
3 – 4 El Weißwein,
¼ l Fleischbrühe, 20 g Butter,
⅛ l Sahne.

Flämisches Ofenfleisch

Das gewaschene Schweinefleisch in größere Würfel schneiden. Das Fett in einem Schmortopf erhitzen und die feingehackten Zwiebeln darin leicht anrösten. Die Fleischwürfel dazugeben, rundherum kräftig anbraten und mit Salz, Pfeffer und Zucker würzen. Die geschälten, entkernten und geraspelten Äpfel hinzufügen, mit der Brühe aufgießen und den Thymian und das Lorbeerblatt dazugeben. Das Fleisch zugedeckt auf kleinster Flamme langsam gar schmoren (etwa 2 Stunden), aus der Sauce nehmen und zur Seite stellen. Die Sauce passieren, wenn nötig, mit etwas Brühe verdünnen und nochmals zum Kochen bringen. Die Fleischwürfel zurück in die Sauce legen und darin erwärmen.
Das Ofenfleisch mit Salz und Pfeffer abschmecken und in einer vorgewärmten Schüssel servieren.
Reichen Sie dann zu diesem belgischen Gericht Salzkartoffeln oder Kartoffelpüree.

800 g Schweinefleisch,
2 El Schweineschmalz oder anderes Fett, 4 große Zwiebeln,
Salz, Pfeffer, ½ Tl Zucker,
2 säuerliche Äpfel,
½ l Fleischbrühe, 2 Stengel Thymian, 1 Lorbeerblatt.

Julskinka = schwedischer Weihnachtsschinken

1 gepökelter Schinken,
2 Lorbeerblätter, 5 Pfefferkörner,
1 Ei, 1 El milder Senf, 1 Tl Zucker,
Semmelbrösel nach Bedarf.

Ein ganzer Schinken wiegt etwa 5–6 kg und reicht für 8–10 Personen; für einen kleineren Kreis ist daher ein »Nußschinken« (etwa 1½ kg) besser geeignet.
Den Schinken in reichlich kaltem Wasser unter Zusatz der Gewürze garen. Meistens können Sie schon einen fertig gekochten Schinken kaufen. Legen Sie den Schinken in eine Bratpfanne, geben Sie ½–1 l Wasser und die Gewürze dazu und lassen Sie den Schinken bei etwa 130° in der Bratröhre heiß werden. Den Schinken aus dem Sud nehmen, gut trocknen und die Schwarte ablösen. Das Ei mit dem Senf zu einer Paste verrühren und die Fettschicht des Schinkens damit bestreichen. Den Zucker und die Semmelbrösel darüberstreuen und alles leicht festdrücken. In eine große Pfanne einige Löffel des Kochsudes geben, den Schinken hineinlegen und in dem auf etwa 220° vorgeheizten Rohr so lange braten, bis die Kruste knusprig geworden ist (etwa 15 Minuten).
Servieren Sie den Schinken am besten unzerteilt auf einem entsprechenden Schneidbrett und garnieren Sie ihn mit gekochten Dörrpflaumen und kleinen Bratäpfeln. Traditionelle Beilagen sind, neben Salzkartoffeln und Blaukraut, Kastanienpüree und Apfelmus.
Reste schmecken auch kalt ganz ausgezeichnet oder lassen sich für andere Gerichte wie *Schmantschinken, Schinkennudeln, Schinkensoufflé* und ähnliches verwenden.

Jungschweinebraten

1 – 2 kg Jungschweinebraten
mit Schwarte (Rücken oder
Schlegel), Salz,
1 – 2 Knoblauchzehen, Kümmel.

Den gewaschenen Braten mit der Schwarte nach unten in so viel kochendes Wasser legen, daß diese gerade bedeckt ist. So lange kochen, bis die Schwarte halbweich geworden ist, herausnehmen und abkühlen lassen. Die Schwarte mit einem scharfen Messer in fingerbreiten Abständen ½ cm tief einschneiden. Den so vorbereiteten Braten mit Salz und Knoblauch einreiben, mit Kümmel bestreuen und mit der Schwarte nach unten in eine Bratpfanne legen. Mit einigen Löffeln kochendem Wasser begießen und in das auf 220° erhitzte Rohr stellen. Das Fleisch nach 20 Minuten wenden, die Hitze auf 200° zurückstellen und den Braten unter häufigem Begießen mit dem eigenen Saft oder mit etwas Wasser gar braten (etwa 1½ Stunden). Während der letzten 5 Minuten die Hitze wieder erhöhen und die Schwarte mehrmals mit kaltem Salzwasser bepinseln; sie wird dann besonders knusprig. Den Braten auf einem schönen Fleischbrett anrichten; er wird am besten erst bei Tisch zerteilt (entlang der Einschnitte).
Reichen Sie zu Jungschweinebraten als Beilagen *Kartoffelklöße* und warmen *Weißkohlsalat* (Abb. s. S. 175).

Kasseler Rippenspeer = Kasseler Rippchen

1 kg geräucherter
Schweinsrücken, 1 Zwiebel,
4 Wacholderbeeren,
8 Pfefferkörner, 4 El Rotwein,
1 Tl Stärkemehl, ⅛ l saure Sahne,
Salz, Pfeffer.

Kosten Sie das Fleisch vor der Verwendung: Sollte es zu scharf sein, so legen Sie es 1 Stunde vor der Verarbeitung in lauwarmes Wasser. Danach gut abtropfen lassen. Das Rauchfleisch mit der Fettseite nach unten in eine Bratpfanne legen. Die kleingeschnittene Zwiebel und die Gewürze dazugeben, mit ½ l kochendem Wasser begießen und in das auf 180° erhitzte Rohr stellen. Nach ½ Stunde umdrehen und den Rippenspeer unter häufigem Begießen (mit dem eigenen Saft, wenn nötig noch mit etwas Wasser) in weiteren 1–1½ Stunden garen. Das Fleisch kurz ruhen lassen, dann in fingerstarke Scheiben teilen und auf eine gewärmte Platte legen. Die Bratsauce entfetten, abseihen und mit dem im Rotwein angerührten Stärkemehl binden; 1–2 Minuten kochen lassen und dann mit der sauren Sahne, Salz und Pfeffer abschmecken.
Die Kasseler Rippchen mit Sauerkraut (in dem sie sich auch gut wieder aufwärmen lassen) und Salzkartoffeln oder Kartoffelpüree servieren.

Kasseler Rippchen auf Florentiner Art

Die Rippchen in kochendes Wasser geben, 1 Stunde kochen und eine weitere Stunde ziehen lassen. Den Spinat verlesen, waschen und abtropfen lassen. Den Madeira in einen großen Kochtopf gießen, den Spinat dazugeben, salzen und zugedeckt bei geringer Hitze gar dünsten. Eine flache, feuerfeste Schüssel buttern, den Spinat so hineingeben, daß der Schüsselboden gleichmäßig bedeckt ist, und die in fingerstarke Scheiben geschnittenen Rippchen obenauf legen. Die Sahne steif schlagen und auf die Rippchen streichen. Das Ganze in dem sehr stark erhitzten Rohr (höchste Stufe! Oberhitze) 2–3 Minuten überbacken. Sofort servieren!
Reichen Sie junge Kartoffeln mit Petersilie dazu.

600 g Kasseler Rippchen, 500 g Spinat, 4 El Madeira, Salz, 20 g Butter, 1/4 l Sahne.

Kotelettstück Amsterdam

Das Kotelettstück waschen, trocknen, mit der Fettseite nach unten in eine Bratpfanne legen, mit dem erhitzten Schmalz übergießen und in dem auf 200° vorgeheizten Rohr 15 Minuten braten. Mit Salz, Pfeffer und Majoran einreiben, wenden und unter häufigem Begießen mit dem Bratfett (eventuell etwas Wasser zugeben) gar braten (insgesamt 1 1/2 Stunden). Die Äpfel schälen, entkernen, in Spalten schneiden und während der letzten 1/4 Stunde mitbraten. Den Braten in fingerdicke Scheiben schneiden und auf eine gewärmte Platte geben. Die mitgebratenen Äpfel rundherumlegen und das Ganze mit dem Bratfett übergießen.
Reichen Sie als Beilage Bratkartoffeln und Rosenkohl.

1 kg ausgelöstes Kotelettstück, 50 g Schweineschmalz oder anderes Fett, Salz, Pfeffer, Majoran, 2 säuerliche Äpfel.

Krenfleisch

Das gewaschene Schweinefleisch mit dem Essig und den anderen Gewürzen in kochendes Salzwasser geben und halbgar kochen (etwa 40 Minuten). Das gewaschene, geputzte und in feine Streifen geschnittene Gemüse dazugeben und alles zusammen in weiteren 40 Minuten gar kochen. Das Fleisch aus dem Sud nehmen, in beliebig dicke Stücke schneiden und auf einer gewärmten Platte anrichten. Das Gemüse rund um das Fleisch anordnen und zuletzt den geriebenen Meerrettich darüberstreuen.
Sofort mit Salzkartoffeln auftragen.

800 g Schweinefleisch (Nacken, Schulter oder Brust), 1/8 l Weinessig, Salz, 1 Lorbeerblatt, 5 Pfefferkörner, 3 Mohrrüben, 1/4 Sellerieknolle, 1 – 2 El geriebener Meerrettich.

Kümmelfleisch

Das gewaschene Schweinefleisch in 1/2 cm dicke Scheibchen schneiden und mit dem Mehl stauben. Die Zwiebeln in Streifen schneiden und im erhitzten Fett hellgelb anrösten. Die Gewürze hinzufügen und gut verrühren. Das Fleisch dazugeben, so lange unter ständigem Rühren durchrösten, bis es rundherum Farbe angenommen hat, dann salzen und zugedeckt bei ganz geringer Hitze im eigenen Saft in 1 1/2 Stunden gar dünsten, wobei der Fleischsaft ganz sämig werden muß.
Das Kümmelfleisch in einer gewärmten Schüssel auftragen und dazu Salzkartoffeln oder Kartoffelklöße und Weißkohl reichen.

800 g Schweinefleisch (Nacken, Schulter), 1 El Mehl, 2 Zwiebeln, 3 El Öl oder Schmalz, 1/2 Tl Paprika, 1 Messerspitze Pfeffer, 1 El Kümmel, Salz.

Rauchfleisch

Das Rauchfleisch ohne jede weitere Zutat in kochendes Wasser geben, 1 Stunde kochen und dann noch wenigstens 1 1/2 Stunden zugedeckt ziehen lassen. Das Fleisch kurz vor dem Anrichten nochmals erhitzen, aus dem Sud nehmen und in fingerdicke Scheiben schneiden.
Servieren Sie das Rauchfleisch mit Sauerkraut und *Semmelknödeln*.

600 – 800 g Rauchfleisch.

Prinzentopf

500 g Schweinsfilet, Salz, Pfeffer,
150 g gekochter Schinken,
40 g Butter, 500 g Tomaten,
250 g Spargelstücke (Dose),
250 g Erbsen (tiefgekühlt),
1/8 l Sahne, 1 El Tomatenketchup,
1 El gehackter Petersilie.

Das Schweinsfilet in 1½ cm dicke Scheiben schneiden, salzen und pfeffern. Die Butter in einer Bratpfanne erhitzen, den Schinken in dünne Scheiben schneiden, rasch von beiden Seiten anbraten und dann auf den Boden einer feuerfesten Schüssel (oder eines schönen Emailtopfes) legen. Die Schweinsfilets in der Bratbutter ebenfalls von beiden Seiten bräunen und über die Schinkenscheiben legen. Den Bratrückstand mit 1–2 El Spargelwasser aufnehmen und über das Fleisch gießen. Die Tomaten schälen, vierteln, entkernen und mit den Spargelstücken (dazu 3–4 El Saft) und den Erbsen mischen. Das Gemüse zu dem Fleisch geben und alles zusammen zugedeckt in dem auf 150° erhitzten Rohr in 40 Minuten gar schmoren. Das Tomatenketchup mit der Sahne vermischen und 10 Minuten vor beendeter Garzeit über den Prinzentopf gießen. (Sind Sie ein Liebhaber scharfer Sachen, können Sie statt des Tomatenketchups 1–2 Tl Chilisauce dazugeben.) Den Prinzentopf mit reichlich gehackter Petersilie bestreuen und direkt im Kochtopf auftragen. Reichen Sie Weißbrot oder junge Kartoffeln dazu.

Schinken auf Mecklenburger Art

800 g ausgelöster Schinken,
1 kg Brotteig, 1 El Majoran,
1 El Thymian,
1 El Zitronenmelisse,
1 El Petersilie.

Den Schinken, der nicht zu salzig sein soll (sonst muß er gewässert werden), zu einer festen Rolle zusammenbinden. Den Brotteig etwa fingerdick in der Größe des Schinkens ausrollen und mit den gehackten, gemischten Kräutern bestreuen. Den Schinken auf den Teig legen und fest einrollen; die Ränder befeuchten und gut festdrücken. Das Paket in dem auf 180° vorgeheizten Bratrohr in etwa 2½ Stunden garen. Unmittelbar vor dem Auftragen die Teighülle entfernen (sie wird nicht mitgegessen und soll nur den Schinken saftig erhalten). Den Schinken in fingerdicke Stücke schneiden, auf einer gewärmten Platte anrichten und mit Kartoffelpüree und *Gurkensalat* auftragen.

Schinken im Römertopf

1 kg ausgelöster Schinken,
1 El Majoran, 1 El Thymian,
1 El Petersilie,
1 El Zitronenmelisse.

Den Schinken vor der Verwendung kosten; sollte er zu salzig sein, muß er einige Stunden gewässert werden. Den Römertopf für 10 Minuten in kaltes Wasser legen. Sämtliche Kräuter fein hacken. Den Schinken so lange in dieser Kräutermischung wälzen, bis er rundherum von einer gleichmäßigen grünen Schicht bedeckt ist, in den Römertopf legen, gut verschließen, in das kalte Rohr stellen und langsam auf 150° erwärmen. Den Schinken bei dieser Temperatur in 2½ Stunden garen, kurz abkühlen lassen und dann in dünne Scheiben schneiden.
Servieren Sie den Schinken mit Kartoffelpüree und Rosenkohl oder Blaukraut.

Schmantschinken

4 Scheiben geräucherter Schinken (etwa 120 g),
1/4 l Milch, 60 g Butter,
4 El Rotwein, 1 Tl Mehl,
1/4 l saure Sahne, Salz, Pfeffer,
Zitronensaft.

Die Schinkenscheiben für 3–4 Stunden in eine flache Schüssel mit Milch legen, dann herausnehmen, gut abtropfen lassen und trockenwischen. Die Butter in einer Bratpfanne erhitzen, die Schinkenscheiben darin von beiden Seiten braun anbraten, herausnehmen, auf einer Platte anrichten und warm stellen. Den Bratrückstand mit dem Rotwein loskochen und mit der im Mehl verquirlten Sahne binden. Die Sauce mit Salz, Pfeffer und Zitronensaft abschmecken (manche lieben noch eine Spur Zucker dazu) und über die Schinkenscheiben gießen. Servieren Sie den Schmantschinken mit Salzkartoffeln und *Gurkensalat.*

Oben: Kalbshaxe glasiert mit Semmelknödeln und Kopfsalat ▷
Unten: Eisbein mit Sauerkraut und Erbsbrei

Secco
MATTEO
Frascati
superiore

Schweinebraten Florenz

1 kg Schweinebraten (ausgelöstes Kotelettstück oder Keule), Salz, Pfeffer, 2 Knoblauchzehen, 10–15 Rosmarinblätter, 8 Gewürznelken.

Den gereinigten, gut abgetropften Schweinebraten mit Salz und Pfeffer einreiben und danach zu einer festen Rolle zusammenbinden. Mit einem kleinen, spitzen Messer mehrere Einschnitte an der Oberfläche des Fleisches anbringen. Die der Länge nach mehrfach zerteilten Knoblauchzehen, die Rosmarinblätter und die Gewürznelken in diese Einschnitte stecken. Den so gespickten Braten in eine passende Bratpfanne legen, kochendes Wasser von der Seite zugießen (soll etwa $\frac{1}{2}$ cm hoch stehen) und das Ganze in ein auf etwa 220° erhitztes Bratrohr stellen. Das Fleisch in $1\frac{1}{2}$–2 Stunden unter häufigem Begießen mit dem eigenen Saft braten. Den fertigen Schweinebraten langsam erkalten lassen (nicht im Kühlschrank), danach in fingerdicke Scheiben schneiden, auf einer Platte anrichten und mit Tomatenvierteln und in Scheiben geschnittenen, hartgekochten Eiern garnieren.
Reichen Sie Kartoffelsalat (mit oder ohne Mayonnaise) dazu. Natürlich können Sie diesen Schweinebraten auch warm servieren; sein volles Aroma entfaltet er allerdings erst, wenn er kalt ist.

Rollbraten einschneiden

spicken

Schweinebraten

1 – $1\frac{1}{2}$ kg Schweinefleisch, Salz, Pfeffer, Knoblauch, $\frac{1}{2}$ Tl Kümmel, 1 – 3 El Schweineschmalz (je nach Fettgehalt des Fleisches), 1 kleine Zwiebel, 1 Brotrinde.

Sie können zum Schweinebraten jedes beliebige Fleischstück verwenden: Am zartesten und fettärmsten ist das Kotelettstück, das am besten ausgelöst verarbeitet wird; aber auch Nacken, Bug, Keule oder Bauchfleisch (das fetteste Stück) sind gut zum Braten geeignet. Wichtig ist: Je größer das Fleischstück, desto besser der Braten. Auch Reste schmecken kalt aufgeschnitten ausgezeichnet.
Das gewaschene, getrocknete Fleisch mit Salz, Pfeffer, Knoblauch und Kümmel einreiben, zu einer festen Rolle zusammenbinden und in eine nicht zu große Bratpfanne legen. Die Fleischrolle mit dem erhitzten Fett übergießen und in dem auf 200° vorgeheizten Rohr gut anbraten. Etwa $\frac{1}{4}$ l heißes Wasser seitlich zugießen, die geschnittene Zwiebel und die Brotrinde dazugeben, und den Braten unter mehrmaligem Wenden und Begießen mit dem Bratensaft (wenn nötig noch mit etwas Wasser verdünnen) gar braten ($1\frac{1}{2}$–2 Stunden). Den Braten aus dem Rohr nehmen, nach kurzem Abkühlen in fingerstarke Scheiben schneiden und auf eine gewärmte Platte legen.
Den Bratensaft, wenn nötig, noch etwas verdünnen, mit Salz und Pfeffer abschmecken und durch ein Sieb in eine Sauciere gießen.
Den Schweinebraten mit *Kartoffelklößen* und *Weißkrautsalat* auftragen.

◁ *Kalbsschnitzel gratiniert mit gebratenen Tomaten und grünen Erbsen*

Schweinebraten Palermo

1 kg Schweinebraten (Keule, Schulter oder Nacken), Salz, Pfeffer, ½ Tl Thymian (zerrieben), ½ Tl Basilikum (zerrieben), 3 El Öl oder anderes Fett, 1 Zwiebel, 1 Mohrrübe, ¼ Sellerieknolle, 12 schwarze Oliven, 20 g Butter.

Das gewaschene, getrocknete Schweinefleisch mit Salz, Pfeffer und den Kräutern einreiben und zu einer festen Rolle zusammenbinden. Das Öl in einer Bratpfanne erhitzen und das Fleisch rundherum anbraten. Die kleingeschnittene Zwiebel und die geputzten, kleingeschnittenen Wurzeln zu dem Fleisch geben und leicht anrösten. Mit ¼ l heißem Wasser aufgießen und den Braten zugedeckt 60–80 Minuten gar schmoren. (Sie können den Braten natürlich auch in dem auf 180° erhitzten Rohr gar schmoren.) Ungefähr nach der halben Garzeit die entkernten, geschnittenen Oliven dazugeben und mitschmoren. Den Braten kurz vor beendeter Garzeit abdecken und in dem auf 220° erhitzten Rohr bräunen, wobei er wiederholt mit der zerlassenen Butter bepinselt wird. Den fertigen Braten kurz stehen lassen, dann in dünne Scheiben schneiden, auf einer gewärmten Platte anrichten und mit einigen entkernten, halbierten Oliven garnieren. Die Bratensauce passieren (oder im Mixer pürieren), nochmals erhitzen, mit Salz und Pfeffer abschmecken und separat reichen.
Servieren Sie dieses pikante Gericht mit Spaghetti und Salat.

Schweinebraten in Senfsauce

800 g Schweinsschulter, 2 El Schweineschmalz, Salz, Pfeffer, 1 El Mehl, ½ l Fleischbrühe, 1 El scharfer Senf, 1 Tl Weinessig.

Das gewaschene, getrocknete Fleisch in dem erhitzten Fett von allen Seiten kräftig anbraten, zur Seite stellen, salzen und pfeffern. Den Bratrückstand mit dem Mehl stauben, mit der Brühe aufnehmen und gut durchkochen. Die Sauce mit Senf und Essig würzen, nachsalzen und nachpfeffern. Das Fleisch zurück in die Sauce legen und zugedeckt bei geringer Hitze gar schmoren (etwa 1½ Stunden), dann in stärkere Scheiben schneiden, auf einer gewärmten Platte anrichten und mit der Sauce begießen.
Servieren Sie das Fleisch mit *Semmelknödeln* oder einem *Serviettenkloß*.

Schweinebraten, gespickt nach Stockholmer Art

1 kg Schweinebraten (Kotelettstück), Salz, Pfeffer, 10 Dörrpflaumen (entkernt), 3 El Öl, ¼ l starker Kaffee, 1 El Mehl, ¼ l Milch.

Das gewaschene, getrocknete Fleisch mit Salz und Pfeffer einreiben und in regelmäßigen Abständen mit kleinen Einschnitten versehen. Die Pflaumen der Länge nach vierteln und in diese Einschnitte stecken. Das Öl in einer großen Pfanne erhitzen und das Kotelettstück darin von allen Seiten kräftig anbraten. ½ l kochendes Wasser seitlich dazugießen und die Pfanne dann in das stark erhitzte Rohr (220°) stellen. Die Hitze nach 10 Minuten reduzieren und das Fleisch in 1–1½ Stunden langsam gar braten. Während des Bratens abwechselnd mit dem schwarzen Kaffee und dem sich bildenden Bratensaft übergießen. Den Braten aus der Sauce nehmen, in fingerdicke Scheiben schneiden und warm stellen. Das mit etwas Wasser angerührte Mehl zu dem Bratensaft geben, kurz verkochen und dann mit der Milch aufgießen. Mit Salz und Pfeffer abschmecken und die fertige Sauce separat reichen.
Dazu passen Kartoffelbrei, *Herzoginkartoffeln* oder Salzkartoffeln am besten.

Schweinsfilet

1 großes Schweinsfilet (600 – 700 g), 60 g Speck, 3 El Öl, 1 Wurzelwerk, ½ Zwiebel, 1 El Weinessig, ½ l Fleischbrühe, 5 Pfefferkörner, 3 Gewürznelken, 1 Zitronenschale, 1 Lorbeerblatt, 1 Stengel Thymian, 1/16 l saure Sahne.

Das gewaschene Schweinsfilet abhäuten und mit Speckstreifen quer zur Faser spicken. Das Öl in einem Schmortopf erhitzen und das Filet rasch von allen Seiten darin anbraten. Das Fleisch aus der Pfanne nehmen, salzen, pfeffern und zur Seite stellen. Das Wurzelwerk und die Zwiebel in feine Streifen schneiden und im Bratfett anrösten. Mit dem Weinessig ablöschen, mit der Brühe aufgießen, die in ein Mullsäckchen gebundenen Gewürze dazugeben und zum Kochen bringen. Das Schweinsfilet zurück in die Sauce legen und in dem auf 200° erhitzten Rohr

unter häufigem Begießen mit dem eigenen Saft gar dünsten. Das Fleisch aus der Sauce nehmen, kurz ruhen lassen, dann in fingerdicke Scheiben schneiden und auf einer gewärmten Platte anrichten. Den Bratensaft durch ein Sieb gießen, mit der Sahne binden und separat reichen.
Als Beilage eignen sich vor allem Kartoffelgerichte (Klöße, Bratkartoffeln) oder ein *Serviettenknödel.*

Schweinsfilet im Mantel

1 Schweinsfilet, 1 El Öl oder Schmalz, Salz, Pfeffer, Majoran, 50 g Speck, 1 Paket Blätterteig, 1 Ei.

Das gewaschene Schweinsfilet abhäuten und in dem stark erhitzten Öl von allen Seiten anbraten. Mit Salz, Pfeffer und Majoran bestreuen. 10 Minuten stehen lassen und dann mit dünnen Speckscheiben umwickeln. Den aufgetauten Blätterteig ausrollen, das Filet darauflegen und sorgfältig einwickeln; die Ränder dabei gut zusammendrücken. Das Teigpaket auf ein mit kaltem Wasser bestrichenes Backblech legen, an der Oberseite mehrmals mit einer Gabel einstechen, mit einem geschlagenen Ei bestreichen und in dem auf 200° vorgeheizten Backrohr in 35 Minuten gar braten. Den Braten kurz ruhen lassen, dann auf einer gewärmten Platte anrichten und – am besten direkt bei Tisch – in fingerstarke Scheiben schneiden.
Servieren Sie Salzkartoffeln mit Karotten und Erbsen dazu.

Schweinsgulasch

800 g Schweinefleisch (Nacken, Schulter, Bauchfleisch), 400 g Zwiebeln, 2 El Schweineschmalz oder anderes Fett, 2 El Edelsüßpaprika, 500 g Kartoffeln, 1 Tl Tomatenmark.

Das Fleisch waschen, gut abtropfen lassen und in größere Würfel schneiden. Die Zwiebel in Streifen schneiden und in dem Fett hellgelb anrösten. Den Paprika dazurühren und die vorbereiteten Fleischwürfel dazugeben. Alles zusammen so lange weiterrösten, bis das Fleisch von allen Seiten angebraten ist, dann salzen, mit $1/4$ l Wasser aufgießen und zugedeckt bei schwacher Hitze 30 Minuten schmoren. Die Kartoffeln schälen, in Würfel schneiden, zu dem Fleisch geben und mit diesem garen (noch weitere 30–40 Minuten), wobei, wenn nötig, noch etwas Wasser zugesetzt werden kann. Das Gulasch mit dem Tomatenmark verrühren, eventuell noch etwas nachsalzen und in einer gewärmten Schüssel anrichten.
Als Beilage sind Salzkartoffeln oder Spätzle besonders geeignet.

Schweinshaxe, gebraten

1 große (oder 2 kleine) Schweinshaxe(n), 1 Knoblauchzehe, Salz, Pfeffer, $1/2$ Tl Kümmel, 1 Zwiebel, 1 Mohrrübe.

Die Schweinshaxe(n) waschen (eventuell vorhandene Borsten entfernen) und die Haut würfelförmig einschneiden (am besten erledigt das bereits der Metzger für Sie). Mit der halbierten Knoblauchzehe, Salz und Pfeffer einreiben und mit dem Kümmel bestreuen. Die Haxe(n) dann in eine Bratpfanne legen, mit $1/4$ l kochendem Wasser begießen und in dem auf 220° erhitzten Rohr unter mehrmaligem Wenden braun braten. Nach $1/2$ Stunde Bratzeit die Hitze auf 180° reduzieren, die geschnittene Zwiebel und die geputzten, geschnittenen Mohrrüben dazugeben und mitbraten. Während der ganzen Bratzeit (etwa 2 Stunden) immer wieder etwas Wasser seitlich zugießen und das Fleisch mit dem Bratensaft begießen. Etwa 15 Minuten vor beendeter Garzeit die Haxe(n) aus der Pfanne nehmen, auf den Rost legen und bei stärkerer Hitze (220°) knusprig werden lassen; die Haut dabei öfter mit kaltem Wasser bepinseln. Die Haxe(n) herausnehmen und warmstellen. Den Bratsatz mit etwas Wasser loskochen, mit Salz und Pfeffer abschmecken, durch ein Sieb gießen und separat reichen.
Die Schweinshaxe(n) auf einem Schneidbrett anrichten und Kartoffelsalat oder Kartoffelklöße und Sauerkraut (oder Salat) dazu reichen. Auch Bauernbrot und gemischter Salat passen ausgezeichnet.

Schweinshaxe in Sauerkraut

2 Schweinshaxen (1 ½–2 kg), Salz, Pfeffer, 1 Zwiebel, 40 g Schweineschmalz oder anderes Fett, 1 kg Sauerkraut, 6 Wacholderbeeren, ½ Tl Kümmel.

Die Schweinshaxen waschen, die Haut würfelförmig einschneiden und mit Salz und Pfeffer einreiben. Die Zwiebel fein hacken und in dem erhitzten Schmalz hellbraun anrösten. Das Sauerkraut dazugeben, mit den Wacholderbeeren und dem Kümmel würzen und mit ½ l Wasser aufgießen. Die Schweinshaxen so in das Sauerkraut legen, daß sie ganz davon bedeckt werden, und unter mehrmaligem Wenden gar dünsten (etwa 2–2½ Stunden); dabei von Zeit zu Zeit die Flüssigkeit mit so viel Wasser ergänzen, daß das Kraut nicht anbrennen kann. Zuletzt mit Salz und Pfeffer abschmecken.
Die Schweinshaxen auslösen, entlang der Muskeln zerteilen und mit dem Sauerkraut in einer gewärmten Schüssel anrichten.
Als Beilage *Kartoffelknödel* oder Katoffelbrei reichen.

Surhaxe in Sauerkraut

2 gepökelte Schweinshaxen, 1 Zwiebel, 40 g Fett, 1 kg Sauerkraut, 6 Wacholderbeeren, ½ Tl Kümmel.

Surhaxe in Sauerkraut wird genauso zubereitet wie Schweinshaxe in Sauerkraut. Kosten Sie die Haxen vor der Verwendung: Sollten Sie zu salzig sein, müssen Sie für einige Stunden in kaltes Wasser gelegt werden.

Schweinskotelett

4 Schweinskoteletts, Mehl, 2 El Öl, Salz, 1 Messerspitze Trockenknoblauch, ½ Tl Kümmel, ¼ l Fleischbrühe, 1 Tl Butter, 1 Tl Mehl.

Die gewaschenen, getrockneten Koteletts leicht klopfen, am Fettrand mehrmals einschneiden und mit Mehl stauben. In einer Pfanne etwas Öl erhitzen und die Koteletts darin auf jeder Seite 1 Minute anbraten. Die Koteletts aus der Pfanne nehmen und auf beiden Seiten mit Salz, Knoblauch und Kümmel würzen. Das restliche Fett in die Pfanne geben und die Koteletts bei etwas geringerer Hitze von beiden Seiten gar braten (6–8 Minuten pro Seite). Die Koteletts auf einer gewärmten Platte anrichten.
Den Bratrückstand mit der Brühe loskochen, mit der nach und nach dazugegebenen Mehlbutter (Butter und Mehl verkneten) binden, in eine Sauciere seihen und separat reichen.
Als Beilage eignen sich am besten Bratkartoffeln oder *Kartoffelklöße* und Blaukraut, Weißkohl oder Sauerkraut.

Schweinskotelett, gebacken

4 Schweinskoteletts, Salz, 1 Messerspitze Trockenknoblauch, Mehl, 1 Ei, Semmelbrösel, Fett zum Backen

Die gewaschenen Schweinskoteletts klopfen, am Rand mehrmals einkerben und mit Salz und Knoblauch würzen. Die Koteletts dann nacheinander in Mehl, in dem mit 1–2 El Wasser verquirlten Ei und den Semmelbröseln wenden und in dem erhitzten Fett von beiden Seiten goldbraun backen. (Achten Sie darauf, daß das Fett nicht zu heiß ist, damit die Koteletts innen durchgebacken sind, bevor sie außen zu braun werden!) Die Koteletts auf Küchenkrepp abtropfen lassen, auf eine gewärmte Platte legen und mit Zitronenspalten und frischer Petersilie garnieren.
Reichen Sie zu diesen gebackenen Schweinskoteletts Kartoffelsalat oder einen gemischten Salat als Beilage.

Schweinskotelett mit Apfelscheiben

4 Schweinskoteletts, Salz, Pfeffer, 2 El Öl, 4 El Calvados, ¼ l Sahne, 1 großer Apfel, 20 g Butter.

Die gewaschenen, wieder getrockneten Schweinskoteletts leicht klopfen, am Fettrand einkerben und mit Pfeffer bestreuen. In einer Bratpfanne ganz wenig Öl erhitzen und die Koteletts darin auf jeder Seite 1 Minute kräftig anbraten. Das restliche Öl dazugießen; die angebratenen Koteletts salzen und in weiteren

5–7 Minuten pro Seite fertig braten. Den Calvados über die Koteletts gießen und anzünden (*flambieren*). Die Koteletts nach Verlöschen der Flamme auf einer Platte warm stellen. Den Bratsatz mit der Sahne aufnehmen und 5 Minuten ganz leicht kochen lassen. Die Sauce mit Salz und Pfeffer abschmecken und durch einen Seiher über die warmgestellten Koteletts gießen. Inzwischen den Apfel waschen, in fingerbreite Scheiben schneiden und in der Butter weich dünsten. Die Koteletts mit den Apfelscheiben garnieren (Abb. s. S. 176).
Reichen Sie *Pommes frites* oder Petersilienkartoffeln dazu.

Schweinskotelett im Käsebett

4 ausgelöste Schweinskoteletts (2 – 3 cm stark geschnitten), 150 g gekochter Schinken, Pfeffer, 1/2 Tl Kümmel, 2 El Öl, 40 g Butter, 40 g Mehl, 1/2 l Milch, Salz, Muskat, 60 g geriebener Emmentaler, 4 Scheiben Emmentaler.

In die gewaschenen, trockengewischten Koteletts seitlich kleine Taschen schneiden. Den in kleine Würfel geschnittenen Schinken in die Taschen füllen und diese mit 2 Zahnstochern gut verschließen. Die gefüllten Koteletts mit dem Pfeffer und dem fein zerdrückten Kümmel bestreuen. Das Öl in einer Pfanne erhitzen, die Koteletts 10 Minuten auf der Unterseite braten, salzen, wenden und in weiteren 10 Minuten fertig braten.
Inzwischen das Mehl in der Butter anschwitzen, mit der gewärmten Milch aufgießen und unter ständigem Rühren 5 Minuten lang kochen lassen. Diese *Béchamelsauce* mit Salz, Pfeffer und Muskat abschmecken und zuletzt den geriebenen Käse einrühren. Die Sauce in eine flache, feuerfeste Form füllen, die gebratenen Koteletts darauflegen und mit den Käsescheiben bedecken. Das Ganze in dem auf 200° vorgeheizten Rohr (Oberhitze) so lange überbacken, bis die Käsescheiben zu schmelzen beginnen (Abb. s. S. 176).
Tragen Sie die Koteletts direkt in der feuerfesten Form auf und reichen Sie Kartoffelpüree und *Endiviensalat* dazu.

Schweinskotelett mit Schinkenwürfeln füllen

verschließen

Schweinskotelett nach Metzger-Art

4 Schweinskoteletts, Pfeffer, Mehl, 2 El Öl, Salz, 8 dünne Scheiben stark durchwachsener Speck, 1 El gehackte Petersilie.

Die gewaschenen, getrockneten Koteletts leicht klopfen, am Fettrand mehrmals einkerben, pfeffern und mit Mehl bestreuen. In eine Bratpfanne ganz wenig Öl geben und die Koteletts darin von jeder Seite 1 Minute scharf anbraten. Das restliche Öl in die Pfanne geben, die Koteletts salzen, weitere 6–8 Minuten pro Seite gar braten und dann auf einer Platte warmstellen. Die Speckscheiben in der Bratpfanne rasch knusprig braten, rund um die Koteletts anordnen und das Bratfett darübergießen. Die Koteletts mit gehackter Petersilie bestreuen und sofort auftragen.
Servieren Sie diese Schweinskoteletts mit Kartoffelsalat oder *Kartoffelklößen* und warmem *Weißkohlsalat*.

Schweinskotelett, pikant

4 Schweinskoteletts, Salz, Pfeffer, 2 El Öl, 20 g Butter, 1 Zwiebel, 1 Knoblauchzehe, 1 Peperoni (eingelegt), 3 El Tomatenmark, 1 El gehackte Petersilie, Majoran, 1 Tl Senf, 3–5 Tropfen Worcestersauce.

Die Schweinskoteletts waschen, trocknen, leicht klopfen (oder mit den Fingerspitzen durchkneten), am Fettrand einkerben und mit Pfeffer bestreuen. 1 El Öl in einer Bratpfanne erhitzen und die Koteletts darin kräftig anbraten (1 Minute pro Seite). Das restliche Öl in die Pfanne geben, die Koteletts salzen und bei etwas schwächerer Hitze 5–7 Minuten (je nach Stärke der Koteletts) fertig braten und dann auf einer Platte warm stellen.
Die Butter im Bratrückstand zerlassen, die feingehackte Zwiebel, die zerdrückte Knoblauchzehe und die feingehackte Peperoni dazugeben und leicht andünsten. Das Tomatenmark dazurühren, die Petersilie hinzufügen und alles zusammen kurz kochen lassen. Mit Salz, Pfeffer, Majoran, Senf und Worcestersauce abschmecken und über die Koteletts gießen (Abb. s. S. 176).
Garnieren Sie die pikanten Schweinskoteletts mit Gewürzgurken und reichen Sie Petersilienkartoffeln dazu.

Schweinsmedaillon mit Pflaumen

200 g Backpflaumen, $^1/_4$ l Weißwein, 1 Schweinsfilet (500–600 g), Mehl, 1 El Öl, Salz, Pfeffer, 1 Tl Zitronensaft, 1 El Johannisbeergelee, $^1/_8$ l Sahne, 1 Eigelb.

Die Backpflaumen über Nacht in dem Weißwein einweichen, am nächsten Tag darin aufkochen, abkühlen lassen, abseihen und entkernen; den Wein aufbewahren. Das Schweinsfilet in daumenstarke Scheiben schneiden (etwa 8 Stück), mit Mehl stauben und in dem erhitzten Öl rasch von beiden Seiten braten (4–5 Minuten pro Seite). Die Medaillons dann aus der Pfanne nehmen, salzen, pfeffern und warm stellen. Den Bratrückstand mit 4 El Wasser und dem abgeseihten Wein aufnehmen und aufkochen lassen. Den Zitronensaft und das Johannisbeergelee dazugeben, mit Salz und Pfeffer würzen und 5 Minuten leicht kochen lassen. Die Pflaumen und die Schweinsmedaillons in die Sauce geben und darin erhitzen. Die Fleischstücke auf einer gewärmten Platte anrichten. Die Sauce, die nicht mehr kochen darf, mit dem in der Sahne verquirlten Eigelb binden und samt den Pflaumen über die Medaillons gießen.
Reichen Sie als Beilage zu Schweinsmedaillon mit Pflaumen Weißbrot oder Trockenreis und Salat.

Schweinsnacken, gebraten

600 g Schweinsnacken, Salz, 1 Prise Pfeffer, $^1/_2$ Tl Paprika, $^1/_2$ Tl Majoran, $^3/_8$ l Fleischbrühe, $^1/_8$ l Weißwein, 1 Mohrrübe, $^1/_8$ Sellerieknolle, 1 mittelgroße Zwiebel, 1 El Tomatenmark, 1 Tl Stärkemehl.

Den gewaschenen Schweinsnacken mit Salz, frischgemahlenem Pfeffer, Paprika und Majoran einreiben. $^1/_8$ l Brühe mit der Hälfte des Weines in einen Kochtopf geben und die geputzten, kleingeschnittenen Wurzeln und die in Streifen geschnittene Zwiebel dazugeben. Den Schweinsnacken auf das Gemüsebett legen und so lange unter wiederholtem Wenden erhitzen, bis das Fleisch rundherum braun geworden und der Saft eingekocht ist. Das Fleisch aus dem Topf nehmen und zur Seite stellen. Den eingekochten Bratensaft mit weiteren $^1/_8$ l Brühe und dem restlichen Wein aufnehmen, das Tomatenmark dazugeben und alles zusammen kurz zum Kochen bringen. Den Schweinsnacken zurück in den Topf legen und in dem auf 180° vorgeheizten Rohr in etwa 1 $^1/_2$ Stunden gar braten, dabei immer wieder wenden und mit dem eigenen Saft begießen. Den Schweinsnacken aus der Sauce nehmen, kurz stehen lassen, in dünne Scheiben schneiden und auf eine gewärmte Platte legen. Den Bratfond mit der restlichen Brühe aufkochen, das in etwas Wasser verrührte Stärkemehl hinzufügen und 1–2 Minuten kochen lassen.
Die Sauce über die Fleischschnitten seihen oder (wenn Sie eine gehaltvollere Sauce lieben) passieren.
Servieren Sie den Schweinsnacken mit *Kartoffelklößen* und Weißkohl (oder Sauerkraut) oder mit Kartoffelsalat.

Schweinspörkölt

800 g Schweinefleisch (Nacken, Bug), 400 g Zwiebeln, 50 g Schweineschmalz oder anderes Fett, 2 El Edelsüßpaprika, 1 Tl Salz, ½ Tl Kümmel, 3 El Tomatenmark.

Das gewaschene Schweinefleisch in 2–3 cm große Würfel schneiden. Die Zwiebel in Streifen schneiden und in dem erhitzten Fett goldbraun anrösten. Den Paprika dazugeben, gut verrühren (Vorsicht, nicht überhitzen!), das Fleisch dazulegen und von allen Seiten anbraten. Mit Salz und Kümmel würzen, das Tomatenmark hinzufügen und alles zusammen zugedeckt im eigenen Saft in etwa 1½ Stunden gar schmoren.
Mit Spätzle oder Salzkartoffeln auftragen.

Schweinsrouladen

4 dünne Schweinsschnitzel, Salz, Knoblauch, 120 g Räucherzunge, 4 Gewürzgurken, 4 El Öl oder anderes Fett, ½ Zwiebel, 1 Tl Mehl, ¼ l Fleischbrühe.

Die gewaschenen Schweinsschnitzel ganz dünn klopfen und mit Salz und einer Prise Knoblauch einreiben. Die Räucherzunge und die Gewürzgurken in feine Streifen schneiden und auf die Schweinsschnitzel legen. Die Schnitzel fest zusammenrollen und zubinden (oder mit Rouladenklammern zustecken). Das Fett in einem Schmortopf erhitzen, die Fleischrouladen von allen Seiten darin braun anbraten und zur Seite stellen. Die feingehackte Zwiebel im Bratfett goldgelb anrösten, mit dem Mehl stauben, mit der Brühe aufgießen und zum Kochen bringen. Die Rouladen zurück in den Topf legen, zugedeckt in etwa 1½ Stunden gar schmoren und auf eine gewärmte Platte legen.
Mit Bratkartoffeln und Rosenkohl oder *Tomatensauce* servieren.

Schweinsrippenstück, gefüllt

1 kg Schweinsrippenbraten, Salz, Pfeffer, 300 g Hackfleisch (halb Schwein, halb Rind), 1 altbackene Semmel, ½ Zwiebel, 20 g Butter, 10 schwarze Oliven, 2 Eier, 1 Messerspitze Trockenknoblauch, 1 Zwiebel, 1 Mohrrübe, 1 Tl Mehl, ¼ l Fleischbrühe, 3 El saure Sahne.

Lassen Sie am besten schon beim Metzger eine Tasche in das Rippenstück schneiden, und zwar so, daß das Fleisch mehr durchbohrt als durchschnitten wird. Das vorbereitete Fleisch waschen, trocknen und innen und außen mit Salz und Pfeffer einreiben. Die Semmel einweichen, gut ausdrücken und mit einer Gabel zerteilen; die Zwiebel fein hacken und in der Butter hellgelb anschwitzen; die Oliven entsteinen und fein hacken. Das Hackfleisch mit der Semmel, der Zwiebel, 5 Oliven und den Eiern verkneten, mit Salz, Pfeffer und Knoblauch abschmecken, in die Fleischtasche füllen und diese zunähen. Das gefüllte Fleischstück mit der Fettseite nach unten in eine Bratpfanne legen, mit ¼ l kochendem Wasser begießen und in das auf 200° erhitzte Rohr stellen. Den Braten nach 20 Minuten umdrehen, die Hitze etwas reduzieren und das kleingeschnittene Gemüse (Zwiebel und Mohrrübe) dazugeben. Das Fleisch in weiteren 60–70 Minuten gar braten und dabei immer wieder mit dem Bratensaft (der eventuell mit etwas Wasser verdünnt werden kann) begießen. Den Braten kurz ruhen lassen, zwischen den Rippen zerteilen und auf eine gewärmte Platte legen. Den Bratsatz mit dem Mehl stauben, mit der Brühe loskochen und durch ein Sieb streichen. Die Sauce nochmals erhitzen, die restlichen Oliven und die Sahne dazurühren und mit Salz und Pfeffer abschmecken. Die Sauce um das Fleisch herum anrichten.
Reichen Sie zum Schweinsrippenbraten Kartoffelbrei oder Spätzle.

Schweinsrippe füllen — vernähen

Schweinsschnitzel, gedünstet

8 kleine Schweinsschnitzel, Salz, Pfeffer, 1 mittelgroße Zwiebel, 1 El gehackte Petersilie, 1 Knoblauchzehe oder 1 Messerspitze Trockenknoblauch, 20 g Butter, ¼ l Fleischbrühe.

Die gewaschenen, getrockneten Schnitzel klopfen, am Rand mehrmals einkerben und mit Salz und Pfeffer würzen. Die Zwiebel fein hacken und mit der gehackten Petersilie vermischen. Die Knoblauchzehe zerdrücken (oder Trockenknoblauch verwenden) und mit der Butter verrühren. Eine flache, feuerfeste Form mit der Knoblauchbutter ausstreichen, die vorbereiteten Schweinsschnitzel nebeneinander hineinlegen und jedes der Schnitzel mit einem Teil des Zwiebel-Petersilie-Gemischs bedecken. Das Fleisch in dem auf 150° erhitzten Backrohr leicht bräunen. Nach 10 Minuten die Brühe über das Fleisch gießen und alles zusammen in weiteren 10–15 Minuten gar werden lassen.
Geben Sie die fertigen Schweinsschnitzel direkt in der feuerfesten Form zu Tisch und reichen Sie Bratkartoffeln und Blaukraut dazu.

Schweinsschnitzel auf Wiener Art

4 dünne Schweinsschnitzel (Keule), Salz, Knoblauch, Mehl, 1 Ei, ½ Tl zerstoßener Kümmel, Semmelbrösel, Fett zum Backen.

Die gewaschenen, getrockneten Schweinsschnitzel ganz dünn klopfen, rundherum mehrmals leicht einschneiden und mit Salz und ein wenig Knoblauch einreiben. Das Ei mit 2 El Wasser, dem gehackten Kümmel und 1 Messerspitze Salz verquirlen. Die Schnitzel nacheinander im Mehl, dem gewürzten Ei und den Semmelbröseln wenden; die Brösel leicht andrücken. Die Schnitzel sofort in dem stark erhitzten Fett von beiden Seiten goldbraun backen (etwa 4 Minuten pro Seite). Die Schnitzel auf Küchenkrepp abtropfen lassen, auf einer gewärmten Platte anrichten und mit Zitronenspalten und Petersilie garnieren.
Die besten Beilagen zu diesem Gericht: Kartoffelsalat oder ein beliebiger anderer Salat und Petersilienkartoffeln.

Schweinsschnitzel, pikant

4 Schweinsschnitzel (etwa ½ cm dick, aus der Keule), Mehl, 40 g Schweineschmalz oder anderes Fett, Salz, Pfeffer, 2 mittelgroße Zwiebeln, 2 Tl Mehl, 1 El Weinessig, ⅜ l Fleischbrühe, 2 Gewürzgurken, 1 El Kapern, 2 gewässerte Sardellen, ½ Tl Senf, Pfeffer, 1 l saure Sahne.

Die gewaschenen Schweinsschnitzel leicht klopfen, am Rand mehrmals einkerben, mit Mehl stauben und in dem erhitzten Fett auf beiden Seiten kräftig anbraten. Die Schnitzel dann aus der Pfanne nehmen, salzen, pfeffern und zur Seite stellen. Die Zwiebeln fein hacken und im Bratfett goldbraun anrösten. Mit dem Mehl stauben, mit dem Weinessig ablöschen, mit der Brühe aufgießen und in 5 Minuten zu einer sämigen Sauce verkochen. Die feingehackten Gewürzgurken, Kapern und Sardellen dazugeben, das Fleisch zurück in die Sauce legen und zugedeckt noch 10 Minuten darin dünsten lassen. Das Fleisch dann herausnehmen und auf eine gewärmte Platte legen. Die Sauce mit Senf, Salz, Pfeffer und eventuell noch etwas Weinessig pikant abschmecken und mit der sauren Sahne verfeinern. Einige Eßlöffel über die Fleischstücke gießen, den Rest separat reichen. Garnieren Sie die pikanten Schweinsschnitzel mit einigen darübergestreuten Kapern und in Fächerform geschnittenen Gurken.
Als Beilage reichen Sie am besten Kartoffelpüree oder *Kartoffelklöße.*

Schweinsschulter, gedünstet

800 g Schweinsschulter, Salz, ½ Tl Pfeffer, ½ Tl Paprika, 1 El Senf, 500 g Schweinsknochen (kleingehackt), 400 g Zwiebeln.

Das gewaschene, getrocknete Fleisch mit Salz, Pfeffer und Paprika einreiben und mit dem Senf bestreichen. Die Schweinsknochen in eine Bratpfanne legen, die in Streifen geschnittenen Zwiebeln darübergeben, ¼ l Wasser zugießen und die gewürzte Schweinsschulter darauf legen. Das Fleisch in dem auf 150° erhitzten Rohr unter häufigem Begießen mit dem sich bildenden Saft langsam gar dünsten (etwa 1½ Stunden), in fingerdicke Scheiben schneiden, auf eine gewärmte Schüssel legen und mit dem durchgeseihten Bratensaft begießen.
Als Beilage eignen sich alle Kartoffelgerichte, dazu Blaukraut oder Rosenkohl.

Spanferkel

Das Spanferkel waschen, gut abtrocknen, innen mit Salz, Pfeffer und den zerdrückten Knoblauchzehen einreiben und außen mit Salzwasser bepinseln. Auf den Boden einer größeren Bratpfanne einige Hölzer legen, $\frac{1}{4}$ l Wasser zugießen und das Spanferkel mit der Bauchseite nach unten darauflegen (es darf den Boden nicht berühren). Die Bratpfanne in das auf 250° erhitzte Rohr stellen. Nach 20 Minuten die Hitze auf etwa 200° reduzieren und das Ferkel langsam gar braten (Gesamtbratzeit: 2–3 Stunden). Das Ferkel wiederholt mit zerlassener Butter bestreichen und die Haut von Zeit zu Zeit mit einer Spicknadel einstechen, damit sich keine Blasen bilden. Um ein Verbrennen von Ohren und Schwänzchen zu vermeiden, ist es vorteilhaft, sie vor dem Braten in Alu-Folie (oder eingefettetes Pergamentpapier) zu wickeln und dieses erst $\frac{1}{4}$ Stunde vor beendeter Bratzeit zu entfernen. Das fertige Spanferkel auf einem Schneidbrett servieren und erst bei Tisch tranchieren.
Reichen Sie Kartoffelsalat oder *Kartoffelklöße* und *Weißkohlsalat* dazu.

1 Spanferkel, Salz, Pfeffer,
1–2 Knoblauchzehen,
30 g Butter.

Székler Gulasch = Szegediner Gulasch

Das gewaschene, getrocknete Fleisch in etwa 2 cm große Stücke schneiden. Die Zwiebeln fein hacken und in dem Schmalz (oder mit den Speckwürfelchen) hellbraun anrösten. Das Fleisch, den zerhackten oder zerstoßenen Kümmel und die zerdrückte Knoblauchzehe dazugeben, salzen und alles zusammen so lange durchrösten, bis das Fleisch Farbe angenommen hat. Mit $\frac{1}{4}$ l Wasser aufgießen und das Fleisch in 20 Minuten halbgar schmoren. Das mit 2 Gabeln gelockerte Sauerkraut dazumischen, mit dem Paprika würzen und Fleisch und Kraut in weiteren 20–30 Minuten gar schmoren. Ganz zuletzt die saure Sahne dazurühren, 5 Minuten ziehen lassen und dann in einer gewärmten Schüssel anrichten.
Reichen Sie Salzkartoffeln dazu.

500 g Schweinefleisch (Schulter oder Bauch), 300 g Zwiebeln,
50 g Schweineschmalz oder
80 g in Würfel geschnittener Räucherspeck, 1 El Kümmel,
1 Knoblauchzehe, Salz,
750 g Sauerkraut,
2 El Edelsüßpaprika,
$\frac{2}{10}$ l saure Sahne.

HAMMEL

Hammelfleisch ist nicht jedermanns Sache, viele aber betrachten es als wahren Leckerbissen. Auf dem Balkan und in den arabischen Ländern ist es das Fleisch schlechthin, in England ist es fast so beliebt wie Roastbeef, und in Frankreich wird es als Delikatesse geschätzt. In Mitteleuropa dagegen, besonders in den deutschsprachigen Ländern, wird es – vor allem wegen seines ausgeprägten Geruchs und Geschmacks – weniger geschätzt. Und doch lassen sich aus Hammel- und insbesondere aus Lammfleisch ausgezeichnete Gerichte zubereiten; man muß nur folgende Punkte beachten:

1. Das verwendete Fleisch muß frisch sein und von jungen Tieren stammen.
2. Das anhaftende Fett so weit wie möglich entfernen, Saft und Sauce entfetten. (Das Fett ist nämlich der eigentliche Geruchsträger!)
3. Das Fleisch sorgfältig würzen: Zwiebel, Knoblauch, Pfefferminz, Thymian, Salbei und Ingwer sind die klassischen Hammelgewürze.
4. Das Fleisch auf vorgewärmtem Geschirr ganz heiß auftragen.

Man unterscheidet zwischen Lamm- und Hammelfleisch: Lämmer sind Schafe unter einem Jahr. 3–4 Monate alte Lämmer haben ein besonders zartes und schmackhaftes Fleisch. Sie werden schlachtfrisch, also ohne vorheriges Abhängen, verkauft. Lammfleisch ist an seiner hellen Lachsfarbe und dem schneeweißen Fett zu erkennen.

Hammelfleisch stammt von 1–3 Jahren alten kastrierten männlichen Schafen (das Fleisch älterer Tiere ist zu zäh). Es ist ziegel- bis dunkelrot, hat einen gelblich-weißen Rand und sollte vor der Verwendung 2–3 Tage abhängen.

Nachfolgend die wichtigsten Fleischstücke des Hammels.

Das kleine *Filet* wird nie ausgelöst, sondern bleibt Teil des Kotelettstücks, das im ganzen gebraten werden kann; in Scheiben zerteilt erhält man die schmackhaften *Koteletts*.

Die *Keulen* können geschmort werden und ergeben einen saftigen Braten.

Die *Schulter* wird im ganzen gebraten (geschmort) oder zerteilt als Ragout verarbeitet.

Der *Nacken* eignet sich besonders für Ragouts oder Eintopfgerichte; man kann ihn aber auch im Stück zubereiten.

Brust und *Bauch* werden für Eintopfgerichte und Ragouts verwendet.

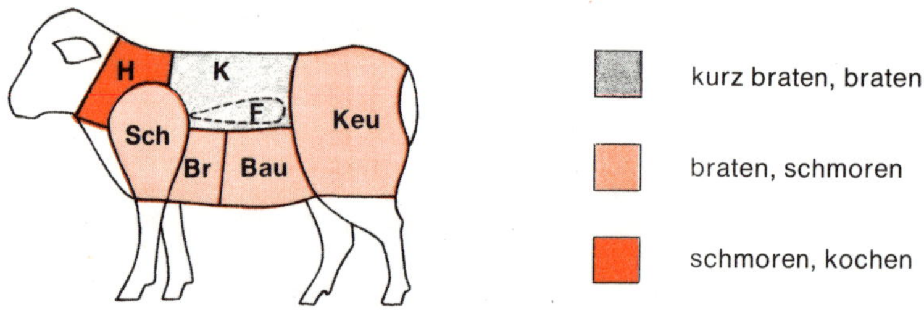

F Filet **K** Kotelettstück, Rücken **Keu** Keule, Schlegel **Sch** Schulter, Bug, Blatt **H** Hals mit Nacken **Br** Brust, Flanke **Bau** Bauch

Hammelbraten mit Tomaten

1 kg ausgelöste Hammelkeule, Salz, 1 Tl Pfeffer, 1 Messerspitze Trockenknoblauch, 1 Zwiebel, 1 El gehackte Petersilie, 50 g Schmalz oder anderes Fett, 500 g Tomaten, 1 El Mehl, ¼ l saure Sahne, 1 Tl Senf, 1 Prise Zucker.

Die gewaschene und abgehäutete Hammelkeule mit Salz, frischgemahlenem Pfeffer und Knoblauch einreiben. Die Zwiebel fein hacken und mit der gehackten Petersilie im Fett anschwitzen; das Fleisch dazugeben, rundherum anbraten und in dem auf 180° erhitzten Rohr 20 Minuten weiterbraten. Die Tomaten vierteln, zu dem Fleisch geben und alles zusammen in weiteren 1–1½ Stunden gar braten. Das Fleisch nach kurzem Abkühlen in fingerdicke Scheiben schneiden und auf eine gewärmte Platte legen. Die Sahne mit dem Mehl verquirlen, unter die Sauce rühren und einige Minuten leicht kochen lassen. Die Sauce mit Salz, Senf und Zucker pikant abschmecken und über die aufgeschnittenen Fleischstücke passieren.
Reichen Sie Spätzle oder Salzkartoffeln dazu.

Hammelgulasch

800 g Hammelfleisch (Schulter, Nacken), 500 g Zwiebeln, 50 g Schweineschmalz, 2 El Paprika, 1 Knoblauchzehe, Salz, 400 g Kartoffeln.

Das gewaschene Hammelfleisch vom Fett befreien und in größere Würfel schneiden. Die Zwiebel in Streifen schneiden und in dem erhitzten Fett leicht anrösten. Den Paprika und die zerdrückte Knoblauchzehe hinzufügen und kurz verrühren. Das Fleisch dazulegen, salzen, von allen Seiten anbraten, mit ⅛ l Wasser aufgießen und bei mäßiger Hitze zugedeckt 40 Minuten schmoren. Die Kartoffeln

schälen, in größere Würfel schneiden, zu dem halbgaren Fleisch geben und mit diesem zusammen in etwa 30 Minuten gar werden lassen.
Das Gulasch sofort auftragen und Salzkartoffeln dazu reichen.

Hammelkeule in Kapernsauce

Die Hammelkeule waschen, abhäuten, mit Zitronensaft und Thymian einreiben und in ein enges Gefäß legen. Den Essig mit der gleichen Menge Wasser verdünnen, mit dem geputzten Wurzelwerk und den Gewürzen aufkochen und nach dem Abkühlen über das Fleisch gießen. Das Fleisch zugedeckt 24 Stunden in dieser Beize stehen lassen. Das gebeizte Fleisch gut abtropfen lassen und in 2 l kochendes Salzwasser legen. Die halbierten Zwiebeln, das Lorbeerblatt und das geputzte Suppengrün dazugeben und die Keule bei geringer Hitze gar kochen (etwa 2 Stunden). Das Fleisch aus dem Sud nehmen und in fingerstarke Scheiben schneiden; den Kochsud auf $^3/_8$ l Flüssigkeit einkochen.
Das Mehl in der Butter anschwitzen, mit dem Wein und dem Kochsud aufgießen und in 10 Minuten zu einer sämigen Sauce verkochen. Die gehackten Kapern hinzufügen und die Sauce mit Salz, Zitronensaft und einer Spur Pfeffer pikant abschmecken. Das Fleisch in der Sauce erwärmen und dann auf einer gewärmten Platte anrichten. Die Sauce mit dem in der Sahne verquirlten Eigelb verrühren und über die Fleischstücke gießen. Mit einigen ganzen Kapern und Zitronenspalten garnieren.
Servieren Sie Kartoffelklöße oder Teigwaren dazu.

1 ausgelöste Hammelkeule.
2 El Zitronensaft,
$^1/_2$ Tl zerriebener Thymian,
$^1/_2$ l Weinessig, 1 Wurzelwerk,
10 Pfefferkörner, 2 Gewürznelken,
2 Lorbeerblätter, 1 Stengel Thymian.
2 Zwiebeln, Öl, 1 Lorbeerblatt,
1 Suppengrün, 30 g Mehl,
30 g Butter, $^1/_8$ l Weißwein,
1 El Kapern, Salz, Pfeffer,
Zitronensaft, 2 El saure Sahne,
1 Eigelb.

Hammelkotelett, pikant

Die Hammelkoteletts waschen, trocknen, vom Fett befreien und am Rand mehrmals einschneiden. Den Speck in kleine Würfel schneiden und im eigenen Fett bräunen. Die Koteletts darin rasch von beiden Seiten braten, salzen und mit Paprika bestreuen. Die Zwiebeln in Streifen schneiden, zu dem Fleisch geben und leicht anrösten. Die Tomaten kurz in kochendes Wasser tauchen, abhäuten, entkernen, in Stücke schneiden und ebenfalls zu dem Fleisch geben. Mit $^1/_8$ l kochendem Wasser aufgießen, die Koteletts zugedeckt gar schmoren, herausheben und auf einer Platte warm stellen. Sahne und Mehl verquirlen, den Bratensaft damit binden, kurz aufkochen lassen und die in kleine Würfel geschnittenen Gewürzgurken hinzufügen. Einen Teil der Sauce über die Koteletts gießen, den Rest separat reichen.
Servieren Sie die Koteletts sehr heiß und reichen Sie Kartoffelpüree und grüne Bohnen dazu.

4 Hammelkoteletts, 60 g Speck,
Salz, Paprika, 2 mittelgroße Zwiebeln, 3 Tomaten,
$^1/_8$ l saure Sahne, 1 El Mehl,
2 Gewürzgurken.

Kotelett oriental

Die gewaschenen, getrockneten Koteletts leicht klopfen und an den Rändern einkerben. Das Öl in einer Pfanne erhitzen, die Koteletts darin von beiden Seiten braun braten (7–8 Minuten), salzen und pfeffern. Die Orange schälen und in kleine Stücke schneiden, wobei alle Hautreste entfernt werden sollen. Die Rosinen $^1/_4$ Stunde im Wein quellen lassen und dann abseihen. Die Orangenstücke, die Rosinen und die Preiselbeeren zu den Koteletts geben und alles zusammen zugedeckt noch 10–15 Minuten schmoren lassen. Die Koteletts auf einer gewärmten Platte anrichten und die mit Salz, Pfeffer und Ingwer pikant abgeschmeckte Sauce darübergießen.
Servieren Sie die Koteletts sehr heiß und reichen Sie *Safranreis* oder *Curryreis* als Beilage.

4 Hammelkoteletts, 1 El Öl, Salz,
Pfeffer, 1 Orange, 2 El Rosinen,
$^1/_8$ l Weißwein,
4 El Preiselbeeren,
1 Messerspitze Ingwer.

Lamm-Curry

800 g Lammfleisch (Schulter oder Nacken), 3 Zwiebeln, 1 Knoblauchzehe, 50 g Butterschmalz oder ein anderes Fett, 2 El Currypulver, 2 mürbe Äpfel, 1 El brauner Zucker, 4 El Kokosflocken, 4 El gehackte Erdnüsse, 1 Zitrone, 5 Tropfen Worcestersauce.

Das gewaschene Lammfleisch vom Fett befreien und in etwa 2 cm große Würfel schneiden. Die Zwiebeln fein hacken, die Knoblauchzehe zerdrücken und beides zusammen im Butterschmalz anschwitzen. Den Curry 2–3 Minuten mit den Zwiebeln dünsten. Das Lammfleisch dazugeben, von allen Seiten anbraten und salzen. Die geschälten, entkernten, in Würfel geschnittenen Äpfel, den Zucker, die Kokosflocken und die Erdnüsse dazugeben, mit ¼ l Wasser aufgießen und den Lamm-Curry zugedeckt bei ganz geringer Hitze gar schmoren. Den fertigen Braten mit dem Zitronensaft, der geriebenen Zitronenschale und der Worcestersauce würzen, eventuell noch nachsalzen und sehr heiß in einer gewärmten Schüssel auftragen. Als Beilage: Reis und Salat.

Lammfleisch, gebacken

600 g Lammfleisch (Schulter, Keule), Salz, Knoblauch, Mehl, 1 Ei, Semmelbrösel, Fett zum Backen.

Das gewaschene Lammfleisch in Portionsstücke teilen, salzen und mit einer halbierten Knoblauchzehe einreiben. Die Stücke dann nacheinander in Mehl, dem mit etwas Wasser verquirlten, gesalzenen Ei und den Semmelbröseln wenden, in reichlich heißes Fett geben (das Öl muß wenigstens 2 Finger hoch in der Pfanne stehen, noch besser ist ein Fritiertopf) und goldbraun backen. Die Fleischstücke gut auf Küchenkrepp abtropfen lassen, auf einer gewärmten Platte anrichten und mit Zitronenspalten garnieren.
Reichen Sie einen beliebigen Salat als Beilage.

Lammkeule

1 ausgelöste Lammkeule, 3 Salbeiblätter, Salz, Pfeffer, 6 El Öl oder anderes Fett, 1 El Mehl, 1 El Butter, ⅛ l Rotwein, 2–3 El saure Sahne (nach Belieben).

Die gewaschene Keule salzen, pfeffern, die Salbeiblätter in die Mitte schieben (wenn Sie den Salbeigeschmack nicht lieben, können Sie statt dessen 1 Zweiglein Rosmarin oder 2–3 Pfefferminzblätter nehmen) und zu einer Rolle zusammenbinden. Die Keule in eine Bratpfanne legen, mit dem Öl begießen und in das auf etwa 250° erhitzte Rohr stellen. Nach 10 Minuten die Hitze auf etwa 200° reduzieren und das Fleisch unter häufigem Begießen mit dem eigenen Saft gar braten (50–70 Minuten). Sollte der Bratsatz zu dunkel werden, kann mit etwas Wasser aufgegossen werden.
Den Braten 5 Minuten abkühlen lassen, dann in fingerdicke Scheiben schneiden und auf eine gewärmte Platte legen. Das Bratfett abgießen, den Rückstand mit Mehl stauben, die Butter dazugeben und mit dem Wein aufgießen. Die Sauce kurz kochen lassen, bei Bedarf noch etwas nachwürzen, durchseihen und separat auftragen; Sie können sie vor dem Auftragen auch noch mit saurer Sahne binden. Die Keule vor dem Auftragen mit Salzkartoffeln oder Pellkartoffeln garnieren. Dazu reicht man am besten grüne Bohnen oder ein anderes Gemüse.

Lammkeule in der Folie

1 Lammschlegel, 2–3 Knoblauchzehen, 1 Zitrone, Salz, Pfeffer, 30 g Butter.

Den Lammschlegel am besten schon vom Metzger auslösen lassen, waschen und gut trocknen. An mehreren Stellen des Fleisches etwa 2 cm tief (in Messerrückenbreite) einschneiden und einen Teil der gehackten Knoblauchzehen hineindrükken. Die Keule dann mit Zitronensaft, Salz und Pfeffer einreiben, mit der zerlassenen Butter bestreichen, locker in ein Stück Alu-Folie einpacken und in dem auf 180° erhitzten Rohr 2 Stunden garen lassen. 10 Minuten vor beendeter Garzeit die Folie oben vorsichtig öffnen, damit das Fleisch etwas Farbe bekommt.
Tragen Sie den Lammschlegel am besten direkt in der Folie auf, damit nichts von dem sehr schmackhaften Saft verlorengeht. Reichen Sie Petersilienkartoffeln und grüne Bohnen oder Salat dazu.

Lammkotelett

8 Lammkoteletts, Salz, Pfeffer, 1 El gehackte Petersilie, $^1/_{10}$ l Cognac, Saft von 1 Zitrone, 2 El Öl, 40 g Butter oder anderes Fett.

Aus Öl, Zitronensaft, Cognac und den Gewürzen eine Marinade zubereiten und die gewaschenen, sorgfältig getrockneten Koteletts damit bestreichen. Die Koteletts aufeinanderlegen, in ein Stück Alu-Folie packen und leicht beschweren, damit die Marinade gut in die Fleischstücke eindringen kann; möglichst über Nacht, mindestens aber 2 Stunden stehen lassen.
Das Fett in einer Bratpfanne erhitzen, die marinierten, trockengetupften Koteletts hineingeben und rasch von beiden Seiten braun braten (2–3 Minuten pro Seite, das Fleisch soll innen noch rosig sein!). Sofort auf einer gewärmten Platte anrichten. Den Bratrückstand mit etwas heißem Wasser aufnehmen, nochmals abschmecken und über die Koteletts gießen.
Reichen Sie *Pommes frites* und grüne Bohnen oder Rosenkohl dazu.

Lammkotelett, gebacken

8 Lammkoteletts, Salz, Pfeffer, Zitronensaft, Mehl, 1 Ei, Semmelbrösel, Fett zum Backen.

Die gewaschenen, getrockneten Koteletts am Rand leicht einschneiden und mit Salz, Pfeffer und Zitronensaft einreiben. Die Koteletts kurz stehen lassen und dann nacheinander im Mehl, dem mit 2 El Wasser verquirlten Ei und den Semmelbröseln wenden und in dem stark erhitzten Fett von beiden Seiten goldbraun backen. Die Koteletts auf Küchenkrepp abtropfen lassen und auf einer gewärmten Platte anrichten.
Garnieren Sie die Lammkoteletts mit Zitronenspalten und reichen Sie Kartoffelsalat oder *Bohnensalat* dazu.

Lammkotelett Genua

8 Lammkoteletts, Pfeffer, Mehl, 2 El Öl, 100 g mageren gekochten Schinken, 20 g Butter, 100 g Champignons, 8 Oliven.

Die gewaschenen, getrockneten Lammkoteletts am Fettrand mehrmals einkerben, mit etwas frischgemahlenem Pfeffer bestreuen und mit Mehl stauben. In einer Bratpfanne ganz wenig Öl erhitzen und die Koteletts von jeder Seite 1 Minute anbraten. Das restliche Öl in die Pfanne geben, die Koteletts salzen, in weiteren 5–7 Minuten pro Seite gar braten und auf einer Platte warm stellen. Den Schinken in kleine Würfel schneiden und in der zerlassenen Butter ganz leicht anbraten. Die geputzten, gewaschenen und grobgehackten Champignons dazugeben und zugedeckt 5 Minuten dünsten. Die halbierten Oliven hinzufügen, mit der Brühe aufgießen und alles zusammen noch weitere 5 Minuten schmoren lassen. Mit Salz und Pfeffer würzen und über die warmgestellten Koteletts verteilen.
Servieren Sie diese Koteletts mit Pommes frites, Bratkartoffeln oder Reis.

Lammpaprikasch

800 g Lammfleisch (Keule oder Schulter), 300 g Zwiebeln, 4 El Öl oder anderes Fett, $1^1/_2$ El Edelsüßpaprika, 2 grüne Paprikaschoten, 2 El Tomatenmark, $^1/_4$ l saure Sahne, 2 Tl Mehl.

Das gewaschene, getrocknete Lammfleisch in 2–3 cm große Würfel schneiden. Die Zwiebeln in Streifen schneiden und in dem erhitzten Fett hellgelb anschwitzen. Den Paprika hinzufügen und kurz verrühren. Die Fleischwürfel darin von allen Seiten anbraten, salzen und zugedeckt 30 Minuten im eigenen Saft schmoren lassen (nur wenn gar keine Flüssigkeit mehr vorhanden sein sollte, etwas Wasser zugießen). Die Paprikaschoten waschen, der Länge nach dritteln, Kerne und Scheidewände entfernen, in schmale Streifen schneiden und zusammen mit dem Tomatenmark zu dem halbgaren Paprikasch geben. Alles zusammen in 20–30 Minuten gar schmoren. Zuletzt die mit dem Mehl verquirlte Sahne zu dem Fleisch rühren.
Das Paprikasch sehr heiß in einer gewärmten Schüssel auftragen und *Semmelknödel, Nockerln* oder Spätzle dazu reichen.

Lammragout

750 g Lammfleisch, 2 El Öl oder anderes Fett, Salz, Pfeffer, 2 Mohrrüben, 1/4 Sellerieknolle, 1 Zwiebel, 2 El Tomatenmark, 2 Tl Senf, 1/8 l Rotwein, 1/2 l Fleischbrühe, 1 Zweiglein Thymian, 1 Zweiglein Basilikum, 1/2 Lorbeerblatt, 3 Gewürzkörner, gehackte Petersilie.

Das gewaschene Lammfleisch in größere Würfel schneiden, in dem erhitzten Fett von allen Seiten kräftig anbraten, mit Salz und Pfeffer würzen und zur Seite stellen. Die geputzten Mohrrüben und die geputzte Sellerieknolle in feine Streifen schneiden und mit der ebenfalls in Streifen geschnittenen Zwiebel in dem erhitzten Bratfett leicht anrösten. Das Tomatenmark und den Senf dazurühren und mit dem Rotwein und der Hälfte der Brühe aufgießen. Die in ein Mullsäckchen gebundenen Gewürze hinzufügen und alles zusammen zum Kochen bringen. Das Fleisch zurück in die Sauce legen und zugedeckt langsam gar schmoren (etwa 1 1/2 Stunden), wobei von Zeit zu Zeit etwas Fleischbrühe nachgegossen werden muß. Das Lammragout in einer gewärmten Schüssel anrichten und mit etwas frischgehackter Petersilie bestreuen.
Servieren Sie dazu Spätzle, Teigwaren oder Klöße.

KITZ

Junge Ziegen – Kitze – haben ein sehr zartes, helles Fleisch, das in vielen Gegenden als Osterbraten geschätzt wird. Es kann so wie Kalbfleisch zubereitet werden. Besonders empfehlenswert sind die folgenden Rezepte:

Kitz, gebacken

800 g Kitzfleisch, Salz, Mehl, 2 Eier, Semmelbrösel, Öl oder Schmalz zum Backen.

Das Kitzfleisch in 8 Portionsstücke teilen (auf Wunsch erledigt das Ihr Metzger für Sie), waschen, sorgfältig trocknen und salzen. Die Stücke dann nacheinander in Mehl, den mit 2–3 El Wasser verquirlten Eiern und den Semmelbröseln wenden, in reichlich erhitztes Fett (wenigstens 2 Finger hoch in der Pfanne, noch besser im Fritiertopf) legen und bei nicht zu großer Hitze goldbraun backen. Die Stücke auf Küchenkrepp abtropfen lassen, auf einer gewärmten Platte anrichten und mit Zitronenspalten garnieren.
Reichen Sie zu dem gebackenen Kitz Kartoffelsalat oder gemischten Salat.

Kitz, gebraten

1 kg Kitzfleisch (etwa 1/4 Kitz), 50 g Butter oder anderes Fett, 1/4 l Fleischbrühe, 1 Tl Mehl, 1 Tl Butter.

Das gewaschene Kitzfleisch in der erhitzten Butter von allen Seiten anbraten und dann salzen. Die Fleischbrühe dazugießen, das Fleisch in dem auf 180° erhitzten Rohr unter häufigem Begießen mit dem Bratensaft in etwa 1 Stunde garen, nach kurzem Abkühlen in Portionsstücke teilen und auf einer gewärmten Platte anrichten. Den Bratsatz mit etwas Brühe loskochen und mit der Mehlbutter (die Butter mit dem Mehl verkneten) andicken. Die Sauce separat reichen.
Servieren Sie als Beilage junge Kartoffeln mit Petersilie und Feingemüse (Erbsen, Karotten) oder *Risipisi* und Salat.

Kitz, eingemacht

600 g ausgelöstes Kitzfleisch, Salz, 1/2 Zwiebel, 2 Mohrrüben, 1/8 Sellerieknolle, 2 Pfefferminzblätter, 1 Stämmchen Thymian, 40 g Mehl, 40 g Butter, Zitronensaft, Ingwer, 150 g grüne Erbsen, 150 g Champignons.

Das Kitzfleisch in Stücke schneiden, mit der Zwiebel, den Wurzeln und den Kräutern in Salzwasser gar kochen und dann abseihen. Das Mehl in der Butter anschwitzen, mit dem Sud aufgießen und 5 Minuten kochen. Mit Salz, Zitronensaft und Ingwer abschmecken. Die gekochten Erbsen und die in Scheiben geschnittenen, in Butter gedünsteten Champignons mit den Fleischstücken in die Sauce geben. 5 Minuten ziehen lassen, dann in einer Schüssel anrichten und mit Knödeln auftragen.

KANINCHEN

Mit dem Wiederaufleben der Kaninchenzucht gelangt Kaninchenfleisch immer häufiger in den Handel. Es ist eiweißreich und fettarm, daher leicht verdaulich und für Diät- oder Schonkost besonders zu empfehlen.
Die zahmen Kaninchen haben ein helleres Fleisch als ihre wilden Artgenossen. Ihr Geschmack ist eher fad, leicht süßlich. Ähnlich wie beim wilden Kaninchen oder beim Hasen sind vor allem Rücken und Hinterläufe zum Braten geeignet, während die übrigen Teile als Ragout Verwendung finden. Kaninchen können sowohl nach den unter »Hase« als auch nach den unter »Kalbfleisch« angeführten Rezepten zubereitet werden, je nachdem, ob Sie eine kräftigere oder mildere Geschmacksrichtung bevorzugen (z. B. *Hasenpfeffer, Hasenragout, Dillfleisch, Kalbfleisch Marengo, Kalbfleischtopf, Kalbsbraten, Kalbsgulasch* etc.).
Nachstehend drei Rezepte, die besonders schmackhafte Gerichte ergeben:

Kaninchen, gebraten

Rücken und Keulen eines Kaninchens, 60 g Speck, Salz, Pfeffer, 40 g Butter, ½ Zwiebel, 1 Mohrrübe, 1 Zweiglein Rosmarin, 2 Stämmchen Petersilie, 1 Tl Butter, 1 Tl Mehl.

Die gewaschenen Kaninchenteile abhäuten, mit dünnen Speckstreifen spicken und mit Salz und Pfeffer einreiben. Die Butter in einer Bratpfanne erhitzen und die Kaninchenteile darin von allen Seiten anbraten. Die kleingeschnittene Zwiebel und die kleingeschnittene Mohrrübe dazugeben und leicht anrösten. Mit ⅛ l Wasser (oder Brühe) aufgießen und die zusammengebundenen Kräuter hinzufügen. Die Bratpfanne in das auf 200° erhitzte Rohr stellen und das Kaninchen unter häufigem Begießen mit dem Bratensaft in etwa 1½ Stunden gar braten. Das Fleisch in Portionsstücke teilen (Keulen halbieren, Rücken in 4 Teile hacken) und auf einer gewärmten Platte anrichten. Den Bratensaft durch ein Sieb gießen, nochmals zum Kochen bringen, mit der Mehlbutter (Butter und Mehl verkneten) andicken und über die Kaninchenteile gießen.
Reichen Sie als Beilage Kartoffelpüree und ein beliebiges Gemüse.

Kaninchen in Sahnesauce

Rücken und Keulen eines jungen Kaninchens, 1 Zwiebel, 40 g Butter, ½ l Fleischbrühe, 1 Zitronenschale, 3 Pfefferkörner, 3 Gewürzkörner, 2 Wacholderbeeren, 1 Zweiglein Rosmarin, ⅛ l Sahne, 1 Eigelb.

Die Kaninchenteile waschen, trocknen und abhäuten; die Keulen halbieren, den Rücken vierteln. Die Zwiebel fein hacken und in der Butter anschwitzen. Die vorbereiteten Kaninchenteile von allen Seiten anbraten, mit der Knochenbrühe aufgießen, die in ein Mullsäckchen gebundenen Gewürze dazugeben und zugedeckt in etwa 50–60 Minuten gar dünsten. Die Kaninchenteile auf einer gewärmten Platte anrichten. Die Bratensauce abseihen, nochmals zum Kochen bringen, vom Herd nehmen, mit dem in der Sahne verquirlten Eigelb legieren und über die Kaninchenteile gießen.
Die besten Beilagen sind *Risipisi* oder Butternudeln und Salat.

Kaninchenragout

500 g ausgelöstes Kaninchenfleisch, 1 Zwiebel, 2 Mohrrüben, 1 Lorbeerblatt, 1 Stämmchen Thymian, 6 Pfefferkörner, 3 Wacholderbeeren, Salz, 50 g Butter, 40 g Mehl, 150 g Erbsen, 100 g Champignons.

Das gewaschene Kaninchenfleisch in etwa 2 cm große Stücke schneiden und mit der geteilten Zwiebel, den Mohrrüben und den Gewürzen in Salzwasser gar kochen (etwa 40–50 Minuten). Das Fleisch aus dem Sud nehmen, die Zwiebel entfernen, die Mohrrüben in Scheiben schneiden. Aus Butter und Mehl eine hellbraune Einbrenne zubereiten, mit dem abgeseihten Kochsud aufgießen und 10 Minuten leicht kochen lassen. Das Kaninchenfleisch und die geschnittenen Mohrrüben in die Sauce legen. Die separat in Salzwasser weichgekochten Erbsen und die in etwas Butter gargedünsteten Champignons dazugeben. Alles zusammen nochmals erwärmen und dann in einer gewärmten Schüssel anrichten. Servieren Sie das Kaninchenragout mit Spätzle oder mit *Safranreis*.

HACKFLEISCH

Hackfleisch bietet unendlich viele Möglichkeiten, Abwechslung in den täglichen Speisezettel zu bringen. Außerdem ist es schnell zubereitet und preiswert wie kaum ein anderes Fleischgericht. Wer diese oder jene Gewürzkombination besonders liebt, kann sie bei Frikadellen oder Hackbraten gut anwenden.
Überdies ist Hackfleisch ideal für die Resteverwertung: Ob man es mit Resten von gekochtem oder gebratenem Fleisch, Speck oder Wurst, Gemüse oder Käse mischt – immer entsteht ein neues und schmackhaftes Gericht.
Hackfleisch kann aus zwei oder drei Fleischsorten (vorzugsweise Rind und Schwein) hergestellt werden. Es kann aber auch aus jeweils nur Rind-, Kalb- oder Schweinefleisch bestehen. Man hüte sich, allzuviel Vertrauen in die beim Metzger vorrätigen, fertigen Hackfleischmischungen zu setzen. Da Hackfleisch sehr rasch verdirbt, sollte es immer frisch sein und nach dem Einkauf sobald wie möglich zubereitet werden. Am besten sucht man sich die Fleischstücke aus und läßt sie dann durch die Maschine drehen.
Reines Hackfleisch ist fest und trocken, darum wird es durch Zugabe von Semmeln, Semmelbröseln, Reis oder ähnlichem gestreckt und gleichzeitig gelokkert; ein Ei gibt die nötige Bindung. Wichtig für das gute Gelingen eines Hackfleischgerichtes ist das sorgfältige Durchkneten des Fleischteiges (am besten mit nassen Händen).

Beefsteak Tatar

300–600 g Rinderfilet, 4 Eigelbe, 2 Zwiebeln, 2 El Kapern, 4 kleine Gewürzgurken, Salz, Pfeffer, Paprika, Senf.

Das Filet (300 g reichen für eine Vorspeise, 600 g für ein kleines Abendessen) kurz vor der Zubereitung fein hacken oder durch den Fleischwolf drehen und in 4 Portionen teilen. Aus jeder Portion ein flaches, beefsteakähnliches Laibchen formen und auf ein oder vier Holzteller (oder andere Teller) legen. In die Mitte der Laibchen eine kleine Vertiefung machen und je ein Eigelb hineingleiten lassen. Die Zwiebeln, die Kapern und die Gewürzgurken möglichst fein hacken, in kleine Schüsselchen füllen und mit Salz (Streuer), Pfeffer (Mühle), Paprika (in einem Schüsselchen) und Senf zu dem gehackten Fleisch reichen. Beefsteak Tatar wird erst bei Tisch je nach persönlichem Geschmack mit einigen oder allen der Zutaten gewürzt.
Als Beilage nur Weißbrot oder Toast.

Biff Lindström

300 g Rindfleisch (gehackt),
300 g Schweinefleisch (gehackt),
200 g gekochte Kartoffeln,
1 mittelgroße Zwiebel,
1 El Kapern, 2 Eigelbe,
100 g eingelegte Rote Rüben,
Salz, Pfeffer, saure Sahne nach Bedarf, 30 g Butter.

Das gehackte Fleisch mit den durch die Kartoffelpresse gedrückten Kartoffeln, der möglichst fein gehackten Zwiebel, den gehackten Kapern, dem Eigelb und den in kleine Würfel geschnittenen Roten Rüben vermischen. Die Masse mit Salz und Pfeffer pikant abschmecken und so viel saure Sahne dazugeben, daß ein geschmeidiger Fleischteig entsteht. Daraus handtellergroße, etwa $1\frac{1}{2}$ cm dicke Frikadellen formen und in der erhitzten Butter von beiden Seiten gar braten. Geben Sie die Biffs mit Bratkartoffeln und *Rote-Rüben-Salat* zu Tisch.

Jungschweinebraten mit Kartoffelklößen und warmem Weißkohlsalat ▷

Butterschnitzel, gehackt

Die Semmel in Milch einweichen, ausdrücken und durch den Fleischwolf drehen (oder mit einer Gabel zerdrücken). Das Hackfleisch mit der Semmel und den Eiern vermischen (wenn nötig, noch einige Brösel zugeben) und mit Salz und weißem Pfeffer würzen. Den Fleischteig sehr gut durchkneten, längliche Frikadellen formen und im erhitzten Fett goldbraun braten. Die Frikadellen möglichst eng nebeneinander in eine kleine Kasserolle stellen (Schmalseite nach unten!), mit Butterflocken bedecken und mit der Brühe begießen. Die Kasserolle zudecken und die Frikadellen noch 20 Minuten bei 120° im Rohr dünsten, auf einer gewärmten Platte anrichten und den Saft, der sich gebildet hat, darübergießen.
Servieren Sie die Butterschnitzel mit *Weinkartoffeln, Cremekartoffeln* oder Kartoffelpüree und Salat.

500 g Hackfleisch (halb Rind-, halb Kalb- oder nur Kalbfleisch), 1 altbackene Semmel, Milch nach Bedarf, 2 Eier, Salz, weißer Pfeffer, 2 El Öl oder anderes Fett, 40 g Butter, ⅛ l Fleischbrühe.

Čevapćići

Das Fleisch zweimal durch den Fleischwolf drehen, salzen, pfeffern und durchkneten. Die Masse 2–3 Stunden stehen lassen, dann daumengroße Würstchen daraus formen und auf einem gut eingefetteten Rost (oder in einer Bratpfanne) von allen Seiten braun braten.
Die Čevapćići auf einer gewärmten Platte anrichten und mit den in feine Ringe geschnittenen Zwiebeln garnieren.

Je 200 g Rindernacken, Rinderschulter, Zwerchrippe und Rinderbauch, Salz, 3 große Zwiebeln.

Deutsches Beefsteak

Das Rindfleisch mit der eingeweichten, gut ausgedrückten Semmel durch den Fleischwolf drehen, mit dem Eigelb mischen, mit Salz und Pfeffer würzen und mit nassen Händen sehr gut verkneten. Aus dem Fleischteig handtellergroße, daumenstarke Beefsteaks formen und in der erhitzten Butter von beiden Seiten gar braten (etwa 5 Minuten pro Seite). Die Steaks auf einer gewärmten Platte anrichten. Den Bratsatz mit ¼ l Wasser (oder Brühe) loskochen; den Saft mit der Mehlbutter (Butter und Mehl verkneten) binden und über das Fleisch gießen.
Belegen Sie das Deutsche Beefsteak mit einem Spiegelei und reichen Sie Petersilienkartoffeln und Zucchini oder ein anderes Gemüse dazu.

500 g Rindfleisch (Filetspitz), 1 altbackene Semmel, 1 Eigelb, Salz, Pfeffer, 50 g Butter, 20 g Butter, 20 g Mehl.

Florida-Steaks

Das Hackfleisch mit der eingeweichten, wieder ausgedrückten und zerquetschten Semmel und dem Ei vermischen und mit Salz, Pfeffer und Muskat würzen. Den Fleischteig in 4 Portionen teilen, zu 2 cm starken Frikadellen formen und in der erhitzten Butter von beiden Seiten braun braten (8–10 Minuten pro Seite). Die Frikadellen auf ein leicht eingefettetes Backblech legen, zunächst mit den Ananasscheiben, dann mit den entsprechend zugeschnittenen Käsescheiben belegen und in dem auf 220° erhitzten Rohr so lange überbacken, bis der Käse geschmolzen und leicht gebräunt ist.
Servieren Sie die Florida-Steaks mit Pommes frites und grünem Salat.

600 g Hackfleisch (Rind-, Kalb- und Schweinefleisch zu gleichen Teilen), 1 altbackene Semmel, 1 Ei, Salz, Pfeffer, Muskat, 80 g Butter, 4 Scheiben Ananas, 4 Scheiben Emmentaler (oder Tilsiter).

◁ Schweinskotelett mit Äpfeln, Schweinskotelett im Käsebett, Schweinskotelett pikant (von oben nach unten) und Endiviensalat

Frikadellen = Bouletten = Fleischpflanzl

600 g Hackfleisch (Rind-, Schweine- und Kalbfleisch zu gleichen Teilen), 2 altbackene Semmeln, 2 Eier, ½ Zwiebel, 1 Tl Petersilie, 30 g Butter, Salz, Pfeffer, ½ Tl Majoran, 3 El Öl oder anderes Fett.

Das Hackfleisch mit den eingeweichten, ausgedrückten und zerquetschten Semmeln und den Eiern vermischen. Die feingehackte, mit der Petersilie in der Butter gedünstete Zwiebel dazugeben, mit Salz, Pfeffer und Majoran würzen und mit nassen Händen sehr gut verkneten. Aus dem Fleischteig handtellergroße, daumenstarke Frikadellen formen und in dem erhitzten Fett von beiden Seiten langsam (7–8 Minuten pro Seite) braten. Die Frikadellen auf einer gewärmten Platte anrichten.
Reichen Sie als Beilage Petersilienkartoffeln und *Tomatensauce* (oder Rosenkohl oder grüne Bohnen).

Frikadellen in Sahnesauce

600 g Hackfleisch (Rind-, Schweine- und Kalbfleisch), 2 altbackene Semmeln, 2 Eier, ½ Zwiebel, 1 Tl Petersilie, 30 g Butter, Salz, Pfeffer, ½ Tl Majoran, 1 große Zwiebel, ¼ l Fleischbrühe, ¼ l Sahne, 2 Tl Mehl.

Das Hackfleisch mit Semmeln, Eiern, Zwiebel, Petersilie (beides angedünstet) und den Gewürzen zu einem Fleischteig verarbeiten, Frikadellen daraus braten (siehe oben) und diese auf einer Platte warm stellen. Die Zwiebel fein hacken und im Bratfett anrösten. Mit der Brühe aufgießen und die Bratrückstände loskochen. Die Sahne mit dem Mehl verquirlen, zu der Bratensauce rühren und noch 5 Minuten ganz schwach kochen lassen. Die Sauce mit Salz und Pfeffer abschmekken, durchseihen und separat reichen.
Zu den Frikadellen in Sahnesauce passen Spätzle oder Teigwaren am besten; dazu Preiselbeeren oder Salat.

Frikadellen auf Jäger-Art

500 g Hackfleisch (halb Rind-, halb Schweinefleisch), 1 mittelgroße Zwiebel, 30 g Butter, ⅛ l Rotwein, 6 Wacholderbeeren, 1 altbackene Semmel, 2 Eier, 2 El Öl oder anderes Fett, 1 kleine Zwiebel, 2 Mohrrüben, ¼ Sellerieknolle, 1 Tl Mehl, ¼ l Fleischbrühe.

Die Zwiebel fein hacken und in der Butter andünsten. Mit dem Rotwein aufgießen, die feingehackten Wacholderbeeren dazugeben und auf 1 El Flüssigkeit einkochen lassen. Hackfleisch mit dem eingekochten Wein, der eingeweichten, ausgedrückten und zerquetschten Semmel und den Eiern vermischen und mit Salz und Pfeffer abschmecken. (Sollte die Masse zu weich sein, können Sie noch einige Semmelbrösel dazugeben.) Aus dem Fleischteig daumenstarke, handtellergroße Frikadellen formen, in dem erhitzten Fett von beiden Seiten anbraten und dann zur Seite stellen. Die kleine Zwiebel und die geputzten Wurzeln kleinschneiden und im Bratfett anrösten. Mit dem Mehl stauben, gut verrühren und dann mit der Brühe aufgießen. Kurz aufkochen lassen, das Fleisch zurück in die Sauce legen, 15 Minuten darin schmoren und auf einer gewärmten Platte anrichten. Die Sauce passieren (oder im Mixer pürieren), nochmals erhitzen und mit Salz und Pfeffer abschmecken. Einen Teil der Sauce über die angerichteten Frikadellen gießen, den Rest separat reichen.
Servieren Sie als Beilage Butternudeln oder *Semmelknödel.*

Hackbraten = Falscher Hase

750 g Hackfleisch (Rind-, Kalb- und Schweinefleisch zu gleichen Teilen), 2 altbackene Semmeln, 1 Zwiebel, 1 El gehackte Petersilie, 1 Ei, Salz, Pfeffer, ½ Tl Majoran, 50 g Butterfett oder Öl, ½ Zwiebel, 1 Mohrrübe, 1 Scheibe Sellerie, ½ l Fleischbrühe, 50 g Speck (in dünne Scheiben geschnitten), 2 El Sahne.

Die Semmeln in Milch oder Wasser einweichen und durchdrehen oder zerdrükken. Die Zwiebel fein hacken und mit der gehackten Petersilie in der Butter andünsten. Das Hackfleisch mit den Semmeln, dem Zwiebel-Petersilie-Gemisch und dem Ei vermischen, mit Salz, Pfeffer und Majoran würzen und mit nassen Händen sorgfältig durchkneten. (Sollte die Masse zu weich sein, können noch einige Semmelbrösel zugesetzt werden.) Aus dem Fleischteig einen länglichen Laib formen und in dem erhitzten Fett von allen Seiten bräunen. Die gehackte Zwiebel und die geputzten, geraspelten Wurzeln neben dem Fleisch im Bratfett leicht anrösten und dann mit der Hälfte der Brühe aufgießen. Den Braten mit den Speckscheiben belegen und in dem auf 180° vorgeheizten Rohr gar braten

(50–60 Minuten); die Speckscheiben entfernen und den Braten noch weitere 5 Minuten bräunen, die Oberfläche dabei mit der Sahne bepinseln. Den Braten kurz stehen lassen, dann in daumenstarke Scheiben schneiden und auf einer gewärmten Platte anrichten.
Den Bratensaft mit der restlichen Brühe verdünnen, passieren und dann separat reichen.
Servieren Sie den Falschen Hasen mit *Kartoffelklößen* und Blaukraut.

Hackbraten mit Eiern

750 g Hackfleisch (Rind-, Kalb- und Schweinefleisch),
2 altbackene Semmeln, 1 Zwiebel,
1 El gehackte Petersilie, 1 Ei,
Salz, Pfeffer, 1 Tl Senf,
3 hartgekochte Eier, 50 g Fett,
1 Zwiebel, 1 Mohrrübe,
¼ Sellerieknolle,
2 El Tomatenmark,
½ l Fleischbrühe, 1 Tl Mehl,
1 Tl Butter.

Das Fleisch mit den Semmeln, der Zwiebel, der Petersilie, dem Ei und den Gewürzen zu einem Fleischteig verarbeiten (siehe Hackbraten). Aus der Fleischmasse eine längliche Wurst formen. Die hartgekochten Eier hintereinander hineindrücken und den Fleischteig so darüber verteilen, daß wieder ein gleichmäßiger Laib entsteht (Achtung, daß keine Hohlräume bleiben!). Den Fleischlaib in einen Bratentopf legen und mit dem erhitzten Fett übergießen. Die gehackte Zwiebel, die geputzte, kleingeschnittene Mohrrübe, die geputzte, kleingeschnittene Sellerieknolle und das Tomatenmark dazugeben und ¼ l Brühe zugießen. Den Braten in dem auf 200° erhitzten Rohr unter häufigem Begießen mit dem Bratensaft gar schmoren (60–70 Minuten), kurz ruhen lassen, in daumenstarke Scheiben schneiden und auf einer gewärmten Platte anrichten. Den Bratensaft mit der restlichen Brühe verdünnen, abseihen, nochmals zum Kochen bringen, mit der nach und nach dazugegebenen Mehlbutter (Butter und Mehl verkneten) binden und neben das Fleisch gießen oder separat reichen.
Den Braten mit Bratkartoffeln und Schwarzwurzeln (oder einem anderen Gemüse) auftragen.
Hackbraten mit Eiern schmeckt aber auch kalt zu Kartoffelsalat oder als Brotbelag ausgezeichnet.

Irakische Fleischbällchen

400 g Rindfleisch, 2 Eier, Salz,
Pfeffer, 2 El gehackte Petersilie,
Öl zum Backen, 300 g Tomaten,
2 Zwiebeln, 1 El Senf,
1 Tl Weinessig.

Das Rindfleisch zweimal durch den Fleischwolf drehen, mit 1 Ei versetzen, salzen, pfeffern und mit der Petersilie vermischen. Die Masse sehr gut durchkneten und kleine Bällchen formen. Diese in reichlich erhitztem Öl (am besten in einem Fritiertopf) goldbraun backen. In eine Schüssel legen und im Wasserbad warm stellen. Die Tomaten vierteln, die Zwiebeln fein hacken, mit $\frac{2}{10}$ l Wasser 20 Minuten bei kleinem Feuer kochen lassen und dann durch ein Sieb streichen. Diese Sauce mit Salz, Pfeffer, Senf und Essig würzen und das zweite, gut verquirlte Ei einrühren. Die Sauce über die Fleischbällchen gießen und diese ganz heiß auftragen.
Dazu reichen Sie Safranreis und *Irakischen Salat.*

Kalbfleischhaschee

400 g gebratenes Kalbfleisch (Reste), 1 Zwiebel,
1 El Petersilie, 30 g Butter,
150 g Champignons oder Steinpilze,
¼–½ l Fleischbrühe,
Salz, weißer Pfeffer, Muskat,
4 Spiegeleier.

Das Kalbfleisch zweimal durch den Fleischwolf drehen. Die Zwiebel fein hacken und mit der Petersilie in der Butter anschwitzen. Die gewaschenen, geputzten und gehackten Pilze dazugeben und zugedeckt gar dünsten. Das Fleisch dazulegen und mit so viel Brühe aufgießen, daß eine dickflüssige Masse entsteht. 2–3 Minuten kräftig kochen lassen, mit Salz, weißem Pfeffer und Muskat abschmecken, in einer flachen, gewärmten Schüssel anrichten und die Spiegeleier obenauflegen.
Kalbfleischhaschee ist ein sehr leicht verdauliches, vor allem für Diätzwecke geeignetes Gericht. Reichen Sie nur Weißbrot dazu.

Rindfleischhaschee

Wird genauso wie *Kalbfleischhaschee* – nur aus Rindfleischresten – hergestellt.
Würzen Sie zusätzlich mit einer Spur Paprika oder Oregano.

Königsberger Klopse

500 g Hackfleisch (halb Rind, halb Schwein), 2 altbackene Semmeln, 2 mittelgroße Zwiebeln, 20 g Butter, 1 Ei, Salz, Pfeffer, 1 Zwiebel, 1 Lorbeerblatt, 5 Gewürzkörner, 30 g Mehl, 40 g Butter, 4 El Weißwein, 3 El saure Sahne, 1 El Kapern, Zucker, Zitronensaft, 2 Eigelbe.

Die Semmeln einweichen, wieder gut ausdrücken und durchdrehen oder gut zerdrücken. Die Zwiebeln fein hacken und in der Butter andünsten. Das Hackfleisch mit den zerdrückten Semmeln, den Zwiebeln und dem Ei vermischen, mit Salz und Pfeffer würzen und sehr gut durchkneten. 1 l Salzwasser mit der geteilten Zwiebel, dem Lorbeerblatt und den Gewürzkörnern zum Kochen bringen. Aus dem Fleischteig kleine Klößchen formen und in dem kochenden Sud 10 Minuten ziehen lassen.
Die Klößchen mit einem Schaumlöffel herausheben und zum Abtropfen auf ein Sieb legen.
Das Mehl in der Butter anschwitzen, mit dem abgeseihten Sud aufgießen und 5 Minuten kochen. Den Wein, die Sahne und die Kapern dazurühren, noch weitere 5 Minuten leicht kochen lassen und dann mit Salz, Pfeffer, Zucker und Zitronensaft abschmecken.
Die abgetropften Klößchen in die Sauce geben und 5–10 Minuten darin erwärmen. Zuletzt die verquirlten Eigelbe dazurühren.
Die Klopse in einer gewärmten Schüssel auftragen und Kartoffelpüree dazu reichen.

Kotelett Pojarsky

500 g Kalbfleisch (Nacken, Schulter, Brust), 2 altbackene Semmeln (ohne Rinde), Milch nach Bedarf, 40 g Butter, 2 Eigelbe, 2 Eier, Salz, Pfeffer, Muskat, Mehl, Semmelbrösel, Fett zum Backen, Zitrone und Petersilie (nach Bedarf).

Das Kalbfleisch mit den in Milch eingeweichten, wieder ausgedrückten Semmeln durch den Fleischwolf drehen. Die Butter mit den Eigelben und einem ganzen Ei schaumig rühren und mit dem Fleisch vermischen. Mit Salz, Pfeffer und Muskat würzen und – sollte die Masse zu dünn sein – noch einige Semmelbrösel hinzufügen.
Aus dem Fleischteig kleine flache »Koteletts« formen und diese nacheinander in Mehl, dem mit 2 El Wasser verquirlten zweiten Ei und den Semmelbröseln wenden und in dem erhitzten Fett von beiden Seiten goldbraun backen. Die »Koteletts« auf Küchenkrepp abtropfen lassen und auf einer gewärmten Platte anrichten.
Garnieren Sie mit Zitronenspalten und Petersilie und reichen Sie grüne Erbsen dazu.

Reisfrikadellen

300 g Rindfleisch (gehackt), 300 g Schweinefleisch (gehackt), 50 g Speck, $\frac{1}{2}$ Zwiebel, 1 Zitronenschale, Salz, Pfeffer, 60 g Reis, 60 g Butter oder anderes Fett, $\frac{1}{4}$ l Weißwein.

Den Speck in kleine Würfel schneiden und im eigenen Fett anschwitzen. Die Zwiebel fein hacken, mit den Speckwürfelchen im Speckfett bräunen und dann mit dem Hackfleisch mischen. Mit der feingehackten Zitronenschale, Salz und Pfeffer würzen. Den Reis waschen, in kochendes Salzwasser geben, 5 Minuten kräftig kochen lassen, abseihen, sehr gut abtropfen lassen und sorgfältig mit dem Hackfleisch verarbeiten. Aus der Fleisch-Reis-Masse handtellergroße Frikadellen formen und in der erhitzten Butter von beiden Seiten anbraten. Mit dem Wein aufgießen, die Frikadellen zugedeckt gar dünsten (wenn alle Flüssigkeit verbraucht ist, etwas Wasser oder Brühe nachgießen) und auf einer gewärmten Platte anrichten.
Reichen Sie als Beilage *Tomatensauce* und *Berner Rösti*.

INNEREIEN

Die Innereien (Leber, Nieren, Herz, Hirn, Kalbsbries, Lunge, Kutteln und Zunge) nehmen eine Sonderstellung unter den Fleischgerichten ein. Sie werden oft verschmäht und als »minderwertig« betrachtet, dabei lassen sich gerade aus ihnen besonders schmackhafte Gerichte herstellen, die von Kennern sehr geschätzt werden. Ein großer Vorteil der Innereien: Sie sind leicht verdaulich und enthalten die wichtigsten Nährstoffe und Vitamine in konzentrierter Form.

LEBER

Am bekanntesten und beliebtesten unter den Innereien ist die Leber. Sie zeichnet sich durch einen besonders hohen Gehalt an Vitamin A aus und leistet daher auch in der Kinder- und Krankenkost wertvolle Dienste.
Die *Kalbsleber* kann man geradezu als Delikatesse bezeichnen; sie schmeckt pikant und ist an ihrer, im Vergleich zur Schweins- und Rindsleber hellen Farbe und der glatten Schnittfläche zu erkennen.
Schweinsleber hat einen intensiveren Geschmack, kann aber gut als Ersatz für Kalbsleber verwendet werden; sie braucht allerdings etwas länger zum Garen. Die Farbe frischer Schweinsleber ist dunkelrot, die Schnittfläche leicht körnig.
Rindsleber sollte immer von jungen Tieren sein. Sie hat einen etwas strengen Geschmack und neigt dazu, zäh und trocken zu werden. Man verarbeitet sie daher hauptsächlich in zerkleinerter Form. Rindsleber ist – je nach Alter des Tieres – mehr oder weniger dunkelrot und hat eine glatte Schnittfläche.

Berliner Leber

600 g Kalbsleber, Pfeffer, Mehl, 60 g Butter, Salz, 2 mürbe Äpfel, 2–3 große Zwiebeln, 4 El Öl.

Die gewaschene, getrocknete und abgehäutete Leber in 1 cm starke Scheiben schneiden und mit frischgemahlenem Pfeffer würzen. Die Butter in einer Bratpfanne erhitzen und die Leber von beiden Seiten braun braten (2–3 Minuten pro Seite). Die gebratene Leber salzen und auf einer Platte warm stellen. Die Äpfel schälen, vom Kerngehäuse befreien, in ½ cm dicke Scheiben schneiden, in der Bratbutter gar braten und dann auf die Leberscheiben verteilen. Gleichzeitig die Zwiebeln in Streifen schneiden, in dem Öl goldbraun rösten, abtropfen lassen und auf die Apfelscheiben häufen.
Servieren Sie als Beilage Kartoffelpüree oder *Risipisi*.

Kalbsleber, gebacken

500 g Kalbsleber, Mehl, 1 Ei, Semmelbrösel, Salz, Fett zum Backen.

Die gewaschene Leber abhäuten und in dünne Scheiben schneiden. Die Leberscheiben nacheinander in Mehl, dem mit ½ Tl Salz und 1–2 El Wasser verquirlten Ei und den Semmelbröseln wenden; die Brösel leicht festdrücken. Die Leber in dem erhitzten Fett rasch von beiden Seiten goldbraun backen, auf einer gewärmten Platte anrichten, mit Zitronenspalten garnieren und sofort servieren.
Reichen Sie Kartoffelsalat oder einen anderen Salat dazu.

Kalbsleber, gespickt

600 g Kalbsleber, 60 g Speck, Pfeffer, Mehl, 40 g Butter, Salz.

Die Leber waschen, trocknen, sorgfältig abhäuten, in Scheiben schneiden, mit dünnen Speckstreifen spicken und mit frischgemahlenem Pfeffer bestreuen. Die Leberscheiben in Mehl wälzen, in der erhitzten Butter rasch von beiden Seiten braten (2–3 Minuten pro Seite), salzen und auf einer gewärmten Platte anrichten. Den Bratrückstand mit einigen Löffeln Wasser aufnehmen und loskochen, mit Salz und Pfeffer abschmecken und über die Leberscheiben gießen.
Servieren Sie mit Bratkartoffeln und grünen Bohnen oder Blaukraut.

Kalbsleber in Sahnesauce = Tiroler Leber

600 g Kalbsleber, 60 g Speck, Pfeffer, 30 g Butter, ½ Zwiebel, 1 Tl Mehl, ⅛ l saure Sahne, 1 El Zitronensaft, Salz.

Die Kalbsleber waschen, trocknen, abhäuten, in dünne Scheiben schneiden, mit schmalen Speckstreifen spicken und mit frischgemahlenem Pfeffer bestreuen. Die Butter in einer Pfanne erhitzen, die Leberscheiben rasch von beiden Seiten darin braten (etwa 2 Minuten pro Seite) und zur Seite stellen. Die Zwiebel sehr fein hacken und im Bratfett bräunen. Mit dem Mehl stauben, mit etwas Wasser aufnehmen, zu einer sämigen Sauce verkochen, die saure Sahne darunterrühren und zuletzt mit Zitronensaft und Salz abschmecken. Die gebratenen Leberscheiben in die Sauce legen, 2–3 Minuten darin ziehen lassen und dann auf einer gewärmten Platte anrichten; die Sauce separat reichen.
Servieren Sie die Tiroler Leber mit Reis oder Teigwaren.
Zur Abwechslung: Mischen Sie 1 Tl gehackte Kapern unter die fertige Sauce = **Kalbsleber, pikant.**

Leber, geröstet

500 g Leber (Kalbs-, Schweins- oder Rindsleber), 2 Zwiebeln, 60 g Öl oder Schmalz, 1 Tl Mehl, Salz, Pfeffer, Majoran, Weinessig.

Die Leber waschen, trocknen und in feine Scheiben schneiden. Die Zwiebeln in Streifen schneiden und in dem erhitzten Fett goldbraun rösten. Die Leber dazulegen und bei kräftiger Hitze von allen Seiten bräunen. Mit dem Mehl stauben und mit ⅛ l Wasser aufgießen. Kurz aufkochen, mit Salz, Pfeffer, Majoran und Weinessig abschmecken und sofort in einer gewärmten Schüssel auftragen.
Reichen Sie Spätzle oder Reis und Salat als Beilage.

Saure Leber

500 g Leber (Kalbs-, Schweins- oder Rindsleber), 1 mittelgroße Zwiebel, 40 g Schmalz oder anderes Fett, 1 El Mehl, ⅛ l Fleischbrühe, Pfeffer, ½ Tl Thymian, 1 El Weinessig, 1/16 l saure Sahne, Salz.

Die gewaschene, abgehäutete Leber in dünne Scheiben schneiden. Die Zwiebel fein hacken und in dem Fett hellgelb anrösten. Die Leberscheiben möglichst rasch von allen Seiten anbraten, bis keine blutigen Stellen mehr zu sehen sind. Mit dem Mehl stauben, mit der Brühe aufgießen und mit Pfeffer und Thymian würzen. Zuletzt den Weinessig und die saure Sahne dazurühren, mit Salz abschmecken und sofort auftragen.
Reichen Sie als Beilage Salzkartoffeln oder Kartoffelpüree.

NIEREN

Nieren haben einen eigenartigen, pikanten Geschmack und leicht körniges Fleisch. Sie sind in ein Fettpolster eingebettet, das der Metzger aber meistens schon mehr oder weniger entfernt hat. Vor ihrer Verarbeitung müssen die Nieren halbiert und die Harnstränge herausgeschnitten werden; bei blanken (fettfreien) Nieren ist außerdem das zarte Außenhäutchen abzuziehen. Einen besonders feinen Geschmack erhalten Nieren, wenn man sie 1–2 Stunden vor der Zubereitung in Milch legt. Die wieder gut getrockneten Nieren dann rasch braten und erst zum Schluß salzen, da sie sonst zäh und trocken werden.
Kalbsnieren (aber auch *Lammnieren*) sind eine besondere Delikatesse. Sie bestehen aus vielen von einer Fettschicht umgebenen Lappen; ihr Fleisch ist hell und zart.
Schweinsnieren können wie Kalbsnieren behandelt werden – allerdings sind sie nicht ganz so zart. Sie werden immer ohne Fett verkauft; sie sind ungelappt, haben ein dunkelrotes Fleisch und die typische Nierenform.
Rindsnieren bestehen – wie die Kalbsnieren – aus Lappen, ihr Fleisch ist aber viel dunkler und ihr Geschmack sehr intensiv, ja sogar etwas streng. Daher werden sie kaum als selbständiges Gericht verwendet, geben aber – in kleinen Mengen – eine gute Würze ab.

Kalbsnieren in Currysauce

Die Kalbsnieren so weit vom Fettpolster befreien, daß eine 1 cm starke Fettschicht zurückbleibt, halbieren, von den Harnsträngen befreien und in 1 cm dicke Scheiben schneiden. Die Zwiebel fein hacken und in dem Öl andünsten. Den Curry dazugeben und 1–2 Minuten mitdünsten. Die Nierenscheiben von beiden Seiten braten, salzen und auf einer Platte warm stellen. Den Bratrückstand mit dem Mehl stauben, mit der Fleischbrühe aufgießen und kurz verkochen. Die Sauce mit Salz abschmecken, mit der Sahne verfeinern und über die warmgestellten Nierenscheiben gießen.
Reichen Sie *Trockenreis* dazu.

2 Kalbsnieren, ½ Zwiebel,
3 El Öl, 1 Tl Curry, 2 Tl Mehl,
¼ l Fleischbrühe,
⅛ l Sahne.

Kalbsnieren in Madeira

Die Kalbsnieren vollkommen vom Fett befreien, 1 Stunde in Milch (oder Wasser) legen; dann sorgfältig abtrocknen, der Länge nach in fingerstarke Scheiben schneiden und dabei die Harnstränge entfernen. Von beiden Seiten mit Mehl stauben und in der erhitzten Butter 2–3 Minuten pro Seite braten. Die Scheiben dann mit Salz und Pfeffer würzen und auf einer Platte warm stellen. Den Bratrückstand mit dem Madeira loskochen, die Sauce mit Salz und Pfeffer abschmecken und über die Nieren gießen.
Tragen Sie das Gericht sofort auf und reichen Sie *Trockenreis* dazu.

2 Kalbsnieren, Mehl,
40 g Butter, Salz, Pfeffer,
4 El Madeira.

Fleisch

Nieren auf Jäger-Art

Die gewaschenen, getrockneten, von den Harnsträngen befreiten Nieren in dünne Scheiben schneiden. Das Öl in einer Pfanne erhitzen und die Nierenscheiben bei starker Hitze von allen Seiten anbraten. Den in Würfel geschnittenen Speck und die ebenfalls in Würfel geschnittenen (oder grob gehackten) Pilze dazugeben und alles zusammen unter ständigem Rühren noch weitere 5 Minuten braten. Die Nieren, die Pilze und den Speck aus der Pfanne nehmen und warm stellen. Die feingehackte Schalotte im Bratfett leicht anschwitzen, mit dem Mehl stauben, gut verrühren und mit dem Rotwein aufgießen. Die Sauce 5 Minuten leicht kochen lassen, das Nieren-Speck-Pilz-Gemisch dazugeben und kurze Zeit darin ziehen lassen.
Die Nieren erst ganz zuletzt mit Salz und Pfeffer würzen und mit der Butter verfeinern. Sofort auftragen!
Reichen Sie als Beilage Spätzle oder *Berner Rösti*.

2 Kalbsnieren, 5 El Öl,
50 g Speck, 100 g Steinpilze
oder Champignons, 1 Schalotte,
1 Tl Mehl, ¼ l Rotwein, Salz,
Pfeffer, 30 g Butter.

Saure Nieren

Die Nieren waschen, abhäuten, von den Harnsträngen befreien, in dünne Scheiben schneiden und mit dem Mehl stauben. Die Zwiebel in Streifen schneiden und in dem erhitzten Fett bräunen. Die Nierenscheiben dazulegen und rasch von allen Seiten braten (höchstens 6–7 Minuten). Die Nieren salzen und pfeffern, in einer Schüssel anrichten und warm stellen. Den Bratsaft mit dem Weinessig loskochen, die saure Sahne dazugeben und kurz verkochen. Die Sauce mit Salz, Pfeffer und einer Prise Zucker pikant abschmecken und über die warmgestellten Nieren gießen.
Wenn Sie wollen, können Sie den Geschmack der sauren Nieren noch variieren, indem Sie mit der Zwiebel 50 g Speckwürfel braten oder das fertige Gericht mit etwas Majoran würzen.
Tragen Sie die Nieren sofort auf und servieren Sie Teigwaren oder Kartoffelpüree dazu.

500 g Schweinsnieren, 1 El Mehl.
1 Zwiebel, 40 g Öl oder
Butter, Salz, Pfeffer,
2 El Weinessig.

HERZ

Herzgerichte sind nicht nur delikat, sondern – durch den hohen Gehalt an Vitamin B – äußerst gesund. Das Herzfleisch ist fester als das der anderen Innereien und hat eine leicht faserige Struktur.
Am besten schmeckt das zarte *Kalbsherz* oder das ähnlich zarte *Lammherz*.
Rinderherz ist kräftiger im Geschmack und etwas zäher.
Schweineherz wird kaum verwendet.
Vor der Zubereitung sollte das Herz geteilt, von den groben Adern befreit und 1–2 Stunden gewässert werden.

Herzragout

1 Kalbsherz (oder 500 g Rinderherz), 30 g Butter oder Öl, Salz, Pfeffer, 1 El Mehl, $^1/_4$ l Fleischbrühe, 1 grüne Paprikaschote, 3 El Tomatenmark, 1 El Zitronensaft.

Das gewaschene, gewässerte und wieder getrocknete Herz in größere Würfel schneiden und in dem erhitzten Fett von allen Seiten anbraten. Mit Salz und frischgemahlenem Pfeffer würzen, mit dem Mehl stauben, mit der Fleischbrühe aufgießen und zugedeckt langsam gar schmoren (etwa 20–30 Minuten). 10 Minuten vor beendeter Garzeit die gewaschene, entkernte, in feine Streifen geschnittene Paprikaschote mitschmoren. Zuletzt das Tomatenmark und den Zitronensaft dazugießen und, wenn nötig, noch nachsalzen und nachpfeffern.
Das Ragout sofort in einer gewärmten Schüssel anrichten und Spätzle oder Salzkartoffeln dazu reichen.

Kalbsherz

1 Kalbsherz, Salz, 100 g Speck, 1 Zwiebel, 1 El Öl, 1 Wurzelwerk, etwa $^1/_2$ l Fleischbrühe.

Das gewaschene, gewässerte und wieder getrocknete Herz mit einem Teil des in dünne Streifen geschnittenen Specks spicken. Den übrigen Speck in kleine Würfel schneiden und mit der in Streifen geschnittenen Zwiebel im Öl bräunen. Das in Streifen geschnittene Wurzelwerk dazugeben und durchrösten. Das gespickte Herz dazulegen, anbraten und danach salzen. Mit einem Teil der Brühe begießen und das Ganze bei mittlerer Hitze zugedeckt etwa 30 Minuten schmoren, wobei immer wieder Flüssigkeit nachgegossen werden muß. Das Herz in Scheiben schneiden und auf eine gewärmte Platte legen. Die Zwiebeln und die Wurzeln rundherum anordnen und Salzkartoffeln dazu reichen.

Kalbsherz in Sahnesauce

Zutaten wie für *Kalbsherz*, 1 Tl Mehl, $^1/_8$ l saure Sahne.

Das Kalbsherz wie oben gar schmoren, anrichten und warm stellen. Die Bratensauce abseihen oder im Mixer pürieren und mit der im Mehl verquirlten Sahne verrühren. Noch kurz kochen und dann über das warmgestellte Herz gießen.

Rinderherz kann so wie das Kalbsherz zubereitet werden. Die Schmordauer beträgt 40 bis 50 Minuten.

HIRN

Gerichte aus Hirn sind besonders leicht bekömmlich. In den Handel gelangt vor allem das delikate Kalbshirn; Schweine- und Rinderhirn werden kaum verwendet. Achten Sie darauf, daß Sie nur ganz frisches Hirn verarbeiten (Sie müssen sich dabei auf Ihren Metzger verlassen können), da Kalbshirn sehr rasch verdirbt. Vor der Zubereitung wird das Hirn kurz in lauwarmes Wasser gelegt, damit man die Häutchen leichter entfernen kann. Oft wird das Hirn dann noch blanchiert.

Kalbshirn, eingemacht

Das Kalbshirn in lauwarmes Wasser legen, vorsichtig abhäuten, auf Küchenkrepp trocknen und in nicht zu große Stücke teilen. Aus Butter und Mehl eine helle Einbrenne zubereiten, mit ½ l Wasser aufgießen und ¼ Stunde leicht kochen lassen. Die Sauce mit Salz und Zitronensaft würzen, die Hirnstücke hineinlegen und langsam ziehen lassen. Die Sahne mit dem Eigelb verquirlen und das Hirn damit verfeinern.
Sofort in einer gewärmten Schüssel auftragen, mit Schnittlauch bestreuen und *Trockenreis* dazu reichen.
Dieses leicht verdauliche, auch als Krankenkost gut geeignete Gericht können Sie noch variieren, indem Sie die Sauce, bevor Sie die Hirnstücke hineinlegen, mit 50 g geschnittenen, in Butter gedünsteten Champignons, 1 fein geraspelten Apfel oder 1 El Käse bereichern.

500 g Kalbshirn, 40 g Butter, 40 g Mehl, Salz, 1 El Zitronensaft, $^1/_{16}$ l Sahne, 1 Eigelb, Schnittlauch.

Kalbshirn, gebacken

Das in lauwarmem Wasser abgehäutete Kalbshirn in kochendes Essig-Salzwasser legen und 15 Minuten darin ziehen lassen. Das Hirn herausnehmen, kalt abbrausen, auf Küchenkrepp trocknen und in mehrere Portionen teilen. Die Hirnstücke nacheinander in Mehl, dem mit etwas Wasser verquirlten, gesalzenen Ei und den Semmelbröseln wenden und in reichlich erhitztem Fett (wenigstens fingerhoch) von allen Seiten goldbraun backen.
Das Hirn dann auf einer gewärmten Platte anrichten und mit Zitronenspalten garnieren.
Als Beilage paßt dazu am besten Salat oder feines Gemüse.

500 g Kalbshirn, Weinessig, Salz, Mehl, 1 Ei, Semmelbrösel, Fett zum Backen.

Fleisch

Kalbshirn, geröstet

Das Kalbshirn für 5 Minuten in lauwarmes Wasser legen, sorgfältig abhäuten, kalt abbrausen, trocknen und grob hacken. Die Zwiebel und die Petersilie fein hacken und in der Butter andünsten. Das Hirn dazugeben, 5 Minuten bei mittlerer Hitze durchrösten, salzen und sofort auf einer gewärmten Platte anrichten.
Geröstetes Kalbshirn ist ein sehr leichtes schmackhaftes Essen, zu dem Spiegeleier und grüner Salat besonders gut passen.

500 g Kalbshirn, ½ Zwiebel, 1 Tl gehackte Petersilie, 40 g Butter, Salz.

Kalbshirn, geröstet mit Ei

Das Kalbshirn wie oben – nur ohne Petersilie – zubereiten. Kurz vor der Fertigstellung die verquirlten Eier dazurühren und noch so lange weitererhitzen, bis die Eier zu stocken beginnen. Sofort auf einer gewärmten Platte anrichten und mit reichlich Schnittlauch bestreuen.

500 g Kalbshirn, ½ Zwiebel, 40 g Butter, Salz, 2 Eier, Schnittlauch.

Kalbshirn auf Pariser Art

Das Kalbshirn in lauwarmem Wasser abhäuten, in kochendes Essig-Salzwasser geben und 15 Minuten darin ziehen lassen, abschrecken, auf Küchenkrepp trocknen und in beliebig große Portionen teilen. Die Hirnstücke nacheinander in Mehl und den gesalzenen, verquirlten Eiern wenden und in reichlich erhitztem Fett (daumenhoch) goldbraun backen. Die Hirnstücke gut abtropfen lassen, auf eine gewärmte Platte legen und mit Tomatenvierteln und Zitronenspalten garnieren.
Reichen Sie als Beilage einen beliebigen Salat oder Feingemüse.

500 g Kalbshirn, Essig, Salz, Mehl, 2 Eier, Fett zum Backen.

KALBSBRIES

Kalbsbries (Milke, Milch, Midder) ist die Thymusdrüse des Kalbes, ein sehr zartes, wohlschmeckendes Fleisch, das sich auch ausgezeichnet für Diätzwecke eignet. Kalbsbries sollte nur ganz frisch verwendet werden. Es muß vor seiner Zubereitung zwei Stunden gewässert, abgehäutet und dann blanchiert werden.

Kalbsbries, gebacken = Kalbsmilch, gebacken

500 g Kalbsbries, Salz, Mehl, 1 Ei, Semmelbrösel, Fett zum Backen.

Das Kalbsbries 2–3 Stunden kalt wässern, dann abhäuten, in kochendem Salzwasser 10 Minuten ziehen lassen, herausnehmen, gut abtropfen, leicht beschwert kalt werden lassen und in Stücke schneiden. Das Bries dann nacheinander in Mehl, dem mit etwas Wasser verquirlten Ei und den Semmelbröseln wenden und in dem erhitzten Fett von beiden Seiten goldbraun backen. Das Bries auf einer gewärmten Platte anrichten und mit Zitronenspalten garnieren.
Reichen Sie grüne Erbsen oder Salat als Beilage.

Briesragout à la Princesse

500 g Kalbsbries, Salz, 30 g Butter, 100 g Champignons, Zitronensaft, 20 g Butter, 150 g Erbsen, 1 Dose Spargelspitzen, 40 g Butter, 40 g Mehl, ¼ l Weißwein.

Das gewässerte, abgehäutete Kalbsbries 20 Minuten in kochendem Salzwasser ziehen lassen, herausnehmen, auf Küchenkrepp trocknen lassen, in nicht zu große Stücke schneiden und in der erhitzten Butter leicht anbraten. Die geputzten Champignons in grobe Scheiben schneiden, mit dem Zitronensaft beträufeln und in der Butter gar dünsten. Die Erbsen in Salzwasser garen. Die Spargelspitzen gut abtropfen lassen. Die Butter in dem Mehl anschwitzen, mit ¼ l Wasser aufgießen und 15 Minuten schwach kochen lassen. Den Wein dazugeben und zum Kochen bringen. Die Briesstücke und das Gemüse in der Sauce noch 5 Minuten ziehen lassen, mit Salz, Pfeffer und Zitronensaft abschmecken und sofort in einer gewärmten Schüssel auftragen.
Reichen Sie Kartoffelpüree dazu.

LUNGE

Lunge ist ein äußerst preiswertes, schmackhaftes Nahrungsmittel mit wenig Kalorien und darum gut geeignet für die Schlankheitsdiät. In der Küche wird vor allem die *Kalbslunge,* seltener auch *Schweinslunge* verwendet. Sie muß frisch verarbeitet und soll vor der Zubereitung 1 Stunde gewässert werden.

Kalbslunge auf Wiener Art = Kalbsbeuschel

600 g Kalbslunge, 200 g Kalbsherz, 1 Wurzelwerk, Salz, 3 El Öl, 30 g Mehl, ½ Zwiebel, 1 Lorbeerblatt, ¼ Tl Thymian, ½ Tl gehackte Petersilie, Saft von 1–2 Zitronen, Senf.

Das gereinigte Wurzelwerk in etwa 2 l Salzwasser zum Kochen bringen; das sauber gewaschene Beuschel in etwa 1 Stunde gar kochen und dann im Sud erkalten lassen. Das ausgekühlte Beuschel herausnehmen und in Streifen schneiden, wobei die größeren Röhren entfernt werden. Das Mehl mit der feingehackten Zwiebel im Öl dunkel rösten; mit dem abgeseihten Kochsud aufgießen, die Kräuter dazugeben und alles zusammen 20 Minuten ganz leicht kochen lassen. Das Lorbeerblatt wieder entfernen und die Beuschelstreifen in der Sauce erwärmen. Zuletzt mit Zitronensaft und Senf leicht säuerlich abschmecken.
Wollen Sie das Kalbsbeuschel besonders pikant, so können Sie noch 1–2 gewässerte Sardellenfilets und 5 Kapern, beides fein gehackt, in der Sauce mitkochen lassen.
Das Beuschel in einer gewärmten Schüssel anrichten und mit *Semmelknödeln,* einem *Serviettenkloß* oder *Kartoffelknödel* auftragen.

KUTTELN

Die Kutteln sind ein Teil des Rindermagens (Pansen) – ein sehr preiswertes Essen, das in Frankreich und in der Schweiz sogar als große Delikatesse geschätzt wird.

Kuttelflecke = Kaldaunen

500 g Kutteln, 1 Suppengrün,
5 Pfefferkörner, 1 Lorbeerblatt,
2 Stengel Thymian,
1/8 l Weinessig, 1 Tl gehackte Petersilie, 3 El Öl, 30 g Mehl,
Salz, Pfeffer, 1/8 l Weißwein.

Die Kutteln reinigen (am besten einige Stunden wässern) und dann mit dem Suppengrün, Weinessig und den Gewürzen in Salzwasser gar kochen (3–4 Stunden; bei vielen Metzgern erhalten Sie die Kutteln schon gereinigt, gekocht und oft auch geschnitten). Die Kutteln abkühlen lassen und in feine Streifen schneiden. Die Petersilie in dem Fett andünsten, das Mehl darin hellbraun rösten, mit einem Teil des Kochsudes aufgießen und in 10 Minuten zu einer sämigen Sauce verkochen. Mit Salz, Pfeffer und dem Wein würzen. Die Kutteln in der Sauce noch 15 Minuten ziehen lassen. Wenn Sie wollen, können Sie die Sauce noch mit 1–2 El Tomatenketchup anreichern. Servieren Sie die Kutteln mit Salzkartoffeln oder Knödeln.

ZUNGE

Zu den Innereien im weiteren Sinn gehört auch die Zunge. Im Haushalt werden Kalbs-, Schweine- und Rinderzunge verwendet.
Kalbs- und *Schweinezunge* kommen frisch auf den Markt und ergeben leichte, schnell zubereitete Mahlzeiten.
Rinderzunge ist frisch, gepökelt oder geräuchert im Handel. Sie läßt sich zu delikaten Gerichten verarbeiten, braucht allerdings längere Zeit zum Garen.
Eine Zunge muß vor der Zubereitung besonders sorgfältig gewaschen (am besten reibt man sie zusätzlich noch mit Salz ab) und das gelbliche, schwammige Fleisch, das sich am Zungengrund befindet, entfernt werden.

Fleisch

Räucherzunge

1 Räucherzunge

Die gewaschene Zunge in reichlich kaltem Wasser etwa 3 Stunden langsam kochen lassen, dann kurz in kaltes Wasser tauchen (sie läßt sich so besser schälen) und die Haut abziehen. Die geschälte Zunge zurück in den Sud legen und noch so lange weiterkochen lassen, bis sie weich geworden ist (je nach Größe der Zunge 10 Minuten bis 1 Stunde). Die Zunge in Scheiben schneiden und auf einer gewärmten Platte anrichten.
Servieren Sie die Räucherzunge mit Kartoffelpüree oder *Erbsenbrei* mit gebräunten Zwiebelringen.

Kalbszunge, gebacken

1 Kalbszunge, 1 Suppengrün,
1 Zwiebel, 1 Lorbeerblatt,
1 Stengel Thymian,
5 Pfefferkörner, 5 Gewürzkörner,
Salz, Pfeffer, Mehl,
1–2 Eier, Semmelbrösel,
Fett zum Backen.

Die gewaschene Kalbszunge mit dem Suppengrün, der Zwiebel und den Gewürzen in Salzwasser gar kochen (etwa 1 Stunde), kalt überbrausen, abschälen und nach dem Abkühlen in 1 cm dicke Scheiben schneiden. Die Zungenscheiben salzen, pfeffern und nacheinander in Mehl, dem gesalzenen, mit etwas Wasser verquirlten Ei und den Semmelbröseln wenden und die Brösel gut festdrücken. Die Zungenscheiben in dem erhitzten Fett (wenigstens fingerhoch) goldbraun backen, dann auf Küchenkrepp abtropfen lassen, auf einer gewärmten Platte anrichten und mit Petersilie garnieren.
Die beste Beilage: Kartoffelsalat.
Dieses Gericht läßt sich genausogut aus Schweinezungen (Sie müssen dann aber 2 Stück verwenden) zubereiten = **Schweinezunge, gebacken.**

Kalbszunge auf Bayern-Art

1–2 Kalbszungen (je nach Größe), ¼ l Weißwein, 2 große Zwiebeln, 4 Mohrrüben, ½ Sellerieknolle, 1 Lauchstange, 1 Lorbeerblatt, 4 Pfefferkörner, 4 Gewürzkörner, Salz, 500 g Kartoffeln, 2 Salzgurken, 2 El Meerrettich.

Den Weißwein mit den in Streifen geschnittenen Zwiebeln, den Mohrrüben, der Sellerieknolle, der Lauchstange und den Gewürzen zum Kochen bringen. Die gewaschene Zunge in diesem Sud gar kochen (etwa 1 Stunde), abhäuten, in fingerstarke Scheiben schneiden und auf einer gewärmten Platte anrichten. Die Mohrrüben und die Sellerieknolle in feine Streifen schneiden und mit den Zwiebelstreifen und der ebenfalls kleingeschnittenen Lauchstange über die Zungenscheiben verteilen. Die gekochten Kartoffeln neben die Zunge legen. Die Salzgurken in Scheiben schneiden und auf die Zunge legen. Zuletzt den geriebenen Meerrettich darüberstreuen.
Servieren Sie sofort ohne weitere Beilagen.
Dieses Gericht läßt sich genausogut aus Schweinezunge zubereiten; Sie benötigen dann 2–3 Schweinezungen = **Schweinszüngerl auf Bayern-Art.**

Rinderzunge in Kapernsauce

1 frische Rinderzunge, 1 Suppengrün, ½ Zwiebel, 1 Lorbeerblatt, 1 Zitronenschale, 5 Pfefferkörner, 5 Gewürzkörner, Salz, 30 g Mehl, 40 g Butter, 1 El Kapern, 2 El Zitronensaft, Pfeffer.

Die gewaschene Zunge mit dem Suppengrün, der Zwiebel und den Gewürzen in Salzwasser gar kochen (1½–2½ Stunden), aus dem Sud nehmen, abschrecken, schälen und zur Seite stellen. Das Mehl in der Butter anschwitzen, mit ½ l des Kochsudes aufgießen und in 15 Minuten zu einer sämigen Sauce verkochen. Die Kapern fein hacken und mit dem Zitronensaft unter die Sauce mischen. Mit Salz und Pfeffer pikant abschmecken.
Die gekochte Zunge in dünne Scheiben schneiden, in der Sauce erwärmen, auf einer gewärmten Platte anrichten, mit der Sauce übergießen und mit Gewürzgurken garnieren.
Reichen Sie Reis oder Kartoffelpüree dazu.

Rinderzunge auf polnische Art

1 frische Rinderzunge, 1 Zwiebel, 50 g Mandeln, 1 geriebene Zitronenschale, 30 g Mehl, 50 g Butter, ½ l Rotwein, 1–2 El Weinessig, Pfeffer, gemahlene Gewürznelken, Piment, 1 Prise Zucker.

Die Zunge waschen, in kochendem Salzwasser weichkochen (1½–2½ Stunden; im Dampfdrucktopf etwa 45 Minuten), abhäuten, in dünne Scheiben schneiden und in eine flache, feuerfeste Schüssel legen. Die feingehackte Zwiebel, die geschälten, geschnittenen Mandeln und die Zitronenschale über die Zunge streuen. Das Mehl in der Butter braun anrösten und mit einem Schöpflöffel Zungenbrühe ablöschen. 5 Minuten gut verkochen lassen, den Wein und den Weinessig dazugießen und mit den angegebenen Gewürzen pikant abschmecken.
Die Sauce über die Zunge gießen und das Ganze noch 10 Minuten im Rohr ziehen lassen.
Mit Kartoffelpüree und beliebigem Salat auftragen.

Zungenragout

1 frische Rinderzunge, 1 Suppengrün, 1 Zwiebel, 1 Lorbeerblatt, 4 Pfefferkörner, 4 Gewürzkörner, 1 El Weinessig, Salz, 40 g Mehl, 40 g Butter, ¼ l Rotwein, 150 g Champignons, 2 Gewürzgurken, Pfeffer, Zitronensaft.

Aus dem Suppengrün, der Zwiebel und den Gewürzen einen Sud zubereiten, die gewaschene Zunge darin garen, abschrecken, abhäuten und in grobe Streifen (oder Würfel) schneiden. Das Mehl in der Butter kräftig bräunen, mit der Hälfte des Rotweins aufgießen und ½ l des abgeseihten Kochsudes dazugeben. Kurz aufkochen lassen, die geputzten, in Scheiben geschnittenen Champignons dazugeben und alles zusammen 15 Minuten schwach kochen lassen. Die Gewürzgurken in kleine Würfel schneiden und in die Sauce geben. Den restlichen Rotwein dazugießen und mit Salz, Pfeffer und Zitronensaft pikant abschmecken. Die Zunge in die gewürzte Sauce legen und darin erwärmen.
Das Zungenragout in einer gewärmten Schüssel auftragen und Knödel oder Kartoffelpüree dazu reichen.

GRILLEN

Das Grillen ist wohl die älteste und zugleich modernste Methode, ein Stück Fleisch schmackhaft zuzubereiten. Wahrscheinlich hat die Geschichte der Kochkunst überhaupt in dem Augenblick begonnen, als ein Mensch zum ersten Mal ein Stück rohes Fleisch vom erlegten Wild am Feuer briet.
Nicht nur Feinschmecker, sondern auch die Ärzte sind sich darüber einig, daß wir unser Fleisch am besten ohne Sauce und Fett auf dem Grill zubereiten sollten. Die einen verheißen uns einen wahren Gaumengenuß, die anderen Gesundheit. Und wer es probiert hat, der kann eines bestätigen: Gegrillte Speisen schmecken herrlich!
Ganz ohne zusätzliche Vorbereitung können wir in der Pfanne grillen. Hierfür verwenden wir kunststoffbeschichtete (Teflon) Pfannen. Wenn wir in unserem Herd eine Grillvorrichtung haben (meist auch mit Spieß versehen), ist die Sache noch einfacher. Von der Küche unabhängig sind wir mit kleinen elektrischen Grillgeräten, die eine gleichmäßige Bestrahlung des Fleisches gewährleisten und die in zahlreichen Ausführungen angeboten werden. Beachten Sie, um sich ein Mißgeschick zu ersparen, bei all diesen Geräten die Gebrauchsanweisung ganz genau.
Die schönste und auch »echteste« Art des Grillens bietet das Holz- oder Holzkohlenfeuer. Natürlich geschieht das im Freien (im Garten oder auch einmal auf einem Balkon). Hier müssen wir das Feuer mit besonderer Sorgfalt überwachen, damit uns das Fleisch nicht etwa verbrennt. Über Erfolg oder Nichterfolg unserer Bemühungen entscheidet zu

einem nicht geringen Teil schon die Wahl des Grillgerätes. Wir finden in den einschlägigen Geschäften zahlreiche Modelle, aber kaum die Hälfte entspricht den Anforderungen, die man an ein solches Grillgerät stellen muß. Achten Sie darauf, daß die Wanne, in der die Holzkohle glüht, richtig zu belüften und auch zu entleeren ist. Die Grillstäbe sollen dünn und aus rostfreiem Stahl sein. Verzinkte Stäbe blättern nach zwei- oder dreimaligem Reinigen bereits ab, werden unansehnlich und verunreinigen sogar die Speisen.

Wichtig ist außerdem ein gleichmäßiges Holzkohlenfeuer: Am besten baut man am Anfang in der Mitte der Kohlenwanne eine kleine Pyramide, übergießt sie mit etwas Spiritus und zündet sie an. Nach einigen Minuten häuft man weitere Holzkohle über die Glut und verteilt sie in der ganzen Wanne. Wenn nach 15–20 Minuten die Glut leicht grau aussieht, kann man mit dem Grillen beginnen. Man hüte sich, etwas auf den Grill zu legen, solange noch Flammen aus der Kohle aufsteigen.

Noch ein Hinweis: Empfindliches Grillgut – darunter fallen auch gewisse Fleischsorten oder Fische – grillen wir am sichersten, indem wir es auf ein Stück Alu-Folie legen oder es kurzerhand darin einpacken. Vor dem Einpacken können wir zur Verfeinerung des Geschmacks ein kleines Stück Butter und (oder) einige Kräuter beilegen.

Und nun kann eigentlich nichts mehr passieren – wenn wir die richtigen Leckerbissen nehmen und sie »fachmännisch« grillen.

FLEISCH AM GRILL

Das berühmteste und vielleicht auch beste Fleisch vom Grill ist das *Rindfleisch* und hier wieder die Krönung des Ganzen die *Steaks*. Da offenbar selten mit einer Bezeichnung so leichtfertig umgegangen wird, möchten wir im folgenden kurz einige praktische Hinweise geben:

Das *Beefsteak* ist die Allerweltsbezeichnung für gegrilltes oder gebratenes Rindfleisch, von dem oft nur der Metzger oder Gastwirt weiß, um was für ein Stück es sich handelt. Nur der kleinste Teil der als Beefsteak angebotenen Fleischstücke stammt vom *Filet,* wie es eigentlich sein sollte.

Das *Filetsteak* wird aus dem Filetstück geschnitten. Wenn möglich von der Mitte zum dickeren Ende hin. Es ist mindestens 2 cm dick und wiegt etwa 200 g.

Das *Chateaubriand* ist ein doppeltes Filetstück, das aus dem dicksten Teil des Filets geschnitten wird. Es wiegt etwa 500 g und reicht gut für 2 Personen. Vor dem Essen wird es meist schräg in Scheiben geschnitten.

Die *Tournedos* werden vom dünneren Ende des Filets geschnitten. Sie können bis zu 4–5 cm dick sein. Damit sie ihre Form behalten, preßt man sie ein wenig zusammen.

Das *Rumpsteak* ist eine etwa 2 cm dicke Schnitte, die aus dem Roastbeef geschnitten wird.

Das *Entrecôte* ist etwas dicker als das Rumpsteak und wird meist aus dem vorderen Stück des Roastbeefs geschnitten. Kenner bevorzugen ein 4 cm dickes Stück und schneiden es erst beim Servieren in schräge Schnitten.

Das *Porterhouse-Steak* ist eine Art »Rindskotelett«, nämlich die ganze Scheibe aus dem Roastbeefstück mit dem dazugehörigen Knochen und dem anschließenden Stück Filet. Es wiegt 1–1½ kg und reicht für 3–4 Personen.

Das *T-Bone Steak* ist die kleinere Ausgabe des Porterhouse-Steaks.

Das *Sirloin-Steak* wird aus dem Stück zwischen Porterhouse-Steak und Schwanzansatz geschnitten. Es ist größer und viel magerer. 5–6 cm dick, wiegt es etwa 2 kg und sollte für 5–6 Personen reichen.

Das *Round Steak* ist besonders bei den Amerikanern beliebt. Es besteht aus einer Scheibe Rinderschinken, waagrecht zum Kochen geschnitten.

Alle diese Fleischstücke können wir beim Metzger kaufen. Wir müssen aber genau wissen, was wir verlangen. Eine Übersicht über die einzelnen Fleischsorten gibt uns das Bild am Anfang des Kapitels *Rindfleisch.*

Kaufen Sie nur gut gelagertes Fleisch! Frisches Fleisch eignet sich nicht für Steaks. Wenn man Ihnen nicht garantieren kann, daß das Fleisch gut gelagert ist, packen Sie Ihre Steaks luftdicht ein und lagern Sie sie 1–2 Wochen im Kühlschrank. Wenn Sie nicht so lange warten können, bestreichen Sie die Fleischstücke 2–3 Stunden vor dem Grillen reichlich mit Öl; sie werden dann beim Grillen weicher und zarter. Wichtig ist auch, daß Sie die Steaks nicht vor dem Grillen salzen; der wertvolle Saft geht sonst während des Garens verloren. Dazu gehört allerdings auch, daß die erste Hitze sehr stark ist, damit sich alle Fleischporen sofort schließen. Aus dem gleichen Grund dürfen Sie das Steak nicht während des Garens anstechen oder mit einer Gabel wenden. Wenden Sie mit einer Zange oder mit einer Schaufel.

Wie lange sollen wir nun unsere Steaks grillen, welche Beschaffenheit sollen sie haben? Das ist natürlich Geschmackssache. Die einen lieben es fast roh, die anderen wollen nur noch einen rosigen Schimmer beim Aufschneiden sehen. Damit man sich einigermaßen verständigen kann, gibt es einige allgemein übliche Bezeichnungen:

Raw, bleu oder *blau* ist das fast noch rohe Steak. Es ist außen kurz, aber kräftig angebräunt und innen nur leicht angewärmt und hat einen blauen Schimmer.

Saignant oder *rare (blutig):* Beim Aufschneiden rinnt noch roter Fleischsaft aus. Der Kern ist aber nicht mehr völlig roh.

Englisch, à point oder *medium* ist das halb durchgebratene Steak, das im Inneren hellrot bis rosa ist.

Well done oder *bien cuit* ist das durchgebratene Steak, das nur noch in der Mitte einen schwach rosa Schimmer hat.

Wie lange ein Steak braucht, um die gewünschte Beschaffenheit zu haben, ist je nach Qualität des Fleisches und der Hitze unterschiedlich. Man kann in der Regel damit rechnen, daß ein 2–3 cm dickes und ungefähr 200 g schweres Steak auf einem mittleren Feuer 3 Minuten pro Seite braucht. Recht zuverlässig läßt sich mit der Druckprobe feststellen, ob ein Stück so gar ist, wie wir es wollen: Gibt das Stück wie ein Gummiball nach, wenn wir mit dem Finger oder Messergriff darauf drücken, ist es noch roh. Fühlt es sich noch recht elastisch an, ist es saignant. Das durchgebratene Stück ist fest.

Neben dem Rindfleisch ist das *Schweinefleisch* dank seines Fettgehaltes zum Grillen außerordentlich gut geeignet. Im Gegensatz zum Rindfleisch muß es allerdings immer durchgebraten werden; es darf also beim Aufschneiden keine rötliche Färbung mehr aufweisen. Wenn bei einem Probeschnitt in der Nähe des Knochens rötlicher Saft austritt, müssen wir noch weitergrillen; der Saft muß farblos sein.

Geradezu ideal für den Grill ist das *Hammel-* und *Lammfleisch.* Beim Grillen tropft das von vielen wenig geschätzte Fett ab. Das Hammelfleisch bekommt beim Grillen einen ganz vorzüglichen Geschmack.

Kalbfleisch am Grill ist vor allem für empfindliche Mägen vortrefflich. Da es wenig Eigengeschmack hat, muß es kräftig gewürzt werden.

Filetbraten am Spieß

1 kg Rindsfilet, 1 El Öl,
1½ El englisches Senfpulver,
1 Messerspitze Curry,
1 Messerspitze Pfeffer,
1 Tl Estragon (oder Kerbel oder Basilikum).

Das Filet von Haut und Sehnen befreien, waschen und mit Küchenkrepp trockentupfen. Das Öl mit den Gewürzen und den feingehackten Kräutern zu einer Paste vermischen; das Filet damit einreiben, in ein Stück Folie packen und mindestens 2 Stunden marinieren lassen. Das Fleisch nochmals trockentupfen, auf den Grillspieß stecken, 25 Minuten grillen und noch 5 Minuten ruhen lassen. Salzen Sie den Filetbraten 5 Minuten vor Beendigung der Grillzeit oder bei Tisch.

Filetbraten Moelle

700–800 g Rindsfilet,
60 g Rindermark, 2 mittelgroße Zwiebeln, 1 El Schnittlauch,
½ Tl Pfeffer, 1 Messerspitze Cayennepfeffer, Salz.

Das Filet waschen, trockentupfen, enthäuten und von der Seite eine große Tasche einschneiden. – Das Rindermark in kleine Stücke schneiden und erwärmen. Die Zwiebeln fein hacken, im zerlassenen Mark andünsten und salzen. Den Schnittlauch, den Pfeffer (frischgemahlen!) und den Cayennepfeffer dazumischen. Die Masse nach dem Abkühlen in die Fleischtasche geben und diese vernähen. Den Filetbraten unter häufigem Wenden 20–25 Minuten grillen, salzen und noch 5 Minuten ruhen lassen.

Filetsteak, gegrillt

4 Filetsteaks (je 150 g),
1 El Öl, Salz, Pfeffer.

Die gewaschenen, abgetrockneten Filetsteaks sorgfältig mit Öl einreiben und 1–2 Stunden oder über Nacht zugedeckt ziehen lassen. Das Öl abtupfen und die Steaks je nach Wunsch 3–6 Minuten pro Seite grillen. Während des Wendens oder unmittelbar vor dem Auftragen salzen und mit frischgemahlenem Pfeffer bestreuen.

Filetsteak »Marchand de vin«

4 Filetsteaks (je 150 g),
1 große Zwiebel, 40 g Butter,
¼ l Rotwein, 1 Tl Zitronensaft,
½ Tl Fleischextrakt,
1 El gehackte Petersilie,
½ Tl frischgemahlener Pfeffer.

Die Filetsteaks waschen und trockentupfen. Die Zwiebel grob hacken und in der Butter anschwitzen. Mit dem Rotwein aufgießen und kurz durchkochen. Den Zitronensaft, den Fleischextrakt, die gehackte Petersilie und den Pfeffer dazumischen, nochmals zum Kochen bringen und dann abkühlen lassen. – Die Steaks in der Marinade wenden, in einem engen Gefäß übereinanderlegen, mit der restlichen Marinade übergießen und einige Stunden ziehen lassen. – Die marinierten Steaks gut abtropfen lassen und 3–4 Minuten pro Seite grillen. – Salzen Sie das Fleisch während des Wendens oder unmittelbar vor dem Auftragen.

Chateaubriand, gegrillt

400–500 g Rindsfilet, 1 Tl Öl,
Salz, Pfeffer.

Das Chateaubriand leicht durchkneten, flachdrücken, mit Öl einreiben und gut durchziehen lassen; dann abtupfen und von beiden Seiten grillen (je 8–12 Minuten). Das Fleisch salzen, mit frischgemahlenem Pfeffer bestreuen und vor dem Aufschneiden noch einige Minuten ruhen lassen. (Reicht für 2–3 Personen.)
Reichen Sie eine *Sauce Béarnaise* dazu! (Abb. s. S. 209.)

Tournedos, gegrillt

4 Tournedos, 1 El Öl.
1 Tl Zitronensaft, 4 daumendicke Scheiben Weißbrot, Salz, Pfeffer.

Die gewaschenen, getrockneten Tournedos mit Öl und Zitronensaft einreiben und 1 Stunde zugedeckt ziehen lassen. In der Zwischenzeit das Weißbrot in der Größe der Fleischstücke zurechtschneiden und kurz rösten. – Das überschüssige Fett von den Tournedos abtupfen und die Fleischstücke 3–6 Minuten pro Seite grillen. Mit Salz und frischgemahlenem Pfeffer bestreuen und auf die gerösteten Weißbrotscheiben legen.

Roastbeef à la Broche

Das Roastbeef waschen, abtrocknen, vom größeren Teil der Fettschicht befreien, mit Öl einreiben und über Nacht in einem Stück Folie gut eingepackt ruhen lassen. Das Fleisch auf den Spieß stecken, 25–35 Minuten grillen, salzen und 5 Minuten ruhen lassen. Je nach Geschmack können Sie das Roastbeef vor dem Grillen noch mit englischem Senf oder einer beliebigen Sauce »massieren«.

1 kg Roastbeef, 1 – 2 El Öl.

Rumpsteak, gegrillt

Die Rumpsteaks waschen, abtrocknen, vom größeren Teil des Fettrandes befreien und am Rand mehrmals einkerben, das Öl mit dem Senfpulver verrühren, die Rumpsteaks damit bestreichen und 2–3 Stunden zugedeckt ziehen lassen. Die überschüssige Marinade abtupfen und das Fleisch von beiden Seiten 3–6 Minuten grillen, während des Umdrehens salzen und mit frischgemahlenem Pfeffer bestreuen.

4 Rumpsteaks, 1 El Öl, ½ El englisches Senfpulver, Salz, Pfeffer.

Rumpsteak Mirabeau

Die Rumpsteaks waschen, abtrocknen und den größten Teil des Fettrandes entfernen. Die Fleischstücke mehrmals am Rand einkerben, mit Öl bestreichen und zugedeckt 2–3 Stunden ziehen lassen. Die Fleischstücke von beiden Seiten mit Sardellenpaste einreiben und 3–6 Minuten pro Seite grillen. In der Zwischenzeit die Sardellenfilets in schmale Längsstreifen schneiden. Die gegrillten Rumpsteaks salzen und mit Sardellenstreifen belegen.

4 Rumpsteaks, 1 El Öl, 1–2 Tl Sardellenpaste, 8 Sardellenfilets, Salz.

Entrecôte, gegrillt

Die Entrecôtes waschen, trocknen, vom größeren Teil des Fettrandes befreien und am Rand mehrmals einschneiden. Das Fleisch kräftig mit der Schnittfläche der Zwiebel und dem Öl durchreiben, übereinanderlegen und über Nacht zugedeckt durchziehen lassen. (Sie können die Zwiebel auch in Scheiben schneiden und während des Ziehens zwischen die beiden Fleischstücke legen.) Das überschüssige Öl abtupfen und die Fleischstücke 8–12 Minuten pro Seite grillen. Während des Umdrehens mit Salz und frischgemahlenem Pfeffer bestreuen. Noch 2–3 Minuten ruhen lassen.

2 Entrecôtes (4 cm dick geschnitten), ½ Zwiebel, 1 El Öl, Salz, Pfeffer.

Knoblauchsteak

Die Knoblauchzehen zerdrücken und mit Zitronensaft und dem Olivenöl vermischen. Die gewaschenen, abgetrockneten Steaks eng nebeneinander in eine flache Schüssel legen, mit der Marinade übergießen und über Nacht ziehen lassen. Die Fleischstücke mit Küchenkrepp abtrocknen und von beiden Seiten nach Wunsch 3–6 Minuten grillen. Zuletzt salzen und mit frischgemahlenem Pfeffer bestreuen.

4 beliebige Steaks, 4 – 5 Knoblauchzehen, 2 Zitronen, ¼ l Olivenöl, Salz, Pfeffer.

Schweinsfilet am Grill

Das Schweinsfilet waschen, abtrocknen, enthäuten und mit der halbierten Knoblauchzehe und mit dem Öl einreiben. 1–2 Stunden durchziehen lassen, das Öl abtupfen und unter häufigem Wenden etwa 15 Minuten grillen, salzen und vor dem Aufschneiden noch kurz ziehen lassen. Mit beliebig gewürzter Butter auftragen.

1–2 Schweinsfilets, 1 Knoblauchzehe, 1 El Öl.

Schweinebraten, gegrillt

1 kg Kotelettstück, 1 Zwiebel,
2 Knoblauchzehen, 4 El Öl,
2 El Zitronensaft,
4 Lorbeerblätter, 4 Gewürznelken,
4 El Tomatenketchup.

Die Zwiebel fein hacken, die Knoblauchzehen zerdrücken und beides im Öl anschwitzen. Mit dem Zitronensaft ablöschen, die Lorbeerblätter, die Gewürznelken und das Tomatenketchup dazugeben und alles 5 Minuten leicht kochen. – Das Kotelettstück waschen, trocknen, vom Fett befreien, dick mit der abgekühlten Grillsauce bestreichen, in ein Stück Alu-Folie packen und über Nacht ziehen lassen.
Die überschüssige Marinade abtropfen lassen. Das Fleisch dann mit Küchenkrepp abtrocknen und auf den Drehspieß stecken. Etwa 1 Stunde grillen, salzen und vor dem Aufschneiden noch 5 Minuten ruhen lassen. Den abgetropften Saft in der Pfanne mit einigen El Wasser aufnehmen, mit der restlichen Marinade vermischen und als Sauce zum Fleisch reichen.
Wenn Sie keinen Spieß haben, können Sie den Schweinebraten natürlich auch auf dem Rost zubereiten. Er muß nur häufig gewendet werden.

Schweinebraten, pikant

1 kg Kotelettstück,
3 Knoblauchzehen,
2 El Sojasauce, 2 Tl englisches Senfpulver, 1 Tl Pfeffer,
1 El Worcestersauce, 1 Tl Essig,
1 Tl Zitronensaft, 1 Tl Petersilie,
4 Blättchen Rosmarin,
6 El Öl.

Die Knoblauchzehen fein zerdrücken und mit der Sojasauce verrühren. Das Senfpulver, den frischgemahlenen Pfeffer, die Worcestersauce, den Essig, den Zitronensaft, die Petersilie und den Rosmarin dazugeben; zuletzt mit dem Öl verdünnen. – Das Kotelettstück waschen, abtrocknen, vom Fett befreien, mehrmals dick mit der Grillsauce bestreichen, in ein Stück Folie packen und über Nacht ziehen lassen. – Die überschüssige Marinade abtropfen lassen, das Fleisch trockentupfen, auf den Spieß stecken (oder auf den Rost legen), etwa 1 Stunde grillen, salzen und vor dem Aufschneiden noch 5 Minuten ruhen lassen. – Den abgetropften Saft in der Pfanne mit 3–4 El Wasser aufnehmen, mit der abgetropften Marinade mischen, erhitzen und separat reichen.

Schweinskotelett Miami

4 Schweinskoteletts,
3 El Tomatenketchup,
30 g brauner Zucker (oder Kristallzucker), 1 Tl Salz,
1 Tl Senf, ½ Tl Pfeffer,
½ Tl Paprika.

Die Schweinskoteletts waschen, abtrocknen, vom Fett befreien, etwa bis zur Hälfte vom Knochen lösen und am Rand mehrmals leicht einschneiden. – Das Tomatenketchup mit dem Zucker und den übrigen Gewürzen verrühren. Die Koteletts mit dieser Sauce bestreichen, übereinanderlegen, zudecken und mindestens 3 Stunden (möglichst aber über Nacht) marinieren. Dann abtropfen lassen, mit Küchenkrepp abtrocknen und 3–4 Minuten pro Seite grillen. Die Marinade in einem kleinen Pfännchen erhitzen und über die fertigen Koteletts gießen.

Hammelkeule, gegrillt

1 Hammelkeule,
2 Knoblauchzehen, 1–2 El Öl.

Die Hammelkeule schon beim Metzger entbeinen lassen. Das Fleisch waschen, abtrocknen und vom groben Fett befreien (die fetthaltige weiße Haut aber daranlassen). Eine Knoblauchzehe halbieren und in die Mitte der Keule legen. Das Fleisch zu einer festen Rolle zusammenbinden, mit der zweiten Knoblauchzehe einreiben (wenn Sie den Geschmack von Knoblauch lieben, können Sie 2–3 Knoblauchzehen der Länge nach vierteln und an mehreren Stellen unter die leicht eingeritzte Haut schieben), mit dem Öl bestreichen und über Nacht zugedeckt ruhen lassen. Das Fleisch dann auf den Spieß stecken und etwa 1½ Stunden grillen, dann salzen.
Die Keule kann natürlich auch auf dem Rost gegrillt werden: sie muß dann öfter gewendet werden. Man muß aber darauf achten, daß der Abstand zur Hitzequelle nicht zu groß ist.

Lammkeule, gegrillt

Die Lammkeule – Sie können sie ausgebeint oder mit dem Knochen verwenden – waschen, abtrocknen und den größten Teil des Fettes entfernen. Die Salbeiblätter in die Fleischspalten geben. Die Keule möglichst rund binden, mit der Knoblauchzehe einreiben, mit Öl bestreichen und über Nacht ziehen lassen. – Wie vorher beschrieben grillen und dann salzen. Grilldauer etwa 1 Stunde.

1 Lammkeule, 3–4 Salbeiblätter, 1 Knoblauchzehe, 1–2 El Öl.

Lammkotelett, gegrillt

Die gewaschenen, abgetrockneten Koteletts an der Seite und entlang des Knochens leicht einschneiden. Die Zwiebeln fein hacken und mit der zerdrückten Knoblauchzehe im Öl anschwitzen. Die feingeriebene Sellerieknolle dazugeben, mit $^1/_8$ l Wasser aufgießen und 5 Minuten schwach kochen. Das Tomatenketchup und die Worcestersauce dazurühren. – Die Koteletts von beiden Seiten dick mit der abgekühlten Marinade bestreichen, übereinanderlegen, in ein Stück Folie packen und über Nacht ziehen lassen. – Die überschüssige Marinade abtropfen lassen, die Koteletts trockentupfen, 3–4 Minuten pro Seite grillen und dann salzen.
Die abgetropfte Marinade erhitzen und über die Koteletts verteilen.

8 Lammkoteletts, 2 kleine Zwiebeln, 1 Knoblauchzehe, 4 El Öl, 100 g Sellerieknolle, 8 El Tomatenketchup, 1 El Worcestersauce.

Kalbskotelett, gegrillt

Die Koteletts waschen, abtrocknen und an den Rändern und entlang des Knochens leicht einschneiden. Das Öl mit den fein gehackten Salbeiblättern (trockene Blätter zerreiben) mischen. Die Koteletts damit einreiben, zudecken und einige Stunden marinieren. – Die Koteletts trockentupfen, auf den heißen Grill legen und etwa 5 Minuten pro Seite grillen, während des Wendens leicht salzen.
Zur Abwechslung können Sie den Salbei durch Rosmarin ersetzen.

4 Kalbskoteletts, 1 El Öl, 4 Salbeiblätter.

Kalbskotelett in Alu-Folie

Die gewaschenen, abgetrockneten Koteletts am Rand und entlang des Knochens leicht einschneiden, mit der zerlassenen Butter bepinseln, leicht salzen und in die entsprechend zugeschnittenen Stücke Alu-Folie packen. Die Päckchen auf den heißen Grill legen und etwa 15 Minuten grillen (nicht wenden). Die Koteletts in der Folie servieren. Beim Auftragen die Folie oben etwas auseinandernehmen und ein Stück gewürzte Butter (*Kräuterbutter, Zitronenbutter, Mandelbutter . . .*) auf das Fleisch legen.
Zur Abwechslung können Sie 150 g grüne Erbsen mit 100 g gehackten Schinken mischen und über die Koteletts in die Folie geben.

4 Kalbskoteletts, 10 g Butter, Salz.

Hamburger

Das gehackte Rindfleisch mit Salz, Pfeffer und 1–2 Tl Sahne gut durchkneten, zu »Steaks« in der Größe der Semmeln formen und unter häufigem Wenden 6–8 Minuten grillen. – Die Semmeln halbieren und am Rand des Grillgeräts leicht anrösten. – Die untere Semmelhälfte dünn mit Butter bestreichen, ein Salatblatt, einige Zwiebelringe und die gegrillten »Hamburger« darauflegen. Mit den in Scheiben geschnittenen Gurken belegen und mit der zweiten Semmelhälfte bedecken.
Reichen Sie Salz, Pfeffer und beliebige Saucen (Tomatenketchup, Grillsauce) dazu.

600 g Rindfleisch gehackt, Salz, Pfeffer, Sahne oder Kondensmilch, 4 Semmeln, 20 g Butter, Salatblätter, 1 große Zwiebel, 1–2 Essiggurken.

Kalbsleber, gegrillt

4 fingerdicke Scheiben Kalbsleber, Milch, Salz, Pfeffer.

Die gewaschenen, enthäuteten Kalbsleberschnitten 1 Stunde in Milch legen, herausnehmen, gut abtropfen lassen und mit Küchenkrepp abtrocknen. Die Leberscheiben etwa 3 Minuten pro Seite grillen. Erst beim Auftragen salzen und mit frischgemahlenem Pfeffer bestreuen.

Mixed Grill

Mixed Grill besteht aus verschiedenen Fleischsorten wie Rindsfilet, Kalbskotelett, Lammkotelett, Kalbsleber, die je nach Dicke des Fleisches 3–6 Minuten pro Seite gegrillt und gemeinsam auf einer Platte angerichtet werden. Meist wird noch eine gegrillte Scheibe durchwachsener Speck oder auch ein kleines Würstchen pro Person zugelegt.

Spießchen, gegrillt

500 g Rindsfilet, 2 El Öl, Pfeffer, 2 grüne Paprikaschoten, 4 kleine feste Tomaten, 2 kleine Zwiebeln, Salz.

Das gewaschene und abgetrocknete Rindsfilet in 2–3 cm große Würfel schneiden. Das Öl mit reichlich frischgemahlenem Pfeffer (etwa ½ Teelöffel voll) verrühren, die Fleischwürfel hineinlegen und etwa ½ Stunde darin marinieren. Die Fleischwürfel herausnehmen und gut abtropfen lassen. Die Paprikaschoten waschen, putzen und in beliebig große Stücke teilen. Die Tomaten waschen und vierteln, die Zwiebeln zunächst der Länge nach vierteln und dann nochmals quer teilen. Die Fleischwürfel abwechselnd mit Paprika, Tomaten und Zwiebelstücken auf kleine Holz- oder Metallspieße stecken. Die Spieße auf den erhitzten Grill legen, 4–5 Minuten pro Seite grillen und dann leicht salzen. Eine gewärmte flache Platte mit Safranreis füllen und die Spießchen obenauf legen (Abb. s. S. 210). Reichen Sie grünen Salat oder gemischten Salat dazu.

Spießchen à la Mexicaine

500 g Rindfleisch zum Grillen, 100 g Speck, 3–4 Paprikaschoten (rot oder grün), 2 mittelgroße Zwiebeln, 1–2 Knoblauchzehen, 4 El Olivenöl, ½ Tl Pfeffer, ½ Tl Kümmel, 1–2 Messerspitzen Chilipulver, 1 Prise Nelkenpulver, ⅛ l Weinessig, Salz.

Das Fleisch waschen, abtrocknen, den Speck und die Paprikaschoten waschen und putzen und alles in etwa 3 cm große Stücke schneiden. – Die Zwiebeln und die Knoblauchzehen hacken und 5 Minuten im Öl dünsten. Die Gewürze dazurühren und mit dem Essig ablöschen. Die Fleischstücke in die Marinade legen, gut verrühren und ½ Stunde ziehen lassen. Dann aus der Marinade nehmen, auf Küchenkrepp abtrocknen und abwechselnd mit den Speckstücken und den geschnittenen Paprikaschoten auf Spießchen stecken. Die Spieße 5–10 Minuten unter häufigem Wenden grillen und salzen (das abtropfende Fett auffangen). Das Bratfett mit der Marinade loskochen und über die Spießchen gießen.

Würste, gegrillt

Gegrillte Würste sind vor allem für Gartenpartys geeignet – sie mißlingen nie! Sie können Würste aller Art verwenden. Dabei empfiehlt sich, diese vor dem Grillen kurz zu überbrühen (sie springen dann nicht so leicht auf), gut abzutrocknen, mit etwas Öl zu bepinseln und unter mehrmaligem Wenden zu grillen.

Hähnchen am Spieß

1 Brathähnchen, Salz, Pfeffer, 1 Zweiglein Rosmarin (Petersilie, Oregano), 3 El Öl oder Butterfett.

Das gewaschene, gut abgetrocknete Hähnchen innen und außen mit Salz und Pfeffer einreiben, mit den Kräuterstengeln füllen und vernähen. Die lockere Halshaut über den Halsstummel ziehen und feststecken; die Beine und die Flügel

festbinden. Das Hähnchen auf den Spieß stecken (gut befestigen!) und grillen. Nach dem ersten Hitzeschock immer wieder mit Öl oder Butterfett bepinseln und während der ganzen Grillzeit gleichmäßig drehen (Grillzeit 45–60 Minuten).
Hat man keinen Motorspieß und will sich nicht der etwas langwierigen Arbeit des gleichmäßigen Drehens unterziehen, kann man das Hähnchen auch am Rost grillen. Das Hähnchen halbieren, mit Salz, Pfeffer und etwas zerlassener Butter bestreichen und mit der Schnittseite nach unten auf den nicht zu heißen Grill (genügend Entfernung von der Hitzequelle) legen. Nach 20 Minuten wenden und noch etwa 15 Minuten gut bräunen lassen.

FISCHE AM GRILL

Gegrillte Fische sind äußerst schmackhafte Delikatessen. Bei der Zubereitung muß man allerdings einige Vorsicht walten lassen.

Forellen, gegrillt

4 Forellen, 1 Tl Mehl, Salz, Pfeffer, Zitronensaft.

Die ausgenommenen Forellen waschen, mit Küchenkrepp trockentupfen, mit etwas Mehl, das vorher mit Salz und einer Prise Pfeffer gemischt wurde, stauben und innen mit etwas Zitronensaft beträufeln. Die Fische auf den heißen Grill legen und 5–6 Minuten pro Seite grillen. Mit Kräuterbutter oder Zitronenbutter servieren.
Auf die gleiche Art werden zubereitet: **Äsche am Grill, Barsch am Grill, Felchen am Grill, Schleie am Grill, Makrele am Grill, Seezunge am Grill** und andere kleine Fische.

Forellen in Alu-Folie

4 Forellen, Salz, Zitronensaft, 4 Sträußchen Gewürzkräuter nach Geschmack, 40 g Butter.

Die ausgenommenen Forellen waschen, trocknen, leicht salzen und mit Zitronensaft beträufeln. Das Kräutersträußchen (geeignet sind Salbei, Rosmarin, Estragon, Melisse, Dill, Liebstöckl) mit einem kirschkerngroßen Stück Butter in die Bauchhöhle legen. 4 zurechtgeschnittene Stücke Alu-Folie mit der restlichen zerlassenen Butter bestreichen, die Forellen darauflegen und gut einpacken. Die Päckchen – Nahtseite nach unten – auf den heißen Grill legen, 3 Minuten grillen, umdrehen und 6–7 Minuten fertiggrillen. Geben Sie die Fische in den geschlossenen Päckchen zu Tisch.
Auf die gleiche Art können noch **Äsche, Barsch, Felchen, Schleie, Makrele, Seezunge** und andere kleine Fische zubereitet werden. Der große Vorteil: Die Fische können nirgends anbacken und das zarte Fischfleich bleibt wunderbar saftig.

Hechtschnitten, gegrillt

800 g Hecht ohne Kopf und Schwanz, 6 El Öl, 1 El Zitronensaft, Salz, Pfeffer, 20 g Butter.

Den geschuppten, ausgenommenen Hecht waschen, trocknen und in daumendicke Scheiben schneiden. Das Öl mit dem Zitronensaft, etwas Salz und einer Prise frischgemahlenem Pfeffer verrühren, die Hechtschnitten damit übergießen und 1 Stunde ziehen lassen. Die Fische aus der Marinade nehmen, abtropfen lassen und trockentupfen. Mit etwas zerlassener Butter bestreichen und 5–6 Minuten pro Seite grillen. Auf die gleiche Weise können noch zubereitet werden: **Lachsschnitten, gegrillt, Heilbuttschnitten, gegrillt,** und **Steinbuttschnitten, gegrillt.** Außerdem können alle Filets von Fischen mit festem Fleisch so zubereitet werden.

ALLERLEI GEMÜSE UND OBST AM GRILL

Neben Fleisch, Geflügel oder Fisch lassen Gemüse und Früchte sich sehr gut grillen. Man muß dabei allerdings beachten, daß das empfindliche Gemüse nicht allzugroßer Glut ausgesetzt wird; am besten gart man diese köstlichen Beilagen am Rand des Grillgeräts. Eine Kartoffel hält noch große Hitze aus, aber eine Paprikaschote oder eine Tomate leidet Schaden. Abhilfe schafft hier die Alu-Folie, in der wir Gemüse oder Früchte eingepackt auf dem Holzkohlenfeuer grillen.

Kartoffeln, gegrillt

Mittlere mehlige Kartoffeln, Öl, Butter.

Die gewaschenen Kartoffeln mit Öl bestreichen und unter häufigem Wenden 20–40 Minuten grillen (eventuell in einem Stück Alu-Folie direkt in die Glut legen). Die Kartoffeln oben kreuzweise einschneiden, mit einem Stückchen Butter belegen und mit Salz bestreuen.

Tomaten, gegrillt

feste Tomaten, Salz, Pfeffer, Schnittlauch.

Die gewaschenen Tomaten kreuzweise einschneiden, in einem »Nestchen« von Alu-Folie 10–15 Minuten grillen und vor dem Auftragen mit Salz, Pfeffer und Schnittlauch bestreuen.

Pilze, gegrillt

Pilze (Steinpilze, Champignons), Butter, Salz, Pfeffer.

Die Pilze sorgfältig putzen, waschen und abtrocknen; die Stiele entfernen (sie können für Suppe oder Sauce verwendet werden). Die Hüte mit der runden Seite nach oben etwa 4–5 Minuten grillen, danach umdrehen, salzen, pfeffern, ein Stück Butter in den Hut geben und noch weitere 4–5 Minuten fertiggrillen.

Äpfel, gegrillt

4 Äpfel, 4 El Zucker, ½ Tl Zimt, die abgeriebene Schale einer ½ ungespritzten Zitrone, 20 g Butter.

Die Äpfel waschen, abtrocknen, halbieren und das Kerngehäuse ausschneiden. Den Zucker mit dem Zimt und der abgeriebenen Zitronenschale mischen und in die Höhlungen füllen. Die Äpfel wieder zusammensetzen, fest in ein mit zerlassener Butter bepinseltes Stück Alu-Folie wickeln und dann ungefähr 20 Minuten grillen.

Bananen, gegrillt

4 Bananen, 4 Tl Zucker, 4 Tl Zitronensaft, 1 El Haselnüsse.

Die Bananen auf den Grill legen, bis die Unterseite der Schale schwarzbraun geworden ist. Danach der Länge nach einen fingerbreiten Streifen Schale herausschneiden und das heiße Bananenfleisch mit Zucker bestreuen und mit Zitronensaft beträufeln.
Zuletzt werden geriebene Haselnüsse über die gegrillten Bananen gestreut. Zur Abwechslung können Sie – anstelle des Zitronensaftes – auch 1 Tl Cointreau (oder einen anderen Orangenlikör) auf das Bananenfleisch träufeln.
Mit je 1 El leicht angewärmtem Rum begossen und angezündet, können Sie auf jedem Teller eine flambierte Banane improvisieren.

Bananen in Alu-Folie

Die Bananen schälen, mit Zitronensaft beträufeln, etwa 10 Minuten ziehen lassen und dann mit zerlassener Butter bepinseln. Die Haselnüsse mit der Schale reiben und die Bananen darin wälzen. Vier Stück Alu-Folie zurechtschneiden, mit etwas zerlassener Butter bestreichen und mit Zucker bestreuen. Die Bananen darauflegen, die Päckchen verschließen und die Bananen etwa 4–5 Minuten, ohne zu wenden, grillen. Die Folie oben leicht öffnen und die Bananen in diesen »Körbchen« zu Tisch geben.
Natürlich können Sie bei diesem Rezept die Haselnüsse auch durch geschälte, geriebene Mandeln oder – leicht exotisch – durch Kokosraspeln ersetzen.
Sehr hübsch ist es, wenn Sie die gegrillten Bananen mit je 1–2 Tl Preiselbeeren – die Sie vorher noch mit etwas Zitronensaft, Zimt und Zucker abschmecken können – bestreichen.

4 Bananen, 2 El Zitronensaft, 20 g Butter, 80 g Haselnüsse, 20 g Zucker.

TOASTBROTE AM GRILL

Ein Leckerbissen vom Grill (der Holzkohlengrill eignet sich dafür allerdings kaum) sind die Toastbrote, die schnell zubereitet werden können und herrlich schmecken. Überbackene Toastbrote sehen freilich nur dann appetitlich aus, wenn wir sie von oben her der Hitze aussetzen.

Käseschnitten, gegrillt

Die Weißbrotscheiben mit etwas Wein befeuchten, auf den Grill legen und leicht anrösten. Die Schnitten wenden, mit den Käsescheiben belegen, mit Pfeffer und Paprika bestreuen und unter den Grill legen, bis der Käse zu schmelzen beginnt.

4 Scheiben Toastbrot, 1 El Weißwein, 4 Scheiben fetter Käse, Pfeffer, Paprika.

Schinken-Käse-Schnitten, gegrillt

Die Toastbrote leicht am Grill anrösten, dann mit Butter bestreichen, mit dem Schinken belegen, mit den Käsescheiben bedecken und noch etwa 3–4 Minuten unter den Grill legen – der Käse muß schmelzen.

4 Scheiben Toastbrot,
10 g Butter,
4 Scheiben Schinken,
4 Scheiben fetter Käse.

Cordon Bleu »Barbecue«

Die Toastbrote kurz von beiden Seiten grillen und dann dünn mit Butter bestreichen und jeweils mit einer Käsescheibe belegen. Die Schinkenscheiben auf 4 Brote legen und mit den übrigen 4 Broten (Käse nach unten) bedecken. Das Ganze in ein Stück Alu-Folie packen und 3–4 Minuten pro Seite grillen.
Diese Brote können Sie in der schützenden Alu-Folie auch auf dem Holzkohlengrill zubereiten.

8 Scheiben Toastbrot, 10 g Butter, 8 Scheiben fetter Käse, Pfeffer, 4 Scheiben gekochter Schinken.

WILD

Wildfleisch gilt seit Jahrhunderten als besondere Delikatesse und war einst, wie die Jagd, den Adeligen vorbehalten. Heute steht Wild als geschätzte Abwechslung auf jedem Speisezettel.
Frisches Wild ist nur im Herbst zur Jagdzeit erhältlich. Doch tiefgekühlt findet man alle Arten von Wildfleisch das ganze Jahr im Angebot der Fachgeschäfte.
Neben dem typischen Wildgeschmack zeichnet sich das Wildfleisch durch drei besondere Merkmale aus:
Es ist das eiweißreichste Fleisch überhaupt,
es ist arm an Fett und Kalorien,
es ist außerdem sehr bekömmlich,
Wildfleisch ist also ideal für die Schlankheitsdiät.
Soll ein Wildgericht gelingen, müssen folgende Punkte beachtet werden:

1. Das Fleisch soll nach Möglichkeit nicht von zu alten Tieren stammen. Hier muß man sich auf seinen Wildhändler verlassen können.

2. Das Fleisch muß genügend abgehangen sein: Es soll schon vor dem Verkauf einige Tage in der Decke (d. h. im Fell) an einem kühlen luftigen Ort gehangen haben. Dadurch wird es mürbe, und der typische Wildgeschmack tritt stärker hervor. Hat es sehr lange gelagert, entsteht der von »Kennern« gerühmte »Hautgout«, den aber nicht jeder schätzt.

3. Das Wild vor der Zubereitung nicht waschen, sondern mit einem in Essigwasser getränkten Tuch abreiben.

4. Gutes Wildfleisch soll dunkelrot, aber nicht schwärzlich sein.

5. Beim Braten nicht mit Fett sparen, denn Wildfleisch ist ausgesprochen mager.

6. Damit das zarte Wildfleisch nicht austrocknet, muß es langsam und meist auch bei geschlossenem Topf gebraten werden.

Früher – vor der Zeit der Kühlschränke – war es üblich, Wildfleisch stets zu beizen. Die Beize diente hauptsächlich als Konservierungsmittel. Da sie aber den typischen Eigengeschmack verfälscht, sollte man Fleisch von jungem Wild nicht beizen. Dagegen werden Fleischstücke von älteren Tieren mürber, wenn sie einige Zeit in der Beize liegen, aber auch hier ist es ratsam, nur eine milde Beize anzuwenden.

Der Vollständigkeit halber seien hier die wichtigsten Beizen erwähnt:

Essigbeize

Den Essig mit $1/2$ l Wasser mischen und zum Kochen bringen. Die Zwiebel und das geputzte Suppengrün in Streifen schneiden und mit den Gewürzen 10 Minuten kochen lassen. Die Beize nach dem Erkalten über das Fleisch gießen; es muß vollständig bedeckt sein, je nach Bedarf, meist 8–12 Tage darin liegen lassen und dabei täglich einmal wenden. Die Essigbeize ist die »wirksamste« Beize: Das Fleisch bleibt darin bis zu 14 Tagen frisch. Allerdings verändert sie den typischen Wildgeschmack ziemlich stark.
Je mürber das Wild gemacht werden soll, desto länger muß es in der Beize bleiben. Sie können damit rechnen, daß die Beize nach 8–12 Tagen voll zur Geltung gekommen ist. (Das Fleisch muß täglich einmal gewendet werden.) Oft genügt es schon, wenn Sie das Wild 1–2 Tage in der Beize liegen lassen.

$1/2$ l Essig, 1 Zwiebel,
1 Suppengrün, 5 Pfefferkörner,
5 Gewürzkörner, 1 Stengel
Thymian, 8 Wacholderbeeren,
1 Lorbeerblatt.

Rotweinbeize

Den mit dem Wasser verdünnten Essig zum Kochen bringen. Die Zwiebel und das geputzte Suppengrün in Streifen schneiden und mit den Gewürzen im Essigwasser 10 Minuten leicht kochen lassen. Den Wein dazugießen, nochmals bis zum Siedepunkt erhitzen und danach abkühlen lassen. Die Beize über das Wildfleisch gießen. Je nach Art des Fleisches 8–10 Tage, mindestens aber 1–2 Tage darin liegen lassen; dabei täglich einmal wenden.
Die Rotweinbeize ist fast so wirkungsvoll wie Essigbeize: Das Wild kann bis zu 12 Tagen darin frisch gehalten werden. Ihr Vorteil besteht darin, daß sie das Fleisch mürbe macht und ihm einen abgerundeten Geschmack verleiht, ohne den Wildgeschmack zu übertönen. Die Rotweinbeize eignet sich vor allem für Hase, für Fleisch von älterem Hirsch und für Wildschwein. Die Beize kann beim Braten zum Aufgießen verwendet werden.

$1/4$ l Essig, $1/4$ l Wasser,
1 Zwiebel, 1 Suppengrün,
5 Pfefferkörner, 3 Gewürzkörner,
1 Stengel Thymian,
3 Korianderkörner,
1 Stück Ingwer,
1 Zitronenschale, je 1 Stengel
Rosmarin, Basilikum und
Oregano, $1/2$ l Rotwein.

Buttermilchbeize

Die Buttermilch mit den zerdrückten Gewürzen über das Fleisch gießen, bis es ganz bedeckt ist.
Buttermilchbeize macht das Fleisch mürbe, ohne den Wildgeschmack zu verändern. Das Fleisch kann in dieser Beize bis zu 8 Tage frisch gehalten werden, jedoch muß die Buttermilch jeden zweiten Tag erneuert werden. Sie darf nicht zum Aufgießen des Fleisches verwendet werden.

Buttermilch nach Bedarf,
5 Gewürzkörner oder
6–8 Wacholderbeeren.

HASE

Hasenfleisch wird auf dem Markt in größeren Mengen und preisgünstig angeboten. Es eignet sich vorzüglich für Pfeffer und Ragouts.

Hasenbraten auf ostpreußische Art

1 großer Hasenrücken (oder 4 Hasenkeulen), Salz, Pfeffer, 150 g Speck, 100 g Butter (oder anderes Fett), 2 Mohrrüben, 1 Petersilienwurzel, ½ Sellerieknolle, 1 große Zwiebel, 1 zerdrückte Knoblauchzehe, saure Sahne nach Bedarf.

Den Hasenrücken (oder die Keulen) mit einem in Essigwasser getränkten Tuch säubern, sorgfältig abhäuten und mit Salz und Pfeffer einreiben. Den Rücken am besten in 4 Portionsstücke teilen (Keulen unzerteilt verwenden). Den Speck in kleine Würfel schneiden und in der Butter hellbraun anbraten. Das Hasenfleisch darin von allen Seiten kräftig bräunen und herausnehmen. Die Wurzeln und die Zwiebel in feine Streifen schneiden und mit dem Knoblauch in dem Bratfett gut durchrösten. Die Hasenstücke zurück in die Kasserolle geben und saure Sahne zugießen, bis das Fleisch gerade bedeckt ist. Die Kasserolle schließen, in das auf 180° erhitzte Rohr stellen und das Fleisch in der sauren Sahne weichschmoren (60–90 Minuten). Den Braten auf einer gewärmten Platte anrichten. Die Sauce abseihen und eventuell etwas nachwürzen. Einen Teil der Sauce über das Fleisch gießen, den anderen Teil separat reichen.
Servieren Sie zu diesem sehr ausgiebigen Gericht nur einige Salzkartoffeln sowie Preiselbeeren oder Rote Rüben.

Abhäuten   Spicken eines Hasens

Hasenbraten in Wurzelsauce

Rücken und Keulen eines mittelgroßen Hasen, Salz, Pfeffer, 100 g Speck, ½ Zwiebel, 2 Mohrrüben, ¼ Sellerieknolle, 1 Petersilienwurzel, 40 g Schmalz (oder 4 El Öl), 1 El Mehl, ¼ l Rotwein, Saft von 1 Zitrone, 8 Pfefferkörner, 5 Pimentkörner, 1 Lorbeerblatt, 1 Stengel Thymian, Essig.

Die Hasenteile mit einem in Essigwasser getränkten Tuch säubern, sorgfältig abhäuten, mit Salz und Pfeffer einreiben und mit Speckstreifen spicken. Die Zwiebel und die Wurzeln kleinschneiden, in einer Bratpfanne in erhitztem Fett leicht anrösten und mit Mehl stauben. Die Bratenstücke darauflegen und mit dem auf das Doppelte verdünnten Wein aufgießen. Den Zitronensaft und die in ein Mullsäckchen gebundenen Gewürze dazugeben, die Kasserolle schließen, in ein auf 200° erhitztes Rohr stellen und den Braten gar schmoren (je nach Größe etwa 1 Stunde). Den Braten aus der Sauce nehmen, in Portionsstücke teilen und auf einer Platte warm stellen. – Die Sauce passieren (das Mullsäckchen mit den Gewürzen vorher entfernen), bei Bedarf noch etwas verdünnen (nehmen Sie möglichst Rotwein statt Wasser), mit Salz, Pfeffer und Essig abschmecken und nochmals stark erhitzen. Einen Teil der Sauce über den warmgestellten Hasenrücken gießen, den Rest separat reichen.
Servieren Sie *Semmelknödel*, *Kartoffelklöße* oder Spätzle und Preiselbeeren dazu.

Hasenpfeffer, geschmort

Die Hasenteile mit einem in Essigwasser getränkten Tuch säubern, abhäuten, in Portionsstücke teilen, salzen, pfeffern und mit dem Mehl stauben. Den Speck in Würfel schneiden und im eigenen Fett knusprig braten. Die feingehackte Zwiebel darin hellbraun anrösten. Das Hasenklein dazulegen und rundherum kräftig anbraten. Den Knoblauch hinzufügen und mit dem auf das Doppelte verdünnten Wein aufgießen. Das Johannisbeergelee, den Cognac und die in ein Mullsäckchen gebundenen Gewürze dazugeben, den Topf schließen und den Hasenpfeffer bei mittlerer Hitze gar schmoren (etwa 1 Stunde). Den Hasenpfeffer mit Salz, Pfeffer und Zitronensaft abschmecken und in einer gewärmten Schüssel auftragen.
Reichen Sie Spätzle und Preiselbeeren oder Salat dazu.

1–2 Hasenklein (Herz, Lunge, Hals, Brust- und Bauchstücke), Salz, Pfeffer, 1–2 El Mehl, 150 g Speck, 1 große Zwiebel, 1 Messerspitze, Trockenknoblauch, ¼ l Rotwein, 1 El Johannisbeergelee, 4 El Cognac, 1 Stämmchen Thymian, 1 Zweiglein Rosmarin, 6 Pfefferkörner, 2 Lorbeerblätter, Zitronensaft.

Hasenpfeffer, gekocht

Das Hasenklein mit einem in Essigwasser getränkten Tuch säubern, abhäuten und mit den Gewürzen in ½ l Salzwasser weichkochen (1 Stunde). Die Brühe abseihen; das Fleisch von den Knochen lösen und kleinschneiden. Den in Würfel geschnittenen Speck im eigenen Fett glasig werden lassen. Die gehackte Zwiebel und das Mehl darin dunkelbraun rösten. Mit dem Rotwein ablöschen und mit der Brühe auffüllen, 15 Minuten schwach kochen lassen. Mit Salz, Pfeffer und dem Johannisbeergelee abschmecken. Zuletzt das kleingeschnittene Hasenfleisch in der Sauce erwärmen.
Servieren Sie diesen Hasenpfeffer in einer gewärmten Schüssel und reichen Sie *Kartoffelklöße, Semmelknödel* oder Teigwaren dazu.

1–2 Hasenklein (Herz, Lunge sowie Hals, Brust- und Bauchstücke), 1 Lorbeerblatt, 5 Pfefferkörner, 3 Gewürzkörner, 3 Wacholderbeeren, ½ Lorbeerblatt, 50 g Speck, 1 mittelgroße Zwiebel, 2 El Mehl, 4 El Rotwein, 1 El Johannisbeergelee.

Hasenragout auf Jäger-Art

Das mit einem in Essigwasser getränkten Tuch gesäuberte und abgehäutete Hasenfleisch in Portionsstücke teilen, salzen und pfeffern. Das Öl in einer großen Kasserolle erhitzen und das Fleisch darin von allen Seiten gut anbraten. Die feingehackten Zwiebeln dazugeben, kurz anrösten, mit dem Mehl stauben, nochmals gut durchrösten, dann das Tomatenmark hinzufügen und mit dem Weißwein aufgießen. So viel Wasser zugießen, daß das Fleisch gerade bedeckt ist. Die in ein Mullsäckchen gebundenen Gewürze dazugeben und alles in der geschlossenen Kasserolle 1 Stunde gar schmoren.
In der Zwischenzeit die geputzten Pfifferlinge halbieren oder vierteln (je nach Größe), in dem Öl gar dünsten und in dem Ragout einige Minuten leicht kochen lassen. Bei Bedarf mit etwas Salz und Pfeffer nachwürzen und in einer gewärmten Schüssel anrichten. Mit reichlich gehackter Petersilie bestreuen.
Servieren Sie Spätzle, Teigwaren oder Klöße dazu.

800 g Hasenfleisch (Keulen, Lauf und Hals), Salz, Pfeffer, 4 El Öl (oder anderes Fett), 2 mittelgroße Zwiebeln, 1 El Mehl, 1 El Tomatenmark, ¼ l Weißwein, 5 Wacholderbeeren, 1 Stämmchen Thymian, 1 Stämmchen Oregano, 250 g Pfifferlinge, 2 El Öl, 1 El gehackte Petersilie.

Hasenpörkölt

Das mit einem in Essigwasser getränkten Tuch gesäuberte und abgehäutete Hasenfleisch in 2–3 cm große Würfel schneiden. Die Zwiebeln in feine Streifen schneiden und in dem Fett goldgelb anrösten. Den Paprika darunterrühren. Das Fleisch sofort hinzufügen, salzen und mit etwa ⅛ l Wasser aufgießen. Alles bei geschlossener Kasserolle halbgar schmoren (30 Minuten); wenn nötig, etwas Wasser zusetzen. (Es darf aber nie zuviel Flüssigkeit im Topf sein!) Die geschälten, in Scheiben geschnittenen Tomaten (oder 2 El Tomatenmark) und die in Streifen geschnittenen Paprikaschoten dazugeben. Alles bei schwacher Hitze weichschmoren (20–40 Minuten).
Das Pörkölt mit *Semmelknödeln, Kartoffelklößen* oder Spätzle auftragen.

800 g Hasenfleisch, 60 g Schweineschmalz (oder anderes Fett), 500 g Zwiebeln, 3 El Edelsüßpaprika, 3 Tomaten, 2 grüne Paprikaschoten.

Hasenrücken auf böhmische Art

1–2 Hasenrücken, je nach Größe (Sie können auch einen Rücken mit den Läufen verwenden), 100 g Speck, 1 Mohrrübe. 1 Petersilienwurzel, ½ Sellerieknolle, 1 Zwiebel, 10 Pfefferkörner, 5 Pimentkörner, 2 Gewürznelken, 2 Lorbeerblätter, ⅛ l Essig, 60 g Schweineschmalz (oder 5 El Öl), 1 El Mehl, ¼ l saure Sahne.

Den Hasenrücken mit einem in Essigwasser getränkten Tuch säubern und abhäuten, mit dem in dünne Streifen geschnittenen Speck spicken und in einen möglichst kleinen Topf legen. Sämtliche Wurzeln, die Zwiebel und die Gewürze mit dem Essig in 1 l Wasser aufkochen. Diese Beize nach dem Abkühlen über den Hasenrücken gießen und ihn 1–2 Tage darin liegenlassen. Den gebeizten Hasenrücken gut abtropfen lassen und mit Küchenkrepp trockentupfen. Das Fett in einer Bratpfanne erhitzen, den Hasen darin rundherum kräftig anbraten und in dem auf 200° erhitzten Rohr gar schmoren (50–90 Minuten); den Braten dabei häufig mit der abgeseihten Beize begießen. Den Hasen aus der Sauce nehmen, in Portionsstücke teilen und auf einer gewärmten Platte anrichten. Die mit dem Mehl verquirlte Sahne unter die Bratsauce rühren, für 2–3 Minuten zum Kochen bringen, abschmecken und über den angerichteten Hasen gießen.
Am besten passen zu diesem Gericht Semmelknödel, Sie können aber auch Spätzle oder andere Teigwaren dazu reichen.
Wenn Sie kräftige Saucen lieben, seihen Sie die Beize nicht ab, sondern verwenden sie mit den Wurzeln zum Übergießen des Bratens und passieren die Sauce erst kurz vor der Fertigstellung.

HIRSCH

Hirschfleisch hat einen ausgeprägteren Wildgeschmack als Rehfleisch, ist aber bei weitem nicht so zart. Besonders das Fleisch alter Tiere muß in der Regel gebeizt werden.

Hirschgulasch

800 g Hirschschulter, 150 g Räucherspeck, 300 g Zwiebeln, 2 El Edelsüßpaprika, Salz, 1 El Essig, ¼ l saure Sahne, 1 El Mehl.

Das Hirschfleisch mit einem in Essigwasser getränkten Tuch säubern, abhäuten und in 2–3 cm große Würfel schneiden. Den Speck in kleine Würfel schneiden und im eigenen Fett goldbraun anbraten. Die feingehackten Zwiebeln darin goldbraun rösten, den Paprika darunterrühren, die Fleischwürfel sofort dazugeben und unter ständigem Rühren von allen Seiten anbraten. Salzen, mit dem Essig aufgießen und bei geschlossenem Topf zunächst im eigenen Saft, dann unter Zugabe von etwas Wasser gar schmoren (etwa 1 Stunde). Das Mehl mit der Sahne verquirlen, unter das Fleisch mischen und alles nochmals 5 Minuten leicht kochen lassen. Das Gulasch in einer gewärmten Schüssel auftragen.
Reichen Sie Salzkartoffeln oder Spätzle dazu.

Hirschkeule, gebraten

1 kg ausgelöste Hirschkeule, 120 g Speck, ½ l Rotwein, 1 Lorbeerblatt, 5 Pfefferkörner, 5 Pimentkörner, 5 Wacholderbeeren, Salz, Pfeffer, 3 El Öl, 2 Zwiebeln, 2 Mohrrüben, ½ Sellerieknolle, ⅛ l saure Sahne.

Die Hirschkeule mit einem in Essigwasser getränkten Tuch säubern und abhäuten, mit dem in dünne Streifen geschnittenen Speck spicken, zu einer Rolle zusammenbinden und in eine nicht zu große, tiefe Schüssel legen. Den Rotwein mit dem Lorbeerblatt, den Pfefferkörnern, den Pimentkörnern und den Wacholderbeeren 2–3 Minuten kochen und diese Beize nach dem Abkühlen über die Hirschkeule gießen. Die Schüssel gut abdecken und das Fleisch 1–2 Tage beizen. Das gebeizte Fleisch gut abtropfen lassen, mit Küchenkrepp trockentupfen und mit Salz und Pfeffer einreiben. – Das Öl in einer Bratpfanne erhitzen und die Keule von allen Seiten anbraten. Die Zwiebeln, die Mohrrüben und die Sellerieknolle in Streifen schneiden, neben das Fleisch geben und mit durchrö-

sten. Mit einem Teil der durchgeseihten Beize aufgießen. Das Fleisch in dem auf 200° erhitzten Rohr unter häufigem Begießen mit dem eigenen Saft und der restlichen Marinade gar schmoren (etwa 2–2½ Stunden).
Die Keule aus dem Rohr nehmen, das Fleisch in ½ cm dicke Scheiben schneiden und auf eine gewärmte Platte legen. Die Bratensauce nach und nach mit der sauren Sahne vermischen, nochmals kurz zum Kochen bringen und separat zum Fleisch reichen.
Servieren Sie Spätzle oder *Kartoffelklöße*, Blaukraut und Preiselbeeren dazu.

Hirschrücken in Sahnesauce

1–1½ kg Hirschrücken, 200 g Speck, Salz, Pfeffer, 100 g Öl (oder anderes Fett), 120 g Räucherspeck, 2 Mohrrüben, 1 große Petersilienwurzel, ½ Sellerieknolle, 1 Zwiebel, 2 Tl Mehl, 1 Stämmchen Thymian, 8 Wacholderbeeren, ¼ l Rotwein, ¼ l saure Sahne.

Den Hirschrücken mit einem in Essigwasser getränkten Tuch säubern, abhäuten, mit Salz und frischgemahlenem Pfeffer einreiben und mit dem in dünne Streifen geschnittenen Speck spicken. Den Räucherspeck in kleine Würfel schneiden und in dem erhitzten Fett hellbraun rösten. Den Hirschrücken darin von allen Seiten kräftig anbraten und zur Seite stellen. Die geputzten Wurzeln und die Zwiebel in feine Streifen schneiden, in das Bratfett geben, gut anrösten, mit dem Mehl stauben und mit dem Rotwein aufgießen. Den Hirschrücken und die in ein Mullsäckchen gebundenen Gewürze dazugeben und das Ganze in dem auf 200° erhitzten Rohr 50–60 Minuten schmoren. Den Braten danach in etwa daumengroße Stücke teilen (das Rückgrat durchhacken) und auf einer gewärmten Platte anrichten. Den Bratensaft abseihen, mit der Sahne binden und kurz aufkochen. Einen Teil der Sauce über das Fleisch gießen, den Rest separat reichen.
Servieren Sie zu dem Hirschrücken in Sahnesauce Butternudeln oder Spätzle oder *Semmelknödel* und Preiselbeeren.

Hirschrücken, gebraten

1–1½ kg Hirschrücken, Salz, Pfeffer, 200 g Speck, 400 g Butter, Wein nach Bedarf.

Den Hirschrücken mit einem feuchten Essigtuch abwischen, abhäuten, mit Salz und Pfeffer einreiben, mit dem in dünne Streifen geschnittenen Speck spicken, in eine passende Bratpfanne legen, mit der zerlassenen Butter übergießen und in das auf etwa 200° erhitzte Rohr stellen. Den Rücken unter häufigem Begießen mit der Butter ohne jede weitere Zutat (nur wenn die Butter zu braun werden sollte, können Sie seitlich etwas Wein zugießen) braten, bis er außen schön braun, innen jedoch noch zart rosig ist (50–60 Minuten). – Den Rücken mit einem spitzen Messer vom Knochen lösen und in 2 fingerbreite Stücke schneiden. Die Stücke zurück an den Knochen legen und den so zusammengesetzten Hirschrücken auf einer gewärmten Platte auftragen.
Reichen Sie *Kartoffelkroketten* oder *Kartoffelklöße* und Preiselbeeren dazu.

Hirschrücken spicken — zerlegen (natur) — (in Sauce)

Hirschmedaillons mit Orangen

600 g Hirschfilet, Buttermilch nach Bedarf, 3 El Cognac oder Grand Marnier, 60 g Butter (oder anderes Fett), 2 Orangen.

Das Hirschfilet mit einem in Essigwasser getränkten Tuch säubern, abhäuten, für 1–2 Tage in Buttermilch legen, dann herausnehmen, abtropfen lassen und mit Küchenkrepp trockentupfen. Das Fleisch in daumendicke Medaillons schneiden, mit etwas Cognac einreiben und 1 Stunde ziehen lassen. Die Butter in einer Pfanne erhitzen, die marinierten Filets darin von jeder Seite 6–8 Minuten braten, dann salzen und pfeffern und auf einer gewärmten Platte anrichten. Den Bratfond mit dem restlichen Cognac aufnehmen und mit etwa ⅛ l Wasser verdünnen. Die geschälten Orangen (das Weiße muß vollkommen entfernt sein) in dünne Scheiben schneiden, in der Bratensauce erwärmen und rund um die Medaillons anordnen.

Reichen Sie zu den Hirschmedaillons *Kartoffelkroketten* oder Kartoffelpüree und Preiselbeeren als Beilage.

Hirschragout Waterkant

800 g Hirschfleisch (Schulter, Hals), Salz, 2 El Mehl, 200 g Räucherspeck, 1 Tl Schmalz (oder 20 g Butter), 1 Zwiebel, 1 Wurzelwerk (1 Mohrrübe, ⅛ Sellerieknolle, 1 Petersilienwurzel), ¼ l Rotwein, 5 Wacholderbeeren, 2 Lorbeerblätter, 150 g Dörrpflaumen, 2 Dörräpfel, 150 g Walnüsse.

Das mit einem in Essigwasser getränkten Tuch gesäuberte Hirschfleisch abhäuten, in 2–3 cm große Würfel schneiden, salzen und mit dem Mehl stauben. Den Speck in kleine Würfel schneiden und in dem erhitzten Fett hellbraun anrösten. Die gehackte Zwiebel und die in feine Streifen geschnittenen Wurzeln kurz mit durchrösten. Das Fleisch darin unter ständigem Rühren von allen Seiten braun anbraten. Mit dem Rotwein aufgießen, die in ein Mullsäckchen gebundenen Gewürze dazugeben und alles in einer geschlossenen Kasserolle bei schwacher Hitze gar schmoren (etwa 1 Stunde). Die eingeweichten, entsteinten Dörrpflaumen, die zerteilten Dörräpfel und die gehackten Walnußkerne 15–20 Minuten mitschmoren.

Das Ragout mit Salz und Pfeffer abschmecken und in einer gewärmten Schüssel anrichten.

Reichen Sie *Kartoffelklöße* oder Salzkartoffeln als Beilage.

Hirschschnitzel, gespickt

4 Hirschschnitzel, Buttermilch nach Bedarf, 80 g Speck, Pfeffer, 40 g Fett, ⅛ l Rotwein.

Die Hirschschnitzel feucht abwischen, leicht klopfen, in einer möglichst knapp passenden Schüssel etwa 20–30 Stunden in Buttermilch einlegen, abtropfen lassen, mit Küchenkrepp trockentupfen, pfeffern, salzen und mit dem in dünne Streifen geschnittenen Speck spicken. Die Schnitzel in das erhitzte Fett legen und bei mittlerer Hitze auf einer Seite braun braten (etwa 12 Minuten), umdrehen, salzen und bei geschlossener Pfanne 12–15 Minuten gar schmoren.

Die Schnitzel dann auf eine gewärmte Platte legen und mit gefüllten Äpfeln (z. B. mit Johannisbeergelee) garnieren. Den Bratrückstand mit dem Rotwein aufnehmen, kurz aufkochen und über die warmgestellten Schnitzel gießen.

Reichen Sie *Herzoginkartoffeln* (oder Teigwaren) und Preiselbeeren zu den Hirschschnitzeln.

Hirschsteak in Sahnesauce

4 Hirschsteaks (aus der Keule geschnitten), Pfeffer, Mehl, 50 g Butter, ⅛ l Rotwein, ⅛ l saure Sahne.

Die Hirschsteaks feucht abwischen, leicht klopfen, pfeffern, salzen und mit Mehl stauben. Die Butter in einer Pfanne erhitzen, die Steaks darin auf beiden Seiten braun braten (etwa 5–7 Minuten pro Seite) und warm stellen. Den Bratrückstand mit dem Rotwein aufnehmen, kurz aufkochen und mit der sauren Sahne vermischen. Die Steaks in der Sauce 10 Minuten ziehen lassen (nicht kochen), auf einer gewärmten Platte anrichten, mit einem kleinen Teil der Sauce begießen und mit Bratäpfeln, die Sie vorher mit Johannisbeergelee gefüllt haben, garnieren.

Die restliche Sauce separat servieren. Als Beilage *Semmelknödel* oder Teigwaren reichen.
Besonders mürbe werden die Hirschsteaks, wenn sie einen Tag vor ihrer Zubereitung in Buttermilch gelegt werden.

REH

Rehfleisch gehört zu den delikatesten Wildgerichten. Das Fleisch ist zart und hat einen nur leichten Wildgeschmack.

Rehgulasch

800 g Rehfleisch (Schlegel oder Schulter), 200 g Räucherspeck, 250 g Zwiebeln, 2 El Edelsüßpaprika, Salz, 1 El Essig, $^1/_4$ l saure Sahne, 1 El Mehl.

Das Rehfleisch mit einem feuchten Essigtuch abwischen, abhäuten und in 2–3 cm große Würfel schneiden. Den Speck in kleine Würfel schneiden und im eigenen Fett glasig werden lassen. Die fein gehackten Zwiebeln dazugeben und goldbraun anrösten. Den Paprika darunterrühren (nicht überhitzen), die Rehfleischwürfel darin von allen Seiten anbraten, salzen und dann mit dem Essig ablöschen. Das Fleisch bei geschlossenem Topf zunächst im eigenen Saft und später unter Zugabe von etwas Wasser weichdünsten (etwa 40 Minuten). Zuletzt die mit dem Mehl verquirlte Sahne einrühren, 5 Minuten kochen lassen und das Gulasch in einer gewärmten Schüssel auftragen.
Servieren Sie Salzkartoffeln oder *Kartoffelklöße* dazu.

Rehkeule in Morchelsauce

1 kg Rehkeule, Salz, Pfeffer, 150 g Butter (oder anderes Fett), $^1/_8$ l Rotwein, 150 g Morcheln (Pfifferlinge oder Steinpilze), $^1/_8$ l Sahne, 1 Eigelb.

Die Rehkeule feucht abwischen, abhäuten, mit Salz und Pfeffer einreiben, in eine passende Bratpfanne (oder Kasserolle) legen, mit dem erwärmten Fett begießen und in dem auf etwa 200° erhitzten Rohr 40–50 Minuten braten; dabei häufig mit dem Bratfett begießen. Den Braten – er soll innen noch leicht rosig sein – aus der Pfanne nehmen und warm stellen. Den Bratfond mit dem Rotwein aufnehmen, die geputzten, kleingeschnittenen Morcheln in der Sauce garen (etwa 15 Minuten). Die Sahne mit dem Eigelb verquirlen, dazugießen, kurz ziehen lassen (nicht kochen) und bei Bedarf nachwürzen. Den Braten in fingerdicke Scheiben schneiden und mit einem Teil der Sauce übergießen. Die restliche Sauce separat reichen.
Servieren Sie zu diesem Gericht Teigwaren oder *Semmelknödel*.

Rehkotelett = Rehrippchen

8 Rehkoteletts, 200 g Butter (Butterfett oder Öl), 1 Gläschen Madeira.

Die Koteletts mit einem feuchten Tuch abwischen, abhäuten, leicht mit den Fingern durchkneten (nicht klopfen). Die Butter in einer Pfanne erhitzen, die Koteletts darin auf jeder Seite 4–5 Minuten braten; erst beim Wenden salzen. Den Bratrückstand mit Madeira aufnehmen und über die Koteletts gießen. Diese auf eine gewärmte Platte legen und mit *glasierten Kastanien* garnieren.
Reichen Sie *Kartoffelkroketten* und Preiselbeeren dazu.

Rehpörkölt

Zubereitung wie bei *Hasenpörkölt* (siehe Seite 203). Anstelle des Hasenfleisches werden 800 g Rehfleisch, am besten von der Schulter, verwendet.

Rehragout auf Balkan-Art

800 g Rehfleisch (vom Blatt oder der Keule), 120 g Speck, ¼ l Rotwein, 1 Lorbeerblatt, Salz, je 1 Messerspitze gemahlene Nelken und gemahlener Koriander, 150 g Champignons, 20 g Butter, 1 Tl Honig, 1 Tl Mehl, ¼ l saure Sahne.

Das Rehfleisch mit einem in Essigwasser getränkten Tuch abwischen, abhäuten und in 2–3 cm große Stücke schneiden. Den Speck in kleine Würfel schneiden und im eigenen Fett glasig anbraten. Die Rehfleischwürfel darin unter dauerndem Rühren von allen Seiten bräunen, mit dem Rotwein aufgießen, die Gewürze dazugeben und – wenn nötig – Wasser zugießen, bis das Fleisch gerade bedeckt ist. Bei geschlossenem Topf langsam gar schmoren (etwa 45 Minuten). Die geputzten, in Scheiben geschnittenen Champignons in der Butter gar dünsten (etwa 10 Minuten) und mit dem Honig unter das Fleisch rühren. Das Ragout in dem in der Sahne verquirlten Mehl binden und bei Bedarf mit etwas Salz und Koriander abschmecken.
Servieren Sie dieses Ragout im Kartoffelring oder mit Teigwaren.

Rehrücken

1 Rehrücken, Salz, Pfeffer, 200 g Speck, 400 g Butter, eventuell etwas Weißwein.

Den mit einem in Essigwasser getränkten Tuch gesäuberten Rehrücken sorgfältig abhäuten, salzen, pfeffern, mit dem in dünne Streifen geschnittenen Speck spikken, in eine passende Bratpfanne legen, mit der zerlassenen Butter übergießen und in dem auf etwa 200° erhitzten Rohr im eigenen Saft braten (immer wieder mit dem Bratensaft begießen); wenn die Butter zu braun werden sollte, kann seitlich löffelweise etwas Weißwein zugegeben werden. Der Rehrücken soll außen glänzend braun, innen zart rosig sein. Bratdauer je nach Größe 30–40 Minuten. Den Rehrücken vom Knochen lösen, in 2–3 cm dicke Scheiben schneiden und zurück an den Knochen legen. Den zusammengesetzten Rücken auf eine gewärmte Platte legen, mit 2–3 El Bratensaft übergießen und sofort auftragen (Abb. s. S. 227).
Reichen Sie *Kartoffelkroketten* und Preiselbeeren dazu.

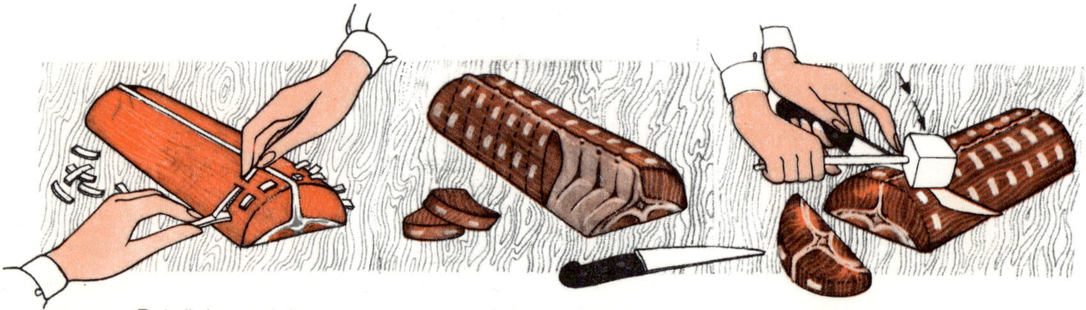

Rehrücken spicken — zerlegen (natur) — (in Sauce)

Rehrücken Cumberland

1 Rehrücken, Salz, Pfeffer, 200 g Speck, 300 g Butter.

Der Rehrücken wird wie oben beschrieben natur gebraten und einige Stunden zum Abkühlen beiseite gestellt. Das Fleisch dann vom Knochen lösen, in ½ cm dicke Scheiben schneiden und dachziegelartig auf einer flachen Platte anordnen. Mit dünn geschnittenen Scheiben kleiner Orangen garnieren und dazu ein *Sauce Cumberland* separat reichen.
Servieren Sie frisches Weißbrot oder Toast und Rotwein dazu.

Châteaubriand am Grill, gegrillte Tomaten, gegrillte Kartoffeln ▷

Rehrücken in Sahnesauce

Den Rehrücken mit einem in Essigwasser getränkten Tuch säubern, abhäuten, mit Salz und frischgemahlenem Pfeffer einreiben und mit dem in dünne Streifen geschnittenen Speck spicken. Den Räucherspeck in kleine Würfel schneiden und in dem erhitzten Fett glasig werden lassen. Den Rehrücken mit der runden Seite zuerst hineinlegen, rundherum kräftig anbraten und zur Seite stellen. Die geputzten Wurzeln und die Zwiebel in feine Streifen schneiden, in dem Bratfett gut anrösten, mit dem Mehl stauben und mit dem Rotwein aufgießen. Die in ein Mullsäckchen gebundenen Gewürze dazugeben und den Rehrücken zurück in die Sauce legen. Das Ganze in dem auf 200° erhitzten Rohr etwa 30–40 Minuten schmoren. Den Braten aus der Sauce nehmen, in daumendicke Stücke schneiden (den Knochen durchhacken) und auf eine gewärmte Platte legen. Den Bratensaft abseihen, mit der sauren Sahne binden und kurz aufkochen. Einen Teil der Sauce über das Fleisch gießen, den Rest separat reichen. (Wollen Sie eine besonders kräftige Sauce haben, können Sie die Wurzeln passieren und die Sauce dann wie beschrieben fertigstellen.)
Servieren Sie zu diesem Rehrücken Butternudeln oder *Kartoffelklöße* und Preiselbeeren.

1 Rehrücken, 150 g Speck, Salz, Pfeffer, 100 g Öl (oder anderes Fett), 100 g Räucherspeck, 2 Mohrrüben, 1 große Petersilienwurzel, ½ Sellerieknolle, 1 Zwiebel, 1 Tl Mehl, 1 Stämmchen Thymian, 5 Wacholderbeeren, 1 Stämmchen Oregano, ¼ l Rotwein, ¼ l saure Sahne.

Rehrücken Wiesbaden

Den Rehrücken mit einem in Essigwasser getränkten Tuch säubern, sorgfältig abhäuten, mit Salz, Pfeffer und Paprika einreiben, mit einigen Tropfen Worcestersauce beträufeln und im geschlossenen Topf wenigstens 2 Stunden stehen lassen. Den Rücken dann in eine Bratpfanne legen, mit der zerlassenen Butter begießen und in dem auf 200° erhitzten Rohr unter häufigem Begießen mit der Bratbutter schmoren (je nach Größe 35–45 Minuten); er soll außen braun und innen leicht rosig sein. Den Rehrücken aus der Pfanne nehmen, warm stellen und – nach Zubereitung der Sauce – tranchieren (vgl. *Rehrücken*). Den Bratsatz mit dem Rotwein loskochen, die zerdrückten Wacholderbeeren, den Thymian, das Tomatenmark und das Johannisbeergelee dazugeben und alles 5 Minuten kräftig kochen. – Inzwischen die Birnen schälen, halbieren, aushöhlen und in etwas Wasser unter Zusatz der Zimtrinde und der ungespritzten Zitronenschale garen. Die Birnenhälften gut abtropfen lassen, mit Johannisbeergelee füllen und um den angerichteten Rehrücken legen. Die Sauce abseihen und extra reichen.
Reichen Sie zu diesem köstlichen Gericht nur Kartoffelpüree.

1 Rehrücken, Salz, ½ Tl frischgemahlener Pfeffer, ½ Tl Paprika, Worcestersauce, 250 g Butter (oder Butterschmalz), ¼ l Rotwein, 10 Wacholderbeeren, 3 Stämmchen Thymian, 1 El Tomatenmark, 1 El Johannisbeergelee, 4 kleine Birnen, 2 Zimtstangen, 1 Zitronenschale.

Wild

Rehschnitzel, gespickt

Die mit einem feuchten Tuch abgewischten Schnitzel mit dem Zitronensaft und dem Öl einreiben (nicht klopfen), übereinanderlegen, gut zudecken (am besten in ein Stück Alu-Folie packen) und einige Stunden, noch besser über Nacht stehen lassen. Die Schnitzel dann gleichmäßig mit dem in dünne Streifen geschnittenen Speck spicken, mit frischgemahlenem Pfeffer bestreuen und in dem stark erhitzten Fett 8–10 Minuten bei mittlerer Hitze braten, wenden, salzen und in geschlossener Pfanne weitere 8–10 Minuten garen. Die Schnitzel auf eine gewärmte Platte legen und mit Orangenscheiben, auf die man je 1 El Preiselbeeren häuft, garnieren. Den Bratrückstand mit etwas Wasser (oder Rotwein) aufnehmen, kurz aufkochen und über die angerichteten Schnitzel gießen.
Reichen Sie *Kartoffelklöße* oder *Semmelknödel* dazu.

4 Rehschnitzel, Saft von ½ Zitrone, 1 El Öl, 80 g Speck, Pfeffer, 40 g Öl (oder anderes Fett).

◁ *Spießchen gegrillt auf Safranreis*

WILDSCHWEIN

Wildschweinfleisch hat einen kräftigen, herzhaften Geschmack, den die Kenner besonders schätzen. Das Fleisch ist nicht so zart wie Reh oder Hirsch und sollte – mit Ausnahme des Frischlingsfleisches – gebeizt werden.

Wildschweinbraten auf Franken-Art

1 $\frac{1}{2}$ kg Frischlingskeule,
4 El Gin, Salz, Pfeffer,
Oregano, 1 Zwiebel,
100 g Butter (oder Öl),
1 Scheibe Pumpernickel,
etwa $\frac{3}{8}$ l Rotwein, 1 El Mehl,
$\frac{1}{4}$ l saure Sahne.

Das Fleisch mit einem in Essigwasser getränkten Tuch säubern und abhäuten, nacheinander mit dem Gin (oder einem anderen Wacholderschnaps), Salz, Pfeffer und Oregano einreiben. Die Zwiebel sehr fein hacken und in der Butter goldbraun rösten. Das Fleisch darin möglichst rasch bei großer Hitze von allen Seiten anbraten. Den zerbröselten Pumpernickel hinzufügen, mit der Hälfte des Weins aufgießen und das Ganze in dem auf 180° erhitzten Rohr bei geschlossenem Topf 1 Stunde braten. Dann den Deckel entfernen, die Keule noch etwa $\frac{1}{2}$–1 Stunde gar schmoren und dabei von Zeit zu Zeit mit dem restlichen Rotwein übergießen. Den Braten kurz ruhen lassen, dann in fingerdicke Scheiben schneiden und auf einer gewärmten Platte anrichten. Den Bratensaft mit der im Mehl verquirlten sauren Sahne verrühren und 5 Minuten leicht kochen. Die Sauce separat servieren.
Reichen Sie *Kartoffelklöße* und Blaukraut dazu.

Wildschweinschlegel in Schmant

800 g Wildschweinschlegel (Sie können zu diesem Rezept auch Reh- oder Hirschfleisch verwenden), Buttermilch nach Bedarf, 80 g Speck, 80 g Butter (oder anderes Fett),
10 Wacholderbeeren,
1 El Mehl, $\frac{1}{4}$ l saure Sahne.

Das Wildschweinfleisch mit einem in Essigwasser getränkten Tuch säubern und abhäuten, in einem knapp passenden Topf für 2–3 Tage in Buttermilch legen (das Fleisch muß völlig bedeckt sein). Dann den Schlegel aus der Beize nehmen, gut abtropfen lassen, abtrocknen (mit Küchenkrepp), mit Salz und Pfeffer einreiben und mit dem in dünne Streifen geschnittenen Speck spicken. Die Butter in einer Bratpfanne erhitzen, das Fleisch darin von allen Seiten anbraten. Mit $\frac{1}{2}$ l Wasser (noch besser Knochen- oder Würfelbrühe) aufgießen und die zerdrückten, in ein Mullsäckchen gebundenen Wacholderbeeren dazugeben. Das Fleisch in dem auf 200° erhitzten Rohr unter häufigem Begießen gar schmoren (2–3 Stunden). Den Schlegel aus der Sauce nehmen, kurz ruhen lassen, dann in fingerdicke Scheiben schneiden und auf einer gewärmten Platte anrichten. Die Bratensauce mit der im Mehl verquirlten Sahne binden, nochmals abschmecken und separat reichen.
Servieren Sie Kartoffelpüree, Blaukraut und Preiselbeeren dazu.

Wildschweinschnitzel

4 Wildschweinschnitzel,
Buttermilch,
3 El Öl, Salz, Pfeffer,
2 Orangen, 1 Tl Stärkemehl,
$\frac{1}{8}$ l Rotwein.

Die Wildschweinschnitzel mit einem in Essigwasser getränkten Tuch säubern, abhäuten, in eine kleine Schüssel legen, mit Buttermilch begießen, bis sie gerade bedeckt sind, und 24 Stunden darin liegen lassen. Die Schnitzel dann herausnehmen, gut abtropfen lassen, mit Küchenkrepp trockentupfen und auf beiden Seiten in dem erhitzten Öl braten (pro Seite 10–15 Minuten). Beim Wenden salzen und pfeffern. Die Schnitzel auf eine gewärmte Platte legen. – Eine der beiden Orangen schälen (die weiße Haut völlig entfernen) und die Frucht in dünne Scheiben schneiden. Die Orangenscheiben in dem Bratfett erhitzen und dann auf die Wildschweinschnitzel verteilen. Die zweite Orange auspressen, den Saft mit dem Stärkemehl verrühren, zu dem Bratsatz geben und 1–2 Minuten kräftig kochen lassen. Den Rotwein dazugießen und die Sauce mit Salz und Pfeffer abschmecken. Einen Löffel des Saftes über die Schnitzel verteilen, den Rest separat reichen.
Servieren Sie die Wildschweinschnitzel mit *Kartoffelkroketten* und Preiselbeeren.

SAUCEN

Die Saucen sind ein wichtiger Bestandteil vieler Gerichte; an ihrer Zubereitung zeigt sich die wirkliche Kochkunst. Mit einer pikanten Sauce kann man aus einem einfachen Gericht eine kleine Köstlichkeit machen. Solch eine Sauce erfordert viel Sorgfalt und Fingerspitzengefühl; der Phantasie der Köchin ist dabei ein so großer Spielraum gelassen wie selten beim Kochen. Probieren Sie es nur einmal: Jeder Sauce, die Sie zubereiten, können Sie eine ganz persönliche Geschmacksnote geben.
Die meisten Saucen basieren auf einigen wenigen Grundsaucen. Wenn Ihnen die Zubereitung zu zeitraubend ist, können Sie ohne weiteres auf ein entsprechendes Fertigprodukt im Beutel oder in der Dose zurückgreifen. Die selbstgemachte Grundsauce ist natürlich nicht zu übertreffen. Aber wenn Sie die fertigen Grundsaucen mit Geschick variieren, können Sie recht pikante Saucen daraus zaubern.
Für sehr Eilige gibt es natürlich auch Fertigsaucen (ähnlich wie bei den Suppen) in großer Zahl im Handel (z. B. Dillsauce, Pilzsauce, Jägersauce usw.). Mit 1 bis 2 Eßlöffel Wein (Weißwein für helle, Rotwein für dunkle Saucen) können Sie sie ohne viel Umstände verfeinern. Auch mit einem Gläschen Sherry, 1–2 Eßlöffel Sahne, 1 Eigelb, Worcestersauce, ein wenig Zitronensaft, einigen Kräutern usw. lassen sich überraschende Ergebnisse erzielen.
Ein kleiner Saucen-Fahrplan am Ende dieses Kapitels gibt Ihnen einige Hinweise für die beste Verwendung der wichtigsten Saucen. Er enthält

keine Vorschriften, die genau eingehalten werden müssen, sondern soll lediglich als Anregung dienen. Sie werden schnell herausfinden, welche Saucen Ihrem Geschmack am meisten entsprechen.

WARME SAUCEN

Die warmen Saucen haben – anders als etwa die kalten – die Aufgabe, den Geschmack eines Gerichtes, vor allem eines Fleisches, zu ergänzen, ohne ihn zu übertönen; außerdem sollen sie Fleisch und Beilagen zu einem harmonischen Ganzen verbinden.
Mit wenigen Ausnahmen lassen sich alle warmen Saucen aus drei Grundsaucen, der braunen und der hellen Grundsauce und der Béchamelsauce, zubereiten. Diese Grundsaucen können Sie in größeren Mengen herstellen und portionsweise einfrieren.

Braune Grundsauce = Sauce Espagnole

40 g Fett (Öl oder Schmalz), 30 g Mehl, 1 Wurzelwerk (1 kleine Mohrrübe, 1 Selleriescheibe, 1 kleine Petersilienwurzel), 1 Zwiebel, 1 Tomate (oder 1 Tl Tomatenmark), ½ l Fleischbrühe.

Das Mehl in dem Fett hellbraun anrösten. Das Wurzelwerk und die Zwiebel kleinschneiden, dazugeben und unter ständigem Rühren weiterrösten, bis das Mehl kastanienbraun geworden ist. Dann die Tomate (oder das Tomatenmark) 1 Minute mit durchrösten und unter ständigem Rühren (Schneebesen) mit ⅓ der Fleischbrühe zum Kochen bringen. Dann die restliche Fleischbrühe langsam darunterrühren und alles im offenen Kochtopf ½ Stunde ganz leicht kochen lassen. Die Sauce durch ein Sieb gießen und das Gemüse dabei kräftig ausdrücken, aber nicht passieren.
Diese Sauce bildet wie die im folgenden beschriebene die Grundlage für zahlreiche schmackhafte Saucen. Sie dient vor allem zur Zubereitung von Saucen, die zu Fleischgerichten gereicht werden.
Wenn Ihnen die Herstellung der Sauce Espagnole zu langwierig ist, können Sie auch eine fertige braune Sauce verwenden (nach der Vorschrift auf dem Päckchen zubereiten) und sie dann entsprechend den Vorschriften der einzelnen Rezepte weiterverarbeiten.

Helle Grundsauce = Sauce Velouté

40 g Butter, 40 g Mehl, ¾ l Kalbsknochenbrühe.

Die Butter zerlassen, das Mehl dazurühren und ganz leicht anschwitzen, ohne daß es Farbe annimmt. Die Kalbsknochenbrühe leicht anwärmen und langsam unter ständigem Schlagen mit einem Schneebesen zu der Mehlschwitze gießen. Die Sauce wenigstens 40 Minuten ganz schwach bei offenem Topf kochen lassen. Sie soll schön sämig, aber nicht pappig werden.
Wenn Ihnen die Herstellung dieser Grundsauce zu mühsam ist, können Sie auch eine fertige helle Sauce verwenden. Bereiten Sie sie genau nach der an der Packung angegebenen Vorschrift zu.
Diese Sauce bildet die Grundlage für zahlreiche Saucen, die zur Verfeinerung von Fleisch- (weißes Fleisch), Fisch-, Geflügel- oder Gemüsegerichten verwendet werden. Beachten Sie dabei: Wenn Sie die Velouté für Geflügel oder Fischspeisen zubereiten, sollten Sie die Kalbfleischbrühe durch Geflügelbrühe oder Fischsud ersetzen.
Für Gemüsegerichte wird die helle Grundsauce meistens mit Milch aufgegossen und verwandelt sich so in die bekannte *Béchamelsauce*.

Béchamelsauce

Das Mehl in der Butter leicht anschwitzen (es darf nicht braun werden) und unter ständigem Rühren die kochende Milch dazugießen. Alles 10 Minuten kochen lassen (Achtung, die Sauce brennt leicht an) und dann mit Salz, Pfeffer und Muskat abschmecken.
Sie können die Béchamelsauce warm zu gekochtem Gemüse (Blumenkohl paßt am besten) reichen. Hauptsächlich wird sie, mit 1–2 Eiern angereichert, zum Gratinieren von verschiedenen Gemüse-, Fisch- oder Fleischgerichten verwendet.

40 g Butter, 40 g Mehl, ½ l Milch, Salz, weißer Pfeffer, Muskat.

Bohnensauce

Die Bohnen über Nacht einweichen und abseihen. Die Zwiebel fein hacken und in der Butter hellgelb anrösten. Die Bohnen dazugeben, mit ¾ l Salzwasser aufgießen und so lange kräftig kochen, bis die Bohnen weich geworden sind (etwa 1½ Stunden). Dann das Ganze passieren, mit dem Öl geschmeidig rühren und mit Salz, Pfeffer und Essig pikant abschmecken. Zuletzt die fein gehackten Kräuter dazugeben und die Sauce nochmals leicht erhitzen.
Reichen Sie die Bohnensauce warm als Beilage zu gekochtem Fleisch und gerösteten Kartoffeln.

150 g weiße Bohnen, 1 Zwiebel, 20 g Butter, Salz, 2 El Öl, Pfeffer, Essig, 1 El Bohnenkraut, 1 El Petersilie.

Champignonsauce

Aus Butter, Mehl und Kalbsknochenbrühe eine *helle Grundsauce* herstellen. Die Champignons waschen, putzen, in feine Scheiben schneiden und in der Butter andünsten. Mit dem Weißwein aufgießen und etwa 5 Minuten gar dämpfen. Die Pilze und den Wein in die Grundsauce geben und mit Salz, Pfeffer und Zitronensaft mild abschmecken. Die Sauce kräftig erhitzen, vom Herd nehmen und mit dem in der Sahne verrührten Eigelb verfeinern.
Champignonsauce schmeckt besonders gut zu allen Kalbfleisch- und Geflügelgerichten; sie paßt aber auch zu verschiedenen Gemüsespeisen (z. B. *Spinatpudding).*

40 g Butter, 40 g Mehl, ¾ l Kalbsknochenbrühe, 150 g Champignons, 20 g Butter, $^{2}/_{10}$ l Weißwein, Salz, Pfeffer, Zitronensaft, 1 Eigelb, $^{1}/_{10}$ l Sahne.

Currysauce

Die Zwiebel und die geputzten Wurzeln kleinschneiden, in der zerlassenen Butter leicht anrösten. Den Curry 1 Minute mitrösten. Dann mit dem Mehl stauben, gut verrühren und sofort mit der heißen Brühe aufgießen (das Mehl soll hell bleiben). Alles 10 Minuten kräftig kochen lassen, passieren, nochmals kurz erhitzen und zur Verfeinerung des Geschmacks mit dem in der Sahne verrührten Eigelb legieren.
Currysauce paßt besonders gut zu gebratenem und gekochtem Rind- oder Hammelfleisch, zu Leber und zu gekochtem Fisch. Zu Fisch sollten Sie die Sauce allerdings mit Fischbrühe (Sud) aufgießen.

1 Zwiebel, 1 kleine Mohrrübe, 1 Scheibe Sellerie, 30 g Butter, 1 Tl Currypulver, 1 El Mehl, ½ l Fleischbrühe (Würfel!), 1 Eigelb, $^{1}/_{10}$ l Sahne.

Dillsauce

Das gehackte Dillkraut in der Butter anschwitzen, das Mehl darin leicht anrösten, mit der Brühe (oder Wasser) aufgießen, 10 Minuten bei schwacher Hitze kochen lassen und zuletzt mit der sauren Sahne vermischen und mit Salz und Pfeffer abschmecken.
Dillsauce paßt besonders gut zu gekochtem Fleisch, zu Hackbraten oder Frikadellen. Reichen Sie *Kartoffelschmarren* oder *Rösti* dazu.

60 g Butter, 4 El gehacktes Dillkraut, 40 g Mehl, ¼ l Fleischbrühe, 2 El saure Sahne.

Eiersauce

40 g Butter, 30 g Mehl, $\frac{1}{2}$ l Milch, Saft von $\frac{1}{2}$ Zitrone, Salz, Pfeffer, Muskat, 2 Tl gehackte Petersilie, 2 hartgekochte Eier, Sahne nach Bedarf.

Aus Butter, Mehl und Milch eine *Béchamelsauce* zubereiten und mit Salz, Pfeffer, Muskat und Zitronensaft abschmecken. Die gehackte Petersilie daruntermischen und die gehackten Eier einrühren. Sollte die Sauce zu dick sein, kann sie noch mit etwas Sahne verdünnt werden.
Die Eiersauce paßt besonders gut zu gekochten oder gedämpften Seefischfilets; außerdem eignet sie sich sehr gut zum Gratinieren von Gemüse-, Fisch- oder Fleischgerichten.

Fischsauce

40 g Butter, 30 g Mehl, $\frac{1}{8}$ l Fischsud, $\frac{1}{8}$ l Sahne, 2 Eigelbe, Salz, Pfeffer, 2 Tl Zitronensaft, 1 Tl gehacktes Dillkraut.

Das Mehl in der Butter leicht anrösten und mit dem Fischsud (Fischabfälle auskochen) aufgießen. Die Sahne langsam dazurühren, 10 Minuten bei geringer Hitze kochen, vom Herd nehmen und die Eigelbe unter ständigem Schlagen mit einem Schneebesen einrühren. Die Sauce erhitzen, bis sie dick geworden ist (nicht kochen); mit Salz, Pfeffer, Zitronensaft und Dillkraut würzen und sofort zu Tisch geben. Die Sauce ist eine besonders feine Ergänzung zu Fisch.

Frikasseesauce = Sauce Suprême

40 g Butter, 40 g Mehl, $\frac{3}{4}$ l Kalbsknochenbrühe, Salz, Pfeffer, Zitronensaft, das Abgeriebene von $\frac{1}{2}$ Zitrone, 1 Eigelb, $\frac{1}{10}$–$\frac{2}{10}$ l Sahne.

Aus Butter, Mehl und Kalbsknochenbrühe eine *helle Grundsauce* herstellen und mit Salz, Pfeffer, Zitronensaft und dem Abgeriebenen der ungespritzten Zitronenschale abschmecken. Das Eigelb mit der Sahne verquirlen und kurz vor dem Auftragen in die nicht mehr kochende Sauce rühren (= legieren).
Einen besonders pikanten Geschmack erhält diese Sauce, wenn Sie 2–3 El spritzigen Weißwein oder 1 Tl Cognac einrühren. Die Sauce noch 2–3 Minuten kräftig aufkochen lassen und erst dann legieren.
Die Frikasseesauce paßt zu jedem weißen Fleisch (Kalb, Huhn). Sie leistet in der Resteküche gute Dienste: Fleischreste werden in dünne Streifen geschnitten und langsam in der Sauce erwärmt.

Gurkensauce

1 größere (oder 2 kleinere) Gurke, 1 kleine Zwiebel, 40 g Butter, 30 g Mehl, $\frac{1}{2}$ l Kalbsknochenbrühe, Salz, Pfeffer, Essig, $\frac{1}{8}$ l saure Sahne, 1 Tl gehackte Kräuter (Petersilie, Dillkraut).

Die Gurke schälen, entkernen und in kleine Würfel schneiden.
Die Zwiebel ganz fein hacken und in der Butter anschwitzen, mit dem Mehl stauben, kurz durchrösten, mit der Brühe (oder Wasser) aufgießen, 5 Minuten unter kräftigem Schlagen mit einem Schneebesen kochen. Die Gurkenstückchen in der Sauce 20 Minuten bei schwacher Hitze kochen. Die Sauce mit Salz, weißem Pfeffer und einem Spritzer Essig pikant abschmecken und die saure Sahne daruntermischen. Einen besonders pikanten Geschmack erhält die Sauce, wenn Sie zuletzt 1 Tl gehackter Kräuter einrühren.
Reichen Sie die Gurkensauce zu gekochtem Rindfleisch, Hackbraten, Hammel- oder Schweinefleisch.

Jägersauce

40 g Fett, 40 g Mehl, 1 Wurzelwerk, 1 Zwiebel, 1 Tomate, $\frac{1}{2}$ l Fleischbrühe, 150 g Pilze (Steinpilze, Pfifferlinge, Champignons), 1 Zwiebel, 30 g Butter, Salz, Pfeffer, 1 El saure Sahne, 1 El gehackte Petersilie.

Aus Fett, Mehl, Wurzeln, Zwiebel, Tomate und Fleischbrühe eine *braune Grundsauce* bereiten. Die Pilze putzen, waschen, gut abtropfen lassen, in dünne Scheiben schneiden und mit der fein gehackten Zwiebel in der Butter dämpfen. Die Pilze mit der braunen Sauce vermischen. Die Jägersauce, wenn nötig, noch mit Salz und etwas Pfeffer nachwürzen, mit der sauren Sahne verfeinern und zuletzt die gehackte Petersilie einrühren.
Jägersauce schmeckt besonders gut zu Frikadellen oder zu Hackbraten.

Kapernsauce

Aus Butter und Mehl eine helle Mehlschwitze bereiten, mit dem auf das Doppelte verdünnten Wein ablöschen und 10 Minuten bei mäßiger Hitze verkochen. Die Kapern kleinhacken und mit dem Saft unter die Sauce mischen. Mit Salz und Pfeffer abschmecken und zuletzt die Sahne mit dem verquirlten Eigelb daruntermischen.
Sehr pikant wird die Sauce, wenn Sie saure Sahne verwenden.
Servieren Sie Kapernsauce warm. Sie paßt besonders gut zu Kalb- oder Lammfleisch und zu Fischen.

40 g Butter, 30 g Mehl,
$^1/_4$ l Weißwein, 1–2 El Kapern,
Salz, Pfeffer, 1 Eigelb,
$^2/_{10}$ l Sahne.

Kirschensauce, russisch

Die gewaschenen Kirschen entsteinen, in der Brühe weichkochen und dann passieren.
Das Mehl leicht in der Butter anschwitzen und mit dem Kirschenmus unter ständigem Rühren (mit einem Schneebesen) etwa 15 Minuten zu einer sämigen Sauce verkochen. Mit Salz, Zucker und einigen Tropfen Zitronensaft süßsauer abschmecken. Sie können auch, wie es die russische Küche tut, einige kleingehackte Rosinen in die Sauce geben. Eine jeweils unterschiedliche geschmackliche Note erhalten Sie, wenn Sie Süß- oder Sauerkirschen oder beide Sorten zusammen verwenden.
Versuchen Sie diese Sauce einmal zu Kalbssteak, gebratenem Wildfleisch oder gebratener Ente!

250 g Kirschen,
$^1/_2$ l Fleischbrühe (oder Kalbsknochenbrühe),
20 g Mehl, 30 g Butter, Salz,
Zucker, Zitronensaft.

Kräutersauce

Die Schalotten ganz fein hacken und leicht in der Butter anschwitzen; das Mehl kurz mit durchrösten (nicht bräunen). Unter ständigem Schlagen mit einem Schneebesen langsam mit der Kalbsknochenbrühe aufgießen. Alles $^1/_2$ Stunde schwach kochen lassen und mit Salz, Pfeffer und Zitronensaft würzen. Die gehackten Kräuter (wählen Sie nach Ihrem Geschmack; besonders gut passen Kerbel, Estragon, Petersilie, Salbei) dazugeben und nochmals 10 Minuten ziehen lassen. Zuletzt die frische Butter oder die halbsteif geschlagene Sahne darunterrühren.
Kräutersauce paßt sehr gut zu gekochtem oder gegrilltem Fleisch und zu gebratenem Fisch.
Auch hartgekochte oder *pochierte Eier* in feiner Kräutersauce sind eine Delikatesse.

2 Schalotten, 40 g Butter,
40 g Mehl, $^3/_4$ l Kalbsknochenbrühe,
Salz, Pfeffer, Zitronensaft,
2–3 El fein gehackte Kräuter,
20 g Butter oder $^1/_8$ l Sahne.

Kreolensauce

Aus Fett, Mehl, Wurzelwerk, Zwiebel, Tomate und Fleischbrühe eine *braune Grundsauce* herstellen. – Die Zwiebeln, die Tomaten und die Pfefferschoten kleinschneiden und mit der zerdrückten Knoblauchzehe 10 Minuten in dem Öl dünsten (bei geschlossener Kasserolle und schwacher Hitze). Den Wein dazugeben, alles noch weitere 5 Minuten leicht kochen, passieren und mit der braunen Grundsauce vermischen. Mit Salz, Zitronensaft und Cayennepfeffer kräftig abschmecken.
Kreolensauce paßt ganz besonders gut zu Muscheln und zu gebratenen Seefischen.
Hier noch ein Tip für Sie:
Wenn Sie 1 El der geschnittenen Pfefferschoten zurückbehalten und zuletzt unter die Sauce mischen, wird sie nicht nur besonders würzig, sondern erhält auch ein lustiges Aussehen.

40 g Fett, 30 g Mehl,
1 Wurzelwerk, 1 Zwiebel,
1 Tomate, $^1/_2$ l Fleischbrühe,
2 große Zwiebeln, 2 Tomaten,
1 rote und 1 grüne Pfefferschote,
1 Knoblauchzehe, 2 El Öl,
$^2/_{10}$ l Weißwein, Salz, Zitronensaft,
Cayennepfeffer.

Madeirasauce

40 g Öl, 30 g Mehl,
1 Wurzelwerk, 1 große Zwiebel,
1 El Kümmel, ½ l Fleischbrühe,
Salz, 4 El Madeira.

Bereiten Sie aus den Zutaten eine *braune Grundsauce*. Die Sauce bis nahe an den Siedepunkt erhitzen, den Madeira dazugeben und mit Salz und frischgemahlenem Pfeffer fertig abschmecken.
Madeirasauce paßt ausgezeichnet zu Steaks, Lebergerichten und Zunge. Für Leckermäuler: gekochter Schinken in Madeirasauce.

Sherrysauce

Braune Grundsauce, Salz,
4 El trockener Sherry.

Die Sherrysauce wird ähnlich wie die Madeirasauce zubereitet; anstelle des Madeiras wird trockener Sherry verwendet, der Pfeffer wird weggelassen.
Verwenden Sie die Sherrysauce wie die Madeirasauce.

Meerrettichsauce = Sauce Raifort

30 g Butter, 20 g Mehl,
½ l Fleischbrühe,
1 El geriebener Meerrettich,
Salz, Essig.

Aus Butter, Mehl und Brühe eine *helle Grundsauce* zubereiten. Den geriebenen Meerrettich darin kurz aufkochen und mit Salz und Essig (eventuell eine Prise Zucker) würzen.
Mögen Sie diese Sauce nicht ganz so scharf, lassen Sie den Meerrettich etwas länger kochen, er verliert beim Kochen an Schärfe. Auch die Zugabe von $\frac{1}{10}$–$\frac{2}{10}$ l Sahne (Sie können sie halbsteif schlagen) mildert den Geschmack.
Meerrettichsauce paßt sehr gut zu gekochtem Ochsenfleisch, zu gegrilltem Hammelkotelett oder zu geselchter Zunge.

Meerrettich-Sahne-Sauce

2 El geriebener Meerrettich,
2 Semmeln (oder Weißbrot),
½ l Sahne, Salz, Zucker.

Die Semmeln entrinden und in der Hälfte der Sahne einweichen. Den geriebenen Meerrettich dazugeben und alles unter ständigem Rühren mit einem Schneebesen erhitzen, bis eine dickliche Sauce entsteht. Die restliche Sahne langsam dazufließen lassen, nochmals aufkochen und mit Salz und etwas Zucker würzen. Diese Sauce mit ihrer milden Schärfe schmeckt besonders gut zu gebratenem Kalbfleisch, gebratenem Lammfleisch, gekochter Kalbszunge oder Fisch.

Orangensauce

40 g Fett, 30 g Mehl,
1 Wurzelwerk, 1 Zwiebel,
1 Tomate, ½ l Fleischbrühe,
2 Blutorangen, ⅛ l Portwein,
1 El Fleischextrakt, Salz,
Pfeffer, $\frac{1}{10}$ l Grand Marnier
(oder Curaçao).

Eine *braune Grundsauce* herstellen. Die Orangen (ungespritzt) hauchdünn abschälen. Die Schalen in dünne Streifen schneiden, kurz blanchieren (mit kochendem Wasser überbrühen) und in dem Portwein kochen, bis dieser zur Hälfte eingekocht ist. Die Flüssigkeit abseihen, mit dem Fleischextrakt unter die braune Sauce rühren, mit Salz und einer Spur frischgemahlenem Pfeffer abschmecken und mit dem Grand Marnier verfeinern. Diese vorzügliche Sauce paßt besonders zu englisch gebratenem Reh- oder Hirschrücken, Wildkoteletts, Wildgeflügel, Ente oder Gans.

Pfeffersauce

40 g Butter, 30 g Mehl,
1 Wurzelwerk, 1 Zwiebel,
1 Tomate, ½ l Fleischbrühe,
1 Lorbeerblatt, 1 Stämmchen
Thymian, 10 zerdrückte
Pfefferkörner, ⅛ l Weißwein,
Zitronensaft, Salz.

Aus Butter, Mehl, Wurzelwerk, Zwiebel, Tomate und Fleischbrühe eine *braune Grundsauce* bereiten (fürs erste nicht passieren) und mit dem Lorbeerblatt, dem Thymian und den Pfefferkörnern 10 Minuten leicht kochen lassen. Dann passieren, nochmals erhitzen, den Wein zugießen und mit Salz und Zitronensaft abschmecken. Sollte sie Ihnen zu milde sein, können Sie noch mit etwas frischgemahlenem Pfeffer nachwürzen.
Die Pfeffersauce paßt gut zu gebratenem oder gegrilltem Rindfleisch und zu Wild.

Pflaumensauce, kaukasisch

Die über Nacht eingeweichten Pflaumen entsteinen, in der Brühe gar kochen und passieren. Die saure Sahne mit dem Pflaumenmus vermischen und alles unter ständigem Schlagen mit einem Schneebesen erhitzen (am besten im Wasserbad), bis eine dicke Sauce entsteht. Die Sauce vom Herd nehmen und mit Salz, frischgemahlenem Pfeffer, einer Messerspitze Trockenknoblauch und den Kräutern abschmecken.
Diese für unseren Gaumen etwas ausgefallene Sauce eignet sich als Begleiterin für einen Schweinsbraten und zu Schaschlik.

250 g Dörrpflaumen,
¼ l Kalbsknochenbrühe,
¼ l saure Sahne, Salz, Pfeffer,
Trockenknoblauch,
1 Tl Dillkraut (gehackt),
¼ Tl Basilikum (gehackt).

Sardellensauce

Aus Butter, Mehl und Brühe eine *helle Grundsauce* zubereiten. Die Sardellenpaste darunterrühren und die frische Butter in kleinen Stückchen darunterschlagen. Die Sardellenfilets entgräten (sollten sie sehr scharf sein, etwa 1 Stunde wässern), fein wiegen und als Einlage in die Sauce geben.
Sardellensauce paßt ausgezeichnet zu gekochtem oder gedämpftem Fisch, zu Fischklößchen, aber auch zu Kalbsbraten oder Kalbszunge.

40 g Butter, 40 g Mehl,
¾ l Kalbsknochenbrühe
(oder Fischsud),
2 Tl Sardellenpaste, 30 g Butter,
3 Sardellenfilets.

Sauce Bordelaise

Aus Mehl, Fett, Wurzelwerk, Zwiebel, Tomate und Fleischbrühe eine *braune Grundsauce* herstellen. Die Schalotten fein hacken, die Pfefferkörner zerdrücken und mit dem Thymian im Rotwein kochen, bis die Flüssigkeit auf etwa $^1/_{10}$ l eingekocht ist. Den Wein durch ein Sieb gießen, unter die Grundsauce mischen, nochmals erhitzen und mit Zitronensaft, Salz und frischgemahlenem Pfeffer würzen. Das Rindermark in kleine Würfel schneiden, mit kochendem Wasser übergießen, 2 Minuten stehen lassen, abseihen und in der heißen Sauce gar ziehen lassen.

40 g Fett, 30 g Mehl,
1 Wurzelwerk, 1 Zwiebel,
1 Tomate, ½ l Fleischbrühe,
2 Schalotten, 6 Pfefferkörner,
1 Stämmchen Thymian,
⅛ l guter Rotwein, Zitronensaft,
Salz, Pfeffer, 50 g Rindermark.

Sauce Soubise

Aus Butter, Mehl, Milch und den Gewürzen eine *Béchamelsauce* herstellen. Die Zwiebeln in feine Streifen schneiden, in der zerlassenen Butter bei geschlossenem Topf weichdämpfen (sie müssen hell bleiben), passieren und mit der heißen Béchamelsauce vermischen. Mit Salz, weißem Pfeffer und einer Prise Zucker abschmecken und mit der Sahne (Sie können sie, wenn Sie wollen, halbsteif schlagen) verfeinern.
Die Sauce Soubise ist eine ideale Ergänzung zu in der Folie gegarten weißen Fleischstücken (Geflügel, Kalbfleisch).
Außerdem eignet sich diese Sauce gut zum Gratinieren von Gemüsen und Kartoffelspeisen.

40 g Butter, 40 g Mehl,
½ l Milch, Salz, weißer Pfeffer,
Muskat, 5 mittelgroße Zwiebeln,
30 g Butter, Salz, weißer
Pfeffer, Zucker, $^1/_{10}$ l Sahne.

Sauce Versailles

Aus Butter, Mehl und der Kalbsknochenbrühe eine *helle Grundsauce* herstellen und mit Salz und Pfeffer würzen. Die Schalotten fein hacken und mit der Petersilie und dem Thymian in dem Weißwein kochen lassen, bis die Flüssigkeit auf die Hälfte eingekocht ist. Die Grundsauce dazugeben, 5 Minuten schwach kochen lassen, passieren, nochmals bis zum Siedepunkt erhitzen, die frische Butter einrühren und zuletzt mit den möglichst frischen Estragonblättern (haben Sie nur getrockneten Estragon, nehmen Sie etwas weniger) und dem Zitronensaft abschmecken.
Reichen Sie diese sehr wohlschmeckende Sauce zu Entrecôtes oder zu Beefsteaks.

40 g Butter, 40 g Mehl,
¾ l Kalbsknochenbrühe,
Salz, weißer Pfeffer,
4 Schalotten, 1 El Petersilie,
1–2 Stämmchen Thymian,
⅛ l Weißwein, 20 g Butter,
½ Tl Estragonblätter,
Zitronensaft.

Sauce Mornay = Käsesauce

40 g Butter, 40 g Mehl,
½ l Milch, Salz, weißer Pfeffer, 2 Eigelbe,
60 g geriebener Parmesan (oder Emmentaler),
²/₁₀ l Sahne.

Aus Butter, Mehl, Milch und den Gewürzen eine *Béchamelsauce* zubereiten. Nach kurzem Abkühlen die Eigelbe, den geriebenen Käse und die Sahne langsam einrühren.
Sauce Mornay wird wie *Béchamelsauce* zum Gratinieren von Gemüse-, Fisch- oder Fleischgerichten verwendet.

Schinkensauce

40 g Fett, 30 g Mehl,
1 Wurzelwerk, 1 Zwiebel,
1 Tomate (oder 1 Tl Tomatenmark),
½ l Fleischbrühe,
200 g gekochten Schinken,
Salz, Pfeffer,
4 El Portwein.

Aus Fett, Mehl, Wurzelwerk, Zwiebel, Tomate und Fleischbrühe eine *braune Grundsauce* herstellen. Den Schinken in kleine Würfel schneiden, in der Butter anrösten, die Grundsauce dazurühren und alles 5 Minuten kochen. Die Sauce mit Salz und etwas Pfeffer abschmecken und zuletzt den Portwein dazugeben.
Diese Schinkensauce paßt ausgezeichnet zu gebratenem Wildfleisch oder zu Lammgerichten. Besonders gut schmeckt sie auch als Beilage zu Kartoffelgerichten.

Selleriesauce

½ Sellerieknolle, Salz,
40 g Butter, 40 g Mehl, Salz,
Pfeffer, Zitronensaft,
²/₁₀ l Sahne.

Die Sellerieknolle schälen, in feine Streifen schneiden und in Salzwasser garen (20 Minuten). Aus Butter und Mehl eine helle Mehlschwitze herstellen, das Selleriewasser darunterrühren (Schneebesen) und wenigstens 25 Minuten verkochen. Mit Salz, Pfeffer und Zitronensaft abschmecken und mit der Sahne verfeinern. Zuletzt die Selleriestücke darunterrühren und sofort auftragen.
Die Selleriesauce schmeckt besonders gut zu gekochtem Rindfleisch, Frikadellen oder geselchter Zunge.

Semmelkren = Semmelmeerrettich

3 altbackene Semmeln,
etwa ¼ l Fleischbrühe,
2–3 El geriebener Meerrettich,
Salz, Zucker, 20 g Butter
(oder ¹/₁₀ l Sahne).

Die kleingeschnittenen Semmeln ½ Stunde in der Fleischbrühe einweichen lassen und dann unter ständigem Schlagen mit einem Schneebesen zum Kochen bringen. (Sollte die Sauce zu dick sein, können Sie noch etwas Brühe dazugeben.) Den geriebenen Meerrettich dazugeben und mit Salz und Pfeffer und einer Prise Zucker abschmecken. Zuletzt mit einem Stückchen frischer Butter (oder der Sahne) verfeinern.
Servieren Sie den Semmelkren warm zu gekochtem Rindfleisch.

Senfsauce

50 g Butter, 30 g Mehl,
⅜ l Fleischbrühe (Würfel),
2–3 El Senf, Salz, Pfeffer,
Essig, Zucker.

Aus Butter und Mehl eine helle Mehlschwitze bereiten, mit der kochenden Fleischbrühe aufgießen, 10 Minuten gut verkochen und den Senf dazurühren. (Die Menge richtet sich nach Ihrem Geschmack, Sie können auch jedesmal eine andere Senfsorte verwenden.) Die Sauce mit Salz, etwas Pfeffer, einem Spritzer Essig und einer Prise Zucker fertig abschmecken.
Senfsauce schmeckt gut zu gekochtem Rindfleisch, zu Kalb- und Hammelfleisch und zu Fisch.

Specksauce

100 g Räucherspeck,
1 El Öl (oder 20 g Butter),
1 große Zwiebel, 2 El Mehl,
½ l Kalbsknochenbrühe,

Den Speck in kleine Würfel schneiden und in dem Fett knusprig braun braten. Die Zwiebel sehr fein hacken und darin hellgelb anrösten. Mit dem Mehl stauben, kurz verrühren und dann mit der Brühe aufgießen. (Bei einer Kochbrühe von Räucherfleisch zur Hälfte mit Wasser verdünnen.) Die Gewürze, am besten in ein Mull-

säckchen gebunden, dazugeben und alles 20 Minuten bei geringer Hitze kochen lassen. Dann das Gewürzsäckchen entfernen und die Sauce mit Salz, Pfeffer und einem Spritzer Essig abschmecken.
Sehr pikant wird die Specksauce, wenn Sie noch 1 Tl Tomatenmark und 1–2 El Rotwein hinzufügen.
Diese Sauce paßt gut zu einem mageren gekochten Rindfleisch. Sehr gut schmeckt sie auch als Ergänzung zu Kartoffelgerichten oder Klößen.

1 Lorbeerblatt, 1 Stämmchen Thymian, 2 Gewürznelken, Salz, Pfeffer, Essig.

Tomatensauce

Den Speck, das Wurzelwerk und die Zwiebel sehr fein hacken und leicht in der zerlassenen Butter anrösten. Mit dem Mehl stauben, nochmals kurz durchrösten und dann mit der Brühe aufgießen. Die gewaschenen, geschnittenen Tomaten (oder das Tomatenmark) und die Gewürze dazugeben und alles etwa 1 Stunde schwach kochen lassen, bis eine dickliche Sauce entsteht (Gesamtmenge etwa ½ l). Die Sauce durch ein Sieb streichen und mit Salz und Zucker noch etwas nachwürzen.
Diese Tomatensauce schmeckt ausgezeichnet, ist allerdings etwas kompliziert in der Herstellung. Bei dem Arbeitsaufwand lohnt es sich, größere Mengen Sauce auf einmal zuzubereiten und portionsweise einzufrieren. Wenn Sie einmal über sehr wenig Zeit verfügen, können Sie das Rezept für *Tomatensauce, einfache Art,* verwenden.
Tomatensauce schmeckt gut zu jeder Art von gekochtem oder gebratenem Fleisch (Rindfleisch, Frikadellen).

50 g Speck, 100 g Wurzelwerk (Mohrrübe, Petersilie, Sellerie), 1 mittelgroße Zwiebel, 30 g Butter, 1 El Mehl, ½ l Knochenbrühe (Würfel), 750 g Tomaten (oder 3 El Tomatenmark), 1 kleines Lorbeerblatt, 1 Stämmchen Thymian, 2 zerdrückte Pfefferkörner, Salz, Zucker.

Tomatensauce, einfache Art

Aus Butter, Mehl und Kalbsknochenbrühe eine dicke *helle Grundsauce* herstellen. Die gewaschenen, halbierten Tomaten und die Zwiebel etwa 10 Minuten darin kochen und dann passieren. (Bei Tomatenmark erübrigt sich das Passieren; die Zwiebel können Sie einfach herausfischen.) Die Sauce mit Salz und etwas Zucker abschmecken und zuletzt mit der Sahne verfeinern.
Diese Sauce können Sie wie die *Tomatensauce* verwenden.

40 g Butter, 40 g Mehl, ¼ l Kalbsknochenbrühe, 1 kg Tomaten (oder 4–5 El Tomatenmark), 1 Zwiebel, Zucker, 2 El Sahne.

Tomatensauce Lissabon

Die Zwiebeln möglichst fein hacken, leicht salzen und in dem Öl erhitzen. Die Tomaten enthäuten (vorher kurz überbrühen), entkernen, in Würfel schneiden und zu den Zwiebeln geben. Das Ganze mit reichlich frischgemahlenem schwarzen Pfeffer würzen, mit dem Knoblauch bestreuen und bei geschlossenem Topf 5 Minuten dämpfen (die Tomaten sollen nicht zerkochen). Die mit dem Fleischextrakt verfeinerte Tomatensauce dazurühren, noch einmal kurz zum Kochen bringen und mit der gehackten Petersilie fertigstellen.
Eine würzige Sauce, die besonders gut mit Kalbfleisch harmoniert.

Tomatensauce (siehe oben), 3 mittelgroße Zwiebeln, Salz, 2 El Öl, 3 mittelgroße fleischige Tomaten, Pfeffer, 1 Messerspitze Trockenknoblauch, 1 Tl Fleischextrakt, 1 El gehackte Petersilie.

Tomatensauce auf italienische Art

Die Knoblauchzehe 5 Minuten im Olivenöl erhitzen und herausnehmen. Die enthäuteten, geviertelten Tomaten im Öl bei geschlossenem Topf und schwacher Hitze gar dünsten (etwa 5 Minuten, nicht zerkochen). Die Sauce mit Salz und Pfeffer abschmecken und zuletzt noch ½ Tl frischgehackten Oregano dazumischen.
Diese Sauce ist eine sehr schmackhafte Beilage zu fast allen Nudel- und Reisgerichten.

⅛ l Olivenöl, 1 Knoblauchzehe, 750 g Tomaten (möglichst klein), ½ Tl Oregano.

Tomatensauce Marseille

1 kg Tomaten, $^{2}/_{10}$ l Olivenöl, Salz, Pfeffer, 1 Messerspitze Trockenknoblauch, Zucker.

Die Tomaten enthäuten (vorher kurz überbrühen) und entkernen. Das Fruchtfleisch in kleine Würfel schneiden, in das erhitzte Olivenöl geben und mit Salz, frischgemahlenem Pfeffer, dem Trockenknoblauch und einer Prise Zucker würzen. Den Kochtopf schließen und die Tomaten bei ganz schwacher Hitze zu einem dicken Brei einkochen.
Reichen Sie diese Sauce vor allem zu gebratenem oder in der Folie gedämpftem Fleisch, zu Geflügel oder Kalbsleber.

Weißweinsauce

40 g Mehl, 40 g Butter, $^{1}/_{2}$ l Fischsud (möglichst konzentriert), $^{3}/_{8}$ l Weißwein, 1 Eigelb, $^{2}/_{10}$ l Sahne, Salz, Zitronensaft, Cayennepfeffer, 10 g Butter.

Aus Mehl, Butter und Fischsud eine *helle Grundsauce* zubereiten, mit dem Weißwein aufgießen und $^{1}/_{4}$ Stunde durchkochen. Die sämige Sauce vom Herd nehmen, mit dem in der Sahne verquirlten Eigelb legieren und mit Salz, Zitronensaft und einer Prise Cayennepfeffer abschmecken. Zuletzt die frische Butter darunterrühren.
Die Weißweinsauce ist eine ideale Beilage zu jedem gekochten oder gedämpften Fisch, der direkt in dieser Sauce »schwimmen« kann.

Zwiebelsauce, braune

40 g Fett, 30 g Mehl, 1 Wurzelwerk, 1 Zwiebel, 1 Tomate, $^{1}/_{2}$ l Fleischbrühe, 5 mittelgroße Zwiebeln, 40 g Butter, $^{1}/_{8}$ l Rotwein, Salz, Pfeffer.

Aus Fett, Mehl, Wurzelwerk, Zwiebel, Tomate und Fleischbrühe eine *braune Grundsauce* zubereiten. Die Zwiebeln in feine Streifen schneiden, in der zerlassenen Butter hellgelb anrösten und im geschlossenen Topf weichdämpfen (etwa 15 Minuten). Dann passieren und das Zwiebelpüree mit der Grundsauce vermischen. Den Rotwein dazugeben, noch 5 Minuten kochen und mit Salz, Pfeffer und (wenn Sie wollen) $^{1}/_{2}$–1 Tl Paprika würzen.
Diese Sauce ist eine besonders schmackhafte Ergänzung zu gebratenem oder gekochtem Rindfleisch und zu Hammelfleisch.

WARME BUTTERSAUCEN

Eine eigene Gruppe bilden die »warmen Buttersaucen«. Sie sind völlig ohne Mehl zubereitet und bestehen nur aus einer Mischung von Eiern und Butter. Sie sind kleine Kostbarkeiten, die – sparsam verwendet – festlichen Gerichten ihren Glanz verleihen. Ihre Herstellung ist nicht immer einfach und bedarf einiger Sorgfalt. Die nachfolgenden Rezepte machen Sie mit solchen Zubereitungsarten vertraut, die bei genauer Beachtung der Vorschrift immer gelingen.

Sauce Hollandaise = holländische Sauce

180 g Butter, 3 Eigelbe, 1 El Zitronensaft, 20 g Butter (sehr kalt), 1 El Sahne, Salz, weißer Pfeffer.

Die Butter in einer kleinen Kasserolle zerlassen und warm stellen. Die Eigelbe in einer feuerfesten Schüssel kräftig schlagen, bis sie dick werden. Dann den Zitronensaft 1–2 Minuten kräftig mitschlagen. Die Schüssel auf den Herd stellen (schwache Hitze) und die kalte Butter stückchenweise unter ständigem Rühren dazugeben. Wenn die Mischung völlig glatt und dick ist, erst die Sahne und dann tropfenweise die zerlassene Butter dazurühren. Die Sauce gelingt nur, wenn sie dabei nicht zu heiß und nicht zu kalt wird. Mit Salz und Pfeffer abschmecken und sofort in einer gewärmten Sauciere auftragen.
Holländische Sauce paßt besonders gut zu Spargel und Fisch.

Sauce Mousseline

Die Sahne steif schlagen und vorsichtig mit der warmen *Sauce Hollandaise* vermischen.
Sauce Mousseline ist eine besonders milde, leichte Sauce, die ausgezeichnet zu Spargel oder kaltem Geflügel paßt.

Holländische Sauce (siehe dort), $^1/_8$ l Sahne.

Malteser Sauce

Die Orange (ungespritzt) und die Orangenschale, an der nichts Weißes haften darf, kleinhacken.
Eine Sauce Hollandaise – wie vorher beschrieben – herstellen und dabei den Zitronensaft durch einen El des ausgepreßten Orangensaftes ersetzen. Die fertige Sauce mit der feingehackten Orangenschale und dem restlichen Orangensaft abschmecken.
Malteser Sauce paßt ausgezeichnet zu Spargel und Kalbfleisch.

1 Blutorange, 180 g Butter, 3 Eigelbe, 20 g Butter (sehr kalt), 1 El Sahne.

Sauce Béarnaise

Den Wein mit dem Essig, den fein gehackten Schalotten und 1 El Estragon auf etwa 1 El Flüssigkeit einkochen und durch ein Sieb gießen. Die Butter in einer kleinen Kasserolle zerlassen und warm stellen. – Die Eigelbe in einer feuerfesten Schüssel kräftig schlagen, bis sie dick werden. Die abgeseihte Flüssigkeit gut darunterrühren. Die Schüssel auf den Herd stellen (schwache Hitze) und die kalte Butter nach und nach dazurühren. So lange weiterrühren, bis die Masse dick geworden ist. Die Sahne dazurühren und dann die zerlassene Butter tropfenweise darunterschlagen. Achten Sie dabei darauf, daß die Sauce nie zu heiß wird, da sie sonst gerinnt. Die Sauce mit Salz und Pfeffer abschmecken, den restlichen Estragon möglichst fein gehackt dazugeben (haben Sie getrockneten Estragon verwendet, geben Sie jetzt Petersilie dazu) und sofort in einer gewärmten Saucenschüssel auftragen.
Sauce Béarnaise ist eine ganz vorzügliche, festliche Beilage zu Filetsteak und Chateaubriand.

$^1/_{10}$ l Weißwein, $^1/_{10}$ l Essig, 1–2 Schalotten, 2 El frischer Estragon (oder 1 El getrockneter Estragon und 1 El Petersilie), 180 g Butter, 3 Eigelbe, 20 g Butter (sehr kalt), 1 El Sahne, Salz, Pfeffer.

Sauce Choron

Das Tomatenmark leicht anwärmen und vorsichtig unter die fertige, ohne Estragon hergestellte *Sauce Béarnaise* mischen. Choron-Sauce paßt besonders gut zu Kalbssteak oder zu Artischocken.

Sauce Béarnaise (siehe dort), 2 El Tomatenmark.

Holländische Sauce, falsche

Das Mehl in der zerlassenen Butter leicht anrösten (nicht bräunen), mit $^6/_{10}$ l Wasser aufgießen und unter häufigem Schlagen mit einem Schneebesen etwa 20 Minuten zu einer völlig glatten, sämigen Sauce verkochen. Die Eigelbe mit der Sahne verquirlen und die nicht mehr kochende Sauce damit legieren. Nochmals bis nahe zum Siedepunkt erhitzen, die Sauce vom Herd nehmen und die Butter nach und nach darunterschlagen. Mit Salz und Zitronensaft abschmecken und sofort zu Tisch geben.
Die falsche holländische Sauce ist schneller und einfacher herzustellen als die echte »Sauce Hollandaise«. Sie ist auch nicht ganz so köstlich, schmeckt aber zu Fisch, Fleisch- und Geflügelspeisen vorzüglich.
Die Varianten der »Sauce Hollandaise« wie die *Sauce Mousseline, Malteser Sauce,* die *Sauce Béarnaise* und die *Sauce Choron* können nach obigem einfacheren Rezept zubereitet werden.

40 g Butter, 30 g Mehl, 3 Eigelbe, $^1/_{10}$ l Sahne, 150 g Butter, Zitronensaft.

KALTE SAUCEN

Im Gegensatz zu den warmen Saucen sind die kalten Saucen eher eine Beilage. Oft bilden sie einen ausgesprochenen Kontrast zum Hauptgericht und runden gerade dadurch die Mahlzeit zu einem wohlschmeckenden Ganzen ab.
Die Grundlage der meisten kalten Saucen bildet die Mayonnaise; die klassische, schwerverdauliche Mayonnaise kann ohne weiteres durch einige leichtere Varianten ersetzt werden.

Mayonnaise

2 Eigelbe, ½ Tl Essig oder Zitronensaft, Salz, ¼ l Öl.

Bevor Sie mit der Zubereitung der Mayonnaise beginnen, achten Sie darauf, daß Eigelbe und Öl die gleiche Temperatur, möglichst Zimmertemperatur, haben! Außerdem sollten Eier und Öl von bester Qualität sein, da sonst der Geschmack leicht beeinträchtigt wird. – Die Eigelbe schwach salzen und mit dem Essig (oder Zitronensaft) schaumig rühren. Das Öl unter ständigem Rühren zunächst tropfenweise dazugeben, und erst wenn die Mayonnaise anfängt, sich zu binden und dicker zu werden, in schwachem Strahl dazufließen lassen. Die Mayonnaise mit 1 Tl kochendem Wasser versetzen; sie erreicht dadurch eine viel bessere Haltbarkeit.
Natürlich können Sie die Mayonnaise auch im Mixer zubereiten: Schalten Sie ihn auf höchste Geschwindigkeit und geben Sie das Öl zunächst langsam, dann in kräftigem Strahl dazu. Sollte Ihnen die Mayonnaise trotz aller Vorsicht gerinnen, können Sie sie auf folgende Weise retten: Verrühren Sie in einer sauberen Schüssel 1 El der geronnenen Mayonnaise mit 1 El heißem Essig, bis die Mayonnaise wieder gebunden ist; geben Sie dann die restliche geronnene Mayonnaise nach und nach dazu. Sollte auch das nicht helfen: Nehmen Sie ein frisches Eigelb und beginnen Sie von neuem, indem Sie die geronnene Mayonnaise anstelle des Öls verwenden.
Diese Mayonnaise dient, wie gesagt, vor allem zur Herstellung vieler schmackhafter Saucen und verschiedener Salate.
Bei der nötigen Sorgfalt ist die Zubereitung der Mayonnaise einfach, vor allem, wenn Sie ein Rührgerät benutzen. Bei Zeitmangel können Sie auch ruhig eines der im Handel erhältlichen Produkte verwenden.
Beachten Sie dabei nur, daß ein Großteil der Fertigmayonnaisen bereits mehr oder weniger stark gewürzt sind.

Mayonnaise, leichte

1 Ei, Salz, Essig, ¼ l Öl.

Die Zubereitung dieser Mayonnaise geht äußerst schnell, ist aber nur im Mixer möglich. Achten Sie darauf, daß Ei und Öl gleiche Temperatur haben!
Das Ei leicht salzen und mit einigen Tropfen Essig schaumig rühren. Den Mixer auf höchste Tourenzahl einstellen und das Öl in kräftigem Strahl dazugießen. Leichte Mayonnaise ist dünner und besser bekömmlich als echte Mayonnaise. Sie eignet sich weniger zur Herstellung verschiedener Saucen (sie könnten durch die Zutaten schnell zu dünn werden) als zur Bindung pikanter Salate.

Mayonnaise, gestreckte

1 Eigelb, 1 El Zitronensaft, Salz, ⅛ l Öl, 1 El Stärkemehl, ⅛ l Milch (oder Fleischbrühe).

Das Eigelb mit dem Zitronensaft und dem Salz gut verquirlen und das Öl unter ständigem Rühren zunächst tropfenweise, dann schneller dazugeben, bis eine feste Mayonnaise entsteht. Das Stärkemehl in der kalten Flüssigkeit anrühren, zum Kochen bringen, 3–4 Minuten kochen lassen, abkühlen und löffelweise unter die Mayonnaise rühren.

Die gestreckte Mayonnaise ist leichter bekömmlich als die echte Mayonnaise. Sie wird wie diese zur Herstellung verschiedener Saucen oder Salate verwendet, ist allerdings nicht so lange haltbar.

Spritzmayonnaise

Aus Eigelb, Salz, Zitronensaft und Öl eine feste *Mayonnaise* bereiten. Die Gelatine in etwas kaltem Wasser quellen lassen, ausdrücken, in 1 El kochendem Wasser lösen, tropfenweise in die Mayonnaise geben und das Ganze noch 3–4 Minuten kräftig rühren.
Verwenden Sie diese Mayonnaise zur Verzierung kalter Gerichte, da sie sich gut zum Spritzen eignet.

1 Eigelb, 1 El Zitronensaft, Salz, 1/8 l Öl, 3 Blatt Gelatine.

Mayonnaise, warmgeschlagene

Die Eier mit dem Öl, der Sahne, dem Essig und dem Salz in einer feuerfesten Schüssel verrühren, in ein heißes Wasserbad stellen und schlagen, bis eine dickflüssige Sauce entsteht. Unter zeitweiligem Rühren erkalten lassen und dann wie Mayonnaise verwenden.
Diese Mayonnaise hat zwei große Vorteile: Erstens ist sie leichter bekömmlich als die klassische Mayonnaise, zweitens gelingt sie immer.

2 Eier, 2 El Öl, 2 El Sahne (oder konzentrierte Fleischbrühe), etwa 1 El Essig, Salz.

Quarkmayonnaise

Aus Eigelb, Salz, Zitronensaft und Öl eine feste *Mayonnaise* herstellen. Den Quark passieren, mit der Sahne geschmeidig rühren und löffelweise mit der Mayonnaise vermischen.
Mit weißem Pfeffer, einem Hauch Zucker und bei Bedarf noch mit etwas Salz und Zitronensaft abschmecken.
Quarkmayonnaise läßt sich wie normale Mayonnaise durch verschiedene Zutaten in pikante Saucen verwandeln. Außerdem ist sie, angereichert mit 1–2 El feingehackten Kräutern, eine vortreffliche Füllung für ausgehöhlte Tomaten, ausgehöhlte Gurkenstückchen und dergleichen.
Diese Quarkmayonnaise kann aber auch zum Binden von Salaten verwendet werden.

1 Eigelb, 1/8 l Öl, Salz, Zitronensaft, 125 g Quark, 2–3 El Sahne, weißer Pfeffer, Zucker.

Apfel-Curry-Sauce

Die gewaschenen Äpfel halbieren, entkernen, auf einem Backblech im mäßig warmen Rohr weich werden lassen, dann passieren und mit Zitronensaft und Curry abschmecken. (Variieren Sie die Mengen nach ihrem persönlichen Geschmack!)
Die Apfel-Curry-Sauce paßt besonders gut zu gegrillten Lammkoteletts oder zu Schweinebraten.

2–3 mittelgroße Äpfel, Saft von 1 Zitrone, 1/2 Tl Curry.

Apfelkren = Apfelmeerrettich

Die geschälten, vom Gehäuse befreiten Äpfel mit dem Zitronensaft und dem Zucker in möglichst wenig Wasser gar dämpfen, passieren, abkühlen lassen und mit einem Spritzer Essig abschmecken.
Dann den geriebenen Meerrettich daruntermischen und den Apfelkren wenigstens 3–4 Stunden ziehen lassen.
Apfelkren ist die klassische Beilage zum *Wiener Tafelspitz,* paßt aber auch zu jeder Art von gekochtem Fleisch ausgezeichnet.

500 g Äpfel, Saft von 1/2 Zitrone, 1 El Zucker, Essig, 2 El grob geriebener Meerrettich.

Auberginensauce

3 mittelgroße Auberginen,
1 Zwiebel, Saft von 1 Zitrone,
1 Knoblauchzehe,
$^{2}/_{10}$ l Olivenöl, Salz, Pfeffer
Essig.

Die gewaschenen Auberginen auf einem trockenen Backblech (oder dem Rost) in dem auf 120° erhitzten Rohr bräunen, aus dem Rohr nehmen und kurz abkühlen lassen. Das Fruchtfleisch in eine Schüssel geben und mit der geriebenen Zwiebel, der zerdrückten Knoblauchzehe und dem Zitronensaft rühren, bis eine breiige Masse entstanden ist. (Schneller: im Mixer!) Das Öl nach und nach dazurühren und die Sauce mit Salz und Pfeffer und Essig würzen. Je nach Geschmack kann die Auberginensauce mit $^{1}/_{8}$ l Joghurt vermischt werden.
Stellen Sie die Sauce vor dem Auftragen wenigstens 2 Stunden kalt und reichen Sie sie zu gebratenem weißen Fleisch oder zu harten Eiern.

Bozner Sauce

3 hartgekochte Eier,
2 Gewürzgurken, 2 Schalotten,
1 Tl Kapern, 2 Sardellenfilets,
1 El Essig, 1 El Senf,
2 El gehackte Kräuter
(Oregano, Thymian, Petersilie,
Bohnenkraut zu gleichen
Teilen), 4 El Olivenöl, Salz,
Pfeffer, Cayennepfeffer,
Knoblauchsalz.

Die Eier, die Gewürzgurken, die Schalotten, die Kapern und die gewässerten Sardellenfilets fein hacken. Den Essig mit dem Senf verrühren, das Olivenöl darunterschlagen, die vorbereiteten Zutaten dazumischen, wenn nötig, mit etwas Weißwein verdünnen und zuletzt mit Salz, frischgemahlenem Pfeffer und einem Hauch Cayennepfeffer, Knoblauchsalz und den gehackten Kräutern abschmecken.
Die Bozner Sauce ist der *Sauce Vinaigrette* verwandt und paßt wie diese besonders gut zu gekochten Artischocken oder zu kaltem Braten.

Cognacsauce

1 Eigelb, $^{1}/_{8}$ l Öl, $^{1}/_{16}$ l Cognac,
1 El Kapern, Salz,
Worcestersauce.

Das Eigelb mit dem Öl zu einer *Mayonnaise* verarbeiten. Den Cognac und die möglichst fein gehackten Kapern (mit 1 Tl Saft) dazurühren und die Sauce mit einer Prise Salz und einigen Spritzern Worcestersauce abschmecken.
Schmeckt besonders gut zu gegrilltem Fleisch und Fleischfondue.

Cumberlandsauce

$^{1}/_{2}$ Orange, $^{1}/_{2}$ Zitrone,
$^{1}/_{8}$ l Rotwein, 3 El eingemachte
Preiselbeeren,
2 El Johannisbeergelee,
1 Tl englisches Senfpulver,
1 El Sherry (oder Portwein).

Die Schalen der Orange und der Zitrone (ungespritzte Früchte verwenden) ganz dünn abschälen (an den Schalen darf keine weiße Haut sein), kleinschneiden und 10 Minuten in dem Rotwein kochen. (Den Wein bis auf 1 El einkochen.) Die Preiselbeeren, das Johannisbeergelee und das Senfpulver daruntermischen und alles passieren. Die Sauce mit einigen Tropfen Zitronensaft und Orangensaft abschmecken und mit 1 El Sherry (oder Portwein) verfeinern.
Lieben Sie die Sauce besonders scharf, können Sie noch 1 Prise Cayennepfeffer oder 1 Messerspitze gemahlenen Ingwer dazugeben.
Cumberlandsauce ist die beste Beilage zu kaltem Wild (Rehrücken!) oder Wildgeflügel und zu feinen Pasteten.

Cumberlandsauce mit Hagebutten

Zutaten wie bei
Cumberlandsauce,
2 El Hagebuttenmarmelade.

Bereiten Sie eine *Cumberlandsauce* und mischen Sie die Hagebuttenmarmelade dazu. Die Sauce erhält dadurch einen besonderen, mild-würzigen Geschmack. Sie wird wie Cumberlandsauce verwendet.

Rehrücken mit Kartoffelkroketten ▷

Essigkren = Essig-Meerrettich-Sauce

Den Meerrettich mit der kochenden Fleischbrühe übergießen und 1–2 Minuten durchkochen. Mit Salz, Essig und einer Spur Zucker abschmecken und erkalten lassen. Zuletzt das Olivenöl dazurühren.
Essigkren ist eine gute Beigabe zu gekochtem Ochsenfleisch oder zu Schweinebraten.

3 El geriebener Meerrettich, 2 El Fleischbrühe, Salz, Essig, Zucker, 2 El Olivenöl.

Frankfurter Sauce

Die hartgekochten Eigelbe passieren, mit den Gewürzen verrühren und langsam mit dem Öl versetzen, so daß eine dickliche mayonnaisenartige Sauce entsteht. Zuletzt die feingehackten Kräuter dazumischen.
Die Sauce schmeckt vorzüglich zu gekochtem Fleisch oder Fischspeisen.

3 hartgekochte Eier, 1 Tl Senf, etwa 1 El Essig, Salz, Pfeffer, 1/4 l Öl, je 1 gehäufter El feingehackte Kräuter (Petersilie, Estragon, Borretsch, Kerbel).

Grüne Sauce

Die beiden Eigelbe mit dem Öl zu einer *Mayonnaise* verarbeiten und mit dem Senf, Salz, Pfeffer und Essig würzen. Den feingehackten Spinat mit kochendem Wasser überbrühen und gut abtropfen lassen. Dann mit den feingehackten Zutaten, den Kräutern, der Zwiebel, der Essiggurke und den Kapern, unter die Mayonnaise mengen. Sollte die Sauce zu dick sein, mit 1–2 El Milch verdünnen.
Diese Sauce schmeckt besonders gut zu gekochtem Fleisch und zu gedünstetem oder gebackenem Fisch. Bei Fischgerichten können Sie noch 1 feingehackte Sardelle unter die Sauce mischen. Bei Fleischgerichten schmeckt die Zugabe einiger Tropfen Worcestersauce pikant.

2 Eigelbe, 1/4 l Öl, 1 El Senf, Salz, Pfeffer, Essig, 2 El feingehackter Spinat, 1 El feingehackter Schnittlauch, 1 El Kerbel, 1/2 Zwiebel, 1 Essiggurke, 1 Tl Kapern, Milch nach Bedarf, 1 Sardelle oder einige Tropfen Worcestersauce.

Guacamole

Die Avocados halbieren und entkernen; das Fruchtfleisch aus der Schale lösen und zerstampfen. Die Tomaten abhäuten (vorher kurz abbrühen), entkernen, in kleine Würfel schneiden und mit dem Avocadobrei und der geriebenen Zwiebel vermischen. Das Öl dazurühren und mit Salz, Chilipulver, Koriander und dem Essig würzen. Je nach Belieben können Sie auch noch 1 El ganz fein geschnittene Rosinen daruntermischen.
Diese mexikanische Sauce paßt besonders gut zu gegrilltem Rind- oder Lammfleisch (*Fondue Bourguignonne)* oder zu einem kalten Kalbsbraten, dem Sie eine pikante Würze verleihen.
Wollen Sie sich die Herstellung vereinfachen, mischen Sie die zerquetschten Avocados mit 3 El Tomatenmark und 1/2 Tl Trockenzwiebeln und verfahren im übrigen wie oben beschrieben.

2 Avocados, 4 fleischige Tomaten, 1 kleine Zwiebel, Salz, 1 Tl Chilipulver, 1/2 Tl Koriander, 2 El Essig, 3 El Olivenöl.

Ingwersauce

Die Sojasauce mit dem Essig und dem Zitronensaft verrühren. Das Stärkemehl dazurühren und alles 2–3 Minuten kochen lassen. Den Honig mit der heißen Sauce verrühren und nach dem Abkühlen den Sherry dazugeben. Den Ingwer, die Mixed Pickles und die Gurke sehr fein hacken und in die Sauce geben.
Reichen Sie diese Sauce zu *Fondue orientale* oder zu gegrilltem Huhn.

4 El Sojasauce, 1 El Essig, 1 El Zitronensaft, 1 El Stärkemehl, 1 El Honig, 4 El Sherry, 4 Stück eingemachter Ingwer, 2 El Mixed Pickles, 1 Essiggurke.

◁ *Oben: Wurstsalat Budapest*
Unten: Salat Riva

Indische Currysauce

1 El Butter, 1 Tl Curry,
1 kleine Zwiebel,
1 Messerspitze Thymian,
2 El Tomatenmark,
1 mittelgroßer mürber Apfel,
30 g Butter, 30 g Mehl,
$^{1}/_{8}$ l Hühnerbrühe (Reste oder aus Würfel), 40 g Mandeln,
1 El Mango-Chutney,
1 El Sahne, Salz, Zitronensaft.

Die Butter in einer kleinen Kasserolle schmelzen, den Curry, die feingehackte Zwiebel und den Thymian darin 5 Minuten unter ständigem Umrühren durchrösten. Das Tomatenmark und den geschälten Apfel zu der Gewürzmischung geben, die Kasserolle schließen und alles $^{1}/_{4}$ Stunde schmoren.
Aus Butter und Mehl eine helle Mehlschwitze bereiten und mit der Hühnerbrühe aufgießen. 2–3 Minuten kräftig kochen lassen und dann mit der Currymischung vermengen. Die geschälten, geriebenen Mandeln, das Chutney und die Sahne dazurühren und mit einer Prise Salz und etwas Zitronensaft abschmecken.
Diese pikante Sauce paßt am besten zu Lamm- oder Schweinskoteletts, aber auch zu Fisch oder Geflügel und zu *Fondue orientale*.

Kaukasische Sauce

250 g Essigpflaumen,
$^{1}/_{8}$ l Rotwein, 2 Knoblauchzehen,
Salz, je $^{1}/_{2}$ Tl gemahlener Koriander und gemahlenes Basilikum, Zucker,
Cayennepfeffer.

Die Pflaumen gut abtropfen lassen, entsteinen, im Rotwein weichkochen und passieren. Die Knoblauchzehen mit einer Messerspitze Salz fein zerdrücken und zu dem erkalteten Pflaumenbrei geben. Mit Koriander, Basilikum, 1–2 Tl Zucker und mit Cayennepfeffer (die Menge richtet sich danach, ob Sie die Sauce schärfer oder milder haben wollen) würzen.
Diese pikante Sauce paßt zu jedem gegrillten Fleisch. Sie schmeckt besonders gut zu *Fondue Bourguignonne* oder *Fondue orientale*.

Meerrettichquark

125 g Quark, 3 El Milch (oder Sahne), 2 El geriebener Meerrettich, Salz, Zucker.

Den Quark passieren und dann mit der Milch schaumig rühren. Den geriebenen Meerrettich dazugeben und mit Salz und einer Prise Zucker abschmecken.
Verwenden Sie den Meerrettichquark wie Sahnemeerrettich: insbesondere zu gekochten oder geräucherten Fischen und gekochtem Rindfleisch.

Nuß-Oliven-Sauce

1 Eigelb, $^{1}/_{8}$ l Olivenöl,
$^{1}/_{4}$ l Oliven (grüne oder schwarze),
$^{1}/_{4}$ l Walnüsse, Salz, Zitronensaft,
Pfeffer, je 1 Tl Petersilie,
Dillkraut und Schnittlauch.

Aus dem Eigelb und dem Olivenöl eine feste *Mayonnaise* rühren. Die Oliven 1 Stunde wässern, entsteinen und durch den Fleischwolf drehen (oder im Mixer zerkleinern), die Nüsse fein reiben. Beides mit der Mayonnaise verrühren und die Sauce mit Salz, etwas Zitronensaft und einer Spur frischgemahlenem Pfeffer abschmecken. Zuletzt die feingehackten Kräuter daruntermischen und vor dem Auftragen $^{1}/_{2}$ Stunde ziehen lassen.
Diese pikante orientalische Sauce paßt sehr gut zu gegrilltem Lamm- oder Hammelfleisch oder als Beigabe zu *Fondue orientale*.

Preiselbeermeerrettich

1–2 El geriebener Meerrettich,
Zitronensaft, 4 El eingemachte Preiselbeeren, 1–2 El Senf,
$^{3}/_{10}$ l Sahne.

Den Meerrettich fein reiben und sofort mit dem Zitronensaft vermischen. Meerrettich, Preiselbeeren und Senf sorgfältig verrühren, salzen und dann vorsichtig mit der steifgeschlagenen Sahne vermischen.
Preiselbeermeerrettich paßt besonders zu kaltem Schweinebraten, zu Lamm- oder zu Wildgerichten.

Remouladensauce

2 Eigelbe, $^{1}/_{4}$ l Öl,
1–2 Gewürzgurken, 1 Tl Kapern,
2 Sardellenfilets,

Die Eigelbe mit dem Öl zu einer *Mayonnaise* verrühren. Die Gurken, die Kapern und die entgräteten Sardellenfilets sehr fein hacken und darunterrühren. Mit den gehackten Kräutern Salz, Pfeffer, Essig und einer Prise Zucker pikant abschmek-

ken. Sollte die Sauce noch etwas zu dick sein, mit einigen Tropfen heißem Wasser verdünnen.
Diese Sauce ist eine ideale Ergänzung zu englisch gebratenem Rindfleisch (auch kalt) oder zu gebackenem Fisch.

1 El gehackte Kräuter (Petersilie, Kerbel, Estragon), Salz, Pfeffer, Essig, 1 Prise Zucker.

Sahnemeerrettich

Den Meerrettich möglichst fein reiben und sofort mit dem Zitronensaft, Salz und Zucker verrühren. Die Sahne steifschlagen und den gewürzten Meerrettich vorsichtig daruntermischen.
Sahnemeerrettich schmeckt am besten zu kaltem Fisch, gleichgültig, ob gekocht oder geräuschert.

1–2 El Meerrettich, 1 Tl Zitronensaft, 1 Prise Zucker, ⅛ l Sahne.

Sahne-Nuß-Meerrettich

Den feingeriebenen Meerrettich mit Zitronensaft, Salz und Zucker vermischen und mit den geriebenen Nüssen unter die steifgeschlagene Sahne rühren.
Verwenden Sie den Sahne-Nuß-Meerrettich einmal an Stelle des üblichen *Sahnemeerrettichs!*

1 El Meerrettich, 1 Tl Zitronensaft, 1 Prise Salz, 1 Prise Zucker, 1 El geriebene Walnüsse, ⅛ l Sahne.

Sauce Chantilly

Aus den Eigelben und dem Öl eine *Mayonnaise* (oder 3 El fertige Mayonnaise verwenden) bereiten. Den Sherry, den Senf und den Zitronensaft darunterrühren und mit Salz und einer Spur Zucker pikant abschmecken. Die Sahne steifschlagen und vorsichtig unter die Sauce heben.
Diese mild-pikante Sauce paßt besonders gut zu jedem gegrillten Fleisch und zu Spargel.

2 Eigelbe, ¼ l Öl, 1 El trockener Sherry, 1 Tl Zitronensaft, ½ Tl Estragonsenf, Salz, 1 Prise Zucker, ⅛ l Sahne.

Sauce Csárdás

Aus den Eigelben, Öl, Salz und Zitronensaft eine *Mayonnaise* herstellen und mit dem Tomatenmark verrühren. Die Schalotten sehr fein hacken und in dem Weißwein dünsten, bis die Flüssigkeit ganz eingekocht ist. Die Pfefferschoten und die Essiggurken ebenfalls fein hacken und mit den gedünsteten Schalotten unter die Sauce mischen. Die Sauce mit Salz und einer Spur Pfeffer abschmecken.
Sauce Csárdás paßt vor allem zu kaltem Roastbeef oder zu Fleischfondue.

2 Eigelbe, ¼ l Öl, Salz, Zitronensaft, 1 El Tomatenmark, 1–2 Schalotten, 2 El Weißwein, 2 rote Pfefferschoten, 2 kleine Essiggurken, weißer Pfeffer.

Sauce Kopenhagen

Aus Eigelb, Zitronensaft, Salz und Öl eine *Mayonnaise* herstellen und mit dem fein passierten Käse verrühren. Bei Bedarf noch etwas nachsalzen und mit Pfeffer pikant würzen. Zuletzt die halbsteif geschlagene Sahne unterziehen.
Sauce Kopenhagen ist eine besonders schmackhafte Beilage zu geräuchertem Schinken oder gekochtem Gemüse.

1 Eigelb, 1 Tl Zitronensaft, Salz, ⅛ l Öl, 60 g Roquefort oder Danish blue, Pfeffer, $^2/_{10}$ l Sahne.

Sauce Monte Carlo

Aus den Eigelben und Öl eine *Mayonnaise* herstellen und mit dem Tomatenmark, der Sardellenpaste und dem Estragon verrühren. Zuletzt mit Salz und Zitronensaft abschmecken.
Diese pikante Sauce paßt besonders gut zu jeder Art von Schalentieren; Sie können sie aber auch zu Fischfondue oder Fleischfondue reichen.

2 Eigelbe, ¼ l Öl, 2 El Tomatenmark, ½ Tl Sardellenpaste, 1 Tl gehackter frischer Estragon (oder ½ Tl getrockneter), Salz, 1 Tl Zitronensaft.

Sauce Ravigotte

2 hartgekochte Eier, $^3/_{10}$ l Öl, 1–2 El Essig, $^1/_2$–1 Tl Senf, 1 Zwiebel, 1 El Kapern, 1 große Gewürzgurke, 1 El gehackte Petersilie.

Die Eigelbe mit dem Essig und dem Öl wie bei einer Mayonnaise verrühren. Die Sauce mit Salz, Pfeffer und Senf abschmecken. Die Zwiebel sehr fein hacken und mit den gehackten Zutaten: den Kapern, der Gewürzgurke, der Petersilie und den gehackten Eiweißen unter die Sauce mischen.
Verwenden Sie diese Sauce wie *Sauce Vinaigrette.* Sie paßt außerdem ausgezeichnet zu gekochtem Ochsenfleisch, gedünstetem Fisch und zu verschiedenen Sülzen.

Sauce Tatare

1 rohes und 1 gekochtes Eigelb, $^3/_{10}$ l Öl, Salz, Pfeffer, Essig, 1 Prise Zucker, 1 kleine Zwiebel, 1 Gewürzgurke, 1 El feingeschnittener Schnittlauch.

Das gekochte Eigelb mit $^1/_2$ Tl Öl völlig glatt verrühren. Das rohe Eigelb dazugeben und das restliche Öl langsam unter ständigem Rühren dazufließen lassen, so daß eine dicke »Mayonnaise« entsteht. Mit Salz, Pfeffer, Essig und einer Prise Zucker abschmecken. Die Zwiebel und die Gewürzgurke sehr fein hacken und mit dem Schnittlauch darunterrühren. Sollte die Sauce zu dick sein, mit 1–2 Tl heißem Wasser verdünnen.
Reichen Sie Sauce Tatare zu kaltem Roastbeef, Fleischfondue oder zu gebakkenen Pilzen und Gemüse.

Sauce Verdi

2 Eigelbe, $^3/_{10}$ l Öl, 2 El saure Sahne, Saft von 1 Zitrone, 1 El Schnittlauch, 1 El Spinat.

Die Eigelbe mit dem Öl zu einer festen *Mayonnaise* verarbeiten und mit der sauren Sahne geschmeidig rühren. Mit Zitronensaft, Salz und Pfeffer pikant abschmecken und dann den Schnittlauch und den Spinat einrühren.
Diese Sauce paßt besonders gut zu Kalbssteak, zu kaltem Geflügel und zu hartgekochten Eiern.

Sauce Vinaigrette

2 hartgekochte Eier, $^3/_{10}$ l Öl, 1–2 El Essig, Salz, Pfeffer, 1 Zwiebel, 1 El gehackte Petersilie.

Die Eigelbe mit dem Öl wie bei einer Mayonnaise verrühren. Den Essig langsam dazugeben und die Sauce mit Salz und Pfeffer abschmecken. Das Eiweiß und die Zwiebel fein hacken und mit der Petersilie unter die Sauce mischen.
Reichen Sie die Sauce Vinaigrette zu kaltem Braten oder zu gekochten Artischocken oder Spargel.

Schnittlauchsauce

2 Eier, 2 El Sahne (oder Milch), 2 El Öl (oder 30 g Butter), 1–2 El Essig (oder Zitronensaft), Salz, 2 El gehackter Schnittlauch.

Die Eier mit der Sahne verquirlen und mit dem Öl, dem Essig und dem Salz bei schwacher Hitze (am besten im Wasserbad) schlagen, bis eine dickflüssige Creme entsteht. Während des Abkühlens ab und zu durchrühren und bei Bedarf etwas nachwürzen. Kurz vor dem Auftragen den Schnittlauch unter die Sauce mischen.

Schnittlauchsauce auf Wiener Art

3 altbackene Semmeln (oder eine entsprechende Menge Weißbrot), Milch nach Bedarf, 2 hartgekochte Eigelbe, 1 Knoblauchzehe, $^1/_8$ l Öl, Salz, Zucker, Zitronensaft, 1 El saure Sahne, 2 El Schnittlauch.

Die Semmeln entrinden, in der Milch einweichen, gut ausdrücken und mit den Eigelben in eine mit Knoblauch ausgeriebene Schüssel passieren. Das Öl langsam unter ständigem Rühren dazufließen lassen, so daß eine völlig glatte Sauce entsteht. Mit Salz, Zucker und Zitronensaft (oder Essig) und der sauren Sahne abschmecken. Erst kurz vor dem Anrichten den Schnittlauch dazumischen.
Schnittlauchsauce paßt am besten zu gekochtem Ochsenfleisch.

Senfcreme

Aus Eigelb und Öl eine feste *Mayonnaise* bereiten und mit dem Senf, der Sahne und dem Zitronensaft geschmeidig rühren. Zuletzt mit Salz, einer Prise Zucker und je nach Geschmack mit einer Spur weißem Pfeffer abschmecken.
Besonders cremig wird diese Senfsauce, wenn Sie die Sahne vor dem Unterziehen halbsteif schlagen.
Senfcreme paßt besonders gut zu kaltem Roastbeef, zu gekochtem und gebratenem Fisch oder zu harten Eiern.

1 Eigelb, 1/8 l Öl, 2 El Senf, 2 El Sahne, Saft von 1 Zitrone, Salz, Zucker, weißer Pfeffer,

Stachelbeersauce, amerikanische

Die Stachelbeeren in etwas Wasser (1–2 El) weichdünsten, sehr gut abtropfen lassen, passieren, mit dem Öl und dem Sherry verrühren und mit den Gewürzen pikant abschmecken.
Die Sauce schmeckt ganz besonders gut zu kurz gebratenem oder gegrilltem Fleisch.

500 g Stachelbeeren, 2 El Öl, 3 El Sherry, 1 Prise Cayennepfeffer, 1 Prise Muskat, Salz, Zucker.

Teufelssauce

Aus dem Eigelb und dem Öl eine steife *Mayonnaise* herstellen und mit der Sahne etwas verdünnen. Die Chilisauce darunterrühren und mit Cayennepfeffer und Salz fertig würzen. Ganz zuletzt noch die sehr fein gehackte Paprikaschote daruntermischen.
Eine Sauce, die ihren Namen zu Recht trägt. Reichen Sie sie zu gegrilltem Hammelfleisch oder zu *Fondue orientale.*

1 Eigelb, 1/8 l Öl, 1 El Sahne, 1 El Chilisauce, 1 Messerspitze Cayennepfeffer, 1 Prise Salz, 1/2 Paprikaschote.

Tiroler Sauce

Die aus den Eigelben und dem Öl hergestellte *Mayonnaise* mit Salz und Zitronensaft kräftig abschmecken und mit dem Tomatenmark und der gehackten Petersilie verrühren. Zuletzt den Geschmack mit etwas frischgemahlenem Pfeffer und einer Prise Zucker abrunden.
Verwenden Sie die Tiroler Sauce zu gegrilltem Rind-, Kalb- oder Lammfleisch oder zu gekochtem Gemüse und hartgekochten Eiern.

2 Eigelbe, 1/4 l Öl, Salz, Zitronensaft, 2 El Tomatenmark, 1 El gehackte Petersilie, Pfeffer, Zucker.

GEWÜRZTE BUTTER

Die gewürzten Buttermischungen sind keine Saucen im strengen Sinne. Da sie aber wie Saucen verwendet werden, befinden sie sich mit einiger Berechtigung in diesem Kapitel.
Gewürzte Butter gibt jedem gegrillten Fleisch, Fisch oder Geflügel und vielen anderen Gerichten erst die besondere Note. Auch ein einfach belegtes Brötchen kann durch eine geschmackvolle Buttermischung zu einem wahren Leckerbissen werden.
Bereiten Sie nach einem der folgenden Rezepte eine Buttermischung zu. Formen Sie dann aus der weichen Masse eine etwa 2 cm dicke Rolle, wickeln Sie sie in ein Stück Alu-Folie und lassen Sie sie im Kühlschrank erstarren. Vor dem Gebrauch mit einem in heißes Wasser getauchten Messer in 1/2–1 cm dicke Schnitten schneiden.
Wenn Sie wollen, können Sie Buttermischungen auf Vorrat herstellen. Tiefgekühlt sind sie mehrere Wochen haltbar.

Crevettenbutter

100 g Butter, 1/2 Tl Zitronensaft,
75 g Crevetten, 1 Prise Salz,
1 Prise Zucker.

Die Butter mit dem Zitronensaft schaumig rühren. Die Crevetten passieren und daruntermischen. Zuletzt mit Salz und Zucker abschmecken.
Crevettenbutter schmeckt zu jedem Fischgericht gut. Sie können sie aber auch als Brotaufstrich verwenden und noch mit etwas Kresse und einer Eischeibe garnieren.

Currybutter

100 g Butter, 1 Tl Sahne,
2–3 Tl Curry,
1/2 Tl Zitronensaft, 1 Prise Salz.

Die Butter mit der Sahne schaumig rühren und die übrigen Zutaten nacheinander dazugeben.
Besonders gut zu gegrilltem Geflügel oder gegrilltem Lammkotelett.

Dillbutter

100 g Butter, 1 hartgekochtes Eigelb, 1 Tl Zitronensaft,
2 El fein gehacktes Dillkraut,
1 Prise Salz, 1 Prise Pfeffer.

Die Butter mit dem Eigelb passieren und mit dem Zitronensaft schaumig rühren. Das gehackte Dillkraut dazurühren und mit Salz und Pfeffer abschmecken.
Eine gute Beigabe zu gekochtem oder gegrilltem Fisch.

Knoblauchbutter

125 g Butter, 1 Knoblauchzehe,
1 Schalotte, 1 Tl Petersilie,
Salz, Pfeffer, Zitronensaft.

Die Butter schaumig rühren. Die Knoblauchzehe zerdrücken, die Schalotte und die Petersilie fein hacken und alles mit der Butter vermischen. Mit Salz, Pfeffer und Zitronensaft abschmecken.
Knoblauchbutter ist die klassische »Schneckenbutter«. Sie paßt aber auch gut zu gegrilltem Schweinefleisch.
Belegte Brötchen, mit Knoblauchbutter bestrichen und mit Schweinsbraten- oder Salamischeiben belegt, sind – vor allem für Knoblauchliebhaber – kleine Delikatessen.

Kräuterbutter = Maîtrebutter

125 g Butter, 3 El gehackte Kräuter (Petersilie, Kerbel, Kresse), Salz,
Pfeffer, Zitronensaft.

Die Butter schaumig rühren und die feingehackten Kräuter (Sie können nach Ihrem persönlichen Geschmack verschiedene Varianten ausprobieren) dazumischen. Mit Salz, Pfeffer und Zitronensaft abschmecken.
Schmeckt sehr gut zu jeder Art von gegrilltem Fleisch oder Fisch.

Mandelbutter

100 g Butter, 50 g Mandeln,
1 Prise Salz.

Die geschälten, feingeriebenen Mandeln mit der leicht gesalzenen Butter vermengen und passieren.
Mandelbutter verleiht einem gegrillten Kalbssteak einen zarten, exquisiten Geschmack. Sie eignet sich auch gut als Brotaufstrich für Schinkenbrötchen.

Marchand-de-vin-Butter

125 g Butter, 1–2 Schalotten,
1/8 l Rotwein, 1 Prise Salz,
1 Messerspitze Pfeffer,
1/2 Tl Zitronensaft,
1/2 Tl gehackte Petersilie,
1 Messerspitze Fleischextrakt.

Die Butter schaumig rühren. Die Schalotten sehr fein hacken und in dem Rotwein kochen, bis nur noch 1 El Flüssigkeit vorhanden ist. Salz, Pfeffer, Zitronensaft, Petersilie und Fleischextrakt darunterrühren und dann mit der Butter gut vermischen.
Schmeckt ganz ausgezeichnet zu englisch gebratenem oder gegrilltem Ochsenfleisch (Filet, Rostbeef . . .).

Meerrettichbutter

Die Butter mit dem Zitronensaft und dem Salz schaumig rühren und den geriebenen Meerrettich einarbeiten.
Schmeckt gut zu gegrilltem Fisch oder zu Gebratenem oder gekochtem Schinken. Auch als Aufstrich für Schinkenbrötchen geeignet.

100 g Butter, ½ Tl Zitronensaft, 1 Prise Salz, 1 El geriebener Meerrettich.

Olivenbutter

Die Oliven entkernen, passieren und mit der schaumig gerührten Butter vermischen.
Olivenbutter macht gegrilltes Kalbfleisch pikanter. Besonders gut schmeckt sie auch als Brotaufstrich, garniert mit halbierten Walnüssen. (Bereiten Sie dazu die doppelte Menge und schlagen Sie die Butter besonders schaumig!)

125 g Butter, 60 g schwarze Oliven.

Sardellenbutter

Die Butter mit der Sahne schaumig rühren. Die Sardellen entgräten, durch ein Sieb drücken und mit dem Zitronensaft und etwas Salz unter die Butter mischen.
Sardellenbutter schmeckt gut zu gekochtem oder gegrilltem Fisch. Sie ist außerdem ein pikanter Brotaufstrich.

125 g Butter, 1 Tl Sahne, 6 Sardellenfilets, Zitronensaft.

Senfbutter

Die Butter mit dem Senf (wählen Sie eine Senfsorte Ihres Geschmacks) schaumig rühren. Mit Salz und Pfeffer würzen und zuletzt die Petersilie daruntermischen.
Senfbutter paßt gut zu gegrilltem Kalb- oder Lammfleisch und zu gekochtem Fisch.

100 g Butter, 3 Tl Senf, Salz, 1 Messerspitze Pfeffer, ½ Tl gehackte Petersilie.

Zitronenbutter

Die schaumig gerührte Butter mit Salz und der geriebenen, ungespritzten Zitronenschale würzen und dann den Zitronensaft langsam unterziehen.
Paßt gut zu gegrilltem Kalbfleisch und zu gekochtem oder gegrilltem Fisch.

100 g Butter, Salz, das Abgeriebene von 1 Zitrone, 3 Tl Zitronensaft.

Zwiebelbutter

⅔ der Butter mit Salz und Pfeffer würzen und schaumig rühren. Die Zwiebel sehr fein hacken, in der restlichen Butter goldbraun rösten und nach dem Abkühlen mit der schaumigen Butter vermischen.
Zwiebelbutter ist ein pikanter Brotaufstrich, paßt aber auch gut zu gebratenem oder gekochtem Ochsenfleisch.

125 g Butter, 1 mittelgroße Zwiebel, Salz, Pfeffer.

SAUCEN-FAHRPLAN

Gerichte	mild	würzig	scharf
Rindfleisch gegrillt gebraten Fleischfondue	Cognacsauce Remouladensauce Sauce Béarnaise Sauce Bordelaise Sauce Chantilly Stachelbeersauce Tomatensauce	Jägersauce Kaukasische Sauce Kräutersauce Madeirasauce Orangensauce Sauce Tatare Sauce Csárdás	Guacamole Pfeffersauce Teufelssauce
Rindfleisch gekocht Fondue orientale	Bohnensauce Dillsauce Schnittlauchsauce Selleriesauce Specksauce Tomatensauce	Apfelkren Frankfurter Sauce Gurkensauce Ingwersauce Kaukasische Sauce Meerrettichquark Ravigotte-Sauce Senfsauce Specksauce Tomatensauce Lissabon Zwiebelsauce	Currysauce Essigkren Indische Currysauce Meerrettichsauce Meerrettich-Sahne-Sauce Semmelkren
Schweinefleisch	Pflaumensauce	Apfel-Curry-Sauce	Currysauce Essigkren
Kalbfleisch	Auberginensauce Frikasseesauce Sauce Soubise Tomatensauce	Champignonsauce Sardellensauce Sauce Choron Tomatensauce Lissabon	
Lamm/ Hammel	Nuß-Oliven-Sauce Sauce Lyonnaise Schinkensauce	Apfel-Curry-Sauce Gurkensauce Kapernsauce Kümmelsauce Senfsauce Zwiebelsauce	Currysauce Meerrettichsauce Teufelssauce
Hackbraten	Dillsauce	Gurkensauce Jägersauce	
Wild	Kirschensauce, russisch Schinkensauce	Cumberlandsauce Meerrettichsauce Orangensauce	Pfeffersauce

Gerichte	mild	würzig	scharf
Wildgeflügel		Cumberlandsauce	
Zunge	Selleriesauce	Madeirasauce Sardellensauce	Meerrettich-Sahne-Sauce
Leber		Madeirasauce	
Geflügel	Frikasseesauce Sauce Bordelaise Sauce Soubise	Champignonsauce Ingwersauce Sauce Verdi	
Kaltes Fleisch		Bozner Sauce Champignonsauce Senfsauce Sauce Vinaigrette	Sahnemeerrettich
Fisch gekocht	Béchamelsauce Eiersauce Fischsauce Sauce Hollandaise	Kapernsauce Kräutersauce Sardellensauce Sauce Mornay Weißweinsauce	Currysauce Meerrettich-Sahne-Sauce
gebacken	Grüne Sauce Selleriesauce	Remouladensauce Senfsauce	
gebraten	Eiersauce	Fischsauce Senfcreme	Kreolensauce
Schalentiere		Sauce Monte Carlo	Kreolensauce
Gemüse	Béchamelsauce Eiersauce Sauce Kopenhagen Sauce Mornay Sauce Soubise Tiroler Sauce	Sauce Vinaigrette	
Eier	Tiroler Sauce	Sauce Verdi	Currysauce
Spargel	Malteser Sauce Sauce Mousseline Sauce Chantilly Sauce Hollandaise	Sauce Vinaigrette	

SALATE

Salate spielen in der modernen Ernährung eine immer größere Rolle. Sie sind in der Regel kalorienarm, leicht bekömmlich und vitaminreich. Darum bilden sie eine wichtige Ergänzung vieler Gerichte, können aber auch – als Horsd'œuvres – eine Mahlzeit einleiten oder als kleiner Imbiß gereicht werden.

Die Zubereitung der Salate macht Spaß, weil sie einfach ist und der Phantasie einen großen Spielraum läßt. So vielfältig wie die möglichen Zubereitungsarten sind auch die Anschauungen darüber, wie ein wirklich wohlschmeckender Salat beschaffen sein muß. Während in den Weinländern Italien und Frankreich in der Regel Öl und Weinessig verwendet werden, ersetzen wir oft den Weinessig durch Zitronensaft, und in nördlicheren Breiten nimmt man anstelle des Öls manchmal Sahne. Die einen behaupten, daß eine Prise Zucker den Salat schmackhafter macht, die anderen betrachten das geradezu als Barbarei . . .

Jeder wird wohl bald herausfinden, welche Zutaten und welche Zusammensetzung seinem Geschmack am meisten entsprechen. Der Phantasie sind, wie gesagt, keine Grenzen gesetzt, dennoch kann man unangenehme Überraschungen erleben, wenn man folgende Grundregeln bei der Zubereitung von Salaten nicht beachtet:

1. Sowohl für die Saucen als auch für die Salate verwendet man nur die allerbesten Zutaten (feinstes Salatöl oder Olivenöl; besten Weinessig).
2. Rohe Zutaten müssen vor ihrer Zubereitung sorgfältig gesäubert werden.

3. Blattsalate nach dem Waschen gut abtropfen lassen und dabei weder drücken noch pressen.
4. Blattsalate sollen erst kurz vor dem Essen angemacht und mit der Sauce vermischt werden.
5. Alle übrigen Salate (Kartoffel-, Gemüse- und Fleischsalate) sollen einige Zeit vor dem Servieren angemacht und kurz vor dem Auftragen noch einmal vermischt werden.
Dieses Kapitel haben wir in folgende vier Teile gegliedert: Salatsaucen, Rohkostsalate, gekochte Gemüsesalate, Salatimbiß.

SALATSAUCEN

Im folgenden einige Salatsaucen, die man anstelle der bei den Rezepten angegebenen Saucen – je nach Geschmack – verwenden kann. Beim Kauf fertig zubereiteter Salatsaucen werden Sie häufig auf das Wort »Dressing« stoßen; lassen Sie sich dadurch nicht verwirren. Es handelt sich um eine einfache Salatsauce und nicht etwa um eine amerikanische Spezialform. Auch in der internationalen Hotelküche hat sich die Bezeichnung »Dressing« durchgesetzt. Die im Handel angebotenen Salatsaucen sind teilweise von ausgezeichneter Qualität und ermöglichen es auch eiligen Köchen, einen schmackhaften Salat zuzubereiten.

American Dressing

1 Ei, 1/4 l Öl, 1 El Tomatenketchup,
2 El Zitronensaft,
1 Tl feingeriebener
Meerrettich, Salz, Zucker.

Aus Ei und Öl eine *leichte Mayonnaise* herstellen, mit dem Tomatenketchup, dem Zitronensaft und dem Meerrettich verrühren und mit Salz und Zucker abschmekken.

Amerikanische Salatsauce

1 El Weinessig, 3 El Orangensaft,
1/2 Tl Selleriesalz,
1/2 Tl Edelsüßpaprika,
1 Tl geriebene Zwiebel,
6 El Öl.

Den Weinessig und den Orangensaft mischen und mit dem Selleriesalz und dem Paprika verrühren. Die geriebene Zwiebel und das Salatöl dazurühren, gut verschlagen und 1 Stunde kalt stellen. Vor der Verwendung nochmals gut durchmischen.

Französische Salatsauce

1 El Weinessig, 1 Messerspitze
Salz, 1 Prise Pfeffer,
1/2 Tl Senf, 3 El Olivenöl (oder
anderes Salatöl).

Zunächst den Weinessig mit den Gewürzen verrühren und dann das Öl dazugeben. So lange mit einem Schneebesen schlagen, bis die Sauce sämig geworden ist.
Sie können diese einfache Salatsauce sehr leicht variieren, indem Sie verschiedene Sorten Essig verwenden (Weinessig, Kräuteressig, Estragonessig, Apfelessig ...), auch können Sie die Salatschüssel vor der Zubereitung des Salates mit einer Knoblauchzehe ausreiben.

Italienische Salatsauce

1 El Weinessig, 4 El Olivenöl,
1 Messerspitze Pfeffer, Salz.

Den Weinessig mit den Gewürzen verrühren und das Öl darunterschlagen (mit einem Schneebesen), so lange weiterschlagen, bis die Sauce sämig geworden ist.

Joghurtsauce

Das Joghurt mit Zitronensaft, Salz, Pfeffer und Zucker abschmecken. Die gehackten Kräuter kurz vor der Verwendung dazumischen.

¼ l Joghurt, 1 El Zitronensaft, Salz, 1 Prise Zucker, 1 Prise Pfeffer, 1 El gehackte Kräuter (Kerbel, Dill, Borretsch).

Käsesauce

Den Käse mit dem Öl zu einer glatten Creme verrühren. Die Sahne und den Weinessig dazurühren und zuletzt mit Salz, Pfeffer und Paprika abschmecken. Eine pikante Abwechslung in der Zubereitung von Blattsalaten und anderen Gemüserohkostsalaten.

80 g Roquefort (oder ein anderer Edelpilzkäse), 3 El Öl, 3 El Sahne, 3 El Weinessig, Salz, Pfeffer, Paprika.

Kräutersauce

Den Zitronensaft mit dem Senf, Salz und Pfeffer verrühren. Das Öl unter ständigem Rühren dazugeben und zuletzt die fein gehackten Kräuter unter die sämige Sauce mischen.

3 El Zitronensaft, 1 Tl Senf, ½ Tl Salz, 1 Prise Pfeffer, 3 El Öl, 2 El gehackte Kräuter (Estragon, Kerbel, Petersilie . . .)

Quarksauce

Den Quark mit der Sahne geschmeidig rühren und mit Weinessig, Salz und Zucker abschmecken. Zuletzt das Joghurt oder die Sahne dazurühren. Diese Sauce schmeckt besonders gut zu Chicorée oder Feldsalat, aber auch zu anderen Gemüsesalaten.

125 g Magerquark, 3 El saure Sahne, 1 El Weinessig (oder Zitronensaft), Salz, 1 Prise Zucker, ⅛ l Joghurt (oder Sahne).

Sahnesauce

Die Sahne mit dem Zitronensaft verrühren und mit einer Prise Salz und Zucker würzen. Eine einfache wohlschmeckende Sauce, die vor allem in nördlichen Gegenden für Blattsalate verwendet wird.

⅛ l Sahne, 1 El Zitronensaft, 1 Prise Salz, 1 Prise Zucker.

Sahnesauce, pikant

Die saure Sahne mit dem Zitronensaft, Salz und Zucker würzen. Die Zwiebel fein reiben (!) und kurz vor der Verwendung mit den gehackten Kräutern unter die Salatsauce mischen.

⅛ l saure Sahne, 2 El Zitronensaft, Salz, Zucker, ½ Zwiebel, 2 El gehackte Kräuter (Dill, Petersilie, Kerbel).

Salatmayonnaise

Die Grundlage der Salatmayonnaise ist die klassische Mayonnaise. Sie wird, wie in dem Kapitel »Kalte Saucen« beschrieben, hergestellt und kann durch alle dort angeführten Variationen ersetzt werden.

Mayonnaise aus 1 Eigelb und ⅛ l Öl, 2 El Zitronensaft, Salz, 1 Prise Zucker, Pfeffer.

Die Mayonnaise mit dem Zitronensaft verrühren und mit Salz, Zucker und Pfeffer abschmecken. Diese Salatmayonnaise kann vielfältig abgewandelt werden:

1. Durch Verwendung von Weinessig, Kräuteressig, Estragonessig oder Apfelessig anstelle des Zitronensaftes.

2. Durch verschiedene Zutaten, wie 1–2 El Tomatenketchup, 1–2 gehackte Sardellenfilets, 1 El gehackte Kapern, 1 El geriebene Zwiebel, 1 Tl geriebener Meerrettich, Sahne, Kräuter etc.

3. Durch Zugabe von 1 Tl Cognac oder Whisky oder Calvados oder Sherry.

ROHKOSTSALATE

Rohkostsalate sind aus der gesunden Ernährung nicht wegzudenken. Sie liefern Vitamine, regen den Appetit an, fördern die Verdauung und belasten Magen und Kreislauf nicht. Ärzte empfehlen Rohkost als Mittel gegen fast alle Zivilisationskrankheiten. Und diese Diät muß nicht etwa eintönig sein; sie kann sehr abwechslungsreich gestaltet werden.
Beachten Sie bei der Zubereitung von Rohkostsalat die am Anfang dieses Kapitels angeführten Regeln.
Wann soll man diese Salate essen? War es früher üblich, sie zum Hauptgang zu servieren, ißt man sie heute außerdem auch als Horsd'œuvres, als Appetitanreger vor dem Hauptgang.

Apfel-Zwiebel-Salat

4 säuerliche Äpfel,
2 Tl Zitronensaft, 1 große Zwiebel, 1 El Weinessig,
1 Prise Salz,
1/4 Tl frischgemahlener Pfeffer,
1 Prise Zucker, 3 El Öl.

Die geschälten Äpfel vierteln, vom Kerngehäuse befreien, in dünne Scheiben schneiden und sofort mit dem Zitronensaft beträufeln. Die Zwiebel in feine Ringe schneiden und mit den Apfelscheiben vermischen. Aus Weinessig, Salz, Pfeffer, Zucker und Öl eine pikante Salatsauce mischen und über den vorbereiteten Salat gießen.
Ein Salat, der ganz besonders gut zu kurz gebratenem oder gegrilltem Fleisch paßt.

Armenischer Salat

1 Salatgurke, 5 Radieschen,
1/2 Sellerieknolle,
50 g Walnüsse, 50 g Erdnüsse,
12 schwarze Oliven,
1 El Weinessig, 2 El Zitronensaft,
Salz, 6 El Olivenöl.

Die Salatgurke schälen und in Würfel schneiden. Die Radieschen in dünne Scheiben schneiden. Die Sellerieknolle schälen und raspeln oder in feine Streifen schneiden. Die Walnüsse und die Erdnüsse hacken. Die Oliven entkernen und vierteln. Aus Weinessig, Zitronensaft, Salz und Öl eine sämige Marinade rühren und mit den übrigen Zutaten vermischen. Den Salat vor dem Auftragen 1/2 Stunde ziehen lassen.

Avocadosalat

2 Avocados, 300 g feste Tomaten,
1 El Weinessig, Salz, Pfeffer,
3 El Öl.

Die Avocados schälen, entkernen und in 2–3 cm dicke Scheiben schneiden. Die Tomaten mit kochendem Wasser überbrühen, enthäuten und in stärkere Scheiben schneiden. Die Avocadoscheiben abwechselnd mit den Tomatenscheiben in einer Salatschüssel anordnen. Den Weinessig mit dem Salz, dem Pfeffer und dem Öl verschlagen und diese Salatsauce über die Zutaten gießen. Vor dem Servieren 1/2 Stunde kalt stellen.

Blaukrautsalat

1 kleiner Blaukrautkopf (500–600 g),
2 El Weinessig, 1 Tl Salz,
1 Prise Pfeffer, 1 Prise Zucker,
3 El Öl.

Das Blaukraut putzen (die äußeren Blätter entfernen, halbieren und den Strunk herausschneiden) und in feine Streifchen schneiden (am besten mit einem Hobel).
Das Kraut waschen, gut abtropfen lassen und in eine Schüssel geben.
Den Weinessig mit 2–3 Tl Wasser, Salz, Pfeffer und Zucker aufkochen und über das Kraut gießen. Das Kraut mit einem passenden Teller zudecken, leicht beschweren und 1–2 Stunden ziehen lassen. Das Öl darübergießen und vor dem Auftragen nochmals gut durchmischen.

Bunter Frühlingssalat

Den Salatkopf putzen (die äußeren Blätter entfernen, die übrigen Blätter samt den Rippen in kleinere Stücke zerreißen), waschen und gut abtropfen lassen. Die gewaschenen Radieschen und die Gurke mit der Schale in dünne Scheiben schneiden. Die gewaschenen Tomaten in je 6 Teile schneiden. Den Weinessig mit Senf, Salz, Pfeffer und Öl zu einer Marinade verrühren. Die Radieschen, die Gurkenscheiben, die Tomatenstückchen und die Kräuter mit dieser Marinade mischen und ½ Stunde darin ziehen lassen. Erst unmittelbar vor dem Auftragen mit den Salatblättern vermengen.
Dieser Salat eignet sich als Beilage praktisch zu jedem Fleischgericht; garniert mit Eischeiben und gehackten Kapern gibt er eine leichte Vorspeise ab.

1 Salatkopf, 4 junge Radieschen, ¼ Salatgurke, 3 Tomaten, 1 El Gartenkresse, 1 El gehackte Kräuter (Estragon, Kerbel, Basilikum, Schnittlauch, je nach Geschmack), 1 El Weinessig, 1 Tl französischer Senf, ½ Tl Salz, 1 Prise Pfeffer, 3 El Olivenöl.

Champignonsalat, roh

Achten Sie beim Einkauf darauf, daß Sie möglichst kleine Champignons (2–2½ cm) erhalten.
Die Champignons putzen, unter fließendem Wasser waschen und sehr gut abtropfen lassen (am besten auf einem Tuch). Dann in feine Scheiben schneiden und s o f o r t mit der aus Zitronensaft, Salz, Petersilie und Öl gemischten Marinade vermengen.
Dieser Salat eignet sich sehr gut als Vorspeise: Richten Sie ihn auf einem Salatblatt an und reichen Sie einen frischen Toast dazu.

250 g Champignons, 1–2 El Zitronensaft, 1 Prise Salz, 1 Tl gehackte Petersilie, 3 El Olivenöl.

Chicoréesalat

Den Chicorée putzen (den unter befindlichen bitteren Strunk ausschneiden), halbieren und quer in 3–4 Teile schneiden. Den Salat kurz in kaltem Wasser waschen, gut abtropfen lassen und dann mit der aus Weinessig, Salz und Öl gemischten Marinade anmachen. Tragen Sie den Salat sofort auf, da die Blätter nach einer Weile braun werden.
Chicorée gehört zu den Salaten, die uns helfen, den gemüsearmen Winter zu überbrücken. Neben dieser zu fast jedem Gericht passenden Zubereitungsart gibt es noch viele wohlschmeckende Varianten.

300 g Chicorée, 1 El Weinessig, 1 Prise Salz, 3 El Olivenöl.

Chicorée-Creme-Salat

Den Chicorée putzen (die äußeren Blätter entfernen und den unten befindlichen bitteren Strunk ausschneiden), 1–2 mal (je nach Größe) quer teilen, waschen und gut abtropfen lassen. Die *Mayonnaise* mit Zitronensaft, Senf, Salz und Sherry pikant würzen und mit der steifgeschlagenen Sahne vermischen. Die Chicoréeblätter mit dieser cremigen Salatsauce vermischen und sofort auftragen.
Dieser Salat eignet sich ebensogut als Beilage zu gegrilltem Fleisch wie als feine Vorspeise.

300 g Chicorée, Mayonnaise aus 1 Eigelb und ⅛ l Öl, Saft von 1 Zitrone, 1 Tl Senf, Salz, 1 Tl Sherry, ⅛ l Sahne.

Chicoréesalat à la Paris

Den Chicorée putzen (die äußeren Blätter und den Strunk entfernen), halbieren und quer in je 3–4 Stücke schneiden. Den Salat waschen, auf ein Sieb geben und gut abtropfen lassen. Den Weinessig mit dem Salz, dem Pfeffer und dem Senf verrühren, das Olivenöl unter ständigem Schlagen mit einem Schneebesen dazugießen und zuletzt die saure Sahne und die gehackten Nüsse daruntermischen. Diese Marinade 2–3 Stunden ziehen lassen. Unmittelbar vor dem Auftragen nochmals gut durchrühren und den Salat damit anmachen.

300 g Chicorée, 1 El Weinessig, 1 Prise Salz, 1 Prise weißer Pfeffer, 1 Tl Senf, 3 El Olivenöl, 1 El saure Sahne, 50 g gehackte Walnüsse.

Chicoréesalat aux mandarines

Saft von 1 Zitrone, 1 Prise Salz, 1 Prise gemahlener Ingwer, 1 El Öl, 250 g Chicorée, 2 kleine Bananen, 1 kleine Dose Mandarinen, Zitronenmelisse oder Gartenkresse.

Den Zitronensaft mit dem Salz, dem Ingwer, 1–2 El Mandarinensaft (aus der Dose) und dem Öl vermischen. Den Chicorée putzen (die äußeren Blätter und den bitteren Strunk entfernen) und in 3-Finger-breite Streifen schneiden, waschen und gut abtropfen lassen. Die geschälten Bananen in ½ cm dicke Scheiben schneiden und sofort mit den Chicoréeblättern und den Mandarinenspalten in die Salatsauce geben, alles vorsichtig vermischen, in flachen Portionsschalen anrichten und mit gehackter Zitronenmelisse (oder Gartenkresse) bestreuen.
Eine sehr pikante Vorspeise, die Sie noch reicher gestalten können: Mischen Sie 1–2 El Shrimps (Crevetten) unter den Salat und binden Sie ihn mit einer *Mayonnaise* aus 1 Eigelb und ⅛ l Öl.

Chinakohl-Salat

1–2 Stück Chinakohl, 1 El Weinessig, ¼ Tl Salz, 1 Messerspitze Pfeffer, ½ Tl Selleriesalz, 1 Tl Senf, 3 El Öl, 1 El Kräuter.

Den Chinakohl putzen (nur die zarten hellen Blätter verwenden), waschen, gut abtropfen lassen und in ½ cm breite Streifen schneiden. Den Weinessig mit den Gewürzen verrühren, das Öl dazuschlagen und die Salatsauce mit den Kräutern und dem Chinakohl mischen. Sofort zu Tisch geben.

Endiviensalat

1 Endiviensalat, 1 El Weinessig, 1 Prise Salz, 1 Prise weißer Pfeffer, 3 El Olivenöl (oder anderes Salatöl).

Den Endiviensalat putzen (nur die inneren zarten Blätter verwenden), in dünne Streifen schneiden (½–1 cm), unter fließendem Wasser waschen und gut abtropfen lassen. Den Weinessig mit Salz, Pfeffer und Öl zu einer Marinade verquirlen (am besten mit einem Schneebesen) und kurz vor dem Auftragen mit den Salatblättern vermischen. Wollen Sie den bitteren Endiviengeschmack etwas mildern, so legen Sie die Blätter vor Verwendung ½ Stunde in handwarmes Wasser: Die Blätterstreifen werden ausgelaugt, ohne ihre Frische zu verlieren.

Endiviensalat Nizza

1 kleinen Endiviensalat, 250 g Tomaten, 10 schwarze Oliven, 8 Sardellenfilets, 1 El Kapern, 1 kleine Dose Artischockenherzen (oder 1 Dose Thunfisch), 1 Knoblauchzehe, 2 El Weinessig, Salz, frischgemahlener Pfeffer, 6 El Olivenöl, 2 hartgekochte Eier.

Den Endiviensalat putzen (nur die inneren, hellen, zarten Blätter verwenden), waschen, gut abtropfen lassen und in 2–3 cm breite Streifen schneiden. Die Tomaten überbrühen, enthäuten und nach Ausdrücken der Kerne in kleine Stücke schneiden. Die Oliven vierteln. Die Kapern hacken. Die Sardellenfilets entgräten (wenn sie zu scharf sein sollten, wässern) und in Stücke schneiden. Die Artischockenherzen halbieren (bzw. den Thunfisch in kleinere Stücke zerpflükken). Die Salatschüssel mit der Knoblauchzehe ausreiben, Weinessig, Salz und Pfeffer hineingeben und die Marinade mit dem Öl fertigstellen. Den Endiviensalat damit mischen, die übrigen Zutaten der Reihe nach dazugeben und vorsichtig vermengen. Den Salat mit den geviertelten hartgekochten Eiern garnieren.
Anstelle des Endiviensalates können Sie genausogut einen festen Kopfsalat verwenden, der sorgfältig gewaschen und in mundgerechte Portionen zerteilt wird = **Kopfsalat Nizza.**

Feldsalat = Rapunzel

150 g Feldsalat, 1 El Weinessig, 1 Prise Salz, 3 El Öl, 1–2 hartgekochte Eier.

Den Feldsalat sauber putzen (von Wurzeln und groben Stielen befreien), waschen und gut abtropfen lassen. Aus Weinessig, Salz und Öl eine Marinade bereiten und kurz vor dem Auftragen den Feldsalat damit mischen. Überstreuen Sie den Salat mit den grob gehackten Eiern oder vermischen Sie ihn mit Eivierteln.
Eine besonders pikante Variante erhalten Sie, wenn Sie den Feldsalat mit einer kleinen, sehr fein gehackten (noch besser geriebenen) Zwiebel vermengen.

Feldsalat mit Tomaten

Den Feldsalat sorgfältig putzen (Wurzelreste und Stiele entfernen), sauber waschen und gut abtropfen lassen. Die Tomaten kurz überbrühen, enthäuten und nach dem Ausdrücken der Kerne in größere Stücke schneiden. Den Weinessig mit der sehr fein gehackten (noch besser geriebenen) Zwiebel, dem Salz, dem Pfeffer und dem Öl zu einer Marinade verrühren. Diese erst ganz kurz vor dem Anrichten über den gemischen Salat gießen, vorsichtig daruntermengen und mit den gehackten Kräutern bestreuen.

150 g Feldsalat, 250 g Tomaten, 2 El Weinessig, 1 kleine Zwiebel, Salz, 1 Prise Pfeffer, 4 El Salatöl, 1 Tl gehackte Kräuter (Borretsch oder Kerbel oder Schnittlauch).

Fenchelsalat

Die Fenchelknollen gut waschen (eventuell die äußere Schale entfernen) und halbieren, jede Hälfte in dünne Scheibchen schneiden (sie fallen dann streifig auseinander) und unmittelbar vor dem Auftragen mit der Marinade aus den nebenstehenden Zutaten vermischen.

1 – 2 Fenchelknollen (je nach Größe), 1 El Weinessig, 1 Prise Salz, 1 Prise Pfeffer, 3 El Öl.

Gurkensalat

Die Gurke vom Blütenende zum Stielende hin schälen (kosten Sie dabei das Stielende, es ist oft bitter und muß entfernt werden), in 1–2 mm dicke Scheiben schneiden und in eine mit der Knoblauchzehe ausgeriebene Salatschüssel geben. Die Gurkenscheiben mit der sauren Sahne übergießen, mit dem gehackten Dillkraut vermischen und mit Salz und Pfeffer abschmecken.
Sie können die Gurkenscheiben vor der Verwendung salzen, einige Zeit ziehen lassen und das sich bildende Wasser herausdrücken. Diese Methode ist jedoch nicht empfehlenswert: Der vitaminreiche Gurkensaft geht verloren; die zurückbleibenden Reste sind schwer bekömmlich.
Außer mit saurer Sahne können Sie den Gurkensalat auch mit Joghurt oder mit einer beliebigen Salatsauce zubereiten. Eine besondere Note geben Sie dem Salat, wenn Sie ½ Stunde vor der Verwendung 1 Tl Currypulver mit der sauren Sahne vermischen.

1 schlanke große Salatgurke, 1 Knoblauchzehe, ¼ l saure Sahne, Salz, Pfeffer, 1 El Dillkraut (oder Borretsch).

Irakischer Salat

Die Pfefferkörner mit dem Lorbeerblatt, der zerteilten Zwiebel und dem Salz in etwa ¼ l Wasser 20 Minuten kochen, die Knoblauchzehe und den Weinessig dazugeben und nochmals kurz aufkochen. Diese Marinade eine halbe Stunde ziehen lassen und dann abseihen.
Die Paprika waschen, von Scheidewänden und Kernen befreien, in feine Streifen schneiden und kurz in der Marinade kochen. Nach dem Auskühlen die feingeschnittene Gurke und die in Streifen geschnittenen Zwiebeln dazumischen und den Salat vor dem Anrichten mit fein gehackten Kräutern (Petersilie, Pfefferminz, Dill, Thymian, je nach Geschmack) überstreuen.

2 grüne Paprika, 1 Gurke, 3 mittelgroße Zwiebeln, 10 Pfefferkörner, 1 Lorbeerblatt, 1 Zwiebel, 2 Tl Salz, 1 Knoblauchzehe, 5 El Weinessig, 1 El Kräuter.

Kopfsalat

Den Kopfsalat in einzelne Blätter teilen (die äußeren Blätter eventuell entfernen, zu große Blätter noch 1–2 mal teilen), in kaltem Wasser waschen und auf einem Sieb abtropfen lassen. Erst kurz vor dem Auftragen mit der gut verrührten Marinade übergießen und vorsichtig (ohne den Salat zu pressen oder zu drücken), aber gründlich durchmischen.
Besonders schmackhaft wird der Kopfsalat, wenn Sie noch 1 Tl gehackte Kräuter (Gurkenkraut oder Schnittlauch oder Minze) dazumischen.

1 Kopfsalat, 1 El Weinessig, 1 Prise Salz, 3 El Olivenöl (oder anderes Öl).

Kopfsalat Breslau

1 Kopfsalat, 1 El Weinessig,
1 Prise Salz, 1 Tl Schnittlauch,
120 g Räucherspeck.

Den Kopfsalat wie vorher beschrieben vorbereiten. Den Weinessig mit dem Salz und dem Schnittlauch mischen. Den Räucherspeck in kleine Würfel schneiden und im eigenen Fett hellbraun rösten. Die Salatblätter kurz vor dem Auftragen mit der Weinessigmarinade vermischen und im letzten Moment (wichtig, da der Salat sonst zusammenfällt) mit den warmen, leicht gebräunten Speckwürfeln langsam übergießen.

Kopfsalat, normannisch

1 fester Kopfsalat,
2–3 El Zitronensaft,
1 Tl Calvados, 1 Prise Salz,
1 Prise Zucker, 50 g Walnüsse,
4 El Öl, 1 Apfel.

Den Salatkopf putzen: Die äußeren Blätter entfernen, die übrigen Blätter samt den Rippen in mundgerechte Stücke zerreißen, waschen und gut abtropfen lassen. Den Zitronensaft mit dem Calvados, Salz, Zucker, den gehackten Walnüssen und dem Öl zu einer Marinade vermischen. Den Apfel waschen, achteln, entkernen, in dünne Scheiben schneiden, sofort (sonst werden sie braun) in die Marinade geben und 1–2 Stunden ziehen lassen. Kurz vor dem Auftragen die Salatblätter daruntermischen.

Kressesalat

150 g gehackte frische Kresse,
1 El Zitronensaft, 1 Prise Salz,
3 El Öl.

Die Kresse sauber putzen (Erd-, Wurzelreste und große Stiele entfernen), kurz in kaltem Wasser waschen und gut abtropfen lassen. Aus Zitronensaft, Salz und Öl eine Marinade mischen und unmittelbar vor dem Auftragen mit der Kresse vermischen.

Noch besser: Sie bereiten den Salat erst bei Tisch zu; denn die zarten Kresseblätter fallen sehr schnell zusammen!

Mohrrüben-Rohkost

500 g junge Mohrrüben,
1–2 El Zitronensaft, Salz,
1 El Weinessig, 1 Messerspitze
Zucker, 3 El Olivenöl (oder
anderes Öl), 1 Tl gehackter
Borretsch.

Die Mohrrüben putzen, waschen und raspeln. Aus Zitronensaft, Salz, Zucker, Weinessig und Öl eine Marinade bereiten und mit den geraspelten Mohrrüben vermischen. Den Salat vor dem Auftragen sehr gut ziehen lassen (wenigstens ½ Stunde) und ganz zuletzt mit dem feingehackten Borretsch vermengen. Richten Sie den Salat auf Kopfsalatblättern an oder garnieren Sie ihn mit Feldsalat und reichen Sie ihn zu einem Horsd'œuvre-Teller.

Mohrrübensalat, roh

500 g junge Mohrrüben,
2 saure Äpfel, 2 El Zitronensaft,
Salz, Zucker, 2–3 El Salatöl.

Die Mohrrüben putzen, waschen und fein raspeln. Die Äpfel schälen, das Kerngehäuse entfernen, und ebenfalls raspeln. Mohrrüben und Äpfel sofort mit dem Zitronensaft mischen, mit Salz und einer Prise Zucker würzen und zuletzt mit dem Öl verrühren. Wollen Sie diese Rohkost besonders milde haben, können Sie anstelle des Öls ¼ l geschlagene Sahne unter den marinierten Salat mischen. Bestreuen Sie den Salat dann mit 1 El gehackter Petersilie (oder Kerbel).

Mohrrübensalat à la Provence

400 g junge Mohrrüben, 1 Zitrone,
1 Eigelb und ⅛ l Olivenöl,
4 Knoblauchzehen, Salz,
Thymian.

Die Mohrrüben putzen, fein raspeln und sofort mit dem Zitronensaft vermengen. Dann aus dem Eigelb und dem Öl eine *Mayonnaise* zubereiten, mit den ganz fein zerriebenen Knoblauchzehen, der geriebenen Zitronenschale und etwas Salz würzen und mit den marinierten Mohrrüben vermischen. Den Salat mit etwas frischem, gehacktem Thymian bestreuen.

Paprikasalat

Die Paprikaschoten von Stielen befreien und in drei Teile teilen. Die Scheidewände und die Kerne sorgfältig herauslösen. Die Schoten gut waschen, in feine Streifen schneiden, mit kochendem Wasser überbrühen, 5 Minuten ziehen lassen, abseihen und gut abtropfen lassen. Aus Essig, Salz und Öl eine Marinade rühren, die Paprikaschoten daruntermischen und 1 Stunde marinieren.
Es sieht recht hübsch aus, wenn Sie eine oder zwei der grünen Paprikaschoten durch rote Paprikaschoten ersetzen.

4–6 Paprikaschoten,
1 El Weinessig, 1 Prise Salz,
4 El Öl.

Radicchiosalat

Den Radicchio putzen (die Wurzeln entfernen), die roten Blättchen ganz lassen, sorgfältig waschen und gut abtropfen lassen. Aus Weinessig, Salz und Olivenöl eine Marinade bereiten und kurz vor dem Anrichten mit dem Salat mischen. In Italien gibt es außer dem roten noch grünen Radicchio, der rein äußerlich dem Feldsalat ähnelt, aber viel bitterer ist. Diese Sorte ist bei uns kaum erhältlich; sie wird wie roter Radicchio zubereitet.

200 g Radicchio, 1 El Weinessig,
Salz, 4 El Olivenöl.

Rettichsalat

Die Rettiche waschen, schälen und grob reiben. Die Radieschen waschen und samt Schale reiben. Die Rettiche und die Radieschen mischen und mit der aus Weinessig, Salz, Senf und Öl zubereiteten Marinade vermischen.
Servieren Sie diesen Rettichsalat nie allein, sondern zusammen mit *Feldsalat* oder in Streifen geschnittenem *Endiviensalat,* oder reichen Sie ihn auf einem Rohkostteller.

1–2 Rettiche, 6–8 Radieschen,
1 El Weinessig, ½ Tl Salz,
½ Tl Senf, 3 El Öl.

Rettich-Apfel-Salat

Die Rettiche und die Äpfel waschen, schälen, grob reiben, miteinander mischen und mit Salz und Zitronensaft würzen. Die Sahne halbsteif schlagen und darunterheben.
Dieser Rettichsalat ist dank der Äpfel und der Sahne weniger intensiv im Geschmack. Reichen Sie ihn zusammen mit *Kopfsalat,* mit *Endiviensalat* oder auf einem Rohkostteller. Er paßt gut zu Schweins- oder Kalbshaxe.

2 Rettiche, 2 mürbe Äpfel,
Salz, Zitronensaft, ⅛ l Sahne.

Rote-Rüben-Rohkost

Die Roten Rüben sauber waschen, schälen und grob reiben. Den Weinessig mit Salz, Zucker, Kümmel (feingehackt oder zerstoßen) und dem Olivenöl verrühren und die fertige Marinade mit den geriebenen Roten Rüben vermischen. Den Salat nur ganz kurz ziehen lassen und dann mit frischen Kräutern bestreut (Borretsch, Schnittlauch) zu Tisch geben.

500 g Rote Rüben, 1 El Weinessig,
Salz, 1 Messerspitze Zucker,
1 Tl Kümmel, 3 El Olivenöl,
1 Tl Kräuter.

Salat Caesar

Den Salat putzen (die äußeren Blätter entfernen), gründlich waschen, gut abtropfen lassen und in kleinere Stücke zerteilen. Den Weinessig mit Salz, Zucker, Knoblauch und Öl zu einer sämigen Marinade verschlagen und den Käse dazurühren. Die Salatsauce mit dem vorbereiteten Salat vermischen, die vorher in der Butter gerösteten Semmelwürfelchen dazugeben und sofort zu Tisch geben.

1 Kopfsalat, 1 El Weinessig,
Salz, 1 Messerspitze Zucker,
1 Messerspitze Trockenknoblauch,
4 El Öl, 50 g Parmesan, 1 Semmel,
10 g Butter.

Salat Columbia

2 El Zitronensaft, ½ Tl Salz, 1 Prise Zucker, 1 Messerspitze Cayennepfeffer, $^1/_{10}$ l Öl, 2 Bananen, 500 g Tomaten, 2 mittelgroße Zwiebeln (noch besser 4 Schalotten).

Den Zitronensaft mit dem Salz, dem Zucker und dem Cayennepfeffer verrühren und das Öl unter ständigem Schlagen mit einem Schneebesen zufließen lassen. Die Bananen schälen, in etwa 2 mm starke Scheiben schneiden und sofort mit der Marinade vermischen (damit sie nicht braun werden). Die Tomaten kurz überbrühen, enthäuten, entkernen und in Würfel schneiden. Die Zwiebeln je nach Geschmack fein hacken oder in ganz feine Ringe schneiden. Die Tomaten und die Zwiebeln zu den Bananen mischen und den Salat ½ Stunde kühl ziehen lassen.

Salat Mimosa

1 Endiviensalat, 1 Tl gehackte Petersilie, 2 hartgekochte Eigelbe, 2 El Weißwein, 1 Tl Zitronensaft, 1 Tl Senf, Salz, Pfeffer, 3 El Öl.

Den Endiviensalat putzen (die äußeren Blätter und das Wurzelstück entfernen), die zarten hellen Blätter waschen, in Streifen schneiden und mit der gehackten Petersilie und den gehackten Eigelben vermischen. Den Wein mit Zitronensaft, Senf, Salz und Pfeffer vermischen und mit dem Öl zu einer Marinade verrühren, die kurz vor dem Auftragen mit dem Salat vermischt wird.
Den Salat Mimosa können Sie auch mit Kopfsalat zubereiten. Dabei die einzelnen Blätter in nicht zu große Stückchen zerzupfen = **Kopfsalat Mimosa.**

Sauerkrautsalat

400 g Sauerkraut, 1 Zwiebel, 1 großer mürber Apfel, Salz, Pfeffer, 3 El Öl.

Das Sauerkraut gut ausdrücken (sollte es zu sauer sein, müssen Sie es wässern und gut ausdrücken), 2–3 mal durchschneiden, mit zwei Gabeln lockern und mit der gehackten Zwiebel und dem geschälten, geraspelten Apfel vermengen. Mit Salz und Pfeffer abschmecken und zuletzt mit dem Öl übergießen. Nochmals gut durchmischen und vor dem Auftragen etwa ½ Stunde ziehen lassen.

Sauerkrautsalat Bulgaria

400 g Sauerkraut, Salz, Pfeffer, 1 Tl Kümmel, ⅛ l Joghurt oder saure Sahne.

Das Sauerkraut wie oben beschrieben vorbereiten, lockern, mit Salz, Pfeffer und dem zerstoßenen (oder gehackten) Kümmel würzen und mit dem Joghurt vermischen. Noch ½ Stunde ziehen lassen.

Sauerkrautsalat, pikant

400 g Sauerkraut, 1 kleine Dose Ananas, Salz, 1 Prise weißer Pfeffer.

Das Sauerkraut gut ausdrücken (wenn nötig, vorher etwas wässern) und kleinschneiden. Die Ananasscheiben abtropfen lassen, kleinschneiden und mit 2–3 El Ananassaft unter das Sauerkraut mischen. Das Kraut mit Salz und einer Prise weißem Pfeffer abschmecken und kurz ziehen lassen.
Probieren Sie diesen Salat einmal zu gebratenem Schweinefleisch oder zu einem beliebigen gegrillten Fleisch.

Selleriesalat, roh

1 große Sellerieknolle, 1 großer Apfel, Zitronensaft, Salz, Pfeffer, 1 Ei und ¼ l Öl, Kresse.

Die Sellerieknolle schälen und grob raspeln (oder in dünne Stäbchen schneiden). Den Apfel schälen und ebenfalls grob raspeln. Beides vermischen und mit Salz, Pfeffer und Zitronensaft kräftig würzen. Den Salat 1 Stunde kühl ziehen lassen. Aus Ei und Öl eine leichte Mayonnaise zubereiten und mit den Sellerie- und Apfelstücken mischen. Wenigstens ½ Stunde ziehen lassen. Diesen Salat mit Kresse oder kleingeschnittenem Selleriegrün garnieren; auch einige Tomatenviertel sehen hübsch dazu aus.

Spinatsalat

Den Spinat putzen (welke Blätter, Wurzelstückchen und grobe Stiele entfernen), waschen, gut abtropfen lassen und in feine Streifen schneiden. Die Zwiebel möglichst fein hacken, mit dem Senf, Salz, Zucker, Zitronensaft und dem Joghurt verrühren. Diese Marinade mit den Spinatblättern vermischen, mit den geviertelten Tomaten garnieren und sofort auftragen.

250 g Spinat, 1 kleine Zwiebel, 1 Tl Senf, Salz, 1 Prise Zucker, 1–2 El Zitronensaft, 1/8 l Joghurt, 2–3 Tomaten.

Tomatensalat

Den Weinessig mit dem Salz und dem Öl in einem kleinen Krug gut vermischen. Die Tomaten kurz mit kochendem Wasser überbrühen, schälen und in 3–4 mm starke Scheiben schneiden. Die Scheiben schichtweise in eine Salatschüssel geben und jede Lage mit einem Teil der Marinade beträufeln. Nicht mischen! Den Salat 1/4 Stunde ziehen lassen und vor dem Auftragen mit Schnittlauch bestreuen.

1–2 El Weinessig, 1 Tl Salz, 4 El Öl, 800 g kleine feste Tomaten, Schnittlauch.

Tomatensalat, französisch

Die Tomaten kurz überbrühen, schälen, in stärkere Scheiben schneiden und in eine mit der Knoblauchzehe ausgeriebene Salatschüssel schichten. Dabei wird jede Schicht leicht gesalzen. Den Roquefort passieren, mit dem Öl und dem Zitronensaft verrühren und, wenn nötig, noch mit etwas Sahne verdünnen, so daß eine dickflüssige Salatsauce entsteht. Mit Sardellenpaste, Worcestersauce, Salz, Pfeffer und, wenn Sie wollen, noch etwas Knoblauchsaft würzen und über die Tomatenscheiben gießen. Den Salat mit den gehackten Kräutern bestreuen und sofort auftragen.

600 g kleine feste Tomaten, 1 Knoblauchzehe, Salz 50 g Roquefort, 2 El Olivenöl, 2 El Zitronensaft, Sahne, 1 Tl Sardellenpaste, 5 Tropfen Worcestersauce, Salz, Pfeffer, Knoblauch, Salz, 1 El gehackte Kräuter (Petersilie und Estragon).

Tomatensalat mit Zwiebeln

Die gewaschenen Tomaten in dünne Scheiben schneiden; die Zwiebeln fein hacken (oder in Streifen schneiden). Die Tomaten und die Zwiebeln lageweise in eine mit Knoblauch ausgeriebene Salatschüssel geben und jede Schicht mit einem Teil der Marinade begießen. Nicht mischen! 1/2 Stunde ziehen lassen und vor dem Auftragen mit frischer Gartenkresse oder gehacktem Kerbel bestreuen.

600 g kleine feste Tomaten, 2 Zwiebeln, 1 Knoblauchzehe, Gartenkresse oder Kerbel, 1–2 El Weinessig, 1 Tl Salz, 4 El Öl.

Ungarischer Salat

Die Tomaten kurz überbrühen, schälen und in 4–5 mm dicke Scheiben schneiden. Die Paprikaschoten putzen (Stiele, Scheidewände und Kerne entfernen), waschen, der Länge nach vierteln und in dünne Streifen schneiden. Die Zwiebeln fein hacken oder in dünne Ringe schneiden. Die Salatschüssel kräftig mit der Knoblauchzehe ausreiben und die vorbereiteten Zutaten lagenweise hineinschichten. Aus Weinessig, Salz, Pfeffer und Öl eine Marinade bereiten und über den Salat gießen, alles 1/2 Stunde ziehen lassen und mit Schnittlauch bestreuen.

400 g Tomaten, 2 Paprikaschoten, 2 mittelgroße Zwiebeln, 1 Knoblauchzehe, 1–2 El Weinessig, 1 Prise Salz, 1 Messerspitze Pfeffer, 4 El Öl, Schnittlauch.

Weißkohlsalat

Den Kohlkopf putzen (die äußeren Blätter entfernen, halbieren und den Strunk herausschneiden), waschen und in feine Streifen schneiden (am besten mit einem Hobel). Den Weinessig mit dem Salz, dem Zucker, dem Kümmel und 1/8 l Wasser kurz aufkochen. Die kochende Marinade über das geschnittene Kraut geben, zudecken (möglichst so, daß das Kraut dabei gepreßt wird) und 1 Stunde gut durchziehen lassen.
Erst kurz vor dem Auftragen das Öl daruntermischen.

1 kleiner Weißkohlkopf (500–700 g), 2 El Weinessig, 1 Tl Salz, 1 Messerspitze Zucker, 1/2 Tl Kümmel, 3 El Öl.

Zwiebelsalat

6–8 große junge Zwiebeln,
1 El Weinessig, 3 El Öl,
Salz, Pfeffer.

Die Zwiebeln in dünne Scheiben schneiden, in eine Schüssel geben, mit $\frac{1}{2}$ l kochendem Wasser übergießen und 15 Minuten ziehen lassen. Dann auf ein Sieb legen und gut abtropfen lassen.
Den Weinessig mit dem Öl, Salz und Pfeffer zu einer Marinade verrühren und mit den abgetropften Zwiebeln vermischen.

Zwiebelsalat Bukarest

500 g Süßzwiebeln oder
Schalotten, Salz, 2 Tomaten,
1 rote Paprikaschote,
1 El Weinessig, Salz, 1 Tl Senf,
$\frac{1}{2}$ Tl Pfeffer, 4 El Olivenöl,
Dillkraut.

Die Zwiebeln schälen, halbieren, mit $\frac{1}{2}$ l kochendem Salzwasser übergießen und 10 Minuten ziehen lassen; dann abgießen und gut abtropfen lassen. Die Tomaten kurz in kochendes Wasser tauchen, schälen und in dickere Scheiben schneiden. Die gewaschene Paprikaschote putzen (Stiele, Kerne und Scheidewände entfernen), der Länge nach vierteln und in breitere Streifen schneiden. Den Weinessig mit Salz, Senf, Pfeffer und Olivenöl zu einer Marinade verrühren und sorgfältig mit den vorbereiteten Zutaten mischen. Den Salat $\frac{1}{2}$ Stunde ziehen lassen und vor dem Auftragen mit gekochtem Dillkraut bestreuen.

GEKOCHTE GEMÜSESALATE

Die Zutaten zu diesen Salaten sollten so kurz wie möglich gekocht werden, damit Vitamine und Mineralien erhalten bleiben (hier bewährt sich besonders der Dampfkochtopf).
Die Zutaten können natürlich auch aus Tiefkühl- oder Konservengemüse bestehen. Man erspart sich dann das Putzen und – bei den Konserven – auch das Kochen.

Blumenkohlsalat

1 Blumenkohl, 1 El Weinessig,
1 Prise Salz, 1 Prise Muskat,
1 Prise weißer Pfeffer, 3 El Öl.

Den Blumenkohl putzen (von allen grünen Blättern befreien), für 1–2 Stunden in kaltes Salzwasser legen (damit eventuell vorhandene Raupen herauskriechen), dann in kochendes Salzwasser geben, 25–35 Minuten gar kochen, im Sud überkühlen lassen und in kleine Röschen teilen. Salz, Muskat, Pfeffer mit dem Weinessig verrühren und das Öl unter ständigem Schlagen dazugeben. Die Marinade über die noch warmen Blumenkohlröschen geben, ganz vorsichtig mischen und vor dem Auftragen 1 Stunde kühl stehen lassen.

Bohnensalat

200 g weiße Bohnen (dicke
Bohnen, Saubohnen), 1 Stämmchen
Thymian, $\frac{1}{2}$ Lorbeerblatt,
1 Knoblauchzehe, 1 El Weinessig,
$\frac{1}{2}$ Tl Senf, $\frac{1}{2}$ Zwiebel,
4 El Olivenöl, 1 Tl gehackte
Kräuter (Bohnenkraut und
Petersilie).

Die über Nacht eingeweichten Bohnen mit dem Thymian und dem Lorbeerblatt in frischem Salzwasser in etwa 1–1 $\frac{1}{2}$ Stunden garen (aber nicht zu weich!); dann abseihen und gut abtropfen lassen. (Sie können natürlich auch Bohnen aus der Dose verwenden, die Sie nur gut abtropfen lassen müssen.) Eine Salatschüssel mit der Knoblauchzehe ausreiben, den Weinessig, den Senf und die möglichst fein gehackte Zwiebel hineingeben und das Öl unter ständigem Rühren mit einem Schneebesen dazugießen. Die noch warmen Bohnen und die Kräuter mit dieser Marinade gut vermischen. Den Bohnensalat wenigstens 1 Stunde kühl ziehen lassen.
Vor dem Auftragen mit frischer Kresse oder Tomatenspalten garnieren.

Bohnensalat, französisch

Die weißen Bohnen über Nacht einweichen und in frischem Salzwasser 1–1 ½ Stunden gar kochen. Die geputzten (von den Fäden befreiten) grünen Bohnen in 1–2 cm lange Stücke schneiden und ebenfalls in Salzwasser 20–30 Minuten garen. Den Weinessig mit Salz, Pfeffer, Senf und Öl zu einer Marinade verrühren, die fein gehackte Zwiebel dazugeben und mit den gekochten, noch warmen Bohnen vermischen. Den Salat vor dem Auftragen 1–2 Stunden kühl stellen.

100 g weiße Bohnen, 300 g grüne Bohnen, 1 El Weinessig, Salz, Pfeffer, 1 Tl Senf, 3 El Öl, 1 Zwiebel.

Bohnensalat Mexico

Die über Nacht eingeweichten Bohnen mit den Gewürzen in frischem Salzwasser 1–1 ½ Stunden gar kochen und gut abtropfen lassen. (Dosenbohnen abtropfen lassen.) Die Paprikaschote putzen (Stiel, Scheidewände und Kerne entfernen), waschen und in kleine Würfel schneiden. Die Zwiebel fein hacken. Die Gewürzgurken und die Eier grob hacken.
Eine *leichte Mayonnaise* aus Ei und Öl bereiten (verwenden Sie fertige Mayonnaise, verdünnen Sie sie mit einigen Löffeln Joghurt), mit dem Senf und der Chilisauce würzen und mit der Paprikaschote, der Zwiebel, den Gurken und den Eiern vermischen. Zuletzt die gut abgetropften Bohnen dazumischen. Lassen Sie den Salat wenigstens 2 Stunden kühl ziehen und bestreuen Sie ihn vor dem Auftragen mit gehackter Petersilie.

200 g weiße Bohnen (Saubohnen) oder 1 Dose rote Bohnen, 2 Stämmchen Thymian, 1 Lorbeerblatt, Salz, 1 rote Paprikaschote, 1 mittelgroße Zwiebel, 2 Gewürzgurken, 2 hartgekochte Eier, 1 Ei und ¼ l Öl, 1 El französischer Senf, 1 Tl Chilisauce.

Brechbohnensalat

Die geputzten, gewaschenen Brechbohnen in 1–3 cm große Rauten schneiden, in kochendem Salzwasser 20–30 Minuten garen, abgießen, gut abtropfen lassen und in eine Schüssel geben. Noch heiß mit dem auf $^{2}/_{10}$ l verdünnten Weinessig übergießen und auskühlen lassen. Die feingehackte Zwiebel und das Bohnenkraut dazugeben und zuletzt das Öl dazumischen. Den Salat vor dem Auftragen wenigstens ½ Stunde ziehen lassen.

600 g Brechbohnen, 1–2 El Weinessig, ½ Zwiebel, 1 Tl gehacktes Bohnenkraut, 2 El Olivenöl (oder anderes Öl).

Brechbohnen-Nuß-Salat

Die geputzten, gewaschenen Brechbohnen in Salzwasser 20–30 Minuten gar kochen, abseihen und gut abtropfen lassen. Inzwischen die Rinde vom Schwarzbrot schneiden, das Brot einweichen, gut ausdrücken und mit 2 Gabeln zerteilen. Die geriebenen Nüsse und die zerdrückte Knoblauchzehe daruntermischen. Den Weinessig und das Öl dazurühren. Diese pastenartige Masse mit Wasser zu einer dickflüssigen Salatsauce vermischen (der Konsistenz einer Mayonnaise ähnlich). Zuletzt die feingehackten Kräuter dazugeben und die Marinade mit den noch warmen Brechbohnen vermischen. Den Salat vor dem Auftragen 1 Stunde kühl ziehen lassen.

600 g Brechbohnen, 1 Scheibe Schwarzbrot, 200 g geriebene Nüsse, ½ Knoblauchzehe, 2 El Weinessig, 3 El Olivenöl, je ½ Tl gehacktes Bohnenkraut und gehackte Minzblätter.

Champignonsalat

Die geputzten, abgetrockneten Champignons in dünne Scheiben schneiden (nach Möglichkeit keine zu großen Pilze verwenden), salzen und in der Butter etwa 10 Minuten weichdämpfen; die austretende Flüssigkeit muß verdampft sein. Aus dem Ei und dem Öl eine *leichte Mayonnaise* herstellen und mit Salz, Weinessig und weißem Pfeffer abschmecken. Die gedämpften Champignons daruntermischen. Den Salat mit Schnittlauch bestreuen.

250 g Champignons, 10 g Butter, Salz, 1 Ei, ¼ l Öl, 1 El Weinessig, 1 Messerspitze weißer Pfeffer, Schnittlauch.

Fenchelsalat Saloniki

3–4 Fenchelknollen (je nach Größe), 1/4 l Olivenöl, Saft von 5 Zitronen, 1 Tl Koriander, 1/2 Tl Pfeffer, 3 Lorbeerblätter, 1 Stämmchen Thymian.

Die Fenchelknollen putzen (Stiele und äußere Blätter entfernen) und waschen. Das Olivenöl mit dem Zitronensaft, den Gewürzen und den Kräutern in 1 1/2 l Wasser zum Kochen bringen. Die Fenchelknollen darin etwa 30 Minuten langsam weichkochen und im Sud erkalten lassen. Die ausgekühlten Knollen aus dem Sud nehmen, der Länge nach halbieren, dann quer in feine Scheiben schneiden und in einer Schüssel anrichten. Mit einigen Löffeln des Kochsudes übergießen und mit gehacktem, frischem Thymian bestreuen.

Französischer Salat

300 g Kartoffeln, 200 g Sellerie, 200 g Mohrrüben, 100 g Erbsen (tiefgekühlt), 2 Gewürzgurken, 2 Äpfel, 1–2 El Weinessig, Salz, Pfeffer, 1 Prise Zucker, 1 Tl Senf, Worcestersauce, 1 Eigelb und Öl.

Die Kartoffeln und den Sellerie getrennt in Salzwasser etwa 20–30 Minuten weichkochen, abkühlen lassen, schälen und in kleine Würfel schneiden. Die Mohrrüben putzen, in Würfel schneiden und in etwas Salzwasser, dem eine Prise Zucker zugesetzt wurde. 15–25 Minuten weichkochen. Die Erbsen in Salzwasser weichkochen (10–15 Minuten). Die Gurken und die Äpfel in kleine Würfel schneiden. Das Gemüse mischen und mit Weinessig (man kann auch Zitronensaft verwenden), Salz, Pfeffer, Zucker, dem Senf und 2–3 Tropfen Worcestersauce pikant abschmecken. Den gut gemischten Salat zugedeckt wenigstens 2 Stunden ziehen lassen. Aus Eigelb und Öl eine *Mayonnaise* zubereiten und erst ganz zuletzt unter die gewürzten Gemüse mischen.

Kartoffelsalat

1 kg Salatkartoffeln, 1 Knoblauchzehe, 1/4 l Fleischbrühe, 4 El Weinessig, 2 Zwiebeln, Salz, Pfeffer, 4 El Öl.

Eine Salatschüssel mit der Knoblauchzehe ausreiben. Die Fleischbrühe, den Weinessig, die gehackten Zwiebeln, Salz und Pfeffer hineingeben und zu einer pikanten Marinade vermischen. Die Kartoffeln 20–30 Minuten gar dämpfen, kurz überkühlen lassen, schälen und in etwa 2 mm dicke Scheibchen direkt in die Marinade schneiden. Den Salat zugedeckt 1/2 Stunde ziehen lassen, mit dem Öl vermengen und gut durchmischen.
Der Kartoffelsalat soll beim Auftragen noch leicht warm sein. Garnieren Sie ihn mit grünen und roten Paprikastreifen oder überstreuen Sie ihn mit 2 El gehackten Kräutern (Kerbel, Oregano).

Kartoffelsalat auf Bauern-Art

Zutaten wie für Kartoffelsalat; statt Öl 100 g Räucherspeck, gewürfelt.

Bereiten Sie einen Kartoffelsalat so wie oben beschrieben und lassen Sie ihn zugedeckt 1/2 Stunde ziehen. Den Speck in kleine Würfel schneiden, im eigenen Fett braun braten und kurz vor dem Anrichten mit dem Speckfett unter den Salat mischen; leicht warm zu Tisch geben.

Kartoffel-Mayonnaise-Salat

1 kg Salatkartoffeln, 3 El Weinessig, Salz, Pfeffer, 1 Tl Senf, 1 Ei, 1/4 l Öl, Schnittlauch.

Den Weinessig mit Wasser auf 1/4 l verdünnen und mit Salz, Pfeffer und Senf verrühren. Die Kartoffeln 20–30 Minuten gar dämpfen, nach kurzem Überkühlen schälen, in dünne Scheibchen schneiden und mit der Marinade vermischen. Den Salat so lange zugedeckt ziehen lassen, bis alle Flüssigkeit aufgesogen ist. In der Zwischenzeit aus Ei und Öl eine *leichte Mayonnaise* rühren und mit dem Salat vermischen. Diesen Salat mit Schnittlauch bestreuen.
Kartoffel-Mayonnaise-Salat paßt besonders gut zu gebackenen Gerichten.

Kartoffelsalat auf ostpreußische Art

Die Kartoffeln in etwas Salzwasser 20–30 Minuten gar dämpfen, kurz überkühlen lassen, schälen und in dickere Scheiben schneiden. Die Buttermilch mit der feingehackten Zwiebel vermischen und mit Salz, weißem Pfeffer, Weinessig und Zucker würzen. Den fein geschnittenen Schnittlauch dazugeben und diese Salatsauce noch warm über die Kartoffeln gießen (noch besser ist es, wenn Sie die Kartoffeln direkt in die Marinade schneiden; sie kleben dann nicht aneinander). Vor dem Auftragen wenigstens 1 Stunde gut durchziehen lassen. Wenn Sie wollen, können Sie diesen Salat noch mit einer in Streifen geschnittenen Paprikaschote oder mit Feldsalat garnieren.

1 kg Salatkartoffeln, $\frac{1}{2}$ l Buttermilch, 1 Zwiebel, Salz, weißer Pfeffer, 1 El Weinessig, 1 Prise Zucker, Schnittlauch.

Kartoffel-Sellerie-Salat

Die Kartoffeln in Salzwasser 20–30 Minuten gar dämpfen, nach kurzem Überkühlen schälen, in feine Scheibchen schneiden und in die Fleischbrühe geben; unter mehrmaligem vorsichtigem Umrühren ziehen lassen, bis die Kartoffeln die ganze Flüssigkeit aufgesaugt haben. Inzwischen die Sellerieknolle waschen, schälen, möglichst fein raspeln und mit der aus Ei und Öl zubereiteten *leichten Mayonnaise* vermischen. Diese »Selleriecreme« mit Zitronensaft, Salz und Curry würzen und mit den Kartoffeln vermischen. Den Salat noch $\frac{1}{2}$ Stunde ziehen lassen und dann mit fein gehackten Pfefferminzblättern bestreuen.

1 kg Salatkartoffeln, Salz, $\frac{1}{8}$ l Fleischbrühe, 1 mittelgroße Sellerieknolle, 1 Ei und $\frac{1}{4}$ l Öl, 1–2 El Zitronensaft, 1 Tl Curry, Pfefferminzblätter.

Kartoffelsalat Vinaigrette

Die Eigelbe mit dem nach und nach dazugegebenen Öl und der sauren Sahne zu einer dicken Sauce verrühren. Mit Weinessig, Salz und Pfeffer abschmecken und – sollte die Sauce noch zu dick sein – mit etwas heißem Wasser verdünnen. Die Schalotten und das Eiweiß fein hacken und mit den gehackten Kräutern zu der Sauce mischen. Die Kartoffeln in etwas Salzwasser gar dämpfen (20–30 Minuten), kurz überkühlen lassen, schälen und in dünne Scheiben direkt in die Salatsauce schneiden. Den Salat 20–30 Minuten ziehen lassen und dann noch warm zu Tisch geben.

1 kg Salatkartoffeln, 2 hartgekochte Eier, $\frac{1}{4}$ l Öl, $\frac{1}{4}$ l saure Sahne, 2 El Weinessig, Salz, Pfeffer, 2 Schalotten, 2 El gehackte Kräuter (Petersilie und Kerbel).

Linsensalat

Die über Nacht eingeweichten Linsen mit dem Thymian und dem Lorbeerblatt in Salzwasser garkochen (etwa 40 Min.–1$\frac{1}{2}$ Std.) und abseihen. Die noch warmen Linsen mit dem Weinessig und der fein gehackten Zwiebel vermischen, mit etwas Pfeffer (wenn nötig, noch etwas Salz) würzen und zugedeckt 1–2 Stunden ziehen lassen. Den Salat kurz vor dem Auftragen mit dem Öl vermischen und mit den gehackten Kräutern bestreuen.

150 g Linsen, Salz, 1 Stämmchen Thymian, $\frac{1}{2}$ Lorbeerblatt, 3 El Weinessig, $\frac{1}{2}$ Zwiebel, Pfeffer, 3 El Öl, 1 El gehackte Kräuter (Bohnenkraut oder Borretsch oder Petersilie).

Maissalat

Die Maiskörner aus der Dose nehmen und gut abtropfen lassen. Die grüne und die rote Paprikaschote putzen (Stiele, Scheidewände und Kerne entfernen), waschen und in feine Streifen schneiden. Die Paprikastückchen mit kochendem Wasser überbrühen, 5 Minuten ziehen lassen, abseihen und abtropfen lassen. Den Weinessig mit dem Senf und dem Salz verrühren und das Öl unter ständigem Schlagen mit einem Schneebesen dazumischen. Die Maiskörner und die Paprikaschoten mit dieser Marinade vermischen und wenigstens 1 Stunde ziehen lassen. Diesen Salat mit Petersilie bestreut zu Tisch geben.

1 Dose Süßmaiskörner, 1 grüne und 1 rote Paprikaschote, 1 El Weinessig, 1 El französischer Senf, 1 Prise Salz, 3 El Öl, Petersilie.

Mohrrübensalat

600 g junge Mohrrüben, Salz, Zucker, 2–3 El Weinessig, Salz, 1 Messerspitze Zucker, 3 El Öl, Schnittlauch.

Die Mohrrüben putzen, waschen, mit einer Prise Zucker in Salzwasser 20–30 Minuten gar dämpfen und in feine Streifen schneiden (etwa 1–2 cm dick) oder mit einem Garniermesser in Scheiben schneiden. Den Weinessig mit Salz, Zucker und Öl zu einer Marinade verquirlen und mit den noch warmen Mohrrüben vermengen. Den Salat vor der Verwendung wenigstens 1 Stunde gut durchziehen lassen und dann mit Schnittlauch bestreut zu Tisch geben.

Rote-Rüben-Salat

1 kg Rote Rüben, $^2/_{10}$ l Weinessig, 1 Prise Salz, 1 Tl Zucker, $^1/_2$ Tl Kümmel, 1 El Salatöl, 1 Tl geriebener Meerrettich.

Die Roten Rüben waschen (bürsten), in etwas Wasser 40–70 Minuten gar dämpfen, dann mit kaltem Wasser überbrausen, schälen und in dünne Scheibchen schneiden. Den Weinessig mit der gleichen Menge Wasser verdünnen, mit den Gewürzen aufkochen (den Kümmel vorher zerstoßen) und über die Roten Rüben gießen. Den Salat wenigstens 5–6 Stunden (besser noch über Nacht) marinieren. Erst kurz vor dem Auftragen das Öl und den Meerrettich daruntermischen.
Sie können diesen schmackhaften Salat sehr gut auf Vorrat bereiten: in einem gut verschlossenen Gefäß hält er sich, kühl gelagert, 8–14 Tage, Öl und Meerrettich gehören auch dann erst kurz vor der Verwendung dazu.
Eine besonders schmackhafte Variation erhalten Sie, wenn Sie zusammen mit dem Meerrettich 1 mürben, geriebenen Apfel und $^1/_2$ Tl gehackten Ingwer unter den Salat mischen = **Rote-Rüben-Salat auf indische Art.**

Rote-Rüben-Salat auf russische Art

800 g Rote Rüben, Salz, Zitronensaft, 1 kleiner mürber Apfel, $^1/_8$ l Sahne, 2 El geriebener Meerrettich, 1 Messerspitze Edelsüßpaprika.

Die Roten Rüben waschen (bürsten), auf ein trockenes Backblech legen und 40–50 Minuten (je nach Größe) bei 160° im Rohr backen (bei dieser Art der Zubereitung bleibt der kostbare Saft erhalten). Die Roten Rüben nach kurzem Überkühlen schälen, in kleine Würfel schneiden, mit dem geschälten, in Würfel geschnittenen Apfel vermischen, salzen und mit Zitronensaft würzen. Die Sahne steif schlagen und mit dem Meerrettich und dem Paprika darunterziehen. Diesen Salat $^1/_4$ Stunde kühl ziehen lassen.
Dieser Salat paßt als Beilage zu gekochtem Rindfleisch oder gekochten Heringfilets, eignet sich aber auch als erfrischende Vorspeise: Richten Sie ihn dann auf Salatblättern an und garnieren ihn mit Streifen von Salzheringen und Eischeiben.

Selleriesalat

1 große oder 2 kleine Sellerieknollen, 2 El Weinessig, Salz, 1 Prise Zucker, 1 Prise weißer Pfeffer, 3 El Öl.

Die Sellerieknollen waschen (bürsten), in stark gesalzenem Wasser nicht zu weichkochen (30–40 Minuten), überkühlen lassen, schälen und in 2–3 mm dicke Scheiben schneiden. Den Weinessig mit den Gewürzen, dem Öl und 1 Tl feingehacktem Selleriegrün zu einer Marinade verrühren und mit den Selleriescheiben mischen. (Achten Sie darauf, daß die Selleriescheiben beim Mischen nicht zu stark zerfallen!). Den Salat vor dem Auftragen 1 Stunde kühl ruhen lassen.
Zur Abwechslung können Sie den Selleriesalat auch mit Mayonnaise zubereiten: Würzen Sie ihn mit Salz und Zitronensaft und mischen Sie eine Mayonnaise aus 1 Eigelb und $^1/_8$ l Öl darunter.

Spargelsalat

500 g Spargel, Salz, Zucker, 2 El Zitronensaft, 3 El Öl.

Den Spargel schälen (vom Kopf zum Stielende), bündeln und in Salzwasser, dem eine Prise Zucker zugesetzt wird, gar, aber nicht zu weich kochen (20–35 Minuten). Den Spargel im Sud erkalten lassen, dann in 2–3 cm lange Stücke schneiden

und in eine Schüssel schichten. Den Zitronensaft mit 1 Prise Salz würzen, mit dem Öl zu einer Marinade verrühren und über die Spargelstücke gießen.
Besonders exquisit wird dieser Salat, wenn Sie nur die zarten Spargelspitzen (bis höchstens 8 cm) verwenden. Die Spargelenden können Sie dann, mit dem Kochsud, zu einer schmackhaften Suppe (*Spargelsuppe*) verarbeiten.

Spargel-Mayonnaise-Salat

500 g Spargel, Zucker, 1 Ei und 1/8 l Öl, 2 El Zitronensaft, Salz.

Den Spargel schälen, bündeln und in Salzwasser, dem eine Prise Zucker zugesetzt wird, 20–35 Minuten garen, im Sud erkalten lassen und in 2–3 cm lange Stücke schneiden. Aus Ei und Öl eine *Mayonnaise* zubereiten, mit dem Zitronensaft und etwas Salz würzen, mit einigen Löffeln Spargelsud verdünnen und vorsichtig mit den Spargelstücken mischen. Den Salat noch etwa 1/2 Stunde zugedeckt ziehen lassen.

Spinatsalat Florenz

400 g Spinat, 2 El Olivenöl, 2 El Zitronensaft, Salz, Pfeffer.

Den geputzten Spinat (welke Blätter, Wurzeln und grobe Stiele entfernen), waschen und gut abtropfen lassen. Das Olivenöl in einer größeren Kasserolle erhitzen, den vorbereiteten Spinat darin zugedeckt 1–2 Minuten dämpfen, abkühlen lassen und mit Zitronensaft, Salz und frischgemahlenem Pfeffer würzen.

Wachsbohnensalat

500 g Wachsbohnen, 1 El Weinessig, Salz, 1 Prise Pfeffer, 1 Tl Senf, 1 kleine feingehackte Zwiebel, 3 El Öl, 2 hartgekochte Eier, Schnittlauch.

Die gewaschenen, geputzten Wachsbohnen (Enden abschneiden und, wenn nötig, entfädeln) in etwas Salzwasser 30–40 Minuten gar dämpfen, abseihen und gut abtropfen lassen. Den Weinessig mit Salz, Pfeffer, Senf und der fein gehackten Zwiebel vermischen und das Öl unter ständigem Rühren dazugeben. Die Salatsauce mit den Bohnen vermischen und den Salat 1 Stunde ziehen lassen. Dann die gehackten, hartgekochten Eier daruntermischen und den Salat mit Schnittlauch bestreuen.

Weißkohlsalat, warm

1 kleiner Kohlkopf (500–700 g), 3 El Weinessig, 1 Tl Salz, 1/2 Tl Kümmel, 1 Messerspitze Zucker, 120 g Räucherspeck.

Den Kohlkopf putzen (äußere Blätter und Strunk entfernen), waschen, in feine Streifen schneiden und mit den Gewürzen und dem Essig in 1/4 l Wasser zugedeckt halbweich kochen (er soll gerade anfangen, glasig zu werden). In der Zwischenzeit die Räucherspeckwürfel im eigenen Fett goldbraun braten. Den warmen Kohl in einer gewärmten Schüssel anrichten, mit den heißen Speckwürfelchen samt Speckfett übergießen und sofort auftragen.

DER SALATIMBISS

Diese Salate dienen nicht nur als Beilage und appetitanregende Horsd'œuvres, sie können auch eigene kleine Mahlzeiten bilden. Besonders in der warmen Jahreszeit bieten sie mit einem gekühlten Bier ein erfrischendes, leichtes Abendessen. Wem so viel kalte Kost nicht zusagt, nehme vorher oder nachher etwas warme klare Fleischbrühe oder reiche je nach Geschmack einige heiße Pellkartoffeln dazu.

Apfelsalat à la Paris

75 g Crevetten (tiefgekühlt), 2 säuerliche Äpfel, Saft von 1 Zitrone, 2 Chicorée, 1 Eigelb und 1/8 l Öl, 1 El Weinessig, Salz, 1 Messerspitze Paprika, 1 Tl gehackte Petersilie, 1 Tl gehackter Kerbel, 1/4 l Sahne, Gartenkresse.

Die Crevetten auftauen, mit kaltem Wasser überbrausen, gut abtropfen lassen und mit der Hälfte des Zitronensaftes begießen; 1/4 Stunde marinieren. Die Äpfel vierteln, schälen, vom Kerngehäuse befreien, in Scheiben schneiden und sofort mit dem restlichen Zitronensaft beträufeln. Den Chicorée waschen, das bittere Ende kegelförmig ausschneiden und in cm-breite Scheiben schneiden. Aus Ei und Öl eine *Mayonnaise* herstellen, mit dem Weinessig, dem Salz, dem Paprika und den Kräutern würzen, die steifgeschlagene Sahne unterziehen und die Crevetten, die Apfelscheiben und die Chicoréescheiben vorsichtig daruntergeben.
Servieren Sie in Glasschüsseln und garnieren Sie mit frischer Gartenkresse.

Apfel-Käse-Salat

200 g Emmentaler, 200 g gekochter Schinken, 4 große, möglichst rotschalige Äpfel, 80 g Walnußkerne, 1 Ei und 1/4 l Öl, 1 Tl Senf, 1 ungespritzte Zitrone, Salz, Pfeffer, Zucker.

Den Käse und den Schinken in Streifen schneiden. Die gewaschenen Äpfel vierteln, vom Kerngehäuse befreien und ungeschält in Scheiben schneiden. Die Walnüsse grob hacken (dabei einige Kerne zum Garnieren übrig behalten). Aus Ei und Öl eine *leichte Mayonnaise* herstellen, mit Senf, Zitronensaft, der geriebenen Zitronenschale, Salz, Pfeffer und einer Prise Zucker würzen und mit den vorbereiteten Zutaten vermengen. 1/2 Stunde durchziehen lassen. Beim Anrichten mit den zurückbehaltenen Walnußkernen und etwas Petersilie garnieren.

Bismarcksalat

4 Bismarckheringe, 200 g Kalbfleisch (Reste), 200 g gekochte Salatkartoffeln, 1 mittelgroße Rote Rübe (gekocht), 2 Gewürzgurken, 1 großer Apfel, 1 große Zwiebel, 2 junge Zwiebelchen (oder eine Lauchstange), 1 Eigelb, 1/8 l Öl, 1/8 l Sahne, Salz, Pfeffer, Zitronensaft, je 1 Tl gehackte Petersilie und Dillkraut.

Die Heringe entgräten und in fingerbreite Scheiben schneiden. Das Kalbfleisch in gleichmäßige Streifen schneiden. Die Kartoffeln, die Rote Rübe und die Gewürzgurken würfeln. Den Apfel vierteln, schälen, vom Kerngehäuse befreien und in kleine Würfel schneiden. Die Zwiebel grob hacken. Die jungen Zwiebelchen waschen und samt einigen cm der grünen Stengel in feinste Streifen schneiden. (Bei einer Lauchstange nur das Weiße verwenden!) Aus Ei und Öl eine *Mayonnaise* zubereiten, mit der Sahne verrühren, mit Salz, Pfeffer und Zitronensaft würzen und die Kräuter dazugeben. Die Salatsauce mit den anderen Salatbestandteilen vermischen.
Den fertigen Salat noch 1 Stunde stehen lassen und danach mit Achteln von hartgekochten Eiern garnieren.

Calvados-Salat

1 große Avocado, 2 feste Tomaten, 2 Schalotten, 2 Orangen, 2 Grapefruits, 1 Eigelb und 1/8 l Öl, Zitronensaft, 1 El Calvados, Salz, Pfeffer, 1/8 l Sahne.

Die Avocados schälen und in Würfel schneiden. Die Tomaten schälen, entkernen und in Stücke schneiden. Die Schalotten in kleine Würfel schneiden. Die Orangen schälen (die weiße Haut entfernen); die Fruchtspalten herausschneiden und halbieren. Die Grapefruits halbieren und die Fruchtfleischstückchen herausschneiden; die Hautreste entfernen und die Schalenhälften säubern.
Aus Eigelb und Öl eine *Mayonnaise* zubereiten, mit Zitronensaft, Calvados, Salz und Pfeffer würzen und den Salat in den Grapefruit-Hälften anrichten.

Chicoréesalat à la Belgique

3 mittelgroße Chicoréestangen (etwa 250 g), 100 g Kalbsbraten (Reste), 100 g Räucherlachs, 1 Eigelb und 1/8 l Öl,

Den Chicorée putzen (den bitteren Strunk kegelförmig herausschneiden und die äußeren Blätter, wenn nötig, entfernen), in daumenbreite Streifen schneiden, waschen und gut abtropfen lassen. Den Kalbsbraten und den Lachs in Streifen schneiden. Aus Ei und Öl eine *leichte Mayonnaise* zubereiten, mit dem Zitronen-

saft, der geriebenen Zitronenschale, Salz, Pfeffer und Zucker würzen, mit den feingehackten Nüssen vermischen und 1 Stunde ziehen lassen. Dann die Sahne halbsteif schlagen und mit der gewürzten Mayonnaise vermischen. Die Fleisch- und Lachsstreifen und den Chicorée mit der cremigen Salatsauce vermengen.
Richten Sie diese pikante Vorspeise portionsweise in Glasschälchen an, garnieren Sie mit halbierten Nüssen und legen Sie eine Zitronenspalte obenauf.

1 ungespritzte Zitrone, Salz, 1 Prise weißer Pfeffer, 1 Prise Zucker, 50 g Walnußkerne, $^1/_8$ l Sahne.

Eiersalat auf bayerische Art

Die Eier in Scheiben schneiden. Die Zwiebeln hacken und mit dem Salz und reichlich frischgemahlenem Pfeffer vermischen. Eine Salatschüssel mit der Knoblauchzehe ausreiben und die Eier hineinschichten, dabei jede Lage mit dem Zwiebel-Salz-Pfeffer-Gemisch bestreuen. Den Räucherspeck in kleine Würfel schneiden, im eigenen Fett goldbraun anrösten und mit dem Fett über die Eischeiben gießen. Den Salat, der sofort aufgetragen werden muß, mit viel Schnittlauch oder frischer Gartenkresse bestreuen.

8 hartgekochte Eier,
2 mittelgroße Zwiebeln,
1 Tl Salz, Pfeffer,
1 Knoblauchzehe,
150 g Räucherspeck,
Schnittlauch oder Gartenkresse.

Eiersalat nach Hausfrauen-Art

Die hartgekochten Eier in Scheiben schneiden. Die Tomaten kurz mit kochendem Wasser überbrühen, schälen und in dickere Scheiben schneiden. Die Gewürzgurken und die Zwiebel hacken und vermischen. Die Eischeiben und die Tomatenscheiben in eine Salatschüssel schichten und jede Lage mit dem Zwiebel-Gurken-Gemisch bestreuen. Den Weinessig mit Salz, Senf und Borretsch verrühren und das Öl darunterschlagen. Den Salat mit der Salatsauce übergießen und vor dem Anrichten noch kurz durchziehen lassen.
Den Geschmack des Salates können Sie sehr leicht verändern, wenn Sie anstelle des Borretsch andere Kräuter verwenden, z. B. Kerbel, Basilikum, Oregano.

8 hartgekochte Eier, 4 feste Tomaten, 2 Gewürzgurken,
1 mittelgroße Zwiebel,
3 El Weinessig, Salz, 1 Tl Senf,
1 Tl feingehackter frischer Borretsch, 3 El Öl.

Fischsalat Tokio

Die Fischfilets in etwas Essigwasser unter Zusatz von Salz und Thymian gar dämpfen; aus dem Sud nehmen, erkalten lassen und in kleine Stücke zerteilen. Die Sardellenfilets entgräten, sehr fein wiegen und mit dem Senf, dem Zitronensaft und dem Öl zu einer sämigen Sauce verrühren. Den geschälten Apfel und die Essiggurke in kleine Würfel schneiden. Die Zwiebel und die hartgekochten Eier hacken. Äpfel, Gurke, Zwiebel und Eier mit der Sauce vermischen und mit Salz, frischgemahlenem Pfeffer und der Tabascosauce abschmecken. Den Fisch und die Mandarinen dazugeben und den Salat noch 1 Stunde kühl ziehen lassen. Den Salat vor dem Anrichten mit einigen Mandarinenstückchen verzieren.
Dieser Fischsalat ist vorzüglich als Vorspeise geeignet. Wollen Sie ihn jedoch als Imbiß servieren, kochen Sie 100 g Langkornreis in reichlich Salzwasser körnig weich und mischen ihn vor dem Auftragen unter den Salat.

400 g beliebiges Fischfilet, Salz, Weinessig, 1 Stämmchen Thymian, 2 Sardellenfilets,
2 Tl Senf, 2 El Zitronensaft,
3 El Öl, 1 Apfel, 1 Essiggurke, $^1/_2$ Zwiebel, 2 hartgekochte Eier, Salz, Pfeffer, 4 Tropfen Tabascosauce, 1 kleine Dose Mandarinen.

Fleischsalat natur

Das Rindfleisch in $^1/_2$ cm starke Streifen schneiden. Die Maiskörner aus der Dose nehmen und gut abtropfen lassen. Die Gewürzgurken grob hacken. Die Oliven in dünne Scheiben schneiden (Sie können auch gefüllte Oliven, am besten mit Paprika gefüllt, verwenden). Die feingehackte Zwiebel mit Weinessig, Salz, Pfeffer und Öl zu einer pikanten Marinade vermischen und die vorbereiteten Zutaten daruntermengen. Den Salat vor dem Auftragen wenigstens 2 Stunden kühl ziehen lassen. Dann mit Eischeiben und Tomatenvierteln garnieren.

300 g gekochtes Rindfleisch (Reste), 1 Dose Süßmais,
4 Gewürzgurken, 10 entkernte Oliven, $^1/_2$ Zwiebel,
1–2 El Weinessig, Salz, Pfeffer,
2 El Öl, 1 hartgekochtes Ei,
1 Tomate.

Fleischsalat mit Mayonnaise

250 g gekochtes Rindfleisch (Reste), 1/4 kg Salatkartoffeln, 4 Gewürzgurken, 2 mittelgroße Äpfel, 1 Eigelb, 1/8 l Öl, Salz, 1 El Weinessig, 1 Tl Senf, 2 Tl gehackte Kapern, Pfeffer, 1 hartgekochtes Ei, Kresse.

Das Rindfleisch in feine Scheiben schneiden. Die Kartoffeln kochen, auskühlen lassen, schälen und in kleine Würfel schneiden. Die Gewürzgurken in Scheiben schneiden. Die Äpfel schälen, vom Kerngehäuse befreien und in Würfel schneiden. Aus dem Eigelb und dem Öl eine *Mayonnaise* rühren, mit den übrigen Zutaten pikant abschmecken und mit den vorbereiteten Zutaten mischen. Den Salat für 1–2 Stunden kalt stellen und dann mit dem hartgekochten Ei und frischer Kresse garnieren.

Griechischer Salat

1 Knoblauchzehe, 1/2 kg kleine Tomaten, 1 Salatgurke, 1 grüne Paprikaschote, 400 g Schafskäse, 5 gewässerte Sardellen, 10 Oliven, 1 El Weinessig, 1/8 l Olivenöl, 1 Tl Senf, Salz, Pfeffer.

Eine Salatschüssel mit der Knoblauchzehe ausreiben. Die Tomaten (kurz mit heißem Wasser überbrühen) und die Gurke schälen und in Scheiben schneiden; die Paprikaschote putzen (Stiel, Kerne und Scheidewände entfernen) und in feine Streifen schneiden; den Käse in 1 cm große Würfel schneiden; die Sardellen in je 2–3 Teile teilen; die Oliven entkernen und halbieren oder vierteln. Weinessig, Öl, Senf, Salz und Pfeffer zu einer Marinade verrühren. Die vorbereiteten Zutaten in die Salatschüssel ordnen, mit der Marinade übergießen, vorsichtig vermengen und 1 Stunde kühl stellen.

Heringsalat, baltischer

2 Salzheringe, 50 g gebratenes Kalbfleisch, 50 g gekochte Pökelzunge, 50 g Schinken, 3 gekochte Kartoffeln, 1 kleine Rote Rübe, 2 mittelgroße säuerliche Äpfel, 2 Salzgurken, 12 eingelegte Perlzwiebelchen, 3/8 l saure Sahne, 1 El Senf, 1 El Weinessig, Salz, Pfeffer, 1 Prise Zucker.

Die Heringe einige Stunden (am besten über Nacht) wässern, dann enthäuten, entgräten und in Streifen schneiden. Das Kalbfleisch, die Zunge und den Schinken in Streifen, die gekochten Kartoffeln in Würfel schneiden. Die gewaschene Rote Rübe 40 Minuten im Backrohr erhitzen, mit kaltem Wasser überbrausen und schälen. Die Äpfel schälen und vom Kerngehäuse befreien. Die Rote Rübe, die Äpfel und die Salzgurken in Würfel schneiden. Die Perlzwiebelchen halbieren (wenn sie groß sind, vierteln). Die saure Sahne mit dem Senf und dem Essig verquirlen und mit Pfeffer und Zucker würzen. Sämtliche Zutaten in die Salatsauce geben, gut durchmischen und 2–3 Stunden kühl ziehen lassen. Den Salat mit in Scheiben geschnittenen oder gehackten hartgekochten Eiern garnieren.

Heringsalat Helsinki

2 Salzheringe, 4 Kartoffeln, 4 kleine eingelegte Rote Rüben, 1 großer Apfel, 1 kleine Essiggurke, 1/2 Zwiebel, 150 g Fleischreste 2–3 El Weinessig, Pfeffer, 2–3 hartgekochte Eier, Petersilie.

Die über Nacht gewässerten Heringe von Kopf, Schwanz, Flossen, Haut und Gräten befreien und wie sämtliche anderen Zutaten in kleine Würfel schneiden. Alles miteinander vermischen und mit Weinessig und Pfeffer pikant abschmecken.

Den Salat noch einige Stunden kühl ziehen lassen und dann mit den in Scheiben geschnittenen Eiern und der Petersilie garnieren.

Heringsalat Kopenhagen

2 Salzheringe, Milch nach Bedarf, 2 El Öl, 2 El Tomatenmark, 2 El Sherry, 1 El Zucker, 2 hartgekochte Eier.

Die Heringe über Nacht in einer Mischung aus halb Milch, halb Wasser stehen lassen und am nächsten Tag filetieren. Die Heringfilets in fingerbreite Streifen schneiden und mit einer aus Öl, Tomatenmark, Sherry und Zucker gerührten Marinade vermischen. Das Ganze in einem gut verschlossenen Gefäß wenigstens 5 Stunden marinieren. Den Salat in einer Glasschüssel anrichten und mit den in Scheiben geschnittenen hartgekochten Eiern garnieren.

Heringsalat auf russische Art

Die Heringe wenigstens 6 Stunden (noch besser über Nacht) wässern, dann enthäuten, entgräten und in feine Streifen schneiden. Die gekochten, geschälten Kartoffeln, die gekochten Mohrrüben, die Salzgurken und den Apfel in Würfel schneiden und mit der feingehackten Zwiebel unter die Heringstreifen mischen. Die Eigelbe mit der Heringsmilch passieren und mit dem Senf und der sauren Sahne zu einer Marinade verrühren. Mit Pfeffer und Weinessig pikant abschmecken und dann sehr sorgfältig mit dem vorbereiteten Salat mischen und wenigstens 6 Stunden an einem kühlen Ort ziehen lassen. Kurz vor dem Auftragen mit den gehackten Eiweißen bestreuen und mit gehackter Petersilie oder einem Sträußchen Zierpetersilie garnieren.

3 Salzheringe (möglichst Milchner!), 3 mittelgroße Kartoffeln, 2 Mohrrüben, 3 mittelgroße Salzgurken, 1 Apfel, 1 kleine Zwiebel, 3 hartgekochte Eier, 3 El Senf, $\frac{1}{4}$ l saure Sahne, Pfeffer, Weinessig, Petersilie.

Hering-Sauerkraut-Salat

Die Zwiebeln in feine Streifen schneiden und mit dem Sauerkraut, dem Kümmel und dem Öl gut mischen. Die Heringe wenigstens 5 Stunden wässern, enthäuten, entgräten, in dünne Streifen schneiden und mit dem Kraut mischen. Den Salat wenigstens 3 Stunden kühl ziehen lassen. (Er schmeckt auch noch 2 Tage später genauso gut!) und dann mit den geviertelten, hartgekochten Eiern garnieren.

300 g Sauerkraut, 2 mittelgroße Zwiebeln, 1 Tl Kümmel, 2 El Sonnenblumenöl (oder anderes Öl), 2 Salzheringe, 3 hartgekochte Eier.

Hühnersalat mit Äpfeln

Aus Eigelb und Öl eine *feste Mayonnaise* rühren und mit Zitronensaft, Salz, Pfeffer und Senf würzen. Die feingehackten Sellerieblätter und das Joghurt dazurühren. Die Äpfel schälen, grob raspeln und sofort mit der Salatsauce mischen. Die Sellerieknolle schälen, fein raspeln und dazugeben. Zuletzt das von Haut und Fett befreite, kleingeschnittene Hühnerfleisch daruntermischen. Den Salat wenigstens 2 Stunden zugedeckt kühl ziehen lassen und vor dem Anrichten mit frischer Kresse garnieren.

1 Eigelb, $\frac{1}{8}$ l Öl, 1 El Zitronensaft, Salz, weißer Pfeffer, 1 El Senf, 1 Tl feingehackte Sellerieblätter, 2 El Joghurt, 2 mürbe Äpfel, $\frac{1}{2}$ Sellerieknolle, etwa 300 g gekochtes Hühnerfleisch (Reste), Kresse.

Hühnersalat Caracas

Das Huhn mit dem Suppengrün in Salzwasser etwa 1 Stunde gar kochen (natürlich können Sie auch eine entsprechende Menge Reste verwenden, etwa 500 g), von Knochen, Haut- und Fettresten befreien und in schmale Streifen schneiden. Die Sellerieknolle waschen, schälen, raspeln und mit dem Hühnerfleisch vermischen. Die Schalotten sehr fein hacken, mit dem Zitronensaft, dem Abgeriebenen einer Zitronenschale (ungespritzt), dem Paprika und dem Wein verrühren und mit der Huhn-Sellerie-Mischung vermengen. Den Salat einige Stunden zugedeckt an einem kühlen Ort ziehen lassen. Die Avocados schälen, in Würfel schneiden und mit den gehackten Nüssen zu dem marinierten Salat geben. Aus Ei und Öl eine *leichte Mayonnaise* zubereiten, mit Salz und einer Prise Pfeffer würzen und die marinierten Zutaten vorsichtig darunterheben. Den Salat noch mit einigen Nüssen (Cashew-Nüsse eignen sich noch besser) garnieren.

1 kleines Huhn, 1 Suppengrün, Salz, 1 kleine Sellerieknolle (etwa 250 g), 4 Schalotten (oder junge Zwiebeln), 1 ungespritzte Zitrone, $\frac{1}{2}$ Tl Edelsüßpaprika, $\frac{1}{8}$ l schwerer Weißwein, 2 Avocados, 100 g Walnußkerne, 1 Ei, $\frac{1}{4}$ l Öl, Salz, weißer Pfeffer.

Hühnersalat Helgoland

Das Hühnerfleisch von Knochen, Haut- und Fettresten befreien und in kleine Stücke schneiden. Die Crevetten gut abtropfen lassen. Die Champignons putzen, waschen und in Butter 10 Minuten gar dämpfen. Aus Ei und Öl eine *Mayonnaise* zubereiten, mit dem Zitronensaft, Salz und Pfeffer abschmecken; die vorbereiteten Zutaten dazugeben, alles miteinander sehr gut vermischen und $\frac{1}{2}$ Stunde ruhen lassen. Die Gewürzgurken sehr fein hacken und als Garnierung über den Salat streuen.

250 g gekochtes oder gebratenes Hühnerfleisch (Reste), 100 g Crevetten oder Krabbenfleisch (aus der Dose), 100 g Champignons, 10 g Butter, 1 Ei, $\frac{1}{4}$ l Öl, Saft von 1 Zitrone, Salz, Pfeffer, 1–2 Gewürzgurken.

Hühnersalat Chantilly

Etwa 400 g gekochtes oder gebratenes Hühnerfleisch (Reste), 1 kleine Dose Spargelspitzen, 1 Eigelb, 1/8 l Öl, 1 El Zitronensaft, 1 Tl Senf, 1 El Sherry, Salz, weißer Pfeffer, 1/8 l Sahne, Kerbel.

Das Hühnerfleisch in Streifen oder Würfel schneiden. Den Spargel aus der Dose nehmen, in 2 cm lange Stücke schneiden und sehr gut abtropfen lassen. Aus Eigelb und Öl eine *Mayonnaise* zubereiten, mit dem Zitronensaft, dem Senf, dem Sherry, Salz und einer Prise weißem Pfeffer würzen und zuletzt mit der steifgeschlagenen Sahne vermischen. Hühnerfleisch und Spargel vorsichtig daruntergeben. Den Salat noch 1/2 Stunde durchziehen lassen und vor dem Anrichten mit frisch gehacktem Kerbel bestreuen.
Genauso schmackhaft wird dieser Salat, wenn Sie statt Hühnerfleisch Putenfleisch verwenden = **Putensalat Chantilly**.

Hühnersalat Florida

1/2 gekochtes Suppenhuhn, 1 Eigelb, 1/8 l Öl, Zitronensaft, Salz, Pfeffer, 1 El Tomatenketchup, 2 El Sahne, 1 Grapefruit, Feldsalat.

Das gekochte Suppenhuhn entbeinen (natürlich können Sie auch Reste verarbeiten), von Knochen, Haut- und Fettresten befreien und in kleine Stücke teilen. Aus Eigelb und Öl eine *Mayonnaise* bereiten, mit Zitronensaft, Salz, Pfeffer und Tomatenketchup würzen und zuletzt mit der steifgeschlagenen Sahne vermischen. Das Hühnerfleisch daruntermengen und alles zusammen zugedeckt wenigstens 2 Stunden ruhen lassen. Den Salat mit kleinen Grapefruitstückchen garnieren und auf einem Bett von Feldsalat (oder Kopfsalat) anrichten.

Italienischer Salat

300 g gekochter Schinken, 2 säuerliche Äpfel, 1 El Zitronensaft, 1 große Gewürzgurke, 150 g Erbsen (tiefgekühlt), 1 Ei, 1/4 l Öl, 1 El Tomatenmark, 1 El Weinessig, 1 El Senf, 4 Sardellenfilets, Salz, Pfeffer.

Den Schinken in feine Streifen oder kleine Würfel schneiden. Die Äpfel schälen, vom Kerngehäuse befreien, in Würfel schneiden und sofort mit dem Zitronensaft beträufeln. Die Gewürzgurke ebenfalls in Würfel schneiden. Die Erbsen für 2–3 Minuten in kochendes Salzwasser geben, abseihen und abtropfen lassen. Aus Ei und Öl eine *leichte Mayonnaise* zubereiten, mit Tomatenmark, Weinessig und dem Senf verrühren. Die entgräteten, fein gewiegten Sardellenfilets dazugeben und mit Salz und Pfeffer pikant abschmecken. Die übrigen Zutaten dazugeben, alles gut vermischen und noch 1/2 Stunde ziehen lassen. Den Salat mit Tomatenscheiben und Eischeiben garnieren.
Der italienische Salat schmeckt genauso gut, wenn Sie anstelle des gekochten Schinkens Reste eines Kalbsbratens oder einer gekochten Pökelzunge verwenden. Auch können Sie ihn noch mit einigen gehackten Kapern bereichern.

Käsesalat Balaton

400 g Emmentaler, 150 g Salami, 2 grüne und 2 rote Paprikaschoten, 3 El Öl, 2 Tl Edelsüßpaprika, Salz, Pfeffer, 3 El Weinessig, 2 El fein geschnittener Schnittlauch.

Den Emmentaler grob raspeln. Die Salami in feine Streifen schneiden. Die Paprikaschoten putzen (Stiele, Scheidewände und Kerne entfernen), waschen und in Streifen schneiden. Das Öl mit dem Paprika, Salz und Pfeffer verrühren und den Weinessig dazumischen (dabei fest schlagen). Den Schnittlauch, den Käse, die Salami und die Paprikaschoten dazugeben und noch 1 Stunde kühlstellen.

Käsesalat, bunter

400 g Lyoner (oder Knacker), 200 g Emmentaler, 400 g kleine feste Tomaten, 2 grüne Paprikaschoten, 3 El Weinessig, 1 Prise Salz, 1 Prise Pfeffer, je 1 Tl Petersilie und Kerbel (oder Borretsch oder Basilikum), 3 El Öl.

Die Wurst und den Käse in Streifen schneiden. Die gewaschenen Tomaten achteln. Die Paprikaschoten der Länge nach vierteln (Stiele vorher entfernen), von Kernen und Scheidewänden befreien, waschen und in schmale Streifen schneiden. Den Weinessig mit Salz, Pfeffer, den Kräutern und dem Olivenöl verquirlen und diese Salatsauce mit den vorbereiteten Zutaten mischen. Den Salat 1 Stunde ziehen lassen und vor dem Anrichten mit Tomatenscheiben oder Scheiben von hartgekochten Eiern garnieren.

Käsesalat à la Provence

Den Emmentaler und die Salami in feine Stifte, die Zwiebel in Ringe schneiden. Alles gut miteinander vermengen und in die mit einer Knoblauchzehe ausgeriebene Salatschüssel geben. Den Weinessig mit dem Rosmarin, dem Thymian, Salz und reichlich frischgemahlenem Pfeffer verrühren und das Öl langsam dazurühren, so daß eine sämige Salatsauce entsteht. Über die vorbereiteten Zutaten gießen, nochmals durchmischen und den Salat 1–2 Stunden kühl ziehen lassen. Den Salat vor dem Auftragen mit einigen Tomatenachteln garnieren; auch einige hartgekochte Eischeiben passen gut dazu.

300 g Emmentaler, 200 g Salami, 1 große Zwiebel, 1 Knoblauchzehe, 3 El Weinessig, ½ Tl Rosmarin (fein zerriebene Blätter), ½ Tl Thymian (fein zerrieben), ½ Tl Salz, Pfeffer, ⅛ l Olivenöl.

Krabbensalat

Den Kopfsalat putzen (äußere Blätter entfernen), waschen, in kleine Stücke zerzupfen und gut abtropfen lassen. Die gewaschenen Radieschen in dünne Scheiben schneiden. Die Zwiebel in feine Streifen schneiden. Die Oliven entkernen (noch besser: verwenden Sie gefüllte Oliven). Die tiefgekühlten Krabben auftauen lassen; Krabben aus der Dose nehmen, kurz mit kaltem Wasser abspülen und gut abtropfen lassen. Den Weinessig mit dem Wein und dem Cognac vermischen, mit Salz, frischgemahlenem Pfeffer und den gehackten Kräutern würzen und mit dem Olivenöl versprudeln. Über die vorbereiteten Zutaten geben, gut vermischen und zuletzt mit den grob gehackten Eiern bestreuen.

1 Kopfsalat, 5 Radieschen, 1 mittelgroße Zwiebel, 10 grüne Oliven, 100 g Krabben (tiefgekühlt oder aus der Dose), 1 El Weinessig, 4 El Weißwein, 1 Tl Cognac, Salz, Pfeffer, je 1 Tl gehackte Petersilie und gehacktes Dillkraut, 4 El Olivenöl, 2 hartgekochte Eier.

Käsesalat Jütland

Den Käse, den Schinken, die enthäuteten, entkernten Tomaten und die Gurke in kleine Würfel schneiden. Aus Eigelb und Öl eine *Mayonnaise* zubereiten, mit der sauren Sahne verrühren und mit Zitronensaft, Salz, Senf und Dillkraut würzen. Die Käse-, Schinken-, Tomaten- und Gurkenwürfel mit der Salatsauce vermengen und alles noch ½ Stunde kühl ziehen lassen.
In einer Salatschüssel oder in Portionsschalen anrichten, mit Tomatenscheiben garnieren und mit Dillkraut bestreuen.

300 g Havatie (oder Tilsiter), 100 g gekochter Schinken, 3 Tomaten, 1 halbe Salatgurke, 1 Eigelb, ⅛ l Öl, ⅛ l saure Sahne, 1 El Zitronensaft, Salz, 1 Tl Senf, 1 El Dillkraut.

Matjessalat

Die Matjesfilets 1–3 Stunden (je nach Schärfe) wässern, gut abtropfen lassen und in mundgerechte Portionen zerteilen. Den Tomatenpaprika gut abtropfen lassen; die Gewürzgurken in Würfel schneiden; die Zwiebeln in Ringe schneiden. Den Zitronensaft mit dem Weinessig, den Gewürzen und dem Öl zu einer pikanten Marinade vermischen, über die vorbereiteten Zutaten gießen und gut vermischen. Zuletzt die Eischeiben von den 3 Eiern vorsichtig daruntergeben, damit sie nicht zerfallen. Den Salat noch 1 Stunde kalt ziehen lassen und dann in Portionsschalen oder einer Salatschüssel anrichten, je nachdem, ob Sie ihn als pikante Vorspeise oder als leichten Imbiß servieren wollen (Abb. s. S. 261).

10 Matjesfilets, 3 El eingemachter Tomatenpaprika, 3 Gewürzgurken, 3 mittelgroße Zwiebeln, 3 hartgekochte Eier, 1 El Zitronensaft, 2 El Weinessig, Salz, Pfeffer, 1 Messerspitze Basilikum, 1 Messerspitze Ingwerpulver, 4 El Öl.

Pußtasalat

Die geschälten Zwiebeln in dünne Ringe schneiden und in eine mit der Knoblauchzehe ausgeriebene Schüssel legen. Den Weinessig mit dem Salz, dem Pfeffer und dem Öl erhitzen, über die Zwiebelringe gießen, zudecken und abkühlen lassen. Den Schinken und den Käse in gleichmäßige Streifen schneiden und zu den Zwiebeln geben. Nochmals ½ Stunde ziehen lassen und dann mit einer in Streifen geschnittenen grünen Paprikaschote garnieren.

8 große Zwiebeln, 1 Knoblauchzehe, 2 El Essig, Salz, ½ Tl frischgemahlener Pfeffer, 5 El Öl, 200 g Räucherschinken, 200 g Schafskäse.

Putensalat

100–200 g gebratenes Truthahnfleisch, 1 großer mürber Apfel, Zitronensaft, 2 Stücke Stangensellerie, 1 Ei, ¼ l Öl, 2 El Salz, Zitronensaft, ½ Tl gehacktes Basilikum, 50 g geröstete Mandelsplitter.

Das Truthahnfleisch von Hautresten befreien und in kleine Würfel schneiden. Den Apfel vierteln, schälen, entkernen, in Würfel schneiden und sofort mit dem Zitronensaft vermischen. Den Stangensellerie waschen, trocknen und ebenfalls in Würfel schneiden (zur Not können Sie auch ½ feingeraspelte Sellerieknolle verwenden). Aus Ei und Öl eine *leichte Mayonnaise* zubereiten, mit Zitronensaft, Salz und Pfeffer abschmecken, das Basilikum und die Hälfte der Mandeln dazurühren und die vorbereiteten Zutaten daruntermischen. Den Salat ½ Stunde durchziehen lassen. Vor dem Auftragen mit den restlichen Mandelsplittern bestreuen.

Reissalat Bombay

200 g Langkornreis, Salz, 2 Bananen, Zitronensaft, 2 rote Paprikaschoten, 150 g grüne Erbsen (tiefgekühlt oder aus der Dose), 100 g Crevetten (oder Krabbenfleisch aus der Dose), 1 Ei, ¼ l Öl, 2 El Weinessig, 1 Tl Curry, 1 Messerspitze Edelsüßpaprika, 5 Tropfen Tabascosauce.

Den Reis gut waschen und in reichlich Salzwasser (wenigstens 2 l) gar kochen, abseihen, mit kaltem Wasser überbrausen und gut abtropfen lassen. Die Bananen schälen, halbieren, in dickere Scheiben schneiden und sofort mit Zitronensaft beträufeln (um ein Braunwerden zu vermeiden). Die Paprikaschoten der Länge nach vierteln – Kerne und Scheidewände entfernen – und in Streifen schneiden. Die tiefgekühlten Erbsen 3–5 Minuten in Salzwasser kochen, abseihen, mit kaltem Wasser überbrausen und gut abtropfen lassen (Dosenerbsen abtropfen lassen). Die Crevetten abgießen und gut abtropfen lassen. Aus Ei und Öl eine *leichte Mayonnaise* bereiten, mit Weinessig, dem Curry, dem Paprika und der Tabascosauce würzen und sorgfältig mit dem Reis und den übrigen festen Salatbestandteilen vermischen. Noch kurz durchziehen lassen und danach mit einigen kleingeschnittenen Paprikaschoten garnieren.

Reissalat Côte d'Azur

200 g Langkornreis, 120 g roher Schinken, 250 g Weintrauben, 150 g Sellerie, 50 g Walnüsse, 1 Eigelb, ⅛ l Öl, $^1/_{10}$ l Sahne, Salz, ½ Tl Curry, 1 Prise Zucker, 2 El Zitronensaft, 4 El Orangensaft, 1 Tl Grand Marnier.

Den gewaschenen Reis in 2 l Salzwasser gar kochen (etwa 15–20 Minuten), abseihen, mit kaltem Wasser überbrausen und gut abtropfen lassen. Den Schinken in feine Streifen schneiden. Die Weintrauben waschen, abtropfen lassen, halbieren und entkernen. Die Sellerie schälen und fein raspeln. Die Walnüsse grob hacken. Aus Eigelb und Öl eine *Mayonnaise* zubereiten, mit der Sahne verrühren und mit Salz, Curry, Zucker, Zitronensaft, Orangensaft und dem Grand Marnier würzen. Sämtliche vorbereiteten Zutaten mit dieser Salatsauce vermischen. Den Salat noch 1–2 Stunden kalt ziehen lassen. Vor dem Auftragen – wenn Sie wollen – mit einigen Walnußkernen oder Orangenspalten garnieren.

Reissalat Concombre

200 g Langkornreis, Salz, 250 g Lyoner, 500 g Tomaten, 1 Salatgurke, 3–4 El Weinessig, 1 Prise Pfeffer, 1 El Borretsch, 3 El Öl.

Den Reis waschen und in 2 l Salzwasser gar kochen (etwa 15–20 Minuten), abseihen, mit kaltem Wasser überbrausen und gut abtropfen lassen. Die Wurst in Streifen schneiden. Die Tomaten kurz in kochendes Wasser tauchen, enthäuten und in 6 Teile schneiden. Die Gurke schälen und in Streifen schneiden. Die vorbereiteten Zutaten mischen und mit dem Essig und einer Prise Pfeffer abschmekken. Zuletzt den fein gehackten Borretsch und das Öl dazumischen und alles 1 Stunde kühl ziehen lassen.

Matjessalat ▷

Roastbeefsalat

Das Roastbeef zunächst in Scheiben und dann in 2–3 cm große Stücke schneiden. Die Gewürzgurken grob hacken. Aus Eigelb und Öl eine *Mayonnaise* zubereiten, mit Weinessig, Senf, Tomatenketchup, Salz und Pfeffer abschmecken und mit den vorbereiteten Zutaten vermischen. Den Salat wenigstens 1 Stunde kühl stehen lassen und vor dem Anrichten mit der gehackten Petersilie bestreuen.

400 g Roastbeef, 2 Gewürzgurken, 1 Eigelb ⅛ l Öl, 1 El Weinessig, 1 Tl Senf, 1 El Tomatenketchup, Salz, Pfeffer, 1 Tl gehackte Petersilie.

Salat Charlotte

Die hartgekochten Eigelbe mit dem Senf und dem Weinessig glattrühren. Mit Salz, frischgemahlenem Pfeffer und einer Prise Zucker würzen und mit dem Öl zu einer sämigen Salatsauce verschlagen. (Geben Sie das Öl nur langsam dazu und rühren Sie dabei ständig!) Die feingehackten Schalotten und den Kerbel dazugeben. Die Birnen schälen, vom Kerngehäuse befreien, in kleine Würfel schneiden und sofort in die Salatsauce geben. Die Sellerieknollen schälen, in kochendem Salzwasser 20 Minuten ziehen lassen und dann wie auch die geschälten Kartoffeln in Scheiben schneiden. Die Nüsse grob hacken. Alles zu den Birnen in die Salatsauce geben und gut vermischen. Den Salat ½ Stunde ziehen lassen. Vor dem Auftragen mit dem gehackten Eiweiß und etwas Kerbel bestreuen.

3 hartgekochte Eier, 1 El Senf, 3 El Weinessig, Salz, Pfeffer, Zucker, ⅛ l Öl, 2 Schalotten, 1 El gehackter Kerbel, 2 Birnen, 2 kleine Sellerieknollen, 500 g Salatkartoffeln, gekocht, 50 g Walnüsse.

Salat Indienne

Den Reis in reichlich Salzwasser (wenigstens 2 l) gar kochen (etwa 15–25 Minuten), abseihen, mit kaltem Wasser überbrausen und gut abtropfen lassen. Die Tomaten kurz in kochendes Wasser tauchen, enthäuten, entkernen und in kleine Stücke schneiden. Den Tomatenpaprika vierteln, entkernen und in kleine Würfel schneiden. Die grünen Erbsen 3–5 Minuten in kochendem Salzwasser garen, mit kaltem Wasser überbrausen und abtropfen lassen. Alles miteinander vermengen. Das Öl mit dem Curry und der Petersilie vermischen und den Weinessig unter ständigem Schlagen dazurühren. Den Salat sorgfältig mit dieser Marinade vermengen, zudecken und 1–2 Stunden kühl ziehen lassen. Die Oliven entkernen, vierteln und den Salat damit garnieren.

200 g Patna-Reis, 150–200 g gekochtes oder gebratenes Hühnerfleisch (Reste), 2 Tomaten, 1 Tomatenpaprika, 150 g grüne Erbsen (tiefgekühlt), 4 El Olivenöl, 3 Tl Curry, 1 El gehackte Petersilie, 3 El Weinessig, 10 schwarze Oliven.

Salat Nizza

Den Weinessig mit Senf, Salz und Pfeffer in einer mit Knoblauch ausgeriebenen Schüssel verrühren. Das Olivenöl unter ständigem Rühren mit dem Schneebesen dazugießen. Die gekochten, überkühlten Kartoffeln schälen, in Scheiben (etwa 2 mm dick) direkt in die Marinade schneiden. Die geputzten (entfädelten) grünen Bohnen ganz oder halbiert in Salzwasser garen (20–30 Minuten) und zu den Kartoffeln in die Sauce geben. Die geschälten (vorher überbrühten) und geviertelten Tomaten und die halbierten Oliven (schwarze Oliven eignen sich besonders gut) miteinander vermischen, in einer großen flachen Schüssel anrichten und zugedeckt 1–2 Stunden kühl ziehen lassen.
Die Eier hart kochen (8 Minuten), schälen und halbieren. Die Sardellen entgräten (sind sie sehr scharf, müssen sie vorher gewässert werden) und in längliche Streifen schneiden. Den Thunfisch gut abtropfen lassen und in größere Stücke zerpflücken. Die Eihälften, die Sardellen und die Thunfischstücke auf dem Salat verteilen und die gehackten Kräuter (Petersilie, Basilikum, Estragon) darüberstreuen. Servieren Sie diesen Salat mit Weißbrot als Abendessen.

1 Knoblauchzehe, 2 El Weinessig, 1 El Senf, Salz, Pfeffer, 4 El Olivenöl, 300 g Salatkartoffeln, 300 g grüne Bohnen, 300 g Tomaten, 10 entkernte Oliven, 1 Dose Thunfisch, 6 Eier, 3 Sardellen, 1 Tl Kräuter.

◁ *Gemüseplatte*

Salat Marseille

500 g Tomaten, 3 hartgekochte Eier, 4 Sardellenfilets, 1 Knoblauchzehe, 1 mittelgroße Zwiebel, 1 El Weinessig, 1 Tl Senf, Salz, Pfeffer, 3 El Olivenöl, Thymian.

Die Tomaten kurz mit kochendem Wasser überbrühen, schälen und in ½ cm dicke Scheiben schneiden. Die Eier und die Sardellen hacken. Die Tomaten in eine mit der Knoblauchzehe ausgeriebene Salatschüssel schichten und jede Lage mit einem Teil der gehackten Eier und der gehackten Sardellen bestreuen. Die Zwiebel fein hacken (noch besser reiben), den Weinessig und den Senf dazurühren, mit Salz und Pfeffer würzen und mit dem Öl verschlagen. Die Salatsauce über die Tomaten gießen, den Salat mit etwas frischgehacktem Thymian bestreuen und sofort auftragen.

Salat Palermo

400 g gekochtes Rindfleisch (Reste), 1 Sellerieknolle (etwa 300 g), 2 Paprikaschoten, 4 hartgekochte Eier, 1 Knoblauchzehe, 3 El Zitronensaft, 2 El Sardellenpaste, Salz, 1 Prise Zucker, 5 El Olivenöl, 1 Tl Schnittlauch, 1 Tl gehackter Oregano, 100 g Mandeln, 1 El Kapern.

Das gekochte Rindfleisch und die in der Schale in Salzwasser gekochte Sellerieknolle schälen und in gleichmäßige Streifen schneiden. Die Paprikaschoten dritteln (der Länge nach), Stiel, Kerne und Scheidewände entfernen, waschen, abtrocknen und in Streifen schneiden. Die Eier in Scheiben schneiden. Die vorbereiteten Zutaten in eine große, mit der Knoblauchzehe ausgeriebene Salatschüssel ordnen. Den Zitronensaft mit der Sardellenpaste, Salz, Zucker, dem Olivenöl, den Kräutern und den geschälten, geriebenen Mandeln zu einer Salatsauce verrühren. Die Salatsauce über die festen Salatbestandteile gießen und vorsichtig vermischen (die Eier sollen nicht zerbröckeln). Vor dem Auftragen noch ½ Stunde ziehen lassen und danach mit den Kapern bestreuen.

Salat Riva

1 Salatkopf, 4 feste Tomaten, 120 g gekochter Schinken, 1 kleine Dose Thunfisch, 2 Tl Kapern, 4 hartgekochte Eier, 2 El Weinessig, Salz, 1 Tl Senf, Pfeffer, 5 El Olivenöl, 1 Tl gehackte Petersilie.

Den Salatkopf waschen – die äußeren Blätter entfernen – und gut abtropfen lassen. Die Tomaten waschen und in Scheiben schneiden. Den Schinken in Streifen schneiden. Den Thunfisch gut abtropfen lassen und in kleine Stücke teilen. Eine Salatplatte mit den Kopfsalatblättern auslegen und die Tomatenscheiben darauf ordnen. Die Schinkenstreifen mit den Thunfischstückchen und den Kapern vermischen und mit den geviertelten, hartgekochten Eiern auf den Tomatenscheiben verteilen. Aus Weinessig, Salz, Senf, Pfeffer und Olivenöl eine Salatsauce zubereiten, die Petersilie dazumischen und alles über den Salat gießen (Abb. s. S. 228).

Schinken-Reis-Salat

200 g Langkornreis, Salz, 200 g gekochter Schinken, 500 g Tomaten, 3 El Weinessig, Salz, Pfeffer, 1 El gehacktes Dillkraut, 3 El Öl.

Den gewaschenen Reis in reichlich Salzwasser körnig kochen (etwa 15–20 Minuten), abseihen, mit kaltem Wasser überbrausen und gut abtropfen lassen. Den Schinken in feine Streifen schneiden. Die Tomaten mit kochendem Wasser überbrühen, enthäuten, entkernen und in kleine Stücke schneiden. Den Weinessig mit dem Salz, etwas frischgemahlenem Pfeffer und dem Dillkraut verrühren und mit den vorbereiteten Zutaten vermischen. Den Salat zugedeckt 1–2 Stunden ziehen lassen und erst kurz vor dem Anrichten mit dem Öl vermischen.

Spargelsalat Kalifornia

400 g Spargel, Salz, 1 Prise Zucker, 2 Scheiben Ananas, 400 g gekochtes Hühnerfleisch, 1 Eigelb, ¼ l Öl, 2 El Zitronensaft, Pfeffer, 1 Tl Petersilie.

Den Spargel schälen, bündeln, in kochendem Salzwasser, dem eine Prise Zucker beigegeben wird, garen (20–35 Minuten), dann mit kaltem Wasser überbrausen, gut abtropfen lassen und in 3–4 cm lange Stücke schneiden. Die Ananas gut abtropfen lassen, das Hühnerfleisch von allen Hautresten befreien und beides in kleine Stücke schneiden. Aus Eigelb und Öl eine *leichte Mayonnaise* zubereiten, mit Zitronensaft, Salz, Pfeffer und Petersilie verrühren.

Thunfischsalat

Den Thunfisch gut abtropfen lassen und in große Stücke zerpflücken. Die Zwiebel sehr fein hacken und mit dem Thunfisch vermengen. Mit dem Weinessig würzen, gut durchmischen und vor dem Auftragen 1/2 Stunde kalt ziehen lassen. Den Salat mit etwas frischer Gartenkresse oder Petersilie garnieren.

1 große Dose Thunfisch,
1 mittelgroße Zwiebel,
2 El Weinessig.

Thunfischsalat auf Gärtnerinnen-Art

Den Thunfisch gut abtropfen lassen und in kleinere Stücke zerpflücken. Die Brechbohnen, die Erbsen und die Mohrrübe, jedes für sich, in wenig Salzwasser garen (20–30 Minuten; nicht zu weich werden lassen; einfacher ist es, wenn Sie Dosengemüse verwenden!). Das Gemüse gut abtropfen lassen; die Mohrrübe in kleine Würfel schneiden. Die Tomaten kurz mit kochendem Wasser überbrühen, enthäuten, entkernen und kleinschneiden. Die Gewürzgurken in Würfel schneiden. Aus Ei und Öl eine *leichte Mayonnaise* zubereiten, mit dem Zitronensaft, der Worcestersauce und dem Salz würzen und mit dem Thunfisch und dem Gemüse vermischen. Den Salat 1/2 Stunde durchziehen lassen und vor dem Auftragen mit geviertelten, hartgekochten Eiern garnieren.

1 große Dose Thunfisch,
150 g Brechbohnen,
150 g Erbsen, 1 große Mohrrübe,
2 feste Tomaten,
2 Gewürzgurken, 1 Ei,
1/4 l Öl, 2 El Zitronensaft,
Salz, 3 Tropfen Worcestersauce.

Wurstsalat, einfach

Die Knacker enthäuten und in dünne Scheiben schneiden. Den Weinessig mit den Kräutern, der feingehackten Zwiebel und den Gewürzen verrühren und das Öl dazuschlagen. Die Salatsauce mit den Wurstscheiben vermengen. Den Salat noch 1/4 Stunde kühl durchziehen lassen.
Dieser Salat eignet sich gut als kleine Vorspeise oder mit Pellkartoffeln als leichtes Abendessen. Sie können ihn statt mit Knackern auch mit Lyoner oder Plockwurst zubereiten.

4 Knacker, 3 El Weinessig,
1 El gehackte Petersilie,
1 Tl gehackter Estragon,
1 kleine Zwiebel, Pfeffer,
12 Tropfen Worcestersauce,
3 El Öl.

Wurstsalat Budapest

Die Fleischwurst in Scheiben schneiden und diese halbieren. Die Paprikaschoten entstielen, der Länge nach vierteln, von den Kernen und den Scheidewänden befreien, waschen, gut abtropfen lassen und schmale Streifen schneiden. Die Salatgurke in größere Würfel schneiden, die Zwiebel ganz fein würfeln. Den Weinessig mit Salz und dem Öl verschlagen, den Pfeffer dazugeben und die vorbereiteten Zutaten damit vermischen (Abb. s. S. 228).
Dieser Salat eignet sich besonders gut, mit Pellkartoffeln oder einem Stück Brot, als kleiner Imbiß.

500 g Fleischwurst,
3 Paprikaschoten (nach Möglichkeit je eine rote, gelbe und grüne), 1/2 Salatgurke,
1 Zwiebel, 2–3 El Weinessig,
Salz, 4 El Öl,
1 Tl frischgemahlener Pfeffer.

Wurstsalat à la Dijon

Die Wurst schälen und in dickere Scheiben schneiden; die Zwiebeln in Streifen schneiden, die Tomaten achteln und die Eier vierteln. Das Ganze in eine kräftig mit Knoblauch ausgeriebene Salatschüssel ordnen. Die Kapern darüberstreuen. Den Weinessig mit Senf, Salz, Pfeffer und den Kräutern vermischen und mit dem Öl zu einer sämigen Salatsauce verschlagen. Die Salatsauce über die vorbereiteten Zutaten gießen. Den Salat vor dem Auftragen 1–2 Stunden durchziehen lassen, dann mit Tomatenvierteln garnieren und mit fein geschnittenem Schnittlauch bestreuen.
Wurstsalat à la Dijon eignet sich besonders gut als leichtes sommerliches Abendessen. Um die Mahlzeit ausgiebiger zu gestalten, können Sie noch Pellkartoffeln dazu reichen.

4 große Knacker (oder eine entsprechende Menge einer beliebigen Fleischwurst),
2 Zwiebeln,
2 Tomaten, 2 hartgekochte Eier, 1 Knoblauchzehe,
1 El Kapern, 3 El Weinessig,
1 El Senf, Salz, Pfeffer,
1 Tl gehackter Estragon,
1 Tl Oregano, 4 El Olivenöl.

Waldorfsalat

1 Eigelb, $\frac{1}{8}$ l Öl, 2 El Sahne, 1–2 El Zitronensaft, Salz, Zucker, 4 säuerliche Äpfel, 1 mittelgroße Sellerieknolle, 150 g Walnußkerne.

Aus Eigelb und Öl eine *Mayonnaise* zubereiten, mit der Sahne verrühren und mit Zitronensaft, Salz und Zucker würzen. Die Äpfel schälen, entkernen, in kleine Würfel schneiden und sofort mit der Salatsauce vermischen (um ein Braunwerden zu verhindern). Die Sellerieknolle schälen, raspeln und mit den gehackten Walnußkernen (einige zum Garnieren zurückbehalten) und zu den Äpfeln geben, sorgfältig mischen und 1 Stunde zugedeckt kühl stehen lassen. Mit Nußhälften garnieren.

Der Waldorfsalat eignet sich als Beilage zu rotem Fleisch (Steaks, Wild). Wollen Sie ihn als Vorspeise reichen, richten Sie ihn portionsweise auf Kopfsalatblättern an und garnieren mit halbierten blauen Trauben und Nußhälften.

Übrigens: Wenn Sie gekochten Sellerie lieber mögen als rohen, können Sie die Sellerieknolle zuerst in feine Streifen schneiden, nur darf sie dabei nicht zu weich werden.

Waldorf-Astoria-Salat

1 Eigelb, $\frac{1}{8}$ l Öl, 1–2 El Zitronensaft, das Abgeriebene einer Zitrone, Salz, 1 Prise weißer Pfeffer, $\frac{2}{10}$ l Sahne, 1 mittelgroße Sellerieknolle, 2 Bananen, 3 säuerliche Äpfel, 2 Ananasscheiben, 1 Orange.

Aus Eigelb und Öl eine *Mayonnaise* zubereiten, mit Zitronensaft, dem Abgeriebenen einer Zitronenschale (ungespritzt!), Salz und Pfeffer würzen und mit der geschlagenen Sahne zu einer leichten Salatcreme vermischen. Die Sellerieknolle schälen, reiben und sofort in die Salatsauce geben. Die Bananen schälen, in Scheiben schneiden und mit den geschälten, in Würfel geschnittenen Äpfeln dazugeben. Die Ananasscheiben und die geschälte Orange in Würfel schneiden (entfernen Sie beim Schälen der Orange die weiße Haut) und zu den übrigen Zutaten geben. Alles nochmals vorsichtig durchmischen, $\frac{1}{2}$ Stunde ziehen lassen und dann portionsweise auf Kopfsalatblättern anrichten. Garnieren Sie diesen vor allem als Vorspeise geeigneten Salat mit einigen dunklen Weintrauben und halbierten Nüssen.

Zigeunersalat

400 g Salatkartoffeln, 6 Matjesfilets, 3 grüne Paprikaschoten, 3 rote Paprikaschoten, 250 g Tomaten, 4 Pfeffergurken, 3 El Weinessig, 1 große Zwiebel, 2 El Tomatenmark, 1 El Senf, Salz, Pfeffer, Zucker, 3 El Öl, $\frac{1}{8}$ l saure Sahne, Petersilie.

Die Kartoffeln in wenig Salzwasser gar dämpfen (20–30 Minuten), schälen und in Scheiben schneiden. Die Matjesfilets in feine Streifen schneiden. Die Paprikaschoten waschen, dritteln, Stiele, Kerne und Scheidewände entfernen und in feine Streifen schneiden. Die Tomaten kurz mit kochendem Wasser überbrühen, schälen, entkernen und in kleine Stücke schneiden. Die Pfeffergurken in feine Scheiben schneiden. Den Weinessig mit der doppelten Menge Wasser versetzen, die feingehackten Zwiebeln, das Tomatenmark, den Senf, Salz, 1 Prise frischgemahlenen Pfeffer, 1 Prise Zucker und das Öl dazugeben, alles zum Kochen erhitzen und die kochende Marinade mit den übrigen Zutaten vermengen. Den Salat zugedeckt 2–3 Stunden ziehen lassen, mit der sauren Sahne vermengen und noch eine weitere $\frac{1}{2}$ Stunde kalt stellen. Kurz vor dem Auftragen mit 1 Tl gehackter Petersilie bestreuen.

Zungensalat

600 g gekochte, geräucherte Rindszunge, 4 hartgekochte Eier, 4 El Weinessig, 1 Tl Salz, Pfeffer, 5 Tropfen Worcestersauce, 6 El Olivenöl.

Die Zunge in Scheiben schneiden und abwechselnd mit den in Scheiben geschnittenen Eiern in eine Salatschüssel ordnen. Den Weinessig mit Salz, frischgemahlenem Pfeffer, Worcestersauce und Olivenöl zu einer Salatsauce verschlagen und über die Zunge und die Eier gießen. Den Salat wenigstens 2–3 Stunden durchziehen lassen und vor dem Auftragen mit schwarzen Oliven und grünen Paprikaschoten garnieren.

GEMÜSE

Gemüse enthält Vitamine und wertvolle Mineralien und ist daher für eine gesunde Ernährung sehr wichtig. Da es zellstoffreich ist, fördert Gemüse außerdem die Verdauung.
Gemüse sollte also auf unserem täglichen Speisezettel nicht fehlen. Das Angebot auf dem Markt ist reichhaltig, und jede Jahreszeit hat ihre preiswerten Gemüsesorten.
Gemüse ist arm an Kalorien und eignet sich daher vortrefflich für alle jene, die auf ihre schlanke Linie achten müssen.
Wenn wir die wertvollen Bestandteile des Gemüses nicht zerstören wollen, müssen wir beim Kochen ganz bestimmte Regeln einhalten. Für die meisten Gemüsesorten bedeutet das: So kurz wie möglich kochen – noch besser dünsten. Vitamine und Mineralien blieben uns freilich am besten erhalten, wenn wir das Gemüse roh genießen würden; doch das ist dem Magen nicht immer so zuträglich. Sachgemäß gekochtes Gemüse hat da durchaus seine Vorteile. Der Gemüsesud läßt sich noch zum Aufgießen, als Grundlage für Suppen, Saucen usw. verwenden. Die Zubereitung, vor allem die Vorbereitung von Gemüse ist oft zeitraubend. Ein großes Angebot an Konserven und vor allem an Tiefkühlwaren erspart hier viel Arbeit. Gemüsekonserven reichen vor allem geschmacklich nicht völlig an Frischgemüse heran. Vorzüglich und frischem Gemüse gleichwertig ist dagegen tiefgekühltes Gemüse. Es kommt im gefrorenen Zustand in kochendes Wasser oder heißes Fett und hat nur eine kurze Garzeit.

Artischocken

4 Artischocken, 1 Zitrone, Salz.

Die Artischocken vorbereiten: Den Stiel mit einem scharfen Messer abschneiden, die Spitzen der Blätter mit einer Schere stutzen und die haarigen Fasern oder Borsten herausziehen. Dann mit der geviertelten Zitrone in einen großen Topf mit kochendem Salzwasser langsam gar kochen (etwa 45 Minuten); sie sind gerade richtig, wenn sich eines der Schuppenblätter leicht herausziehen läßt. Die Artischocken herausnehmen, gut abtropfen lassen und einzeln oder auf einer Platte anrichten.
Artischocken gelten bei uns als Delikatesse. Sie dienen mehr als Vorspeise und nicht als sättigendes Gericht.
Reichen Sie am besten eine *Sauce Vinaigrette* oder eine *Sauce Hollandaise* dazu.

Auberginen = Eierfrüchte

1 kg Auberginen, 50 g Öl, Salz, Pfeffer, Muskat, 1 Tl Zitronensaft, Petersilie.

Die Auberginen schälen, in ½ cm dicke Scheiben schneiden und in dem erhitzten Öl bei geschlossenem Topf im eigenen Saft gar dünsten (etwa 15–20 Minuten). Mit Salz, Pfeffer, einer Prise Muskat und Zitronensaft würzen, in einer gewärmten Schüssel anrichten und mit gehackter Petersilie bestreuen.

Auberginen auf Balkan-Art

1 kg Auberginen, 50 g Öl, Salz, Pfeffer, Zitronensaft, 3 El Tomatenmark, ⅛ l saure Sahne, Thymian.

Die wie oben vorbereiteten, in Öl gedünsteten Auberginen mit Salz, Pfeffer und Zitronensaft würzen und mit dem Tomatenmark und der sauren Sahne vermischen.
Einige Minuten schwach kochen lassen, dann in einer gewärmten Schüssel anrichten und mit dem zerriebenen Thymian bestreuen.

Blaukraut = Rotkraut = Rotkohl

1 kg Blaukraut, 1 kleine Zwiebel, 1 Tl Zucker, 50 g Fett (Schmalz, Gänseschmalz, Öl), 2 saure Äpfel, ⅛ l Rotwein, 1 El Mehl, Essig, Salz, Pfeffer.

Das Blaukraut putzen, vom Strunk befreien, waschen und in feine Streifen schneiden. Die Zwiebel fein hacken und mit dem Zucker im Fett anrösten. Das geschnittene Kraut und die geschälten, geraspelten Äpfel dazugeben, mit Salz und Pfeffer würzen und mit dem Wein (oder Wasser) aufgießen. Das Kraut in geschlossenem Topf bei schwacher Hitze gar schmoren (25–30 Minuten); dabei von Zeit zu Zeit umrühren. Mit dem Mehl stauben, mit Essig, Salz und Pfeffer pikant abschmecken und nochmals zum Kochen bringen. Das Kraut in einer gewärmten Schüssel anrichten.
Einen besonders feinen Geschmack erhält das Blaukraut, wenn einige geschälte Kastanien mitgedämpft werden. Sie können aber auch einige Dosenkastanien in das Kraut geben und darin erwärmen.

Zitronenkraut

1 kg Blaukraut, 3 El Essig, 6 Stück Würfelzucker, 250 g Speck, 2 Zitronen.

Das Blaukraut putzen, vom Strunk befreien und fein hobeln. Den Essig in einer Kasserolle mit 3 El Wasser verdünnen; das Kraut dazugeben, mit Salz bestreuen, mit dem Würfelzucker belegen und in geschlossenem Topf bei schwacher Hitze 20 Minuten kochen. Inzwischen den Speck in kleine Würfel schneiden und im eigenen Fett bräunen. Das Kraut mit dem Speckfett (ohne Grieben) begießen und 5 Minuten ziehen lassen. Die abgeriebene Schale von 2 ungespritzten Zitronen dazugeben, mit Salz und Pfeffer abschmecken und in einer gewärmten Schüssel anrichten.

Blumenkohl = Karfiol

Den Blumenkohl in Röschen zerteilen (schlechte Stellen entfernen), waschen, in kochendes Salzwasser geben und in geschlossenem Topf gar kochen (25–30 Minuten).
Aus Butter und Mehl eine helle Einbrenne bereiten, diese mit ½ l Kochsud aufgießen und 10 Minuten zu einer sämigen Sauce verkochen lassen. Mit Pfeffer, Muskat und Zitronensaft abschmecken. – Die abgeseihten Blumenkohlröschen in der Sauce 1–2 Minuten kochen, mit der Butter verfeinern und in einer gewärmten Schüssel anrichten.

1–2 Blumenkohl (je nach Größe), Salz, 40 g Butter, 30 g Mehl, Pfeffer, Muskat, Zitronensaft, 20 g Butter.

Blumenkohl, natur

Den Blumenkohl putzen, in Röschen zerteilen, waschen und in schwach gesalzenem Wasser garen (25–30 Minuten). Die Blumenkohlstückchen gut abtropfen lassen, auf einer gewärmten Platte anrichten, mit Salz, Pfeffer und Muskat bestreuen, mit Zitronensaft beträufeln und mit der zerlassenen Butter begießen.
Blumenkohl, natur kann statt mit Butter auch mit *Sauce Hollandaise* oder *Sauce Béchamel* gereicht werden.

1–2 Blumenkohl, Salz, Muskat, Pfeffer, Zitronensaft, 60 g Butter.

Brechbohnen = grüne Bohnen

Die grünen Bohnen waschen, putzen (entfädeln), in 2–3 cm lange Stücke schneiden (oder brechen), mit 2 Stämmchen Bohnenkraut (oder 1 Tl getrocknetem Bohnenkraut) in Salzwasser gar kochen (20–30 Minuten) und abseihen. Die Zwiebel fein hacken und in der Butter anschwitzen. Das Mehl dazurühren, gut durchrösten, mit ¼ l Kochsud aufgießen und 10 Minuten leicht kochen lassen. Die Sauce mit Salz, Pfeffer und Essig pikant abschmecken und mit der sauren Sahne verrühren. Die Bohnen darin erwärmen, in einer gewärmten Schüssel anrichten und mit gehackter frischer Petersilie oder gehacktem frischem Bohnenkraut bestreuen.

600 g grüne Bohnen, Salz, Bohnenkraut, ½ Zwiebel, 40 g Fett (Butter, Öl), 40 g Mehl, Pfeffer, 1 Tl Essig, ⅛ l saure Sahne, Petersilie.

Butterbohnen = grüne Bohnen in Butter

Die geputzten, gewaschenen Bohnen unzerteilt mit dem Bohnenkraut in Salzwasser gar kochen (20–30 Minuten), abseihen, in der zerlassenen Butter schwenken und sofort in einer gewärmten Schüssel auftragen.

750 g grüne Bohnen, Salz, Bohnenkraut, 60 g Butter.

Brechbohnen auf andalusische Art

Die grünen Bohnen putzen, waschen, in reichlich Salzwasser halbgar kochen (15 Minuten) und gut abtropfen lassen. Die Butter erwärmen, den kleingeschnittenen Schinken, die grünen Bohnen und die geschälten (vorher überbrühen), geschnittenen Tomaten dazugeben und alles gar dünsten (5–10 Minuten). Zuletzt mit Salz und Pfeffer pikant abschmecken.

400 g grüne Bohnen, 50 g Butter oder Öl, 150 g Schinken, 5 kleine Tomaten, Salz, Pfeffer.

Brechbohnen auf provenzalische Art

Die Bohnen putzen (entfädeln), waschen, vollkommen trocknen lassen und ohne weitere Flüssigkeitszugabe im erhitzten Öl gar dämpfen (20–30 Minuten). Mit Salz, frisch gepreßtem Knoblauchsaft und einer Prise zerriebenem Thymian würzen, in einer gewärmten Schüssel anrichten und zu Hammelfleisch-Gerichten reichen.

600 g grüne Bohnen, 60 g Olivenöl, Salz, 3 Knoblauchzehen, Thymian.

Brechbohnen in saurer Sahne

600 g Brechbohnen, Salz, $^1/_8$ l saure Sahne, 1 Tl Mehl, Pfeffer.

Die gewaschenen, geputzten und in kleine Stücke geschnittenen Brechbohnen in Salzwasser gar kochen (20–30 Minuten) und abseihen. Die saure Sahne mit Mehl verquirlen, mit Salz und frischgemahlenem Pfeffer würzen und mit den Bohnen vermischen. Wenn nötig, mit etwas Bohnensud verdünnen und in einer gewärmten Schlüssel anrichten. Mit frischem gehacktem Bohnenkraut oder Borretsch (auch Petersilie) bestreuen.

Broccoli = Spargelkohl

500 g Broccoli, Salz, 60 g Butter.

Broccoli ist ein dem Blumenkohl verwandtes Gemüse. Es ist frisch oder tiefgefroren erhältlich. Den Broccoli 10 Minuten in kaltes Wasser legen, herausnehmen, waschen, in frischem, schwach gesalzenem Wasser gar kochen (etwa 20 Minuten), aus dem Sud heben, gut abtropfen lassen, auf eine gewärmte Platte legen und mit der leicht gebräunten Butter übergießen.

Der Broccoli kann aber auch à la Polonaise serviert werden, d. h., er wird mit in Butter gerösteten Bröseln, die mit einem gehackten, hartgekochten Ei vermischt wurden, übergossen.

Broccoli auf spanische Art

500 g Broccoli, $^1/_8$ l herber Weißwein, $^1/_8$ l Brühe, 12 grüne oder schwarze Oliven, Salz, Pfeffer, Zucker, 40 g Butter.

Den Broccoli für 10 Minuten in kaltes Salzwasser legen, herausnehmen, waschen, in den mit der Brühe vermischten Wein geben, salzen und in geschlossenem Topf bei schwacher Hitze garen (etwa 20 Minuten). Den Broccoli mit den gehackten Oliven vermischen, mit Salz, frischgemahlenem Pfeffer und 1 Prise Zucker abschmecken und mit der frischen Butter verfeinern.

Chicorée, natur

750 g Chicorée, Salz, Saft von 1 Zitrone, 100 g Butter.

Die Chicorée sorgfältig waschen – das bittere Ende keilförmig herausschneiden – in Salz-Zitronen-Wasser gar kochen (15–20 Minuten), abseihen und gut abtropfen lassen. Die Chicorée auf einer gewärmten Platte anrichten und mit der erhitzten (eventuell leicht gebräunten) Butter übergießen.

Grüne Erbsen = Buttererbsen

450 g ausgelöste Erbsen, Salz, 1 Messerspitze Zucker, 30 g Butter, 1 Tl Petersilie.

Verwenden Sie tiefgekühlte Erbsen oder Dosenerbsen. Wollen Sie frische Erbsen verwenden, benötigen Sie etwa 1 kg Schoten. Die Erbsen unter Zusatz des Zuckers in Salzwasser garen (10–15 Minuten), abgießen, gut abtropfen lassen und in eine gewärmte Schüssel geben. Die Butter in Stückchen schneiden und unter die Erbsen mischen. Mit Petersilie bestreuen und sofort auftragen.

Grüne Erbsen passen besonders zu Kalbsbraten oder zu englischem Filet.

Grüne Erbsen auf französische Art

450 g junge Erbsen (tiefgekühlt), 100 g Butter, 3 Stämmchen Bohnenkraut, Salz, Pfeffer, Zucker, $^1/_{16}$ l Sahne, 1 Eigelb, Petersilie.

Die Butter in einer Kasserolle schmelzen, die Erbsen und das Bohnenkraut dazugeben, mit Salz, weißem Pfeffer und einer Prise Zucker würzen und mit $^1/_8$ l Wasser aufgießen. Die Erbsen unter häufigem Rühren bei schwacher Hitze gar dünsten (10–15 Minuten); das Wasser soll dabei verdampfen. Die Sahne mit dem Eigelb verquirlen und daruntermischen. In einer gewärmten Schüssel anrichten (das Bohnenkraut vorher entfernen) und mit gehackter Petersilie bestreuen.

Grüne Erbsen, gedämpft

Die Erbsen in die zerlassene Butter geben, mit Salz und einer Prise Zucker würzen und im geschlossenen Topf gar dämpfen (10–15 Minuten). – Nur wenn die Erbsen am Topfboden anhaften, mit 1–2 El Wasser aufgießen.
Die Erbsen in einer gewärmten Schüssel anrichten und mit der gehackten Petersilie bestreuen.

450 g ausgelöste Erbsen,
50 g Butter, Salz, Zucker,
gehackte Petersilie.

Erbsbrei = Erbsenpüree

Die über Nacht eingeweichten Erbsen mit einer Zwiebel im Einweichwasser gar kochen (60–90 Minuten), abseihen und passieren. Das Erbsenpüree mit der frischen Butter verrühren, wenn nötig, etwas verdünnen und mit Salz und Pfeffer abschmecken. Das Püree in einer gewärmten Schüssel anrichten. Die in feine Streifen geschnittene Zwiebel mit dem in Würfel geschnittenen Speck anbräunen und darübergießen.
Expreßerbsen sind wesentlich schneller gar und brauchen nicht eingeweicht werden; auch gibt es Erbsbrei in Dosen oder Beuteln.

½ kg gelbe Erbsen,
1 Zwiebel, 30 g Butter,
Salz, Pfeffer, 100 g Speck,
2 Zwiebeln.

Gelbe Erbsen

Die über Nacht eingeweichten Erbsen mit den in ein Mullsäckchen gebundenen Gewürzen in Salzwasser garen (60–90 Minuten); das Wasser soll dabei weitgehend verdampfen. Das Gewürzsäckchen entfernen und die Erbsen in einer gewärmten Schüssel anrichten. Den Räucherspeck in kleine Würfel schneiden und im Öl anbraten. Die in feine Ringe geschnittene Zwiebel darin knusprig rösten. Den Speck mit den Zwiebeln über die Erbsen gießen.

250 g gelbe Erbsen,
6 Pfefferkörner,
1 Lorbeerblatt, 2 Stämmchen Thymian, Salz,
100 g Räucherspeck, 3 El Öl,
1 große Zwiebel.

Fenchel

Die Fenchelknollen von den äußeren Blättern befreien, waschen und halbieren. Die Butter in einer Kasserolle zerlassen, die Fenchelknollen darin von beiden Seiten anschwitzen, salzen und pfeffern. Die Brühe zugießen und den Fenchel bei geschlossenem Topf gar dünsten (30–45 Minuten).
In einer gewärmten Schüssel anrichten und zu gekochtem Ochsenfleisch oder zu Schweinebraten reichen.

2 große Fenchelknollen,
60 g Butter, Salz, Pfeffer,
¼ l Brühe.

Fenchel auf italienische Art

Die gewaschenen Fenchelknollen von den äußeren Blättern befreien, halbieren und in kochendem Salzwasser fast gar kochen (35–40 Minuten); das Wasser soll dabei weitgehend verdampfen. Das Olivenöl erhitzen und über die Knollen gießen. Den Fenchel 5 Minuten im Öl dünsten, auf einer gewärmten Platte anrichten und mit dem feingehackten Fenchelgrün und dem Parmesankäse bestreuen.
Zu Ochsenfleisch oder Fisch reichen.

2 große oder 4 kleine Fenchelknollen,
1/16 l Olivenöl,
2 El Parmesan.

Grünkohl = Braunkohl = Winterkohl

Den Grünkohl putzen (die Blätter von den Rippen streifen) und waschen. Die Blätter in kochendes Salzwasser geben, 15 Minuten kochen lassen, abseihen, abtropfen lassen und fein wiegen. Das Fett in einer Kasserolle schmelzen, die feingehackten Zwiebeln und den zerkleinerten Grünkohl dazugeben, mit einigen Löffeln Brühe aufgießen, mit Piment und Muskat würzen und in geschlossenem Topf 1 Stunde gar schmoren.
Grünkohl ist eine beliebte Beilage zu Eisbein oder Kasseler. Sie können direkt im Kohl gekocht oder erwärmt werden.

1 kg Grünkohl, Salz,
100 g Schmalz (Gansfett, Öl), 2 Zwiebeln, Brühe,
je 1 Messerspitze
Piment und Muskat.

Gurken

1 kg Gurken, 60 g Butter oder Öl, Salz, Pfeffer, $\frac{1}{8}$ l Sahne, Petersilie, Dill, Borretsch.

Die Gurken schälen, der Länge nach vierteln, entkernen (Kerne am besten mit einem Löffel herausnehmen) und in 4–5 cm lange Stücke schneiden. Die Gurkenstücke in dem erhitzten Fett ohne Wasserzugabe unter häufigem Umrühren gar dünsten (etwa 20 Minuten), mit Salz und Pfeffer würzen und mit der Sahne binden. 2–3 Minuten ziehen lassen, in einer gewärmten Schüssel anrichten und mit den feingehackten Kräutern bestreuen.

Gurken à la Paris

1 kg Gurken, 125 g Champignons, 60 g Butter, Zitronensaft, Salz, Pfeffer, Muskat, Nelkenpulver, $\frac{1}{16}$ l Weißwein, 2 Eigelbe, Petersilie.

Die Gurken schälen, der Länge nach vierteln, entkernen und in fingerlange Stücke schneiden. Die Champignons putzen, waschen, in feine Scheiben schneiden und mit etwas Zitronensaft beträufeln. Beides in der erhitzten Butter gar dämpfen (etwa 20 Minuten). Mit Salz, einer Prise Pfeffer, einer Prise Muskat und einer Prise Nelkenpulver würzen und mit den im Wein verquirlten Eigelben binden.
Das Gemüse in einer gewärmten Schüssel anrichten und mit gehackter Petersilie bestreuen.

Mohrrüben

750 g Mohrrüben, 75 g Butter (oder Öl), Salz, Zucker, $\frac{1}{4}$ l Brühe, 1 El Mehl, Petersilie.

Die Mohrrüben waschen, schaben und in dünne Scheiben oder in kurze Stäbchen schneiden. Das Fett in einer Kasserolle schmelzen, die Mohrrüben hineingeben, mit Salz und einer Prise Zucker würzen, mit der Brühe aufgießen und im geschlossenen Topf gar dünsten (20–30 Minuten). Dann mit dem Mehl stauben, wenn nötig, noch etwas Flüssigkeit zugießen, kurz durchkochen und in einer gewärmten Schüssel anrichten. Mit gehackter Petersilie bestreuen.

Karotten, natur

750 g Karotten, 75 g Butter, Salz, Zucker, Petersilie.

Die Karotten unter fließendem Wasser kräftig abbürsten (grüne Stengel und Wurzelhärchen wegschneiden), in die erhitzte Butter geben, mit Salz und einer Prise Zucker würzen und im geschlossenen Topf bei schwacher Hitze gar dünsten (20–30 Minuten, wenn nötig, 1–2 El Wasser zugießen).
Die Karotten in einer Schüssel anrichten und dann mit gehackter Petersilie bestreuen.

Karotten mit Äpfeln

500 g Karotten, 2 mittelgroße Äpfel, 60 g Butter, $\frac{1}{8}$ l Weißwein, 1 Tl Honig, Salz, Pfeffer, 1 El gehackte Petersilie.

Die Karotten unter fließendem Wasser kräftig abbürsten (alte Wurzeln schaben), in Streifen schneiden und mit den geschälten, in Streifen geschnittenen Äpfeln in der Butter andünsten. Den Weißwein dazugeben und das Gemüse im geschlossenen Topf bei schwacher Hitze weichdünsten (20–30 Minuten). Zuletzt den Honig dazurühren und mit Salz und Pfeffer abschmecken.
Das Gemüse in einer gewärmten Schüssel anrichten und mit der gehackten Petersilie bestreuen.

Kastanien, mitgebraten = Maroni

1 kg Edelkastanien.

Die Kastanien an der gewölbten Seite einschneiden, auf einem Backblech in dem erhitzten Rohr rösten, bis sich die Schale lösen läßt. Die Kastanien schälen. (Das braune Häutchen muß mitgeschält werden! Sollte es sich noch nicht entfernen lassen, tauchen Sie die Kastanien für 2–3 Minuten in kochendes Wasser.) Die geschälten Kastanien neben ein im Rohr befindliches Fleisch geben und mitbraten.

Kohlrabi = Kohlrüben

4 junge Kohlrabi, Salz,
1 Tl gehackte Petersilie,
40 g Butter (oder Öl),
30 g Mehl, Muskat, Zucker,
2 El Sahne.

Die Kohlrabi von den jungen Blättern befreien, schälen, in Scheiben (oder Streifen) schneiden und in Salzwasser garen (20–30 Minuten) und abseihen. – Die zarten Kohlrabiblätter fein hacken und zusammen mit der gehackten Petersilie in der Butter anschwitzen. Das Mehl dazugeben, hellbraun rösten, mit einem schwachen 1/2 l des Gemüsesudes aufgießen und 10 Minuten leicht kochen lassen. Mit Salz, Muskat und einer Prise Zucker abschmecken. Die gekochten Kohlrabistücke in die Sauce legen und darin erwärmen. Zuletzt mit der Sahne verfeinern und in einer gewärmten Schüssel anrichten.

Kohlrabi in Butter

4 junge Kohlrabi,
60 g Butter, 1 El gehackte Petersilie, Salz.

Die Kohlrabi von den jungen Blättern befreien, schälen und in dünne Scheibchen schneiden (hobeln). – Die Kohlrabiblätter fein hacken und mit der gehackten Petersilie in der Butter anschwitzen. Die Kohlrabischeibchen dazugeben, in geschlossenem Topf salzen und gar dünsten (25–35 Minuten); dabei immer wieder 1–2 El Wasser zusetzen. Die Kohlrabi sofort in einer gewärmten Schüssel anrichten.
Wenn Sie eine leichte Bindung lieben, stauben Sie die Kohlrabi vor dem Anrichten mit 1 Tl Mehl oder binden Sie sie mit Mehlbutter aus 1 Tl Butter und 1 Tl Mehl.

Kürbisgemüse

1 1/2 kg Kürbis, 1/2 Zwiebel,
1 Tl Petersilie, 1 El Dillkraut,
50 g Fett (Butter oder Öl),
Salz, 1 El Mehl, 1/8 l saure Sahne.

Den Kürbis waschen, schälen, halbieren, von den Kernen befreien und in Stäbchen oder Würfel schneiden. Die Zwiebel fein hacken und mit der gehackten Petersilie und dem Dillkraut im Fett anschwitzen. Den Kürbis dazugeben, salzen und bei geschlossenem Topf im eigenen Saft gar dünsten (etwa 20 Minuten). Mit dem Mehl stauben und mit der sauren Sahne aufgießen. Alles zusammen 5 Minuten leicht kochen lassen und dann in einer gewärmten Schüssel auftragen.

Kürbis auf russische Art

1 1/2 kg Kürbis, 4 Tomaten,
1 Zwiebel, 2 El Öl, Salz,
Pfeffer.

Den Kürbis waschen, schälen, halbieren, entkernen und in große Würfel schneiden. Die Kürbiswürfel in kochendes Salzwasser geben und kochen, bis sie gerade weich geworden sind (15–20 Minuten) – sie dürfen nicht zerfallen. Die Tomaten schälen (vorher überbrühen), entkernen, in kleine Würfel schneiden und mit der feingehackten Zwiebel im Öl andünsten. Die Kürbiswürfel 1 Minute mitschmoren. Das Gemüse mit Salz und Pfeffer abschmecken und in einer gewärmten Schüssel zu Tische geben.

Maiskörner = Süßmais

1 Dose Süßmais, Salz,
Pfeffer, 30 g Butter.

Süßmais sind die abgelösten Körner älterer Kolben; er kommt fertig gekocht in Dosen in den Handel. Die Maiskörner in der vorhandenen Flüssigkeit erwärmen, salzen, pfeffern, abseihen und in eine gewärmte Schüssel geben. Die Butter in Flöckchen daruntermischen.

Maiskolben = Kukuruz

1–2 junge Maiskolben pro Person, Salz, 1 Prise Zucker, Butter.

Die Maiskolben von den Blättern und den Fäden befreien (ein zu langes Stielende abschneiden), in kochendem Salzwasser, dem eine Prise Zucker beigegeben wird, 15–20 Minuten garen, abtropfen lassen und auf eine Platte legen. Sie werden beim Essen in die Hand genommen, leicht gesalzen, mit Butter bestrichen und abgeknabbert.

Sie können als Beilage zu Koteletts oder Würsten, aber auch als eigene Mahlzeit gegessen werden.

Mischgemüse auf französische Art = Ratatouille

2 große grüne Paprikaschoten, 2 kleinere Auberginen, 5 feste Tomaten, 2 große Zwiebeln, 2 Knoblauchzehen, 100 g Olivenöl (oder anderes Fett), Salz, Pfeffer, 1 Tl Thymian, 1 Tl Basilikum.

Die gewaschenen Paprikaschoten der Länge nach dritteln, Kerne und Scheidewände entfernen und wie die gewaschenen, ungeschälten Auberginen in fingerdicke Scheiben schneiden. Die gewaschenen Tomaten schälen (vorher kurz überbrühen) und vierteln. Die Zwiebeln schälen und in feine Streifen schneiden. Die Knoblauchzehen mit etwas Salz zerdrücken (oder 2 Messerspitzen Trockenknoblauch verwenden) und mit den Zwiebeln im Öl anschwitzen. Die Paprikaschoten und die Auberginen darin 20 Minuten bei geschlossenem Topf dünsten lassen. Die Tomaten dazugeben, alles noch 15 Minuten weiterdämpfen und zuletzt mit Salz, Pfeffer und den gehackten Kräutern würzen. Die Ratatouille in einer gewärmten Schüssel anrichten und mit frischem Weißbrot (eventuell noch ein Stück französischer Käse dazu) auftragen oder als Beilage zu Schweinskoteletts reichen.

Mischgemüse Palermo

1 große Zwiebel, 100 g Olivenöl (oder anderes Fett), 500 g Auberginen, 250 g Zucchini, 250 g Tomaten, Salz, Pfeffer, 1 Messerspitze Trockenknoblauch, 1 El gehackte Petersilie, 2 El geriebener Parmesan.

Die Zwiebel fein hacken und im Öl hellgelb anrösten. Die gewaschenen Auberginen schälen, in Würfel schneiden und mit den ungeschälten, in Würfel geschnittenen Zucchini zu den Zwiebeln geben. Alles im geschlossenen Topf 20 Minuten dünsten. Die Tomaten schälen, entkernen (die Kerne herausdrücken), in Würfel schneiden, zu dem übrigen Gemüse geben und 10 Minuten mitdünsten. Das Gemüse mit Salz, Pfeffer und Trockenknoblauch würzen, in eine gewärmte Schüssel geben und mit der gehackten Petersilie und dem geriebenen Parmesan bestreuen.

Mischgemüse auf ungarische Art = Letscho

80 g Speck, 3 große Zwiebeln, 5 grüne Paprikaschoten, 500 g Tomaten, Salz, Pfeffer, Paprika.

Den Speck in kleine Würfel schneiden und im eigenen Fett anbraten; die feingehackten Zwiebeln mit anschwitzen. Die Paprikaschoten waschen, der Länge nach dritteln, von Stiel, Kernen und Scheidewänden befreien, in daumendicke Streifen schneiden und zu den Zwiebeln geben. Alles etwa 20 Minuten dünsten und dann die geschälten (vorher kurz überbrühen), geviertelten Tomaten dazugeben. 10 Minuten bei schwacher Hitze weiterkochen, mit Salz, einer Prise frischgemahlenem Pfeffer und einer Prise Paprika abschmecken und in einer gewärmten Schüssel anrichten.

Lauch, gedämpft

1 kg Lauch, 60 g Butter oder Öl, Salz, Pfeffer, Muskat.

Den Lauch putzen (die zähen grünen Blätter und die Außenblätter entfernen), waschen und in etwa 5 cm lange Stücke schneiden. Das Fett in einer Kasserolle erhitzen, die Lauchstücke hineingeben, mit Salz, Pfeffer und Muskat bestreuen und im geschlossenen Topf gar dünsten (20–30 Minuten); dabei immer wieder 2–3 El Wasser zugeben.

Zur Abwechslung kann der gedämpfte Lauch mit in Butter gerösteten Bröseln bestreut werden.
Gedämpfter Lauch paßt besonders gut zu Siedfleisch oder auch zu Rauchfleisch.

Leipziger Allerlei

Das Gemüse putzen (Karotten schaben, grüne Bohnen entfädeln), waschen und in kleinere Stücke schneiden. Die Karotten, die grünen Bohnen und die Erbsen in dem erhitzten Fett leicht anschwitzen, salzen und mit einigen Löffeln Wasser aufgießen. Den in kleine Röschen zerteilten Blumenkohl dazugeben, alles zugedeckt weichdämpfen (etwa 30 Minuten), mit dem Mehl stauben, noch 1–2 Minuten weiterkochen und dann in einer gewärmten Schüssel anrichten.
Leipziger Allerlei kann auch aus anderen jungen Gemüsesorten hergestellt werden. Sehr beliebt ist eine Mischung aus Erbsen, Karotten, Brechbohnen, Kohlrabi, Spargel und Blumenkohl. Außerdem gibt es im Handel fertige Mischgemüse.

250 g Karotten,
250 g grüne Bohnen,
300 g ausgelöste Erbsen,
200 g Blumenkohl,
60 g Butter (oder Öl),
Salz, 1 El Mehl.

Linsen

Die über Nacht eingeweichten Linsen mit der Zwiebel und den in ein Mullsäckchen gebundenen Gewürzen in so viel Einweichwasser gar kochen, daß die Linsen gerade bedeckt sind. (Eventuell ab und zu Flüssigkeit nachgießen. Kochzeit etwa 100 Minuten. Aufgeschlossene Expreßlinsen haben eine kürzere Garzeit und müssen nicht eingeweicht werden.) Die Zwiebel und das Gewürzsäckchen entfernen. Aus Fett und Mehl eine dunkle Einbrenne herstellen, mit der Linsenbrühe samt Linsen aufgießen und 5 Minuten gut durchkochen. Die Linsen mit Salz, Pfeffer und einem Spritzer Essig abschmecken und in einer gewärmten Schüssel anrichten.

300 g Linsen, 1 Zwiebel,
1 Lorbeerblatt, 1 Stämmchen Thymian, 1 Zitronenschale,
50 g Schmalz (oder Öl),
40 g Mehl, Salz, Pfeffer,
Essig.

Specklinsen

Die eingeweichten Linsen wie oben beschrieben gar kochen und dabei darauf achten, daß die Flüssigkeit während des Kochens weitgehend verdampft. Die Zwiebel und die Gewürze entfernen. Den Räucherspeck in Würfel schneiden, im eigenen Fett knusprig braten und unter die Linsen mischen. Mit Salz und Pfeffer abschmecken und sofort in einer gewärmten Schüssel auftragen.

300 g Linsen, 1 Zwiebel,
1 Lorbeerblatt, 1 Stämmchen Thymian, 1 Zitronenschale,
250 g durchwachsener Räucherspeck.

Petersilie, gebacken

Frische Petersilie rasch waschen, abtrocknen, von den groben Stengeln befreien und in dem auf 150° erhitzten Öl 2 Minuten schwimmend backen. Dann herausheben, auf Küchenkrepp abtropfen lassen und mit etwas Salz bestreuen.
Gebackene Petersilie schmeckt nicht nur gut, sondern sieht auch dekorativ aus. Sie eignet sich vor allem als Garnitur für Braten, Geflügel oder Fisch.

Petersilie, Salz,
Öl zum Backen.

Rosenkohl

Den Rosenkohl putzen (von welken und wurmstichigen Blättern befreien), waschen und in kochendem Salzwasser weichkochen (etwa 30 Minuten). Aus Fett und Mehl eine hellbraune Einbrenne bereiten, mit $\frac{1}{4}$–$\frac{3}{8}$ l Kochsud aufgießen und 10 Minuten zu einer glatten Sauce verkochen lassen. Den Rosenkohl darin kurz aufkochen und mit Salz und Pfeffer abschmecken.

750 g Rosenkohl, Salz,
40 g Fett, 30 g Mehl,
Pfeffer.

Sauerkraut

750 g Sauerkraut,
60 g Räucherspeck,
6 Wacholderbeeren,
1 Lorbeerblatt, 1 Tl Kümmel.

Den Speck in kleine Würfel schneiden und im eigenen Fett anrösten. Das gelokkerte Kraut und die Gewürze dazugeben und im geschlossenen Topf 15 Minuten bei schwacher Hitze dünsten. Mit 1/16–1/8 l Flüssigkeit aufgießen und das Kraut in 30–40 Minuten weichdämpfen.

Ananaskraut

1 kg Sauerkraut,
3/8 l Weißwein, Salz,
100 g Schmalz (oder Gänsefett oder Öl),
250 g geraspelte Ananas (kleine Dose).

Das Sauerkraut mit zwei Gabeln lockern, in den Weißwein geben, salzen und zum Kochen bringen. 1 El Schmalz darunterrühren und bei schwacher Hitze garen (etwa 1 Stunde); dabei immer wieder 1 El Fett zusetzen. Das Kraut soll trocken und fettglänzend sein und säuerlich schmecken; bei jungem Sauerkraut eventuell mit 1 El Weinessig nachsäuern. Kurz vor dem Anrichten die geraspelten Ananas mit dem Saft unter das Kraut mischen und in einer gewärmten Schüssel anrichten.

Schwarzwurzeln, natur

1 kg Schwarzwurzeln,
Zitronensaft, 1/2 Zitrone,
Pfeffer, 60 g Butter,
Petersilie.

Die gewaschenen Schwarzwurzeln schälen und sofort in Zitronen- oder Essigwasser legen. Die Stangen in fingerlange Stücke schneiden, mit der halben ungespritzten Zitrone in kochendem Salzwasser bei geschlossenem Topf gar kochen (40–50 Minuten). Die Wurzelstücke aus dem Sud nehmen, gut abtropfen lassen, auf einer gewärmten Platte anrichten, mit etwas Pfeffer und Zitronensaft und mit der erhitzten, gebräunten Butter übergießen und mit gehackter Petersilie bestreuen.

Schwarzwurzeln, eingemacht

750 g Schwarzwurzeln,
Zitronensaft, 1/2 Zitrone,
Salz, 2 Tl gehackte Petersilie,
40 g Butter, 30 g Mehl,
Muskat, 1/8 l Sahne,
20 g Butter.

Die Schwarzwurzeln waschen, dünn schälen (oder schaben) und sofort in Zitronen- oder Essigwasser legen. Die Stangen in 2–3 cm lange Stücke schneiden, mit der Zitrone in kochendem Salzwasser bei geschlossenem Topf gar kochen (40–50 Minuten). – Die Petersilie in der Butter anschwitzen, das Mehl dazugeben, leicht anrösten, mit 1/4 l Kochsud aufgießen und 10 Minuten schwach kochen lassen. Die Sauce mit Salz, Muskat und Zitronensaft abschmecken und mit der Sahne verfeinern. Die abgetropften Schwarzwurzelstücke darin erwärmen. Zuletzt die frische Butter einrühren und in einer gewärmten Schüssel auftragen.

Sellerie

2–3 Sellerieknollen,
Salz, Saft von 1/2 Zitrone,
40 g Butter, 30 g Mehl,
Pfeffer, Muskat, Zitronensaft,
1/8 l Sahne.

Die Sellerieknollen waschen, schälen, in dünne Scheiben schneiden und in Salzwasser, dem etwas Zitronensaft beigegeben wird, garen (20 Minuten). Aus Butter und Mehl eine helle Einbrenne bereiten, mit 1/4 l des Kochwassers aufgießen und gut durchkochen lassen. Die abgeseihten Selleriescheiben in die Sauce legen und mit Salz, 1 Prise Pfeffer, 1 Prise Muskat und etwas Zitronensaft abschmecken. Zuletzt mit der Sahne (die Sie, wenn Sie wollen, mit einem Eigelb verquirlen können) verfeinern. Das Gemüse in einer gewärmten Schüssel anrichten und mit gehacktem Selleriegrün bestreuen.

Spargel in Butter = Stangenspargel

1 1/2 kg Spargel Klasse I, Salz,
1 Prise Zucker, 60 g Butter.

Den Spargel vom Kopf abwärts schälen, die holzigen Enden entfernen, waschen, und zu zwei Bündeln zusammenbinden. Die Spargelbündel mit 1 Prise Zucker in kochendem Salzwasser langsam gar kochen (je nach Sorte 20–35 Minuten),

herausheben, gut abtropfen lassen, aufbinden, auf einer gewärmten Schüssel anrichten und dann mit der leicht gebräunten (haselnußbraunen) Butter übergießen.
Stangenspargel in Butter schmeckt besonders gut zu gekochtem oder rohem Schinken.

Spargelgemüse

Den Spargel wie vorher beschrieben putzen, in 2–3 cm lange Stücke schneiden, mit dem Zucker in Salzwasser garen und abseihen. Aus Butter und Mehl eine helle Einbrenne bereiten, mit 3/8 l des Sudes aufgießen und 10 Minuten leicht kochen. Die Sauce mit Salz und Zitronensaft abschmecken und mit der Sahne, die vorher mit dem Eigelb verquirlt wurde, verfeinern. Die Spargelstücke in die fertige Sauce legen und 5 Minuten ohne zu kochen darin ziehen lassen.

1 kg Spargel, Salz, 1 Prise Zucker, 40 g Butter, 30 g Mehl, Zitronensaft, 1/10 l Sahne, 1 Eigelb.

Spinat, eingemacht = Cremespinat

Den Spinat verlesen (Wurzeln und schlechte Teile entfernen), mehrmals gründlich waschen und in 1/2 l kochendem Salzwasser bei geschlossenem Topf gar kochen (5–10 Minuten). Dann abseihen, abtropfen lassen und fein hacken oder durch den Fleischwolf drehen. Aus Butter und Mehl eine helle Einbrenne herstellen, mit 2–3 El Kochsud aufgießen und kurz aufkochen lassen. Den gehackten Spinat darin 3–5 Minuten leicht kochen lassen, mit Salz und einer Prise Muskat (wenn Sie wollen, können Sie auch eine Prise Knoblauch dazugeben) abschmecken und mit der Sahne verfeinern. In einer gewärmten Schüssel anrichten.
Spinat paßt sehr gut zu gekochtem Siedfleisch, zu Hackfleisch oder zu Spiegeleiern.
Cremespinat läßt sich besonders gut aus tiefgekühltem Spinat zubereiten. Verwenden Sie eine 450-g-Packung.

1 kg Spinat, Salz, 40 g Butter (oder Öl), 30 g Mehl, Muskat, 2 El Sahne.

Spinat, gedünstet

Den Spinat verlesen, waschen und gut abtropfen lassen. Die Butter in einer größeren Kasserolle zum Schmelzen bringen, den Spinat bei geschlossenem Topf weich dünsten (5–10 Minuten); mit Salz und etwas Muskat würzen und sofort in einer gewärmten Schüssel auftragen.

1 kg junger Spinat, 50 g Butter, Salz, Muskat.

Spinat in Madeira

Den Spinat verlesen, waschen, abtropfen lassen, in den Madeira geben, salzen und bei geschlossenem Topf gar dämpfen (5–10 Minuten). Den Spinat in eine gewärmte Schüssel geben und mit der kleingeschnittenen, frischen Butter belegen. Sofort auftragen.

1 kg junger Spinat, 1/10 l Madeira, Salz, 30 g Butter.

Teltower Rübchen

Die Rübchen schälen (oder schaben) und sofort mit kaltem Wasser waschen. Den Zucker in der Butter bräunen und die Rübchen darin unter ständigem Rühren 15 Minuten andünsten. Mit Salz und Pfeffer würzen, mit etwas Brühe aufgießen, zudecken und die Rübchen langsam gar dämpfen (15–20 Minuten). Mit Mehl stauben, nochmals durchkochen (eventuell noch etwas Flüssigkeit zugeben), abschmecken, in einer erwärmten Schüssel anrichten und mit Petersilie bestreuen.

750 g weiße Rübchen, 40 g Butter, 1 El Zucker, Salz, Pfeffer, 1/8 l Brühe, 1 El Mehl, Petersilie.

Tomaten, gebraten

8 mittelgroße Tomaten,
50 g Öl (Fett), Salz, Pfeffer,
Petersilie, Basilikum.

Die gewaschenen, abgetrockneten Tomaten halbieren und die Kerne leicht herausdrücken. Das Fett in einer Pfanne erhitzen, die Tomaten darin mit der Schnittfläche nach unten rasch anbraten, wenden, salzen, pfeffern und bei geschlossenem Topf gar dünsten (10 Minuten). Die Tomaten mit Petersilie und Basilikum bestreuen und auf einer gewärmten Platte anrichten.
Gebratene Tomaten passen gut zu gebratenem Fleisch, zu *Risotto* und Teigwaren, sie eignen sich sehr gut als Garnitur.

Tomaten, gedämpft

12 kleine Tomaten, 6 El Öl.
Salz, Pfeffer,
1 El Kräuter.

Achten Sie bei diesem Gericht darauf, daß Sie möglichst gleichmäßige, feste Tomaten verwenden. Das Öl in einer flachen Kasserolle erhitzen, die Tomaten nebeneinander hineingeben und im geschlossenen Topf bei schwacher Hitze im eigenen Saft gar dämpfen (10 Minuten). Die Tomaten auf einer Gemüse- oder Fleischplatte anrichten und mit Salz, Pfeffer und gehacktem Basilikum (oder Oregano oder Petersilie) bestreuen.

Tomaten in Sahne

12 mittelgroße, feste Tomaten,
50 g Butter, 30 g Mehl,
$1/4$ l Sahne, Salz, Pfeffer,
Ingwer, Dillkraut.

Aus Butter und Mehl eine helle Mehlschwitze bereiten, mit $1/8$ l Wasser aufgießen und kurz aufkochen. Die Sahne unter ständigem Schlagen mit dem Schneebesen dazugießen. Die Sauce noch 5 Minuten kochen und dann mit Salz, Pfeffer und Ingwer abschmecken. Die gewaschenen Tomaten in die Sauce stellen und darin erhitzen, bis sie gerade gar sind (10 Minuten), sie dürfen dabei nicht zerfallen. Die Tomaten auf einer flachen Platte anrichten, mit der Sahnesauce übergießen und mit viel gehacktem Dillkraut bestreuen.

Wachsbohnen = Spargelbohnen

1 kg Wachsbohnen, Salz,
Saft von $1/2$ Zitrone, 60 g Butter,
Petersilie.

Die Wachsbohnen putzen (Fäden entfernen), in kochendem Salzwasser, das mit Zitronensaft gesäuert ist, kernig weich kochen (30–40 Minuten), gut abtropfen lassen, auf einer gewärmten Platte anrichten und mit der gebräunten Butter übergießen.
Die Wachsbohnen können zusätzlich mit 2–3 El geriebenem Parmesan und Petersilie bestreut werden.

Weiße Bohnen auf chilenische Art

1 kg weiße Bohnen,
60 g Räucherspeck,
60 g Schinken, 1 Zwiebel,
2 scharfe rote Paprikaschoten,
1 El gehackte Petersilie,
1 El Mehl, $1/2$ l Brühe, Salz,
Pfeffer, Oregano.

Die Bohnen über Nacht einweichen, abseihen und abtropfen lassen. Den Speck in kleine Würfel schneiden und im eigenen Fett leicht anbraten. Den ebenfalls in kleine Würfel geschnittenen Schinken, die gehackte Zwiebel, die gehackten Paprikaschoten und die gehackte Petersilie dazugeben. Alles kurz durchrösten, mit dem Mehl stauben, mit der Brühe aufgießen und zum Kochen bringen. Die Bohnen dazugeben und mit Salz, Pfeffer und Oregano würzen. Die Bohnen im geschlossenen Topf bei schwacher Hitze gar dünsten ($1\,1/2$ Stunden) und in einer gewärmten Schüssel anrichten.
Diese Bohnen passen besonders gut zu Bratwürsten oder zu Hammelfleisch.

Eierpfanne auf Bauern-Art, Eier im Glas und Omelette mit Schinken ▷
(von hinten nach vorn)

Weiße Bohnen mit Zwiebeln

Die über Nacht eingeweichten Bohnen mit dem Bohnenkraut in frischem Salzwasser garen (1½ Stunden), abseihen, abtropfen lassen und in eine gewärmte Schüssel geben. Die Zwiebeln in feine Streifen schneiden, im Fett knusprig goldbraun rösten und über die angerichteten Bohnen gießen.
Ein schnell herzustellendes Gericht (vor allem, wenn Sie die Bohnen im Dampfdrucktopf kochen oder Dosenbohnen verwenden), das besonders gut zu Schweinefleisch oder zu Würsten paßt.

400 g weiße Bohnen, Salz, 2 Stämmchen Bohnenkraut (oder Thymian), 3 Zwiebeln, 100 g Öl (oder Schmalz).

Weißkraut = Weißkohl = Bayrisch-Kraut

Das Kraut putzen, vom Strunk befreien, waschen und fein hobeln. Die Zwiebel hacken und mit dem Zucker im Fett bräunen. Das Kraut dazugeben, mit Salz und Kümmel würzen, mit ⅛ l Flüssigkeit (Wasser oder Brühe) aufgießen und bei geschlossenem Topf gar dünsten (etwa 30 Minuten). Das Kraut mit dem Mehl stauben. Wenn nötig, noch etwas Flüssigkeit zusetzen und kurz durchkochen. Mit Salz, Pfeffer und Essig pikant abschmecken und in einer gewärmten Schüssel anrichten.

1 kg Weißkraut, 1 Zwiebel, 1 Tl Zucker, 50 g Schmalz (oder Öl), Salz, 1 Tl Kümmel, 1 El Mehl, Pfeffer, Essig.

Weinkraut

Das gewaschene, geputzte, vom Strunk befreite Kraut in feine Streifen schneiden. Die Zwiebel hacken und im Fett anschwitzen. Das Kraut dazugeben, mit der Hälfte des Weines aufgießen, salzen und bei geschlossenem Topf gar dünsten (etwa 30 Minuten). Mit Salz, Pfeffer und dem restlichen Wein abschmecken und in einer gewärmten Schüssel zu Tisch geben.

1 kg Weißkraut, 1 Zwiebel, 50 g Schmalz (oder Öl), ¼ l Weißwein, Salz, Pfeffer.

Tomatenkraut

Die Zwiebel fein hacken und mit dem Zucker im Fett anschwitzen. Das vorbereitete Kraut (gewaschen, geputzt und in feine Streifen geschnitten) dazugeben, salzen und unter Zusatz von von 3–4 El Wasser im geschlossenen Topf gar dünsten (etwa 30 Minuten). Mit dem Mehl stauben, mit dem Tomatenmark versetzen und 2–3 Minuten kochen. Zuletzt mit Salz, Pfeffer und einem Spritzer Essig pikant würzen.

1 kg Weißkraut, 1 Zwiebel, 1 Tl Zucker, 50 g Schmalz (oder Öl), Salz, 1 El Mehl, 3 El Tomatenmark, Pfeffer, Essig.

Wirsing

Den Wirsing halbieren, von den groben Rippen befreien, gut waschen, 10 Minuten in Salzwasser kochen, abseihen, gut abtropfen lassen und in feine Streifen schneiden oder grob hacken. Die Zwiebel fein hacken und im Fett anschwitzen. Das Mehl dazugeben, durchrösten, mit der Brühe aufgießen und zu einer sämigen Sauce verkochen. Den Wirsing darin bei geschlossenem Topf noch eine ¼ Stunde dämpfen. Das Gemüse mit Salz und Pfeffer abschmecken und in einer gewärmten Schüssel anrichten.

1 kg Wirsing, Salz, 1 Zwiebel, 40 g Öl (Fett), 30 g Mehl, ¼ l Brühe.

◁ *Hühnersoufflé (hinten) und Käsesoufflé (vorne)*

Zucchini = Zucchetti

750 g Zucchini, 40 g Öl, Salz, Pfeffer, 1 Prise Trockenknoblauch, Borretsch, 1 El Sahne.

Zucchini sind gurkenähnliche Zwergkürbisse, die in Italien und Griechenland beheimatet sind. Sie erfreuen sich auch bei uns immer größerer Beliebtheit.
Die Zucchini waschen (nicht schälen), in 2–3 mm dicke Scheiben schneiden, in das erwärmte Öl geben und bei geschlossenem Topf gar dünsten (15–25 Minuten). Mit Salz, Pfeffer, Knoblauch und dem gehackten Borretsch würzen und mit der Sahne binden. Die Zucchini in einer gewärmten Schüssel anrichten und zu Siedfleisch, Schweinskoteletts, Frikadellen oder Fleischkäse reichen.

Zucchini auf griechische Art

½ kg Zucchini, 250 g Zwiebeln, 250 g Tomaten, 150 g Öl, Salz, Pfeffer, Majoran, Thymian, Rosmarin, 20 g Semmelbrösel.

Die Zucchini waschen und in fingerdicke Scheiben schneiden; die Zwiebeln in Streifen schneiden; die gewaschenen Tomaten in Scheiben schneiden (eventuell vorher enthäuten). Die Zucchini, die Zwiebeln und die Tomaten lageweise in eine feuerfeste Form schichten, dabei jede Schicht mit Öl begießen und mit Salz, Pfeffer und den gehackten Kräutern bestreuen. Zuletzt die Semmelbrösel darüberstreuen. Die Form in ein auf 160° erhitztes Rohr stellen und das Gemüse in etwa 30 Minuten gar dünsten. Sofort in der Form zu Tisch geben.

Zwiebeln mit Äpfeln

500 g Zwiebeln, 500 g Äpfel, 60 g Fett (Schmalz oder Öl), ⅛ l Brühe, Salz, Pfeffer, Zucker.

Die Zwiebeln schälen und in dickere Ringe schneiden. Die Äpfel vierteln, schälen und in ½ cm dicke Scheiben schneiden. Das Fett in einer Kasserolle erhitzen, die Zwiebelringe darin goldgelb rösten, die Äpfel dazugeben, mit der Brühe begießen und alles im geschlossenen Topf bei schwacher Hitze garen (etwa 15 Minuten). Das Gemüse mit Salz, frischgemahlenem Pfeffer und einer Prise Zucker pikant abschmecken, in einer gewärmten Schüssel anrichten und zu Schweinsbraten servieren.

Zwiebeln, gebacken

600 g große Zwiebeln, Milch nach Bedarf, Salz, Pfeffer, Mehl, Fett zum Backen (Schmalz oder Öl).

Die geschälten Zwiebeln in 2–3 mm dicke Ringe schneiden, kurz in Milch tauchen, gut abtropfen lassen, salzen, pfeffern und in Mehl wenden. Die Ringe in reichlich erhitztem Fett schwimmend goldbraun backen.

Zwiebeln, geschmort

750 g gleichmäßige Zwiebeln, 40 g Butter, Salz, Pfeffer, Zucker, ⅛ l Brühe, 1 Tl Maizena.

Die Zwiebeln schälen, in kochendes Wasser geben, 5 Minuten kochen, abseihen und abtropfen lassen. Die Butter in einer Kasserolle zerlassen, die abgetropften Zwiebeln dazugeben, mit Salz, frischgemahlenem Pfeffer und einer Prise Zucker würzen, mit der Brühe aufgießen und im geschlossenen Topf gar schmoren (25–30 Minuten). Mit dem in etwas kaltem Wasser angerührten Stärkemehl binden, noch 2–3 Minuten durchkochen und in einer gewärmten Schüssel anrichten.

Zwiebeln, glasiert

500 g kleine Zwiebelchen, 40 g Butter, 1 Tl Zucker, Brühe

Die geschälten Zwiebelchen mit dem Zucker in der erhitzten Butter unter ständigem Schwenken von allen Seiten hellbraun anrösten. Mit 2–3 El Brühe aufgießen und die Zwiebelchen im geschlossenen Topf unter häufigem Schwenken gar dünsten (etwa 15 Minuten). Sie sollen gleichmäßig von dem inzwischen dunkelbraun gewordenen Sud überzogen sein.
Sie eignen sich vor allem als Garnitur für gebratenes Fleisch.

BEILAGEN

Beilagen haben die Aufgabe, ein auf Fleisch, Geflügel, Wild, Fisch oder Gemüse basierendes Hauptgericht zu ergänzen und abzurunden. Geschmacklich neutrale Beilagen werden zu herzhaften und würzigen Hauptspeisen gereicht; kräftig schmeckende Beilagen bilden eine wichtige Komponente zu einem Hauptgang von weniger ausgeprägtem Geschmack.

KARTOFFELBEILAGEN

Die Kartoffeln sind auch in Zeiten des Wohlstandes das bedeutendste Nahrungsmittel geblieben. Viele Leute neigen dazu, den Wert der unansehnlichen Knollen gering einzuschätzen. Dabei enthält die Kartoffel wichtige Nährstoffe, Mineralien und Vitamine. (Kochen Sie sie am besten in der Schale oder dünn geschält und im Dampfdrucktopf.) Man erhält sie das ganze Jahr über in guter Qualität und kann sie zu so unterschiedlichen Gerichten verarbeiten wie kaum ein anderes Produkt aus Feld und Garten. Es gibt eine große Anzahl unterschiedlicher Kartoffelsorten. Für den Gebrauch wichtig ist die Einteilung in mehlige und speckige (dazu zählen die Salatkartoffeln) Sorten. Für viele Gerichte können beide Sorten – je nach Geschmack – verwendet werden.
Für Bratkartoffeln und Petersilienkartoffeln sollten immer speckige, für Kartoffelpüree, Kartoffelkroketten, Herzoginkartoffeln, Salzkartoffeln und Pommes frites mehlige Sorten verwendet werden.
Nachfolgend die wichtigsten Kartoffelgerichte, die als Beilagen Verwendung finden. Weitere Kartoffelgerichte finden Sie im Kapitel *Kleine Hauptgerichte;* Klöße unter dem entsprechenden Stichwort.

Berner Rösti

1 kg feste Kartoffeln,
100 g Butter (oder Butterfett),
Salz, 3 El Milch.

Die gewaschenen Kartoffeln kochen, abkühlen lassen, schälen und grob raspeln. Die Butter in einer Pfanne erhitzen, die Kartoffeln dazugeben, je nach Geschmack salzen und unter ständigem Rühren leicht durchrösten. Dann zu einem Kuchen zusammenschieben, glattdrücken und mit der Milch befeuchten. Die Pfanne schließen und die Kartoffeln bei mäßiger Hitze braten, bis sich unten eine schöne goldbraune und knusprige Kruste gebildet hat (etwa 10 Minuten). Die Kartoffeln auf eine gewärmte runde Platte stürzen; die Kruste soll obenauf liegen.

Bouillonkartoffeln

800 g mehlige Kartoffeln,
¾ l–1 l Fleischbrühe,
2 El gehackte Kräuter.

Die gewaschenen Kartoffeln schälen, in etwa 1½ cm große Würfel oder dicke Scheiben schneiden und mit kochender Brühe begießen, bis sie gerade bedeckt sind. Deckel schließen und die Kartoffeln langsam gar kochen, bis die Flüssigkeit fast aufgesogen wird. Die Kartoffeln in einer gewärmten Schüssel anrichten und mit den gehackten Kräutern (nur Petersilie, oder Petersilie und Kerbel gemischt) auftragen.

Bouillonkartoffeln sind eine beliebte Beilage zu gekochtem Rindfleisch. Sie können sie noch verfeinern, indem Sie eine kleingehackte, in etwas Butter braun geröstete Zwiebel darüberstreuen. Sie können auch 1 Stückchen kleingeschnittenen Lauch und ⅛ kleingeschnittene Sellerieknolle mitkochen.

Bratkartoffeln = Pommes sautées

800 g speckige Kartoffeln,
Salz, 30 g Butter, 30 g Öl.

Die gewaschenen Kartoffeln mit der Schale in Salzwasser gar kochen, kurz abdämpfen lassen, schälen und in dickere Scheiben schneiden. Die Kartoffelscheiben in der zerlassenen Butter unter ständigem Rühren erhitzen und, wenn nötig, nachsalzen. Das Öl in einer Bratpfanne stark erhitzen, die Kartoffelscheiben darin rasch von beiden Seiten braun braten.

Diese Bratkartoffeln sind knusprig und haben den feinen Buttergeschmack. Selbstverständlich können Bratkartoffeln auch in einem Arbeitsgang hergestellt werden: Man gibt sie in 60 g heißes Öl und läßt sie knusprig und braun werden.

Bratkartoffeln aus rohen Kartoffeln = Pommes Anna

800 g Kartoffeln, 80 g Schmalz
oder Öl, Salz.

Die gewaschenen Kartoffeln schälen und in dünne Scheiben schneiden. Die Hälfte des Fettes auf den Boden einer größeren Bratpfanne geben, die Kartoffelscheiben daraufschichten, salzen und mit dem restlichen Fett begießen. Die Kartoffeln in dem auf 150° erhitzten Rohr gar braten. Die Kartoffeln auf einer gewärmten Platte anrichten.

Sehr hübsch ist es, wenn Sie die Anna-Kartoffeln in einer flachen feuerfesten Form zubereiten und darin zu Tisch geben.

Herzoginkartoffeln = Pommes Duchesse

800 g Kartoffeln, 30 g Butter,
Salz, Muskat, weißer Pfeffer,
2 Eier.

Die gewaschenen Kartoffeln schälen, in Salzwasser garen (20–30 Minuten), gut abdämpfen lassen und durch ein Sieb drücken. Den Kartoffelbrei mit der Butter verrühren und mit Salz, einer Spur Muskat und einer Prise weißem Pfeffer würzen. Die Eier dazurühren. Mit einem Spritzsack kleine Häufchen auf ein gefettetes Blech spritzen und in das auf 150° erhitzte Rohr stellen und backen, bis die Spritzränder braun werden.

Die Herzoginkartoffeln vom Blech lösen und auf eine gewärmte Platte, am besten direkt neben das Fleisch (Kalbsbraten) legen.

Himmel und Erde

Die Kartoffeln schälen, in etwas Salzwasser dämpfen (20–30 Minuten), gut abtropfen lassen und mit der Butter verrühren. Die Äpfel schälen, entkernen, in Stücke schneiden, in etwas Wasser weichdünsten (etwa 10 Minuten), abtropfen lassen und unter die Kartoffeln mischen. Mit Salz und Pfeffer abschmecken und in einer gewärmten Schüssel anrichten. Die Zwiebel in feine Streifen schneiden, im Öl goldbraun rösten und über das Kartoffel-Apfel-Gemisch gießen.
Himmel und Erde paßt besonders gut zu gebratener Leber, zu Schweinsbraten, Schweinskotelett, zu Brat- und Blutwürsten.

1 kg mehlige Kartoffeln, 60 g Butter, 1 kg säuerliche Äpfel, Salz, Pfeffer, 1–2 Zwiebeln, 40 g Öl (oder Butter).

Kartoffeln in der Folie

Die gewaschenen (gebürsteten) Kartoffeln gut abtrocknen und einzeln in Alu-Folie packen. Die Päckchen auf den Bratrost legen und die Kartoffeln bei 150° garen. Vor dem Auftragen die Folie oben ein Stückchen öffnen, die Kartoffeln kreuzweise einschneiden, ein Stückchen Butter hineinlegen und mit etwas Salz bestreuen.

600 g mehlige Kartoffeln, 30 g Butter, Salz.

Kartoffeln, geröstet = Kartoffelschmarren

Die gewaschenen Kartoffeln mit der Schale in Salzwasser kochen, kurz abdämpfen lassen, schälen und in dünne Scheibchen schneiden. Die Zwiebel fein hacken und in dem Fett anschwitzen. Die Kartoffelscheiben dazugeben, wenn nötig, nachsalzen und einige Minuten unter häufigem Wenden schwach anrösten. Den Kartoffelschmarren in einer gewärmten Schüssel auftragen.

1 kg Kartoffeln, Salz, ½–1 Zwiebel, 50 g Fett (Öl oder Butter).

Kartoffeln, gebacken

Verwenden Sie für dieses Gericht möglichst gleich große Kartoffeln. Die Kartoffeln waschen – am besten bürsten –, abtrocknen, mit Salz bestreuen, auf einem mit Salz bestreuten Backblech bei 120° im Rohr garen (20–30 Minuten). Mit der Schale zu Tisch geben.
Sie können die gebackenen Kartoffeln auch oben kreuzweise einschneiden, 1 Stückchen Butter oder 1 Tl Quark hineingeben und Schnittlauch darüberstreuen.

1 kg mehlige Kartoffeln, Salz.

Kartoffeln à la maître = Cremekartoffeln

Die gewaschenen Kartoffeln schälen und in Scheiben schneiden. Die Milch mit der Butter und 1–2 Tl Salz aufkochen (am besten in einer feuerfesten Schüssel), die Kartoffelscheiben hineinlegen, nochmals zum Kochen bringen und bei geschlossenem Topf in dem auf 120° erhitzten Rohr 30–40 Minuten schmoren, dann mit den gehackten Kräutern bestreuen und in der Form zu Tisch geben.

750 g mehlige Kartoffeln, ¼ l Milch, 50 g Butter, Salz, 1 Tl Petersilie (oder Dillkraut).

Kräuterkartoffeln

Die gereinigten Kartoffeln in Salzwasser garen (20–30 Minuten), abdämpfen lassen, schälen und in grobe Scheiben schneiden. Aus Butter und Mehl eine helle Einbrenne bereiten, mit der Brühe aufgießen, 15 Minuten bei schwacher Hitze kochen lassen und mit Salz und Pfeffer abschmecken. Die Kartoffelscheiben und die Kräuter (Petersilie und Kerbel oder Majoran oder Oregano oder Dill . . .) in die Sauce geben und 5 Minuten darin ziehen lassen. Zuletzt mit der Sahne verfeinern. Die Kartoffeln in einer gewärmten Schüssel anrichten und zu gekochtem Rindfleisch, zu Frikadellen oder zu Bratwürsten reichen.

600 g Kartoffeln, 40 g Butter, 40 g Mehl, ½ l Brühe, 2 El gehackte Kräuter.

Kartoffelkroketten

500 g Kartoffeln, 30 g Butter, 2 Eier, 1 Eigelb, Salz, Muskat, das Abgeriebene ½ Zitrone, 1–2 El Mehl, 1 Ei, Semmelbrösel, Fett zum Backen.

Die gekochten Kartoffeln schälen und durch die Kartoffelpresse drücken. Die Butter mit den Eiern, dem Eigelb und den Gewürzen schaumig rühren und mit den Kartoffeln und dem Mehl zu einem mittelfesten Teig verarbeiten. Auf einem bemehlten Brett daumengroße Röllchen formen. Die Röllchen hintereinander in dem geschlagenen Ei und den Semmelbröseln rollen, in das erhitzte Fett (wenigstens daumenhoch in der Pfanne – ein Fettopf oder eine Friteuse eignen sich besonders gut) geben und goldbraun backen.
Anstelle der Röllchen können Sie auch kleine Bällchen (Durchmesser 2–3 cm) formen und wie oben beschrieben zubereiten = **Kartoffelbällchen.**
Kartoffelkroketten und Kartoffelbällchen passen besonders gut zu Wildgerichten und gebratenem Fleisch.

Kartoffelkroketten Berny

500 g Kartoffeln, 30 g Butter, 2 Eier, 1 Eigelb, Salz, Muskat, das Abgeriebene ½ Zitrone, 1–2 El Mehl, 1–2 Eiweiß, 80 g Mandelsplitter, Fett zum Backen.

Aus Kartoffeln, Butter, Eiern, Gewürzen und Mehl eine Krokettenmasse – wie oben beschrieben – herstellen. Aus der fertigen Masse daumengroße Würstchen formen, zunächst im Eiweiß und dann in den Mandelsplittern wälzen. Die Röllchen in dem mittelstark erhitzten Fett hellbraun backen.
Eine Delikatesse werden diese Kroketten, wenn Sie eine Trüffel in Stückchen schneiden und unter die Krokettenmasse mischen.

Kartoffelkroketten riche

150 g gekochter Schinken, 1 Tl gehackte Petersilie, 1 Tl geriebener Parmesan, 1 Ei, Semmelbrösel, Fett zum Backen.

Aus den gekochten, passierten Kartoffeln, Butter, Eiern und den Gewürzen eine Krokettenmasse – wie oben beschrieben – zubereiten. Den Schinken kleinschneiden und mit der gehackten Petersilie und dem geriebenen Parmesan unter die Masse mischen. Daumengroße Röllchen formen, hintereinander im geschlagenen Ei und den Semmelbröseln wenden und im stark erhitzten Fett goldbraun backen.

Kartoffelpüree

1 kg mehlige Kartoffeln, Salz, 50 g Butter, Milch nach Bedarf.

Die gewaschenen Kartoffeln schälen und in ½ l Salzwasser gar dämpfen (20–30 Minuten). Die Kartoffeln durch ein Sieb (oder eine Kartoffelpresse) drücken und mit Butter und Milch zu einem dicken Brei verrühren (die Menge der Milch richtet sich nach dem Wassergehalt der Kartoffeln). Das Kartoffelpüree mit einem Schneebesen schaumig schlagen und dann sofort in einer gewärmten Schüssel auftragen.
Kartoffelpüree schmeckt besonders gut, wenn Sie unmittelbar vor dem Auftragen 1–2 in feine Streifen geschnittene, goldbraun geröstete Zwiebeln darübergeben.

Kartoffelrand

1 kg Kartoffeln, 50 g Butter, 3 Eier, Salz, Muskat.

Die gewaschenen Kartoffeln schälen, in Salzwasser garen (20–30 Minuten), gut abdämpfen lassen und durch ein Sieb (oder eine Kartoffelpresse) drücken. Die Kartoffelmasse mit der Butter und den Eiern verrühren und mit Salz und Muskat abschmecken. Eine gefettete Ringform mit Semmelbröseln ausstreuen, die Kartoffelmasse darin in dem auf 150° erhitzten Rohr braun backen. Den Kartoffelring auf eine gewärmte Platte stürzen.
Eine einfachere Zubereitungsart: Die Kartoffelmasse direkt an den Rand einer feuerfesten Form spritzen und im Rohr überbacken, bis die Ränder zu bräunen beginnen.

Paprikakartoffeln

Die gewaschenen Kartoffeln schälen und in stärkere Scheiben schneiden. Die Zwiebel hacken und im Schmalz anrösten; den Paprika dazugeben und gut verrühren, ohne ihn zu stark zu erhitzen. Die vorbereiteten, gut abgetrockneten Kartoffelscheiben dazugeben, leicht anbraten, salzen und mit etwa ¼ l Brühe (oder Wasser) aufgießen. Die Kartoffeln im geschlossenen Topf bei schwacher Hitze dämpfen, bis sie weich geworden sind und sämtliche Flüssigkeit verdampft ist (20–30 Minuten).
Paprikakartoffeln passen besonders gut zu Schweinebraten, Würstchen oder Frikadellen.

800 g Kartoffeln, 2 Zwiebeln, 60 g Schweineschmalz (oder Öl), 1 Tl Paprika, Salz, ¼ l Brühe.

Pellkartoffeln = Kartoffeln in der Schale = Geschwellte

Die Kartoffeln sorgfältig waschen, mit ½ l Wasser übergießen, salzen und bei geschlossenem Topf weich kochen (20–30 Minuten). Das Kochwasser abgießen und die Kartoffeln sofort zu Tisch geben.
Pellkartoffeln werden erst bei Tisch oder unmittelbar vor dem Auftragen geschält.
Neue Kartoffeln schmecken besonders gut.

800 g Kartoffeln, Salz.

Petersilienkartoffeln

Verwenden Sie nicht zu große Kartoffeln. Die sauber gewaschenen Kartoffeln in ½ l stark gesalzenem Wasser garen (20–30 Minuten). Das Kochwasser abgießen. Die Kartoffeln kurz ausdämpfen lassen und schälen. Die Petersilie mit der zerlassenen Butter verrühren, die Kartoffeln kurz darin schwenken und sofort zu Tisch geben.
Petersilienkartoffeln schmecken besonders gut, wenn Sie neue Kartoffeln dazu verwenden.

800 g speckige Kartoffeln, Salz, 40 g Butter, 1 El gehackte Petersilie.

Pommes chips

Die gewaschenen, geschälten, in kaltes Wasser gelegten Kartoffeln einzeln gut trocknen, in möglichst dünne Scheibchen schneiden (Gurkenhobel!) und sofort in das stark erhitzte Fett legen (am besten in einem Korb). Die Scheibchen rasch knusprig braun backen, herausnehmen, gut abtropfen lassen und auf Küchenkrepp trocknen.
Leicht salzen und sofort zu Tisch geben oder – als kleine Knabberei – aufbewahren.

500 g mehlige Kartoffeln, Fett zum Backen (Öl oder Schmalz), Salz.

Pommes frites

Die gewaschenen Kartoffeln (verwenden Sie möglichst große Kartoffeln) schälen und sofort in kaltes Wasser legen. Dann in Stäbchen von ½ cm Durchmesser schneiden, auf Küchenkrepp abtrocknen und in heißem Fett (Öl oder Schweineschmalz, beides auf etwa 170° erhitzt) backen, bis sie gar und schwach gefärbt sind.
Die Stäbchen aus dem Fett nehmen und gut abtropfen lassen. Kurz vor der Verwendung in dem diesmal auf 190° erhitzten Fett knusprig braun werden lassen. Rasch herausnehmen, auf Küchenkrepp abtropfen lassen, salzen und sofort zu Tisch geben.
So zubereitete Pommes frites sind innen weich und außen knusprig. Sie erleichtern sich die Arbeit, wenn Sie sie in einem Korb in den Fettopf hängen; am besten ist natürlich eine Friteuse.

800 g mehlige Kartoffeln, Fett zum Backen, Salz.

Salzkartoffeln

800 g mehlige Kartoffeln, Salz.

Die gewaschenen Kartoffeln schälen und sofort in kaltes Wasser legen. Dann – je nach Größe – ganz, halbiert oder geviertelt in etwas Salzwasser bei geschlossenem Topf gar dämpfen (20–30 Minuten). Das Wasser abgießen, die Kartoffeln kurz im offenen Topf abdämpfen lassen und dann sofort in einer gewärmten Schüssel zu Tisch geben.
Besonders schmackhaft werden die Salzkartoffeln, wenn man 1 Tl Kümmel mitkocht = **Kümmelkartoffeln.**

Saure Kartoffeln

1 kg Kartoffeln, 1 Zwiebel,
40 g Fett (Öl oder Schmalz),
40 g Mehl, ½ l Brühe,
6 Pfefferkörner, 1 Lorbeerblatt,
1 Stämmchen Thymian,
½ Knoblauchzehe, Salz,
2 El Essig, 1 Prise Zucker,
1 Prise Muskat.

Die gewaschenen Kartoffeln mit der Schale garen (20–30 Minuten), abdämpfen lassen, schälen und in dickere Scheiben schneiden. Die Zwiebel fein hacken und im Fett anschwitzen. Das Mehl darin hellbraun rösten und mit ½ l Brühe (oder Wasser) aufgießen. Die Gewürze dazugeben, alles 20 Minuten bei schwacher Hitze kochen und durch ein Sieb gießen.
Die Sauce mit Salz, Essig, Zucker und Muskat abschmecken. Die Kartoffelscheiben 10 Minuten darin ziehen lassen.
Saure Kartoffeln sind eine ausgiebige Beilage zu Frikadellen, gekochtem Rindfleisch oder Fleischkäse.

Schloßkartoffeln

800 g Kartoffeln, Salz,
80 g Butter oder Öl.

Verwenden Sie zu diesem Gericht möglichst kleine, gleichmäßige Kartoffeln. Sie können auch mit einem Kartoffelstecher kleine Kugeln aus größeren Kartoffeln ausstechen. (Natürlich benötigen Sie dann mehr Kartoffeln, den Rest können Sie für die Zubereitung einer Suppe verwenden.)
Die geschälten Kartoffeln kurz blanchieren (für 1–2 Minuten in kochendes Wasser tauchen), gut abtrocknen und leicht salzen. Das Fett in einer Bratpfanne erhitzen, die Kartoffeln hineingeben und in dem auf 180° erhitzten Rohr unter häufigem Schütteln der Pfanne braun braten.
Diese sehr appetitlich aussehenden Kartoffeln sind vor allem für festliche Garnituren geeignet.

Strohkartoffeln = Zündholzkartoffeln

500 g Kartoffeln, Fett zum Backen (Öl oder Schweineschmalz), Salz.

Die Kartoffeln waschen, schälen, in kaltes Wasser legen, dann gut abtrocknen, in feine Streifen schneiden, in einen Fettkorb (oder ein Sieb) geben und in dem auf etwa 180° erhitzten Fett goldbraun backen.
Die Strohkartoffeln gut abtropfen lassen, ganz leicht salzen und sofort zu Tisch geben.

Speckkartoffeln

800 g speckige Kartoffeln,
120 g Speck, ⅛ l Brühe, Salz,
Schnittlauch.

Die Kartoffeln schälen – größere Kartoffeln dabei vierteln – und sofort in kaltes Wasser legen. Den Speck in kleine Würfel schneiden und im eigenen Fett anschwitzen. Die abgetrockneten Kartoffeln von allen Seiten im Speckfett anbraten, mit der Brühe aufgießen, salzen und in dem auf 150° erhitzten Rohr bei geschlossenem Topf dünsten (etwa 20 Minuten). Die Kartoffeln mit Schnittlauch bestreuen.
Speckkartoffeln schmecken gut zu Schweinebraten, zu Hackbraten oder zu einem beliebigen Gemüse.

Weinkartoffeln

Die gewaschenen Kartoffeln mit der Schale in Salzwasser garen (20–30 Minuten), abdämpfen lassen, schälen und in Scheiben schneiden. Die Petersilie mit dem Mehl in der Butter anschwitzen, mit der Brühe und dem Wein aufgießen und 10 Minuten zu einer sämigen Sauce verkochen. Die Kartoffelscheiben einige Minuten darin ziehen lassen.

600 g Kartoffeln, Salz,
40 g Butter, 30 g Mehl,
1 El gehackte Petersilie,
¼ l Brühe, ¼ l herber Weißwein.

KNÖDEL – KLÖSSE

Die Klöße, wie man in Norddeutschland sagt, oder die Knödel, wie sie im Süden und in Österreich heißen, sind die ideale Beilage für hungrige Mägen und gehören zu einer herzhaften und kräftigen Mahlzeit: zu Schweinsbraten und Rauchfleisch, begleitet von Sauerkraut oder Weißkohlsalat, zu Wildpfeffer und zu vielem anderen. Knödel werden in der Hauptsache aus Kartoffeln, aus geschnittenen Semmeln oder aus Grieß zubereitet. Dazu kommen Mehl (zum Festigen), Butter (zum Lockern), Eier (binden und lockern zugleich) und Gewürze.
Richtige Knödel sollen locker und flaumig sein; sie dürfen aber nicht zerfallen. Die Zubereitung guter Knödel erfordert einige Erfahrung und nicht zuletzt auch etwas Fingerspitzengefühl, denn die richtige Beschaffenheit des Knödelteiges – und damit der fertigen Knödel – hängt von der Quellfähigkeit von Mehl oder Grieß, vom Feuchtigkeitsgehalt der Kartoffeln und von der Größe der Eier ab. Um unnötige Pannen zu vermeiden: Kochen Sie immer einen Probekloß; sollte er zerfallen, können Sie dem Teig noch etwas Mehl oder Grieß zusetzen, sollte er zu fest sein, können Sie durch Zugabe von etwas Flüssigkeit oder Eiweiß Abhilfe schaffen.
Wollen Sie aber einmal ganz schnell und sicher Knödel zubereiten, so verwenden Sie eines der zahlreichen, ganz ausgezeichneten Fertigprodukte; vor allem die Auswahl an Kartoffelklößen ist sehr groß.

Böhmische Knödel

Die Semmeln in Würfel schneiden. Die Zwiebel fein hacken und mit der gehackten Petersilie in der Butter anschwitzen. Die Semmelwürfel darin anrösten. Aus Mehl, Eiern, Salz und Milch einen zähflüssigen Teig bereiten und die Semmelwürfel darin zugedeckt wenigstens ½ Stunde ruhen lassen. Dann größere Knödel formen (mit nassen Händen), in siedendes Salzwasser legen und 25 Minuten gar ziehen lassen. Die fertigen Knödel sehr gut abtropfen lassen, in einer gewärmten Schüssel anrichten und zu Gulasch, Ragout oder *Kalbsbeuschel* reichen.

6 Semmeln, ½ Zwiebel,
1 Tl gehackte Petersilie,
50 g Butter, 200 g Mehl, Salz,
3 Eier, etwa ⅜ l Milch.

Engadiner Kartoffelgnocs

Die Kartoffeln schälen, reiben, sofort (damit sie nicht braun werden) mit den übrigen Zutaten vermischen und zu einem festen Teig verkneten. (Sollte der Teig zu weich sein, kann noch etwas Mehl zugegeben werden.) Aus dem Teig daumengroße Röllchen formen, in siedendes Salzwasser einlegen und 15–20 Minuten schwach kochen.
Die Gnocs aus dem Wasser nehmen, gut abtropfen lassen, in geriebenem Käse wenden und in einer gewärmten Schüssel anrichten.
Kartoffelgnocs passen ganz besonders zu Rinds- und Schweinsbraten und zu Sauerkraut.

½ kg mehlige Kartoffeln,
150 g Mehl, 2 Eier,
⅛ l Milch, Salz,
150 g geriebener Parmesan.

Grießknödel

3 altbackene Semmeln, 30 g Butter, ½ l Milch, Salz, 200 g Grieß, 2 Eier, Muskat.

Die Semmeln in kleine Würfel schneiden und in Butter anrösten. Die Milch mit 1 Tl Salz zum Kochen bringen, den Grieß langsam dazugeben und zu einem steifen Grießbrei kochen. Den ausgekühlten Brei mit den gerösteten Semmelwürfeln und den Eiern mischen, mit Muskat würzen und ½ Stunde zugedeckt ruhen lassen. Dann kleine Knödel formen, in siedendes Wasser legen (vorher einen Probeknödel kochen, eventuell noch etwas Grieß oder etwas Milch dazugeben) und 15–20 Minuten ziehen lassen. Die gut abgetropften Knödel in einer gewärmten Schüssel anrichten.
Grießknödel passen sehr gut zu Rindsbraten und zu Gulasch.

Serviettenknödel mit Grieß

Werden wie Grießknödel zubereitet. Die Masse zu einer dickeren Rolle formen, in eine feuchte Serviette binden, in kochendes Salzwasser legen und 35–40 Minuten ziehen lassen.

Kartoffelspatzen

1 kg mehlige Kartoffeln, 30 g Butter, 2 Eier, 70 g Mehl, 30 g Grieß, 4 El Öl.

Die in der Schale gekochten Kartoffeln schälen und durch die Kartoffelpresse drücken. Mit der zerlassenen Butter, den Eiern, dem Mehl und dem Grieß vermischen, salzen und zu einem festen Teig kneten. Mit einem Löffel kleine Nockerln abstechen, in kochendes Salzwasser legen und 10 Minuten ziehen lassen. (Sie müssen an die Oberfläche steigen.) Die Spatzen herausnehmen, gut abtropfen lassen, in eine gewärmte Schüssel geben und mit den in feine Streifen geschnittenen, im Fett gebräunten Zwiebeln übergießen.

Kartoffelbällchen

1 kg mehlige Kartoffeln, Salz, 20 g Butter, 1 Ei, 250 g Stärkemehl, 1½ l Milch.

Die Kartoffeln schälen, in Salzwasser garen (20–30 Minuten), gut abdämpfen lassen und noch heiß durch ein Sieb (oder die Kartoffelpresse) drücken. Mit der Butter und dem Ei verrühren, das Stärkemehl dazugeben und alles rasch zu einem Teig verkneten. Kleine Klößchen formen (Durchmesser etwa 3 cm), in die kochende, gesalzene Milch legen und langsam gar ziehen lassen (etwa 15 Minuten). Die Bällchen gut abtropfen lassen und in einer gewärmten Schüssel anrichten.
Kartoffelbällchen passen gut zu Schweinskoteletts oder zu Lammkoteletts.

Kartoffelklöße auf Bauern-Art

1 kg mehlige Kartoffeln, 2 Eier, 80 g Grieß, 150 g Mehl, 200 g Räucherspeck, 1 Zwiebel, 2 El gehackte Petersilie, Salz, Pfeffer, 40 g Butter.

Die Kartoffeln in Salzwasser dämpfen (20–30 Minuten), schälen und noch heiß durch die Kartoffelpresse drücken. Mit den Eiern, dem Grieß und dem Mehl zu einem mittelfesten Teig verarbeiten. – Den Speck in kleine Würfel schneiden und im eigenen Fett leicht anbraten. Die feingehackte Zwiebel darin hellgelb anrösten. Die gehackten Kräuter dazugeben und mit Salz und Pfeffer würzen. Die Zwiebelmischung unter den Kartoffelteig geben und bei Bedarf noch etwas nachwürzen. Kleine Klößchen formen (Größe eines Tischtennisballs), in siedendes Salzwasser geben und langsam 15 Minuten ziehen lassen (kochen Sie am besten vorher einen Probekloß, sollte er zerfallen, müssen Sie noch etwas Mehl dazugeben). Die Klößchen auf einem Sieb abtropfen lassen und in der erhitzten Butter rundherum goldbraun braten.
Richten Sie die fertigen Klößchen auf einer gewärmten Platte an und reichen Sie einen beliebigen Salat dazu.

Kartoffelklöße aus Kartoffelteig

1 kg mehlige Kartoffeln, 2 Semmeln, 100 g Mehl, 50 g Grieß, Salz, 2 Eier.

Die Kartoffeln mit der Schale kochen, schälen, noch heiß durch die Kartoffelpresse drücken und abkühlen lassen. Zunächst mit dem Mehl und dem Salz und dann möglichst rasch mit den Eiern zu einem Kartoffelteig verarbeiten. – Die Semmeln in kleine Würfel schneiden und in der Butter braun rösten. – Aus dem Kartoffelteig mit bemehlten Händen nicht zu große Klöße formen und mit einigen gerösteten Semmelwürfeln füllen. – Die Knödel in reichlich kochendes Salzwasser legen (sie dürfen einander nicht berühren) und langsam gar kochen (10–15 Minuten; das Wasser soll nur ganz leicht kochen). Die Klöße aus dem Sud nehmen, gut abtropfen lassen und in einer gewärmten Schüssel auftragen.
Kartoffelklöße aus gekochten Kartoffeln zerfallen leicht. Kochen Sie vorher einen Probekloß: Ist er zu weich, können Sie noch etwas Mehl oder Grieß einarbeiten.
Servieren Sie die Kartoffelklöße als Beilage zu Schweinsbraten, zu Wild oder zu Rindsragout.

Kartoffelklöße, halbseiden

1 kg Kartoffeln, Salz, 250 g Stärkemehl, ¼–⅜ l Milch, 1 Ei, 1–2 Semmeln, 20 g Butter.

Die mit der Schale gekochten Kartoffeln schälen, durch die Kartoffelpresse drücken und abkühlen lassen. Mit Salz und Stärkemehl mischen, mit ¼ l kochender Milch übergießen und mit dem Ei zu einem gut formbaren Teig verarbeiten. Sollte er zu fest sein, kann die restliche Milch noch zugegeben werden. Am besten zunächst einen Probekloß kochen: Zerfällt er, muß noch etwas Stärkemehl, ist er zu fest, etwas Milch zugegeben werden. – Die Klöße mit bemehlten Händen formen und mit den in Butter gerösteten Semmelwürfeln füllen. Dann in kochendes Salzwasser legen und etwa 15 Minuten ziehen lassen. Die Klöße aus dem Sud heben, gut abtropfen lassen und in einer gewärmten Schüssel zu Wild, Schweinsbraten oder Ragout anrichten.

Kartoffelklöße aus rohen Kartoffeln

1½ kg mehlige Kartoffeln, ½ l Milch, 200 g Grieß, Salz.

Die Kartoffeln schälen und sofort in eine Schüssel mit Wasser reiben (wenn Sie dem Wasser einen Spritzer Essig zusetzen, werden die Kartoffeln nicht so schnell braun). – Aus Milch, Grieß und ½ Tl Salz einen dicken Grießbrei kochen. Die Kartoffeln in einem Tuch fest auspressen und sofort mit dem kochendheißen Grießbrei vermischen. Die am Boden der Wasserschüssel zurückgebliebene Kartoffelstärke dazugeben und alles zu einem festen Teig verarbeiten. Nicht zu große Klöße formen, in kochendes Salzwasser legen und 20–30 Minuten bei ganz schwacher Hitze kochen lassen. Die Klöße aus dem Sud nehmen, gut abtropfen lassen und in einer gewärmten Schüssel anrichten.
Reichen Sie Kartoffelklöße zu Wild, Schweinsbraten, Rindsbraten oder Ragout.

Kartoffelklöße auf Thüringer Art

1½ kg Kartoffeln, 1 Semmel, 10 g Butter, Salz, ¼ l Milch.

500 g Kartoffeln mit der Schale kochen, schälen, noch heiß durch die Kartoffelpresse drücken und abkühlen lassen. – Die Semmeln in Würfel schneiden und in der Butter rösten. – Die restlichen Kartoffeln (1 kg) schälen und möglichst rasch in eine Schüssel mit kaltem Wasser reiben. Die geriebenen Kartoffeln in einem Tuch fest ausdrücken. Die gekochten und die rohen Kartoffeln mischen, salzen, mit der kochenden Milch übergießen und zu einem gut formbaren Teig verkneten. Nicht zu große Klöße formen (Hände dabei in kaltes Wasser tauchen) und mit einigen Semmelwürfeln füllen. Die Klöße in kochendes Salzwasser legen (sie dürfen einander nicht berühren) und 20–25 Minuten ganz schwach kochen lassen. Die Klöße aus dem Sud heben, in einer gewärmten Schüssel anrichten und mit Schweinsbraten oder Hasenpfeffer auftragen.

Kartoffelklöße auf Wiener Art

1 kg mehlige Kartoffeln,
40 g Mehl, 40 g Grieß, Salz,
70 g Butter, 2 Eier.

Die mit der Schale gekochten Kartoffeln schälen und noch heiß durch die Kartoffelpresse drücken. Die Kartoffeln mit Mehl, Grieß, Salz, der Butter und den Eiern rasch zu einem Teig verarbeiten. Mit bemehlten Händen Klöße formen, in kochendes Salzwasser einlegen und 10–15 Minuten ziehen lassen.
Die Klöße aus dem Sud heben, gut abtropfen lassen und in einer gewärmten Schüssel anrichten.
Diese Kartoffelklöße passen besonders gut zu Wild und zu Schmorbraten.

Semmelknödel

6 altbackene Semmeln,
¼ l Milch, Salz, 3 Eier,
½ Zwiebel, 1 Tl gehackte
Petersilie, 40 g Butter,
40 g Mehl.

Die Semmeln in Würfel schneiden. Die Milch mit den Eiern und dem Salz verquirlen und darübergießen. Die Zwiebel fein hacken, mit der Petersilie in der Butter anschwitzen und zu den Semmeln geben. Alles gut mischen, zudecken und ½ Stunde ziehen lassen. Dann das Mehl dazumischen und sorgfältig verkneten. Mit nassen Händen Knödel formen (Durchmesser etwa 5 cm), in kochendes Salzwasser legen und 15–20 Minuten leise kochen lassen.
Die Knödel herausnehmen, gut abtropfen lassen und in einer gewärmten Schüssel anrichten.
Semmelknödel passen zu Schweinsbraten, zu Wildgerichten und besonders gut zu Pilzen.

Serviettenkloß

6 Semmeln, 2 Eier, Salz,
⅜ l Milch, ½ Zwiebel,
1 Tl Petersilie,
60 g Butter.

Die Semmeln in Würfel schneiden. Die Eier mit dem Salz und der Milch verquirlen und über die Semmeln gießen. Die Zwiebel fein hacken, mit der gehackten Petersilie in der Butter anschwitzen und dazugeben. Alles gut vermischen, zudecken und 1 Stunde ruhen lassen. Die Semmelmasse gut durchkneten, zu einer dicken Rolle formen, in eine nasse Serviette wickeln und beide Enden zubinden. Die Rolle in ein großes Gefäß mit kochendem Salzwasser legen und 40–50 Minuten leicht kochen lassen. Den Kloß aus der Serviette nehmen, kurz abdämpfen lassen, in fingerdicke Scheiben schneiden und auf einer gewärmten Platte anrichten.
Serviettenkloß paßt besonders gut zu Rindsbraten, zu Wild oder zu Pilzen.

REISBEILAGEN

Viele Feinschmecker halten den Reis für die Krone unter den Beilagen. Sie behaupten auch, die Zubereitung eines guten Reises verlange einige Kochkunst – das mag zutreffen. Jedenfalls ist Reis sehr schnell zubereitet und gelingt auch einem Anfänger, wenn er beim Bemessen der Reismenge und der dazugehörigen Wassermenge sehr genau vorgeht. Sonst allerdings wird der Reis pappig, unansehnlich und schmeckt nicht mehr gut. Reis muß locker, trocken und körnig sein. Er wird dies fast ohne Zutun: Man soll nicht einmal umrühren – mit einigen Ausnahmen, die bei den Rezepten ausdrücklich erwähnt werden. Erst kurz vor dem Anrichten wird er mit zwei Gabeln aufgelockert. Wir unterscheiden 2 Reissorten:
Langkornreis = *Patna-Reis* hat längliche, harte glasige Körner.
Milchreis = *Splendor-Reis* hat mehr runde Körner, die in der Mitte einen weißen Kern haben.
Verwenden Sie für Wasserreis, gedünsteten Reis und alle im folgenden angeführten Reisgerichte immer einen Langkornreis; Milchreis wird in der Hauptsache für Risotto oder als Zutat bei Mehlspeisen verwendet.

Reis, gekocht = Wasserreis = Trockenreis

Den Reis unter fließendem Wasser waschen, bis das Wasser klar abfließt, dann in 2½–3 l kochendes, leicht gesalzenes Wasser geben und in 15–20 Minuten (je nach Sorte) kochen (er soll körnig bleiben). Den Reis abseihen, mit lauwarmem Wasser durchspülen, gut abtropfen lassen, in eine große Pfanne (oder auf ein Backblech) geben und noch 3–5 Minuten im Rohr bei 120° abdämpfen lassen. Den Reis sorgfältig mit 2 Gabeln lockern und in einer gewärmten Schüssel anrichten.

Trockenreis ist geschmacklich neutral und läßt sich daher mit allen Gerichten kombinieren. Besonders gut paßt er natürlich zu scharf gewürzten Speisen, z. B. zu Currygerichten.

250 g Reis, Salz.

Butterreis

Den Reis wie oben beschrieben zubereiten. Die Butter in kleine Stückchen schneiden und über den abgedämpften Reis verteilen. Vorsichtig mit 2 Gabeln vermischen und dann in einer gewärmten Schüssel anrichten.

250 g Reis, Salz, 50 g Butter.

Reis, gedünstet

Den Reis sorgfältig waschen (das abfließende Waschwasser muß klar bleiben) und gut abtropfen lassen. Die Butter in 4 Tassen Wasser zum Kochen bringen, den gewaschenen Reis dazugeben, salzen und bei starker Hitze kochen, bis das Wasser zum Großteil aufgesogen ist. Die geschälte Zwiebel mit den Nelken bestecken und zu dem Reis geben. Die Hitze auf ein Mindestmaß reduzieren und den Reis im geschlossenen Topf gar dämpfen (nicht rühren). Den Reis vorsichtig mit 2 Gabeln lockern (Zwiebel vorher entfernen) und in einer gewärmten Schüssel anrichten.

2 Tassen Reis (etwa 250 g), 40 g Butter, Salz, ½ Zwiebel, 3 Nelken.

Brühreis

Brühreis wird wie *gedünsteter Reis* zubereitet; anstelle des Wassers wird Brühe verwendet. Er hat einen kräftigeren Geschmack als gedünsteter Reis und eignet sich daher vor allem als Beilage zu nicht allzu stark gewürzten Fleischgerichten (Hähnchen in Folie, Kalbsbraten . . .).

2 Tassen Reis (etwa 250 g), 40 g Butter, 4 Tassen Brühe, Salz, ½ Zwiebel, 3 Nelken.

Apfelreis

Den Reis sauber waschen und gut abtropfen lassen. Die Äpfel schälen, entkernen und fein raspeln. Mit dem Reis in die kochende Fleischbrühe geben, salzen, 2–3 Minuten kräftig kochen lassen und dann bei geschlossenem Topf und bei schwacher Hitze gar dämpfen (etwa 20 Minuten). Den Apfelreis mit 2 Gabeln lockern und in einer gewärmten Schüssel anrichten.

Apfelreis schmeckt besonders gut zu gebratener oder gerösteter Leber.

2 Tassen Langkornreis, 500 g Äpfel, 4 Tassen Fleischbrühe.

Champignonreis

Den Reis mit einem trockenen Tuch abreiben. Die Champignons waschen, putzen und in der Butter anschwitzen. Den Reis darin rösten, bis die Körner glasig werden. Mit 4 Tassen Wasser aufgießen, 5 Minuten sprudelnd kochen lassen und bei geschlossenem Topf und ganz schwacher Hitze fertig dünsten (etwa 20 Minuten). Den Reis mit 2 Gabeln lockern, in einer gewärmten Schüssel anrichten und zu Kalbsbraten oder Naturschnitzel reichen.

2 Tassen Patna-Reis, 150 g Champignons, 50 g Butter.

Curryreis

250 g Reis, Salz, 1 Zwiebel, 40 g Butter, 2–3 Tl Curry.

Den Reis sauber waschen, mit der geschälten Zwiebel in 2½–3 l kochendes Salzwasser geben und körnig weichkochen (15–20 Minuten je nach Sorte). Den Reis abseihen (die Zwiebel entfernen), warm durchspülen und in dem auf 120° erhitzten Rohr (im Sieb oder auf einem Backblech) 3–5 Minuten dämpfen lassen. Den Curry 2–3 Minuten in der zerlassenen Butter anschwitzen und den trockenen Reis vorsichtig damit vermischen (keinen Kochlöffel, sondern 2 Gabeln verwenden).
In einer gewärmten Schüssel anrichten.
Curryreis paßt besonders gut zu weißem Fleisch: Geflügel, Lamm, Kalb.

Orangenreis

2 Tassen Langkornreis, ½ Zwiebel, ½–1 El geschälten, geraspelten Sellerie, 50 g Butter, 2 Tassen Hühnerbrühe, 2 Tassen Orangensaft, Salz, ½ Tl abgeriebene Orangenschale, Walnußkerne.

Den Reis mit einem Tuch trocken abwischen. Die Zwiebel fein hacken und mit dem geraspelten Sellerie in der Butter anschwitzen. Den Reis darin rösten, bis er glasig wird. Mit der Brühe und dem Orangensaft aufgießen, leicht salzen und bei starker Hitze kochen, bis die Flüssigkeit zur Hälfte aufgesogen ist. Die abgeriebenen Orangenschalen (ungespritzt) dazugeben, kurz umrühren, zudecken und den Reis bei schwächster Hitze gar dämpfen. Den Reis mit 2 Gabeln lockern, in einer gewärmten Schüssel anrichten und mit einigen halbierten Walnußkernen oder Orangenspalten garnieren.
Orangenreis schmeckt besonders gut zu gebratener Ente, zu Wild und zu Kalbsbraten.

Reisrand

2 Tassen Reis (etwa 250 g), 40 g Butter, Salz, ½ Zwiebel, 3 Nelken.

Gedünsteten Reis zubereiten und in eine gefettete Ringform drücken. Die Form für 10 Minuten in ein siedendes Wasserbad stellen und den Reis darin anziehen lassen; dann auf eine vorgewärmte Platte stürzen.
Reisrand ist eine appetitliche Art, gedünsteten Reis anzurichten, wenn er etwa zu Frikassee, Ragout oder ähnlichen Gerichten gereicht wird. Diese Gerichte werden in die Mitte des Reisrandes gefüllt.
Natürlich kann ein Reisrand auch aus *Brühreis* hergestellt werden.

Risipisi

2 Tassen Langkornreis, 40 g Butter, Salz, ½ Zwiebel, 3 Nelken, 300 g ausgelöste Erbsen, 1 Prise Zucker, 1 Tl Petersilie.

Den sauber gewaschenen Reis mit der Butter in 4 Tassen kochendes Salzwasser geben und bei starker Hitze kochen, bis ein Großteil der Flüssigkeit verbraucht ist. Die mit den Nelken besteckte Zwiebelhälfte dazugeben und den Reis bei geschlossenem Topf und bei schwächster Hitze garen. – Inzwischen die Erbsen mit 1 Messerspitze Zucker in Salzwasser weichkochen (20–30 Minuten), abseihen und gut abtropfen lassen. Den Reis mit 2 Gabeln lockern und die Erbsen daruntermischen.
Das Risipisi in einer gewärmten Schüssel anrichten und mit der Petersilie bestreuen.

Safranreis

2 Tassen Patna-Reis, 40 g Butter, Salz, 1–2 Messerspitzen Safran.

Die Butter in 4 Tassen Wasser aufkochen, den gründlich gewaschenen Reis (das Waschwasser muß klar ablaufen) dazugeben, salzen und bei starker Hitze kochen, bis der Reis das Wasser weitgehend aufgesogen hat. Den Safran darunterrühren und den Reis bei geschlossenem Topf und schwächster Hitze garen.
Den Reis vorsichtig mit 2 Gabeln lockern und in einer gewärmten Schüssel anrichten.

Tomatenreis

Den Reis mit einem Tuch sauber abwischen und in der erhitzten Butter glasig rösten. Die Tomaten schälen (kurz in siedendes Wasser tauchen), vierteln – die Kerne ausdrücken – und zu dem Reis geben. Mit 3 Tassen Wasser (oder Brühe) aufgießen, salzen, 3 Minuten sprudelnd kochen lassen und dann bei geschlossenem Topf und schwächster Hitze garen.
Den Reis mit 2 Gabeln lockern, in einer gewärmten Schüssel anrichten und mit der gehackten Petersilie bestreuen.

2 Tassen Langkornreis, 40 g Butter, 300 g Tomaten, 1 Tl gehackte Petersilie.

Weinreis

Den Reis sauber waschen und gut abtropfen lassen. Den Weißwein mit 1 Tasse Wasser, der Butter und dem Salz zum Kochen bringen. Den Reis darin 5 Minuten sprudelnd kochen lassen, den Ingwer dazugeben und bei geschlossenem Topf und schwächster Hitze dünsten.
Den Reis mit 2 Gabeln lockern, in einer gewärmten Schüssel anrichten und zu Entrecôtes oder gebratenem Fleisch reichen.

2 Tassen Patna-Reis, 2 Tassen Weißwein, 30 g Butter, Salz, 1 Messerspitze Ingwer.

Zwiebelreis

Den Reis sauber waschen, gut abtropfen lassen, in 3 l kochendes Salzwasser geben und in 15–20 Minuten körnig weichkochen. Den Reis abseihen, mit lauwarmem Wasser überbrausen und gut abtropfen lassen. Die Zwiebeln in Würfel schneiden und in der erhitzten Butter anschwitzen. Den Reis darin erwärmen. In einer vorgewärmten Schüssel anrichten.
Zwiebelreis schmeckt besonders gut zu Rindsbraten, zu Schweinsbraten und zu Rouladen.

250 g Reis, Salz, 2 große Zwiebeln, 50 g Butter.

TEIGWAREN

Teigwaren erfreuen sich in der modernen schnellen Küche immer größerer Beliebtheit und machen teilweise sogar den Kartoffeln Konkurrenz. Der Grund ist einfach: Seit uns die Industrie mit zahlreichen Fertigprodukten – angefangen von Nudeln in verschiedenen Breiten über Spaghetti, Makkaroni bis zu lustig geformten Muscheln, Spiralen, Hörnchen usw. – verwöhnt, ist das Kochen von Teigwaren ein Kinderspiel und außerdem noch abwechslungsreich zu gestalten.
So einfach das Kochen von Teigwaren aber auch scheint, einige wenige Regeln müssen genau beachtet werden, wenn ein Gericht von Teigwaren wirklich gut gelingen soll:
1. Teigwaren müssen immer in sehr viel Salzwasser gekocht werden – für 100 g Teigwaren wenigstens 1 l Wasser mit 1 Teelöffel Salz. Sie werden in das sprudelnde Salzwasser eingelegt und bei schwacher Hitze weichgekocht; dabei muß von Zeit zu Zeit durchgerührt werden.
2. Teigwaren dürfen nicht zu lange gekocht werden. Sie sollen nicht pappig, sondern – wie die Italiener sagen – *aldente* sein, d. h., sie müssen noch einen festen Kern haben. Auf den meisten Packungen wird die Kochzeit genau angegeben. Ist das nicht der Fall, müssen Sie während des Kochens mehrmals probieren. Die durchschnittliche Kochzeit für Nudeln liegt zwischen 6 und 10 Minuten, für Spaghetti und Makkaroni zwischen 10 und 15 Minuten.
3. Fertig gekochte Teigwaren müssen rasch abgeseiht werden. Dann kommen sie in eine gewärmte Schüssel und werden mit einigen Stücken frischer Butter vermengt.

Nudeln, hausgemacht

400 g Mehl, Salz, 2 Eier.

Das Mehl mit Salz, Eiern und lauwarmem Wasser (nach Bedarf) zu einem sehr festen Teig verarbeiten und kneten, bis er völlig glatt und geschmeidig geworden ist. Dann in 4 Teile teilen, einzeln zu dünnen Flecken auswellen und kurz trocknen lassen. Je 2 Flecke übereinanderlegen, halbieren, wieder übereinanderlegen, zusammenrollen und in etwa ½ cm breite Streifen schneiden. Diese Nudeln mit 2 Gabeln lockern und 1–2 Stunden trocknen lassen. Sie werden in Salzwasser gekocht; die Garzeit beträgt 3–4 Minuten.

Nockerl

250 g Mehl, Salz, 1 Ei, ¼ l Milch, 3 El Öl, 50 g Butter.

Das Mehl mit dem Salz vermischen. Die Milch mit dem Ei verquirlen und mit dem Öl und dem Mehl zu einem zähflüssigen Teig, ähnlich einem Spätzleteig, verarbeiten. Mit einem Teelöffel kleine Nockerl abstechen, in kochendes Salzwasser geben und kochen, bis sie an die Oberfläche steigen (5–10 Minuten). Dann aus dem Sud nehmen, kurz kalt überbrausen, in der erhitzten Butter schwenken und in einer erwärmten Schüssel anrichten. Sie können die Nockerl auch mit einem Messer auf dem Brett schneiden.
Nockerl passen besonders gut zu *Kalbspaprikasch* oder *Paprikaschnitzel*.

Zwiebelnockerl

250 g Mehl, Salz, 1 Ei, ¼ l Milch, 3 El Öl, 50 g Butter, 2 große Zwiebeln, 60 g Öl.

Aus Mehl, Salz, Ei, Milch und Öl einen Nockerlteig – wie oben beschrieben – herstellen. Die Nockerl abstechen, in Salzwasser garen, herausnehmen und kurz kalt überbrausen. – Die Zwiebel in feine Streifen schneiden und im Fett goldbraun rösten. Die gut abgetropften Nockerl zu den Zwiebeln geben und mehrmals darin schwenken, bis sie wieder heiß geworden sind. In einer gewärmten Schüssel anrichten.
Zwiebelnockerl passen zu Schweinskoteletts, *Rindsrouladen* oder *Rostbraten*.

Spätzle

250 g Mehl, 2 Eier, 1 Tl Salz, 40 g Butter.

Das Mehl mit den Eiern, dem Salz und lauwarmem Wasser (⅛–¼ l) zu einem zähflüssigen Teig verarbeiten und mit einem Kochlöffel schlagen, bis er Blasen wirft. Den Spätzleteig nach einer der folgenden Methoden weiterverarbeiten:
Den Teig auf ein nasses Holzbrettchen geben und die Spätzle mit einem Messer direkt in kochendes Salzwasser schneiden. Diese alte schwäbische Methode ist allerdings nur für Geübte zu empfehlen. Einfacher geht die Spätzleherstellung mit den modernen Hilfsmitteln.
Den Teig portionsweise in einen Spätzleseiher, einen Spätzlehobel (Spätzlereibe) oder einen Spätzledrücker geben und die Spätzle direkt in kochendes Salzwasser drücken. Die Spätzle sind gar, wenn sie an die Oberfläche des Wassers steigen (die Zeit richtet sich nach Größe). Die Spätzle mit einem Schaumlöffel (oder einem Sieb) aus dem Wasser heben, kalt überbrausen, gut abtropfen lassen und in der erhitzten Butter schwenken. Die Spätzle in einer gewärmten Schüssel zu Tisch geben.
Spätzle passen besonders gut zu allen Arten von Rinderbraten, Rouladen, Rostbraten und Wild.

KLEINE HAUPTGERICHTE

Häufig hat man weder Zeit noch Lust, eine vollständige Mahlzeit, vielleicht gar mit zwei oder drei Gängen, zuzubereiten und möchte doch einen schmackhaften und sättigenden Imbiß auf den Tisch bringen. Er soll am besten nur aus einem Gericht bestehen, das man ohne viele Beilagen, vielleicht nur mit einem schnell herzustellenden Salat reichen kann. Je nach Lust und Laune wird man noch ein übriges tun und die Mahlzeit mit einem kleinen Nachtisch, etwa einem Kompott, einem Obstsalat oder einem Pudding, vervollständigen.
Für solche Gelegenheiten sind die folgenden Rezepte in unserem Kapitel »Kleine Hauptgerichte« gedacht.
Alle diese Gerichte erfordern im gegebenen Moment ein Minimum an Arbeit, sei es, daß sie echte Schnellgerichte sind, sei es, daß alle langwierigeren Vorarbeiten in eine »stille Stunde« vorverlegt werden können.
Im übrigen sind alle hier folgenden Rezepte so ausgewählt, daß sie daraus nicht nur schnell, sondern auch möglichst preiswert eine gute Mahlzeit zubereiten können.
Sie werden sehen, daß es kaum ein Nahrungsmittel gibt, aus dem sich nicht ein gutes und schmackhaftes kleines Hauptgericht machen ließe.
Um Ihnen die Übersicht zu erleichtern, haben wir dieses Kapitel nach verwendeten Nahrungsmitteln oder typischen Zubereitungsarten aufgegliedert.

EIERSPEISEN

Eier gehören seit eh und je zu den begehrtesten und wichtigsten Nahrungsmitteln. Sie liefern uns nicht nur das für unseren Organismus so notwendige Eiweiß, sondern enthalten auch noch Fett, Lecithin, wichtige Mineralien (so Phosphor und Kalk) und außerdem fast alle Vitamine.
Vor allem rohe oder sehr weich gekochte Eier sind leicht verdaulich; zu hart gekochte oder mit allzu viel Fett zubereitete Eier belasten dagegen den Magen.
Die Eier sind vor allem auch als Zutat zu vielen Gerichten aus unserer Küche nicht wegzudenken. Sie dienen als Bindemittel bei Knödeln und Fleischteig, der Lockerung von Backwaren und Cremen und natürlich der Verfeinerung von Suppen, Saucen und Gemüsen.
Vorteilhaft ist, daß sich aus Eiern in kürzester Zeit außerordentlich schmackhafte und nahrhafte Speisen zubereiten lassen – über große Kochkenntnisse braucht man dazu nicht zu verfügen. Auch der Junggeselle kann aus Eiern für eine ganze Tischrunde eine Mahlzeit bereiten. Es gilt nur einige wenige Regeln zu beachten.
Hier merken wir uns vor allem zwei Dinge:
1. Verwenden Sie immer möglichst frische Eier. Sie sind am kugeligen, hochgewölbten Eigelb, um das das Eiweiß einen festen Ring legt, leicht zu erkennen. Beachten Sie beim Einkauf das Verpackungsdatum. Als frisch deklarierte Eier können ohne weiteres 10 Tage im Kühlschrank aufbewahrt werden.
2. Achten Sie darauf, daß Sie die Eier nicht zu lange kochen oder braten. Lieber ½ Minute zu wenig als zu viel; Eier werden leicht hart und trocken.
Rühreier und Omeletts gehören neben den gekochten Eiern zu den bekanntesten Eiergerichten. Wir behandeln sie in diesem Kapitel zuerst. Es folgen dann alle jene Rezepte, mit deren Hilfe Sie in wenig Zeit einen schmackhaften Imbiß zubereiten können.
Weitere kleine Eiergerichte wie verlorene (pochierte) Eier, gefüllte Eier, russische Eier finden Sie im Kapitel *Vorspeisen*, das überhaupt viele Gerichte enthält, die als kleine Mahlzeiten dienen können.

Eier, gekocht

8 Eier

Gekochte Eier sind ein beliebter und schnell zubereiteter Imbiß. Die Eier werden in lebhaft kochendes Wasser gelegt und je nach Wunsch 3–10 Minuten gekocht. Beachten Sie dabei folgende Tips:
Um ein Springen der sehr empfindlichen Eierschale während des Kochens zu vermeiden, wird diese ein- oder zweimal mit einer Nadel oder einem Eierstecher eingestochen. Sollte die Schale trotzdem einmal springen, so tritt das Eiweiß nicht so leicht aus, wenn Sie dem Kochwasser 1–2 Tl Salz oder Essig zufügen. Bewährt hat sich, vor allem, wenn mehrere Eier auf einmal gekocht werden, der Eiersieder (Drahtkorb oder Gestell); die Eier können alle auf einmal in das kochende Wasser gegeben und wieder herausgehoben werden.
Eier können auf verschiedene Art gekocht werden. Wir unterscheiden:

Weiche Eier haben eine Kochzeit von 3–4 Minuten (die Kochzeit ist abhängig von der Größe der Eier und vom persönlichen Geschmack). Sie werden in einem Eierbecher oder in einem gedeckten Körbchen serviert.

Wachsweiche Eier müssen 4–5 Minuten (je nach Größe) kochen. Sie werden als Imbiß serviert, oder, mit einer pikanten Sauce, auch gerne als Horsd'œuvres verwendet. Warm geschält, können sie die pochierten Eier ersetzen.

Eier im Glas sind weiche oder wachsweiche Eier, die aufgeschlagen und in Gläsern (am besten in Stielgläsern) serviert werden. Sie können die Eier auch roh in kleine feuerfeste Förmchen schlagen, in ein siedendes Wasserbad stellen und erhitzen, bis die Eier die gewünschte Festigkeit haben (Abb. s. S. 279).

Harte Eier haben eine Kochzeit von 8–10 Minuten. Sie müssen sofort nach dem Kochen kalt überbraust werden, damit sie sich besser schälen lassen. Harte Eier werden als kleiner kalter Imbiß verwendet, dienen als Garnitur für kalte Platten oder Salate und können zu verschiedenen Vorspeisen verarbeitet werden.

Eierstecher

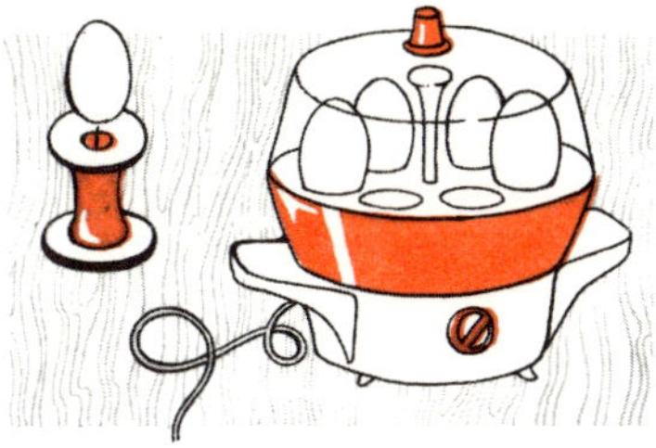

Eiersieder

Rühreier

8 Eier, Salz, 4 El Milch, 40 g Butter, Schnittlauch.

Die Eier mit Salz und Milch verquirlen. Die Butter in einer Pfanne zerlassen, die Eimasse dazugießen und unter häufigem, vorsichtigem Rühren mit einer Gabel erhitzen, bis die Eier gestockt (aber nicht zu fest) sind. (Beachten Sie dabei: Je mehr Sie rühren, desto feinflockiger, je weniger Sie rühren, desto grobflockiger wird das fertige Rührei.) Richtig zubereitetes Rührei muß locker und flockig sein! Die Rühreier in eine gewärmte Schüssel geben und mit gehacktem Schnittlauch bestreuen.
Die Rühreier werden besonders locker, wenn Sie anstelle der Milch 4–6 El Sahne mit den Eiern verquirlen.

Rühreier auf baskische Art

3 Paprikaschoten, 3 große Zwiebeln, 6 mittelgroße Tomaten, 60 g Öl, 8 Eier, Salz, Pfeffer.

Die gewaschenen Paprikaschoten der Länge nach dritteln (Kerne und Scheidewände entfernen) und in dünne Streifen schneiden. Die Zwiebeln grob hacken. Die Tomaten schälen (kurz überbrühen), entkernen und in größere Würfel schneiden. Die Zwiebeln und die Paprikastreifen in dem erhitzten Öl leicht anrosten und mit den Tomaten bei geschlossenem Topf (am besten in einer feuerfesten Form) 5 Minuten dünsten. Die Eier mit Salz und Pfeffer verquirlen, über das Gemüse gießen und unter vorsichtigem Umrühren steif werden lassen. Das Rührei auf einer gewärmten Platte (oder in der Form) sofort zu Tisch geben.

Rühreier mit Bücklingen

8 Eier, Salz, Pfeffer, 4 El Milch, 40 g Butter, 1 großer Bückling, Schnittlauch.

Die Eier mit Salz, Pfeffer und Milch verquirlen. Die Butter in einer Pfanne zerlassen, die Eimasse hineingießen und mit dem in kleine Stückchen zerteilten Bückling (enthäutet und entgrätet) unter vorsichtigem Rühren stocken lassen. Das Rührei sofort auf einer gewärmten Platte auftragen und mit Schnittlauch bestreuen.

Rühreier mit Käse

8 Eier, Salz, 4 El Milch, 40 g Butter, 50 g geriebener Hartkäse.

Die Eier salzen, mit der Milch verquirlen und in die zerlassene Butter geben. Nach 2 Minuten den geriebenen Käse ganz locker daruntermischen und sofort auf einer gewärmten Platte anrichten.

Rühreier mit Schinken

8 Eier, 4 El Milch, Salz, 250 g gekochten Schinken, 50 g Butter, Petersilie.

Die Eier mit Milch und Salz verquirlen. Den Schinken in kleine Würfel schneiden und in der zerlassenen Butter leicht anbraten. Die verquirlten Eier darübergießen und unter häufigem, vorsichtigem Rühren mit einer Gabel stocken lassen. Die Rühreier sofort auf einer gewärmten Platte anrichten, mit gehackter Petersilie bestreuen und mit Tomatenvierteln garnieren.

Rühreier mit Speck

8 Eier, 4 El Milch, Salz, 120 g Räucherspeck, Paprika.

Die Eier mit Milch und Salz verquirlen. Den Räucherspeck in einer Bratpfanne im eigenen Fett anrösten, die Eiermasse darübergießen und bei schwacher Hitze unter vorsichtigem Rühren mit einer Gabel stocken lassen. Richten Sie die Rühreier auf einer gewärmten Platte an und streuen Sie Paprika darüber.

Omeletten

4–6 Eier, Salz, Pfeffer, 30 g Butter.

Omeletten sind feine, nur aus gewürzten Eiern (ohne Mehl) bestehende Eierkuchen. Sie sind in wenigen Minuten zubereitet, können vielfach abgewandelt werden und haben daher ihren festen Platz in der Schnellküche und im Junggesellenhaushalt. Wenn Sie eine wirklich gute Omelette zubereiten wollen, müssen Sie einige Punkte beachten:

Nehmen Sie nicht zu viele Eier auf einmal! Rechnen Sie 2 Eier pro Person und backen Sie jede Omelette gesondert. (Für sehr hungrige Esser können Sie auch 3 Eier verwenden, nur muß die Pfanne genügend groß sein.)

Würzen Sie die Eier leicht mit Salz und Pfeffer und schlagen Sie sie erst kurz vor dem Backen gerade so lange mit einer Gabel, bis Eigelb und Eiweiß gut miteinander verbunden sind.

Erhitzen Sie die Pfanne (am besten eine schwere Gußeisenpfanne) so stark, daß die Butter darin sofort zu rauchen beginnt.

Geben Sie die geschlagenen Eier in die heiße Butter und backen Sie die Omelette unter ständigem Rütteln der Pfanne, bis die Masse unten goldbraun, oben aber weich ist. Dabei kommt es auf jede Sekunde an. Eine Omelette wird leicht zäh und trocken, wenn sie etwas zu lange in der Pfanne bleibt.

Lassen Sie die Omelette zur Hälfte auf einen gewärmten Teller gleiten (halten Sie die Pfanne dabei schräg),geben Sie die vorbereitete Füllung darauf und klappen Sie die zweite Hälfte darüber.

In den nachfolgenden Rezepten finden Sie verschiedene Vorschläge für die Füllung; diese kleine Auswahl können Sie nach Ihrer Phantasie beliebig ergänzen. Die Mengen sind für 2 Personen berechnet.

Omelette-Pfanne mit Omelette (einfach) (gefüllt)

Omelette auf Balkan-Art

Die Paprikaschoten waschen, der Länge nach dritteln (Kerne und Scheidewände entfernen) und in ganz dünne Streifen schneiden. Die Pfefferschote putzen (Kerne entfernen) und fein hacken. Die Knoblauchzehe halbieren, 5 Minuten im Olivenöl erhitzen und dann entfernen. Die Paprikaschoten und die Pfefferschote im geschlossenen Topf im Knoblauchöl weichdünsten und die gebackenen *Omeletten* (Sie können sie diesmal mit Olivenöl zubereiten) damit füllen.

2 grüne Paprikaschoten,
1 rote Pfefferschote,
2 El Olivenöl, 1 Knoblauchzehe.

Omelette mit Bananen

Die Bananen schälen und in der zerlassenen Butter vorsichtig von allen Seiten anbraten. Mit etwas Zitronensaft beträufeln und die *Omeletten* damit füllen.

2 Bananen, 30 g Butter,
Zitronensaft.

Omelette mit Champignons

Die gewaschenen, geputzten Champignons in Scheiben schneiden. Die gehackte Petersilie in der Butter andünsten und die Champignons darin bei geschlossenem Topf weichdämpfen. Mit Salz und Pfeffer würzen und die gebackenen *Omeletten* damit füllen.

250 g Champignons,
1 El Petersilie, 20 g Butter.

Omelette aux Crevettes

Die Butter in einer kleinen Kasserolle zerlassen, das Mehl darin leicht anschwitzen, mit dem Weißwein aufgießen und einige Minuten durchkochen. Die mit kaltem Wasser überbrausten, gut abgetropften Krabben in der Sauce bei geschlossenem Topf erhitzen. Mit dem Dillkraut, einer Prise Salz und Zitronensaft würzen. Die *Omeletten* damit füllen.

20 g Butter, 1 Tl Mehl,
6 El Weißwein, 100 g Krabben
(Konserven), 1 Tl Dillkraut,
Zitronensaft.

Omelette mit Geflügelleber

Die gewaschene, abgetropfte Geflügelleber in kleine Stücke schneiden und in der zerlassenen Butter von allen Seiten kräftig braun braten. Mit Salz und einer Prise frischgemahlenem Pfeffer würzen und in die gebackenen *Omeletten* füllen.

250 g Geflügelleber, 30 g Butter,
Salz, Pfeffer.

Omelette mit Nieren

Die gewaschene Kalbsniere in kleine Würfel schneiden, mit dem Mehl stauben und in der zerlassenen Butter durchrösten. Mit dem Sherry aufgießen, mit Salz und Pfeffer würzen und zuletzt mit der sauren Sahne binden. Die gebackenen *Omeletten* damit füllen und sofort auftragen.

200 g Kalbsnieren, 1 Tl Mehl,
30 g Butter, 1 El Sherry, Salz,
Pfeffer, 1 El saure Sahne.

Omelette mit Pilzen

Die geputzten, gewaschenen Steinpilze in dünne Scheiben schneiden und in der zerlassenen Butter bei geschlossenem Topf gar dünsten (etwa 10 Minuten). Mit Salz, Pfeffer und der gehackten Petersilie würzen, mit der sauren Sahne binden und in die gebackenen *Omeletten* füllen.

250 g Steinpilze, 20 g Butter,
1 Tl Petersilie, 1 Tl saure Sahne.

Omelette mit Schinken

Den Schinken in kleine Würfel oder in dünne Streifen schneiden und in der zerlassenen Butter nur ganz leicht anbraten. Mit einer Prise Cayennepfeffer (nicht unbedingt notwendig) würzen und auf die gebackenen *Omeletten* legen.

200 g Schinken, 30 g Butter,
1 Prise Cayennepfeffer.

Omelette mit Zwiebeln

Die Zwiebeln in Ringe schneiden und in dem erhitzten Öl knusprig braun rösten. Mit Salz und einer Spur Paprika bestreuen und in die *Omeletten* füllen.

2 mittelgroße Zwiebeln,
4 El Öl, Salz, Paprika.

Spanische Thunfischomelette

200 g Thunfisch (aus der Dose), 2 El Kapern.

Den Thunfisch abtropfen lassen, mit 2 Gabeln zerpflücken und mit den gehackten Kapern vermengen. Die *Omeletten* damit füllen.
Sie können diese pikante Omelette abwandeln, indem Sie Thunfisch und Kapern vor dem Backen unter den Omelettenteig mischen; achten Sie darauf, daß die Masse nicht am Pfannenboden anbäckt.

Käseomelette

4 Eier, Salz, Pfeffer, 50 g Butter, 40 g geriebener Parmesan.

Jeweils 2 Eier mit Salz, Pfeffer und der Hälfte des geriebenen Käses schlagen, in die rauchheiße Butter geben und nacheinander 2 *Omeletten* backen.

Kräuteromelette

4 Eier, Salz, Pfeffer, 30 g Butter, 2 El gehackte Kräuter.

Verwenden Sie für die Kräuteromelette Kräuter wie Petersilie, Schnittlauch, Estragon, Kerbel, Borretsch, Basilikum und Dill.
Jeweils 2 Eier mit Salz und Pfeffer leicht schlagen, mit der Hälfte der Kräuter vermischen und nacheinander 2 *Omeletten* backen.

Reisomelette

4 Eier, Salz, Pfeffer, 30 g Butter 80 g Reis, Salz, 20 g Butter.

Den Reis in reichlich Salzwasser körnig weichkochen, abseihen, lauwarm abbrausen, gut abtropfen lassen und auf einem Backblech in dem auf 100° erhitzten Backrohr abdämpfen lassen. Den Reis vorsichtig mit der erweichten Butter mischen und in die recht weich gebackenen *Omeletten* füllen.
Diese sättigende Omelette bietet eine gute Möglichkeit, Reisreste zu verwerten. (Es eignen sich alle Arten von gekochtem oder gedünstetem Reis dazu.) Rechnen Sie für jede Omelette 3–4 El Reis (gekocht oder gedünstet) und erwärmen Sie ihn mit einem Stückchen Butter im Wasserbad oder im mäßig erhitzten Backrohr.

Omeletten auf andere Art

4 Eier, Salz, ½ Tl Tabascosauce, 6 El Bier, 30 g Butter oder Öl.

Die Eier mit Salz und Tabascosauce gut verquirlen und das Bier leicht einrühren. (Jede Omelette einzeln zubereiten.) Die Eimasse in einer Pfanne im stark erhitzten Fett 1–2mal leicht durchrühren und dann backen. Die Omelette muß an der Unterseite leicht braun, oben dagegen noch weich und glänzend sein; sie wird möglichst rasch gefüllt, zusammengeklappt und auf einem gewärmten Teller aufgetragen.
Diese Omelette gelingt immer. Sie können sie abwandeln, indem Sie das Bier durch Wein ersetzen und sie wie echte Omeletten auf verschiedene Arten füllen.

Ofenomelette

8 Eier, ¾ l Milch, Salz, 20 g Butter, Mehl.

Die Eier mit Milch und Salz schaumig rühren, in eine gut gebutterte, bemehlte Form geben und etwa ½ Stunde in einem auf 150° erhitzten Rohr backen.
Die Ofenomelette in der Form zu Tisch geben.
Dieses praktische Schnellgericht können Sie vielfältig abwandeln, wenn Sie den Eierteig zusätzlich mit Pfeffer oder Paprika oder Muskat oder Cayennepfeffer würzen. Auch 1–2 El gehackte Kräuter (Wahl nach Belieben) können unter den Teig gemischt werden. Eine weitere Variante: Streuen Sie in etwas Butter gedämpfte Pilze, fein gehackten gekochten Schinken (den Sie mit etwas saurer Sahne verrühren und mit Meerrettich würzen können) oder in feine Streifen geschnittene Heringsfilets auf die gebackenen Omeletten.

Bacon and Eggs = Speck mit Ei

Den Speck in einer Bratpfanne von beiden Seiten knusprig rösten. Die Eier über die Speckscheiben in das Bratfett schlagen, leicht salzen und braten, bis das Eiweiß gestockt ist. Das Gericht auf einer warmen Platte sofort auftragen.

120 g durchwachsener Räucherspeck, 8 Eier, Salz.

Ham and Eggs = Schinken mit Ei

Den in dünne Scheiben geschnittenen Schinken in der zerlassenen Butter von beiden Seiten leicht anbraten. Die Eier über die Schinkenscheiben schlagen und leicht salzen. Alles bei mäßiger Hitze braten, bis das Eiweiß gestockt ist. Die Ham and Eggs auf einer gewärmten Platte sofort auftragen.
Ham and Eggs gelingen in kleinen Portionspfännchen besonders gut.

200 g Schinken, 40 g Butter, 8 Eier, Salz.

Eier, gratiniert

Die Zwiebeln sehr fein hacken (besser grob reiben) und im Öl goldbraun anrösten. Dann auf den Boden einer flachen feuerfesten Form streuen und die Hälfte des Käses darüber verteilen. Die Eier vorsichtig, ohne die Dotter zu verletzen, daraufsetzen. Die Sahne langsam darübergießen und zuletzt den restlichen Käse und die Semmelbrösel darüber verteilen. Das Ganze in dem auf 150° erhitzten Rohr überbacken, bis die Eier stocken und der Käse schmilzt.

2 mittelgroße Zwiebeln, 50 g Öl (oder anderes Fett), 120 g geriebener Käse, 8 Eier, $^1/_8$ l Sahne, 1 Tl Semmelbrösel.

Eierpfanne auf Bauern-Art

Den Räucherspeck in kleine Würfel schneiden und in der Butter anbraten. Die gehackte Zwiebel darin leicht anschwitzen. Die Erbsen, die jeweils in kleine Würfel geschnittenen Mohrrüben und Kartoffeln dazurühren. Alles in eine feuerfeste Schüssel füllen. Die Eier mit Salz und Pfeffer verquirlen und über das Gemüse gießen. Das Ganze in dem auf 200° erhitzten Rohr 10–15 Minuten überbacken. Die Eierpfanne mit Petersilie bestreuen und in der Form auftragen.
Zur Abwechslung können Sie diese Eierpfanne auch mit verschiedenen Resten (Fleischreste anstelle des Räucherspecks, anderes Gemüse) zubereiten.

100 g Räucherspeck, 20 g Butter, 1 große Zwiebel, 100 g Erbsen, gekocht, 100 g Mohrrüben, gekocht, 100 g Kartoffeln, gekocht, 8 Eier, Salz, Pfeffer, Petersilie.

Eierpfanne auf italienische Art

Die Eier mit Salz und Pfeffer würzen und mit der Sahne verquirlen. Das Olivenöl in einer flachen feuerfesten Form sehr stark erhitzen (am besten im Rohr) und die Eimasse hineingeben. Den in kleine Würfel geschnittenen Schinken, die geputzten, in dünne Scheiben geschnittenen Champignons und den in sehr dünne Scheiben geschnittenen Käse über die Eier legen und mit Petersilie und Oregano bestreuen. Die Form in das auf 200° vorgeheizte Backrohr schieben und alles etwa 10 Minuten überbacken.
Servieren Sie dieses Gericht in der Form.

8 Eier, Salz, Pfeffer, 4 El Sahne, 4 El Olivenöl, 150 g Schinken, 150 g Champignons, 200 g Mozzarella (oder 100 g Emmentaler), 1 Tl Petersilie, 1 Tl Oregano.

Eier im Tomatenkörbchen

Die Tomaten waschen, jeweils einen kleinen Deckel abschneiden und die Früchte aushöhlen. (Die Abfälle können Sie für eine Suppe verwenden.) Die Tomatenkörbe auf ein leicht gefettetes Backblech setzen und in dem auf 180° erhitzten Rohr 5 Minuten anbraten. Die Eier einzeln in die Tomaten schlagen, mit Salz, frischgemahlenem Pfeffer und Dillkraut würzen und mit dem geriebenen Käse bestreuen. Das Ganze nochmals für 3–5 Minuten (die Eier sollen gerade stocken) in das Rohr stellen. Die Körbchen auf einer gewärmten Platte auftragen.

8 große Tomaten, 40 g Butter, 8 Eier, Salz, Pfeffer, 1 El Dillkraut, 20 g geriebener Hartkäse.

Florentiner Eier

800 g Spinat, 30 g Butter,
4–8 Eier, 1 große Zwiebel,
2 El Öl, 40 g geriebener Parmesan.

Den Spinat sauber verlesen, waschen, in ¼ l kochendes Salzwasser geben und dämpfen, bis er zusammenfällt. Dann abseihen, gut abtropfen lassen und in eine mit Butter ausgestrichene feuerfeste Form füllen. Die Eier verteilt daraufsetzen und die im Öl goldbraun gerösteten Zwiebelringe darüberlegen. Zuletzt den geriebenen Käse und einige Butterflocken darübergeben. Das Ganze in dem auf 200° erhitzten Rohr überbacken, bis die Eier zu stocken beginnen.
Sofort in der Form auftragen.
Zur Abwechslung können Sie die Florentiner Eier auch mit passiertem tiefgekühltem Spinat zubereiten.

Ragouteier

150 g Kalbsleber, 1 El Mehl,
250 g Champignons,
40 g Butter, Salz, Pfeffer,
⅛ l Wein, 4 Eier.

Die gereinigte Leber (gewaschen und enthäutet) in ganz dünne Scheibchen schneiden und mit dem Mehl stauben. Die Champignons putzen, waschen, in dünne Scheiben schneiden und in der zerlassenen Butter leicht andämpfen. Die Leberscheibchen dazugeben. Alles 5 Minuten unter ständigem Rühren durchrösten, mit Salz und Pfeffer würzen und in eine leicht gefettete, flache feuerfeste Form geben. Den Bratrückstand mit dem Wein aufnehmen, kurz aufkochen und die Sauce über das Ragout gießen. Die 4 Eier vorsichtig, damit das Eigelb nicht verletzt wird, darauf verteilen und leicht salzen. Die Form in das auf 120° erhitzte Rohr stellen und die Eier stocken lassen. – Bringen Sie die Ragouteier direkt in der feuerfesten Form zu Tisch.

Spiegeleier

4 Eier, 20 g Butter, Salz.

Die Butter in einer flachen Pfanne (oder in den vier Vertiefungen einer Spiegeleierpfanne) zerlassen. Die Eier einzeln in die Pfanne schlagen, ohne das Eigelb zu verletzen, leicht salzen und bei mäßiger Hitze backen, bis das Eiweiß fest ist. Besonders schöne Spiegeleier erhalten Sie, wenn Sie sie während des Backens mit ein wenig zerlassener Butter beträufeln.
Servieren Sie die Spiegeleier zu Spinat, Pilzen, einer Gemüseplatte, geröstetem Hirn oder zu Beafsteaks; sie werden auf dem jeweiligen Gericht angerichtet.
Wenn Sie keine Spiegeleierpfanne haben, verwenden Sie die praktischen Einsätze, die Sie in die Bratpfanne stellen können.

Spiegeleierpfanne Pfanne mit Einsätzen

Spiegeleier Teheran

4 große Zwiebeln, 8 El Öl,
1 El Zitronensaft, 1 Messerspitze
Cayennepfeffer, 4 Eier, Salz,
1 El Petersilie, 1 Tl Thymian.

Die Zwiebeln kleinhacken, in einer Pfanne im erhitzten Öl goldbraun rösten, mit Zitronensaft und Cayennepfeffer würzen und auf einer Platte warm stellen. Die Eier, ohne das Eigelb zu verletzen, in die Pfanne schlagen (am besten Spiegeleiereinsätze verwenden), salzen und backen, bis das Eiweiß zu stocken beginnt. Die Spiegeleier auf die warmgestellten Zwiebeln legen und mit den gehackten Kräutern bestreuen.

Eier-Tomaten-Pfanne

800 g Tomaten, 20 g Butter,
100 g Speck, 1 Zwiebel,
100 g gekochter Schinken,
6 Eier, Salz, Pfeffer.

Eine feuerfeste Form gut mit Butter ausstreichen und die geschälten (kurz überbrühen), in grobe Scheiben geschnittenen Tomaten hineinschichten. Den Speck in kleine Würfel schneiden und im eigenen Fett anbraten. Die feingehackte Zwiebel und den in kleine Würfel geschnittenen Schinken kurz mitbraten. Das Zwiebel- Speck-Schinken-Gemisch über die Tomaten streuen. Die Eier kräftig mit Salz und Pfeffer würzen, mit einem Schneebesen leicht schaumig schlagen und über die Tomaten gießen. Das Ganze in dem auf 180° erhitzten Rohr etwa 20 Minuten überbacken. Die Eier-Tomaten-Pfanne mit Schnittlauch bestreuen und in der Form zu Tisch geben.

Ungarische Sahneeier

2 Zwiebeln, 40 g Öl, 1 El Paprika,
¼ l Sahne, 8 Eier, Salz,
Schnittlauch.

Die Zwiebeln hacken und in dem in einer feuerfesten Schüssel erhitzten Öl anrösten. Den Paprika dazurühren, mit der Sahne aufgießen und alles zum Kochen bringen. Die Eier vorsichtig (ohne die Eigelbe zu verletzen) in die Sahne schlagen und leicht salzen. Wenn das Eiweiß zu stocken beginnt, vom Feuer nehmen, mit Schnittlauch bestreuen und sofort auftragen.

WÜRZIGE AUFLÄUFE UND KOCHPUDDINGS

Aufläufe und warme Puddings sind vielseitige Gerichte, sie bieten reichlich Abwechslung in der schnellen, einfachen Küche. Dazu haben sie noch den großen Vorteil, daß sie nicht unmittelbar vor der Mahlzeit zubereitet werden müssen: Das kann man – je nach Lust und Zeit – schon am Morgen (oder am Tag vorher) erledigen. (Nur die Zugabe von Eischnee sollte erst kurz vor dem Backen erfolgen.) Die Gerichte werden je nach Backdauer etwa 1 Stunde vor der Verwendung in das vorgeheizte Rohr oder in das kochende Wasserbad gestellt und sind, ohne daß Sie sich weiter darum kümmern müssen, in der vorgesehenen Zeit servierbereit. Sehr köstlich schmeckt meist ein frischer Salat dazu.

Aufläufe werden in feuerfesten Formen aus Porzellan oder Jenaer Glas gebacken und darin direkt aufgetragen. Es ist ratsam, die Form nicht zu hoch zu füllen, da die Aufläufe je nach Eierverbrauch mehr oder weniger stark aufgehen (= auflaufen) und überlaufen könnten. Kommen Sie einmal in solch eine Verlegenheit, dann binden Sie einfach einen doppelt gelegten Streifen Pergamentpapier um die Auflaufform und entfernen Sie ihn erst unmittelbar vor dem Auftragen.

Besonders feine, lockere Aufläufe werden *Soufflés* genannt. Alle Soufflés können auch als warme Vorspeise verwendet werden. Backen Sie die Soufflés dann am besten in kleinen Portionsförmchen. Die angegebene Menge reicht in einem solchen Fall natürlich für mehr als 4 Portionen; die Backzeit verringert sich um etwa die Hälfte, bei sehr kleinen Förmchen sogar noch mehr.

Puddings werden in einer gut schließenden Puddingform, die einer schmalen Kuchenform ähnelt, gekocht. Vor dem Kochen muß die Form sorgfältig gefettet und mit Bröseln ausgestreut werden. Dann wird die vorbereitete Puddingmasse bis zu ¾ der Form (nicht höher) eingefüllt. Die Form wird gut verschlossen und in einen Topf mit kochendem Wasser gestellt; das Wasser muß dabei so hoch reichen, daß nur mehr ⅓ der Form herausragt. Der Topf wird gut verschlossen und der Pudding in 1–1½ Stunden gar gekocht. Achten Sie dabei darauf, daß das Wasser im Topf immer gleichmäßig, aber nicht zu stark kocht, nur so erhalten Sie einen erstklassigen Pudding.

Alle Kochpuddings können auch als Auflauf zubereitet, d. h. in eine Auflaufform gefüllt und im Rohr gebacken werden.

Blumenkohlauflauf

1–2 Köpfe Blumenkohl, Salz,
40 g Mehl, 60 g Butter,
$1/4$ l Milch, 3 Eier, 40 g geriebener Parmesan, Pfeffer, Muskat,
1 El Semmelbrösel, 10 g Butter.

Den Blumenkohl putzen, in Röschen zerteilen, waschen, in schwach gesalzenem Wasser garen (20–30 Minuten), abseihen und abtropfen lassen. Das Mehl in der Butter leicht anschwitzen, mit der Milch aufgießen und erhitzen, bis sich die Masse vom Topfboden lösen läßt. Kurz abkühlen, die Eigelbe und den Parmesan einrühren, mit Salz, Pfeffer und Muskat abschmecken und die Blumenkohlröschen daruntermischen. Zuletzt den mit einer Prise Salz steifgeschlagenen Eischnee einziehen. Die Masse in eine gebutterte, mit Brösel ausgestreute Form füllen, mit dem Rest geriebenen Käse und Semmelbröseln bestreuen, mit einigen Butterflöckchen belegen und in dem auf 180° erhitzten Rohr etwa 40–50 Minuten goldbraun backen.

Champignonsoufflé

500 g Champignons,
1 El Zitronensaft, 1 kleine Zwiebel,
1 El gehackte Petersilie,
40 g Butter, 40 g Mehl, 40 g Butter,
$1/2$ l Milch, Salz, Pfeffer, Muskat,
3 Eier, Butter, Semmelbrösel,
20 g geriebener Parmesan.

Die Champignons putzen, waschen, in feine Scheiben schneiden und mit dem Zitronensaft vermischen. Die Zwiebel fein hacken und mit der gehackten Petersilie in der Butter andünsten. Die Champignons dazugeben, mit Salz und Pfeffer würzen und im geschlossenen Topf gar dünsten (etwa 10 Minuten). – Das Mehl in der Butter anschwitzen, mit der gewärmten Milch aufgießen und unter ständigem Rühren zu einer dicklichen Sauce verkochen. Mit Salz, Pfeffer und Muskat würzen und abkühlen lassen. Die Eigelbe und die Champignons darunterrühren und zuletzt den steifgeschlagenen Schnee vorsichtig daruntermischen. Die Auflaufmasse in eine gebutterte, mit Brösel bestreute Form füllen, mit einigen Semmelbröseln und dem geriebenen Parmesan bestreuen und mit kleinen Butterflöckchen belegen. Dann in dem auf 180° erhitzten Rohr etwa 30 Minuten goldbraun backen.

Fischsoufflé auf schwedische Art

400 g Seefischfilets,
1 El Zitronensaft, 2 Zwiebeln,
60 g Butter, 100 g Champignons,
Salz, Pfeffer, 30 g Butter,
30 g Mehl, $1/4$ l Sahne, Salz,
Pfeffer, Muskat, Zitronensaft,
4 Eier, 150 g Krabben.

Die gewaschenen Fischfilets mit Zitronensaft beträufeln und in etwa 1 cm große Stücke schneiden. Die Zwiebeln sehr fein hacken und in der Butter anschwitzen. Die geputzten, in grobe Scheiben geschnittenen Champignons und die Fischstücke dazugeben, mit etwas Salz und Pfeffer bestreuen und im geschlossenen Topf 10 Minuten dünsten lassen. Das Mehl in der Butter anschwitzen, mit der Sahne aufgießen, etwa 10 Minuten zu einer dicken Sauce verkochen und mit Salz, Pfeffer, Muskat und Zitronensaft abschmecken. Nach dem Abkühlen die Eigelbe einzeln einrühren und das Fisch-Champignons-Gemisch und die Krabben (tiefgekühlte Krabben vorher auftauen; konservierte Krabben kurz kalt überbrausen und gut abtropfen lassen) dazumischen. Zuletzt den mit etwas Salz sehr steifgeschlagenen Eischnee einziehen. Die Masse in eine gut gefettete, mit Brösel ausgestreute Form geben, mit einigen Butterflöckchen bestreuen und 40–50 Minuten in dem auf 180° erhitzten Rohr überbacken.

Hühnersoufflé

250 g gekochtes oder gebratenes Hühnerfleisch (Reste),
30 g Butter, 30 g Mehl,
$1/8$ l Hühnerbrühe, $1/8$ l Sahne,
3 Eier, Salz, Muskat, Pfeffer,
1 El Petersilie, 1 Tl Kerbel,
$1/2$ Tl Rosmarin, 150 g Erbsen (tiefgekühlt).

Das Hühnerfleisch völlig von Haut und Knochen befreien und in kleine Stücke schneiden. Aus Butter und Mehl eine helle Einbrenne bereiten, mit der Hühnerbrühe und der Sahne aufgießen und zu einer dicken Sauce verkochen, die sich vom Topfboden lösen muß. Die Eigelbe darunterrühren und mit Salz, einer Prise Muskat, einer Prise Pfeffer und den fein gehackten Kräutern würzen. Das Hühnerfleisch und die kurz in Salzwasser gekochten Erbsen unter die Sauce rühren. Zuletzt den sehr steif geschlagenen Eischnee unter die Soufflémasse ziehen und in eine gut gebutterte, mit Brösel ausgestreute Form füllen. 50–60 Minuten in dem auf 180° erhitzten Rohr backen (Abb. s. S. 280).

Kartoffel-Käse-Auflauf

600 g Kartoffeln, 100 g Mehl, 40 g Butter, 3 Eier, 200 g Emmentaler, Milch nach Bedarf.

Die Kartoffeln schälen, waschen, in Salzwasser gar dämpfen (20–30 Minuten) und heiß durch die Kartoffelpresse drücken. Dann abkühlen lassen und mit dem Mehl, der weichen Butter, den verquirlten Eigelben, dem geriebenen Käse und heißer Milch zu einem festen Kartoffelbrei verrühren. Zuletzt den steifgeschlagenen Eischnee einziehen. Die Masse in eine gebutterte, mit Brösel ausgestreute Auflaufform füllen und in dem auf 180° erhitzten Rohr 50–60 Minuten backen.

Kartoffelauflauf auf Lübecker Art

1 kg Kartoffeln, 400 g Tomaten, 1 mittelgroße Zwiebel, 30 g Butter, ⅛ l Milch, 6 Eier, Salz, Pfeffer, 150 g Speck.

Die Kartoffeln schälen, waschen und in dünne Scheiben schneiden. Die Tomaten kurz mit kochendem Wasser überbrühen, schälen und in ½ cm dicke Scheiben schneiden. Die Zwiebel grob hacken. – Eine Auflaufform mit Butter einfetten. Die Hälfte der Kartoffelscheiben hineingeben, die Tomaten und die Zwiebelwürfel darüberschichten und die restlichen Kartoffelscheiben darauflegen. Die Milch mit den Eiern verquirlen, kräftig mit Salz und Pfeffer würzen und über die Kartoffelscheiben gießen. Den Auflauf zuletzt mit dem in dünne Scheiben geschnittenen Speck bedecken. Die Form mit einem Stück Alu-Folie verschließen und für 40–50 Minuten in ein auf 180° erhitztes Rohr stellen. Die Alu-Folie dann entfernen und den Auflauf noch weitere 5–10 Minuten überbacken, bis die Speckscheiben braun werden.

Käsesoufflé

80 g Butter, 120 g Mehl, ½ l Milch, Salz, Pfeffer, Muskat, 200 g geriebener Käse, 6 Eier.

Das Mehl in der Butter leicht anschwitzen, mit der erwärmten Milch aufgießen und kräftig kochen, bis sich die Masse vom Topfboden löst. Dann mit Salz, Pfeffer und Muskat würzen. Nach dem Abkühlen den Käse und die Eier (einzeln dazugeben) einrühren und zuletzt den mit 1 Prise Salz sehr steif geschlagenen Eischnee einziehen. Dann in eine gebutterte, mit Brösel ausgestreute Auflaufform füllen und in dem auf 180° erhitzten Rohr goldbraun backen (etwa 50 Minuten).

Makkaroniauflauf

300 g Makkaroni, Salz, 50 g Butter, 40 g Mehl, ½ l Milch, Salz, Pfeffer, Muskat, 40 g Emmentaler, 20 g Parmesan, 2 Eier, 10 g Butter, Semmelbrösel.

Die Makkaroni in kürzere Stücke brechen (oder bereits geschnittene kaufen), in reichlich kochendes Salzwasser geben und kernig weichkochen. Das Mehl in der Butter anschwitzen, mit der kochenden Milch aufgießen, mit Salz, Pfeffer und Muskat pikant abschmecken und 10 Minuten zu einer dickeren Sauce verkochen. Nach dem Erkalten den geriebenen Käse und die Eigelbe einrühren und mit den Makkaroni vermengen. Zuletzt den mit etwas Salz steifgeschlagenen Eischnee unterziehen. Die Masse in eine gebutterte, gut mit Semmelbrösel ausgestreute Auflaufform füllen, mit einem Löffel zurückbehaltenem Käse bestreuen, mit Butterflöckchen belegen und in dem auf 180° erhitzten Rohr 50–60 Minuten goldbraun backen.

Makkaroniauflauf mit Schinken

Zutaten wie für Makkaroniauflauf, 300 g gekochter Schinken, 30 g Butter, 1 Tl Petersilie, 1 Tl Borretsch, Pfeffer.

Den Schinken in dünne Streifen schneiden, mit der Petersilie in der Butter anschwitzen und mit Borretsch und Pfeffer würzen. Die Hälfte der nach obigem Rezept zubereiteten Makkaronimasse in eine gebutterte, mit Brösel ausgestreute Auflaufform füllen, die Schinkenstreifen darübergeben und die restliche Makkaronimasse darauffüllen. Den Auflauf mit etwas geriebenem Käse bestreuen, mit einigen Butterflöckchen belegen und 50–60 Minuten in dem auf 180° erhitzten Rohr goldbraun backen.

Nudelauflauf

300 g Bandnudeln, Salz,
500 g Tomaten, 300 g Fleischwurst,
1 Tl Oregano, ½ l Milch, 5 Eier,
Muskat, 30 g Parmesan,
30 g Butter.

Die Nudeln in reichlich Salzwasser fast gar kochen, abseihen, kalt überbrausen und gut abtropfen lassen. Die Tomaten schälen (kurz überbrühen), entkernen und in dickere Scheiben schneiden. Die Wurst enthäuten und in dünne Scheiben schneiden. In eine gut gefettete, mit Brösel ausgestreute Form nacheinander ⅓ der Nudeln, die Hälfte der mit Oregano bestreuten Tomatenscheiben, die Hälfte der Wurstscheiben geben, den Vorgang wiederholen und zuletzt mit den restlichen Nudeln abdecken. Die Milch mit den Eiern verquirlen, mit Salz und Muskat würzen und über den Auflauf gießen. Zuletzt den geriebenen Käse darüberstreuen, einige Stückchen kleingeschnittene Butter darauflegen und den Auflauf 40–50 Minuten in dem auf 180° erhitzten Rohr überbacken.

Nudelauflauf auf hessische Art

250 g Bandnudeln, Salz,
600 g passierter Spinat
(tiefgekühlt), 40 g geriebener
Parmesan, 300 g Erbsen
(tiefgekühlt), 8 Eier, Salz,
Muskat, 150 g Schinken,
⅛ l Joghurt, 20 g Butter.

Die Nudeln in reichlich Salzwasser nicht zu weich kochen, abseihen, kalt überbrausen und gut abtropfen lassen. – Den Spinat auftauen, kurz kochen, salzen und mit dem geriebenen Käse verrühren. Die Erbsen auftauen lassen. Die Eier mit Salz und Muskat verquirlen und mit dem in Streifen geschnittenen Schinken (roh oder gekocht) und dem Joghurt verrühren. – Eine flache feuerfeste Form mit Butter ausstreichen. Den Spinat auf den Boden der Form verteilen, die gekochten Nudeln und die Erbsen darübergeben. Zuletzt die Eier-Schinken-Masse darübergießen. Den Auflauf in dem auf 180° erhitzten Rohr 30–40 Minuten überbacken.

Pikanter Grießauflauf

½ l Milch, Salz, 170 g Grieß,
½ Zwiebel, 1 rote Paprikaschote,
Petersilie, 50 g Käse, 3 Eigelbe,
30 g Butter, ½ Zitrone,
2 Messerspitzen Safran,
10 g Butter, Semmelbrösel.

Die Milch mit ½ Tl Salz zum Kochen bringen, den Grieß dazufließen lassen und unter ständigem Rühren zu einem festen Brei verkochen. Die Zwiebel hacken und mit der geputzten (Kerne und Scheidewände entfernen), kleingeschnittenen Paprikaschote in der Butter dünsten. Diese Mischung, die gehackte Petersilie, den geriebenen Käse und die drei Eigelbe unter den abgekühlten Grießbrei mischen und mit dem Abgeriebenen einer ungespritzten Zitronenschale, Zitronensaft und dem mit etwas Wasser verrührten Safran würzen (auch einer Prise Pfeffer oder Cayennepfeffer, besonders wenn Sie scharfe Gerichte mögen, kann nicht schaden). Die Masse in eine gebutterte, mit Brösel ausgestreute Auflaufform füllen und 50–60 Minuten in dem auf 160° erhitzten Rohr backen.

Schinkensoufflé

40 g Butter, 40 g Mehl,
⅛ l Milch, ⅛ l Sahne, Salz,
Muskat, 300 g Schinken,
3 Eier, 2–3 El Madeira.

Das Mehl in der Butter anschwitzen, dann mit dem Milch-Sahne-Gemisch aufgießen und kochen, bis sich die Masse von dem Boden der Kasserolle löst. Nach dem Abkühlen mit Salz und Muskat würzen und mit dem möglichst fein gehackten Schinken vermengen. Die Eigelbe einzeln dazurühren, den Madeira und zuletzt den mit einer Messerspitze Salz sehr steif geschlagenen Eischnee einziehen. Die Masse in einer gebutterten, mit Brösel ausgestreuten Form backen.

Schinkennudeln, gebacken

250 g Nudeln, Salz, 40 g Butter,
40 g Mehl, ¼ l Milch,
60 g Butter, 3 Eier, ¼ l saure Sahne,
Salz, Pfeffer, Muskat,
30 g gekochter Schinken.

Die Nudeln in kleine Stücke brechen, in reichlich kochendem Salzwasser kernig weichkochen, abseihen, kalt überbrausen und gut abtropfen lassen. Das Mehl in der Butter anschwitzen, mit der Milch aufgießen und 5 Minuten zu einer dicklichen Sauce *(Béchamelsauce)* kochen. Die Eigelbe mit der leicht erwärmten Butter schaumig rühren, die saure Sahne und die Béchamelsauce dazurühren und mit Salz, Pfeffer und Muskat abschmecken. Schinken und Nudeln daruntermischen und zuletzt den mit einer Messerspitze Salz steif geschlagenen Eischnee einziehen. Die Masse in einer gebutterten, mit Semmelbrösel bestreuten Auflaufform 50–60 Minuten in einem auf 180° vorgeheizten Rohr backen.

Siebenbürger Sauerkrautauflauf

1 kg Kartoffeln, Salz, 30 g Butter, 30 g Emmentaler, Milch nach Bedarf, 40 g Schmalz (oder Öl), 750 g Sauerkraut, 3 säuerliche Äpfel, 1/4 l saure Sahne, 250 g Rauchfleisch, 100 g Speck.

Die Kartoffeln schälen, waschen, in etwas Salzwasser gar dämpfen (20–30 Minuten) und durch ein Sieb drücken. Mit der Butter, dem Käse und Milch zu einem dicken Kartoffelpüree verrühren. – Das Fett erhitzen, das mit einer Gabel gelokkerte Kraut und die geschälten, entkernten und geraspelten Äpfel dazugeben und im geschlossenen Topf 30 Minuten dünsten. Die saure Sahne und das in kleine Würfel geschnittene Rauchfleisch daruntermischen. – Den Boden einer Auflaufform mit dem in dünne Scheiben geschnittenen Speck belegen und die Hälfte des Kartoffelpürees daraufgeben. Das Kraut darüberschichten und mit dem restlichen Kartoffelpüree abdecken. Die Form in das auf 180° erhitzte Rohr stellen und den Auflauf noch 40–50 Minuten überbacken.

Soufflé Helgoland

40 g Mehl, 40 g Butter, 1/4 l Milch, 1/8 l Sahne, 1 Messerspitze Curry, Salz, Muskat, 200 g Emmentaler, 150 g Krabben, 3 Eier, 10 g Butter, Semmelbrösel.

Das Mehl in der Butter leicht anschwitzen, mit Milch und Sahne aufgießen und 10–15 Minuten zu einer glatten, dicklichen Sauce (die sich vom Topfboden lösen muß) kochen. Die Sauce dann mit Salz, Curry und einer Prise Muskat abschmecken. Nach dem Abkühlen den geriebenen Käse und die in größere Stücke geschnittenen Krabben (tiefgekühlte Krabben vorher auftauen, konservierte Krabben kurz kalt überbrausen und gut abtropfen lassen) dazugeben und die Eigelbe einzeln einrühren. Zuletzt den mit einer Prise Salz sehr steif geschlagenen Eischnee einziehen. Die Masse in eine gebutterte, mit Brösel ausgestreute Form füllen und in dem auf 180° erhitzten Rohr 50–60 Minuten goldbraun backen.

Soufflé auf Prinzessinnen-Art

200 g Hühnerfleisch (Reste), 200 g magerer gekochter Schinken, 150 g Champignons, 150 g Erbsen, 20 g Butter, 30 g Mehl, 30 g Butter, 1/8 l Hühnerbrühe, 1/8 l Sahne, Salz, 1 Messerspitze Pfeffer, 1 Prise Muskat, 1 Tl gehackte Petersilie, 4 Eier, 10 g Butter, Semmelbrösel.

Das Hühnerfleisch (völlig von Haut und Knochen befreit) in kleine Stücke schneiden. Den Schinken in kleine Würfel schneiden. Die geputzten Champignons in Scheiben schneiden und in der Butter gar dämpfen (etwa 10 Minuten). Die Erbsen in Salzwasser garen (aber nicht zu weich). Das Mehl in der Butter anschwitzen, mit der Hühnerbrühe aufgießen, mit der Sahne verrühren und 10 Minuten bei schwacher Hitze zu einer dicken Sauce verkochen. Mit Salz, Pfeffer, Muskat und der gehackten Petersilie würzen und nach dem Abkühlen die Eigelbe einzeln einrühren. Die vorbereiteten Zutaten daruntermengen und zuletzt den mit einer Prise Salz sehr steif geschlagenen Eischnee einziehen. Die Soufflémasse in eine gut gebutterte, mit Brösel ausgestreute Auflaufform füllen und in dem auf 180° erhitzten Rohr 50–60 Minuten backen.

Thüringer Eierauflauf

6 Eier, 1/2 l Milch, Salz, Muskat, 1 Zitrone, 4 altbackene Semmeln, 100 g Speck, 100 g gekochter Schinken, 20 g Butter, Semmelbrösel.

Die Eigelbe schaumig schlagen, die Milch langsam dazurühren und mit Salz und Muskat und der abgeriebenen ungespritzten Zitronenschale würzen. Die Semmeln in feine Scheiben schneiden, mit der Eiermilch begießen und 1 Stunde ruhen lassen. Den Speck in kleine Würfel schneiden und im eigenen Fett anbraten. Die Schinkenwürfel daruntermischen, abkühlen lassen und unter die Ei-Semmel-Masse mischen. Zuletzt den mit einer Prise Salz steifgeschlagenen Eischnee einziehen. Die Masse in eine gut gebutterte, mit Brösel ausgestreute Auflaufform geben und in dem auf 180° erhitzten Rohr 30–40 Minuten backen.

Fischpudding Helgoland

300 g Seefischfilets,
150 g Krabben, 2 Semmeln,
Milch nach Bedarf, 100 g Butter,
3 Eier, ¼ l Sahne, 50 g Stärkemehl,
Salz, Pfeffer, 1 El Petersilie.

Die gewaschenen Fischfilets und die Krabben (tiefgekühlte Krabben vorher auftauen, konservierte Krabben kurz überbrausen und gut abtropfen lassen) mit den in der Milch eingeweichten und gut ausgedrückten Semmeln durch den Fleischwolf drehen (oder hacken). Die Butter leicht erwärmen, mit den Eigelben schaumig rühren und mit der Fischmasse vermengen. Das mit der Sahne verquirlte Stärkemehl dazurühren. Mit Salz, Pfeffer und der gehackten Petersilie würzen. Zuletzt den mit einer Prise Salz steif geschlagenen Eischnee einziehen. Die Masse in eine gefettete, mit Semmelbrösel ausgestreute Form füllen, verschließen und 60–70 Minuten im Wasserbad kochen. Den Pudding etwas abkühlen lassen und dann auf eine gewärmte Platte stürzen.

Fleischpudding

2 Semmeln, ⅛ l Tomatensaft,
400 g Kalbfleisch, ½ Zwiebel,
20 g Butter, 3 Eier, 1 El Cognac,
Salz, 1 Zitrone,
3 Rosmarinnadeln.

Die Semmeln in dünne Scheiben schneiden, mit Tomatensaft beträufeln und kurz einweichen. Dann mit dem gewaschenen, abgetrockneten Kalbfleisch durch den Fleischwolf drehen. Die Zwiebel fein hacken, in der Butter anschwitzen und zu dem Fleisch geben. Die Eigelbe und den Cognac dazurühren. Mit Salz, der abgeriebenen Zitronenschale (ungespritzt) und dem fein zerriebenen Rosmarin würzen. Zuletzt den steifgeschlagenen Eischnee einrühren. Die Puddingmasse in die gefettete, mit Brösel ausgestreute Form füllen, gut verschließen und 70–80 Minuten im Wasserbad kochen. Den Pudding noch kurz ruhen lassen und auf eine gewärmte Platte stürzen.
Diesen Pudding können Sie auch mit anderen Fleischsorten oder mit Bratenresten zubereiten.

Gemüsepudding

100 g Butter, ¼ l Milch,
120 g Mehl, 4 Eier, Salz,
Pfeffer, 2 El Kräuter, 500 g Gemüse
(nach Wahl).

Die Milch mit der Butter zum Kochen bringen, das Mehl dazugeben und rühren, bis eine glatte Masse entstanden ist, die sich vom Topfboden lösen muß. Nach dem Erkalten die Eigelbe hintereinander einrühren und mit Salz, Pfeffer und den gehackten Kräutern (wählen Sie nach persönlichem Geschmack) würzen. Das gewaschene, geputzte Gemüse in etwas Salzwasser garen (nicht zu weich), gut abtropfen lassen und unter den Teig mischen. Zuletzt das mit 1 Prise Salz sehr steif geschlagene Eiweiß unterziehen. Die Puddingmasse in die gefettete, mit Brösel ausgestreute Puddingform füllen, verschließen und 80–90 Minuten im Wasserbad kochen. Den Pudding kurz ruhen lassen und auf einer gewärmten Platte zu Tisch geben.
Zu diesem Pudding schmecken Spargelstücke, Erbsen mit Mohrrüben gemischt, Schwarzwurzeln oder Blumenkohl besonders gut. Er ist auch hervorragend dafür geeignet, Gemüsereste zu verwerten.

Kartoffelpudding

750 g Kartoffeln, 80 g Emmentaler,
50 g Butter, ⅛ l saure Sahne,
3 Eier, Salz, Muskat.

Die Kartoffeln in etwas Salzwasser dämpfen, schälen und heiß durch die Kartoffelpresse drücken. Den Kartoffelbrei mit Käse, Butter, Sahne und Eigelb verrühren und mit Salz und Muskat abschmecken. Zuletzt den mit einer Prise Salz sehr steif geschlagenen Eischnee einziehen. Die Masse in eine gut gefettete, mit Semmelbrösel ausgestreute Puddingform füllen, verschließen und 60–70 Minuten im Wasserbad kochen. Den Pudding kurz ruhen lassen und auf eine gewärmte Platte stürzen.
Diesen Pudding können Sie beliebig verfeinern, indem Sie feingehackten gekochten Schinken, feingehackte Bratenreste, gedünstete Pilze oder gehackte Kräuter einrühren.

Leberpudding

Die gewaschene Leber (Kalbs-, Schweins- oder Rindsleber) enthäuten und mit dem Speck durch den Fleischwolf drehen. Die Zwiebeln und die Petersilie fein hacken, in der Butter anschwitzen und zu der Leber mischen. Die Champignons putzen, waschen, in grobe Scheiben schneiden und ebenfalls dazugeben. Die Eier, das in der Sahne angerührte Stärkemehl und den Madeira hinzufügen und mit Salz und Majoran (wenn Sie wollen, auch eine Prise frischgemahlener Pfeffer) würzen. Die Masse in eine gut gefettete, mit Semmelbrösel ausgestreute Puddingform füllen, gut verschließen und etwa 1½ Stunden im Wasserbad kochen. Den Pudding kurz ruhen lassen und dann auf einer gewärmten Platte auftragen.

500 g Leber, 100 g Speck,
2 Zwiebeln, 1 El Petersilie,
20 g Butter, 150 g Champignons,
2 Eier, 50 g Stärkemehl, Salz,
½ Tl Majoran, ⅛ l Sahne,
1/10 l Madeira.

Spinatpudding

Den Spinat waschen, in etwas kochendes Salzwasser geben, bis er zusammenfällt. Gut abtropfen lassen und fein wiegen oder durch den Fleischwolf drehen (Tiefkühlspinat auftauen). Die Semmeln in Milch einweichen, ausdrücken und ebenfalls durch den Fleischwolf drehen. Die Zwiebel fein hacken und mit der Petersilie in der Butter anschwitzen. Die Semmelmasse, den Spinat und die vier Eigelbe dazugeben, mit Salz, 1 Prise frischgemahlenem Pfeffer und etwas Muskat würzen und sorgfältig vermischen. Zuletzt den steifgeschlagenen Eischnee darunterziehen. Das Ganze in eine gefettete, mit Bröseln bestreute Puddingform füllen, verschließen, in ein Wasserbad stellen und 60–70 Minuten kochen lassen. Den Pudding kurz ruhen lassen, auf eine gewärmte Platte stürzen und mit *Champignonsauce* oder *Sauce Hollandaise* servieren.

500 g Spinat, Salz, 2 altbackene
Semmeln, Milch, 1 Zwiebel,
1 El gehackte Petersilie,
40 g Butter, 4 Eier, Salz, Pfeffer,
Muskat.

PIZZEN, WÄHEN, PIKANTE KUCHEN, PFANNKUCHEN

Unsere Vorfahren haben einst ihr Brot in Form flacher runder Fladen gebacken. Diese Form begegnet uns heute noch bei den italienischen Pizzen, den Schweizer Wähen, den Speck- und Zwiebelkuchen und letzten Endes auch – stark verfeinert – bei den Pfannkuchen; sie werden ja heute noch (vor allem in Süddeutschland und der Schweiz) »Flädli« genannt.

Pizzen sind ein schnell und abwechslungsreich zuzubereitendes Gericht. Sie können Pizzen nicht nur als Hauptgericht, sondern auch als Imbiß für mehrere Gäste – etwa nach dem Abendessen zu einem Glas Wein – reichen. Sie backen sie dann am besten auf einem gefetteten Kuchenblech und zerteilen sie wie einen Kuchen in kleine Stücke; man kann sie heiß oder kalt auftragen.
Sämtliche Pizzen können aus Brotteig – den Sie auf Bestellung beim Bäcker kaufen können – oder aus dem unter »Pizza Napoletana« angegebenen Hefeteig zubereitet werden. Wollen Sie eine »feinere« Pizza haben, können Sie auch tiefgekühlten Blätterteig verwenden. – Pizzamischungen gibt es außerdem auch fertig zu kaufen!

Wähen oder *Fladen* werden hauptsächlich in der Ostschweiz, und zwar auf großen runden Blechen (etwa 40 cm im Durchmesser) gebacken. In unserer Küche tut es auch ein normales Kuchenblech. Wähen können wie die Pizzen aus gekauftem Brotteig zubereitet werden; Sie müssen lediglich noch ein Stück Butter einarbeiten. Wähen werden wie Pizzen warm gegessen.

Pikante Kuchen sind – wie Pizzen und Wähen – ein überall verbreiteter und beliebter kleiner Imbiß. Sie werden ebenfalls warm aufgetragen. Sie eignen sich genauso gut als kleines Abendessen wie zu einem geselligen Beisammensein bei einem Glas Wein.
Auch bei den pikanten Kuchen können Sie den angegebenen Teig durch einen fertig gekauften Brotteig, durch einen ungezuckerten Mürbteig oder einen Blätterteig (tiefgefroren) ersetzen.

Pfannkuchen haben nur mehr die Form mit den ursprünglichen Fladen gemeinsam. Pfannkuchen sind feine, aus Ei, Mehl und Milch zubereitete, dünne Kuchen, die sich ausgezeichnet als Schnellgericht eignen. Sie können in den verschiedensten Varianten zubereitet werden. (Süße Pfannkuchen siehe im Kapitel *Mehlspeisen.)*

Pizza Napoletana

400 g Mehl, 20 g Hefe, $^1/_4$–$^1/_2$ l Milch (oder Wasser), 4 El Öl, 1 Tl Salz, 2 El Öl, 500 g geschälte Tomaten (Dose), 300 g Mozzarella (oder Gruyère), 2 Tl Oregano, Salz, Pfeffer, 8 Sardellenfilets.

Die Hefe zerbröseln, mit 2 El lauwarmer Milch verrühren und zugedeckt gehen lassen (= Vorteig). Dann mit dem Mehl, dem Öl, dem Salz und lauwarmer Milch zu einem festen Teig verarbeiten und schlagen, bis er sich vom Schüsselboden und den Händen löst. Den Teig nach $^1/_2$ Stunde ruhen lassen, dann in vier Teile schneiden, zu einem tellergroßen Fleck ausrollen und die Ränder leicht hochbiegen. Die Flecken auf ein gefettetes Backblech legen und mit je 1 El Öl bestreichen. Die geschälten Tomaten zerkleinern und darauf verteilen. Den Käse in dünne Streifen schneiden und über die Tomaten geben. Das Ganze mit Oregano, Salz und Pfeffer bestreuen und zuletzt die der Länge nach halbierten Sardellenfilets gitterartig darüberlegen. Das restliche Öl darüberträufeln und die fertig belegten Pizzen in dem auf 200° erhitzten Rohr 20–30 Minuten backen.

Pizza Adriatica

500 g Pizzateig, 4 El Öl, 500 g geschälte Tomaten (Dose), 10 g Parmesan, Salz, Pfeffer, Oregano, 250 g Muscheln, 150 g Krabben, 16 gefüllte Oliven.

Den Pizzateig nach Vorschrift zu 4 Teigflecken ausrollen und die Ränder hochbiegen. Jeden Teigfleck mit 1 El Öl bepinseln und mit den geschälten, zerkleinerten Tomaten belegen. Den geriebenen Käse darüberstreuen und mit Salz, Pfeffer und Oregano würzen. Das restliche Öl darübergeben und die Pizzen 20 Minuten in dem auf 200° erhitzten Rohr backen. Dann die abgetropften Muscheln, die Krabben (tiefgekühlte Krabben vorher auftauen, Dosenkrabben kalt überbrausen und gut abtropfen lassen) und die in Scheiben geschnittenen Oliven über die Pizzen streuen und alles nochmals 10 Minuten überbacken.

Pizza Luganese

500 g Weißbrotteig, 4 El Öl, 1 Zwiebel, 30 g Butter, 20 g Mehl, $^1/_{10}$ l Sahne, 600 g Tiefkühlspinat, Salz, Pfeffer, 1 Prise Trockenknoblauch, 4 Tomaten, $^2/_{10}$ l Sahne, 40 g Parmesan, 2 Eier, 8 Sardellenfilets.

Den Weißbrotteig zu 4 Pizzen verarbeiten und mit Öl bestreichen.
Die Zwiebel fein hacken, in der Butter anschwitzen, mit dem Mehl stauben und mit der Milch aufgießen. Den leicht angetauten Spinat dazugeben, kurz kochen, mit Salz, Pfeffer und Knoblauch abschmecken, abkühlen lassen und auf die Pizzen verteilen. Die geschälten (kurz überbrühen), in dünne Scheiben geschnittenen Tomaten und die der Länge nach halbierten Sardellenfilets über dem Spinat anordnen. Die Sahne mit dem Käse und den Eiern verquirlen und gleichmäßig darüber verteilen. Die Pizzen in dem auf 200° erhitzten Rohr 20–30 Minuten backen.

Pizza Adriatica ▷

Pizza auf Hausfrauen-Art

500 g Weißbrotteig, 4 El Öl, 400 g fetter Käse, 200 g gekochter Schinken, 4 Eier, Salz, Pfeffer, Öl, 1 El gehackte Petersilie.

Aus Weißbrotteig 4 Pizzen vorbereiten und mit Öl bestreichen. Den Schinken und den Käse in kleine Würfel schneiden und darauflegen. Die Eier gut verquirlen, mit Salz und Pfeffer würzen und dann auf die 4 Teigflecken verteilen. Die Pizzen dann in dem auf 180° erhitzten Rohr 20 Minuten backen. Vor dem Auftragen mit gehackter Petersilie bestreuen.

Pizza mit Pilzen

500 g Weißbrotteig, Öl, 400 g Pilze (Steinpilze, Pfifferlinge oder auch Champignons), 200 g Tomaten, 4 hartgekochte Eier, Salz, Pfeffer, 1 Tl Oregano.

4 Pizzen, wie unter *Pizza Napoletana* beschrieben, vorbereiten und jede mit Öl bestreichen. – Die Pilze putzen, waschen, in dünne Scheiben schneiden, in möglichst wenig Öl gar dünsten und auf die vorbereiteten Teigflecken verteilen. Die Tomaten schälen (kurz überbrühen), in kleine Stückchen schneiden und über die Pilze geben. Mit Salz, Pfeffer und Oregano würzen und zuletzt die hartgekochten, gehackten Eier darüberstreuen. Nochmals mit Öl betropfen und die Pizzen in einem auf etwa 200° erhitzten Rohr backen (20–30 Minuten).

Pizza Siciliana

500 g Weißbrotteig, 4 El Öl, 500 g Tomaten, 300 g Mozzarella (oder Gruyère), 16 schwarze Oliven, 2 Tl Oregano.

Den Weißbrotteig nach Vorschrift zu 4 Pizzen verarbeiten und jede mit ½ El Öl bestreichen. – Die geschälten (vorher überbrühen), entkernten und in Scheiben geschnittenen Tomaten auf die Teigböden verteilen. Den in dünne Scheiben geschnittenen Käse locker darauf verteilen und die entkernten, halbierten Oliven dazwischen anordnen. Das Ganze mit Salz, Pfeffer und dem Oregano bestreuen. Mit dem restlichen Olivenöl begießen und 20–30 Minuten in dem auf 200° erhitzten Rohr backen.

Käsewähe = Käsefladen

400 g Mehl, 20 g Hefe, etwa ¼ l Milch, Salz, 60 g Butter, ¼ l Milch, 1 Zwiebel, Salz, Pfeffer, 250 g Käse.

Die Hefe zerbröseln, mit einigen El lauwarmer Milch zu einem Vorteig anrühren und zugedeckt gehen lassen. Diesen mit dem Mehl, dem Salz und der zerlassenen Butter zu einem glatten Teig kneten und ½ Stunde zugedeckt ruhen lassen. Den gegangenen Teig dünn ausrollen, auf ein gefettetes Kuchenblech legen und die Ränder dabei leicht hochdrücken.
Die Milch mit der fein geschnittenen Zwiebel, Salz und Pfeffer würzen, 10 Minuten kochen lassen und über den geriebenen Käse gießen. Alles gut vermischen und auf die Teigplatte streichen. Die Wähe in dem auf 180° erhitzten Rohr etwa 30 Minuten goldgelb backen. – Schneiden Sie die Käsewähe noch heiß in beliebig große Stücke.
In der Schweiz trinkt man Milchkaffee dazu.

Speckwähe

400 g Mehl, 20 g Hefe, etwa ¼ l Milch, 1 Tl Salz, 60 g Butter (oder Öl), 300 g durchwachsener Speck, Salz, Kümmel, 40 g Butter.

Die Hefe mit 2–3 El lauwarmer Milch verrühren und zugedeckt gehen lassen. Diesen Vorteig mit dem Mehl, Salz, der erweichten Butter und Milch zu einem mittelfesten Teig verarbeiten, gut abschlagen und 1 Stunde zugedeckt gehen lassen. Den Teig möglichst dünn ausrollen, auf ein gefettetes Backblech legen und die Ränder dabei hochdrücken. Nochmals kurz gehen lassen. – Den Speck in kleine Würfel schneiden und über den Teig verteilen. Mit Salz und Kümmel bestreuen und mit der zerlassenen Butter beträufeln. Bei 180° goldbraun backen.

◁ *Paella*

Zwiebelwähe

300 g Mehl, 20 g Hefe,
etwa 1/4 l Milch, 1 Tl Salz, 1 Ei,
50 g Butter, 100 g Räucherspeck,
5 große Zwiebeln, 2/10 l Sahne,
4 Eier, Salz, Pfeffer, Muskat.

Aus der zerbröselten Hefe und einigen El lauwarmer Milch einen Vorteig rühren und zugedeckt gehen lassen. Diesen mit dem Mehl, Salz, Ei, Butter und Milch zu einem mittelfesten Teig verrühren, gut abschlagen und 1 Stunde zugedeckt gehen lassen. Den Teig möglichst dünn zu einem rechteckigen Fleck ausrollen, auf ein gut gefettetes Backblech legen (die Ränder dabei hochziehen) und nochmals 15–20 Minuten gehen lassen. – Den Speck in kleine Würfel schneiden und im eigenen Fett leicht anbraten. (Ist er mager, können Sie ein kleines Stückchen Butter dazugeben.) Die in Ringe geschnittenen Zwiebeln mitdünsten, bis sie glasig geworden sind, und beides auf der Teigplatte verteilen. Die Sahne und die Milch mit den Eiern verquirlen, mit Salz, Pfeffer und Muskat würzen und über die Zwiebeln gießen. Die Wähe in dem auf 180° erhitzten Rohr goldbraun backen.

Fleischkuchen

1 Paket Blätterteig (300 g),
1 kleine Zwiebel, 1 El Petersilie,
1 El Selleriegrün, 40 g Butter,
100 g Räucherspeck,
300 g Rindfleisch, 1 Tl Mehl,
1/8 l Rotwein, 2 Gewürzgurken, 1 Ei,
Salz, Pfeffer.

Den Blätterteig zu einem größeren Rechteck ausrollen und auf einem nassen Backblech 10 Minuten in dem auf 220° erhitzten Rohr vorbacken. – Die Zwiebel, die Petersilie und das Selleriegrün hacken und in der Butter anschwitzen. Den Räucherspeck und das Rindfleisch durch den Fleischwolf drehen, kurz mit durchrösten, mit dem Mehl stauben, mit dem Rotwein aufgießen und 15 Minuten im geschlossenen Topf dämpfen. Die gehackten Gewürzgurken dazugeben, mit dem Ei binden und mit Salz und Pfeffer abschmecken. Den Fleischteig auf den Blätterteigboden streichen (wenn nötig, noch etwas Rotwein zugeben). Den Kuchen etwa 10 Minuten in dem erhitzten Rohr überbacken und noch warm in Rechtecke schneiden.

Käsekuchen

1 Paket Blätterteig (300 g),
250 g Gruyère, 50 g Sbrinz,
2 Eier, 2/10 Sahne.

Den Blätterteig ausrollen und auf dem nassen Backblech 10–15 Minuten bei 220° hellbraun backen. – Den Käse fein reiben, mit den Eiern und der Sahne verrühren und auf den Teigboden streichen. Den Kuchen in dem erhitzten Rohr 10 Minuten überbacken. Den fertigen Kuchen je nach Geschmack mit Kümmel oder Paprika bestreuen. Noch heiß in Rechtecke schneiden.

Speckkuchen

400 g Mehl, 1/4 l Milch,
25 g Hefe, 60 g Butter (oder anderes Fett), 1 Tl Salz, das Abgeriebene einer Zitrone,
2 Eier, 500 g durchwachsener Speck, 1 El Kümmel.

Aus 6 El lauwarmer Milch und der zerbröselten Hefe einen Vorteig ansetzen und zugedeckt gehen lassen. Diesen mit dem Mehl, der erweichten Butter und dem Salz, der abgeriebenen ungespritzten Zitronenschale und der restlichen Milch zu einem völlig glatten Teig abschlagen und zugedeckt 1/2 Stunde gehen lassen. Den gegangenen Teig etwa 1 cm dick ausrollen und auf ein gut gefettetes Backblech geben. Mit den verquirlten Eiern bestreichen und mit dem in Streifen oder in kleine Würfel geschnittenen Speck belegen, leicht salzen und zuletzt mit Kümmel bestreuen. Den Kuchen in dem auf 180° erhitzten Rohr goldbraun backen.

Speckkuchen auf niedersächsische Art

400 g Mehl, 25 g Hefe,
1/4 l Milch, 1 Tl Salz, 180 g Butter,
1 Ei, 1/2 l saure Sahne,
4 Eier, 250 g Räucherspeck,
250 g Zwiebeln, Salz,
1 El Kümmel.

Aus der zerbröselten Hefe und 6–8 El lauwarmer Milch einen Vorteig zubereiten und etwa 1/2 Stunde zugedeckt gehen lassen. Diesen mit dem Mehl, der restlichen Milch, dem Salz, der zerlassenen Butter und dem Ei zu einem glatten Teig verarbeiten, kräftig abschlagen und kurz ruhen lassen. Den Teig fingerdick ausrollen, auf ein gefettetes Backblech legen (die Teigränder dabei 1 cm hochziehen) und zugedeckt 20 Minuten gehen lassen. – Die Eier mit der sauren Sahne verquirlen und auf den Teigboden gießen. Den in kleine Würfel geschnittenen Speck und die in kleine Würfel geschnittenen Zwiebeln darüber verteilen und mit Salz und Kümmel würzen. Den Kuchen in dem auf 220° erhitzten Rohr goldbraun backen.

Zwiebelkuchen auf Schwarzwälder Art

400 g Mehl, 25 g Hefe, etwa 1/8 l Milch, 120 g Butter, 2 Eier, Salz, 200 g Räucherspeck, 2 Tl Kümmel, 600 g Zwiebeln, 40 g Butter, 1/4 l Sahne, 1 Tl Stärkemehl, 2 Eier.

Die Hefe zerbröseln, mit etwas lauwarmer Milch zu einem Vorteig anrühren und zugedeckt gehen lassen. Diesen mit dem Mehl, der zerlassenen Butter, den Eiern, dem Salz und lauwarmer Milch zu einem weichen Teig verrühren, gut abschlagen und zugedeckt 1/2 Stunde gehen lassen. Nochmals gut durchkneten, dünn ausrollen und auf ein gut gefettetes Backblech legen (die Ränder dabei hochdrücken). Die Teigplatte mit dem in dünne Scheiben geschnittenen Räucherspeck belegen, mit dem zerstoßenen Kümmel bestreuen und 20 Minuten in dem auf 180° erhitzten Rohr backen. In der Zwischenzeit die Zwiebeln hacken (oder in kleine Würfel schneiden) und in der Butter hellgelb anrösten. – Die Sahne mit dem Stärkemehl und den Eiern verquirlen. – Die Zwiebeln auf dem Kuchen verteilen, die Eiermilch darübergießen und 10 Minuten überbacken.

Pfannkuchen

2 Eier, 200 g Mehl, Salz, 1/2 l Flüssigkeit (Milch oder halb Milch halb Wasser), Backfett.

Das Mehl mit den Eiern, dem Salz und der Flüssigkeit nach und nach zu einem glatten, dünnflüssigen Teig verrühren und 1/2–1 Stunde ruhen lassen. In einer Stielpfanne gerade so viel Fett erhitzen, daß der Boden mit einem gleichmäßigen Fettfilm bedeckt ist. Einen kleinen Schöpflöffel voll Teig in der Pfanne, die dabei rasch hin und her geschwenkt wird, verteilen. Den Pfannkuchen (er soll möglichst dünn sein) auf der Unterseite hellbraun backen, wenden, seitlich noch etwas Fett zugießen und fertig backen. Den Pfannkuchen nach Belieben füllen, zusammenrollen und auf eine gewärmte Platte legen.
Nachfolgend eine Auswahl von besonders schmackhaften Pfannkuchen:

Pfannkuchen mit Champignons

500 g Champignons, Zitronensaft, 30 g Butter, 1 El Petersilie.

Die Champignons waschen, putzen und sofort mit etwas Zitronensaft beträufeln (damit sie schön hell bleiben). Die Butter erhitzen, die gehackte Petersilie darin leicht anschwitzen, die Champignons dazugeben und bei geschlossenem Topf weichdünsten. Diese Füllung auf die gebackenen Pfannkuchen verteilen, einrollen und auf eine gewärmte Platte legen.
Anstelle der Champignons können Sie zu diesem Gericht auch gedünstete Steinpilze oder Pfifferlinge verwenden.

Pfannkuchen mit Fleischfüllung

300–400 g gekochtes Rindfleisch, 1/4 l saure Sahne, Salz, Pfeffer.

Das gekochte Rindfleisch (oder Bratreste) durch den Fleischwolf drehen und mit der sauren Sahne erhitzen. Sollte die Masse noch zu dick (nicht streichfähig) sein, einige Löffel Fleischbrühe (oder Wasser) zugeben. Das Haschee mit Salz und Pfeffer pikant abschmecken und die Pfannkuchen damit füllen.

Pfannkuchen mit Hirn

300 g Kalbshirn, 1/2 Zwiebel, 30 g Butter, Salz, Pfeffer 1 Tl Zitronensaft, 1 Tl Petersilie.

Das Hirn waschen, enthäuten, gut abtropfen lassen und fein hacken. Die Zwiebel sehr fein hacken und in der Butter anschwitzen. Das Hirn darin gut durchrösten und mit Salz, Pfeffer, Zitronensaft und Petersilie würzen. Die gebackenen Pfannkuchen mit der Hirnmasse füllen.

Pfannkuchen mit Spinat

300 g Spinat (tiefgekühlt), 1 El Butter, 1 El Mehl, Salz, Pfeffer, Muskat, 10 g Butter, 1/4 l Sahne, 2 Eigelbe.

Den Spinat zum Kochen bringen und mit der Mehlbutter (Butter und Mehl verkneten) nach und nach binden. Mit Salz, einer Prise Pfeffer und einer Prise Muskat abschmecken. Die gebackenen Pfannkuchen mit dem Spinat füllen, zusammenrollen und nebeneinander in eine gebutterte feuerfeste Schüssel schichten. Die Sahne mit den Eigelben verquirlen und über die Pfannkuchen gießen. – Dann noch alles 15 Minuten in dem auf 150° erhitzten Rohr überbacken.

Käsepfannkuchen

200 g Mehl, Salz, 4 Eier, 1/2 l Milch, 100 g Appenzeller, Fett zum Backen.

Das Mehl mit Salz, Eiern und Milch zu einem glatten Pfannkuchenteig verrühren und diesen 1/2 Stunde ruhen lassen. Dann den geriebenen Käse und so viel Wasser einrühren, daß ein dünner Pfannkuchenteig entsteht. In einer Pfanne ganz wenig Fett erhitzen, einen Schöpflöffel voll Teig hineingeben, auf der Unterseite goldbraun backen, wenden, noch etwas Fett nachgeben und auf der anderen Seite fertig backen. Mit dem restlichen Teig ebenso verfahren. – Die Pfannkuchen in der Hälfte zusammenklappen und auf einer gewärmten Platte anrichten.

Reispfannkuchen

100 g Rundkornreis, 350 g Mehl, 2 Tl Backpulver, Salz, 1/4 l Milch, 4 El Öl, 4 Eier, Backfett.

Den Reis in reichlich Salzwasser weichkochen (nicht pappig), abseihen, kalt überbrausen und gut abtropfen lassen. Das Mehl mit Backpulver und Salz sieben und dann mit Milch, Öl und Eigelb zu einem glatten Teig verrühren. Den Reis darunterrühren und zuletzt den mit einer Prise Salz steifgeschlagenen Eischnee einziehen. – In der Bratpfanne ein wenig Öl erhitzen, einen kleinen Schöpflöffel voll Reismasse hineingießen, glattstreichen und von beiden Seiten knusprig braun backen. (Eventuell beim Wenden noch etwas Fett zugeben.)
Reispfannkuchen können auch wie gewöhnliche Pfannkuchen oder Omeletten gefüllt werden.

Speckpfannkuchen

150 g Mehl, 1/2 Tl Salz, 2 Eier, Milch nach Bedarf, 1 Tl Öl, 150 g Räucherspeck.

Das Mehl mit dem Salz, den Eiern und lauwarmer Milch zu einem dickflüssigen Teig verarbeiten. Zuletzt das Öl einrühren und etwa 1/2 Stunde ruhen lassen. Den Speck in dünne Scheiben schneiden. Je 4–5 Speckscheiben auf den Boden einer möglichst schweren Pfanne legen und leicht anbraten. Das Speckfett durch leichtes Schwenken über den Boden der Pfanne verteilen und 1 Schöpflöffel voll Teig darübergießen. Die Pfannkuchen bei kräftiger Hitze von beiden Seiten knusprig braun braten, in der Mitte zusammenklappen und auf einer vorgewärmten Platte anrichten.

Blinis

150 g Weizenmehl, 25 g Hefe, 3/8 l Milch, 150 g Buchweizenmehl (oder Weizenmehl), 3 Eier, 1/2 Tl Salz, Butter oder Öl zum Backen, Kaviar (oder Salzheringe), braune Butter, saure Sahne.

Die Hefe in etwas lauwarmer Milch auflösen und dann mit der restlichen Milch und dem Weizenmehl zu einem dünnflüssigen Teig verrühren und 2 Stunden an einem warmen Ort gehen lassen. Das Buchweizenmehl, die Eier und das Salz dazugeben und diesen Teig kräftig schlagen, bis er völlig glatt ist. Nochmals 1 Stunde ruhen lassen. – Das Fett in einer kleinen Pfanne erhitzen, 1 Schöpflöffel voll Teig hineingeben und rasch von beiden Seiten hellbraun backen. Mit dem restlichen Teig ebenso verfahren. Die Hälfte der Blinis mit Kaviar (oder den gewässerten, zerteilten Heringen) bestreuen und mit brauner Butter betropfen. Die restlichen Blinis darüberlegen. Die Kuchen auf einer gewärmten Platte anrichten und mit saurer Sahne begießen.

TEIGWAREN UND KNÖDEL

Nach den folgenden Teigwarenrezepten werden in Italien seit eh und je kleine Gerichte zubereitet, die eine einfache, vollständige Mahlzeit bilden. Von dort haben sie sich nun als schmackhafte und schnelle Speisen die halbe Welt erobert.

Die Regeln für das Kochen von Teigwaren, die schon im Kapitel *Beilagen* aufgezählt sind, seien hier noch einmal kurz wiederholt:

a) Sie sollen immer in sehr viel Salzwasser gekocht werden (auf 100 g Teigwaren 1 l Wasser und 1 Tl Salz). Sie werden in das kochende Wasser eingelegt, von Zeit zu Zeit umgerührt und bei schwacher Hitze kernig weichgekocht.

b) Zur Feststellung der genauen Kochzeit müssen Sie mehrmals probieren; der Kern soll fest und das Äußere nicht pappig sein.

c) Nach dem Garwerden sofort abseihen.

In Deutschland ist – neben den eigentlichen Teigwaren – vor allem die Zubereitung von Klößen, Knödeln, Maultaschen und Spatzen beliebt.

Canneloni

400 g Mehl, Salz, 2 Eier, 250 g Rindfleisch, 100 g Räucherspeck, ½ Zwiebel, 1 Knoblauchzehe, 30 g Öl, 150 g Spinat, 1 Ei, 1 Zwiebel, ¼ Sellerieknolle, 1 kleine Mohrrübe, 2 El Olivenöl, 4 El Tomatenmark, 2 El Sahne, Salz, Pfeffer, 1 Messerspitze Trockenknoblauch, Basilikum, 1 El Parmesan.

Aus Mehl, Salz, Eiern und lauwarmem Wasser einen festen Nudelteig zubereiten, nach kurzem Ruhen dünn ausrollen und in 12 rechteckige Flecken schneiden. (Für Eilige: Nudelflecken gibt es fertig zu kaufen!) Die einzelnen Flecken (höchstens 3 auf einmal) in kochendes Salzwasser geben, kernig weichkochen, kurz kalt überbrausen und auf ein sauberes Tuch zum Trocknen legen. – Rindfleisch und Räucherspeck durch den Fleischwolf drehen. Die halbe Zwiebel fein hacken, die Knoblauchzehe zerdrücken und beides im Öl andünsten; das gehackte Fleisch kurz mit durchrösten und mit Salz und Pfeffer würzen. Den gehackten Spinat (tiefgekühlt) dazugeben und mit dem Ei binden. Diese so auf die Nudelflecken streichen, daß ein daumenbreiter Rand frei bleibt. Die Flecken zusammenrollen und mit der Nahtstelle nach unten nebeneinander in eine gebutterte, flache feuerfeste Form legen.

Die Zwiebel sehr fein hacken und mit der geputzten, fein geraspelten Sellerieknolle und der geputzten, geriebenen Mohrrübe im Olivenöl andünsten. Das Tomatenmark (oder 500 g geschälte, entkernte Tomaten) dazugeben und bei geschlossenem Topf 20 Minuten bei schwacher Hitze schmoren. Mit der Sahne aufgießen und mit Salz, Pfeffer, Trockenknoblauch und Basilikum (Pulver oder frisch gehackte Blätter) würzen. – Diese fertige Sauce (Sie können sie auch passieren) über die Teigröllchen gießen, den geriebenen Parmesan darüberstreuen und das Ganze 20 Minuten in einem auf 150° erhitzten Rohr überbacken. – Geben Sie die Canneloni in der feuerfesten Form zu Tisch.

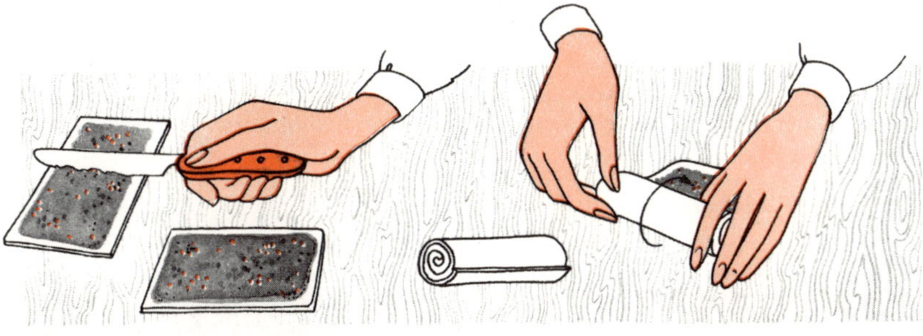

Teigflecken füllen einrollen

Eier-Sahne-Nudeln

450 g breite Nudeln, 4 Eier, 1/4 l Sahne, 50 g Parmesan.

Die Nudeln in 5 l Salzwasser kochen, abseihen und in eine gewärmte Schüssel füllen. Inzwischen die Eier mit der Sahne und dem geriebenen Käse im Wasserbad schlagen, bis eine dickflüssige Creme entsteht. Die Eiercreme über die Nudeln gießen und sofort auftragen.

Eier-Sahne-Nudeln, überbacken

Bereiten Sie Eier-Sahne-Nudeln wie oben beschrieben und füllen Sie sie in eine leicht gefettete Auflaufform. Bestreuen Sie die Nudeln mit 1 El Semmelbrösel und einigen Butterflöckchen und lassen Sie sie 15 Minuten in dem auf 160° erhitzten Rohr überbacken.

Fettuccine mit Meeresfrüchten

450 g Fettuccine (2–3 mm breite Bandnudeln), 2 El Butter, 20 g Champignons, 1 El Mehl, 1/8 l Milch, 150–200 g Muscheln (Dose), 150 g Krabben (tiefgekühlt), Salz, Pfeffer, Weißwein, 1 Tl getrocknetes Dillkraut, 1 Messerspitze Safran (gemahlen), 40 g Butter, 3 El geriebener Parmesan.

Die Champignons fein hacken und 5 Minuten in der Butter dünsten. Das Mehl kurz mit durchrösten, mit der Milch zu einer Béchamelsauce aufgießen und 5 Minuten kochen. Die Krabben und die Muscheln daruntermischen und in der Sauce erwärmen (nicht kochen). Mit Salz, Pfeffer und etwas Weißwein abschmecken und zuletzt den Safran und das Dillkraut hinzufügen.
Inzwischen die Fettuccine in reichlich kochendem Salzwasser kernig weichkochen, abseihen, sofort mit der Butter vermischen, mit der fertigen Sauce übergießen und mit geriebenem Parmesan überstreuen.
Natürlich können statt der Fettuccine auch breite Nudeln, Spaghetti oder Makkaroni verwendet werden.

Gnocchi = italienische Käsenocken

100 g Butter, 1/2 Tl Salz, 200 g Mehl, 200 g geriebener Hartkäse (beliebige Sorte), 4 Eier, Salz, Pfeffer, Muskat, 60 g Butter.

3/8 l Wasser mit dem Fett und dem Salz zum Kochen bringen, das Mehl und den Käse dazugeben und so lange unter ständigem Rühren erhitzen, bis sich ein Teigkloß bildet, der sich vom Topfboden lösen muß. Die Masse vom Herd nehmen, abkühlen lassen und dann die Eier einzeln einrühren. Zuletzt mit Salz, Pfeffer und Muskat abschmecken. Mit einem großen, in heißes Wasser getauchten Eßlöffel Nocken abstechen, in kochendes Salzwasser legen und 10 Minuten leicht kochen lassen. Dann mit einem Schaumlöffel herausheben, gut abtropfen lassen, auf einer gewärmten Platte anrichten und mit der gebräunten Butter übergießen.

Gnocchi, gratinati

Zutaten wie für Gnocchi (s. oben), 1/4 l Sahne, 2 Eier, Salz, 3 El geriebener Parmesan.

Bereiten Sie die Gnocchi wie oben beschrieben und schichten Sie sie in eine gebutterte feuerfeste Form. Die Sahne mit den Eiern und dem Salz verquirlen und darübergießen. Den geriebenen Parmesan darüberstreuen und das Ganze bei etwa 160° goldbraun backen (20 Minuten).
Statt mit der Eiersahne können die Gnocchi auch mit einer pikant abgeschmeckten Tomatensauce übergossen, mit Käse bestreut und gratiniert werden.

Gnocchi alla Romana

1/2 l Milch, Salz, 40 g Butter, 150 g Grieß, 2 Eier, 80 g geriebener Parmesan, Pfeffer, Muskat.

Die Milch mit 1/4 l Wasser, dem Salz und der Butter zum Kochen bringen, den Grieß unter ständigem Rühren dazufließen lassen und die Masse bei schwacher Hitze dick werden lassen. Die Hälfte des geriebenen Parmesan mit den Eiern verquirlen und unter die überkühlte Grießmasse rühren. Mit Pfeffer und etwas Muskat abschmecken. Dann fingerdick auf ein nasses Blech streichen und wenigstens 1 Stunde an einem kühlen Ort erstarren lassen. Daraus kleine Rhomben schneiden (oder kleine Plätzchen ausstechen) und diese abwechselnd mit dem restlichen Parmesan in eine gefettete Auflaufform schichten. Obenauf noch reichlich Parmesan und einige Butterflöckchen geben. Die Gnocchi in dem auf 160° erhitzten Rohr überbacken, bis der Käse geschmolzen und goldbraun geworden ist (etwa 20 Minuten).

Hähnchen Tetrazzini

Das vorbereitete Hähnchen in dem auf das Doppelte verdünnten Wein mit den Mohrrüben, der Zwiebel und dem Salz zum Kochen bringen. Bei mäßiger Hitze etwa 50 Minuten garen. Das Hähnchen aus dem Sud nehmen, von Haut und Knochen lösen und in kleine Stückchen teilen. Die Brühe durch ein Sieb gießen und auf etwa 3/8 l Flüssigkeit einkochen lassen. – Das Mehl in der Butter anschwitzen, mit der eingekochten Brühe aufgießen. 5 Minuten leicht kochen lassen und dann die Sahne und den geriebenen Käse einrühren. Die Champignons waschen, in dünne Scheibchen schneiden und in der Butter gar dünsten. Die Nudeln (lange Nudeln brechen) in reichlich Salzwasser kernig weichkochen, abseihen und kalt überbrausen. – Hühnerfleisch, Champignons und Nudeln mit der Sauce mischen, in eine gebutterte Form geben und 15 Minuten bei 160° überbacken.

1 junges Masthähnchen, 1/2 l Weißwein, 2 Mohrrüben, 1 große Zwiebel, 1 Tl Salz, 50 g Butter, 50 g Mehl, 1/8 l Sahne, 2 El geriebener Parmesan, 350 g Champignons, 30 g Butter, 200 g Bandnudeln, 5 g Butter für die Form.

Lasagne

Einen festen Nudelteig zubereiten (siehe unter *Nudeln, hausgemacht*), dünn ausrollen und in 8–12 Rechtecke teilen. – Einfacher: Lasagne gibt es heute, wie andere Teigwaren, getrocknet zu kaufen.
Die Lasagne – höchstens 3 auf einmal – in kochendes Salzwasser legen, 5 Minuten kräftig kochen, herausnehmen und auf einem sauberen Tuch abtrocknen lassen. – Die Zwiebel sehr fein hacken und in dem Öl hellgelb rösten. Das gehackte Rindfleisch und dann die geputzten, grob gehackten Champignons dazugeben, mit Salz und Pfeffer würzen und alles bei geschlossenem Topf 15 Minuten schmoren lassen. (Wenn nötig, mit etwas Wasser oder Knochenbrühe aufgießen.) – Aus Butter und Mehl eine helle Mehlschwitze zubereiten, mit der kochenden Milch aufgießen und diese Béchamelsauce mit Salz, Pfeffer und einer Spur Muskat abschmecken.
Eine feuerfeste Schüssel gut ausbuttern. Den Boden der Schüssel mit einer Lage Nudelflecke belegen und zuerst einen Teil der Fleischmasse, dann einen Teil der Béchamelsauce darübergeben. Das Ganze mit geriebenem Parmesan bestreuen und mit einer weiteren Lage Lasagne bedecken. Darüber kommt wieder Fleischmasse, Béchamelsauce und so fort. Die oberste Schicht, die aus Béchamelsauce bestehen soll, noch einmal mit Parmesan bestreuen und mit einigen Butterflocken belegen. Alles in ein auf etwa 180° erhitztes Rohr stellen und 30–40 Minuten überbacken und dann in der feuerfesten Schüssel servieren.

8–12 Lasagne (Flecken aus Nudelteig), 1 Zwiebel, 3 El Öl, 1 Mohrrübe, 1/4 Sellerieknolle 400 g Rindfleisch gehackt, 120 g Champignons, Salz, Pfeffer, 40 g Butter, 40 g Mehl, Muskat, 100 g geriebener Parmesan, 20 g Butter, 1/2 l Milch.

Leberknödel, bayrische

Die Semmeln fein schneiden und mit der mit den Eiern verquirlten Milch vermengen. Die Leber durch den Fleischwolf drehen. Die Zwiebel fein hacken und mit der gehackten Petersilie im kleingewürfelten Knochenmark anschwitzen. Die eingeweichten Semmeln mit der gehackten Leber, dem Knochenmark und den Gewürzen mischen, zudecken und 1/2 Stunde ziehen lassen. Dann einen festen Knödelteig daraus kneten. Etwa 3 cm große Knödel formen, in kochendes Salzwasser legen und 20 Minuten ziehen lassen, aus dem Sud nehmen und gut abtropfen lassen.

5 altbackene Semmeln, 2 Eier, 1/4 l Milch, 250 g Leber, 1/2 Zwiebel, 1 Tl Petersilie, 80 g Knochenmark oder Nierenfett (oder Butter), 1 Messerspitze Trockenknoblauch, 1 Messerspitze Piment, 1/2 Tl Majoran, Pfeffer, Salz, 1/2 Zitrone.

Käsenudeln

450 g Bandnudeln, Salz,
100 g Emmentaler, 50 g Parmesan,
½ l Milch.

Die Nudeln in reichlich Salzwasser kernig weichkochen, abseihen, mit dem geriebenen Käse vermischen und in eine gebutterte Auflaufform geben. Die leicht gesalzene Milch über die Nudeln gießen, einige ganz dünne Butterscheiben obenauf legen und das Ganze 20 Minuten in dem auf 180° erhitzten Rohr backen.

Käsespatzen

500 g Mehl, 4 Eier, 2 Tl Salz,
250 g geriebener Parmesan,
2 große Zwiebeln, 60 g Fett
(Öl oder Butter).

Aus Mehl, Eiern, Salz und lauwarmem Wasser (¼–⅜ l) einen Spätzleteig herstellen. Den Teig portionsweise durch einen Spätzleseiher (Spätzlehobel oder Spatzendrücker) in kochendes Salzwasser geben und die Spätzle kochen, bis sie an die Oberfläche steigen. Dann mit einem Schaumlöffel herausnehmen, gut abtropfen lassen, in eine gewärmte Schüssel geben, mit einem Teil des geriebenen Käses bestreuen und warm stellen. Den restlichen Teig auf die gleiche Weise verarbeiten und jede Portion Spätzle – mit Käse bestreut – über die warm gestellten Spätzle schichten. Zuletzt die gerösteten Zwiebeln darübergeben.

Maultaschen, schwäbische

300 g Mehl, Salz, 2 Eier,
150 g Räucherspeck, 1 Zwiebel,
300 g Spinat, Salz, Pfeffer,
Muskat, 2 Eier, Semmelbrösel
nach Bedarf, 1–2 Zwiebeln,
60 g Öl.

Das Mehl mit Salz, Eiern und – wenn nötig – noch etwas lauwarmem Wasser zu einem glatten festen Nudelteig verarbeiten und zugedeckt 1 Stunde ruhen lassen. Inzwischen die Füllung zubereiten: Den Speck in kleine Würfel schneiden und leicht anbraten. Die fein gehackte Zwiebel dazugeben und alles hellgelb rösten. Den Spinat (frischen Spinat vorher kurz in ¼ l Salzwasser dämpfen, abtropfen lassen und zerkleinern; tiefgekühlten Spinat antauen), darin kurz aufkochen und mit Salz, Pfeffer und Muskat abschmecken. Die 2 Eier einrühren und noch so viel Semmelbrösel dazugeben, daß eine weiche (streichfähige) Masse entsteht.

Den Nudelteig dünn ausrollen und mit dem Teigrädchen in größere Rechtecke (etwa 6 x 8 cm) teilen. Die Füllung darauf verteilen, die Teigflecken zusammenklappen und die Ränder sorgfältig festdrücken. Diese Taschen in kochendes Salzwasser legen und 8–10 Minuten ziehen lassen. Dann herausnehmen, gut abtropfen lassen, auf eine gewärmte Platte legen und mit im Öl goldbraun gerösteten Zwiebelringen oder mit in Butter gerösteten Semmelbröseln bestreuen.

Maultaschen mit Fleischfüllung

Nudelteig, 50 g Speck, 1 Zwiebel,
250 g gebratenes Fleisch,
saure Sahne nach Bedarf,
Salz, Pfeffer, Cayennepfeffer,
¼ Tl Majoran.

Den Speck in ganz kleine Würfel schneiden und mit der Zwiebel im eigenen Fett leicht anrösten. Das durch den Fleischwolf gedrehte Fleisch dazugeben und mit saurer Sahne zu einer geschmeidigen Masse verrühren. Mit Salz, Pfeffer, 1 Messerspitze Cayennepfeffer und Majoran abschmecken. Diese Füllung auf die Teigflecken verteilen und die Maultaschen wie oben beschrieben fertigstellen.

Maultaschen füllen

zusammenklappen

Maultaschen auf Tiroler Art

Nudelteig, 250 g Kartoffeln, 1 Zwiebel, 30 g Butter, 150 g Quark, Salz, Pfeffer, saure Sahne nach Bedarf, Fett zum Backen.

Die mit der Schale in etwas Salzwasser gedämpften Kartoffeln schälen, noch heiß durch die Kartoffelpresse drücken und mit der in der Butter gerösteten Zwiebel, dem Quark und saurer Sahne zu einer nicht zu festen Masse verrühren. Diese Füllung mit Salz und Pfeffer abschmecken, auf die Teigflecken verteilen und Maultaschen daraus formen (Ränder dabei sorgfältig zusammendrücken). In reichlich erhitztem Fett (am besten in einer Friteuse) schwimmend goldgelb backen.

Nudeln auf Hausfrauen-Art

500 g Mehl, 4 Eier, Salz, ½ Zwiebel, ½ Knoblauchzehe, 60 g Butter, 200 g Schweinsfilet, 120 g Räucherspeck, 120 g Champignons, 1 El Cognac, ¼ l Sahne, Salz, Pfeffer, 2 El Petersilie, 4 El Parmesan.

Aus Mehl, Eiern, Salz und 3 El Wasser einen festen Teig zubereiten, glatt kneten und ½ Stunde zugedeckt ruhen lassen. Den Teig in 2–3 Teile teilen, diese zu dünnen Flecken ausrollen und kurz trocknen lassen und dann in ½ cm breite Streifen schneiden. Diese Nudeln in ¾ l kochendes Salzwasser geben, 5 Minuten kochen, abseihen und sofort mit folgender Sauce vermischen:
Die Zwiebel fein hacken, den Knoblauch zerdrücken und beides in der Butter andünsten. Das Schweinsfilet und den Räucherspeck in feine Streifen schneiden, kurz mitrösten (das Fleisch soll rundherum Farbe angenommen haben), die grob gehackten Champignons dazugeben und alles bei geschlossenem Topf 5 Minuten garen. Dann den Deckel entfernen und weiter erhitzen, bis alle Flüssigkeit verdampft ist. Den Cognac und die Sahne dazugießen, gut verrühren und mit Salz, Pfeffer und Petersilie abschmecken.
Das Gericht in einer erwärmten Schüssel anrichten, mit dem geriebenen Parmesan bestreuen und sofort auftragen.
Selbstverständlich können Sie zu diesem vorzüglichen Gericht anstelle der selbstgemachten Nudeln fertige Teigwaren verwenden.

Nudeln mit Hühnerleber

300 g Bandnudeln, Salz, 400 g Hühnerleber, 80 g Butter, Salz, Pfeffer, 1 Messerspitze Curry, 30 g Parmesan.

Die Nudeln in reichlich Salzwasser kernig weichkochen, abseihen und sofort in eine gewärmte Schüssel geben. Inzwischen die gewaschene Hühnerleber in Scheiben schneiden, in der erhitzten Butter rasch von allen Seiten braten und mit Salz, Pfeffer und – wenn Sie wollen – 1 Messerspitze Curry würzen. Die Leber sofort mit den abgeseihten Nudeln vermengen und das Gericht mit dem geriebenen Käse bestreuen.

Polenta

200 g Maisgrieß, Salz.

Den Maisgrieß in 1 l sprudelnd kochendes Salzwasser einlaufen und etwa 25 Minuten (bis der Brei dicklich wird) unter ständigem Rühren lebhaft kochen lassen. Die Polenta dann bei schwacher Hitze 15 Minuten eindicken lassen. Die Polenta in eine mit kaltem Wasser ausgespülte Schüssel drücken und sofort auf eine gewärmte Platte stürzen. Die Polenta wird erst bei Tisch mit einem dünnen Messer aufgeschnitten.

Polenta auf kalabrische Art

200 g Maisgrieß, Salz, 200 g Schafskäse, 20 g Butter, 1 Tl Edelsüßpaprika, $\frac{1}{10}$ l Sahne, 1–2 Zwiebeln, 60 g Öl.

Den Maisgrieß in 1 l sprudelnd kochendes Salzwasser geben und so wie oben beschrieben garen. Die Hälfte der fertigen Polenta in eine gut gebutterte Auflaufform geben, die Hälfte des in dünne Scheiben geschnittenen Käses darüberlegen und mit ½ Tl Paprika bestreuen. Die zweite Hälfte Polenta darüberstreichen, mit dem restlichen Käse bedecken und wieder mit Paprika würzen. Das Ganze mit der Sahne begießen und im auf 150° erhitzten Rohr 20 Minuten überbacken (der Käse soll geschmolzen und leicht gebräunt sein). In der Zwischenzeit die Zwiebel in Ringe schneiden, in dem erhitzten Öl knusprig braun backen, mit dem Fett über die Polenta gießen und diese in der Backform zu Tisch geben.

Polentaschnitten, gebacken

200 g Maisgrieß, Salz, 20 g Butter, 50 g Parmesan, Backfett.

Den Maisgrieß in 1 l kochendes Salzwasser einlaufen lassen und 20 Minuten unter ständigem Rühren kochen. Die Butter und den Parmesan dazurühren. Die Polentamasse daumendick auf ein geöltes Backblech (oder Pergamentpapier) streichen, 1–2 Stunden an einem kühlen Ort erstarren lassen und dann in kleine Vierecke oder Rhomben schneiden. Die Stücke in reichlich erhitztes Fett geben (das Fett muß wenigstens 2 cm hoch in der Pfanne stehen; am besten eignet sich eine Friteuse) und von beiden Seiten goldbraun backen. Die Polentaschnitten aus dem Fett nehmen, gut abtropfen lassen und auf einer gewärmten Platte anrichten.

Quark-Haluska

400 g breite Bandnudeln, Salz, 1/16 l saure Sahne, 250 g Quark, 150 g fetten Speck.

Die Bandnudeln in kürzere Stücke brechen, in reichlich Salzwasser kernig weichkochen, abseihen, abtropfen lassen und sofort mit der sauren Sahne vermengen. Die Sahnenudeln abwechselnd mit dem passierten Quark in eine gewärmte Schüssel schichten.
Den Speck im eigenen Fett knusprig braten und mit dem Fett über die Nudelschüssel gießen.

Quarkschnitten

350 g Mehl, 500 g Quark, 30 g Butter, 1 Ei, Salz, 1 El Kümmel, Öl zum Backen.

Das Mehl mit dem Quark, der zerlassenen Butter, dem Ei, dem Salz und dem Kümmel zu einem glatten Teig verarbeiten und ½ Stunde ruhen lassen. Dann ½ cm dick ausrollen und in beliebige Vierecke schneiden. In einer Pfanne reichlich Öl erhitzen (wenigstens 1 cm hoch in der Pfanne) und die Vierecke darin von beiden Seiten goldbraun backen.

Ravioli

Ravioli sind eine italienische Spezialität; sie ähneln unseren Maultaschen, die einzelnen Täschchen sind aber nicht größer als 2–3 cm. Die Herstellung der Ravioli ist zeitraubend. Wir können uns diese Arbeit sparen und auf die ausgezeichneten getrockneten Fertigprodukte und Dosenravioli zurückgreifen; letztere befinden sich meist in einer Tomatensauce und müssen nur erwärmt und mit geriebenem Käse bestreut werden.
Getrocknete Ravioli werden in reichlich Salzwasser gekocht, bis sie gerade weich geworden sind (hier müssen Sie probieren, die Kochzeiten der einzelnen Produkte sind sehr unterschiedlich, sie schwanken zwischen 15–25 Minuten), abgeseiht und mit frischer Butter und geriebenem Parmesan oder mit *Tomatensauce* und geriebenem Parmesan in einer gewärmten Schüssel zu Tisch gebracht.
Daneben gibt es noch einige pikante Ravioligerichte:

Ravioli in Currysauce

450 g Ravioli (getrocknet oder aus der Dose), Salz, 3 El Öl, 1 Knoblauchzehe, 1 kleine Zwiebel, 2 Tl Curry, 20 g Mehl, ½ l Fleischbrühe, ½ Apfel, 2 El Sahne, Salz, Zitronensaft.

Die Ravioli in Salzwasser gar kochen, abseihen und in eine gewärmte Schüssel geben. – Die Knoblauchzehe vierteln, 5 Minuten im Öl erhitzen und wieder entfernen. Die Zwiebel sehr fein hacken und mit dem Curry in dem Knoblauchöl einige Minuten dünsten. Das Mehl leicht mit anrösten und mit der Fleischbrühe aufgießen. Den Apfel schälen, entkernen und in die Sauce reiben. Alles ¼ Stunde bei schwacher Hitze kochen, die Sauce mit der Sahne verfeinern, mit Salz und Zitronensaft abschmecken und über die abgeseihten Ravioli gießen.

Ravioli, gratiniert

Die Ravioli in reichlich Salzwasser gar kochen, abseihen, kurz kalt überbrausen und in eine gebutterte, feuerfeste Form schichten. Die *Tomatensauce* darübergießen.
Die gehackten Kräuter, die Semmelbrösel und den geriebenen Käse darüberstreuen und zuletzt die kleingeschnittene Butter darauf verteilen. Die Ravioli 15 Minuten in einem auf 180° erhitzten Rohr überbacken.

450 g Ravioli (getrocknet oder aus der Dose), Salz, Tomatensauce, 20 g Butter, ½ Tl Thymian, ½ Tl Basilikum, 1 El Semmelbrösel, 1 El geriebener Käse.

Schinkennudeln

Die Nudeln in kochendem Salzwasser kernig weich kochen und abseihen. Den Schinken fein hacken, in der zerlassenen Butter schwenken und sofort mit den abgeseihten Nudeln vermengen.

350 g Nudeln, Salz, 300 g Schinken, 60 g Butter.

Spaghetti alla Carbonara

Die Butter schmelzen, die Knoblauchzehe 2–3 Minuten darin erwärmen und entfernen. Den Räucherspeck in kleine Würfel schneiden und in der Knoblauchbutter glasig werden lassen. Die Eier in einer angewärmten Schüssel mit Salz, Pfeffer und dem Parmesan verquirlen. Die Spaghetti in wenigstens 3 l kochendem Salzwasser kernig weichkochen, sofort auf einem Sieb abtropfen lassen, mit den Eiern vermischen und in einer gewärmten Schüssel anrichten. Den angebratenen Speck darübergießen und sofort auftragen.

450 g Spaghetti, 60 g Butter, 1 Knoblauchzehe, 150 g Räucherspeck, 3 Eier, Salz, Pfeffer, 2 El geriebener Parmesan.

Spaghetti Genua

Die Spaghetti in wenigstens 3 l kochendes Salzwasser geben, kernig weichkochen, abseihen und mit der frischen Butter vermischen. Die Spaghetti danach sofort mit dem vorher zubereiteten Pesto, der für Genua typischen Sauce (il Pesto), übergießen.
Pesto: Die Basilikumblätter mit den Knoblauchzehen und den Pinienkernen, den Gewürzen und dem Olivenöl zu einer dickflüssigen Sauce verarbeiten: Haben Sie einen Mixer, geht das sehr schnell, sonst müssen Sie zuerst die Kräuter mit den Nüssen und den Gewürzen zu einer pastenartigen Masse verrühren und erst dann das Öl langsam dazugeben.
Den Pesto mit so viel heißem Wasser verdünnen, daß er leicht vom Löffel fließt, und über die Spaghetti gießen. Die fertigen Spaghetti mit dem geriebenen Parmesan überstreuen.

450 g Spaghetti, Salz, 30 g Butter, 50 g Parmesan. 4 El grob gehackte frische Basilikumblätter (oder gehackte Petersilie und 2 Tl getrocknete Basilikumblätter), 3 fein gehackte Knoblauchzehen, 1 El gehackte Pinienkerne (oder Walnüsse), ½ Tl Salz, ¼ Tl Pfeffer, ⅛ l Olivenöl.

Tagliatelle auf Bologneser Art

Den Schinken, die Zwiebel, die Mohrrübe und die Sellerieknolle fein hacken (mit dem Mixer geht das sehr schnell), in das zerlassene Fett geben und leicht anrösten. Das gehackte Fleisch mitrösten, bis es eine graue Farbe angenommen hat. Mit der zerdrückten Knoblauchzehe würzen, mit dem Mehl stauben und mit dem Rotwein aufgießen. Das Ganze bei schwacher Hitze und unter ständigem Rühren schmoren, bis der Rotwein fast völlig eingekocht ist. Dann die geschälten (kurz überbrühen), entkernten, kleingeschnittenen Tomaten dazugeben, mit Salz, frischgemahlenem Pfeffer, einer Spur Muskat und 1 Lorbeerblatt würzen und alles ¾ Stunde ganz leicht kochen lassen. (Sollte die Sauce dabei zu dick werden, können Sie etwas Brühe oder Rotwein zugeben.) Die Tagliatelle in reichlich kochendes Salzwasser geben, kernig weichkochen, abseihen und sofort mit der Sauce übergießen.

450 g Tagliatelle (4–6 mm breite Bandnudeln), Salz, 100 g Räucherschinken (oder magerer Räucherspeck), ½ Zwiebel, 1 kleine Mohrrübe, ⅛ Sellerieknolle, 25 g Butter (oder 2 El Öl), 250 g Schweinefleisch (auch Rindfleisch oder beides gemischt), ½ Knoblauchzehe, 1 Tl Mehl, ⅛ l Rotwein, 6 Tomaten (oder 3–4 El Tomatenmark), Salz, Pfeffer, Muskat, 1 Lorbeerblatt.

Tagliatelle auf Jäger-Art

450 g Tagliatelle (4–6 mm breite Bandnudeln), Salz, 1 Zwiebel, 40 g Butter, 250 g Pilze (Steinpilze oder Pfifferlinge) 100 g Räucherspeck, 3 El saure Sahne.

Die Zwiebel fein hacken und in der Butter hellgelb dünsten. Die Pilze putzen, waschen, grob hacken, zu den Zwiebeln geben und im eigenen Saft weichdünsten. Den Speck in Würfel schneiden, mit der sauren Sahne zu den Pilzen geben und alles 5 Minuten bei schwacher Hitze ziehen lassen.
Die Nudeln in reichlich Salzwasser kernig weichkochen, in einer gewärmten Schüssel anrichten und mit der Sauce übergießen. Wenn Sie wollen, können Sie noch 2–3 El geriebenen Parmesan darüberstreuen.

Tagliatelle alla Romana

450 g breite Nudeln, Salz, 1 kleine Zwiebel, 2 El Olivenöl, 50 g Salami, 300 g Tomaten, 40 g Parmesan.

Die Nudeln in reichlich Salzwasser kernig weichkochen, abseihen und in einer großen gewärmten Schüssel anrichten. – Die Zwiebel fein hacken und im Olivenöl anschwitzen. Die in kleine Würfel geschnittene Salami und die enthäuteten (kurz überbrühen), entkernten und in größere Würfel geschnittenen Tomaten dazugeben, 5 Minuten bei geschlossenem Topf dünsten, sofort mit den Nudeln vermischen und mit dem geriebenen Parmesan bestreuen.

Tiroler Knödel

6 altbackene Semmeln, 1 kleine Zwiebel, 1 Tl Petersilie, 50 g Butter, 2 Eier, $^1/_4$ l Milch, Salz, 200 g Rauchfleisch, 3–5 El Mehl.

Die Semmeln in kleine Würfel schneiden (oder geschnittenes Knödelbrot verwenden). Die Zwiebel fein hacken, mit der gehackten Petersilie in der Butter anschwitzen und mit den Semmelwürfeln vermischen. Die Eier mit Milch und Salz verquirlen und über die Semmeln gießen. Alles 1 Stunde zugedeckt ruhen lassen. Das Rauchfleisch daruntermischen und mit Mehl zu einem festen Knödelteig verarbeiten. Dann größere Knödel formen, in kochendes Salzwasser einlegen (die Knödel sollen sich dabei nicht berühren) und langsam ziehen lassen (etwa 20 Minuten). Die Knödel aus dem Kochsud nehmen, gut abtropfen lassen und auf einer gewärmten Platte anrichten.

REISGERICHTE

Viele schmackhafte Zubereitungsarten, die ein Fleisch-, Fisch- oder Geflügelgericht erst richtig komplettieren, wurden bereits im Kapitel *Beilagen* erwähnt.
Noch zahlreicher sind die Möglichkeiten, mit Reis ein schnelles und wohlschmekkendes Gericht zuzubereiten.
Für einige dieser Gerichte können Sie bereits gekochten körnigen Reis verwenden (vgl. *Wasserreis)*, der – in einem Sieb oder auf einem umgestürzten Teller zugedeckt aufbewahrt – etwa 14 Tage im Kühlschrank haltbar ist und Ihnen so jederzeit zur Verfügung steht.

Armenisches Reisgericht

250 g Langkornreis, 250 g Hühnerleber, 2 Zwiebeln, 2 Knoblauchzehen, 4 El Olivenöl, Salz, 1 Messerspitze Cayennepfeffer, $^1/_{10}$ l Madeira, $^3/_4$ l Hühnerbrühe.

Den Reis mit einem trockenen Tuch sauber abwischen. Die Hühnerleber waschen, gut abtropfen lassen und in große Stücke teilen. Die Zwiebeln hacken, die Knoblauchzehen zerdrücken und beides im Olivenöl andünsten. Die Hühnerleber dazugeben, kurz durchrösten, mit Salz und Cayennepfeffer würzen und mit dem Madeira ablöschen. Den Reis daruntermischen, mit der Brühe aufgießen und alles bei geschlossenem Topf in dem auf 220° erhitzten Rohr 20 Minuten dämpfen. Das Reisgericht vorsichtig mit 2 Gabeln lockern und in einer gewärmten Schüssel auftragen.

Chinesischer Eierreis

250 g Langkornreis, Salz, 2 große Zwiebeln, 100 g Butter, 4–8 Eier, 1 El Sojasauce, Schnittlauch.

Den Reis in reichlich Salzwasser körnig kochen, abseihen, lauwarm überbrausen, gut abtropfen lassen und auf einem Backblech ausdämpfen lassen. Die Zwiebeln in kleine Würfel schneiden und in der Butter andünsten. Den Reis dazugeben und unter ständigem Wenden (am besten mit einer Bratschaufel) anbraten. Die verquirlten Eier darübergießen und stocken lassen. Den Reis in eine gewärmte Schüssel geben, mit der Sojasauce beträufeln, mit gehacktem Schnittlauch bestreuen und mit einigen Tomatenvierteln garnieren.
Dieses schmackhafte Gericht können Sie vielfach variieren: Dünsten Sie mit den gehackten Zwiebeln 200 g in kleine Würfel geschnittenen Schinken in der Butter an. – Dämpfen Sie mit den Zwiebeln 200 g enthäutetes Hühnerfleisch in der Butter. – Geben Sie mit den Zwiebeln noch 300 g Erbsen (oder anderes Gemüse, auch gemischt) in die erhitzte Butter.
Verwenden Sie gleichzeitig Schinken und Gemüse oder Hühnerfleisch und Gemüse.

Hühnerreis

2 Tassen Langkornreis, 300 g Hühnerfleisch (gekocht oder gebraten), 50 g Hühnerfett (oder Butter), 4 Tassen Hühnerbrühe.

Den Reis sauber waschen und gut abtropfen lassen. Das von Haut und Knochen befreite Hühnerfleisch in kleine Stücke schneiden und in dem erwärmten Fett leicht anbraten. Mit der Hühnerbrühe aufgießen, den Reis dazugeben und alles 5 Minuten lebhaft kochen lassen. Dann die Hitze stark reduzieren und den Hühnerreis bei geschlossenem Topf dünsten.
Den fertigen Hühnerreis vorsichtig mit 2 Gabeln lockern und in einer gewärmten Schüssel anrichten.

Hühnerreis Rio de Janeiro

250 g Langkornreis, Salz, 100 g Butter, 2 Zwiebeln, 100 g gekochter Schinken, 400 g Hühnerfleisch, 3 rote Paprikaschoten, 3 grüne Paprikaschoten, Salz, 1 Prise Cayennepfeffer, 1 Prise Trockenknoblauch, 250 g Spargelspitzen.

Den Reis in reichlich Salzwasser körnig weichkochen, abseihen, lauwarm überbrausen, gut abtropfen lassen und auf einem Backblech in dem auf 100° erwärmten Rohr abdämpfen lassen. – Die Butter zerlassen, die gehackten Zwiebeln, den in kleine Würfel geschnittenen Schinken, das von Haut und Knochen befreite, in Streifen geschnittene Hühnerfleisch und die in feine Streifen geschnittenen Paprikaschoten (vorher der Länge nach dritteln und Kerne und Scheidewände entfernen) dazugeben. Mit Salz, Cayennepfeffer und Trockenknoblauch würzen, die Spargelspitzen dazugeben und bei geschlossenem Topf 10–15 Minuten dämpfen. Den Reis dazugeben, vorsichtig mit 2 Gabeln vermengen und weitere 5 Minuten ziehen lassen.

Jägerreis, gebacken

100 g Räucherspeck, 2 Zwiebeln, 60 g Fett, 500 g Wildfleisch, 250 g Langkornreis, 150 g Pfifferlinge, ¾ l Fleischbrühe, 10 g Butter, ¼ l saure Sahne, 40 g geriebener Parmesan.

Den Räucherspeck in kleine Würfel schneiden und mit den grob gehackten (oder in Würfel geschnittenen) Zwiebeln goldbraun in Fett rösten. Das trocken abgewischte Wildfleisch in 2–3 cm große Würfel schneiden, zu dem Speck-Zwiebel-Gemisch geben und von allen Seiten anbraten. Den trocken abgewischten Reis und die geputzten und geviertelten Pfifferlinge kurz mit durchrösten und mit der Fleischbrühe aufgießen. Alles zum Kochen bringen und bei geschlossenem Topf und schwacher Hitze 30 Minuten dünsten. Den Reis in eine gebutterte Auflaufform füllen, mit der sauren Sahne übergießen, mit dem geriebenen Käse bestreuen und 15 Minuten in dem auf 150° erhitzten Rohr überbacken.
Den Jägerreis direkt in der Auflaufform servieren. Außer dem Wildfleisch kann der Jägerreis auch mit Kalb- oder Rindfleisch zubereitet werden; auch können die Pfifferlinge durch Champignons ersetzt werden.

Kedgeree = indischer Fischreis

600 g Seefischfilet,
½ Zwiebel, 6 Pfefferkörner,
½ Lorbeerblatt, Salz,
200 g Langkornreis,
120 g Butterfett,
2 Zwiebeln, 2 Knoblauchzehen,
1 El Curcuma.

Zwiebel, Pfefferkörner und Lorbeerblatt 10 Minuten in ½ l Salzwasser kochen. Die gewaschenen Fischfilets in den Sud legen, bei geschlossenem Topf ziehen lassen (etwa 15 Minuten), herausheben und in 3–4 cm große Stücke schneiden. – Den Reis gut waschen, 2 Stunden in kaltes Wasser legen, dann abgießen und abtropfen lassen. Den abgeseihten, auf 4/10 l Flüssigkeit aufgefüllten Fischsud zum Kochen bringen, den Reis damit übergießen und bei geschlossenem Topf und schwacher Hitze gar dämpfen. (Achten Sie darauf, daß der Deckel wirklich gut schließt!)
Das Butterfett in einer großen Pfanne erhitzen, die feingehackten Zwiebeln, die zerdrückten Knoblauchzehen und das Curcumapulver dazugeben und 5 Minuten anschwitzen. Die Fischstücke und den Reis darin rasch unter häufigem Wenden anbraten (dabei sollen die Fischstücke nicht zerfallen).

Leberreis auf bosnische Art

250 g Langkornreis, 40 g Öl,
1 l Fleischbrühe,
250 g Kalbsleber (oder Hammelleber), 1 Zwiebel,
30 g Butter, 1 säuerlicher Apfel,
Salz, Pfeffer, Majoran.

Den Reis trocken abwischen und in dem erhitzten Öl glasig werden lassen. Mit der heißen Fleischbrühe auffüllen und alles 10 Minuten lebhaft kochen lassen. Die gewaschene Leber enthäuten und sehr fein hacken (oder durch den Fleischwolf drehen). Die Zwiebel fein hacken, in der Butter anschwitzen und mit der Leber vermengen. Den geschälten, entkernten und grob geraspelten Apfel dazugeben und mit Salz, Pfeffer und Majoran pikant abschmecken. Das Ganze unter den kochenden Reis mischen und alles bei geschlossenem Topf 15–20 Minuten bei schwacher Hitze dämpfen.

Muschelreis

2 Tassen Langkornreis,
4 Tassen Hühnerbrühe,
20 g Butter, 250 g Muscheln (Dose), 1 El gehacktes Dillkraut.

Den Reis sorgfältig waschen, mit der Butter in die kochende Hühnerbrühe geben und 5 Minuten kräftig kochen lassen. (Eventuell noch etwas nachsalzen.) Die Hitze reduzieren und den Reis bei geschlossenem Topf gar dämpfen. Die Muscheln gut abtropfen lassen und vorsichtig mit 2 Gabeln unter den Reis mischen. Alles noch 5 Minuten weiterdämpfen (kleinste Hitze!). Den Muschelreis in einer gewärmten Schüssel anrichten und mit dem gehackten Dillkraut (oder Petersilie) bestreuen.
Der Muschelreis schmeckt gut und schaut besonders appetitlich aus, wenn Sie dem Reis vor dem Dämpfen 1 Messerspitze Safran zusetzen; 1 Prise Cayennepfeffer macht ihn noch pikanter.

Paella = spanisches Reisgericht

1 Brathähnchen, Salz,
Pfeffer, ⅛ l Olivenöl,
2 Zwiebeln, 1–2 Knoblauchzehen,
1 grüne Paprikaschote,
1 rote Paprikaschote,
250 g Langkornreis,
3 Messerspitzen Safran,
150 g Tiefkühlerbsen,
150 g tiefgekühlte Krevetten,
250–300 g Muscheln (frisch oder aus der Dose), ⅛–¼ l herber Weißwein (je nach Reissorte),
¾ l Hühnerbrühe.

Die Paella ist ein spanisches Nationalgericht, das seinen Namen von der großen eisernen Pfanne, in der es traditionsgemäß zubereitet wird, hat. Bereiten Sie die Paella nach Möglichkeit ebenfalls in einer eisernen Pfanne, sonst in einer Kupferpfanne oder – zur Not – in einer feuerfesten Schüssel.
Das bratfertige Hähnchen innen und außen mit Salz und Pfeffer einreiben, in dem erhitzten Öl von allen Seiten bräunen und bei geschlossener Pfanne braten (50–60 Minuten). Das Hähnchen herausnehmen und zur Seite stellen. – Die Zwiebeln sehr fein hacken und mit der zerdrückten Knoblauchzehe im Öl andünsten. Die Paprikaschoten putzen (Stiel, Kerne und Scheidewände entfernen), der Länge nach vierteln, in schmale Streifen schneiden und zu den Zwiebeln geben. Den Reis trocken abwischen, kurz mit durchrösten und mit der kräftig gewürzten Hühnerbrühe übergießen. Den Safran hinzufügen und alles bei geschlossener Pfanne 15 Minuten dunsten. – In der Zwischenzeit das Hähnchen in Portions-

stücke zerteilen. (Sie können es, wenn Sie wollen, auch entbeinen.) – Die Brathähnchenstücke, die Erbsen und die Krevetten mit dem Reis vermengen. Die Muscheln (frische Muscheln müssen sauber gebürstet, unter fließendem Wasser gewaschen und in Salzwasser gekocht werden; Dosenmuscheln gut abtropfen lassen) obenauf legen, den Wein darübergießen und die Paella bei geschlossener Pfanne weitere 15 Minuten dünsten. Direkt in der Pfanne zu Tisch geben.

Pilaw, türkischer

Das gewaschene Fleisch in 2–3 cm große Würfel schneiden. Die Zwiebeln grob hacken, die Knoblauchzehe zerdrücken, beides in dem in einem gut schließenden Topf erhitzten Fett leicht anrösten. Das Fleisch darin von allen Seiten anbraten und mit Salz und Pfeffer würzen. Den trocken abgeriebenen Reis dazugeben, kurz durchrösten und mit so viel Wasser aufgießen, daß es etwa ½ cm über dem Reis steht. Den in etwas Wasser angerührten Safran dazugeben und die gewaschenen und halbierten Tomaten (drücken Sie die Kerne vorher heraus) obenauf legen. Den Topf sehr gut verschließen und für 40 Minuten in das auf 180° erhitzte Rohr stellen.
Den fertigen Pilaw vorsichtig mit 2 Gabeln vermischen und in einer gewärmten Schüssel zu Tisch geben.
Der original türkische Pilaw wird mit Hammelfleisch zubereitet, unserem Geschmack dürfte die obige Variation mehr zusagen.

250 g Rindfleisch,
250 g Schweinefleisch,
2 große Zwiebeln,
1 Knoblauchzehe, 10 El Öl, Salz,
Pfeffer, 250 g Langkornreis,
1 Messerspitze Safran,
250 g Tomaten.

Plow = russisches Reisfleisch

Das gewaschene Fleisch in etwa 3 cm große Würfel schneiden und in dem erhitzten Öl von allen Seiten braun anbraten. Mit der Knochenbrühe aufgießen und den gewaschenen Reis dazugeben. Mit Salz und Pfeffer würzen und das Ganze bei geschlossenem Topf und schwacher Hitze quellen lassen, bis Fleisch und Reis gar sind und sämtliche Flüssigkeit aufgesogen ist. Inzwischen den Anis sehr fein hacken und vorsichtig unter den Reis mischen.
Den fertigen Plow mit dem Schnittlauch bestreuen.

600 g Hammelfleisch,
3 El Sonnenblumenöl (oder ein anderes Fett), 1 l Knochenbrühe (aus Würfeln), 250 g Milchreis (noch »echter«: unpolierter Reis), Salz, Pfeffer, 1 El Anis,
2 El Schnittlauch.

Reis auf Prinzessinnen-Art

Den sauber gewaschenen Reis mit der Hühnerbrühe und der Butter 5 Minuten kochen und bei geschlossenem Topf und schwächster Hitze gar dämpfen. Das von Haut und Knochen befreite Hühnerfleisch in der Butter andämpfen, den gut abgetropften, in Stücke geschnittenen Spargel und die gehackte Petersilie dazugeben und zuletzt den Reis daruntermengen.

2 Tassen Langkornreis,
4 Tassen Hühnerbrühe,
30 g Butter, 200 g Hühnerfleisch,
40 g Butter, 250 g Spargel
(Dose), 1 Tl Petersilie.

Reisfleisch Ankara

Das gewaschene Fleisch durch den Fleischwolf drehen, die Zwiebeln hacken und beides mit den zerdrückten Knoblauchzehen im Öl andünsten, bis das Fleisch grau geworden ist. Mit Salz und zerriebenem Thymian würzen (wenn Sie frischen Thymian haben, hacken Sie ihn ganz fein und verwenden Sie wenigstens 1 El voll). Das Tomatenmark dazugeben, mit der Brühe aufgießen und alles zum Kochen bringen. Den sauber gewaschenen Reis in die kochende Sauce geben. Das Reisfleisch zunächst 5 Minuten lebhaft kochen lassen (dabei immer wieder umrühren) und dann bei geschlossenem Topf und kleinster Hitze gar dämpfen.
Richten Sie das fertige Reisfleisch in einer gewärmten Schüssel an und bestreuen Sie es mit zerbröseltem Schafskäse.

250 g Rindfleisch,
250 g Schaffleisch, 2 große Zwiebeln, 2 Knoblauchzehen,
60 g Öl, Salz, 1 Tl Thymian,
3 El Tomatenmark,
250 g Langkornreis,
100 g Schafskäse, ¾ l Brühe.

Reisfleisch auf ungarische Art

500 g Schweinefleisch,
1 Zwiebel, 60 g Schmalz (oder Öl),
1 El Paprika, Salz, Pfeffer,
250 g Langkornreis.

Das gewaschene Fleisch in etwa 2 cm große Würfel schneiden. Die Zwiebel hacken und in dem erhitzten Fett hellgelb rösten. Den Paprika und dann die Fleischwürfel dazugeben und einige Minuten kräftig durchrösten. Mit Salz und 1 Messerspitze Pfeffer würzen, mit $^{3}/_{4}$ l heißem Wasser aufgießen und den gewaschenen Reis dazugeben. Alles 5 Minuten kräftig kochen lassen und bei geschlossenem Topf und schwächster Hitze fertig dünsten. – Das Reisfleisch in einer gewärmten Schüssel anrichten und mit geriebenem Parmesan bestreuen.

Reisschnitten

250 g Rundkornreis,
1 l Fleischbrühe, 1 Zwiebel,
1 Tl Petersilie, 50 g Butter,
250 g Kalbfleischreste,
2 Eier, Salz, Muskat,
1–2 Eier, Semmelbrösel,
Fett zum Backen.

Den sauber gewaschenen Reis in die kochende Fleischbrühe geben und bei schwächster Hitze gar dämpfen. Die Zwiebel fein hacken und mit der Petersilie in der Butter anschwitzen. Das in kleine Würfel geschnittene Kalbfleisch kurz mitdämpfen und dann mit dem abgekühlten Reis vermengen. Zuletzt die Eier darunterrühren. Die Masse mit Salz und Muskat pikant abschmecken, 1–2 cm dick auf ein nasses Brett streichen und einige Stunden erstarren lassen. Mit einem in kaltes Wasser getauchten Messer kleine Vierecke oder Rhomben schneiden, in den verquirlten Eiern und den Semmelbröseln wenden und im erhitzten Fett goldbraun backen. (Am besten in einer Friteuse.)
Die Reisschnitten in einer gewärmten Schüssel anrichten und mit Zitronenspalten und Tomatenvierteln garnieren.
Anstelle der Kalbfleischreste können zu diesem Rezept beliebig andere Fleisch- oder Geflügelreste oder gehackter Schinken verwendet werden.

Reis, überbacken, auf chinesische Art

300 g Langkornreis, Salz,
60 g Öl, 2 Zwiebeln,
1–2 Tl Curry, 150 g Krabben,
100 g Schinken, 50 g Mandeln,
50 g Nüsse, 2 El Sojasauce,
2 El Sherry, 30 g Butter.

Den Reis in reichlich Salzwasser körnig weichkochen, abseihen, lauwarm überbrausen und gut abtropfen lassen. Das Öl in einer Auflaufform erhitzen, die in kleine Würfel geschnittenen Zwiebeln darin anschwitzen, den Curry dazugeben und beides 3 Minuten dünsten. Die Krabben (tiefgekühlte Krabben auftauen; konservierte Krabben kurz kalt überbrausen und gut abtropfen lassen), den in dünne Streifen geschnittenen Schinken, die geschälten, gehackten Mandeln und die gehackten Nüsse dazugeben und leicht anbraten. Mit der Sojasauce und dem Sherry ablöschen, den abgetropften Reis dazumischen, mit Butterflöckchen belegen und alles 10 Minuten in einem auf 120° erhitzten Rohr überbacken.

Risotto Milanese

300 g Langkornreis, 1 kleine Zwiebel, 60 g Rindermark,
40 g Butter, 1–1½ l Brühe
(Hühnerbrühe), 1 Messerspitze
Safran, 30 g Butter,
30 g geriebener Parmesan.

Den Reis trocken abwischen. Die Zwiebel fein hacken, in die mit dem Rindermark erhitzte Butter (Sie können auch nur Butter verwenden) geben und leicht anschwitzen. Den Reis darin glasig anrösten. Mit so viel Brühe aufgießen, daß die Flüssigkeit fingerhoch über dem Reis steht. Den Reis bei schwacher Hitze und unter dauerndem Rühren kochen, dabei laufend so viel Brühe nachgeben, daß die Flüssigkeit immer über dem Reis steht. Wenn der Reis fast gar ist, den in etwas Brühe gelösten Safran dazugeben und bei schwacher Hitze fertig garen (die Brühe muß dabei vollständig aufgesogen werden). Zuletzt die Butter und den geriebenen Parmesan unterziehen.

Gefüllte Gemüse: Auberginen, gefüllt (hinten) und Tomaten, gefüllt (vorne) ▷

1969

Risotto mit Pilzen = Pilzrisotto

Den Reis trocken abwischen. Die Zwiebel fein hacken und in dem Öl anschwitzen. Den Reis mitrösten, bis er glasig geworden ist. Die geputzten, in Scheiben geschnittenen Pilze dazugeben und kurz andünsten. Mit so viel Brühe aufgießen, daß der Reis reichlich bedeckt ist, und bei kräftiger Hitze kochen, bis er fast gar ist. (Dabei immer wieder umrühren und etwas von der Brühe nachgießen.) Die Hitze vermindern und den Reis langsam garen; die Flüssigkeit soll völlig aufgebraucht sein. Unmittelbar vor dem Auftragen die frische Butter und den geriebenen Parmesan unterziehen.

300 g Langkornreis, 1 kleine Zwiebel, 4 El Öl, 300 g Pilze (Steinpilze, Pfifferlinge), 1–1½ l Brühe, 30 g Butter, 30 g geriebener Parmesan.

Risotto alla Romana

Den Reis trocken abwischen. Die Zwiebel fein hacken und mit der gehackten Petersilie in der Butter andünsten. Den fein gehackten Schinken und das klein gehackte Fleisch dazufügen und alles einige Minuten rösten. Den Reis ebenfalls kurz mit durchrösten und dann mit dem Tomatenmark und dem Wein ablöschen. So viel von der Fleischbrühe zugießen, daß die Flüssigkeit 1–2 cm über dem Reis steht. Den Risotto bei mittlerer Hitze kochen, bis der Reis fast weich ist; dabei muß laufend neue Fleischbrühe zugegeben und von Zeit zu Zeit umgerührt werden. 5 Minuten vor Ende der Kochzeit den Reis bei geringster Hitze ohne weiteres Rühren ausdämpfen lassen.

300 g Langkornreis, 1 kleine Zwiebel, 1 Tl Petersilie, 60 g Butter, 50 g gekochter Schinken, 100 g Kalbfleisch (oder mageres Rindfleisch), 1 El Tomatenmark, $\frac{1}{10}$ l Wein, etwa 1½ l Fleischbrühe.

Risotto mit Schinken = Schinkenrisotto

Den Reis trocken abwischen. Die Zwiebel fein hacken und im Öl glasig anschwitzen. Den Reis einige Minuten kräftig mit durchrösten (der Reis muß glasig sein). Mit so viel Brühe aufgießen, daß der Reis bedeckt ist, und bei kräftiger Hitze garen; dabei immer wieder etwas von der Brühe nachgießen und umrühren. Wenn der Reis fast gar ist, die Schinkenwürfel dazugeben. Den Risotto bei schwacher Hitze fertig dünsten. Mit Parmesan und Butterstückchen bestreuen.

300 g Langkornreis, 1 kleine Zwiebel, 4 El Öl, 1–1½ l Brühe, 200 g gekochter Schinken, 20 g geriebener Parmesan, 30 g Butter.

Risotto Siciliana

Den Reis trocken abwischen. Die Zwiebel fein hacken, in das erhitzte Öl geben und glasig andünsten. Den Reis gut mit durchrösten, mit der Hühnerbrühe aufgießen und 15 Minuten kochen lassen. Das Hühnerfleisch von Haut und Knochen befreien, in feine Streifen schneiden und unter den Reis mischen. Die Sahne und die Erbsen dazugeben und mit Pfeffer und Paprika würzen. Die Hitze reduzieren, die Kasserolle schließen und den Risotto 15 Minuten dämpfen.

300 g Langkornreis, 1 mittelgroße Zwiebel, 60 g Olivenöl, 1 l Hühnerbrühe, 300 g Hühnerfleisch (gekocht oder gebraten), ½ l Sahne, 300 g Erbsen (tiefgekühlt), Pfeffer, Paprika.

Risotto auf westindische Art

Den Reis waschen und mit der Butter in 4 Tassen Wasser gar dünsten. – Die Zwiebel und die rote Paprikaschote fein hacken und in der Butter anschwitzen. Die Krabben (tiefgekühlte Krabben vorher auftauen, konservierte kalt überbrausen und gut abtropfen lassen) und die Sahne daruntermischen und mit Salz und Cayennepfeffer pikant würzen. Den Reis und zuletzt die geschälte, in ½ cm dicke Scheiben geschnittene Banane dazugeben und alles bei geschlossenem Topf und schwächster Hitze 10 Minuten ziehen lassen.

2 Tassen Langkornreis, Salz, 40 g Butter, 1 kleine Zwiebel, 1 kleine rote Pfefferschote, 60 g Butter, 150 g Krabben, 2 El Sahne, 1–2 Messerspitzen Cayennepfeffer, 1 Banane.

◁ *Fondue Bourguignonne mit Guacamole, Sauce Chantilly, Sauce Vinaigrette und Teufelssauce (von vorne nach hinten)*

Serbisches Reisfleisch

250 g Langkornreis,
2 Zwiebeln, 60 g Öl, 3 grüne Paprikaschoten,
250 g Tomaten, Salz,
500 g fettes Schweinefleisch,
30 g Schmalz, Salz, Pfeffer,
1 Knoblauchzehe,
1 El Edelsüßpaprika,
¼ l Rotwein.

Den Reis trocken abwischen. Die Zwiebeln fein hacken und in dem erhitzten Fett hellgelb rösten. Die Paprikaschoten der Länge nach dritteln, von Kernen und Scheidewänden befreien, in schmale Streifen schneiden und 5 Minuten mitdünsten. Den Reis dazugeben, kurz durchrösten (der Reis soll glasig werden) und mit ½ l Wasser aufgießen. Die geschälten (kurz überbrühen), entkernten und in Würfel geschnittenen Tomaten dazugeben, salzen und alles bei geschlossenem Topf gar dünsten. Das Schweinefleisch waschen, abtrocknen, in 2–3 cm große Würfel schneiden und im Schmalz anbraten. Mit Salz, Pfeffer, der zerdrückten Knoblauchzehe und dem Paprika würzen, mit dem Rotwein aufgießen und bei geschlossenem Topf gar schmoren. Dann mit dem gedünsteten Reis mischen und das fertige Reisfleisch sofort in einer gewärmten Schüssel auftragen.

KARTOFFELGERICHTE

Die Kartoffel ist in unserer Küche nahezu unentbehrlich. Als Beilage ist sie von unseren Tischen nicht wegzudenken. Zur Zubereitung kleiner, schneller Gerichte ist sie fast noch wichtiger: sie ist billig, steht aber in Nährstoffgehalt und Vitaminreichtum teuren Gemüsen nicht nach.
Die Rezepte für schmackhafte Kartoffelbeilagen sind im Kapitel *Beilagen* zusammengefaßt. Im folgenden finden Sie die Rezepte für Kartoffelspeisen, die eine einfache Mahlzeit bilden können und schnell zubereitet sind. Die Garzeit für die Kartoffeln beträgt in der Regel 20–30 Minuten.

Bauernomelette

1 kg speckige Kartoffeln,
100 g Speck, 1 große Zwiebel, 200 g gekochter Schinken, 3 Eier, $^1/_{10}$ l Sahne,
Schnittlauch.

Die Kartoffeln mit der Schale in etwas Salzwasser weich dämpfen, abkühlen lassen, schälen und in Scheiben schneiden. Den Speck in kleine Würfel schneiden und auslassen. Die Zwiebel grob hacken, in das Speckfett geben und mitrösten. Die Kartoffelscheiben dazugeben, leicht salzen und von beiden Seiten braun braten. Alles in eine leicht gefettete, flache feuerfeste Form füllen. Den Schinken in kleine Würfel schneiden und über die Kartoffeln streuen. Zuletzt die mit der Sahne verquirlten Eier darübergießen und alles 15 Minuten in dem auf 120° erhitzten Rohr überbacken.
Servieren Sie die fertige Bauernomelette mit Schnittlauch bestreut in der feuerfesten Form.

Engadiner Kartoffelkuchen

150 g Mehl, 3 Eier,
$^1/_{16}$ l Milch, ½ Tl Salz, 1 Prise Muskat, 1 Tl Oregano,
½ Tl Rosmarin, 750 g Kartoffeln,
2 Zwiebeln, 1 El Öl,
100 g Räucherspeck,
100 g Landschinken,
2 Knacker, 60 g Butter.

Das Mehl mit den Eiern und der Milch zu einem glatten, dickflüssigen Teig verarbeiten, der mit Salz, Muskat, Oregano und Rosmarin kräftig gewürzt wird. Die Kartoffeln schälen, raspeln und sofort unter den Teig mischen. Die Zwiebeln fein hacken und in dem Öl goldbraun rösten. Den Räucherspeck, den Schinken und die Knacker in Würfel schneiden. Alles unter den Teig mischen.
⅔ der Butter in einer größeren Bratpfanne zerlassen und den Teig hineingeben. Die Oberfläche glattstreichen und die restliche Butter als kleine Flöckchen obendrauf verteilen. Das Ganze in dem auf etwa 180° erhitzten Rohr etwa 1 Stunde goldgelb backen. Den Kartoffelkuchen noch heiß in Rechtecke teilen und auf einer gewärmten Platte anrichten.
Statt der angegebenen Wurstsorten können zu diesem Gericht auch beliebige andere Würste (Salami ...) oder Bratreste (Schweinsbraten) verwendet werden.

Bramborak

Die Kartoffeln schälen, waschen, reiben und sofort mit dem Mehl und der Milch vermischen. Die feingehackten Zwiebeln, die zerdrückte Knoblauchzehe und den Majoran dazugeben und mit Salz und Pfeffer kräftig abschmecken. Eine flache feuerfeste Schüssel (oder eine Bratpfanne) mit einem Teil der zerlassenen Butter auspinseln, die Kartoffelmasse hineingeben und mit der restlichen Butter übergießen. Das Ganze in dem auf 180° erhitzten Rohr etwa 40 Minuten goldbraun backen.
Den Bramborak in Rechtecke schneiden, in einer gewärmten Schüssel anrichten und zusammen mit Salat auftragen.

1 kg Kartoffeln, 100 g Mehl, 4 El Milch, 2 Zwiebeln, 1 Knoblauchzehe, ½ Tl Majoran, Salz, Pfeffer, 60 g Butter.

Frankfurter Kartoffeln

Die Kartoffeln in etwas Salzwasser gar dämpfen, nach kurzem Abkühlen schälen und in Scheiben schneiden. Die Zwiebeln fein hacken und in der Butter anschwitzen. Den in kleine Würfel geschnittenen Schinken einige Minuten mitrösten. Mit dem Mehl stauben, mit der Fleischbrühe aufgießen und unter ständigem Rühren zum Kochen bringen. Die in ein Mullsäckchen gebundenen Gewürze dazugeben und alles 20 Minuten ganz schwach kochen lassen. Die Gewürze entfernen und die Sauce mit dem Rotwein, Salz, Pfeffer und Senf würzen. Die Kartoffelscheiben in der Sauce 5 Minuten ziehen lassen.

1 kg speckige Kartoffeln, 2 Zwiebeln, 80 g Butter, 250 g Räucherschinken, 30 g Mehl, ½ l Fleischbrühe, 1 Lorbeerblatt, 2 Stengel Thymian, 5 Pfefferkörner, die Schale von ½ Zitrone, ⅛ l Rotwein, Salz, Pfeffer, Senf.

Heringskartoffeln auf schwedische Art

Die Kartoffeln in etwas Salzwasser gar dämpfen, abtropfen lassen, nach kurzem Abkühlen schälen und in Scheiben schneiden. Die über Nacht gewässerten Heringe von Haut und Gräten befreien und in 1 cm breite Streifen schneiden. Die Zwiebeln fein hacken und in der zerlassenen Butter hellbraun rösten. Die Kartoffelscheiben, die Heringstreifen und die in Würfel geschnittene Gurke dazugeben und unter vorsichtigem Rühren erwärmen. Die saure Sahne dazugeben und 10 Minuten bei schwacher Hitze ziehen lassen.
Richten Sie die fertigen Heringskartoffeln mit reichlich Petersilie bestreut in einer gewärmten Schüssel an.

1 kg Kartoffeln, 1 Gewürzgurke, 2 Salzheringe, 1 Zwiebel, 80 g Butter, ¼ l saure Sahne, 2 El Petersilie.

Stolper Heringskartoffeln

Die Kartoffeln in etwas Salzwasser gar dämpfen, nach dem Abkühlen schälen und in dünne Scheiben schneiden. Die über Nacht gewässerten Salzheringe enthäuten, entgräten und in 1–2 cm große Vierecke schneiden. – Die Hälfte der Kartoffelscheiben in eine gut gefettete Auflaufform schichten, die Heringstücke darübergeben und mit den restlichen Kartoffelscheiben bedecken. Die mit den Eiern verquirlte saure Sahne darübergießen. Das Ganze mit den Semmelbröseln, dem geriebenen Käse und den Butterflöckchen bestreuen und in dem auf 200° erhitzten Rohr 20–30 Minuten überbacken.

750 g Kartoffeln, 3 Salzheringe, ½ l saure Sahne, 3 Eier, 1 El Semmelbrösel, 1 El geriebener Emmentaler, 20 g Butter.

Käsekartoffeln, gebacken

Die Kartoffeln in etwas Salzwasser gar dämpfen, nach kurzem Abkühlen schälen und in Scheiben schneiden. Die Kartoffelscheiben lagenweise in eine gut gebutterte Auflaufform geben und dabei jeweils leicht salzen, mit etwas zerlassener Butter beträufeln und dem geriebenen Käse bestreuen. Zuletzt die saure Sahne über die Kartoffeln gießen, die Form in ein auf 160° erhitztes Rohr stellen und das Gericht 15 Minuten überbacken.

1 kg Kartoffeln, Salz, 200 g geriebener Käse, 60 g Butter, ¼ l saure Sahne.

Kartoffeln, gefüllt

1–1½ kg Kartoffeln, 120 g Butter, Salz, 1 Zwiebel, 60 g Speck, 100 g Pilze, 100 g Emmentaler.

Zu diesem Rezept sollten Sie nur große, mehlige Kartoffeln verwenden.
Die Kartoffeln waschen, abtrocknen und leicht mit Butter einreiben. Ein Backblech mit reichlich Salz bestreuen, die Kartoffeln daraufsetzen und bei 150° backen.
In der Zwischenzeit die Zwiebel fein hacken und in der restlichen Butter anschwitzen. Den Speck hacken, im eigenen Fett anbraten und die gewaschenen, geputzten, grob gehackten Pilze im Speckfett anschwitzen. – Die Kartoffeln nach kurzem Abkühlen der Länge nach halbieren und vorsichtig aushöhlen. Das Innere der Kartoffeln mit den gedünsteten Zwiebeln, dem Speck und den Pilzen vermischen, mit Salz und Pfeffer pikant abschmecken und in die ausgehöhlten Kartoffelschalen füllen. Die Kartoffelhälften zurück in das Backrohr geben, mit dem in kleine Scheiben geschnittenen Käse belegen und 10–15 Minuten überbacken.

Kartoffeln, gratiniert

1 kg Kartoffeln, 300 g gekochter Schinken, 2 Zwiebeln, 1 El Petersilie, 2 El Öl, 20 g Butter, 2 Eier, ¼ l Milch, 50 g geriebener Käse.

Die Kartoffeln in etwas Salzwasser gar kochen, abseihen, abkühlen lassen und in dünne Scheiben schneiden. Den Schinken in kleine Würfel schneiden. Die Zwiebeln fein hacken und mit der gehackten Petersilie im Öl anschwitzen. Die Schinkenwürfel daruntermischen. Eine Auflaufform mit einem Teil der Butter ausstreichen und die Kartoffelscheiben und die Schinkenwürfel abwechselnd hineinschichten; die letzte Schicht soll aus Kartoffeln bestehen. Die Eier mit der Milch verquirlen und über die Kartoffeln gießen. Zuletzt den geriebenen Käse und die restliche, zerpflückte Butter darübergeben. Die Auflaufform in das auf 160° erhitzte Rohr stellen und die Kartoffeln 20–30 Minuten überbacken.
Zur Abwechslung können Sie die gratinierten Kartoffeln mit beliebigen Fleisch- oder Bratenresten zubereiten, eine schmackhafte Resteverwertung!

Kartoffelnudeln

750 g mehlige Kartoffeln, 200 g Mehl, Salz, 20 g Butter, 1 Ei 80 g Butter, 80 g Semmelbrösel.

Die gewaschenen Kartoffeln mit der Schale kochen, abdämpfen lassen, schälen und noch heiß durch die Kartoffelpresse drücken. Mit dem Salz, der zerlassenen Butter und dem Ei zu einem festen Teig verkneten. Daraus fingerdicke, etwa 5 cm lange Röllchen (= Nudeln) formen, in kochendes Salzwasser geben und 5 Minuten ziehen lassen. (Sie müssen an der Oberfläche schwimmen.) Die Nudeln mit dem Schaumlöffel herausheben, gut abtropfen lassen und in den in der Butter gerösteten Semmelbröseln drehen.
Kartoffelnudeln schmecken gut mit Salat, aber auch überzuckert, zusammen mit Kompott.

Kartoffelnudeln mit Käse

750 g mehlige Kartoffeln, 150 g Mehl, Salz, 50 g geriebener Parmesan, 1 Ei, 40 g Butter.

Aus den gekochten, durchpassierten Kartoffeln, dem Mehl, dem Salz, dem Käse und dem Ei einen Kartoffelteig herstellen und wie oben beschrieben zu Kartoffelnudeln verarbeiten. Die gut abgetropften Kartoffelnudeln in einer gewärmten Schüssel anrichten und mit zerlassener Butter übergießen.

Kartoffelnudeln mit Quark

750 g mehlige Kartoffeln, 250 g magerer Quark, 150 g Mehl, Salz, 2 Eier, 100 g Butter oder Öl.

Die gekochten, geschälten und durchpassierten Kartoffeln mit den übrigen Zutaten zu einem festen Kartoffelteig verarbeiten. Aus dem Teig fingerdicke, 4–5 cm lange Nudeln formen und diese dann in dem erhitzten Fett goldbraun ausbacken.

Kartoffelbällchen, gebacken

Die Milch mit Salz und Muskat zum Kochen bringen, das Mehl hineinschütten und unter ständigem Rühren erhitzen, bis sich die Masse vom Kochtopf löst.
Nach dem Abkühlen die Eier einzeln einrühren. Die gekochten, geschälten, durch die Kartoffelpresse gedrückten Kartoffeln daruntermischen. Aus der Masse mit 2 Teelöffeln kleine Bällchen abstechen und in stark erhitztem Fett schwimmend goldbraun backen. Die Bällchen herausnehmen und auf Küchenkrepp abtropfen lassen.

½ l Milch, Salz, Muskat,
300 g Mehl, 4 Eier,
500 g Kartoffeln, Backfett.

Kartoffelnocken auf Schweizer Art = Plainets

Den Speck in kleine Würfel schneiden und auslassen. Nacheinander die gehackte Zwiebel und die Semmelwürfel darin hellbraun rösten. – Die Kartoffeln schälen, waschen, reiben und sofort mit Salz und Mehl zu einem mittelfesten Teig vermischen. Die mit Speck und Zwiebel gerösteten Brotwürfelchen darunterrühren. Aus der Masse eigroße Nocken abstechen, in kochendes Salzwasser legen und 20–25 Minuten ziehen lassen.
Die fertigen Nocken herausnehmen, gut abtropfen lassen, auf eine gewärmte Platte legen und mit dem geriebenen Käse überstreuen.

50 g Speck, 1 große Zwiebel,
2 Semmeln, 750 g Kartoffeln,
Salz, 250–300 g Mehl,
30 g Emmentaler.

Kartoffelpaprikasch

Die Kartoffeln schälen, waschen und in etwa 2 cm große Stücke schneiden. Die Zwiebeln fein hacken und in dem erhitzten Fett goldbraun rösten. Den zerdrückten Knoblauch, den Paprika und den zerstoßenen Kümmel dazugeben, gut verrühren und mit ¼ l Wasser aufgießen. Die Kartoffelstücke, die gereinigte (Kerne und Scheidewände entfernen), in Streifen geschnittene Paprikaschote und die in größere Stücke geschnittenen Tomaten (wenn Sie wollen, können Sie sie auch vorher schälen) dazugeben, salzen und so viel Wasser zugießen, daß das Gemüse gerade bedeckt ist. Den Paprikasch bei geschlossenem Topf und ganz schwacher Hitze gar dünsten (etwa 40 Minuten).
Sie können das Gericht noch gehaltvoller und schmackhafter zubereiten, wenn Sie in den letzten 10 Minuten etwa 150 g in kleine Würfel geschnittenes Rauchfleisch dazugeben. Auch eine kleingeschnittene Knoblauchwurst paßt sehr gut dazu!

1½ kg mehlige Kartoffeln,
300 g Zwiebeln,
60 g Schweineschmalz (oder Öl),
1 Knoblauchzehe,
1–2 El Edelsüßpaprika,
1 Tl Kümmel, 1 grüne
Paprikaschote, 2 Tomaten,
Salz.

Kartoffelpuffer = Reiberdatschi = Reibeplätzchen = Reibekuchen

Die Kartoffeln schälen, reiben, in einem Tuch auspressen und sofort (damit sie nicht zu braun werden) mit den übrigen Zutaten verrühren. In einer Bratpfanne etwas Fett erhitzen, den Teig löffelweise hineingeben, flach ausstreichen und von beiden Seiten braun und knusprig backen. Die fertigen Kartoffelpuffer auf einer gewärmten Platte anrichten.

1 kg mehlige Kartoffeln,
4 El saure Sahne, 2 Eier,
1–2 El Mehl, Öl oder
Schmalz zum Backen.

Kartoffelpuffer auf holländische Art

Die Kartoffeln schälen, reiben und sofort (damit sie nicht zu braun werden) mit dem Mehl, dem Salz und dem Ei verrühren. Den in kleine Würfel geschnittenen Käse darunterziehen. – Den Schinkenspeck in Würfel schneiden. Einen Teil der Schinkenspeckwürfel in etwas Fett glasig anbraten. Mit einem kleinen Schöpflöffel Häufchen der Kartoffelmasse über die Speckwürfelchen geben, flachdrücken und möglichst rasch von beiden Seiten goldbraun braten. Die Kartoffelpuffer sofort (sie müssen heiß gegessen werden) auftragen.

1 kg Kartoffeln, 3 El Mehl,
1 Tl Salz, 1 Ei, 300 g Gouda,
150 g Schinkenspeck, Fett
(Öl oder Butter) nach Bedarf.

Ofentori

1 kg Kartoffeln, 2 Eier, $^1/_8$ l Sahne, Salz, 150 g Räucherspeck, 10 g Butter.

Die Kartoffeln schälen, in etwas Salzwasser gar dämpfen, gut abtropfen lassen, passieren und mit den Eiern und der Sahne verrühren. Eine Auflaufform gut mit Butter bestreichen, die Kartoffelmasse hineinfüllen und oben glattstreichen. Den Speck in fingerdicke Streifen schneiden und senkrecht hineinstecken. Das Ganze in dem auf 180° erhitzten Rohr etwa 20 Minuten überbacken.

Quarkkartoffeln

1–1 $^1/_2$ kg Kartoffeln, 250 g Quark, $^1/_8$ l Milch (oder Sahne), 1 El Kümmel, Salz, Schnittlauch.

Die mit der Schale gar gedämpften Kartoffeln rasch schälen und in einer gewärmten Schüssel anrichten. Den Quark mit Milch, Salz und Kümmel schaumig rühren und sofort über die Kartoffeln geben. Mit viel Schnittlauch bestreuen.
Bei diesem Gericht können Sie die Kartoffeln auch als Pellkartoffeln zu Tisch geben und die Quarkcreme getrennt reichen.

Schmantkartoffeln

1 kg Kartoffeln, 1 große Zwiebel, 30 g Butter, $^1/_4$ l saure Sahne, Salz, Pfeffer. Dillkraut.

Die Kartoffeln in etwas Salzwasser gar dämpfen, erkalten lassen (am besten schon am Vortag kochen), schälen und in dickere Scheiben schneiden. Die Zwiebel fein hacken und in der erhitzten Butter leicht anrösten. Die Kartoffelscheiben kräftig mit anbraten, mit 3–4 El Wasser aufgießen, die verquirlte Sahne dazurühren und 5 Minuten bei schwacher Hitze ziehen lassen. Das Gericht mit Salz und Pfeffer abschmecken und mit dem gehackten Dillkraut vermengen.

Schweizer Kartoffelpfanne

1 kg Kartoffeln, 200 g Räucherspeck, 400 g Emmentaler, 400 g Tomaten, Salz, Pfeffer, 1 Messerspitze Knoblauchpulver, 1 El Petersilie, 1 Tl Oregano, 4 Sardellenfilets.

Die Kartoffeln schälen, waschen und in etwa 2 mm dicke Scheiben schneiden. Den Speck in kleine Würfel schneiden und im eigenen Fett anbraten. Die Kartoffelscheiben dazugeben, salzen und bei schwacher Hitze unter häufigem Wenden braten (etwa 10 Minuten). Den in schmale Streifen geschnittenen Emmentaler und die in Scheiben geschnittenen Tomaten (Kerne vorher leicht ausdrücken), vorsichtig unter die Kartoffeln mischen. Mit Salz, Pfeffer, Oregano und Knoblauchpulver würzen und in eine gefettete feuerfeste Form füllen. Die geteilten Sardellenfilets darüberlegen und das Ganze mit den gehackten Kräutern bestreuen. Die Form in ein auf 180° erhitztes Rohr schieben und das Gericht etwa 20 Minuten überbacken. (Die Kartoffeln müssen völlig gar, der Käse geschmolzen sein.)

Speckkartoffeln

1 kg Kartoffeln, 100 g Räucherspeck, 1 kleine Zwiebel, $^1/_2$ Tl Mehl, $^1/_2$ l Knochenbrühe (Würfel), 3 El Tomatenmark, 1 El gehackte Petersilie.

Den Speck in kleine Würfel schneiden, auslassen, aus der Pfanne nehmen und warm stellen. Die fein gehackte Zwiebel in dem Speckfett hellgelb rösten. Mit dem Mehl stauben, gut durchrühren und dann mit der Brühe aufgießen. Das Tomatenmark 5 Minuten mit durchkochen. Die rohen, geschälten, kleingeschnittenen (in dünne Scheiben oder in Würfel) Kartoffeln dazugeben, bei geschlossenem Topf und schwacher Hitze garen. Die Speckwürfelchen vorsichtig daruntermischen und das Gericht mit reichlich gehackter Petersilie bestreuen.

Tessiner Kartoffeln

1 kg Kartoffeln, Salz, 100 g Emmentaler, 1 kleine Zwiebel, Kümmel, Paprika.

Die Kartoffeln (verwenden Sie am besten gleichmäßige, mehlige Kartoffeln) schälen, waschen, abtrocknen und in $^1/_2$ cm breiten Abständen bis zur Hälfte einschneiden. Diese Kartoffeln auf ein gefettetes Backblech legen, mit Salz bestreuen und in dem auf 180° erhitzten Rohr 30 Minuten überbacken. Den

Emmentaler reiben, mit der sehr fein gehackten Zwiebel vermischen und über die Kartoffeln streuen.
Die Kartoffeln nochmals ins Rohr stellen und langsam fertig garen (je nach Größe noch 5–10 Minuten).
Die Kartoffeln mit Kümmel und Paprika bestreuen und auf einer gewärmten Platte anrichten.

Tiroler Gröstl

600 g Kartoffeln,
150 g Speck, 2 Zwiebeln,
3 Eier.

Die gewaschenen Kartoffeln kochen, abdämpfen lassen, schälen und in dünne Scheibchen schneiden. Den Speck in kleine Würfel schneiden und auslassen. Die gehackten Zwiebeln mit den Speckwürfeln leicht bräunen. Die Kartoffelscheibchen unter ständigem Wenden darin rösten, bis sie anfangen braun zu werden. Die zerschlagenen Eier darübergeben und noch kurz ziehen lassen. Sofort in einer gewärmten Schüssel auftragen. Sie können das Tiroler Gröstl ausgiebiger zubereiten, wenn Sie 1–2 Bratwürste, eine Blutwurst oder Fleischreste dazuschneiden. In manchen Gegenden ist auch die Zugabe von 1–2 El Sauerkraut beliebt.

GEMÜSEGERICHTE

Gemüsegerichte helfen uns, den Speisezettel gesund und abwechslungsreich zu gestalten.
Für ihre Zubereitung gelten die gleichen Grundsätze wie für die Herstellung von Gemüse als Beilagen: Sie sollen – nach dem sorgfältigen Reinigen – möglichst kurz gedünstet oder gekocht werden, damit die wertvollen Nährstoffe und Mineralien erhalten bleiben. Ganz ausgezeichnete Dienste leistet hier ein Dampfdruckkochtopf, in dem (neben Fleisch und Kartoffeln) alle Gemüse schonend und schnell gegart werden können.
Kleine Gerichte aus Gemüse sind vor allem dann wertvoll, wenn man nicht allzu viele Kalorien zu sich nehmen will oder wenn man den Magen nicht zu sehr belasten soll.
Außerordentlich praktisch sind alle Arten gefüllter Gemüse. Sie können schon Tage vorher zubereitet und in den Kühlschrank gestellt werden. Kurz vor Gebrauch nimmt man sie heraus und wärmt sie im Rohr auf. Wenn man sie noch länger aufbewahren will, stellt man sie in das Tiefkühlfach (oder die Gefriertruhe). Sie halten sich dort sogar Wochen oder Monate. Man hat dann eine stets verwendbare, vollständige Mahlzeit zur Hand.

Auberginen, gefüllt

2 mittelgroße Auberginen,
Salz, 250 g Hammelfleisch
(oder Schweinefleisch),
2 Zwiebeln, Salz, Pfeffer,
Thymian, Trockenknoblauch,
4 El Olivenöl (oder anderes
Fett), 2 El Semmelbrösel,
2 El Parmesan.

Die gewaschenen Auberginen der Länge nach halbieren, mit Salz bestreuen und ½ Stunde stehen lassen. Den Saft abgießen und die Auberginen vorsichtig, ohne die Schale zu verletzen, aushöhlen. Das Auberginenfleisch fein hacken, mit dem gehackten Hammelfleisch und den gehackten Zwiebeln vermischen und mit Salz, Pfeffer, 1 Tl gehacktem Thymian und ½ Tl Trockenknoblauch würzen. Die Masse in die Auberginenhälften füllen. Das Olivenöl in eine flache, feuerfeste Form gießen, die Auberginenhälften darauflegen, mit den Bröseln und dem geriebenen Parmesan bestreuen, in ein auf 180° erhitztes Rohr stellen und dünsten (etwa 20 Minuten).
Die Auberginen auf einer gewärmten Platte anrichten oder direkt in der feuerfesten Form zu Tisch geben.

Auberginen, gebacken

500 g Auberginen, Salz, Pfeffer, Mehl, Öl zum Backen.

Die Auberginen schälen, in 1/2 cm dicke Scheiben schneiden, mit Salz und Pfeffer bestreuen und im Mehl wälzen. Diese Scheiben in das stark erhitzte Öl geben (wenigstens 1/2 fingerhoch in der Pfanne) und rasch von beiden Seiten braun backen.
Dann auf einer gewärmten Platte anrichten, mit einigen Zitronenspalten garnieren und sofort auftragen (Auberginen sind sehr wasserhaltig und werden daher schnell weich und unansehnlich).
Die Auberginen können auch wie Schnitzel paniert (hintereinander in Mehl, Ei und Semmelbrösel wenden) oder in einen Backteig getaucht und dann gebacken werden.

Blumenkohl, gebacken

1–2 Blumenkohlköpfe, je nach Größe, Salz, 150 g Mehl, Salz, 1 El Öl, 2 Eier, 1/4 l Weißwein.

Den Blumenkohl zerteilen, waschen, in Salzwasser fast gar kochen und sehr gut abtropfen lassen. – Aus Mehl, Salz, Öl, Eigelb und Weißwein einen dickflüssigen, glatten Teig herstellen und 1–2 Stunden ruhen lassen. Das gesamte Eiweiß zu steifem Schnee schlagen und unter den Teig ziehen. – Die abgetropften Blumenkohlröschen einzeln in den Backteig tauchen, in erhitztes Fett geben und schwimmend goldbraun backen. Dann auf Küchenkrepp abtropfen lassen und auf einer gewärmten Platte anrichten.

Blumenkohl Polonaise

1 großer Blumenkohl, Salz, 100 g Butter, 80 g Semmelbrösel.

Den Blumenkohl sauber putzen (vom Strunk befreien) und für 1/2 Stunde mit dem Kopf nach unten in Salzwasser legen (Raupen und Schnecken kriechen dann heraus), in kochendes Salzwasser legen und bei geschlossenem Topf kochen (25–30 Minuten). Den Blumenkohl aus dem Sud heben, gut abtropfen lassen, auf eine gewärmte Platte legen und mit den in der Butter goldbraun gerösteten Semmelbröseln übergießen.
Zur Abwechslung können die gerösteten Semmelbrösel noch mit 2 hartgekochten, gehackten Eiern und 1 El gehackter Petersilie vermischt werden.

Blumenkohl im Schinkenbett

1 großer Blumenkohl, Salz, 250 g Schinken, 1/8 l Sahne, 3 Eier, Muskat.

Den Blumenkohl putzen, waschen, in Salzwasser garen und gut abtropfen lassen. Den Schinken in kleine Würfel schneiden und kranzförmig in eine gefettete feuerfeste Form geben. Den Blumenkohl mit der Rose nach oben dazulegen. Die Sahne mit den Eiern verquirlen, mit Muskat würzen und über den Blumenkohl gießen. In einem auf 200° erhitzten Rohr 20 Minuten überbacken.

Bohnen auf serbische Art = Bohnengulasch

300 g weiße Bohnen, 2 Stämmchen Bohnenkraut, Salz, 150 g Räucherspeck, 2 große Zwiebeln, 2 Tl Paprika, 1 El Mehl, 1 El Essig, 1 Messerspitze Trockenknoblauch.

Die über Nacht eingeweichten Bohnen mit dem Bohnenkraut in frischem Salzwasser halbgar kochen (1–1 1/2 Stunde). – Den Speck in Würfel schneiden und auslassen. Die Zwiebeln fein hacken und mit den Speckwürfeln hellbraun rösten. Den Paprika darunterrühren, mit dem Mehl stauben, mit dem Essig ablöschen, mit 1/8 l Wasser aufgießen und 2–3 Minuten kräftig kochen lassen. Die Bohnen mit einem Teil Kochsud dazugeben und alles 20 Minuten leicht kochen. Zuletzt mit Salz, Trockenknoblauch und gehacktem Bohnenkraut würzen.
Reichen Sie das Bohnengulasch in einer gewärmten Schüssel. Sie können als Einlage auch 150–200 g geschnittenes Rauchfleisch in das Bohnengulasch geben.

Chicorée auf flämische Art

Den Chicorée waschen und das untere bittere Ende keilförmig ausschneiden. Dann in kochendes Salzwasser, dem eine Prise Zucker und 1 Tl Zitronensaft beigegeben wird, geben, halb weichkochen (etwa 15 Minuten), herausnehmen und gut abtropfen lassen. – Die Chicoréestangen einzeln in eine Scheibe mageren Schinken wickeln. Die Päckchen nebeneinander in eine gebutterte, flache feuerfeste Form schichten. – Aus Butter und Mehl eine helle Einbrenne bereiten, mit 1/8 l Kochwasser aufgießen und zu einer dicken Sauce verkochen. Die Sahne und den geriebenen Käse langsam einrühren und die Sauce mit Salz, Pfeffer und Muskat pikant abschmecken. Dann über die Chicoréerollen gießen. Das Ganze in dem auf 180° erhitzten Rohr 20–25 Minuten goldbraun überbacken.

8 Chicoréestangen, Salz, Zucker, Zitronensaft, 8 Scheiben magerer Schinken, 60 g Butter, 40 g Mehl, 1/8 l Sahne, 4 El geriebener Käse, Pfeffer, Muskat.

Grüne Bohnen Polonaise

Die entfädelten, sauber gewaschenen Bohnen mit dem Bohnenkraut in Salzwasser garen (20–30 Minuten), abseihen, gut abtropfen lassen und auf einer gewärmten Platte anrichten. Die Brösel in der Butter goldbraun anrösten und über die Bohnen gießen.

750 g grüne Bohnen, Salz, Bohnenkraut, 80 g Brösel, 100 g Butter.

Gurken, gefüllt

Die Gurken schälen, der Länge nach halbieren und mit einem Teelöffel leicht aushöhlen. – Die Zwiebel fein hacken und zusammen mit der gehackten Petersilie in der Butter anschwitzen. Das Hackfleisch mit Zwiebel, Petersilie, Ei und Semmelbröseln zu einer geschmeidigen Masse verarbeiten. Mit Salz, Pfeffer und gehacktem Borretsch würzen. Die ausgehöhlten Gurken mit dieser Fleischmasse füllen, nebeneinander in eine gefettete feuerfeste Form schichten, mit dem in dünne Scheiben geschnittenen Speck belegen und mit dem Wein begießen. In einem auf 150° erhitzten Rohr in etwa 30 Minuten gar schmoren.

2 große oder vier kleine Gurken, 1 Zwiebel, 1 Tl Petersilie, 30 g Butter, 300 g Hackfleisch gemischt, 1 Ei, 50 g Semmelbrösel, Salz, Pfeffer, Borretsch, 80 g Speck, 1/16 l Weißwein.

Gurken, gefüllt, auf holländische Art

Die Gurken waschen (ältere Gurken müssen auch geschält werden), der Länge nach halbieren, in 10 cm große Stücke schneiden und leicht aushöhlen. Die Gurkenstücke in schwach gesalzenes Wasser legen und bei geschlossenem Topf weichdünsten (15–20 Minuten). Inzwischen die Füllung zubereiten: Die Zwiebel fein hacken und in der Butter anschwitzen. Das Mehl dazugeben, kurz durchrösten, mit der Milch aufgießen und zu einer dicken Sauce verkochen. Mit Salz, Pfeffer, Paprika und Zitronensaft würzen. Den in kleine Würfel geschnittenen Käse darin erwärmen. Zuletzt die gehackten Kräuter einrühren. Diese Füllung in die heißen, gut abgetropften Gurkenstücke verteilen und anrichten.

2 Salatgurken, Salz, 1 kleine Zwiebel, 30 g Butter, 20 g Mehl, 1/4 l Milch, Salz, Pfeffer, 1/2 Tl Paprika, Saft von 1/2 Zitrone, 200 g Gouda (oder Edamer), je 1 Tl Petersilie, Schnittlauch und Dillkraut.

Kohlrabi, gefüllt

Die Kohlrabi waschen und schälen; an der Oberseite einen daumendicken Deckel abschneiden und die restliche Knolle so aushöhlen, daß eine 1/2 cm dicke Wand übrig bleibt. Die Zwiebel fein hacken und in der Butter anschwitzen. Das Ausgehöhlte der Kohlrabi hacken und 5 Minuten mitdämpfen. Das Hackfleisch mit den Zwiebeln und den Kohlrabi mischen, das Ei und die Semmelbrösel dazugeben und mit Salz, Pfeffer und Muskat abschmecken. Die Füllung in die ausgehöhlten Kohlrabi geben und den Deckel obenauf setzen. Die gefüllten Kohlrabi nebeneinander in eine gut gefettete feuerfeste Schüssel stellen, mit der Brühe begießen und in dem auf 180° erhitzten Rohr 30 Minuten gar dämpfen.

8 mittelgroße Kohlrabi, 1 Zwiebel, 30 g Butter, 250 g gemischtes Hackfleisch, 1 Ei, 50 g Semmelbrösel, Salz, Pfeffer, Muskat, 2 El Fett, 1/4 l Brühe.

Krautwickel = Kohlrouladen

1 Kopf Weißkohl, Salz, 1 Tasse Reis, 400 g Hackfleisch, gemischt, 1 Zwiebel, 20 g Fett, 1 Ei, Salz, Pfeffer, 1 Tl Kümmel, ½ Tl Majoran, 2 El Öl, 100 g Speck (durchwachsen), ¼ l Brühe, 1 El Mehl, ¼ l Sahne (süß oder sauer)

Den gewaschenen Kohlkopf 15 Minuten in kochendes Salzwasser legen, herausnehmen und gut abtropfen lassen. Die einzelnen Kohlblätter vom Strunk lösen und flachdrücken. – Den Reis 10 Minuten in kochendem Wasser quellen lassen, abseihen, kalt überbrausen und gut abtropfen lassen. – Den Reis mit dem Hackfleisch, der im Fett angedämpften Zwiebel und dem Ei mischen. Die Masse mit Salz, Pfeffer, dem zerstoßenen Kümmel und dem zerriebenen Majoran würzen und auf die Kohlblätter verteilen. Diese über die Fleischfülle rollen und zu Rouladen binden. Die Rouladen einzeln im Öl anbraten (von allen Seiten) und dann nebeneinander in eine gefettete feuerfeste Form schichten. Den in dünne Scheiben geschnittenen Speck auf die Rouladen verteilen, mit der Brühe aufgießen und alles in dem auf 160° erhitzten Rohr schmoren (etwa 20 Minuten). Die Rouladen auf einer gewärmten Platte anrichten. Den Rückstand in der Pfanne mit der mit dem Mehl verquirlten Sahne binden, kurz kochen und über die Rouladen gießen.

Ganz ausgezeichnet schmecken die Krautwickel, wenn sie statt in Brühe in ½–¾ l Tomatensauce geschmort werden.

Lauch, gratiniert

1 kg Lauch, Salz, 30 g Butter, 40 g geriebener Parmesan.

Den Lauch putzen (alles Grüne entfernen), sorgfältig waschen und in fingerdicke Stücke schneiden. In kochendes Salzwasser geben und etwa 10 Minuten schwach kochen lassen (die Stücke sollen halb weich sein), herausnehmen, gut abtropfen lassen und in eine gefettete feuerfeste Schüssel legen. Den geriebenen Käse über den Lauch streuen und die restliche Butter in kleinen Flöckchen darübergeben. Bei 200° goldbraun überbacken (etwa 15 Minuten).

Paprikaschoten, gefüllt

4–8 Paprikaschoten, 150 g Reis, 1 Zwiebel, 2 El Öl, 400 g gemischtes Hackfleisch, Salz, Pfeffer, 40 g Butter, 40 g Mehl, ¼ l Brühe, 5 El Tomatenmark (oder 1 kg Tomaten), Salz, Zucker.

Von den gewaschenen Paprikaschoten einen Deckel abschneiden und die Kerne (samt Scheidewände) entfernen. – Den Reis sorgfältig waschen, 15 Minuten in 2 l Salzwasser kochen, abseihen, kalt überbrausen und gut abtropfen lassen. Die Zwiebel fein hacken und im Fett andünsten. Das Hackfleisch und den Reis dazugeben und mit Salz und Pfeffer pikant würzen. Die Füllung in die Paprikaschoten verteilen und die abgeschnittenen Deckel obenauf setzen. – Aus Butter und Mehl eine helle Einbrenne bereiten, mit der Brühe aufgießen, kurz aufkochen und das Tomatenmark dazugeben. Diese Tomatensauce mit Salz und Zucker pikant abschmecken und in eine flache Kasserolle geben. Die gefüllten Paprikaschoten hineinstellen und bei geschlossenem Topf etwa 40 Minuten im Rohr dünsten. Das Gericht in einer gewärmten Schüssel auftragen.

Rosenkohl, gratiniert

750 g Rosenkohl, Salz, 40 g Butter, 40 g Mehl, ½ l Milch, Pfeffer, Muskat, 2 Eier, 30 g geriebener Parmesan.

Den gewaschenen Rosenkohl in Salzwasser garen (20–30 Minuten), abseihen, gut abtropfen lassen und in eine gefettete feuerfeste Schüssel legen. Aus Butter und Mehl eine helle Mehlschwitze bereiten, mit der erwärmten Milch aufgießen und zu einer dicken Sauce verkochen. Mit Salz, Pfeffer und Muskat abschmecken und – nach kurzem Abkühlen – die Eier und den Parmesan einrühren.

Diese Sauce über den Rosenkohl gießen und alles etwa 30 Minuten bei 190° überbacken.

Der gratinierte Rosenkohl kann noch ausgiebiger zubereitet werden, wenn man 150–200 g in Würfel geschnittenen gekochten Schinken mit dem gekochten Rosenkohl sorgfältig vermischt und das Gericht erst dann wie oben beschrieben fertigstellt.

Rosenkohl Polonaise

Den Rosenkohl putzen (welke Blättchen entfernen), waschen und in kochendem Salzwasser garen (20–30 Minuten). Dann abseihen, gut abtropfen lassen, auf einer gewärmten Platte anrichten und mit etwas Pfeffer bestreuen. Die Semmelbrösel in der Butter goldbraun rösten und über den Rosenkohl gießen.

750 g Rosenkohl, Salz, Pfeffer, 80 g Semmelbrösel, 100 g Butter.

Schwarzwurzeln, gratiniert

Die gewaschenen Schwarzwurzeln schälen und sofort in kaltes Wasser, dem etwas Zitronensaft zugesetzt wird, legen. Die Stangen dann in fingerlange Stücke schneiden und mit der ½ Zitrone in Salzwasser weichkochen (etwa 30 Minuten). Die Stücke herausnehmen, in eine gebutterte feuerfeste Form schichten, mit dem geriebenen Parmesan bestreuen, mit Butterflöckchen belegen und in dem auf 200° erhitzten Rohr (Oberhitze) 10–15 Minuten überbacken.

1 kg Schwarzwurzeln, Zitronensaft, ½ Zitrone, 30 g Butter, 40 g geriebener Parmesan.

Schwarzwurzeln in Bierteig

Die gewaschenen Schwarzwurzeln wie oben putzen und in Salzwasser – zusammen mit der Zitrone – fast gar kochen. Die Stangen herausnehmen und sehr gut abtropfen lassen – am besten auf Küchenkrepp legen. – Mehl, Salz, Öl, Eigelb und Bier zu einem glatten Teig verrühren und 1–2 Stunden ruhen lassen. Kurz vor der Weiterverarbeitung den steifen Eischnee unterziehen. – Die Schwarzwurzelstücke einzeln in den Teig tauchen, in dem erhitzten Fett schwimmend goldbraun backen, auf Küchenkrepp abtropfen lassen und anrichten.

1 kg Schwarzwurzeln, Zitronensaft, ½ Zitrone, 150 g Mehl, Salz, 1 Tl Öl, 2 Eier, ¼ l Bier, Fett zum Backen (Öl oder Kokosfett).

Sellerie, gebacken

Den Sellerie waschen, in kochendes Salzwasser geben (½ Zitrone zusetzen) und fast weich kochen. Die Sellerieknollen herausnehmen, abtropfen lassen, schälen, in fingerdicke Scheiben schneiden und mit Zitronensaft beträufeln. Aus Mehl, Salz, Öl, Eigelb und Bier einen dickflüssigen glatten Teig bereiten und 1–2 Stunden ruhen lassen. Das gesamte Eiweiß zu steifem Schnee schlagen und unter den Teig ziehen. Die Selleriescheiben einzeln in den Teig tauchen und in erhitztem Fett schwimmend goldbraun backen.

2 große Sellerieknollen, Salz, ½ Zitrone, 150 g Mehl, Salz, 1 El Öl, 2 Eier, ¼ l Bier (oder Wein), Fett zum Backen.

Stangenspargel auf polnische Art

Den Spargel kopfabwärts schälen und die holzigen Enden abschneiden. Die Stangen zusammenbinden und in ganz leicht gezuckertem Salzwasser langsam gar kochen; herausnehmen, abtropfen lassen und auf eine gewärmte Platte legen. Die Brösel in der Butter goldbraun rösten, mit den gehackten, hartgekochten Eiern vermischen und mit Schnittlauch über die Spargelstangen geben.

1½ kg Spargel (Klasse I), Salz, 1 Prise Zucker, 80 g Semmelbrösel, 100 g Butter, 1–2 Eier, Schnittlauch.

Tomaten auf Schweizer Art

Die gewaschenen, abgetrockneten Tomaten halbieren und nebeneinander, mit der Schnittfläche nach oben, in eine gebutterte feuerfeste Schüssel schichten. Die Schnittflächen mit Salz, frischgemahlenem Pfeffer und etwas Basilikum (oder Oregano oder Thymian) bestreuen. Auf jede der gewürzten Tomaten ein dickes Scheibchen Emmentaler und darüber eine dicke Scheibe Speck legen. Alles in ein auf 180° erhitztes Rohr stellen und überbacken, bis der Käse geschmolzen und der Speck braun und knusprig ist (etwa 15–20 Minuten).

8–12 Tomaten, 20 g Butter, Salz, Pfeffer, Basilikum, 200 g Emmentaler, 200 g magerer Speck.

Tomaten, gefüllt

8–12 Tomaten (je nach Größe), 300 g Schweinehackfleisch, 1 kleine Zwiebel, 10 g Fett, je 1 Tl Petersilie, Thymian und Basilikum, Salz, Pfeffer, 3 El Öl, 1/8 l Sahne, 1 Eigelb.

Von den gewaschenen, abgetrockneten Tomaten einen Deckel abschneiden und das Innere vorsichtig aushöhlen. Das gehackte Schweinefleisch mit der in etwas Fett angedämpften Zwiebel, den gehackten Kräutern, Salz und Pfeffer würzen. Die ausgehöhlten Tomaten mit der abgeschmeckten Fleischmasse füllen, nebeneinander in eine gut gefettete feuerfeste Form stellen und in dem auf 150° erhitzten Rohr langsam gar dünsten (etwa 30 Minuten). Die Sahne mit dem Eigelb verquirlen, über die Tomaten gießen und alles nochmals für 5 Minuten in das erhitzte Rohr stellen.

Die Tomaten direkt in der feuerfesten Form zu Tisch geben und Kartoffelpüree dazu reichen (Abb. s. S. 331).

Natürlich können die Tomaten genausogut mit anderen Füllungen zubereitet werden:

a) 250 g gemischtes Hackfleisch mit einer in 30 g Butter gedämpften Zwiebel, 1 Ei und 50 g Semmelbrösel vermischen und nach Geschmack würzen.
b) 1–2 Tassen gekochten Reis mit 150 g gemischtem Hackfleisch und einer gedämpften Zwiebel vermischen und nach Geschmack würzen.
c) 1–2 Tassen gekochten Reis mit 200 g in Butter (40 g) gedämpften Champignons (oder mit anderen Pilzen) mischen und mit Salz und Pfeffer abschmekken.

Tomaten-Auberginen-Gemüse, gratiniert

400 g Tomaten, 400 g Auberginen, 250 g gekochte Kartoffeln, 3 El gehackte Petersilie, 60 g Butter (oder Öl), 50 g geriebener Parmesan, 1/4 l saure Sahne, 1 El Semmelbrösel.

Die Tomaten und die Auberginen waschen und in 1/2 cm dicke Scheiben schneiden. Die geschälten Kartoffeln in dickere Scheiben schneiden. 1 El Petersilie in der Butter anschwitzen, die Tomaten- und die Auberginenscheiben dazugeben und bei geschlossenem Topf 10 Minuten dämpfen. Die Kartoffeln hinzufügen, weitere 5 Minuten erhitzen und dann mit dem geriebenen Käse und der sauren Sahne vermischen. Das Gemüse in eine gefettete Auflaufform geben, mit der restlichen Petersilie, etwas geriebenem Käse und den Semmelbröseln bestreuen, mit einigen Butterflöckchen belegen und in dem auf 180° erhitzten Rohr 20 Minuten überbacken.

Wachsbohnen auf polnische Art

1 kg Wachsbohnen, Saft von 1/2 Zitrone, 100 g Butter, 80 g Semmelbrösel, 2 hartgekochte Eier, Schnittlauch.

Die Wachsbohnen entfädeln, in kochendes, mit Zitronensaft versetztes Wasser geben, kernig weichkochen, herausnehmen und auf einer gewärmten Platte anrichten. Die Semmelbrösel in der Butter goldbraun rösten, mit den gehackten, hartgekochten Eiern vermischen und über die Wachsbohnen gießen. Zuletzt Schnittlauch darüberstreuen.

Wirsing, gefüllt

2 lockere Wirsingköpfe, 1 Zwiebel, 1 Tl Petersilie, 30 g Butter, 300 g gehacktes Schweinefleisch, 1 Ei, 30 g Semmelbrösel, Salz, Pfeffer, 1 Tl Kümmel, 50 g Speck, 80 g Butter.

Die Wirsingköpfe waschen, in kochendes Salzwasser legen, 15 Minuten kochen, herausnehmen und abtropfen lassen. – Die Zwiebel fein hacken und mit der Petersilie in der Butter anschwitzen. Das gehackte Schweinefleisch mit Zwiebel, Petersilie, Ei und Semmelbrösel vermischen und mit Salz, Pfeffer und mit zerstoßenem Kümmel würzen. Sollte die Füllung zu fest sein, kann sie mit 1–2 El saurer Sahne vermischt werden. Die Hackfleischmasse zwischen die Wirsingblätter streichen. Die Wirsingköpfe dann zusammenbinden, in eine mit den Speckscheiben ausgelegte, möglichst kleine Kasserolle geben, mit einigen El Wasser begießen, Deckel schließen und im Rohr gar schmoren. Die Wirsingköpfe halbieren, auf einer gewärmten Platte anrichten und mit gebräunter Butter übergießen.

Zwiebel, gefüllt

8 große Zwiebeln, Salz,
250 g Fleischreste,
2–3 El saure Sahne, Pfeffer,
1 Tl gehackter Kümmel,
10 g Butter, 1/8 l Fleischbrühe.

Die Zwiebeln schälen, 10 Minuten in leicht gesalzenem Wasser kochen, herausnehmen, gut abtropfen und abkühlen lassen. Einen Deckel abschneiden und den Rest vorsichtig mit einem kleinen Löffel so aushöhlen, daß eine 2–3 Zwiebelringe starke Wand übrig bleibt. Das ausgehöhlte Zwiebelfleisch mit den Fleischresten durch den Fleischwolf drehen. Die Masse mit der sauren Sahne geschmeidig rühren, mit Salz, Pfeffer und gehacktem Kümmel würzen und in die ausgehöhlten Zwiebeln füllen. Die Zwiebeldeckel daraufgeben und die Zwiebeln in eine gebutterte, flache feuerfeste Form stellen. Mit der Brühe aufgießen, alles in ein auf 160° erhitztes Rohr stellen und 15–20 Minuten gar dünsten. Die Zwiebeln, die als pikante Beilage oder als kleine Hauptmahlzeit verwendet werden können, direkt in der feuerfesten Schüssel zu Tisch geben.

PILZGERICHTE

Ein Pilzgericht hat auch dem verwöhntesten Gaumen etwas zu bieten. Es wird – richtig zubereitet – im Geschmack von kaum einem anderen Gericht übertroffen. Allerdings sind frische Pilze – wenn man sie nicht selber sammelt – nicht immer billig. Steinpilze und Pfifferlinge erhält man nur in den Monaten Juli bis Oktober, und sie haben dann ihren Preis. Zuchtchampignons werden heute das ganze Jahr angeboten und sind preisgünstiger. Daneben werden Pilze auch eingelegt (in Dosen oder Gläsern) oder getrocknet angeboten.
Der Pilzesammler muß seine Pilze genau kennen: In vielen Städten gibt es heute Pilzberatungsstellen, bei denen man die gesammelten Pilze begutachten lassen kann.
Selbstgesammelte Pilze sind zu Hause von Schmutz, Käfern und Maden zu säubern! Ob gesammelt oder gekauft, Pilze sollen möglichst rasch, am besten noch am gleichen Tag, verwendet werden. Vor der Zubereitung entfernt man alle nicht ganz gesunden Teile und wäscht die Pilze rasch unter fließendem Wasser.
Getrocknete Pilze müssen immer luftig aufbewahrt werden. Vor der Verwendung sollen sie einige Stunden in Wasser eingeweicht werden, sie dienen vor allem zur Zubereitung von Suppen und Saucen (siehe dort).
Nachfolgend Rezepte für die wichtigsten Pilzsorten. Sollten Sie einmal seltene Pilze nach Hause bringen, können Sie diese ruhig nach einem der bewährten Rezepte zubereiten.

Champignons, gratiniert

8 große Champignons,
1 Zitrone, 80 g Butter,
1/2 Zwiebel, 1 Tl Petersilie,
80 g Schinken, 30 g Butter,
20 g Mehl, 1/4 l Milch, Salz,
Pfeffer, Muskat, 1 Ei
2 El Semmelbrösel, 10 g Butter.

Die Champignons putzen, waschen, auf Küchenkrepp gut abtropfen lassen und sofort mit Zitronensaft beträufeln. Die Köpfe von den Stielen trennen und in der Hälfte der Butter bei geschlossenem Topf gar dünsten (etwa 15 Minuten); die Stiele hacken. – Die Zwiebel fein hacken und mit der gehackten Petersilie in der Butter andünsten. Den feingehackten Schinken und die Champignonstiele dazugeben und alles bei geschlossenem Topf 10 Minuten dünsten. Das Mehl in der Butter anschwitzen, mit der Milch verkochen (*Béchamelsauce*) und mit Salz, Pfeffer und Muskat würzen. 4–5 El dieser Sauce mit dem Schinken-Champignon-Gemisch vermengen. Mit dieser Masse die Champignonköpfe füllen und in eine kleine gefettete Auflaufform stellen. Die restliche Sauce mit dem Ei verrühren und darübergießen. Mit den Semmelbröseln und Butterflocken bestreuen und in dem auf 180° erhitzten Rohr 15–20 Minuten überbacken.

Champignons, gebacken

600 g Champignons,
150 g Mehl, Salz, 1 El Öl,
2 Eier, 1/4 l Wein (oder Bier),
Fett zum Backen (Öl oder
Schmalz).

Die Champignons putzen, waschen und gut abtrocknen. Das Mehl mit dem Salz, dem Öl, den Eigelben und dem Wein zu einem glatten Teig verrühren, 20 Minuten ruhen lassen; dann den steifen Eischnee unterziehen. Die Champignons in den Backteig tauchen, in das auf etwa 170° erhitzte Fett geben und dann goldbraun backen.

Die Champignons auf Küchenkrepp abtropfen lassen und auf einer gewärmten Platte anrichten.

Champignons, gefüllt

8 große Champignons,
1 Zitrone, 20 g Butter,
1/2 Zwiebel, 30 g Butter,
120 g gekochter Schinken,
Salz, Pfeffer, 1–2 Tl Madeira,
2 El Semmelbrösel,
10 g Butter.

Die Champignons putzen, waschen und sofort mit Zitronensaft beträufeln. Die Champignonköpfe von den Stielen trennen, in die zerlassene Butter geben und bei geschlossenem Topf weichdünsten (etwa 10 Minuten). Die Zwiebel fein hacken und in Butter anschwitzen. Den gehackten Schinken und die gehackten Champignonstiele dazugeben und dann noch 5 Minuten bei geschlossenem Topf dünsten.

Mit dem Ei binden, mit Salz, Pfeffer und Madeira würzen und die Champignonköpfe damit füllen. Dann in eine gebutterte Auflaufform (oder auf kleine Muschelförmchen) stellen, mit Semmelbrösel bestreuen und 10 Minuten bei 180° überbacken.

Champignonsauce, rosa

800 g Champignons,
1/2 Zitrone, 50 g Speck,
1/2 Zwiebel, 1/4 l Rotwein,
1/4 l Hühnerbrühe, 30 g Butter,
30 g Mehl, 120 g mageren
Schinken, 1 Eigelb, 1/8 l Sahne.

Die Champignons waschen, putzen und mit Zitronensaft beträufeln (kleinere Champignons ganz lassen, größere halbieren). Den Speck in Würfel schneiden und auslassen. Die feingehackte Zwiebel darin leicht anschwitzen. Die Champignons kurz mit durchrösten, mit dem Wein und der Hühnerbrühe aufgießen und bei geschlossenem Topf etwa 10 Minuten dünsten. Die Champignons mit einem Schaumlöffel aus dem Sud heben, in eine Schüssel geben und warm stellen. – Aus Butter und Mehl eine helle Einbrenne bereiten, mit dem Champignonsud aufgießen und einige Minuten zu einer sämigen Sauce verkochen. Den gewürfelten Schinken unter die Sauce mischen, nochmals aufkochen und zuletzt mit dem in der Sahne verquirlten Eigelb legieren. Diese Sauce über die warm gestellten Champignons gießen.

Pfifferlinge

800 g Pfifferlinge, 1 kleine
Zwiebel, 60 g Butter, Salz,
Pfeffer, Petersilie.

Die Pfifferlinge putzen, sorgfältig waschen und gut abtropfen lassen; kleinere Pilze unzerteilt verwenden, größere halbieren oder vierteln. Die Zwiebel fein hacken und in der Butter hellbraun rösten. Die Pfifferlinge dazugeben, salzen, pfeffern und bei geschlossenem Topf im eigenen Saft weichdünsten (etwa 25 Minuten). Die Pfifferlinge in einer gewärmten Schüssel auftragen und mit gehackter Petersilie bestreuen.

Einen besonders feinen Geschmack erhalten die Pfifferlinge, wenn Sie anstelle der Butter 100 g in kleine Würfelchen geschnittenen Speck verwenden.

Pfifferlinge mit Rührei

800 g Pfifferlinge, 1 kleine
Zwiebel, 60 g Butter, Salz,
Pfeffer, 4 Eier, 2 El Milch,
Petersilie.

Die Pfifferlinge wie oben beschrieben vorbereiten und weichdünsten. Die Eier mit der Milch und etwas Salz verquirlen, über die Pfifferlinge gießen und unter vorsichtigem Rühren stocken lassen. In einer gewärmten Schüssel anrichten und mit Petersilie bestreuen.

Pfifferlinge in Sahnesauce

Die gewaschenen, geputzten, gut abgetropften Pfifferlinge in größere Stücke schneiden. Die feingehackte Zwiebel im Fett goldbraun rösten und die Pfifferlinge darin bei geschlossenem Topf 25 Minuten dünsten. Mit Salz und Pfeffer abschmecken. Die saure Sahne mit dem Mehl verquirlen und unter die Pfifferlinge rühren. Alles noch 5 Minuten schwach kochen und dann in einer gewärmten Schüssel anrichten. (Wenn Sie wollen, können Sie die Pfifferlinge zusätzlich mit 1 El gehacktem Dillkraut würzen).

800 g Pfifferlinge, 1 kleine Zwiebel, 60 g Butter (oder Öl), Salz, Pfeffer, ¼ l saure Sahne, 1 El Mehl.

Pfifferlinge auf ungarische Art

Die Pfifferlinge putzen, sorgfältig waschen, gut abtropfen lassen und in grobe Stücke schneiden. Die Zwiebel fein hacken und im Fett goldbraun rösten. Den Paprika gut darunterrühren. Die Pfifferlinge hinzufügen, salzen, pfeffern und bei geschlossenem Topf weichdünsten (etwa 25 Minuten). Die saure Sahne mit dem Mehl verquirlen, unter die Pilze rühren und 5 Minuten schwach kochen. Die Pfifferlinge in einer gewärmten Schüssel auftragen.

800 g Pfifferlinge, 2 mittelgroße Zwiebeln, 80 g Schmalz (oder Öl), 1 Tl Edelsüßpaprika, Salz, Pfeffer, ¼ l saure Sahne, 1 Tl Mehl.

Steinpilze, gebacken

Die Steinpilze putzen, waschen, sorgfältig abtrocknen und in ½ cm dicke Scheiben schneiden. – Aus Mehl, Salz, Öl, Eigelb und Wein einen zähflüssigen Teig zubereiten und den steifgeschlagenen Eischnee einziehen. Die Pilzscheiben leicht salzen, in den Teig tauchen und in reichlich erhitztem Fett (Öl oder Schmalz) schwimmend goldbraun backen.

600 g kleine feste Steinpilze, 150 g Mehl, Salz, 1 El Öl, 2 Eier, ¼ l Wein, Fett zum Backen.

Steinpilze, paniert

Die Steinpilze wie oben vorbereiten und in fingerdicke Scheiben schneiden. Die Pilzscheiben leicht salzen, hintereinander in Mehl, den verquirlten Eiern und den Semmelbröseln wenden und dann in reichlich erhitztem Fett schön goldbraun backen.

600 g kleine feste Steinpilze, Salz, Mehl, 2 Eier, Semmelbrösel.

Steinpilze, gedünstet

Die Steinpilze putzen (die gelben Röhren an der Unterseite entfernen), waschen und in feine Scheiben schneiden. Die gehackte Petersilie in der Butter anschwitzen, die Pilze dazugeben, kurz durchrösten und bei geschlossenem Topf 10–15 Minuten dünsten.

Die Pilze mit Salz und 1 Prise Pfeffer abschmecken und in einer gewärmten Schüssel anrichten.

Steinpilze schmecken besonders gut mit Spiegeleiern. Braten Sie die Spiegeleier separat und richten Sie sie auf den Steinpilzen an.

800 g Steinpilze, 50 g Butter, 1 Tl gehackte Petersilie, Salz, Pfeffer.

Steinpilze in Sahnesauce

Die Steinpilze putzen (die gelben Röhren an der Hautunterseite entfernen), waschen und in feine Scheiben schneiden. Die Zwiebel fein hacken und in der Butter anschwitzen. Die Pilze kurz mit durchrösten und bei geschlossenem Topf 10 Minuten dünsten. Die Sahne mit dem Mehl verquirlen, unter die Pilze rühren und 5 Minuten schwach kochen.

Mit Salz und Pfeffer abschmecken, in einer gewärmten Schüssel anrichten und mit reichlich gehackter Petersilie bestreuen.

800 g Steinpilze, 50 g Butter, 1 kleine Zwiebel, 1 El Mehl, ¼ l saure Sahne.

EINTÖPFE

Eintöpfe gehören wohl zu den ältesten überlieferten Kochrezepten überhaupt. Vielleicht halten ihn manche deshalb für ein wenig veraltet – allerdings zu Unrecht: Denn der Eintopf ist aus zahlreichen Gründen modern und zeitgemäß.
Nach der Zubereitung kann der Eintopf, während der oft beträchtlich langen Kochzeit, sich selbst überlassen bleiben; man braucht also nur wenig Zeit in der Küche. Eintöpfe lassen sich ausgezeichnet einfrieren.
Bereiten Sie also ruhig eine größere Menge zu – wenn sie nicht ganz gegessen wird, stellen Sie den Rest in die Tiefkühltruhe und wärmen Sie ihn bei Bedarf auf.
Wenn einzelne Familienmitglieder zu verschiedenen Zeiten essen müssen, können Sie den Eintopf ohne weiteres immer wieder aufwärmen. Viele Eintöpfe gewinnen sogar an Geschmack, wenn man sie öfter aufwärmt.
Und schließlich helfen Eintöpfe sowohl beim Kochen als auch beim Essen Geschirr sparen.
Eintöpfe verlangen aber doch eine gewisse Sorgfalt bei der Herstellung. Wenn die in den Rezepten angegebenen Mengen für die Zutaten nicht genau eingehalten werden, überwiegt oft ein Geschmack, den man gar nicht gewünscht hat. Denn die Eigenart des Eintopfes besteht gerade darin, daß das ausgewogene Miteinander der Geschmacksstoffe das typische herzhafte Aroma des Eintopfes bildet. Voraussetzung für jedes

gute Eintopfgericht ist außerdem ein gut schließender Topf. Wenn der Deckel nicht genügend schließt, muß während des Kochens immer etwas heißes Wasser oder Brühe hinzugefügt werden. Abhilfe schafft eine Alu-Folie, die man über den Topf gibt.

Balkantopf

200 g Rindfleisch, 200 g Schweinefleisch, 200 g Hammelfleisch, 1 große Zwiebel, 50 g Öl, 500 g Kartoffeln, 3 grüne Paprikaschoten, 6 Tomaten, Salz, Pfeffer, 2 Knoblauchzehen, 2 El gehackte Petersilie, 1 El gehacktes Dillkraut, ¼ l Fleischbrühe, $\frac{1}{10}$ l Essig, ½ l Weißwein.

Das gewaschene Fleisch in 2–3 cm große, die Zwiebel in kleine Würfel schneiden, in dem erhitzten Fett anbraten und mit Salz und Pfeffer würzen. – Die Kartoffeln schälen, waschen und in Würfel schneiden. Die Paprikaschoten der Länge nach dritteln, von Kernen und Scheidewänden befreien und in ½ cm breite Streifen schneiden. Die Tomaten schälen (kurz überbrühen), von den Kernen befreien und in große Stücke schneiden. Kartoffeln, Paprikastreifen und Tomatenstücke vermischen und mit Salz, Pfeffer, den zerdrückten Knoblauchzehen und den gehackten Kräutern würzen.

Die Fleischwürfel und das Gemüse abwechselnd in einen Topf schichten. Die Fleischbrühe mit dem Essig und dem Wein mischen und darübergießen. Den Topf gut verschließen und den Balkantopf 1½–2 Stunden in einem auf 150° erhitzten Rohr gar schmoren.

Bunte Finken

250 g weiße Bohnen, 500 g Schweinebauch, 500 g Salzbohnen (oder grüne Bohnen), 1 Lauchstange, 2 Mohrrüben, 2 weiße Rüben, 500 g Kartoffeln, Salz, Pfeffer, 2 El Petersilie.

Die über Nacht eingeweichten weißen Bohnen mit dem Schweinebauch in 1½ l kaltem Wasser aufsetzen. Die in kleine Stücke geschnittenen Salzbohnen, die geputzte, gewaschene, in Scheiben geschnittene Lauchstange und die geputzten, gewaschenen, in Scheiben geschnittenen Mohrrüben und die weißen Rüben dazugeben. Alles im geschlossenen Topf 1½–2 Stunden bei schwacher Hitze kochen. Dann die geschälten, gewaschenen, in große Würfel geschnittenen Kartoffeln dazugeben, mit Salz und Pfeffer würzen (bei Salzbohnen kaum, bei grünen Bohnen kräftig salzen) und alles noch weitere 30–40 Minuten schwach kochen lassen.

Den Eintopf in einer gewärmten Schüssel anrichten (den Schweinebauch vorher in Stücke schneiden) und mit der gehackten Petersilie bestreuen.

Cassoulet

500 g weiße Bohnen, 200 g Schweinebauch, 250 g gepökeltes Schweinefleisch, 250 g Hammelfleisch, 2 Mohrrüben, 2 Zwiebeln, 4 Knoblauchzehen, 1 Lorbeerblatt, 1 Stengel Thymian, 2 El Gänseschmalz (oder Schweineschmalz), 200 g Knoblauchwurst, Semmelbrösel, 10 g Butter.

Die über Nacht eingeweichten Bohnen reichlich mit Wasser bedecken. Schweinebauch, Schweinefleisch und Hammelfleisch in 2–3 cm große Stücke schneiden und zu den Bohnen geben. Die geputzten, in Scheiben geschnittenen Mohrrüben, die halbierten Zwiebeln, die Knoblauchzehen, das Lorbeerblatt und den Thymian dazugeben. Den Topf gut verschließen (verwenden Sie eventuell zusätzlich ein Stück Alu-Folie) und für etwa 4 Stunden in ein auf 100° erhitztes Rohr stellen; alle Zutaten müssen gleichmäßig weich, dürfen aber nicht zerfallen sein. Dann Zwiebeln, Knoblauch, Lorbeerblatt und Thymian entfernen. Das Gänseschmalz und die in Scheiben geschnittene Knoblauchwurst zu dem Cassoulet geben. Alles in eine feuerfeste Form füllen, mit Semmelbrösel und Butterflöckchen bestreuen und 10 Minuten in dem sehr stark erhitzten Rohr (möglichst bei Oberhitze) überbacken.

Geben Sie Cassoulet in der Form zu Tisch.

Von diesem französischen Nationalgericht gibt es mehrere Varianten; oft werden wenigstens 2 Gänsekeulen mitgekocht oder die Zwiebeln mit 2–4 Nelken besteckt; häufig wird auch das Überkrusten 2–3mal wiederholt und die Kruste jeweils vorsichtig untergerührt.

Djuveč

800 g Hammelfleisch (oder Rind- und Schweinefleisch zu gleichen Teilen), 500 g Zwiebeln, 5 grüne Paprikaschoten, 1 Aubergine, 2 Zucchini, Salz, Pfeffer, 100 g Olivenöl, 1 kg Tomaten, 100 g Milchreis, 1/8 l saure Sahne.

Die Zwiebeln in feine Streifen schneiden; die Paprikaschoten der Länge nach halbieren, entkernen und in dünne Streifen schneiden; die Aubergine und die Zucchini in kleine Würfel schneiden. Das Gemüse in einer kleinen Schüssel mit Salz und Pfeffer vermischen, mit dem Öl begießen und zugedeckt 1 Stunde marinieren. – In der Zwischenzeit das Fleisch in kleine Würfel schneiden und mit Salz und Pfeffer würzen. Die Tomaten in Scheiben schneiden. – Eine große feuerfeste Form gut fetten. Die Hälfte der Tomatenscheiben hineinschichten und mit Salz und Pfeffer bestreuen. Die Hälfte des Gemüses, das gewürzte Fleisch, die zweite Hälfte des Gemüses, den sauber gewaschenen Reis und die restlichen Tomatenscheiben, wieder mit Salz und Pfeffer bestreut, darüberschichten. Zuletzt 1/4–1/2 l Wasser darübergießen, die Form gut verschließen, und den Djuveč in dem auf 100° erhitzten Rohr langsam garen (4–5 Stunden).
Den Djuveč mit der sauren Sahne begießen und in der Form zu Tisch geben.

Elsässer Beekeofe

300 g Schweinefleisch (Schulter), 300 g Hammelfleisch (Schulter), 300 g Zwiebeln, 100 g Schweinefett (oder Öl), 1 kg Kartoffeln, 2 Tl Salz, 1/2 Tl Pfeffer, 1 Messerspitze Trockenknoblauch, 1 Messerspitze Muskat, 1 Tl Petersilie, 3/4 l herber Weißwein.

Die gewaschenen Fleischstücke in größere Würfel schneiden. Die Zwiebeln in Streifen schneiden und in dem erhitzten Fett hellgelb rösten. Die Kartoffeln schälen, waschen und in Scheiben schneiden. Salz, Pfeffer, Knoblauch und Muskat mit der gehackten Petersilie vermischen. – Die Kartoffelscheiben, die Fleischstücke und die gerösteten Zwiebeln in einen Topf schichten und jede Lage mit einem Teil der Gewürzmischung bestreuen. Den Weißwein darübergießen. Den Topf sehr gut verschließen (am besten zusätzlich ein Stück Alu-Folie verwenden) und 2 1/2 Stunden in ein auf 120° erhitztes Backrohr stellen.
Den Beekeofe im verschlossenen Kochtopf servieren und erst bei Tisch öffnen.
Wenn Sie bei einem Bäcker Roggenbrotteig bekommen können, versuchen Sie einmal den Beekeofe in seiner ursprünglichen Art zuzubereiten: Rollen Sie etwa 250 g Roggenbrotteig zu einer runden Platte aus, bedecken den vorbereiteten Beekeofe damit (Ränder fest andrücken!) und backen ihn wie oben beschrieben. Der »Brotdeckel« wird erst bei Tisch aufgeschnitten.
Und noch eine Variante: Verwenden Sie anstelle des Weißweines Apfelwein, in dem Sie die Fleischstücke auch einige Stunden vorher marinieren können.

Fleischtopf Triest

1 kg Schweinefleisch, 400 g Zwiebeln, 150 g Fett (Öl, Schmalz), 1 1/2 kg Tomaten, Salz, Pfeffer, 1 Knoblauchzehe, 1/2 Tl Oregano, 500 g Kartoffeln.

Das gewaschene Fleisch in 2–3 cm große Würfel schneiden. Die Zwiebeln hacken und in dem erhitzten Fett hellgelb rösten. Das Fleisch darin rundherum anbraten. Die geschälten (kurz überbrühen), geviertelten Tomaten dazugeben und mit Salz, Pfeffer, der zerdrückten Knoblauchzehe und dem Oregano würzen. Den Topf gut verschließen und das Gericht in dem auf 140° erhitzten Rohr 1 1/2 Stunden schmoren. Die geschälten, gewaschenen, in größere Würfel geschnittenen Kartoffeln dazugeben und alles noch weitere 40–50 Minuten im erhitzten Rohr garen.
In einer gewärmten Schüssel oder im Kochtopf zu Tisch geben.

Fish-Chowder

600 g verschiedene Fischfilets, 500 g Kartoffeln, 100 g Räucherspeck, 1 große Zwiebel, 1/4 Sellerieknolle, 1 Zitrone, 1/2 l Milch, 1 Tl Stärkemehl, Salz, Pfeffer, 2 El Petersilie.

Die gewaschenen, gut abgetropften Fischfilets in 3–4 cm große Stücke schneiden. Die Kartoffeln schälen, waschen und in dünne Scheiben schneiden. Den Speck in kleine Würfel schneiden und im eigenen Fett anbraten. Die Zwiebel hacken und mit dem fein geriebenen Sellerie in dem Speckfett glasig dünsten.
Die Fischstücke und die Kartoffelscheiben abwechselnd in einen gut schließenden Topf schichten und dabei jede Schicht mit einem Teil der gedünsteten

Zutaten bestreuen und mit Zitronensaft beträufeln. Die Milch mit dem Stärkemehl verrühren, mit Salz und Pfeffer kräftig würzen und über das Fisch-Kartoffel-Gemisch gießen. Das Gericht soll ganz mit Flüssigkeit bedeckt sein; wenn nötig, etwas Wasser zugeben. Den Topf gut verschließen und den Fish-Chowder bei ganz schwacher Hitze (am besten in dem auf 150° erhitzten Rohr) gar dämpfen (etwa 30 Minuten).
Den Fish-Chowder mit reichlich gehackter Petersilie bestreuen und im Kochtopf zu Tisch geben.

Gemüseeintopf Prinzeß

1 kleines Hähnchen (1000–1200 g), Salz, Pfeffer, Curry, 2 mittelgroße Zwiebeln, 5 El Öl (oder anderes Fett), 2 grüne Paprikaschoten, 2 rote Paprikaschoten, 500 g Tomaten, 250 g grüne Bohnen (frisch oder tiefgekühlt), 1 Lauchstange, 1 Salatgurke, 250 g Champignons, 1 El Zitronensaft.

Das bratfertige Hähnchen in 8 Teile schneiden; die einzelnen Teile mit Salz, etwas Pfeffer und einer Spur Curry bestreuen. Die Zwiebeln fein hacken und in dem in einer feuerfesten Form erhitzten Fett andünsten. Die Hähnchenstücke darauflegen, mit heißem Wasser gerade bedecken und im geschlossenen Topf bei mäßiger Hitze halb gar dünsten. Die Paprikaschoten der Länge nach halbieren, waschen, putzen (Kerne und Scheidewände entfernen) und in Streifen schneiden. Die Tomaten schälen (kurz überbrühen) und vierteln. Die grünen Bohnen putzen, waschen und in Stücke schneiden. Die Lauchstange putzen, waschen und in fingerdicke Scheiben schneiden. Die Gurke schälen und in größere Würfel schneiden. Die Champignons putzen, waschen, halbieren (größere Pilze vierteln) und sofort mit dem Zitronensaft beträufeln. Das Gemüse zu dem Hähnchen geben, salzen, ¼ l Wasser zugießen, den Topf gut verschließen und alles bei schwacher Hitze gar schmoren (etwa 1 Stunde).
Bestreuen Sie den Gemüseeintopf mit gehackter Petersilie und geben Sie ihn in einer gewärmten Schüssel oder in der feuerfesten Form zu Tisch (Abb. s. S. 365).

Hammelfleisch mit grünen Bohnen

600 g Hammelfleisch (vom Nacken), 100 g Speck, 50 g Schmalz oder Öl, Salz, Pfeffer, 1 Knoblauchzehe, 600 g grüne Bohnen, 600 g Kartoffeln, 1 Tl Bohnenkraut.

Das gewaschene Hammelfleisch in 2–3 cm große Würfel schneiden. Den Speck in kleine Würfel schneiden und in einem gut schließenden Topf im erhitzten Fett leicht anrösten. Die Fleischwürfel darin kräftig anbraten. Mit Salz, Pfeffer und der zerdrückten Knoblauchzehe würzen. Die grünen Bohnen putzen, entfädeln (oder tiefgekühlte Bohnen verwenden) und in kleine Stücke schneiden. Die Kartoffeln schälen, waschen und in Scheiben schneiden. Die Bohnen und die Kartoffeln lageweise über das angebratene Fleisch schichten; dabei jede Schicht salzen und die Bohnen zusätzlich mit zerriebenem Bohnenkraut bestreuen. Mit ½ l kochendem Wasser aufgießen, den Topf gut verschließen und den Eintopf in dem auf 160° erhitzten Rohr 1–1½ Stunden dünsten und in einer gewärmten Schüssel auftragen.
Diesen schmackhaften Eintopf können Sie auch mit Schweinefleisch – anstelle des Hammelfleisches – zubereiten.

Hühnereintopf Barcelona

1 größeres Brathuhn (etwa 1½ kg), Salz, 1 Tl Chilipulver, ⅛ l Öl, 1 Zwiebel, 250 g Tomaten, 150 g Erbsen, 200 g Maiskörner (aus der Dose), 100 g Langkornreis, Pfeffer.

Das vorbereitete Brathuhn in 4 Stücke teilen. Jedes dieser Teile mit Salz und an der Hautseite mit Chilipulver einreiben, in einer feuerfesten Schüssel im erhitzten Öl von allen Seiten anbraten. Die Zwiebel hacken und mitrösten (hellgelb). Die geschälten (kurz überbrühen) geviertelten Tomaten, die Erbsen, die abgetropften Maiskörner und den trocken abgewischten Reis dazugeben. Mit frischgemahlenem Pfeffer würzen, mit ½ l Wasser aufgießen und alles vorsichtig verrühren. Den Topf gut verschließen und das Gericht in dem auf 140° erhitzten Rohr etwa 1½ Stunden schmoren.
Den fertigen Eintopf in der feuerfesten Schüssel auftragen.

Irish Stew

500 g Hammelfleisch (Nacken), 500 g Weißkohl, 2 Lauchstangen, 2 große Zwiebeln, 1 Knoblauchzehe, 500 g Kartoffeln, Salz, Pfeffer, ½ Tl Thymian, 2 El gehackte Petersilie.

Das gewaschene Hammelfleisch in 2–3 cm große Würfel schneiden. Den Weißkohl in grobe Streifen schneiden, mit kochendem Wasser überbrühen und gut abtropfen lassen. Die Lauchstangen in Scheiben, die Zwiebeln in grobe Streifen schneiden und mit dem Kohl und der ausgepreßten Knoblauchzehe in eine große feuerfeste Form geben. Die Fleischwürfel darüberschichten und so viel Wasser zugießen, daß das Fleisch knapp bedeckt ist. Die Form gut verschließen und für 2½ Stunden in das auf 120° erhitzte Rohr stellen. Die Kartoffeln schälen, in kleine Würfel schneiden, dazugeben und alles nochmals ½–1 Stunde schmoren. Mit Petersilie bestreut zu Tisch geben.
So wie bei vielen Nationalgerichten, gehen auch beim Irish Stew die Meinungen über die Zutaten auseinander. So behaupten viele Iren, daß Kohl auf keinen Fall hineingehöre.

»Echtes« Irish Stew

1 kg Hammelfeisch (Schulter), 1 kg Kartoffeln, 6 große Zwiebeln, etwa 1 l Fleischbrühe, Salz, Pfeffer, 2 El Petersilie.

Das gewaschene Hammelfleisch vom Fett befreien und in 2–3 cm große Stücke schneiden. Die Kartoffeln schälen und in Scheiben schneiden. Die Zwiebeln in Ringe schneiden. In einen großen, gut verschließbaren Topf zunächst je 1 Lage Kartoffelscheiben, Fleischwürfel und Zwiebeln schichten und diesen Vorgang wiederholen, bis alle Zutaten aufgebraucht sind; die oberste Lage soll aus Kartoffelscheiben bestehen. Die Fleischbrühe mit Salz und Pfeffer kräftig würzen und die Zutaten damit gerade bedecken. Den Topf gut verschließen und das Stew in dem auf 120° erhitzten Rohr 2–3 Stunden gar schmoren. Kurz vor dem Auftragen die gehackte Petersilie darüberstreuen.

Kalbfleischtopf auf norwegische Art

500 g Kalbfleisch (Filet oder Keule), 1 Kalbsniere, Mehl, 20 g Butter, 150 g Pilze, 500 g Kartoffeln, 2 Zwiebeln, 50 g Öl (Schmalz), Salz, Pfeffer, etwa 1 l Fleischbrühe, 1 El Petersilie.

Das gewaschene Kalbfleisch in ½ cm dicke Scheiben schneiden (Fleisch von der Keule lassen Sie sich am besten vom Metzger in ½ cm dicke Schnitzel schneiden und zerteilen sie dann in 3–4 cm große Stücke). Die Niere zum Teil vom Fettpanzer befreien (lassen Sie je nach Geschmack ½–1 cm Fettrand übrig) und in ½–1 cm dicke Scheiben schneiden. Fleisch- und Nierenscheiben kurz in Mehl wenden und in der erhitzten Butter von beiden Seiten braun braten. – Die Pilze (Sie können Steinpilze, Pfifferlinge oder Champignons verwenden) waschen, putzen und in dickere Scheiben schneiden. – Die Kartoffeln schälen, waschen und in Scheiben schneiden. – Die Zwiebeln in Ringe schneiden und in dem erhitzten Fett goldgelb rösten.
Die Fleisch- und Nierenscheiben, die Pilze, die Kartoffelscheiben und die gerösteten Zwiebeln lageweise in eine feuerfeste Schüssel oder einen größeren Topf schichten (die oberste Lage soll aus Kartoffeln bestehen) und dabei jede Lage mit Salz und einer Prise frischgemahlenem Pfeffer bestreuen. Mit Brühe aufgießen, bis alle Zutaten gerade bedeckt sind. Die Schüssel gut verschließen und für etwa 2 Stunden in ein auf 140° erhitztes Backrohr stellen.

Köthener Schusterpfanne

750 g Schweinefleisch, Salz, Pfeffer, 750 g kleine Kartoffeln, 750 g kleine Birnen, 1 El Kümmel, 1 Tl Majoran.

Das gewaschene Fleischstück mit Salz und Pfeffer einreiben und in die Mitte eines gut schließbaren Topfes legen. Die Kartoffeln schälen, vierteln und um das Fleischstück legen. Die Birnen halbieren, vom Kerngehäuse befreien und über Kartoffeln und Fleisch verteilen. Den Kümmel und den Majoran darüberstreuen und mit ½ l kochendem Wasser aufgießen. Den Topf gut verschließen und für 1½–2 Stunden in ein auf 140° erhitztes Rohr stellen.

Labskaus

Das gepökelte Rindfleisch mit den Pfefferkörnern und dem Lorbeerblatt gar kochen (etwa 1 Stunde), aus dem Sud nehmen, abtropfen lassen und durch den Fleischwolf drehen. – Die Kartoffeln schälen, in Salzwasser garen (20–30 Minuten), abdämpfen lassen und durch die Kartoffelpresse drücken. Die Zwiebeln sehr fein hacken und im Fett anschwitzen. Das Fleisch darin leicht durchrösten, den Kartoffelbrei dazurühren. Alles mit einem Teil des Fleischsuds zu einem lockeren Brei verrühren und mit einem Schneebesen schaumig schlagen. – Den Labskaus in einer gewärmten Schüssel anrichten und mit den Matjesfilets und den in Scheiben geschnittenen Salzgurken belegen.
Eine Variante: Drehen Sie die Matjesfilets mit dem Pökelfleisch durch den Fleischwolf und belegen Sie den Labskaus mit Spiegeleiern.

400 g gepökeltes Rindfleisch oder Rauchfleisch, 6 Pfefferkörner, 1 Lorbeerblatt, 1 kg Kartoffeln, 250 g Zwiebeln, 50 g Butter oder Öl, 4 Matjesfilets, 2 Salzgurken.

Lancashire Hot Pot

Das gewaschene Fleisch in fingerdicke Streifen schneiden. Die Kartoffeln schälen, die Mohrrüben putzen und beides in Scheiben schneiden. Die Zwiebeln in Ringe schneiden. Das Ganze lageweise in einen Kochtopf schichten; die oberste Schicht soll aus Kartoffeln bestehen. Die mit Salz, Pfeffer, Worcestersauce und Majoran kräftig gewürzte Fleischbrühe darübergießen, mit dem Paprika bestreuen und mit der zerschnittenen Butter belegen. Den Topf gut schließen und den Eintopf in dem auf 180° erhitzten Rohr 2–3 Stunden dämpfen. Während der letzten 15 Minuten den Deckel abnehmen und die Oberfläche leicht bräunen lassen.

500 g Rindfleisch (Siedfleisch), 500 g Kartoffeln, 250 g Mohrrüben, 2 große Zwiebeln, ¼ l Fleischbrühe, Salz, Pfeffer, ½ Tl Worcestersauce, ½ Tl Majoran, ½ Tl Paprika, 30 g Butter.

Lappentopf

Das gewaschene, abgetrocknete Schweinefleisch in 2–3 cm große Würfel schneiden. Die Nieren enthäuten, von den Harnsträngen befreien, ½ Stunde wässern, abtrocknen und in 1 cm dicke Scheiben schneiden. Die Kartoffeln schälen, waschen und in ½ cm dicke Scheiben schneiden. Die Zwiebeln in Ringe schneiden. Die Rote Rübe schälen und in dünne Scheiben schneiden. – Das Öl in einer Pfanne erhitzen, die Zwiebelringe hineingeben und leicht andünsten. Die Fleischwürfel und die Nierenscheiben darin von allen Seiten anbraten und leicht salzen. In eine hohe feuerfeste Form je eine Lage Kartoffelscheiben, Zwiebel-Fleisch-Gemisch und Rote Rüben schichten und so fortfahren, bis alle Zutaten aufgebraucht sind; die oberste Lage soll aus Kartoffeln bestehen. Den Bratrückstand in der Pfanne mit der Brühe loskochen, das Bier daruntermischen und mit Salz, Pfeffer und 1 Prise Muskat kräftig abschmecken. Diese Sauce in die feuerfeste Form gießen und einige Butterflocken darauf verteilen. Die Form mit einem Stück Alu-Folie bedecken und den Eintopf in dem auf 160° vorgeheizten Rohr 1½–2 Stunden gar schmoren. Die Folie 5 Minuten vor dem Auftragen entfernen und die obere Kartoffelschicht leicht bräunen lassen. Servieren Sie den Lappentopf in der feuerfesten Form.

300 g Schweinefleisch, 2 Schweinsnieren, 600 g Kartoffeln, 2 große Zwiebeln, 1 Rote Rübe (gekocht), 40 g Öl, ⅛ l Brühe, ⅛ l helles Bier, Salz, Pfeffer, 1 Prise Muskat, 20 g Butter.

Lauchtopf

Die Lauchstangen waschen, putzen (nur das Weiße verwenden) und in 1 cm dicke Scheiben schneiden. Das gewaschene Fleisch in etwa 2 cm große Würfel schneiden und in dem erhitzten Fett anbraten. Den trocken abgewischten Reis und die Lauchstangen kurz mit andünsten. Mit 1 l kochendem Wasser aufgießen und mit Salz, Pfeffer und Zitronensaft würzen. Den Lauchtopf noch 3 Minuten kräftig kochen lassen und dann im geschlossenen Topf bei schwacher Hitze gar dünsten (40–50 Minuten). Vor dem Auftragen mit Schnittlauch bestreuen.

4–8 Lauchstangen, 400 g Schweinefleisch, 60 g Öl, 250 g Langkornreis, Salz, Pfeffer, 1–2 El Zitronensaft, Schnittlauch.

Linsentopf auf Berliner Art

400 g Linsen,
400 g Räucherspeck (durchwachsen), Salz,
½ Tl Thymian, 400 g Kartoffeln,
Essig, Zucker,
2 Zwiebeln, 60 g Fett,
2 El gehackte Petersilie.

Die über Nacht eingeweichten Linsen im Einweichwasser zum Kochen bringen (die Flüssigkeit soll die Linsen gerade bedecken). Den Räucherspeck (Sie können auch Rauchfleisch verwenden) in 1 cm große Würfel schneiden, zu den Linsen geben, mit Salz und Thymian würzen und im geschlossenen Topf ¾ Stunde bei schwacher Hitze kochen. Die geschälten, ebenfalls in 1 cm große Würfel geschnittenen Kartoffeln dazugeben und alles noch 30–40 Minuten kochen. Den Linsentopf mit Salz, Essig und Zucker süßsauer abschmecken und in eine gewärmte Schüssel füllen. Die Zwiebeln in dem Fett goldbraun und knusprig rösten und über den Linsentopf geben. Zuletzt die gehackte Petersilie darüberstreuen.

Pichelsteiner

300 g Kalbfleisch,
300 g Rindfleisch,
300 g Schweinefleisch,
300 g Lammfleisch,
150 g Räucherspeck,
800 g verschiedene Wurzeln (Mohrrüben, Sellerie, Petersilienwurzel), 250 g Wirsing,
800 g Kartoffeln, 20 g Butter,
100 g Knochenmark, Salz,
Pfeffer, Kümmel, ½ l Fleischbrühe,
1 El gehackte Petersilie.

Das gewaschene Fleisch in 2–3 cm große Würfel schneiden. Den Speck in kleine Würfel schneiden und im eigenen Fett anbraten. Die Zwiebel in feine Streifen schneiden und darin goldgelb rösten. Die Wurzeln waschen, putzen und in 1–1½ cm große Würfel schneiden. Den Wirsing kurz mit kochendem Wasser überbrühen, gut abtropfen lassen und in 2 cm breite Streifen schneiden. Die Kartoffeln schälen und in größere Würfel schneiden. Einen gut verschließbaren Topf mit Butter ausstreichen und mit dem in Scheiben geschnittenen Knochenmark auslegen. Die Kartoffeln, das Gemüse, das Speck-Zwiebel-Gemisch und die Fleischwürfel lageweise in den Topf schichten und jeweils dabei mit einer Prise Salz, Pfeffer und Kümmel würzen. Die Fleischbrühe (oder ½ l Wasser) dazugießen. Den Topf gut schließen (eventuell zusätzlich ein Stück Alu-Folie verwenden) und für 2–3 Stunden in das auf 140° erhitzte Rohr stellen. Das Gericht mit der gehackten Petersilie – die noch mit etwas Majoran vermischt werden kann – bestreuen und im Kochtopf oder in einer gewärmten Schüssel zu Tisch geben.
Dieses gebräuchlichste Rezept eines Pichelsteiner Topfes können Sie nach Belieben abwandeln, indem Sie nur 2 oder 3 Fleischsorten (Lamm- oder Rindfleisch fortlassen) verwenden. Auch können Sie den Wirsing durch Weißkohl, durch grüne Bohnen oder durch anderes Gemüse ersetzen.

Rinderstew

1½ kg Rindfleisch, 100 g Schmalz oder Öl, 250 g Zwiebeln,
1 Tl Salz, 1 Tl Pfeffer,
1 Messerspitze Piment,
1 El Zitronensaft,
2 El Worcestersauce,
2 El Tomatenketchup,
250 g Sellerieknolle,
500 g Kartoffeln,
3 El Petersilie.

Das gewaschene Rindfleisch in etwa 3 cm große Würfel schneiden. Das Fett in einem großen Topf erhitzen und die Fleischwürfel darin von allen Seiten anbraten. Die Zwiebeln in Ringe schneiden, zu dem Fleisch geben und kurz mitrösten. Sämtliche Gewürze darunterrühren und mit Wasser aufgießen, bis das Fleisch gerade bedeckt ist. Den Topf gut verschließen und für 1 Stunde in das auf 140° erhitzte Rohr stellen.
Die Sellerieknolle waschen und putzen, die Kartoffeln schälen und beides in kleine Würfel schneiden. Die Petersilie fein hacken. Das Ganze unter das Fleisch geben und alles noch 1–1½ Stunden in dem jetzt auf etwa 120° erhitzten Rohr schmoren.

Rindfleischtopf

1 kg Rindfleisch (von der Hüfte), Salz, Pfeffer, 30 g Schmalz (oder Öl), 3 Zwiebeln.

Das in 2–3 cm große Würfel geschnittene Fleisch in dem erhitzten Fett mit den gehackten Zwiebeln von allen Seiten anbraten. Mit der Hälfte der Brühe aufgießen, das zusammengebundene Suppengrün dazugeben und alles 1 Stunde bei ganz schwacher Hitze kochen. In der Zwischenzeit die Mohrrüben und die Sellerieknolle waschen, putzen und in 1–2 cm große Würfel (oder Streifen) schneiden.

Die grünen Bohnen waschen, putzen und in etwa 2–3 cm große Stücke schneiden. Die Kartoffeln schälen, waschen und in 2–3 cm große Würfel schneiden.
Wenn das Fleisch 1 Stunde gekocht hat, das Suppengrün entfernen, das Gemüse dazugeben, den Sud nachgießen und alles noch weitere 1½ Stunden im geschlossenen Topf schmoren (am besten in ein auf 140° erhitztes Rohr stellen). Das Gericht in einem gewärmten Suppentopf (oder im Kochtopf) anrichten und mit frisch gehackter Petersilie bestreuen.

1 l Fleischbrühe, 1 Suppengrün,
3 Mohrrüben, 1 Sellerieknolle,
250 g grüne Bohnen,
500 g Kartoffeln,
2 El Petersilie.

Siebenbürger Giveč

Das gewaschene Rindfleisch in etwa 2 cm große Würfel schneiden, in dem erhitzten Öl von allen Seiten anbraten, mit Salz und Pfeffer würzen, mit dem Zitronensaft ablöschen, mit ⅛ l Wasser aufgießen und im geschlossenen Topf 20 Minuten schmoren. Die Aubergine schälen, in 1 cm dicke Scheiben schneiden, von beiden Seiten salzen und zugedeckt ½ Stunde ziehen lassen; die Flüssigkeit danach abgießen. Die Gurke schälen (junge Gurken ungeschält verwenden) und in kleine Würfel schneiden. Die Paprikaschoten der Länge nach dritteln, Kerne und Scheidewände entfernen, waschen und in schmale Streifen schneiden.

Die Tomaten schälen, vierteln und von den Kernen befreien. Kartoffeln schälen, waschen und in Würfel schneiden. Das Ganze unter das Fleisch mischen und alles 40–45 Minuten im geschlossenen Topf schmoren. Dann in eine gefettete feuerfeste Form füllen. Die Eier mit Mehl und Milch verquirlen und darübergießen. Den Giveć in dem auf 200° erhitzten Rohr 15–20 Minuten überbacken und sofort zu Tisch geben.

750 g Rindfleisch (Hochrippe),
30 g Öl, Salz, Pfeffer,
2 El Zitronensaft, 1 Aubergine,
1 kleine Salatgurke,
4 grüne Paprikaschoten,
6 Tomaten, 400 g Kartoffeln,
10 g Butter, 3 Eier, 30 g Mehl,
¼ l Milch.

Sjömannsbiff = Matrosenfleisch

Das gewaschene, abgetrocknete Fleisch in handtellergroße, 1 cm dicke Scheiben schneiden und von beiden Seiten in der erhitzten Butter anbraten. Die Zwiebeln in Ringe schneiden und im erhitzten Öl hellbraun rösten. Die Kartoffeln schälen und in Scheiben schneiden. – Einen hohen, gut schließbaren Topf mit Butter ausstreichen. Die Kartoffeln, die Fleischscheiben und die Zwiebeln lageweise hineinschichten und dabei jeweils mit Salz und frischgemahlenem Pfeffer bestreuen. Den Bratrückstand in der Fleischpfanne mit ¼ l Brühe loskochen, mit dem Bier vermischen und diese Sauce über die übrigen Zutaten in den Topf gießen. Wenn nötig, Brühe zusetzen, bis die obere Schicht gut bedeckt ist. Den Topf gut verschließen und für etwa 2 Stunden in das auf 150° erhitzte Rohr stellen.
Geben Sie den Sjömannsbiff ohne weitere Beilage im Kochtopf zu Tisch.

800 g Rindfleisch (von der Hüfte),
30 g Butter, 400 g Zwiebeln,
2 El Öl, 800 g Kartoffeln,
20 g Butter, Salz, Pfeffer,
¼–½ l Fleischbrühe,
¼ l helles Bier.

Westfälisches Blindhuhn

Die Bohnen über Nacht in 1 l Wasser einweichen, dann im Einweichwasser zum Kochen bringen, salzen, 1 Stengel Bohnenkraut zufügen und 1 Stunde bei schwacher Hitze kochen lassen. Den Speck in kleine Würfel schneiden. Die grünen Bohnen waschen, entfädeln und in 2–3 cm lange Stücke schneiden. Die Mohrrüben waschen, putzen und in Scheiben schneiden. Die Äpfel und die Birnen schälen, vierteln und entkernen, die Kartoffeln schälen und alles in Scheiben oder in Würfel schneiden. Die vorbereiteten Zutaten zu den Bohnen geben, den Topf gut verschließen und alles 50–60 Minuten kochen lassen.
Eine schmackhafte Variante: Kochen Sie das Blindhuhn wie oben beschrieben, aber ohne Speckwürfel. Geben Sie die Speckwürfel statt dessen in eine kleine Pfanne und braten Sie sie im eigenen Fett hellbraun. Schneiden Sie eine Zwiebel in Scheiben und rösten Sie sie im Speckfett knusprig braun. Gießen Sie beides mit dem Fett über das Blindhuhn.

250 g weiße Bohnen, Salz,
Bohnenkraut, 250 g Räucherspeck
(stark durchwachsen),
250 g grüne Bohnen,
250 g Mohrrüben, 2 große
Äpfel, 2 große Birnen,
250 g Kartoffeln.

FONDUES

Als »Fondue« (»Geschmolzenes«) bezeichnete man ursprünglich in Burgund und in der französischen Schweiz alle jene Gerichte, bei denen hauptsächlich geschmolzener Käse verwendet wurde. Bekannt wurde der Name dann für die heute als »Käsefondue« bezeichnete Speise und auch für alle jene Gerichte, deren Zentrum ein in der Mitte des Tisches aufgestellter Spirituskocher ist, auf dem eine Pfanne mit Käsefondue, Öl, Fleischbrühe oder auch geschmolzener Schokolade warm gehalten wird.

KÄSEFONDUES

Zuerst beschäftigen wir uns mit dem klassischen Käsefondue. Gegessen wird es aus einem irdenen Topf, dem Caquelon, in dem das Fondue während der Mahlzeit gleichmäßig weiterkocht.
Und in dieses Fondue taucht nun jeder mit einer langen Fonduegabel (es genügen auch ganz gewöhnliche Gabeln) die vorbereiteten, nicht zu kleinen Brotstückchen. Damit der warme Käse keine großen Fäden zieht, dreht man beim Herausnehmen die Gabeln unaufhörlich. Damit kühlt man gleichzeitig den Bissen so weit ab, daß man sich nicht die Zunge verbrennt und die Gesichter am Tisch alle fröhlich bleiben.
Am besten trinkt man die gleiche Sorte Wein, mit der das Käsefondue zubereitet wurde. Zum Abschluß macht sich ein kleines Gläschen Kirsch besonders gut. Wer einen empfindlichen Magen hat, trinkt am besten einen schwarzen Tee zum Käsefondue.

Neuenburger Fondue

300 g Emmentaler, 300 g Gruyère, $\frac{4}{10}$ l säuerlicher, herber Weißwein, 1–2 El Zitronensaft (je nach der Sorte des Weines), 1 Knoblauchzehe, 1 Tl Stärkemehl, 4 El Kirschwasser.

Den Caquelon mit der aufgeschnittenen Knoblauchzehe gut ausreiben, den Wein und den Zitronensaft hineingeben und langsam fast bis zum Kochen bringen. Den Käse grob raspeln und nach und nach in den heißen Wein geben; dabei ständig rühren. Jetzt die Masse zum Kochen bringen und das mit Kirschwasser angerührte Stärkemehl dazugeben. Noch 2–3mal aufwallen lassen. Mit Pfeffer und einer Prise Muskat abschmecken und sofort zu Tisch geben. Dort muß das Fondue auf dem Rechaud leicht weiterkochen.
Soll das Fondue besonders leicht und flaumig werden, kann vor dem letzten Aufkochen noch eine Messerspitze Speisesoda beigegeben werden.

Waadtländer Fondue

4 Knoblauchzehen, 30 g Butter, $\frac{1}{2}$ l herber Weißwein, $\frac{1}{2}$ kg Gruyère, 1 El Stärkemehl, 4 El Kirschwasser, Pfeffer, Muskat.

Die Butter im Caquelon schmelzen, die sehr fein gehackten Knoblauchzehen 5 Minuten darin dünsten und den Wein zugießen. Alles erwärmen und den grob gewürfelten Käse löffelweise einrühren. Sobald die Masse zu kochen beginnt, das mit dem Kirschwasser verrührte Stärkemehl dazugeben. Nochmals aufkochen und vor dem Auftragen mit Pfeffer und etwas Muskat würzen.

Bierkäse

500 g Gouda (abgelagert), $\frac{4}{10}$ l Bier, 10 g Butter oder Kokosfett, 2 fein gehackte Knoblauchzehen, Salz, Cayennepfeffer, 1 El Stärkemehl.

Eine Fonduepfanne gut einfetten und den geriebenen Käse, den Knoblauch und das Bier bis auf 2 El darin erwärmen, bis der Käse schmilzt. Das Stärkemehl mit dem restlichen Bier anrühren, zu dem geschmolzenen Käse geben und das Ganze so lange unter ständigem Rühren erhitzen, bis eine gleichmäßige Masse entsteht. Mit Salz und Cayennepfeffer abschmecken und wie ein Fondue zu Tisch geben.
Statt der Weißbrotwürfel gibt man hier besser Mischbrot, am besten gutes, nicht zu frisches Bauernbrot.

FLEISCHFONDUES

Beim Fleischfondue wird das Öl in der Pfanne auf dem Spirituskocher erhitzt. Man taucht die vorbereiteten Fleischstücke so lange hinein, bis sie für den jeweiligen Geschmack richtig gebraten sind.

Fondue Bourguignonne = Fleischfondue

$1\frac{1}{2}$–2 kg gutes Rindfleisch (Sie können auch Kalbfleisch verwenden), Brot, Beilagen und Saucen nach Belieben.

Anstelle des irdenen Topfes nehmen wir für das Fondue Bourguignonne am besten eine kleine hitzebeständige Kupferpfanne. Fachgeschäfte bieten zweckmäßige Pfännchen an, die mit Halterungen für die Gabeln versehen sind.
Für dieses Fondue muß das Fleisch eine gute Qualität haben und richtig abgehangen sein. Denn jedes Stück Fleisch soll eine kleine Köstlichkeit sein. Am besten verwenden Sie ein Filetstück; wenn Sie ein kräftigeres Stück Fleisch vorziehen, eignet sich Roastbeef vorzüglich. Das Fleisch soll gewaschen, sorgfältig abgetrocknet, von allen Haut- und Sehnenresten befreit und in Stücke von etwa 2 cm Kantenlänge geschnitten werden. Es wird auf einer Platte angerichtet, von der sich jeder die ihm zusagende Menge nehmen kann. Als Öl eignet sich gut raffiniertes Olivenöl; es ist allerdings im Geschmack sehr intensiv und sagt nicht jedermann zu. Reines Erdnußöl ist neutraler. Das Fleisch wird darin allerdings nicht so schön braun wie im Olivenbad. Sehr gut ist eine Mischung aus halb Öl und halb Butterschmalz. Butter ist nicht zu empfehlen, weil sie stark spritzt und außerdem schnell schwarz wird (Abb. s. S. 332).

Wichtig ist, daß die rohen Fleischstücke auf einem Extrateller oder in einem Fondueteller in ein Fach gegeben werden, in dem keine Saucen oder dergleichen sind. Die Stücke, die man eintaucht, sollen völlig trocken und ohne jede Spur von Sauce sein. Denn je mehr Fremdkörper in das siedende Öl kommen, desto mehr spritzt es. Die gebratenen Fleischstückchen werden auf einen Teller gelegt, mit Salz und Pfeffer gewürzt und in eine der zubereiteten Saucen getaucht.
Und von diesen Saucen hängt es nun ab, ob das Fondue Bourguignonne ein Erfolg wird. Vielleicht werden Ihre Gäste Ihr Fondue nicht in erster Linie nach der Qualität des Fleisches beurteilen, sondern nach der Vielfalt und dem Geschmack der Beilagen und Saucen. Neben kleinen Essiggurken, Perlzwiebeln, Mixed Pickles können Sie fertige und selbstgemachte Saucen dazu reichen. Dieses Kochbuch bietet Ihnen eine Vielzahl von Saucenrezepten, mit denen Sie Staat machen können. Im »Saucenfahrplan« (S. 236) finden Sie eine Auswahl von milden bis scharfen Saucen, die Sie leicht herstellen und mit denen Sie Ihre Gäste überraschen können.

Fondue orientale = chinesischer Feuertopf

1½ kg gut abgehangenes Rindfleisch, etwa 1½ l schwache Fleischbrühe, Beilagen und Saucen je nach Geschmack.

Bei diesem Fondue garen wir das Fleisch auf dem Rechaud in kochender Fleischbrühe. Die Stücke müssen recht klein sein. Am besten schneiden wir das Rindfleisch in hauchdünne Scheibchen und richten diese wie beim Fondue Bourguignonne auf einer großen Platte oder in kleinen Portionsschälchen an.

Zwei weitere pikante Fondue-Gerichte:

Fischfondue

1½ kg unterschiedliches, festes Fischfleisch (daneben auch Meerestiere wie Krabben, Shrimps, Muscheln, kleine Sardinen usw.),
2–3 Zitronen. – 250 g Mehl,
1 Tl Salz, 2–3 Eier, 1 Tl Öl,
etwa $^{3}/_{10}$ l Weißwein; Öl zum Backen;
Beilagen nach Belieben.

Das rohe Fischfleisch in höchstens 2 cm große Würfel schneiden und sofort mit Zitronensaft beträufeln. Diese Stücke – je nach Geschmack – mit Meerestieren auf einer mit Salatblättern und frischer Petersilie dekorierten Platte anrichten. Aus Mehl, Salz, Eiern, Öl und der nötigen Menge Wein einen nicht zu dünnen Backteig bereiten. Er wird in kleine Schälchen verteilt, die den Gästen an den Platz gestellt werden. In die Mitte des Tisches kommt das Rechaud mit dem siedenden Öl und rundherum die verschiedenen Saucen.
Man spießt nun ein Stückchen Fisch auf seine Gabel, taucht es kurz in den Backteig und dann in das siedende Öl. Nach etwa 2 Minuten ist ein köstlicher Bissen fertig. Als Saucen eignen sich hier vor allem die *Remouladensauce* und die *Sauce Tatare.*

Schokoladefondue

300 g Couverture-Schokolade,
⅛ l ungeschlagene Sahne,
1½ kg gemischte Kompottfrüchte.

In einer dafür geeigneten Pfanne (Caquelon) die Schokolade bei geringer Hitze schmelzen lassen und die Sahne langsam dazurühren. (Wenn keine Kinder mitnaschen, kann man dieses Fondue mit einem Gläschen Cognac, Cointreau oder Grand Marnier verfeinern.) Auf dem Rechaud halten wir die Schokolade gerade so warm, daß das Ganze eine dickflüssige Masse bleibt.
Die Kompottfrüchte werden in etwa 2 cm große Würfel geschnitten und getrennt angerichtet. Sie werden auf die Fonduegabeln gespießt und mit der Schokoladenmasse »glaciert«. Als »Beilage« verwendet man in Scheiben geschnittenes Biskuit, Waffeln oder andere Kekse. Ganz ausgezeichnet eignet sich auch Vanilleeis.

FLAMBIEREN

Vor wenigen Jahren galt das Flambieren als das Geheimnis großer Köche in den berühmtesten Restaurants. Flambieren war eine kleine Zauberei, und es hätte kaum jemanden verwundert, wenn der Chefkoch »Abrakadabra« dazu gesagt hätte. Inzwischen haben sich aber auch Amateure dieser »Kunst« bemächtigt, und wer es erst einmal versucht hat, weiß, daß Flambieren gar nicht so schwer ist.

Man braucht dazu ein kleines Rechaud (zur Not tut es auch der Kochherd), eine flache Pfanne, den zum Flambieren bestimmten Leckerbissen und einen starken Alkohol. Natürlich ist es nicht damit getan, den Alkohol in der Pfanne zu erwärmen und dann anzuzünden. Zum guten Gelingen gilt es, einige wenige Regeln zu beachten:

1. Nehmen Sie nie irgendeinen minderwertigen Schnaps, sondern guten und hochprozentigen Alkohol (ab 45 % brennt er ganz sicher).

2. Gießen Sie den Alkohol nie direkt aus der Flasche in die Pfanne, da sonst leicht der ganze Flascheninhalt in Flammen aufgehen könnte. Wenn man den Alkohol zuerst in einen Schöpfer oder in ein kleines Pfännchen gießt, kontrolliert man auch besser die Menge. In solchen Behältern kann man den Alkohol auch ein wenig vorwärmen, was sicheres Gelingen garantiert.

3. Am besten zünden Sie den Alkohol an, indem Sie den Rand des Pfännchens in die Nähe der Flamme bringen (durch seitliches Wegrükken). Mit einem Streichholz geht es auch, Sie dürfen dann freilich weder empfindliche Finger haben noch zu lange Manschetten tragen.

4. Die Flamme können Sie sehr leicht kontrollieren. Schütteln Sie die Pfanne, verstärkt sich das Feuer. Durch Umrühren und Vermischen des Alkohols mit der Sauce wird die Flamme kleiner und erstickt mehr oder weniger.
5. Zu Früchten und Nachspeisen passen Rum, Cointreau, Grand Marnier oder Escorial.
6. Zu Fleisch, Fisch und Steaks nimmt man kräftige Schnäpse wie Cognac, Whisky, Calvados oder Gin.
7. Praktisch alle Speisen müssen vor dem Flambieren gekocht und sehr heiß sein. Eine Ausnahme bilden Früchte. Das Feuerwerk trägt nie zum Garwerden bei, und kalte Speisen bleiben kalt. Fleisch soll also in der Küche vorgebraten werden und praktisch gar sein, Mehlspeisen kochend heiß und Früchte zumindest angewärmt.

Wer zum ersten Mal flambiert, sollte sich kleine Portionen vornehmen, am besten für zwei Personen. Bei mehreren Gästen dauert die Vorführung Ihrer Kunst dann zudem noch um so länger. Das Ganze soll ja eine Art Gesellschaftsspiel sein. Wenn man in die Flammen ein wenig Kristallzucker streut, erhält man hübsche Funken, und der Reiz des Feuerwerks wird noch erhöht.

Zum Ausprobieren flambieren Sie am besten zuerst einmal Früchte, da kann überhaupt nichts schiefgehen. Sie werden bald herausfinden, daß Sie – über die folgenden Rezepte hinaus – praktisch alle Früchte, ob frisch oder aus Dosen, flambieren können. Für die Mengenangabe wichtig: 1 Gläschen = 2,5 cl.

Ananasscheiben, flambiert

4 Scheiben Dosenananas, 20 g Butter, 1 Gläschen Kirschwasser, Vanilleeis.

Die Butter in der Flambierpfanne zergehen lassen. Die abgetropften Ananasscheiben in die Butter geben, leicht anbraten, wenden und weiterbraten, bis sie durch und durch heiß geworden sind. Das Kirschwasser darübergießen (eventuell vorher leicht erwärmen) und die Ananasscheiben unter kräftigem Schütteln der Pfanne flambieren.

Verteilen Sie die Ananasscheiben auf Dessertteller und geben Sie auf jeden Teller eine Scheibe Vanilleeis dazu.

Ananasscheiben Baden-Baden

4 Scheiben Dosen-Ananas,
4 El eingemachte Sauerkirschen,
4 Stück Würfelzucker,
1 Zitrone, 1 El Curaçao,
1 Gläschen Kirschwasser.

Die Ananasscheiben nebeneinander in eine Flambierpfanne legen und mit den entsteinten Sauerkirschen umkränzen. Den Würfelzucker an der Zitronenschale reiben und dann in die Mitte der Ananasscheiben legen. 4 El Ananassaft dazugießen und das Ganze zugedeckt bei kleiner Flamme dünsten, bis die Früchte heiß geworden und der Zucker geschmolzen ist. Die heißen Ananasscheiben mit dem Curaçao abschmecken, mit dem Kirschwasser begießen und flambieren.

Verteilen Sie die fertigen Ananasscheiben mit den Sauerkirschen auf Dessertteller. Reichen Sie ungeschlagene Sahne dazu.

Bananen Costa Rica

4 große Bananen, 1 Ei,
1 Tl Zitronensaft,
8 Löffelbiskuits,

Die Bananen schälen, halbieren und sofort in dem mit 1 El Wasser und dem Zitronensaft verquirlten Ei wenden. Die Löffelbiskuits zerbröseln und mit dem Zimt und dem Ingwer mischen. Die Bananen mit dieser Mischung panieren,

in die in der Flambierpfanne erhitzte Butter geben (runde Seite zuerst) und von beiden Seiten goldbraun braten. Den Rum in einer Schöpfkelle erwärmen. Die gebackenen Bananen damit begießen und sofort flambieren. Noch während die Flammen brennen, den Kristallzucker über die Bananen streuen.
Richten Sie die Bananen – zwei Hälften pro Kopf – auf Dessertteller an und reichen Sie etwas geschlagene, ungesüßte Sahne dazu.

1 Messerspitze Zimt, Ingwer, 60 g Butter, 3–4 El Rum, 1 El Kristallzucker.

Honigbananen, flambiert

Die Bananen schälen, der Länge nach halbieren, mit der runden Seite zuerst in die in einer Flambierpfanne erhitzte Butter geben und von beiden Seiten anbraten. Den Honig mit dem Zitronensaft in einem kleinen Pfännchen erwärmen und über die Bananen gießen. Den Zucker darüberstreuen, den Cognac darübergießen und flambieren. Die gehackten Mandeln in die Flammen streuen.
Servieren Sie diese Bananen sofort nach Verlöschen der Flamme und reichen Sie geschlagene oder ungeschlagene Sahne dazu.

4 große Bananen, 40 g Butter, 2 El Honig, 2 El Zitronensaft, 2 Tl brauner Zucker, 1 Gläschen Cognac, 1 El gehackte Mandeln.

Flambieren

Bananen in Sherrysauce

Die Butter in einer Flambierpfanne zerlassen, den Zucker dazugeben und leicht karamelisieren lassen. Die Bananen schälen, der Länge nach halbieren, in die Flambierpfanne geben (runde Seite zuerst), auf beiden Seiten leicht anbraten und dabei mit den Orangenschalen würzen. Die Bananen mit dem Cointreau begießen und flambieren. Diese flambierten Bananen sofort auf gewärmte Dessertteller legen. Den Rückstand in der Pfanne mit dem Orangensaft und dem Sherry aufnehmen, kurz durchkochen und über die Bananen gießen.
Reichen Sie eine Schnitte Vanilleeis oder etwas geschlagene Sahne dazu.

4 große Bananen, 40 g Butter, 4 Tl Kristallzucker, $^1/_2$ Tl getrocknete u. geriebene Orangenschale, 1 Gläschen Cointreau, Saft von 1 Orange, $^1/_8$ l Sherry.

Birnen à l'Orange

Die Birnenhälften gut abtropfen lassen, auf eine flache Schüssel legen, mit dem Sherry übergießen und 15 Minuten marinieren. Die Butter, den Zucker und das Abgeriebene der Orangenschale (ungespritzt) in einer Flambierpfanne erhitzen, bis der Zucker zu karamelisieren beginnt. Die Birnen dazugeben, leicht anbraten lassen, wenden und mit der Orangenmarmelade füllen. Noch so lange – am besten bei zugedeckter Pfanne – weiter erhitzen, bis die Früchte ganz heiß geworden sind. Den Birnenschnaps (oder Cognac verwenden) darübergießen und flambieren.
Bestreuen Sie diese Birnen mit der geriebenen Schokolade und verteilen Sie sie auf Dessertteller. Reichen Sie ungesüßte, geschlagene Sahne dazu.
Zur Abwechslung können Sie die flambierten Birnen auch mit Nescafé bestreuen. Reichen Sie dann statt Sahne Vanilleeis dazu.

4–8 eingemachte Birnenhälften, $^1/_{16}$ l Sherry, 40 g Butter, 2 Tl Zucker, das Abgeriebene einer Orange, 4 Tl Orangenmarmelade, 1 Gläschen Birnenschnaps, 1 El Schokolade.

Feigen, flambiert

Die Feigen in fingerdicke Scheiben schneiden (quer!), mit dem Cognac begießen und 1–2 Stunden marinieren. Die Butter in der Flambierpfanne zerlassen, die marinierten Feigen hineingeben und unter mehrmaligem Wenden erhitzen. Den Escorial grün über die erwärmten Feigen gießen und flambieren.
Verteilen Sie die Feigen sofort auf 4 Dessertteller und reichen Sie zu diesem ausgefallenen Dessert geschlagene Sahne, die vorher wenigstens 1 Stunde im Kühlschrank stehen sollte.

8 grüne Feigen, $^1/_4$ l Cognac, 40 g Butter, 1 Gläschen Escorial grün.

Kirschen, flambiert

500 g Kirschen, 40 g Zucker,
40 g Butter, 4 Tl Zucker,
2 Gläschen Kirschwasser,
1 Gläschen Curaçao.

Die Kirschen waschen und entkernen. Den Zucker in 1/8 l Wasser zum Kochen bringen, die Kirschen darin zugedeckt weichdünsten und dann auf einem Sieb abtropfen lassen. Die Butter in der Flambierpfanne zerlassen, den Zucker dazugeben und leicht karamelisieren lassen. Mit 2 El Kirschsaft aufgießen. Die vorbereiteten Kirschen darin erhitzen, bis sie wieder heiß geworden sind. Den Curaçao und das Kirschwasser darübergießen und die Kirschen unter kräftigem Rütteln der Pfanne flambieren. In 4 Kompottschüsselchen je 1 Schnitte Vanilleeis legen und die Kirschen darüber verteilen.
Sauerkirschen, flambiert können nach demselben Rezept zubereitet werden.

Pfirsiche, flambiert

8 halbe Kompottpfirsiche,
40 g Butter, 2 Tl Zucker,
1 Orange, 1 Gläschen Grand Marnier, 1 Gläschen Cognac,
2 El gehackte Mandeln (oder Pistazien).

Die Pfirsiche gut abtropfen lassen. Die Butter in einer Flambierpfanne zerlassen, den Zucker und das Abgeriebene der Orange (ungespritzt) dazugeben. Die Pfirsiche in die Butter legen (runde Seite zuerst), leicht anbraten, wenden und weiter erhitzen. Den Grand Marnier und den Cognac darübergießen und die Pfirsiche unter kräftigem Schütteln der Pfanne flambieren. Die flambierten Pfirsiche sofort auf Dessertteller legen. Den Rückstand in der Pfanne mit dem ausgepreßten Orangensaft aufnehmen und kurz durchkochen. Die gehackten Mandeln dazugeben und diese Sauce über die Pfirsiche gießen.
Reichen Sie zu den flambierten Pfirsichen Vanilleeis oder ungeschlagene Sahne.
Zur Abwechslung können Sie die Pfirsiche vor dem Flambieren noch mit je 1 Tl Johannisbeergelee füllen. Geben Sie noch 1 El Zitronensaft zur Sauce.

Crêpes Suzette

80 g Mehl, 2 Eier,
1/8 l Milch, 1 Prise Salz,
50 g Butter, 2 El Kristallzucker,
2 Orangen, 1 Gläschen Cointreau,
1 Gläschen Cognac.

Aus Mehl, Eiern, Milch und Salz einen dünnflüssigen Pfannkuchenteig herstellen (jedes Mehl nimmt eine verschiedene Menge Flüssigkeit auf; eventuell noch etwas Milch oder Wasser zusetzen) und wenigstens 1 Stunde ruhen lassen. Aus dem Teig in einer leicht gefetteten Omelettenpfanne kleine dünne Pfannkuchen backen (Achtung, daß sie nicht zu braun werden). Zweimal zusammenfalten und warm stellen.
Die Butter in der Flambierpfanne zerlassen, den Zucker dazugeben und leicht karamelisieren lassen. Die abgeriebene Schale der beiden Orangen (ungespritzt), ihren Saft und den Cointreau dazurühren und kurz durchkochen. Die vorbereiteten Crêpes in die Pfanne geben und unter ständigem Begießen mit der Sauce erhitzen. Den Cognac darübergießen und flambieren. Richten Sie die Crêpes auf Desserttellern an und verteilen Sie die Sauce darüber. Je nach Geschmack können Sie geschlagene oder ungeschlagene Sahne oder auch Vanilleeis dazu reichen.

Crêpes aux Amandes

80 g Mehl, 2 Eier,
1/8 l Milch, 1 Prise Salz,
1 Eigelb, 2 El Curaçao,
100 g Mandeln, 40 g Butter,
1 Gläschen Cognac,
1 El Kristallzucker.

Aus Mehl, Eiern, Milch und Salz einen dünnen Pfannkuchenteig herstellen und daraus, wie bei *Crêpes Suzette* beschrieben, sofort kleine Pfannkuchen backen. Das Eigelb mit dem Curaçao verquirlen und die geschälten, geriebenen Mandeln daruntermischen. Die gebackenen Crêpes mit der Mandelmasse füllen und je nach Belieben zusammenfalten oder zusammenrollen.
Die Butter in der Flambierpfanne zerlassen, die gefüllten Crêpes hineinlegen, mit dem Cognac begießen und flambieren.
Noch vor dem Verlöschen der Flamme den Kristallzucker über die Crêpes streuen.

Crêpes Schwarzwald

Aus Mehl, Eiern, Milch und Salz einen dünnflüssigen Pfannkuchenteig bereiten und nach einstündigem Ruhen kleine dünne Crêpes daraus backen (siehe *Crêpes Suzette*). Die Kirschen mit dem Puderzucker vermischen, auf die warmgestellten Crêpes verteilen und diese zusammenrollen oder zusammenklappen. – Die Butter in der Flambierpfanne erwärmen, die Crêpes hineinlegen und 5 Minuten zugedeckt ziehen lassen; dann mit dem Kirschwasser begießen und flambieren.
Die Crêpes sofort auf Dessertteller verteilen und etwas ungeschlagene (oder geschlagene) Sahne dazu reichen.

80 g Mehl, 2 Eier,
1/8 l Milch, 1 Prise Salz,
300 g dunkle Kirschen,
2–3 El Puderzucker,
20 g Butter, 2 Gläschen
Kirschwasser.

Hühnerbrüste Bourguignon

Die gewaschenen, abgetrockneten Hühnerbrüste möglichst von Haut und Knochen befreien. – Die Tomaten schälen (vorher kurz überbrühen), entkernen und in kleine Würfel schneiden. – Die gewaschenen, geputzten Champignons in feine Scheiben schneiden und sofort mit etwas Zitronensaft beträufeln. – Die Schalotten fein hacken.
Die Butter in der Flambierpfanne erhitzen, die vorbereiteten Hühnerbrüste hineinlegen und von beiden Seiten anbraten. Die gehackte Schalotte mitrösten, bis sie glasig wird. Die Champignonscheiben und die Tomatenwürfel dazugeben, mit Salz und Pfeffer würzen und mit dem Rotwein aufgießen. Alles zugedeckt dünsten, bis die Hühnerbrüste weich geworden sind. Den Cognac darübergeben und flambieren.
Die flambierten Hühnerbrüste sofort auf die Speiseteller verteilen und Trockenreis und grünen Salat dazu reichen.

2 Hühnerbrüste (je 150–200 g),
2 Tomaten, 60 g Champignons,
Zitronensaft, 1 Schalotte,
60 g Butter, Salz, Pfeffer,
1/8 l Rotwein,
2 Gläschen Cognac.

Hühnerbrüste Normandes

Die gewaschenen, abgetrockneten Hühnerbrüste möglichst von Haut und Knochen befreien und vorsichtig flachklopfen. – Den Apfel schälen, vom Kerngehäuse befreien und in hauchdünne Scheiben schneiden. Die Schalotte fein hacken.
Die Butter in der Flambierpfanne erhitzen, die vorbereiteten Hühnerbrüste hineingeben und von beiden Seiten anbraten. Die Schalotte dazugeben und leicht anschwitzen. Die Apfelscheibchen darüberlegen, mit Salz und Pfeffer würzen und mit dem Vermouth begießen. Alles zugedeckt dünsten, bis die Hühnerbrüste weich geworden sind. Den Calvados darübergießen und flambieren.
Richten Sie diese Hühnerbrüste sofort auf Speisetellern an, häufen Sie die Äpfel darüber und begießen Sie das Ganze mit der entstandenen Sauce. Reichen Sie Weißbrot oder Salzkartoffeln dazu.

2 Hühnerbrüste (je 150–200 g),
1 großer säuerlicher Apfel,
1 Schalotte, 60 g Butter, Salz,
Pfeffer, 3 El trockener
Vermouth, 2 Gläschen
Calvados.

Rognons flambés = Kalbsnieren, flambiert

Die Kalbsnieren von Fett und Harnsträngen befreien und in fingerdicke Scheiben schneiden. Die Nierenscheiben mit Mehl stauben, in das in einer Flambierpfanne erhitzte Öl geben und von beiden Seiten braten. Mit Salz und Pfeffer würzen, mit dem Cognac begießen und unter kräftigem Schütteln der Pfanne flambieren. Die Nierenscheiben sofort auf gewärmte Speiseteller verteilen. Den Bratrückstand mit dem Madeira loskochen, mit dem zerstoßenen Rosmarin würzen und mit der Sahne verfeinern. Die Sauce nochmals kurz aufkochen und über die Nieren gießen.
Servieren Sie gedünsteten Reis oder *Champignonreis* dazu.

2 Kalbsnieren, Mehl, 3 El Öl,
Salz, Pfeffer, 1 Gläschen
Cognac, 2 El Madeira,
1 Messerspitze Rosmarin,
4 El Sahne.

Kalbsmedaillons, flambiert, mit Ananas

300 g Kalbsfilet,
Salz, Cayennepfeffer,
1 Ei, 50 g gehobelte Mandeln,
4 El Öl, 20 g Butter, 2 Scheiben Dosenananas, 2 Gläschen Cognac (oder Kirschwasser).

Das gereinigte Kalbsfilet in daumendicke Scheiben schneiden. Diese mit Salz und einer Prise Cayennepfeffer würzen, in dem mit 1 El Wasser verquirlten Ei und dann in den gehobelten Mandeln wenden; die Mandeln dabei gut festdrücken. Das Öl in einer Bratpfanne erhitzen, die vorbereiteten Medaillons hineingeben, 3–4 Minuten pro Seite backen und dann zur Seite stellen.
Die Butter in der Flambierpfanne zerlassen und die Medaillons hineinlegen. Die Ananasscheiben vierteln, zu dem Fleisch geben und unter mehrmaligem Wenden erwärmen. Das Fleisch und die Ananasscheiben mit dem Cognac begießen und flambieren.

Pfeffersteak, flambiert

2 Scheiben Filetsteak
(1–1 $\frac{1}{2}$ cm), Öl, 2–3 El
Pfefferkörner, 40 g Butter,
Salz, 1 Gläschen Whisky,
1 El Petersilie.

Die gereinigten Filetsteaks von beiden Seiten leicht mit Öl bestreichen und dicht mit den zerstoßenen (oder gehackten) Pfefferkörnern bestreuen; den Pfeffer fest andrücken. Die Butter in einer Pfanne erhitzen, die Steaks hineingeben und 3–4 Minuten pro Seite braten; während des Wendens salzen. Die gebratenen Steaks mit dem Whisky begießen und flambieren, die Flammen mit dem Pfannendeckel ersticken. Die Steaks mit der gehackten Petersilie bestreuen und sofort auf 2 Speisetellern anrichten.

Rehmedaillons, flambiert

4–6 Rehmedaillons (1 cm stark),
1 El Öl, 2 El Zitronensaft,
3 El Sherry, 10 Wacholderbeeren,
3 El Preiselbeeren, 40 g Butter,
1 Orange, 1 Gläschen Gin.

Die gereinigten Medaillons mit einer aus Öl, Zitronensaft, Sherry und den zerdrückten Wacholderbeeren gerührten Marinade übergießen, zudecken, 2–3 Stunden ziehen lassen und dann mit Küchenkrepp trockentupfen. Die Marinade durch ein Sieb gießen und mit den Preiselbeeren vermischen.
Die Butter in der Flambierpfanne erhitzen, die Rehmedaillons hineingeben, 3 Minuten pro Seite braten und dabei leicht salzen. Die in Scheiben geschnittene Orange (für jedes Medaillon 1 Scheibe) in der Bratbutter erhitzen und dann auf die Medaillons legen. Den Gin darübergießen und flambieren.
Verteilen Sie die Medaillons sofort auf 2 Speiseteller, übergießen Sie sie mit dem entstandenen Saft und geben Sie die mit der Marinade vermischten Preiselbeeren daneben. Reichen Sie *Kartoffelkroketten* dazu.
Hirschmedaillons, flambiert werden wie *Rehmedaillons, flambiert* zubereitet. Verwenden Sie 4 daumendick geschnittene Hirschmedaillons.

Krustentiere, flambiert

250 g Krustentiere, ausgelöst,
Mehl, 50 g Butter,
2 El trockener Sherry,
1 Gläschen Cognac,
$\frac{1}{16}$ l Sahne.

Sie können für dieses Rezept frische, tiefgekühlte oder konservierte Krustentiere (Scampi, Krebse, Krabben, Hummer) verwenden. Frische Tiere müssen gekocht und ausgelöst, tiefgekühlte Tiere aufgetaut, konservierte Tiere kurz mit kaltem Wasser überbraust und auf Küchenkrepp getrocknet werden.
Die Butter in der Flambierpfanne zerlassen, die mit Mehl gestaubten Tiere hineingeben, mit Salz und Pfeffer würzen und mit dem Sherry aufgießen. Alles erhitzen, bis die Flüssigkeit nahezu verdampft ist. Mit dem Cognac begießen und unter kräftigem Schütteln der Pfanne flambieren. Die Flammen mit der Sahne ablöschen, nochmals gut verrühren und sofort auf Speisetellern anrichten.

Gemüseeintopf Prinzeß ▷

WARME MEHLSPEISEN

Für viele Feinschmecker gehört die warme Mehlspeise zu einer wirklich guten Küche. Wenn sie heute nicht so oft auf den Tisch kommt, liegt das an der Angst vor allzuviel Kalorien. Dabei hat ein saftiger Apfelstrudel oder Kirschstrudel nicht viel mehr Kalorien als etwa ein Kompott.

Wir sollten deshalb die köstlichen Mehlspeisen nicht nur den Kindern, sondern auch uns von Zeit zu Zeit gönnen. Denn wenn man einen duftenden Auflauf, einen lockeren Pudding, einen saftigen Strudel, einen goldgelben Schmarren, einen knusprigen Pfannkuchen, Rohrnudeln mit Vanillecreme oder süße Knödel auf den Tisch stellt, wird man kaum der Versuchung widerstehen können, auch mitzuhalten.

Alle diese Speisen werden in Süddeutschland und Österreich besonders gepflegt. Sie bilden nicht nur eine Nachspeise, sondern oft genug den Hauptgang einer Mahlzeit. Wer vorher eine Gemüsesuppe, eine Rohkostplatte oder einen pikanten Salat reicht, der stellt mit einer reichlich bemessenen Mehlspeise jeden Feinschmecker zufrieden.

Die Herstellung einer guten Mehlspeise ist gar nicht so schwierig und zeitraubend, wie oft angenommen wird.

Aufläufe können schon beizeiten vorbereitet werden. Sie werden kurz vor Verwendung fertiggestellt (Schneezugabe) und in einer gebutterten, mit Bröseln ausgestreuten Auflaufform gebacken.

◁ Vanilleflammeri (hinten), Mohr im Hemd und Rote Grütze mit Vanillesauce

Ähnlich, nur noch feiner und lockerer sind die heute zu Unrecht aus der Mode gekommenen *Kochpuddings.* (Der bei uns allgemein als »Pudding« bezeichnete kalte Nachtisch ist eigentlich ein Flammeri. Sie finden die entsprechenden Rezepte im Kapitel *Nachspeisen.*) Sie sind einfach herzustellen und gelingen immer, wenn die folgenden Regeln beachtet werden:
Die gut gerührte Puddingmasse in eine gefettete, mit Semmelbröseln oder mit Kristallzucker ausgestreute Puddingform füllen. Die Form verschließen und zu 2/3 in heißes Wasser stellen. Den Pudding bei gleichmäßig sprudelndem Wasser 60–90 Minuten kochen. Dann noch etwa 5 Minuten in der Form ruhen lassen und stürzen. (Den Rand vorher mit einem spitzen Messer lösen.) Noch leichter löst sich der Pudding aus der Form, wenn Sie sie für einen Moment in kaltes Wasser tauchen.
Noch schneller – dank der fertig erhältlichen Strudelteigblätter – sind die *Strudel* zubereitet. Vor allem die Obststrudel haben den Vorteil, daß sie kalorienarm sind. Ausgesprochene Schnellgerichte sind die *Schmarren* und *Pfannkuchen.* Mit geringem Arbeitsaufwand erhalten Sie schmackhafte Gerichte.
Etwas komplizierter und langwieriger in der Zubereitung sind die *süßen Knödel,* die *Rohrnudeln* . . . aber die Mühe lohnt!

Apfelauflauf

8 kleine Äpfel, 1/4 l Weißwein,
80 g Zucker, 1 Paket Vanillezucker
8 Tl Aprikosenmarmelade,
4 Eier, 1 Zitrone, 60 g Zucker,
60 g Semmelbrösel

Die Äpfel schälen, das Kerngehäuse herausstechen, in den kochenden, mit Zucker und Vanillezucker gewürzten Wein geben und bei geschlossenem Topf weichdünsten (etwa 10 Minuten). Dann nebeneinander in eine gebutterte, mit Brösel ausgestreute Auflaufform stellen und mit der Aprikosenmarmelade füllen. – Die Eigelbe mit 2/3 des Zuckers, dem Zitronensaft und dem Abgeriebenen einer Zitronenschale (ungespritzt) schaumig rühren. Die Semmelbrösel daruntermischen und zuletzt den mit dem restlichen Zucker steifgeschlagenen Eischnee einziehen. Die Masse über die Äpfel geben und alles in dem auf 180° erhitzten Rohr 10–20 Minuten überbacken.
Servieren Sie den Auflauf direkt in der Form und reichen Sie *Vanillesauce* dazu.

Brombeerpastete auf englische Art

150 g Mehl, 1/2 Tl Salz,
80 g Butter,
30 g Schweineschmalz,
500 g Äpfel, etwa 150 g Zucker,
1/8 l Weißwein, 1 kg Brombeeren.

Das Mehl in eine Schüssel sieben, mit dem Salz mischen, das in kleine Stückchen geschnittene Fett (Butter und Schmalz; Sie können auch nur Butter oder Margarine verwenden) darüberstreuen und alles mit den Fingerspitzen zu einer krümeligen Masse verreiben. Dann 1–2 El eiskaltes Wasser dazugeben und das Ganze rasch zu einem glatten, festen Teig verkneten, der noch 1/2 Stunde kalt ruhen muß. Die Äpfel schälen, entkernen, in dickere Scheiben schneiden, mit 1–2 El Zucker im Wein halbgar dünsten und abkühlen lassen.
Die Brombeeren waschen, gut abtropfen lassen, in eine nicht zu große Auflaufform füllen und mit Zucker bestreuen. Die Äpfel darüber verteilen. 1/4 des Teiges zu einer fingerdicken Rolle formen und an dem befeuchteten oberen Rand der Auflaufform festdrücken. Den restlichen Teig zu einer runden Platte etwa in der Größe der Auflaufform ausrollen, vorsichtig (am besten mit Hilfe der Teigrolle) über die Früchte breiten und leicht an den Teigring andrücken. Den überhän-

genden Teig bis auf ½ cm – der mit einer Gabel am Formrand festgedrückt wird – abschneiden; er kann zu Verzierungen, die mit einigen Tropfen Wasser am Pastetendeckel festgeklebt werden, verwendet werden. Zuletzt 2–3 kleine Löcher als Dampfabzug in den Pastetendeckel schneiden. Dann die Pastete in dem auf 180° erhitzten Rohr 25–30 Minuten hellbraun backen. Sie kommt in der Auflaufform heiß zu Tisch. Dort wird zunächst der Deckel abgehoben und in Portionsstücke geteilt. Danach kann sich jeder eine beliebige Menge Früchte nehmen.
Reichen Sie, nach englischem Brauch, *Vanillesauce* dazu; auch geschlagene oder ungeschlagene Sahne paßt sehr gut.
Die Brombeerpastete gehört zu den besten der bekannten englischen »Fruitpies«. Beliebte andere Pasteten, die sich nur durch die Füllung unterscheiden, sind:

Apfelpastete: Die Äpfel schälen, entkernen, in kleine dünne Scheiben schneiden und sofort mit Zucker, Zitronensaft, dem Abgeriebenen einer Zitronenschale (ungespritzt) und Zimt vermengen und in die Auflaufform füllen.

1–1½ kg Äpfel, etwa 150 g Zucker, ½ Zitrone, ½ Tl Zimt.

Rhabarberpastete: Den Rhabarber schälen, in 2 cm große Stücke schneiden, mit Zucker, Vanillezucker und Ingwer mischen und in die Auflaufform füllen.

1–1½ kg Rhabarber, etwa 150 g Zucker, 1 Paket Vanillezucker, 1 Messerspitze Ingwer.

Mehlspeisen

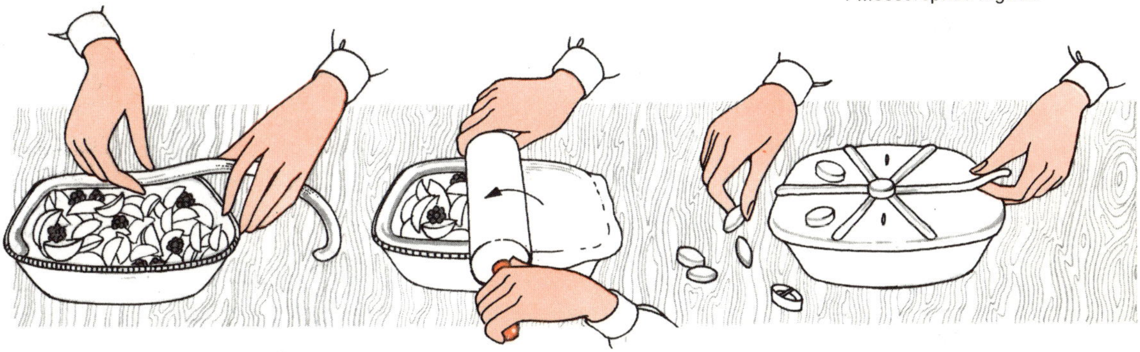

Pastete: Teigrollen befestigen — Teigdeckel darüberlegen — backfertig

Flämischer Brotauflauf

Das Weißbrot entrinden, in kleine Stücke zerteilen, mit dem Orangensaft begießen und gut ziehen lassen (½ Stunde). Die Butter mit dem Zucker, dem Abgeriebenen der Zitronenschale und den einzeln hinzugefügten Eigelben schaumig rühren. Das Brot mit dem Orangensaft dazugeben und glatt rühren. Zuletzt den steifgeschlagenen Eischnee einrühren. Die Masse in eine gebutterte, mit Brösel ausgestreute Auflaufform füllen und 30–40 Minuten in einem auf 160° vorgeheizten Rohr überbacken.

250 g Weißbrot, ½ l Orangensaft, 100 g Butter, 100 g Zucker, das Abgeriebene einer Zitronenschale, 2 Eier.

Erdbeersoufflé

Die Löffelbiskuits zerbrechen und auf dem Boden einer gebutterten Auflaufform verteilen. Die entstielten und gut abgetropften Erdbeeren halbieren, mit Zucker und Vanillezucker mischen, über die Löffelbiskuits geben und mit dem Cognac beträufeln. Die Eigelbe mit ¾ des Zuckers dick-schaumig schlagen. Das gesamte Eiweiß mit dem restlichen Zucker sehr steif schlagen und unterziehen. Die Schaummasse über die Erdbeeren häufen. Das Soufflé in dem auf 180° erhitzten Rohr 10–15 Minuten goldgelb backen.

10 Löffelbiskuits, 600 g Erdbeeren, 1 El Cognac, 5 Eier, 50 g Zucker.

Grießauflauf

$^1/_2$ l Milch, 1 Prise Salz, 1 Paket Vanillezucker, 40 g Butter, 100 g Grieß, 40 g Butter, 80 g Zucker, 3 Eier, 15 g Butter, Semmelbrösel.

Die Milch mit Salz, Vanillezucker und Butter zum Kochen bringen. Den Grieß dazufließen lassen, unter ständigem Rühren einen dicken Brei kochen und abkühlen lassen. Die Butter mit $^2/_3$ des Zuckers und den nach und nach hinzugefügten Eigelben schaumig rühren. Den Grießbrei darunterrühren und zuletzt den mit dem restlichen Zucker sehr steif geschlagenen Schnee einziehen. Die Masse in eine gebutterte, mit Brösel ausgestrichene Form füllen und in dem auf 180° erhitzten Rohr 40–50 Minuten backen. – Den Auflauf stürzen oder direkt in der Backform zu Tisch geben. Reichen Sie Kompott oder einen Fruchtsaft dazu.
Eine besonders schmackhafte Variante: Backen Sie den Auflauf in einer niedrigen Form, die Sie – anstelle der Semmelbrösel – mit geschälten, geriebenen Mandeln ausgestreut haben. Stürzen Sie den Auflauf, schneiden Sie ihn in Scheiben, und reichen Sie eine mit etwas Wein verrührte Hagebuttenmarmelade dazu.

Kirschmichel

6 altbackene Semmeln, $^3/_8$ l Milch, 125 g Butter, 125 g Zucker, 5 Eier, 1 Prise Salz,1 Messerspitze Zimt, 1 Messerspitze Kardamom, 100 g Mandeln, 750 g Kirschen.

Die Semmeln in feine Scheiben oder Würfel schneiden (Sie können auch Knödelbrot verwenden) und mit der leicht erwärmten Milch übergießen. Die Butter mit etwa 100 g Zucker, den Eigelben und den Gewürzen schaumig rühren. Die geschälten, geriebenen Mandeln und die eingeweichten Semmeln daruntermischen. Die Kirschen waschen, entsteinen und unter die Auflaufmasse geben. Zuletzt den mit dem restlichen Zucker sehr steif geschlagenen Schnee einziehen. Das Ganze in eine gebutterte, mit Semmelbrösel ausgestreute Form geben und in dem auf 160° erhitzten Rohr 50–60 Minuten backen.
Servieren Sie den Kirschmichel direkt in der Form und reichen Sie geschlagene oder ungeschlagene Sahne dazu. Der Kirschmichel kann auch kalt gegessen werden.

Schwarzwälder Kirschplozzer

200 g Roggenbrot, $^1/_8$ l Rotwein, 150 g Butter, 150 g Zucker, 2 Pakete Vanillezucker, 5 Eier, $^1/_2$ Tl Zimt, 750 g Kirschen.

Das Roggenbrot in kleine Stücke schneiden oder zerreiben, mit dem Wein begießen und durchziehen lassen. Die Butter mit 100 g Zucker, Vanillezucker, Eigelb und Zimt schaumig rühren, das mit dem Wein getränkte Brot dazugeben und zuletzt den mit dem restlichen Zucker sehr steif geschlagenen Schnee einziehen. – Die gewaschenen Kirschen entsteinen und mit Zimt und Zucker nach Geschmack würzen. – Die Hälfte des Teiges in eine gut gebutterte, mit Semmelbrösel ausgestreute Auflaufform geben, die gezuckerten Kirschen hineinlegen und mit dem restlichen Teig bedecken. Den Kirschplozzer in dem auf 160° erhitzten Rohr 50–60 Minuten goldbraun backen.
Den Kirschplozzer heiß in der Form zu Tisch geben und mit geschlagener oder ungeschlagener Sahne auftragen. Sie können ihn auch abkühlen lassen, stürzen und mit heißer *Vanillesauce* reichen.

Quarkauflauf

500 g Quark, $^1/_{16}$ l Sahne, 5 Eier, 100 g Zucker, 50 g Grieß, das Abgeriebene einer Zitronenschale, 50 g Rosinen, 10 g Butter.

Den Quark passieren und mit der Sahne, den Eigelben, $^2/_3$ des Zuckers, dem Grieß und dem Abgeriebenen der Zitronenschale (ungespritzt) schaumig rühren. Die Rosinen daruntermischen und zuletzt das gesamte, mit dem restlichen Zucker sehr steif geschlagene Eiweiß einziehen. Die Quarkmasse in eine gut gebutterte, mit Semmelbrösel ausgestreute Auflaufform füllen und in dem auf 160° erhitzten Rohr 60–70 Minuten backen.
Geben Sie diesen Auflauf direkt in der Backform zu Tisch und reichen Sie *Vanillesauce* oder Kompott dazu.

Quark-Grießauflauf

Die Milch mit dem Salz zum Kochen bringen, den Grieß dazugeben, bei schwacher Hitze zu einem dicken Brei kochen und abkühlen lassen. – Den Quark passieren, mit Eigelb, Zucker, dem Abgeriebenen der Zitronenschale (ungespritzt) und dem Grießbrei vermischen. Die geschälten, geriebenen Mandeln, die gewaschenen, abgetrockneten und die in Mehl gewälzten Rosinen und den steifen Eischnee daruntermischen. Die Masse in eine gebutterte, mit Semmelbrösel ausgestreute Auflaufform füllen, mit Butterflöckchen belegen und in dem auf 160° erhitzten Rohr 60–70 Minuten backen.
Reichen Sie einen Fruchtsaft dazu.

½ l Milch, Salz, 100 g Grieß,
250 g Quark, 4 Eier,
100 g Zucker, das Abgeriebene einer Zitronenschale,
100 g Mandeln, 100 g Rosinen,
20 g Butter, Semmelbrösel.

Quarkauflauf mit Kirschen

Den Quark passieren und mit den Eigelben, dem Zucker und dem Abgeriebenen der Zitronenschale (ungespritzt) schaumig rühren. Den mit dem Backpulver vermischten Grieß, die gewaschenen und entsteinten Kirschen und zuletzt den steifen Eischnee (aus dem gesamten Eiweiß) daruntermischen. Die Masse in eine gut gebutterte, mit Semmelbrösel ausgestreute Backform füllen und 60–70 Minuten in dem auf 160° erhitzten Rohr backen.
Geben Sie *Vanillesauce* dazu.

500 g Quark, 3 Eier,
125 g Zucker, das Abgeriebene einer Zitronenschale,
60 g Grieß, ½ Paket Backpulver, 500 g Kirschen,
20 g Butter, Semmelbrösel.

Omelette soufflé

Omelette soufflé ist keine Omelette, sondern ein Auflauf! Die Eigelbe mit der Hälfte des Zuckers schaumig rühren. Das gesamte Eiweiß mit dem restlichen Zucker sehr steif schlagen. Die Eigelbmasse vorsichtig unter den Schnee ziehen. Eine flache feuerfeste Schüssel mit der Butter ausstreichen, die Omelettemasse hineinfüllen und in dem auf 180° erhitzten Rohr etwa 8 Minuten überbacken.

2 Eigelbe, 100 g Zucker,
4 Eiweiß, 10 g Butter.

Reisauflauf

Den sauber gewaschenen Reis 3–4 Minuten in Salzwasser vorkochen, abseihen und lauwarm überbrausen. Die Milch mit Salz, Zimtrinde und der Zitronenschale aufkochen, den Reis dazugeben und bei schwacher Hitze gar kochen (20 Minuten). – Die Butter mit einem Teil des Zuckers und den nacheinander hinzugefügten Eigelben schaumig rühren. Den Milchreis daruntermischen (Zimtrinde und Zitronenschale vorher entfernen) und zuletzt den mit dem restlichen Zucker steifgeschlagenen Schnee einziehen. Die Reismasse in eine gebutterte, mit Brösel ausgestreute Form geben und in dem auf 160° erhitzten Rohr 50–60 Minuten backen. Den Reisauflauf auf eine Platte stürzen oder direkt in der Backform zu Tisch geben. Reichen Sie Kompott oder Fruchtsaft dazu.

125 g Milchreis,
½ l Milch, Salz, 1 Zimtrinde,
1 Zitronenschale,
50 g Butter, 50 g Zucker,
3 Eier.

Reisauflauf mit Äpfeln

Eine Reisauflaufmasse wie oben beschrieben herstellen. Die Äpfel schälen, entkernen, in dünne Scheiben schneiden (Gurkenhobel), sofort mit dem Zitronensaft vermischen und mit Zimt und Zucker (Menge nach Geschmack) würzen. – Die Hälfte der Masse in eine gebutterte, mit Semmelbrösel ausgestreute Auflaufform füllen, die gewürzten Äpfel darüberlegen und mit der restlichen Reismasse bedecken. Den Auflauf 50–60 Minuten in dem auf 160° erhitzten Rohr backen, auf eine Platte stürzen und mit Vanillesauce zu Tisch geben.
Bei diesem Rezept können Sie die Äpfel auch durch 500 g entsteinte, gezuckerte Kirschen oder durch 500 g gut abgetropfte, gedämpfte Aprikosen ersetzen.

Zutaten wie zu Reisauflauf,
500 g herbe Äpfel,
1 El Zitronensaft, Zucker,
Zimt.

Überbackener Reisschaum

200 g Milchreis, $^3/_4$ l Milch, 30 g Butter, 1 Prise Salz, 30 g Zucker, 1 Paket Vanillezucker, 1 Zimtrinde, 1 Stück Zitronenschale, 1 Stück Orangenschale, 3 Eier, 5 El Orangenmarmelade, 3 El Kristallzucker.

Den Reis sauber waschen, 5 Minuten in Salzwasser vorkochen, abseihen, kalt überbrausen und gut abtropfen lassen. Die Milch mit Butter, Salz, Zucker, Vanillezucker, Zimtrinde, Zitronen- und Orangenschale (ungespritzt) aufkochen. Den Reis darin bei schwacher Hitze gar kochen. Nach dem Abkühlen die Eigelbe einrühren. Die Reismasse in eine leicht gefettete Auflaufform geben, mit der Orangenmarmelade bestreichen und in dem auf 200° erhitzten Rohr 10 Minuten überbacken. Inzwischen das gesamte Eiweiß mit 3 El Kristallzucker (einzeln dazugeben) steifschlagen und auf die überbackene Reismasse häufen. Das Ganze nochmals 5 Minuten in das erhitzte Rohr stellen (die Konturen des Eischnees sollen etwas anbräunen).
Den Reisschaum sofort in der Backform zu Tisch geben.

Salzburger Nockerl

4 Eier, 60 g Zucker, 20 g Mehl, 60 g Butter.

Aus den Eiweißen zunächst allein, dann mit dem Zucker nach und nach einen sehr steifen Schnee schlagen. Die verquirlten Eigelbe vorsichtig darunterrühren; das Mehl darübersieben und behutsam einziehen. – Die Butter in einer flachen feuerfesten Schüssel erhitzen. Die Eischneemasse darin in Form von 3 großen Nockerln in dem auf 200° erhitzten Rohr 10 Minuten goldbraun überbacken.
Die Salzburger Nockerl direkt auf den Tisch bringen (dabei vor Zugluft schützen!), da sie sehr leicht zusammenfallen.

Salzburger Cremenockerl

40 g Butter, 60 g Zucker, 3 Eier, 10 g Mehl, $^1/_8$ l Milch, 1 Paket Vanillezucker.

Die Butter mit 1 El Zucker und den nach und nach hinzugefügten Eigelben schaumig rühren. Das gesamte Eiweiß mit dem restlichen Zucker (langsam dazugeben) steifschlagen. – Das gesiebte Mehl unter die Schaummasse heben und den Schnee vorsichtig einziehen. – Die Milch in einer feuerfesten Form aufkochen, die Nockerlmasse dazugeben und alles in dem auf 220° erhitzten Rohr rasch goldbraun überbacken (5 Minuten). Die »Nockerl« sollen innen cremig sein! Sie werden mit Puderzucker bestreut und in der Form zu Tisch gegeben.

Scheiterhaufen

6 altbackene Semmeln, $^1/_2$ l Milch, 3 Eier, das Abgeriebene einer Zitrone, 750 g Äpfel, Zucker, Zimt, 50 g Rosinen, 50 g Walnüsse, 20 g Butter.

Die Semmeln in dünne Scheiben oder in kleine Würfel schneiden. Die Milch mit den Eiern und dem Abgeriebenen einer Zitronenschale (ungespritzt) verquirlen und über die Semmeln gießen; gut durchziehen lassen. – Die Äpfel schälen, entkernen, raspeln und mit Zucker, Zimt (Menge nach Geschmack und nach der Süße der Äpfel), den gewaschenen und abgetrockneten Rosinen und den geriebenen Nüssen mischen. Eine Auflaufform gut buttern und die eingeweichten Semmeln abwechselnd mit dem Apfelgemisch hineinfüllen; die letzte Schicht soll aus Semmelstücken bestehen. Die restliche (in der Schüssel zurückgebliebene) Eiermilch darübergießen und einige Butterflöckchen daraufgeben. Den Scheiterhaufen in dem auf 160° erhitzten Rohr 40–50 Minuten goldbraun backen.

Semmelauflauf

6 altbackene Semmeln, $^3/_8$ l Milch, 80 g Butter, 80 g Zucker, 1 Paket Vanillezucker,

Die Semmeln in feine Scheiben oder in kleine Würfel schneiden und mit der Milch einweichen. Die Butter mit $^2/_3$ des Zuckers, dem Vanillezucker, dem Abgeriebenen der Zitronenschale (ungespritzt) und den Eigelben schaumig rühren. Die eingeweichten Semmeln und die gewaschenen und abgetrockneten Rosinen dazugeben und zuletzt den mit dem restlichen Zucker steifgeschlagenen Schnee aus dem gesamten Eiweiß einziehen. Die Masse in eine gut gebutterte, mit Brösel ausgestreute Form füllen und in dem auf 160° erhitzten Rohr 40–50 Minuten backen.

das Abgeriebene einer Zitrone, 3 Eier, 100 g Rosinen, 20 g Butter, Semmelbrösel.

Zitronenauflauf

Die Eigelbe mit $\frac{2}{3}$ des Zuckers, dem Abgeriebenen einer Zitronenschale (ungespritzt) und dem Zitronensaft schaumig rühren. Die geschälten, geriebenen Mandeln und das Stärkemehl dazugeben und zuletzt den mit dem restlichen Zucker steifgeschlagenen Eischnee einziehen. Die Masse in eine gut gebutterte, mit Semmelbrösel (oder geriebenen Mandeln) ausgestreute Auflaufform füllen und 20–30 Minuten in dem auf 140° erhitzten Rohr backen.

4 Eier, 70 g Zucker, 1 Zitrone, 70 g Mandeln, 30 g Stärkemehl, 10 g Butter.

Brotpudding

Die Brösel mit dem Wein befeuchten und gut durchziehen lassen. Die Butter mit dem Zucker und den hintereinander hinzugefügten Eigelben schaumig rühren. Die geriebenen Nüsse, die eingeweichten Brotbrösel und die gewaschenen, abgetrockneten Rosinen dazugeben. Zuletzt den steifgeschlagenen Schnee aus dem gesamten Eiweiß dazugeben. Die Masse in eine gebutterte, mit Zucker ausgestreute Form füllen und 60–70 Minuten im Wasserbad kochen. Den Pudding 5 Minuten ruhen lassen und auf eine Platte stürzen.
Servieren Sie den Brotpudding mit *Vanillesauce* oder *Weinschaumsauce*.

120 g geriebenes Schwarzbrot, $\frac{1}{8}$ l Rotwein, 70 g Butter, 70 g Zucker, 5 Eier, 1 Messerspitze Zimt, das Abgeriebene einer Zitrone, 50 g Walnüsse, 50 g Rosinen.

Mehlspeisen

Westfälischer Pudding

Bereiten Sie einen Brotpudding mit zerriebenem Pumpernickel anstelle des geriebenen Roggenbrotes, und geben Sie noch 40 g geriebene Schokolade und $\frac{1}{8}$ l Rum in die Puddingmasse.

Grießpudding

Die Milch mit Salz, Vanillezucker und dem Abgeriebenen einer Zitronenschale (ungespritzt) aufkochen, den Grieß dazufließen lassen. Das Ganze zu einem dicken Brei kochen und abkühlen lassen. – Die Butter mit $\frac{3}{4}$ des Zuckers und den nacheinander hinzugefügten Eigelben schaumig rühren und mit dem Grießbrei vermengen. Zuletzt den mit dem restlichen Zucker sehr steif geschlagenen Schnee (vom gesamten Eiweiß) einziehen. Die Masse in eine gut gebutterte, mit Zucker ausgestreute Puddingform füllen, verschließen und den Pudding 60–70 Minuten im Wasserbad kochen. Den Pudding kurz ruhen lassen, auf eine Platte stürzen und sofort zu Tisch geben.
Servieren Sie den Pudding mit eingemachten Früchten (sehr hübsch ist es, wenn Sie sie in das Puddingloch füllen) oder mit Fruchtsaft.

$\frac{1}{2}$ l Milch, Salz, das Abgeriebene einer Zitrone, 120 g Grieß, 80 g Butter, 80 g Zucker, 4 Eier, 10 g Butter, Zucker, 1 Paket Vanillezucker.

Mandelpudding

Die Butter mit $\frac{3}{4}$ des Zuckers, den Eigelben und dem Bittermandelaroma schaumig rühren. Die geschälten, geriebenen Mandeln und das Stärkemehl dazugeben und den mit dem restlichen Zucker steifgeschlagenen Eischnee einziehen. Die Masse in eine gut gebutterte, mit Zucker ausgestreute Puddingform füllen, verschließen und 60–70 Minuten im Wasserbad kochen. Den Pudding 5 Minuten ruhen lassen und dann auf eine gewärmte Platte stürzen.
Servieren Sie den Mandelpudding mit geschlagener Sahne, im Mixer verquirlten Erdbeeren (oder Himbeeren) oder einem Fruchtsaft.

100 g Butter, 80 g Zucker, 5 Eier, 1 Bittermandelaroma, 150 g Mandeln, 30 g Stärkemehl.

Mehlpudding

100 g Mehl, 100 g Butter, $^3/_8$ l Milch, 5 Eier, 100 g Zucker, 1 Paket Vanillezucker, 1 Prise Salz.

Das Mehl in der Butter anschwitzen, mit der erwärmten Milch aufgießen und kochen, bis sich die Masse vom Topf löst; abkühlen lassen. Die Eigelbe einzeln dazurühren, $^3/_4$ des Zuckers, den Vanillezucker und das Salz dazugeben und am Schluß den mit dem restlichen Zucker steifgeschlagenen Eischnee unterziehen. Die Masse in eine gut gebutterte, mit Zucker ausgestreute Puddingform füllen, verschließen und 70–80 Minuten im Wasserbad kochen. Den Pudding kurz abkühlen lassen und dann auf eine Platte stürzen. Den Pudding mit Fruchtsaft oder Kompott auftragen. Dieser Pudding kann auf verschiedene Arten abgewandelt werden; dabei erhalten Sie immer neue Mehlspeisen:

Apfelpudding: Mischen Sie 3 geschälte, entkernte, geviertelte und in Scheiben geschnittene Äpfel mit dem Zucker unter die Puddingmasse. Reichen Sie *Vanillesauce* dazu.

Ingwerpudding: Mischen Sie 100 g kleingeschnittenen kandierten Ingwer mit dem Zucker unter die Puddingmasse. Reichen Sie *Himbeersauce* dazu.

Orangenpudding: Schälen Sie 1–2 Orangen (die weiße Haut völlig entfernen), schneiden Sie sie in Stücke und geben Sie sie mit dem Zucker zum Pudding. Reichen Sie erhitzte, mit etwas Weißwein angerührte Orangenmarmelade dazu.

Schokolade-Nußpudding: Mischen Sie 50 g geriebene Schokolade und 50 g grob gehackte Walnüsse mit dem Zucker unter die Puddingmasse. Reichen Sie ungeschlagene Sahne dazu.

Mohr im Hemd

100 g Butter, 100 g Zucker, 100 g Schokolade, 5 Eier, 100 g Mandeln, 40 g Semmelbrösel, 20 g Mehl, $^1/_4$ l Sahne.

Die Butter mit $^2/_3$ des Zuckers, der im Wasserbad erwärmten Schokolade und den nacheinander hinzugefügten Eigelben sehr schaumig rühren. Die mit einem Tuch abgewischten, ungeschälten und geriebenen Mandeln, die Semmelbrösel und das Mehl einrühren. Das gesamte Eiweiß mit dem restlichen Zucker sehr steif schlagen und unter die Schokoladenmasse ziehen. Die Masse in eine gut gebutterte, mit Zucker ausgestreute Puddingform füllen, verschließen und 60–70 Minuten im Wasserbad kochen. Den Pudding kurz ruhen lassen, auf eine Platte stürzen und mit geschlagener Sahne bekränzen (Abb. s. S. 366).

Nußpudding

100 g Butter, 100 g Zucker, 5 Eier, 150 g geriebene Walnüsse, 20 g Orangeat, 40 g Semmelbrösel.

Die Butter mit $^3/_4$ des Zuckers und den Eigelben schaumig rühren. Die geriebenen Nüsse und das fein gehackte Orangeat dazugeben und zuletzt den mit dem restlichen Zucker steifgeschlagenen Eischnee einziehen. Die Masse in eine gut gebutterte, mit Zucker ausgestreute Puddingform füllen, verschließen und 60–70 Minuten im Wasserbad kochen. Den Pudding 5 Minuten ruhen lassen und dann auf eine Platte stürzen.

Zum Nußpudding passen geschlagene oder ungeschlagene Sahne oder *Weinschaumsauce* besonders gut.

Weinpudding

5 Eier, 100 g Zucker, 100 g Semmelbrösel, 20 g Butter, $^1/_4$ l Weißwein, 40 g Zucker, 2 Stück Zimtrinde, 6 Gewürznelken.

Die Eigelbe mit dem Zucker sehr schaumig rühren. Die Semmelbrösel dazugeben und den mit 1 Tl Wasser steifgeschlagenen Schnee einziehen. Die Masse in eine gut gebutterte, mit Zucker ausgestreute Puddingform füllen, verschließen und 60–70 Minuten im Wasserbad kochen. Den Pudding kurz ruhen lassen und dann auf eine Platte stürzen. Den Wein mit dem Zucker und den Gewürzen aufkochen, abseihen und langsam über den Pudding gießen, der damit durchtränkt wird. Reichen Sie geschlagene Sahne dazu.

Strudelteig

250 g feines Mehl, 1 Tl Salz, 2 El Öl.

Das Mehl mit dem Salz auf ein Brett sieben und – am besten mit einer Gabel – mit dem Öl und lauwarmem Wasser zu einem weichen Teig vermischen. (Die Wassermenge hängt ganz von der Qualität des Mehls ab.) Den Teig gut durchkneten und dabei immer wieder auf das Brett schlagen, bis er vollkommen glatt und seidig glänzend geworden ist, dann halbieren und mit einer angewärmten Schüssel zugedeckt ½ Stunde ruhen lassen.
Den Teig danach auf ein bemehltes Tuch geben, zunächst zu einem großen Rechteck ausrollen und dann durch Untergreifen mit dem Handrücken weiter ausziehen, bis er hauchdünn geworden ist. (Am leichtesten fällt diese Arbeit auf einem mittelgroßen Tisch; Sie können den Teig dann über die ganze Tischfläche ausziehen und über die Tischränder spannen.) Den leicht verdickten Rand entfernen (er kann zerteilt als Suppeneinlage verwendet werden) und den Teig mit geschmolzener Butter bepinseln.
Wer sich nicht die Mühe machen will, den Strudelteig selbst herzustellen, findet im Handel bereits ausgezogene Strudelteigblätter von ausgezeichneter Qualität. Diese werden nach Öffnen der Packung sofort auf ein feuchtes Tuch gelegt, mit Fett bepinselt und dann wie der selbstgemachte Teig weiterverarbeitet.
Den Strudel auf eine der folgenden Arten fertigstellen. Achten Sie beim Füllen darauf, daß vom Teig an den Seiten etwa 3 cm, am Ende 10–15 cm frei bleiben.

Apfelstrudel

Strudelteig, 80 g Butter, 100 g Semmelbrösel, 50 g Butter, 1½ kg Äpfel, 150 g Zucker, 1 Tl Zimt, das Abgeriebene einer Zitrone, Nüsse.

Den Strudelteig mit einem Teil der geschmolzenen Butter bestreichen und die in 50 g Butter gerösteten Semmelbrösel als eine dünne Schicht daraufstreuen. Die Äpfel schälen, entkernen, in ganz feine Scheiben schneiden (verwenden Sie am besten einen Gurkenhobel) und über die Brösel verteilen. Mit Zucker, Zimt, dem Abgeriebenen einer Zitronenschale (ungespritzt) und den geriebenen Nüssen bestreuen. Den Strudel mit Hilfe des Tuches fest einrollen und – Nahtstellen nach unten – auf ein gebuttertes Blech legen. Mit reichlich geschmolzener Butter bestreichen und in dem auf 160° erhitzten Rohr goldbraun backen (Backzeit: etwa 20 Minuten; eventuell während des Backens noch mit Butter bestreichen). Den Strudel in 5–8 cm große Portionsstücke teilen, mit Zucker bestreuen und auf einer Platte anrichten. Apfelstrudel schmeckt warm und kalt ausgezeichnet. Sie können den Apfelstrudel abwandeln, indem Sie einige gereinigte Rosinen auf die Äpfel streuen; Sie können auch die geriebenen Nüsse wegfallen lassen.

Strudelteig ausziehen — füllen — einrollen

Grießstrudel

Strudelteig, 90 g Butter, 4 Eier, 1/4 l Sahne, 210 g grober Grieß, 1 Prise Salz, 20 g Butter, 50 g Semmelbrösel, 50 g Butter.

Die Butter mit den nacheinander hinzugefügten Eigelben schaumig rühren. Die Sahne und den Grieß dazugeben, leicht salzen, nochmals gut verrühren und 1/2 Stunde zugedeckt ruhen lassen. Das gesamte Eiweiß mit einer Prise Salz sehr steif schlagen und vorsichtig einziehen. Den Strudelteig mit der zerlassenen Butter bepinseln, mit der Grießmasse bestreichen und mit Hilfe des Tuches locker zusammenrollen. Den Strudel mit einem in Mehl getauchten Kochlöffelstiel in 5–8 cm breite Stücke teilen (den Stiel dabei so fest herunterdrücken, daß oberste und unterste Teigschicht aneinanderkleben). Die einzelnen Stücke mit einem nassen Messer vollständig auseinanderschneiden und die Teigränder gut zusammendrücken. Die Strudelstücke in kochendes Salzwasser geben, bei geschlossenem Topf 20 Minuten ziehen lassen (nach 10 Minuten wenden!), aus dem Wasser nehmen, gut abtropfen lassen und sofort auf einer gewärmten Platte anrichten. Auf jedes Strudelstück 1 Tl der in der Butter goldbraun gerösteten Semmelbrösel legen.
Geben Sie den Strudel sofort zu Tisch und reichen Sie Zwetschgenkompott dazu.

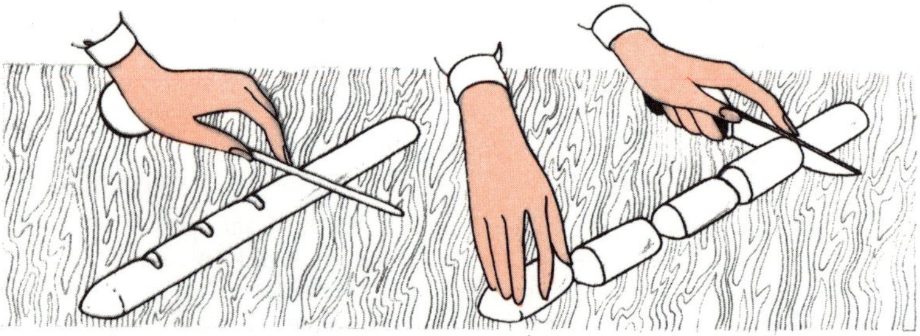

Grießstrudel teilen durchschneiden

Kirschenstrudel

Strudelteig, 1 1/2 kg dunkle Kirschen, 40 g Butter, 120 g Semmelbrösel, 60 g Butter, Zucker nach Bedarf.

Die Kirschen waschen, gut abtropfen lassen und entsteinen. Die Semmelbrösel in 40 g Butter hellgelb rösten. Den Strudelteig mit einem Teil der zerlassenen Butter beträufeln und mit den Semmelbröseln bestreuen. Die Kirschen darüber verteilen und nach Geschmack zuckern. Den Strudel mit Hilfe des Tuches einrollen, auf ein gebuttertes Backblech legen (Nahtstellen nach unten), mit der restlichen Butter bepinseln und in dem auf 160° erhitzten Backrohr langsam goldbraun backen (etwa 30 Minuten). Den Strudel in 5–10 cm breite Stücke schneiden und vorsichtig (die Kirschen fallen leicht heraus) auf einer gewärmten Platte anrichten. Kirschenstrudel wird heiß oder kalt gegessen.

Quarkstrudel

1 Strudelteig, 80 g Butter, 80 g Zucker, 1 Paket Vanillezucker, 1 El Zitronensaft, das Abgeriebene von 1/2 Zitrone, 500 g Quark, 3/8 l Sahne, 3 Eiweiß, 60 g Butter.

Die Butter mit 2/3 des Zuckers, Vanillezucker, Zitronensaft und dem Abgeriebenen einer ungespritzten Zitronenschale schaumig rühren. Den passierten Quark und die Sahne dazurühren und zuletzt den mit dem restlichen Zucker sehr steif geschlagenen Eischnee einziehen. Den Strudelteig mit einem Teil der zerlassenen Butter bestreichen, die Quarkmasse darauf verteilen und den Strudel durch Anheben des Tuches zusammenrollen, auf ein gefettetes Backblech geben (Nahtseite nach unten), mit der restlichen Butter bestreichen und in dem auf 180° erhitzten Backrohr goldgelb backen. Den Strudel auf dem Backblech in etwa 5 cm große Stücke schneiden und auf eine gewärmte Platte legen. Quarkstrudel wird warm aufgetragen und schmeckt besonders gut mit *Vanillesauce*. Reste können auch kalt gegessen werden.

Rhabarberstrudel

Strudelteig, 1 kg Rhabarber, 40 g Butter, 120 g Semmelbrösel, 60 g Butter, 250–300 g Zucker.

Den Rhabarber waschen, schälen und in ½ cm lange Stücke schneiden. Die Semmelbrösel in der Butter leicht anrösten und auf den mit zerlassener Butter bepinselten Strudelteig streuen. Die Rhabarberstückchen darauf verteilen und stark zuckern. Den Strudel mit Hilfe des Tuches einrollen, mit der Nahtseite nach unten auf ein gut gebuttertes Backblech legen, mit der restlichen Butter bestreichen und in dem auf 160° erhitzten Rohr goldbraun backen. Den Strudel in etwa 5 cm große Portionsstücke teilen und auf einer Platte anrichten. Er kann warm oder kalt gegessen werden.
Reichen Sie zum Rhabarberstrudel geschlagene oder ungeschlagene Sahne, sie mildert die natürliche Säure des Rhabarbers.

Zwetschgenstrudel

Strudelteig, 120 g Butter, 120 g Zucker, 2 Eier, 80 g Semmelbrösel, 2–3 El Milch, 100 g Mandeln, 40 g Butter, 1 kg Zwetschgen, Zucker, Zimt, Nelkenpulver.

Die Butter mit ¾ des Zuckers und den nacheinander hinzugefügten Eigelben schaumig rühren. Die mit der Milch befeuchteten Semmelbrösel und die sauber abgewischten, mit der Schale geriebenen Mandeln dazugeben und zuletzt den mit dem restlichen Zucker sehr steif geschlagenen Eischnee einziehen. Die Masse auf den mit ganz wenig zerlassener Butter bepinselten Strudelteig streichen. Die gewaschenen, halbierten, entsteinten Zwetschgen darauf verteilen und mit Zucker, Zimt und einer Prise Nelkenpulver bestreuen. Den Strudel mit Hilfe des Tuches zusammenrollen und auf einem gefetteten Blech (Nahtseite nach unten) bei 160° langsam goldbraun backen. Den Strudel in etwa 5 cm breite Stücke schneiden, leicht überzuckern, auf einer Platte anrichten und sofort auftragen. (Oder als kaltes Dessert aufbewahren.)

Apfelkücherl

3–4 große Äpfel, ½ El Zitronensaft, Zimt, Zucker, 150 g Mehl, 1 Prise Salz, 1 El Öl, 2 Eier, ¼ l Weißwein.

Die Äpfel schälen (das Kerngehäuse herausstechen), in etwa 1 cm dicke Scheiben schneiden, mit etwas Zitronensaft beträufeln, mit Zimt und Zucker bestreuen und zugedeckt durchziehen lassen. Das Mehl mit Salz, Öl, Eigelb und dem Weißwein zu einem glatten Teig verrühren und ½ Stunde ruhen lassen. Das gesamte Eiweiß mit einer Prise Salz steifschlagen und unterziehen. Die Apfelspalten in den Teig tauchen und in stark erhitztem Fett goldbraun backen (etwa 6–8 Minuten, dazwischen wenden). Die Kücherl gut abtropfen lassen, mit Zucker bestreuen und auf einer gewärmten Platte sofort auftragen. Am besten gelingen die Apfelkücherl, wenn sie schwimmend (Fettopf oder Friteuse) gebacken werden.

Apfelschmarren

150 g Mehl, Salz, 20 g Zucker, 4 Eier, etwa ¼ l Milch, 4 Äpfel, Zimt, Zucker, etwa 6 El Öl.

Mehl, Salz, Zucker, Eigelb und die nötige Menge Milch zu einem glatten dickflüssigen Teig verrühren und 1 Stunde ruhen lassen. Das gesamte Eiweiß steifschlagen und unter den Teig ziehen. Die Äpfel schälen, entkernen, raspeln, mit Zimt und Zucker würzen, kurz durchziehen lassen und unter den Teig mischen. Den Teig in erhitztes Fett (in eine Stielpfanne) geben, Deckel schließen, 4–5 Minuten backen, wenden, weitere 4–5 Minuten backen, mit zwei Gabeln zerpflücken und noch 5 Minuten ziehen lassen. Den Apfelschmarren auf einer gewärmten Platte anrichten und mit Puderzucker bestreuen.

Kirschenschmarren

Wird wie Apfelschmarren zubereitet. Mischen Sie anstelle der Äpfel 500 g gewaschene, entsteinte Kirschen unter den Teig.

Arme Ritter

6 altbackene Semmeln, ½ l Milch, 2 Eier, 1 Messerspitze Salz, 30 g Zucker, 1 Paket Vanillezucker, das Abgeriebene einer ½ Zitrone, Semmelbrösel, Backfett, 3 El Puderzucker, 1 Tl Zimt.

Die Semmeln entrinden (mit einem Reibeisen abreiben) und halbieren. Die Milch mit den Eiern verquirlen, mit Salz, Zucker, Vanillezucker und dem Abgeriebenen der ungespritzten Zitronenschale würzen, über die Semmeln gießen und gut durchziehen lassen. Die Semmeln dann in den Semmelbröseln wenden, in das erhitzte Fett geben (wenigstens 1 cm hoch in der Pfanne, noch besser: Sie backen die Armen Ritter schwimmend im Fettopf) und von beiden Seiten goldbraun backen. Die Armen Ritter gut abtropfen lassen, mit Zimt und Zucker bestreuen, auf einer gewärmten Platte anrichten und mit Kompott auftragen.

Versoffene Jungfern

Zutaten wie für Arme Ritter, ½ l Rotwein, 30–40 g Zucker, 1 Stück Zimt, 3 Nelken.

Die Brötchen wie oben beschrieben in der Eiermilch ziehen lassen, in Semmelbrösel wenden, goldbraun backen und in einer gewärmten Schüssel anrichten. Den Wein mit Zucker, Zimt und Nelken bis nahe zum Siedepunkt erhitzen und über die Brötchen gießen. Die Schüssel zudecken und die Versoffenen Jungfern vor dem Auftragen noch kurz durchziehen lassen.

Grießschnitten

1 l Milch, Salz, 40 g Zucker, die Schale einer Zitrone, 250 g Grieß, 2 Eier, 1 Ei, Semmelbrösel, Fett zum Backen.

Die Milch mit Salz, Zucker und der Zitronenschale (ungespritzt) zum Kochen bringen. Den Grieß langsam dazufließen lassen. Unter ständigem Rühren einen dicken Grießbrei kochen. Die Zitronenschale entfernen. Nach dem Abkühlen die 2 Eier in den Brei einrühren, etwa 1 cm dick auf ein nasses Brett (oder Backblech) streichen und 2 Stunden kühl stellen. Aus der erstarrten Grießmasse beliebig große Vierecke schneiden, in dem mit 1 El Wasser verquirlten Ei und den Semmelbröseln wenden und im heißen Fett goldbraun backen.
Die Grießschnitten mit Puderzucker bestreuen, auf einer gewärmten Platte anrichten und mit Kompott zu Tisch geben.

Grießschmarren auf Wiener Art

¾ l Milch, 120 g Butter, Salz, 350 g Grieß.

Die Milch mit Butter und Salz aufkochen, den Grieß langsam dazufließen lassen und bei schwächster Hitze stocken lassen. Die Masse in einer geschlossenen Kasserolle in einem auf 100° erhitzten Rohr dünsten; dabei immer wieder mit 2 Gabeln lockern. Der Schmarren soll locker und luftig sein und höchstens vereinzelt einige Krusten aufweisen.
Servieren Sie den Schmarren mit Zucker bestreut auf einer gewärmten Platte und reichen Sie Kirschenkompott oder Aprikosenkompott dazu.

Kaiserschmarren

200 g Mehl, ½ Tl Salz, 30 g Zucker, 5 Eier, etwa ⅜ l Milch.

Das Mehl mit Salz, Zucker, Eigelb und der nötigen Menge Milch zu einem glatten, dickflüssigen Teig verrühren und 1 Stunde ruhen lassen. Das gesamte Eiweiß sehr steif schlagen und unter den Teig ziehen. Das Fett in einer Stielpfanne erhitzen, den Teig hineingeben (er sollte 1½–2 cm hoch in der Pfanne stehen), Deckel schließen und backen, bis die Unterseite braun geworden ist (etwa 4 Minuten). Dann wenden, auf der anderen Seite braun backen, mit 2 Gabeln in kleine Stücke zerzupfen und noch 5 Minuten dünsten lassen. Den Schmarren mit reichlich Puderzucker bestreuen und auf einer gewärmten Platte anrichten.
Reichen Sie Kompott oder Fruchtsaft als Beilage.
Wenn Sie wollen, können Sie noch 50 g gequollene, abgetrocknete Rosinen unter den Teig mischen.

Hollerkücherl

Die Holunderblüten waschen und gut abtropfen lassen. Das Mehl mit dem Salz, dem Öl, den Eigelben und dem Bier glatt verrühren und ½ Stunde ruhen lassen. Das Eiweiß mit dem Salz steifschlagen und vorsichtig unterziehen. Die trockenen Holunderblüten in den Backteig tauchen, in dem im Fettopf stark erhitzten Fett von beiden Seiten goldbraun backen. (Backen Sie nicht mehr als eine, höchstens zwei Blütendolden auf einmal!) Die Hollerkücherl auf Küchenkrepp abtropfen lassen, mit Zucker bestreuen und auf einer gewärmten Platte anrichten.

etwa 12 Holunderblüten,
150 g Mehl, 1 Prise Salz,
1 El Öl, 2 Eier, ¼ l Bier.

Semmelschmarren

Die Semmeln in ½ cm dicke Scheiben schneiden. Die Milch mit Eiern und Salz verquirlen, über die Semmeln gießen und gut durchziehen lassen (½ Stunde). Die Butter in einer Pfanne erhitzen und die Semmelmasse darin unter häufigem Wenden goldbraun backen. Den Semmelschmarren mit Zucker (dem Sie 1 Tl Zimt beimischen können) bestreuen und dann auf einer gewärmten Platte zu Tisch geben.
Reichen Sie Pflaumenkompott oder anderes Kompott dazu.

6 altbackene Semmeln,
½ l Milch, 3 Eier, Salz,
100 g Butter, Puderzucker.

Pfannkuchen = Eierkuchen = Palatschinken

Das Mehl mit Salz, Eiern, Milch und Wasser zu einem glatten, dünnen Teig verrühren und ½ Stunde ruhen lassen. In einer Stielpfanne ganz wenig Fett erhitzen, einen mittleren Schöpflöffel voll Teig hineingeben und durch Drehen der Pfanne so auseinanderlaufen lassen, daß die ganze Pfanne gleichmäßig mit einer dünnen Teigschicht bedeckt ist. Die Pfannkuchen auf der Unterseite hellbraun backen, wenden, noch etwas Fett seitlich zugeben und auf der anderen Seite braun backen. Mit dem restlichen Teig genauso verfahren.
Die Pfannkuchen zusammenklappen, mit Puderzucker bestreuen und auf einer gewärmten Platte anrichten.
Sie können die fertigen Pfannkuchen auch – so ist es in Österreich üblich – dünn mit einer erwärmten, beliebigen Marmelade bestreichen (Aprikosen, Johannisbeeren oder Himbeeren sind besonders geeignet), zusammenrollen, mit Puderzucker bestreuen und so zu Tisch geben.
Pfannkuchen schmecken am besten ganz frisch! Wollen Sie sie besonders flaumig haben, können Sie das Eiweiß absondern, steifschlagen und unmittelbar vor dem Backen unterziehen. Diese Pfannkuchen müssen allerdings dicker gebacken werden, sie lassen sich nicht mehr so gut einrollen und sie werden nur zusammengeklappt.

200 g Mehl, Salz, 2 Eier,
¼ l Milch, ¼ l Wasser,
Fett zum Backen.

Obstpfannkuchen

Aus Mehl, Salz, Eigelb, Milch und Wasser einen glatten Pfannkuchenteig zubereiten und wenigstens ½ Stunde ruhen lassen. Die Äpfel schälen, entkernen, raspeln und unter den Teig mischen. Zuletzt den mit einer Prise Salz steifgeschlagenen Schnee einziehen. In einer Stielpfanne etwas Fett erhitzen, einen großen Eßlöffel Teig darin hellbraun backen, wenden (lassen Sie die Pfannkuchen am besten auf einen Deckel gleiten und von diesem wieder zurück in die Pfanne), noch etwas Fett zugeben und auf der anderen Seite goldbraun backen. Die Pfannkuchen zusammenklappen, mit Zucker bestreuen und auf einer gewärmten Platte anrichten.
Besonders schmackhaft werden die Obstpfannkuchen, wenn Sie statt der Apfelstücke Heidelbeeren oder Kirschen unter den Teig mischen.

200 g Mehl, Salz, 2 Eier,
⅛ l Milch, ¼ l Wasser,
500 g Äpfel, Fett zum Backen.

Quarkpfannkuchen

200 g Mehl, Salz, 2 Eier,
1/4 l Milch, Fett zum Backen,
250 g Quark, 2 Eigelbe,
4 El Sahne, 40 g Zucker,
1/2 Zitrone, 20 g Butter,
1/4 l Sahne.

Aus Mehl, Salz, Eiern, Milch und 1/4 l Wasser einen glatten Pfannkuchenteig bereiten, 1/2 Stunde ruhen lassen und dünne Pfannkuchen daraus backen. Den Quark passieren, mit Eigelb und Sahne glattrühren und mit Zucker, Vanillezucker, dem Abgeriebenen und dem Saft der Zitrone (ungespritzt) würzen. Das gesamte Eiweiß mit einer Prise Salz sehr steif schlagen und unter die Quarkmasse mischen. Die Pfannkuchen damit bestreichen, einrollen, in eine gebutterte Bratpfanne (oder eine feuerfeste Schüssel) legen und mit der Sahne begießen. Das Ganze so lange in ein auf 120° erhitztes Rohr stellen, bis die Sahne aufgesogen worden ist.
Reichen Sie *Schokoladensauce* dazu.

Schaumomelette

3 Eier, 30 g Zucker, 10 g Mehl,
20 g Butter.

Die Eigelbe mit dem Zucker schaumig rühren. Das gesiebte Mehl und den steifgeschlagenen Eischnee schnell und vorsichtig einziehen. Die Omelettenmasse in eine Stielpfanne (verwenden Sie nach Möglichkeit eine eigene Omelettenpfanne) geben und bei schwacher Hitze backen, bis die Unterseite goldbraun, die Oberseite noch leicht cremig ist. Die Schaumomelette aus der Pfanne gleiten lassen, zusammenklappen und mit Puderzucker bestreuen.
Besonders gut schmeckt die Schaumomelette, wenn sie mit 1–2 El beliebiger Marmelade gefüllt wird.
Die oben angegebene Menge reicht für 2 Personen. Omeletten für mehrere sollten Sie getrennt zubereiten!

Schaumomelette mit Erdbeeren

200–250 g Erdbeeren,
40–50 g Puderzucker, 3 Eier,
30 g Zucker, 10 g Mehl,
20 g Butter.

Die Erdbeeren waschen, entstielen, gut abtropfen lassen und halbieren. Aus Eiern, Zucker und Mehl eine *Schaumomelette* backen und mit den gezuckerten Erdbeeren füllen.
Servieren Sie die Schaumomelette sofort und reichen Sie geschlagene Sahne dazu.
Dieses Gericht können Sie genausogut mit gezuckerten Himbeeren oder gezukkerten Brombeeren zubereiten.

Apfelknödel

250 g Mehl, 1–2 Tl Salz,
1 Messerspitze Backpulver,
2 Eier, Milch, 1/2 Zitrone,
3–4 Äpfel, 1 El Zimt,
2 El Puderzucker, 60 g Butter.

Das Mehl mit Salz und Backpulver mischen, mit den Eiern verrühren und so viel Milch dazugeben, daß ein fester »Spätzleteig« entsteht. Mit dem Saft und der abgeriebenen ungespritzten Schale der halben Zitrone würzen. Die Äpfel schälen, entkernen, in kleine Würfel schneiden und unter den Teig mischen. Mit einem Eßlöffel große Nockerl abstechen, in kochendes Salzwasser legen und 15 Minuten ziehen lassen (dazwischen wenden). Die Apfelknödel sehr gut abtropfen lassen, auf einer gewärmten Platte anrichten, mit dem mit Zucker vermischten Zimt bestreuen und mit der gebräunten Butter übergießen.

Böhmische Rahmdalken

1/4 l Sahne, 3 Eier, 50 g Zucker,
150 g Mehl, 1 Prise Salz,
50 g Butter.

Die Sahne mit den Eigelben und dem Zucker gut verrühren. Das Mehl und den mit einer Prise Salz steifgeschlagenen Eischnee unterziehen. Die Masse löffelweise in eine gefettete Spiegeleierpfanne geben und von beiden Seiten hellbraun backen. Zwischen je 2 Dalken Marmelade streichen, Zucker darüberstreuen und sofort zu Tisch geben.

Böhmische Hefeknödel

300 g Mehl, 15 g Hefe, 30 g Zucker, Milch nach Bedarf, Salz, 1–2 Eier (nach Größe), 30 g Butter, Pflaumenmus, 50 g Mohn.

Die Hefe mit 2–3 El Milch und 1 Tl Zucker verrühren und zugedeckt gehen lassen. Das Mehl mit der Hefe, mit Salz, dem restlichen Zucker, den Eiern und der zerlassenen Butter vermischen und lauwarme Milch dazugeben, bis ein mittelfester Teig entsteht. Den Teig mit einem großen Kochlöffel schlagen, bis er vollkommen glatt ist und Blasen wirft, kurz ruhen lassen (5 Minuten), eine dicke Rolle formen und in 8 Stücke teilen. Jedes Stück flachdrücken, mit einem knappen Löffel Pflaumenmus füllen, gut verschließen und mit der Nahtstelle nach unten auf ein gestaubtes Brett legen. Mit einem sauberen Tuch bedecken, etwa 20 Minuten gehen lassen und dann in kochendes Salzwasser legen. (Verwenden Sie einen genügend großen Topf, die Knödel gehen stark auf!). Die Knödel 5–6 Minuten im geschlossenen Topf bei schwacher Hitze kochen, wenden, mit einer Stopfnadel mehrmals einstechen und weitere 5 Minuten in offenem Topf kochen.
Die fertigen, gut abgetropften Knödel auf einer gewärmten Platte anrichten, mit gezuckertem, geriebenem Mohn bestreuen und mit der gebräunten Butter übergießen. Sofort auftragen! Wollen Sie ganz sicher sein, daß die Knödel nicht zusammenfallen, kochen Sie auf folgende Weise: Ein feuchtes Tuch über eine mit Wasser gefüllte große Kasserolle spannen, mit Mehl stauben, die Knödel in größerem Abstand voneinander darauflegen, mit einer genau passenden Schüssel bedecken und etwa 20 Minuten im Dampf garen.

Hefeknödel kochen (in Wasser) (in Dampf)

Dampfnudeln

400 g Mehl, 20 g Hefe, 60 g Zucker, $\frac{1}{8}$–$\frac{1}{4}$ l Milch, 1 Tl Salz, 80 g Butter, 2 Eier, $\frac{1}{4}$ l Milch, 80 g Butter, 20 g Zucker.

Das Mehl in eine Schüssel sieben und in der Mitte eine Vertiefung anbringen. Die zerbröselte Hefe in diese Vertiefung geben, mit etwas Zucker bestreuen, mit einigen Eßlöffeln lauwarmer Milch begießen und zugedeckt gehen lassen. Das Mehl mit der Hefe, dem restlichen Zucker, dem Salz, der zerlassenen Butter und den Eiern vermischen, mit lauwarmer Milch (nach Bedarf) zu einem weichen Teig verrühren, dann schlagen, bis er vollkommen glatt ist und Blasen wirft, zudecken und etwa 1 Stunde gehen lassen. Dann mit einem Eßlöffel Nudeln abstechen (etwa in der Größe eines Tischtennisballes) und auf einem bemehlten Brett zugedeckt $\frac{1}{2}$ Stunde gehen lassen. – Die Milch mit Butter und Zucker in einer großen Kasserolle erhitzen, die Nudeln hineinsetzen, gut verschließen und bei ganz schwacher Hitze etwa 30 Minuten gar ziehen lassen. Der Deckel darf erst nach beendeter Garzeit, wenn die Nudeln zu »kochen« oder zu »singen« beginnen (ein eigenartiges Geräusch, das auch die ungeübte Köchin leicht erkennt), wieder geöffnet werden. Die Nudeln haben die Flüssigkeit vollkommen aufgesogen und sind locker aufgegangen. Die Oberfläche soll ganz hell, der Boden mit einer Kruste bedeckt sein. Sie werden auf einer gewärmten Platte angerichtet. Die Fettrückstände aus der Kasserolle lösen und in kleinen Häufchen auf die angerichteten Nudeln setzen.
Servieren Sie die Dampfnudeln noch warm und reichen Sie Vanillesauce dazu.

Rohrnudeln

400 g Mehl, 20 g Hefe, 60 g Zucker, 1/8–1/4 l Milch, 1 Tl Salz, 80 g Butter, 2 Eier, 100 g Butter.

Aus Mehl, Hefe, Zucker, Milch, Salz, Butter und Eiern einen weichen Hefeteig – wie unter *Dampfnudeln* beschrieben – zubereiten und 1/4 Stunde ruhen lassen. Mit einem Teelöffel kleine Nudeln abstechen, in der zerlassenen Butter drehen, dicht nebeneinander in eine Bratpfanne setzen und zugedeckt 30–40 Minuten gehen lassen. Die Nudeln in dem auf 180° erhitzten Rohr etwa 20 Minuten goldbraun backen. (Die Rohrnudeln gehen besonders duftig auf, wenn Sie die Backofentüre während der ersten 5 Minuten einen Spalt geöffnet lassen!) Die Rohrnudeln aus der Pfanne stürzen, voneinander lösen, überzuckern und auf einer gewärmten Platte zu Tisch geben. Reichen Sie *Vanillesauce* dazu.

Rohrnudeln, gefüllt

Einen Hefeteig wie bei *Rohrnudeln* beschrieben zubereiten, kurz ruhen lassen, mit einem Eßlöffel größere Nudeln abstechen, mit je 1/2 Tl Pflaumenmus oder Aprikosenmarmelade füllen, gut verschließen, in zerlassener Butter wenden und mit der Nahtseite nach unten möglichst eng in eine Bratpfanne setzen. Die Nudeln zugedeckt 3/4 Stunde gehen lassen und in einem auf 180° erhitzten Rohr etwa 1/2 Stunde goldbraun backen.
Diese Rohrnudeln können außerdem mit Mohn oder mit Quark gefüllt werden:

100 g Mohn, gemahlen, 1 El Honig, 2 El Milch, 1/2 Tl Rum, 1/2 Tl Semmelbrösel.

Mohnfüllung: Den geriebenen Mohn mit Honig, Milch, Rum und Semmelbrösel unter ständigem Rühren bis nahe zum Kochen erhitzen, abkühlen lassen und in die Rohrnudeln füllen.

250 g Quark, 30 g Butter, 30 g Zucker, 1/2 abgeriebene Zitronenschale.

Quarkfüllung: Die Butter mit dem Zucker, dem Abgeriebenen einer Zitronenschale (ungespritzt) und dem Eigelb schaumig rühren. Den passierten Quark und das steifgeschlagene Eiweiß dazugeben. Jeweils 1/2 Tl dieser Füllung in die Rohrnudeln geben.

Liwanzen

250 g Mehl, 15 g Hefe, 1/4–3/8 l Milch, 30 g Zucker, 40 g Butter, 1 Ei, 1/2 Tl Salz, das Abgeriebene einer Zitrone, etwa 100 g Schmalz oder Öl zum Backen, 20 g Butter, Zimt, Zucker.

Aus der Hefe, 1/8 l lauwarmer Milch und etwas Zucker einen Vorteig bereiten und gehen lassen. Das Mehl, die zerlassene Butter, das Ei und die Geschmackszutaten dazugeben und das Ganze mit lauwarmer Milch (nach Bedarf) zu einem zähflüssigen Teig verarbeiten. Den Teig schlagen, bis er seidig glatt wird und Blasen wirft. Dann 1 Stunde zugedeckt gehen lassen. – In den Vertiefungen einer Spiegeleierpfanne (in Böhmen gibt es eigene Liwanzen-Pfannen, die mehrere kleinere Vertiefungen haben) eine kleine Menge Fett zergehen lassen. 1 El Teig hineingeben und bei mittlerer Hitze von beiden Seiten goldgelb backen.
Die Liwanzen noch heiß mit Butter bestreichen und in Zimt und Zucker wälzen.
In Prag, der Heimat dieser böhmischen Spezialität, werden die Liwanzen mit Powidl (=Pflaumenmus) bestrichen und mit ungeschlagener Sahne begossen oder mit einem Tupfen saurer Sahne verziert.

Böhmische Dalken

Böhmische Dalken sind eine Abwandlung der Liwanzen. Sie werden genauso zubereitet und gebacken. Zwischen je 2 Dalken wird eine beliebige Marmelade gefüllt; sie werden dann stark überzuckert auf einer gewärmten Platte zu Tisch gebracht.

Zitronenquarkcreme, Creme Negresco und Orangen-Fruchtgelee ▷

Topfenknödel = Quarkknödel

Die Butter mit Zucker, Salz und den Eiern schaumig rühren. Den passierten Quark, den Grieß und die Semmelbrösel daruntermischen und das Ganze 1 Stunde zugedeckt ruhen lassen. Aus dem Teig kleine Knödel formen (etwa in der Größe eines Tischtennisballs), in kochendes Salzwasser geben und 10–15 Minuten ziehen lassen. Die Knödel herausnehmen, gut abtropfen lassen, in den in der Butter gerösteten Semmelbröseln wälzen und auf einer gewärmten Platte anrichten. Servieren Sie Pflaumenkompott dazu.

50 g Butter, 30 g Zucker,
1 Prise Salz, 2 Eier,
500 g Quark, 150 g Grieß,
20 g Semmelbrösel,
60 g Butter, 120 g Semmelbrösel.

Zwetschgenknödel aus Brandteig

Die gewaschenen, abgetrockneten Zwetschgen entsteinen und den Stein durch ½ Zuckerstück ersetzen. – Butter und Salz mit dem Wasser aufkochen, das Mehl dazugeben und das Ganze erhitzen, bis sich der Teig vom Topfboden löst. Nach dem Erkalten das Ei einarbeiten, den Teig auf einem bemehlten Brett durchkneten, bis er vollkommen glatt ist. Dann 2–3 mm dick ausrollen und – je nach Größe der Zwetschgen – in etwa 7–9 cm große Stücke schneiden. Auf jedes Teigstückchen eine der Zwetschgen geben, mit dem Brandteig überziehen und zu einem Knödel rollen. Die Knödel in kochendes Wasser legen und etwa 10 Minuten darin gar ziehen lassen. Die Knödel herausheben, sehr gut abtropfen lassen, in den in der Butter hellbraun gerösteten Semmelbröseln wenden, auf einer gewärmten Platte anrichten und mit Puderzucker bestreuen.

1 kg Zwetschgen,
Würfelzucker, 30 g Butter,
1 Tl Salz, 250 g Mehl,
1 Ei, 120 g Semmelbrösel,
60 g Butter, Puderzucker.

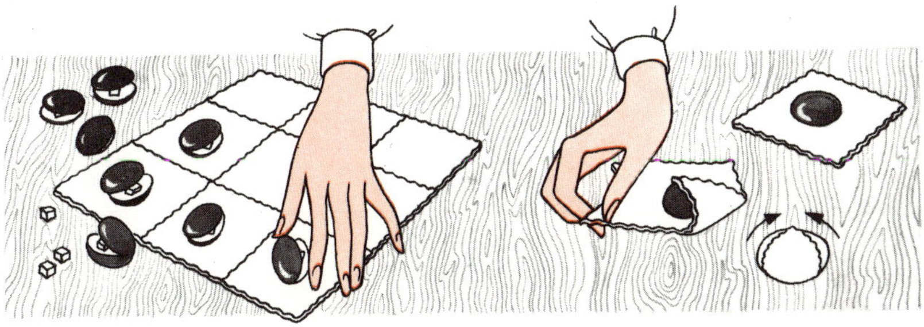

Zwetschgen auf den Teig legen — einrollen

Zwetschgenknödel aus Kartoffelteig

Die mit der Schale in Salzwasser gedämpften Kartoffeln schälen und durch die Kartoffelpresse drücken. Den Kartoffelbrei mit Mehl, Grieß, Ei und der zerlassenen Butter vermischen, auf einem bemehlten Brett durchkneten und – wie oben beschrieben – zu Zwetschgenknödeln verarbeiten.

1 kg Zwetschgen, Würfelzucker,
500 g Kartoffeln, 120 g Mehl,
30 g Grieß, 1 Ei, 30 g Butter,
120 g Semmelbrösel,
60 g Butter, Puderzucker.

Marillenknödel = Aprikosenknödel aus Brandteig

Werden wie *Zwetschgenknödel aus Brandteig* zubereitet. Verwenden Sie etwa 1 kg gewaschene, entsteinte Aprikosen und ersetzen Sie jeden Stein durch 1 Stück Würfelzucker. Kochen Sie die Knödel etwa 20 Minuten.

◁ *Apfelrollen, Orangen-Quarktorte, Quark-Apfelkuchen und Aprikosenkuchen mit Quark*

NACHSPEISEN

Eine gut gelungene Nachspeise ist mehr als nur ein Abschluß einer Mahlzeit. Sie ist es, die uns die Tafel in gehobener Stimmung und bester Laune verlassen läßt. Aus diesem Grund sollten wir ihr bei der Zubereitung unsere ganze Aufmerksamkeit schenken.
In diesem Kapitel finden Sie beliebte Nachspeisen wie Flammeris, Grützen, Cremes, Geleespeisen, Eisspeisen und Obstspeisen. Achten Sie bei der Wahl des Nachtischs darauf, daß er sich in Geschmack und Farbe vom Hauptgericht abhebt.

FLAMMERIS UND GRÜTZEN

Der *Flammeri* – im allgemeinen Sprachgebrauch kurz Pudding genannt – zählt zu den beliebtesten Nachspeisen. Er ist erfrischend, bekömmlich, kalorienarm und schnell zubereitet. Der Flammeri ist ein kalter, erstarrter Brei, der mit Stärkemehl, Grieß oder Reis zubereitet und mit den unterschiedlichsten Geschmackszutaten angereichert wird. Er sollte einige Stunden vor Verwendung zubereitet werden. Die heiße Flammerimasse wird in eine kalt ausgespülte Form gefüllt und – nach dem Abkühlen – in den Kühlschrank gestellt. Vor der Verwendung löst man den Rand des Flammeris mit einem spitzen Messer, legt eine Platte über die Form und stürzt ihn durch rasches Umdrehen. – Sollte sich der Pudding einmal nicht aus der Form lösen, halten Sie ein heißes nasses Tuch über die Form.
Eine Abart der Flammeris ist die *Grütze*. Sie wird aus Fruchtsaft, der mit Stärkemehl angedickt wird, zubereitet. Grützen sind – eisgekühlt – ein besonders erfrischender sommerlicher Nachtisch.

Flammeris und Grützen sind in zahlreichen Varianten als Fertigprodukte im Handel. Sie werden genau nach Gebrauchsanweisung zubereitet, können aber noch mit einer persönlichen Note verfeinert werden:
Rühren Sie 1 Eigelb unter die gekochte Flammerimasse.
Schlagen Sie 1 oder 2 Eiweiß steif und mischen Sie den Schnee unter die heiße Masse.
Ersetzen Sie die Hälfte der Milch durch geschlagene Sahne, die Sie nach dem Kochen unter die abgekühlte Flammerimasse mischen.
Ersetzen Sie die Hälfte der Wassermenge durch Wein.
Reichern Sie den Flammeri durch einige frische Früchte, oder einige gehackte Nüsse, die Sie unter die abgekühlte Masse mischen, an.

Erdbeerreis

Den gewaschenen Reis 5 Minuten in Salzwasser kochen, abseihen und kalt überbrausen. Die Milch mit der Zitronenschale (ungespritzt), der Zimtrinde und dem Zucker aufkochen. Den Reis dazugeben, bei schwacher Hitze weichdünsten und abkühlen lassen. Die Sahne steifschlagen und unterziehen.
Die gewaschenen, gut abgetropften Erdbeeren (oder halb aufgetauten Tiefkühlfrüchte) dazumischen. Den Erdbeerreis in einer Glasschüssel anrichten und vor dem Auftragen kalt stellen. – Reichen Sie *Erdbeersauce* dazu.
Himbeerreis: Bereiten Sie einen Milchreis wie oben beschrieben und vermischen Sie ihn nach dem Abkühlen mit 300 g Himbeeren – anstelle der Erdbeeren.

125 g Milchreis, Salz,
½ l Milch, 1 Stück Zitronenschale,
1 Stück Zimtrinde, 60 g Zucker,
¼ l Sahne, 300 g Erdbeeren.

Nachspeisen

Früchtereis

Den gewaschenen Reis 5 Minuten in Salzwasser kochen, abseihen und kalt überbrausen. Die Milch mit der Zitronenschale (ungespritzt), der Orangenschale (ungespritzt), der Zimtrinde und dem Zucker aufkochen, den Reis dazugeben und bei schwacher Hitze weichdünsten. – Die Sahne mit den Eigelben, dem Zucker und dem Vanillezucker im Wasserbad zu einer dicken Creme schlagen (nicht kochen). Die in kaltem Wasser gequollene, ausgedrückte und in 3 El warmem Wasser gelöste Gelatine dazurühren. Die Creme kalt stellen. – Den abgekühlten Reis mit der kalten Creme und den in kleine Stücke geschnittenen Früchten mischen. In eine mit kaltem Wasser ausgespülte Form geben und wenigstens 3 Stunden kalt stellen. Den Früchtereis auf eine Platte stürzen und mit zurückbehaltenen Früchten garnieren.
Servieren Sie heiße *Schokoladensauce, Weinschaumsauce* oder *Fruchtsauce* dazu.

125 g Milchreis, Salz, ½ l Milch,
1 Stück Zitronenschale,
1 Stück Orangenschale,
1 Zimtrinde, 50 g Zucker,
¼ l Sahne, 3 Eigelbe, 120 g Zucker,
1 Paket Vanillezucker, 4 Blatt Gelatine, 1–2 Tassen beliebige Früchte (roh oder gedünstet).

Grießflammeri

Die Milch mit dem Salz, dem Zucker, dem Vanillezucker und der abgeriebenen Zitronenschale (ungespritzt) zum Kochen bringen. Den Grieß unter ständigem Rühren dazufließen lassen und das Ganze bei schwacher Hitze zu einem dicken Brei kochen. Die verquirlten Eigelbe in den Flammeri rühren und zuletzt den steifgeschlagenen Eischnee unterziehen. Die Masse in eine kalt ausgespülte Form geben und einige Stunden kalt stellen. Vor dem Auftragen auf eine Platte stürzen und einen beliebigen Fruchtsaft dazu reichen.
Zur Abwechslung können Sie 1–2 El gewaschene, abgetrocknete Rosinen oder 1–2 El gehackte, geröstete Mandeln unter den Flammeri rühren.

½ l Milch, 1 Prise Salz, 30 g Zucker,
1 Paket Vanillezucker,
die abgeriebene Schale von
½ Zitrone, 50 g Grieß, 2 Eier.

Mandelflammeri

½ l Milch, 1 Prise Salz, 40 g Zucker, 1 Paket Vanillezucker, 40 g Stärkemehl, ½ Fläschchen Bittermandelaroma, 50 g Mandeln, 1 Ei.

Die Milch mit dem Salz, dem Zucker und dem Vanillezucker aufkochen. Das in 2 El kalter Milch angerührte Stärkemehl abseits vom Herd einrühren und das Ganze noch 1–2 Minuten kräftig kochen. Das Bittermandelaroma und die geschälten, gehackten Mandeln einrühren. Zuletzt das Eigelb daruntermischen und den steifgeschlagenen Eischnee einziehen. Den Flammeri in eine kalt ausgespülte Form (oder Schüssel) füllen und mehrere Stunden kalt stellen. Kurz vor dem Auftragen auf eine Platte stürzen und mit einer Fruchtsauce servieren.
Genauso wie Mandelflammeri kann auch **Haselnußflammeri** (mit gehackten, gerösteten Haselnüssen) oder **Nußflammeri** mit gehackten Nüssen zubereitet werden.

Quarkflammeri

½ l Milch, 1 Prise Salz, 30 g Zucker, 1 Paket Vanillezucker, 50 g Stärkemehl, 250 g Quark, 50 g Zucker.

Die Milch mit dem Salz, dem Zucker und dem Vanillezucker aufkochen. Das in 3–4 El Milch angerührte Stärkemehl abseits vom Herd in die heiße Milch rühren. Das Ganze 2 Minuten kräftig kochen. Den Quark passieren und mit dem Zucker und dem löffelweise dazugegebenen Flammeri schaumig rühren. Dann in eine kalt ausgespülte Schüssel geben und mehrere Stunden erstarren lassen.
Vor dem Auftragen auf eine Platte stürzen und mit einer *Fruchtsauce* zu Tisch geben.

Quittenreis

125 g Milchreis, Salz, ½ l Milch, 50 g Zucker, 1 Paket Vanillezucker, 1 Stück Zitronenschale, 500 g Quitten.

Den gewaschenen Reis 5 Minuten in reichlich Salzwasser kochen, abseihen und kalt überbrausen. Die Milch mit dem Zucker, dem Vanillezucker und der Zitronenschale aufkochen, den Reis dazugeben und bei schwacher Hitze weichdünsten. Die Quitten waschen, vierteln, schälen, vom Kerngehäuse befreien, in etwas Wasser gar kochen (etwa 20 Minuten) und dann passieren. Das Quittenmus unter den abgekühlten Milchreis mischen. Die Masse in kleine, mit kaltem Wasser ausgespülte Förmchen füllen und kalt stellen. Vor dem Auftragen stürzen und mit einem halbierten Nußkern garnieren. – Servieren Sie zum Quittenreis eine *Weinschaumsauce* oder halb steif geschlagene Sahne.

Rote Grütze

200 g Johannisbeeren, 100 g Himbeeren, 200 g Zucker, 80 g Stärkemehl.

Die gewaschenen Beeren in etwas Wasser kochen, bis sie zerfallen. Den Fruchtbrei passieren und mit Wasser (oder Wein) auf knapp ½ l Flüssigkeit ergänzen. Den Fruchtsaft mit dem Zucker nochmals aufkochen und das in 3–4 El Wasser angerührte Stärkemehl abseits vom Herd dazurühren.
Die Grütze 2 Minuten kräftig kochen, in eine kalt ausgespülte Form (oder Glasschale) füllen und einige Stunden kalt stellen. Kurz vor dem Auftragen auf eine Platte stürzen und mit ungeschlagener Sahne oder *Vanillesauce* zu Tisch geben; auch eine *Weinschaumsauce* schmeckt gut dazu (Abb. s. S. 366).

Rote Grütze aus Sauerkirschen

500 g Sauerkirschen, Weißwein, 200 g Zucker, 80 g Stärkemehl.

Die gewaschenen, entsteinten Sauerkirschen im Mixer zerkleinern. Den Fruchtbrei mit Weißwein (oder Wasser) auf ½ l Flüssigkeit ergänzen und mit dem Zucker 5 Minuten kochen. Das Stärkemehl in 4 El Wasser verrühren und abseits vom Herd in die heiße Flüssigkeit rühren. Die Grütze 2 Minuten kräftig kochen, in eine kalt ausgespülte Form geben und einige Stunden kalt stellen. Vor dem Auftragen auf eine Platte stürzen und mit ungeschlagener Sahne, mit *Vanille-* oder mit *Weinschaumsauce* zu Tisch geben.

Rhabarbergrütze

500 g Rhabarber, 150 g Zucker, 1 Stückchen Zitronenschale, 80 g Stärkemehl.

Den gewaschenen Rhabarber schälen, in 1 cm große Stücke schneiden und zusammen mit dem Zucker und der Zitronenschale in knapp ½ l Wasser weichkochen (10–15 Minuten). Das Stärkemehl in etwa 4 El Wasser verrühren und abseits vom Herd in die heiße Rhabarbermasse rühren. 2 Minuten kräftig kochen, in eine kalt ausgespülte Form füllen und einige Stunden erkalten lassen. Auf eine Platte stürzen und mit ungeschlagener Sahne oder *Vanillesauce* auftragen.
Rhabarbergrütze kann auch zuerst passiert und dann wie oben beschrieben fertiggestellt werden.

Stachelbeergrütze wird wie *Rhabarbergrütze* zubereitet: Verwenden Sie 500 g Stachelbeeren und passieren Sie sie nach dem Weichkochen.

Vanilleflammeri

½ l Milch, 1 Prise Salz, 40 g Zucker, 1 Paket Vanillezucker, 40 g Stärkemehl, 1 Eiweiß.

Die Milch (2 El zurücklassen) mit Salz und dem Zucker aufkochen. Das Stärkemehl mit der restlichen Milch verrühren und abseits vom Herd in die kochende Milch rühren. Das Ganze 1–2 Minuten kräftig kochen lassen (das Rühren nicht vergessen, der Flammeri brennt leicht an), vom Herd nehmen und den Eischnee unterziehen. Den Flammeri in eine kalt ausgespülte Form (oder Glasschale) füllen und mehrere Stunden kalt stellen. Vor dem Auftragen auf eine Platte stürzen, eventuell mit Früchten garnieren und mit einer *Fruchtsauce* zu Tisch geben.
Den Flammeri können Sie noch weiter verfeinern, indem Sie ein Eigelb in die heiße, nicht mehr kochende Masse rühren. Sie können auch 100 g in kleine Stückchen geschnittene Schokolade in der Milch mitkochen **(Schokoladenflammeri)** oder beliebige Früchte unter die halb abgekühlte Masse mischen **(Früchteflammeri).**

CREMES UND CREMESPEISEN

Cremes sind besonders feine Nachspeisen, die – im Gegensatz zu den Flammeris – meist nicht gestürzt, sondern in hübschen Gläsern angerichtet werden.
Die meisten Cremes werden mit Gelatine zubereitet. Lassen Sie diese vor der Verwendung gut quellen (nur so verliert sie den leimartigen Geschmack) und lösen Sie sie dann durch leichtes Erwärmen (Pulvergelatine) oder in etwas heißem Wasser (die ausgedrückte Blattgelatine) auf. Die heiße Gelatinelösung wird unter die warme Creme gerührt. Soll sie mit einer kalten Masse vermischt werden, muß sie vorher abkühlen, da sich sonst Klümpchen bilden!
Für das gute Gelingen der Rezepte ist es belanglos, ob Sie Blatt- oder Pulvergelatine verwenden. Beachten Sie aber:
1 *Päckchen Gelatine* = 1 El Gelatine = 6 Blatt Gelatine.
Werden Cremes mit Eischnee oder Schlagsahne vermischt, dürfen sie erst dann untergezogen werden, wenn die Creme zu erstarren beginnt!

Ananascreme

1 kleine Dose Ananasscheiben, 1 Tl Gelatine, ⅛ l Weißwein, 2 Eier, 40 g Zucker, 1 El Kirschwasser.

Die Gelatine in ⅛ l Ananassaft und dem Weißwein quellen lassen. Die Eier und den Zucker dazurühren und das Ganze unter ständigem Schlagen mit einer Schneerute im Wasserbad zu einer dicken Creme abschlagen (nicht kochen lassen). Unter häufigem Rühren abkühlen. Die Ananasscheiben – bis auf zwei Scheiben – kleinschneiden und mit dem Kirschwasser unter die Creme rühren. Zuletzt die steifgeschlagene Sahne einziehen. Die Creme in Glasschüsseln (oder Stielgläser) füllen und mit Ananasstücken und etwas Sahne garnieren.

Bananencreme

4 große Bananen,
2 El Zitronensaft, 1 El Rum,
20–30 g Zucker, 1 Paket Vanillezucker,
$^1/_4$ l Sahne.

Die Bananen mit dem Zitronensaft und dem Rum pürieren (im Mixer oder durch kräftiges Schlagen mit einem Schneebesen) und mit dem Zucker und dem Vanillezucker verrühren. Die Sahne steifschlagen und unter den Bananenbrei heben. Die Creme in Portionsschälchen füllen und mit Krokant bestreuen.

Bananenquarkcreme

4 Bananen, 250 g Quark, 1 Zitrone,
40 g Zucker, 2 Eier,
1 Tl Kirschwasser.

Die Bananen schälen, sofort mit dem Quark passieren und mit der abgeriebenen Zitronenschale (ungespritzt), dem Zitronensaft, dem Zucker und den Eigelben cremig rühren, mit dem Kirschwasser abrunden. Das gesamte Eiweiß mit einigen Tropfen Zitronensaft sehr steif schlagen und unter die Creme ziehen. In einer Glasschüssel anrichten und mit gehackten Pistazien oder Krokant bestreuen.

Cognaccreme

3 Eier, 80 g Zucker,
1 Paket Vanillezucker,
$^1/_8$ l Sahne, 1 El Gelatine,
$^1/_4$ l Sahne, 4 El Cognac.

Die Eier mit dem Zucker, dem Vanillezucker und der Sahne im Wasserbad zu einer dicken Creme abschlagen (nicht kochen). Die in etwas heißem Wasser gelöste Gelatine dazugeben. Die Creme kühl stellen, bis sie zu erstarren beginnt und dann die steifgeschlagene Sahne unterziehen.
Servieren Sie die Creme in flachen Gläsern und verzieren Sie sie mit einem Tupfer geschlagener Sahne und einigen Makronen.

Rumcreme kann – unter Verwendung von 4 El Jamaika-Rum – wie *Cognaccreme* zubereitet werden.

Creme Negresco

4 Tl Nescafé, 4 El geraspelte Schokolade, 4 Tl Zucker,
4 El Rum, $^1/_2$ l Sahne.

Den Nescafé, die Schokolade und den Zucker in 4 El Wasser aufkochen, abseits vom Herd mit dem Rum vermischen und abkühlen lassen. Die Sahne steifschlagen und vorsichtig unterheben. Die Creme in Portionsgläser füllen, mit einem Tupfer geschlagener Sahne verzieren und mit gehackten Pistazien bestreuen (Abb. s. S. 383).

Erdbeercreme

500 g Erdbeeren, 100 g Zucker,
6 Blatt Gelatine,
$^1/_4$ l Sahne.

Die gewaschenen, gut abgetropften Früchte passieren oder im Mixer pürieren und mit dem Zucker verrühren. Die Gelatine in etwas kaltem Wasser quellen lassen, ausdrücken, in 4 El heißem Wasser lösen und nach dem Abkühlen unter den Fruchtbrei mischen. Wenn die Creme zu stocken beginnt, die steifgeschlagene Sahne unterziehen.
Füllen Sie die Creme in eine Glasschüssel oder in Portionsgläser und garnieren Sie sie mit geschlagener Sahne und Erdbeeren.

Erdbeerschnee

300 g Erdbeeren, 1 Tl Kirschwasser,
Eiweiß von 3 Eiern,
90 g Zucker.

Die gewaschenen, gut abgetropften Erdbeeren passieren oder im Mixer pürieren und mit dem Kirschwasser mischen. Das Eiweiß steifschlagen, den Zucker löffelweise dazugeben und nochmals sehr steif schlagen. Dann unter den Erdbeerbrei heben. In Gläser oder in Mürbeteigtörtchen (oder Blätterteigpastetchen) füllen und sofort auftragen. Mit einigen zurückbehaltenen Früchten garnieren.
Auf die gleiche Weise können Sie auch **Himbeerschnee** oder **Johannisbeerschnee** zubereiten.

Götterspeise = Tutti Frutti

Die Eigelbe mit Zucker, Vanillezucker, Stärkemehl und 4 El Milch verrühren. Die restliche Milch mit einer Prise Salz aufkochen und unter ständigem Schlagen mit einem Schneebesen über die verrührten Eigelbe gießen. Alles einmal aufkochen lassen, vom Herd nehmen und den Eischnee unterziehen. Die gewaschenen, abgetropften Früchte nach Geschmack zuckern und auf 4 Glasschalen verteilen. Die Löffelbiskuits in kleine Stücke brechen, mit dem Cognac tränken und über die Früchte geben. Zuletzt die erkaltete, noch nicht erstarrte Creme darübergießen und mit einigen Früchten garnieren. Vor dem Auftragen 1–2 Stunden kühl stellen.

2 Eier, 40 g Zucker, 2 Pakete Vanillezucker, 30 g Stärkemehl, ½ l Milch, 1 Prise Salz, 300 g Erdbeeren (oder andere Früchte), Zucker, 8–12 Löffelbiskuits, 4 El Cognac (Sherry, Kirschwasser, Rum).

Haselnußcreme

Die Haselnüsse im Rohr erhitzen, bis sich die Schale leicht abreiben läßt, abkühlen lassen und fein reiben. Die Eigelbe mit der Milch, dem Zucker und dem Vanillezucker verrühren, im Wasserbad abschlagen, bis die Creme dick geworden ist und Blasen wirft (nicht kochen), vom Herd nehmen und unter häufigem Rühren erkalten lassen. Die Gelatine in kaltem Wasser quellen lassen, ausdrücken, in 4 El heißem Wasser lösen und unter die noch warme Creme mischen. Das gesamte Eiweiß mit einigen Tropfen Zitronensaft sehr steif schlagen und unter die abgekühlte Creme ziehen. In Portionsgläser füllen und mit gespritzter Schlagsahne und einigen ganzen Haselnüssen garnieren.
Zur Abwechslung können Sie noch ⅛ l steifgeschlagene Sahne unter die Creme ziehen.
Diese Creme kann auch mit Walnüssen zubereitet werden: **Nußcreme**.

75 g Haselnüsse, 4 Eier, ½ l Milch, 60 g Zucker, 1 Paket Vanillezucker, 4 Blatt Gelatine, Zitronensaft.

Nachspeisen

Himbeercreme

Die gewaschenen, gut abgetropften Himbeeren passieren, den Fruchtbrei mit dem Zucker und der gequollenen, in etwas heißem Wasser gelösten Gelatine verrühren und zuletzt – wenn die Creme zu stocken beginnt – die steifgeschlagene Sahne einziehen. Die Creme in Portionsgläser füllen und mit einem Sahnetupfer und frischen Beeren garnieren.

½ kg Himbeeren, 100 g Zucker, 6 Blatt Gelatine, ¼ l Sahne.

Johannisbeercreme

Die gewaschenen, entstielten Johannisbeeren mit dem Rotwein und dem Zucker 5 Minuten kochen und passieren. Den Fruchtsaft (die Menge sollte genau ½ l betragen; wenn nötig, mit etwas Rotwein auffüllen oder aber noch etwas einkochen) mit der in kaltem Wasser gequollenen, ausgedrückten und in 4 El heißem Wasser gelösten Gelatine verrühren. Die Sahne steifschlagen, mit dem Vanillezucker vermischen und darunterheben, sobald die Creme zu stocken beginnt.

500 g Johannisbeeren, ⅛ l Rotwein, 250 g Zucker, 8 Blatt Gelatine, ¼ l Sahne, 1 Paket Vanillezucker.

Kirschcreme

Die gewaschenen, gut abgetropften Kirschen im Mixer pürieren und mit dem Zucker, dem Zimt und dem Nelkenpulver verrühren. Die Gelatine in kaltem Wasser quellen lassen, ausdrücken, in 4 El heißem Wasser lösen, kurz abkühlen lassen und in das Fruchtmus rühren. Zuletzt mit dem Kirschwasser abschmecken. Die Sahne steifschlagen und die Hälfte davon unter die Creme rühren. Diese Creme in Portionsschalen füllen und mit der restlichen Sahne und je einer zurückbehaltenen Kirsche garnieren.
Sehr erfrischend ist auch **Sauerkirschcreme**: Verwenden Sie 500 g Sauerkirschen und 100 g Zucker.

500 g dunkle Kirschen, 75 g Zucker, 1 Messerspitze Zimt, 1 Prise Nelkenpulver, 6 Blatt Gelatine, 2 El Kirschwasser, ¼ l Sahne.

Karamelcreme

100 g Zucker, 1/4 l Sahne, 1/4 l Milch, 5 Eigelbe, 25 g Zucker, 1 Paket Vanillezucker, 1 El Gelatine.

Den Zucker in einem kleinen Pfännchen unter ständigem Rühren bräunen (karamelisieren), mit 1/8 l Wasser aufnehmen und kochen, bis der Karamel gelöst ist. Die Sahne und die Milch dazugeben. Die Eigelbe mit dem Zucker schaumig rühren, die heiße Karamelmilch dazugeben und bei schwacher Hitze (Wasserbad) abschlagen, bis die Creme Blasen wirft. Die in 3 El heißem Wasser gelöste Gelatine dazugeben. Die Creme unter häufigem Rühren erkalten lassen, in eine Glasschüssel (oder Portionsschälchen) füllen und mit kleinen Löffelbiskuits oder Makronen garnieren.

Maraschinocreme

1/8 l Sahne, 4 Eigelbe, 25 g Zucker, 1 El Gelatine, 25 g Zitronat, 25 g Orangeat, 25 g Rosinen, 1/8 l Maraschino, 3/8 l Sahne, kleine Löffelbiskuits.

Die Sahne mit den Eigelben und dem Zucker im Wasserbad zu einer dicken Creme abschlagen, vom Herd nehmen und unter häufigem Rühren abkühlen lassen. Die Gelatine in 3 El heißem Wasser lösen und nach kurzem Überkühlen unter die Creme mischen. Das kleingeschnittene Zitronat, das kleingeschnittene Orangeat, die gewaschenen, kleingeschnittenen Rosinen und den Maraschino dazurühren. Zuletzt die steifgeschlagene Sahne unterziehen.

Geben Sie die Creme abwechselnd mit Löffelbiskuits in eine Glasschüssel und garnieren Sie mit geschlagener Sahne.

Mokkacreme

4 Eier, 80 g Zucker, 6 Tl Pulverkaffee, 1 El Gelatine, 1/4 l Sahne.

Die Eier mit dem Zucker schaumig rühren. Den in 1/8 l Wasser gelösten Pulverkaffee und die Gelatine dazugeben und alles im Wasserbad zu einer dicken schaumigen Creme abschlagen. Vom Herd nehmen, kühl stellen, bis die Creme zu erstarren beginnt und dann die steifgeschlagene Sahne einziehen. – Richten Sie die Creme in Portionsschüsseln an und garnieren Sie mit Schokoladekaffeebohnen und geschlagener Sahne.

Mokka-Sahne-Creme

6 Tl Pulverkaffee, 3 Blatt Gelatine, 1/4–3/8 l Sahne, 1 Tl Grand Marnier.

Den Pulverkaffee in 6 El heißem Wasser lösen. Die Gelatine in kaltem Wasser quellen lassen, ausdrücken, zu dem heißen Kaffee geben und darin lösen. Bis zum Beginn des Gelierens kalt stellen und dann mit der steifgeschlagenen Sahne und dem Grand Marnier vermischen. In eine Glasschale (oder Portionsschälchen) füllen, mit etwas zurückbehaltener Schlagsahne spritzen und mit Schokoladekaffeebohnen garnieren.

Nach dem gleichen Rezept kann auch **Schokolade-Sahne-Creme** zubereitet werden. Verwenden Sie anstelle des Kaffees 80 g Kochschokolade.

Orangencreme

2–3 Orangen, 80 g Würfelzucker, Weißwein nach Bedarf, 1 gehäufter Tl Gelatine, 3 Eier, 3/8 l Sahne.

Verwenden Sie zu dieser Creme ungespritzte Orangen! Den Würfelzucker an den Orangenschalen abreiben und die Früchte auspressen. Den Orangensaft mit Wein auf 3/8 l Flüssigkeit ergänzen; die Gelatine dazugeben und quellen lassen. Den Zucker und die Eier darunterrühren und das Ganze im Wasserbad zu einer dicken Creme schlagen (nicht kochen). Dann unter häufigem Rühren erkalten lassen und mit der steifgeschlagenen Sahne mischen. Füllen Sie die Creme in kleine Glasschalen oder Stielgläser, gießen Sie etwas Kochschokolade darüber und verzieren Sie mit etwas zurückbehaltener geschlagener Sahne.

Orangenquarkcreme

Den Quark passieren. Den Würfelzucker an den Orangenschalen abreiben (nur ungespritzte Früchte verwenden); die Früchte auspressen. – Den passierten Quark mit dem Orangensaft, dem Würfelzucker, dem Zucker und den Eigelben cremig rühren. Das gesamte Eiweiß mit dem Zitronensaft steifschlagen und mit der geschlagenen Sahne unter die Creme ziehen. Die Creme in Glasschüsseln füllen, mit etwas Sahne spritzen und mit halbierten Orangenspalten garnieren. Diese Creme kann auch ohne Sahne zubereitet werden!

250 g Quark, 2 Orangen, 4 Stück Würfelzucker, 75 g Zucker, 2 Eier, 1 Tl Zitronensaft, 1/4 l Sahne.

Quarkcreme

Den Quark passieren und mit der Milch, dem Zucker und dem Salz schaumig rühren. Die Creme in kleine Glasschälchen füllen und mit gerösteten, gehackten Haselnüssen bestreuen.
Diese schnell zubereitete Creme können Sie beliebig verfeinern, indem Sie einige Beeren, kleingeschnittene Ananasscheiben, geschnittene Orangenspalten, gehackte Nüsse oder kleingeschnittene Schokolade unterziehen.

250 g Quark, 1/8 l Milch, 30 g Zucker, 1 Prise Salz, 20 g Haselnüsse.

Quarkcreme mit Früchten

Den Quark passieren und mit der Milch, dem Zucker, dem Salz, der abgeriebenen Zitronenschale und dem Zitronensaft cremig rühren. – Die Früchte (es eignen sich Erdbeeren, Himbeeren, Johannisbeeren, Heidelbeeren, Kirschen, Orangen oder gedämpfte Pfirsiche und Aprikosen) waschen, gut abtropfen lassen und mit Zucker (Menge nach Geschmack) vermischen. Die Quarkcreme abwechselnd mit den gezuckerten Früchten in eine Glasschüssel schichten und garnieren.

250 g Quark, 1/8 l Milch, (oder Sahne), 50 g Zucker, 1 Prise Salz, 1 Zitrone, 250 g beliebige Früchte, Zucker.

Schokoladencreme

Die Eigelbe mit der Milch, dem Zucker und der in kleine Stücke zerbröckelten Schokolade im Wasserbad zu einer glatten cremigen Masse abschlagen, vom Herd nehmen und abkühlen lassen. Die Gelatine in kaltem Wasser quellen lassen, ausdrücken, in 2–3 El heißem Wasser lösen und unter die Creme mischen. Die Sahne steifschlagen und unterziehen, sobald die Creme zu erstarren beginnt. Diese Creme in Portionsschalen füllen und mit geschlagener Sahne verzieren.

4 Eigelbe, 1/4 l Milch, 80 g Zucker, 100 g Schokolade, 5 Blatt Gelatine, 1/4 l Sahne.

Schokoladencreme auf französische Art = Mousse au chocolat

Die Schokolade mit 1–2 Tl Wasser im Wasserbad schmelzen. – Die Eigelbe mit der Hälfte des Zuckers schaumig rühren, den Cognac, die geschmolzene Schokolade und die gequollene, in 1 El heißem Wasser gelöste Gelatine dazurühren. Die Eiweiße zunächst allein und danach mit dem restlichen Zucker steif schlagen und vorsichtig unter die Schokoladenmasse ziehen. Die fertige Masse in Portionsgläser füllen und wenigstens 5 Stunden kalt stellen. Kurz vor dem Auftragen mit Mandelsplitter überstreuen.

100 g Kochschokolade, 4 Eier, 60 g Zucker, 4 Tl Cognac, 1 Blatt Gelatine, 20 g Mandelsplitter.

Vanillecreme

Die Eigelbe mit der Milch, dem Zucker und dem Vanillezucker im Wasserbad abschlagen, bis die Masse Blasen wirft; dann vom Herd nehmen und abkühlen lassen. Die Gelatine in kaltem Wasser quellen lassen, ausdrücken, in 2–3 El heißem Wasser lösen und unter die abgekühlte Creme mischen. Die Sahne steifschlagen und unterziehen, sobald die Creme zu erstarren beginnt. – Füllen Sie die Creme in Portionsgläser und garnieren Sie mit etwas geschlagener Sahne.

4 Eigelbe, 1/4 l Milch, 80 g Zucker, 2 Pakete Vanillezucker, 5 Blatt Gelatine, 1/4 l Sahne.

Weinschaumcreme

4 Eier, 80 g Zucker,
$^1/_4$ l Weißwein, 1 gehäufter
Tl Gelatine, $^1/_4$ l Sahne,
50 g Mandeln.

Die Eier mit dem Zucker, dem Weißwein und der Gelatine verrühren und im Wasserbad zu einer dicken schaumigen Creme schlagen. Langsam – unter häufigem Rühren – abkühlen lassen und die geschlagene Sahne unter die gerade erstarrende Creme ziehen. In eine Glasschüssel (oder in Portionsförmchen) füllen und mit den geschälten, grob gehackten Mandeln und etwas zurückbehaltener Sahne verzieren.

Zitronenquarkcreme

250 g Quark, 2 Zitronen,
125 g Zucker,
1 Paket Vanillezucker,
2 Eier, $^1/_4$ l Sahne,
Kochschokolade.

Den Quark passieren und mit dem Saft und der abgeriebenen Schale einer ungespritzten Zitrone, dem Zucker, dem Vanillezucker und den Eigelben schaumig rühren. Das gesamte Eiweiß mit dem Saft der zweiten Zitrone steifschlagen und mit der geschlagenen Sahne unter die Creme ziehen. Diese Creme in einer Glasschüssel oder in Portionsgläsern anrichten, mit der geriebenen Schokolade bestreuen und mit einer Zitronenscheibe garnieren (Abb. s. S. 383).
Für die schlanke Linie oder für Diätzwecke kann diese Creme auch ohne Sahne zubereitet werden.

GELEESPEISEN

Geleespeisen – oft auch *süße Sülzen* genannt – ergeben einen erfrischenden, bekömmlichen Nachtisch, der vor allem eine reichhaltige Mahlzeit vortrefflich abrundet. Geleespeisen werden aus Wein, Fruchtsäften, Sahne oder Joghurt zubereitet und mit Gelatine steif gemacht. Sie können gestürzt oder in Portionsschalen aufgetragen werden. Gestürzte Geleespeisen werden in eine kalt ausgespülte Form gefüllt und müssen wenigstens 3 Stunden im Kühlschrank erstarren. Vor dem Stürzen lockert man den Rand mit einem spitzen Messer und taucht die Form für einen Moment in heißes Wasser. Die Geleespeise läßt sich dann leicht auf eine kalte Platte stürzen.
Hauptbestandteil der Geleespeise ist die Gelatine. Was Sie bei der Verwendung von Gelatine beachten müssen, finden Sie unter *Cremes und Cremespeisen* angeführt.

Ambrosiacreme

$^1/_2$ l saure Sahne, 150 g Zucker,
1 Paket Vanillezucker,
Saft von $^1/_2$ Zitrone, 2 El Rum,
4 Blatt weiße Gelatine,
2 Blatt rote Gelatine,
Eiweiß von 2 Eiern.

Die saure Sahne mit dem Zucker, dem Vanillezucker und dem Zitronensaft verrühren. Den Rum dazugeben. Die Gelatine in kaltem Wasser quellen lassen, ausdrücken, in 3 El heißem Wasser lösen und daruntermischen. Zuletzt den Eischnee einziehen. Die Creme in eine kalt ausgespülte Form (oder Schüssel) gießen und einige Stunden erstarren lassen. Vor dem Auftragen auf eine Platte stürzen und mit gezuckerten Erdbeeren oder anderen Früchten verzieren.

Apfelgelee

500 g Äpfel, 100 g Zucker,
$^1/_2$ Zitrone, 1 kleine
Zimtstange, 3 Gewürznelken,
6 Blatt Gelatine (3 weiße, 3 rote),
4–6 Löffelbiskuits.

Die Äpfel vierteln, vom Kerngehäuse befreien, mit dem Zucker, der dünn abgeschälten Zitronenschale (ungespritzt), der Zimtstange und den Gewürznelken in etwa $^1/_2$ l Wasser weichdünsten (10–15 Minuten) und passieren. Den Apfelbrei mit Zitronensaft abschmecken. Die Gelatine in kaltem Wasser quellen lassen, ausdrücken und in dem heißen Apfelbrei lösen. Die Löffelbiskuits zerbröckeln und auf den Boden einer Glasschale (oder Portionsschälchen) verteilen. Das abgekühlte Apfelgelee darübergießen, in den Kühlschrank stellen und erstarren lassen. Vor dem Auftragen mit etwas geschlagener Sahne und halbierten Nüssen garnieren. – Sie können das Apfelgelee auch stürzen und mit *Vanillesauce* oder ungeschlagener Sahne zu Tisch geben. Verwenden Sie in diesem Fall 8 Blatt Gelatine.

Früchtegelee

½ l fruchtiger Weißwein, 1–2 El Rum, 40 g Zucker, 6 Blatt weiße, 2 Blatt rote Gelatine, 300–400 g beliebige Früchte.

Den Weißwein mit dem Rum und dem Zucker erwärmen. Die Gelatine in kaltem Wasser quellen lassen, ausdrücken und in der warmen Flüssigkeit lösen. Den Boden einer Glasschale (oder von Portionsschälchen) 1 cm dick mit dem flüssigen Gelee bedecken und stocken lassen. Eine Lage Früchte darauf ordnen, mit Gelee bedecken und wieder stocken lassen; so weiter verfahren, bis Früchte und Gelee aufgebraucht sind. Dann mehrere Stunden stocken lassen, vor Gebrauch stürzen und – je nach Geschmack – mit geschlagener Sahne verzieren.
Für dieses Gelee sind Früchte aller Art (Kirschen, Pfirsiche, Aprikosen, Orangen, Ananasscheiben, Bananen, Trauben) geeignet. Sie können sich auch mit nur einer Fruchtsorte begnügen. Dann kann die Hälfte des Weines durch einen entsprechenden Fruchtsaft ersetzt werden.

Joghurtgelee

2 Becher (½ l) Joghurt, 80 g Zucker, 1 Paket Vanillezucker, Saft von ½ Zitrone, 1 Päckchen (1 El) Gelatine, 2 Eiweiß.

Das Joghurt mit dem Zucker, dem Vanillezucker und dem Zitronensaft schaumig schlagen. Die Gelatine in 2 El kaltem Wasser quellen lassen, durch leichtes Erwärmen lösen und unter die Joghurtcreme mischen. Das gesamte Eiweiß steifschlagen und unter die erstarrende Creme heben. Das Gelee in eine kalt ausgespülte Form füllen und über Nacht in den Kühlschrank stellen. Vor dem Anrichten auf eine Platte stürzen und mit beliebigen Früchten verzieren.

Johannisbeergelee

½ l Johannisbeersaft, Saft von 1 Zitrone, 80 g Zucker, 1 Päckchen (1 El) Gelatine, 2 El Kirschwasser, 125 g Johannisbeeren.

Den Johannisbeersaft (besonders gut schmeckt das Gelee, wenn Sie ⅜ l roten Johannisbeersaft mit ⅛ l schwarzem Johannisbeersaft mischen) mit dem Zitronensaft und dem Zucker erhitzen. Die Gelatine in 2–3 El kaltem Wasser quellen lassen und in der heißen Flüssigkeit lösen. Das Kirschwasser dazugeben und bis zum Beginn des Gelierens kühl stellen. Die entstielten Johannisbeeren waschen, gut abtropfen lassen und unter die halbsteife Masse heben. In Portionsgläser füllen und bis zum völligen Erstarren in den Kühlschrank stellen. Vor dem Auftragen mit geschlagener Sahne und einigen Johannisbeeren garnieren.
Auf die gleiche Weise können auch noch zubereitet werden: **Erdbeergelee, Himbeergelee** und **Traubengelee.**

Orangen-Fruchtgelee

¼ l Orangensaft, 100 g Zucker, 15 Blatt Gelatine, ¼ l Weißwein, 2 Orangen, 2 Kompottbirnen, 1 Tasse rote Weinbeeren, 50 g gestiftelte Mandeln, 8 El Grand Marnier.

Den Orangensaft mit dem Zucker verrühren und erhitzen. Die Gelatine in kaltem Wasser quellen lassen, ausdrücken und in der heißen Flüssigkeit lösen. Den Wein dazugeben. Die Flüssigkeit in eine flache, mit Alu-Folie ausgelegte Schale (die Eiswürfelschale des Kühlschranks eignet sich sehr gut) füllen, in den Kühlschrank stellen und mehrere Stunden erkalten lassen. Die erstarrte Masse stürzen und in gleichmäßige Würfel schneiden. Die Orangen schälen (die weiße Haut völlig entfernen) und in Stücke schneiden; die Kompottbirnen in größere Würfel schneiden. Die Geleewürfel mit den Orangenstücken, den Birnenstücken, den Weinbeeren und den gestiftelten Mandeln vermischen. Den fertigen »Salat« in Portionsschalen füllen, mit je 2 El Grand Marnier übergießen und vor dem Auftragen ¼ Stunde ziehen lassen. Mit einem Tupfer geschlagener Sahne verzieren.

Sahnegelee

$^3/_8$ l fruchtiger Weißwein, 50 g Zucker, 1 Beutel (1 El) Gelatine, 1 El Cognac, $^1/_4$ l Sahne, 1 Paket Vanillezucker.

Den Weißwein mit dem Zucker erwärmen. Die Gelatine in 3 El kaltem Wasser quellen lassen und in der warmen Flüssigkeit lösen. Den Cognac dazugeben. Die Masse kühlstellen, bis sie zu gelieren beginnt; dann mit der steifgeschlagenen, mit dem Vanillezucker gewürzten Sahne vermengen. In Portionsgläser füllen und im Kühlschrank völlig erstarren lassen.
Bestreuen Sie das Gelee mit gehackten Nüssen und garnieren Sie mit kleinen Makronen.

Weingelee

$^1/_2$ l fruchtiger Weißwein, 50 g Zucker, 1 Beutel (1 El) Gelatine, 1 Tasse Früchte (Erdbeeren oder Himbeeren oder Pfirsiche oder Trauben).

Den Wein mit dem Zucker leicht erwärmen. Die Gelatine in 3 El Wasser quellen lassen, erhitzen und unter ständigem Schlagen mit einem Schneebesen unter den warmen Wein rühren. Kühlstellen, bis die Masse zu gelieren beginnt (1–2 Stunden). – Inzwischen die Früchte vorbereiten: Erdbeeren waschen, gut abtropfen lassen und halbieren oder vierteln; Himbeeren waschen, abtropfen lassen, Pfirsiche schälen und in Stücke schneiden, Weintrauben waschen, halbieren und entkernen. – Die Früchte unter das halbfeste Gelee geben, in Portionsgläser füllen und im Kühlschrank völlig erstarren lassen. Vor dem Auftragen mit einigen zurückbehaltenen Früchten garnieren.

EISSPEISEN

Die Zubereitung von Speiseeis ist zeitraubend und gelingt nur mit einer Eismaschine einwandfrei. Diese Mühe ist auch kaum mehr notwendig, da eine Fülle von ausgezeichneten Produkten angeboten wird. Auf Rezepte für die Zubereitung von Speiseeis soll deshalb hier verzichtet werden.
Alle fertigen Eiscremes lassen sich durch Zugabe von frischen Früchten, gehackten Nüssen oder Mandeln und mit einer warmen oder kalten Sauce zu Eisspeisen mit »persönlicher Note« machen. Sie können alles ganz nach Ihrem Geschmack kombinieren.
Die folgenden Rezepte für einige besonders schmackhafte Eisspeisen sollen als Anregung dienen:

Bananen Copacabana

4 Bananen, 10 g Butter, 4 El Rum, 40 g Zucker, 1 Packung Vanilleeis, 100 g Schokolade, $^1/_8$ l Sahne.

Die Bananen schälen, der Länge nach halbieren und in die zerlassene Butter legen. Mit Rum beträufeln, mit dem Zucker bestreuen und im geschlossenen Topf erwärmen. Das Vanilleeis in 4 Portionen auf Dessertteller legen. Die Bananen darübergeben und das Ganze mit heißer Schokoladensauce übergießen.
Schokoladensauce: Die Schokolade im Wasserbad schmelzen lassen und die erhitzte Sahne langsam dazurühren.

Birnen Belle Dijonnaise

1 Packung Vanilleeis, 2–3 El schwarzer Johannisbeersaft, 8 Birnenhälften (aus der Dose), 8 El Himbeermarmelade, 50 g Mandeln.

Das Vanilleeis in vier Portionen teilen, in gekühlte Glasschüsselchen geben und mit dem Johannisbeersaft beträufeln. Die abgetropften Birnenhälften darauflegen, mit der Himbeermarmelade bestreichen und mit den geschälten, gehackten und gerösteten Mandeln bestreuen. Wenn Sie wollen, können Sie zusätzlich mit einem Tupfer Schlagsahne verzieren.
Besonders gut schmecken die Birnen Belle Dijonnaise, wenn Sie statt Himbeermarmelade frische passierte und mit Zucker verrührte Himbeeren verwenden.

Birnen Helene

Das Vanilleeis in 4 Portionen teilen und in flache Glasschüsselchen geben. Die Birnenhälften gut abtropfen lassen, mit der zuvor mit dem Rum verrührten Marmelade füllen und – runde Seite nach oben – auf das Vanilleeis legen. Das Ganze mit heißer Schokoladensauce überziehen und sofort zu Tisch geben.
Schokoladensauce: Die Sahne mit der Schokolade aufkochen, vom Herd nehmen und Vanillezucker, Rum und Ingwer dazurühren.

1 Familienpackung Vanilleeis,
4 Birnenhälften (aus der Dose),
8 Tl Aprikosenmarmelade,
1–2 Tl Rum.
1/8 l Sahne, 100 g Schokolade,
1 Paket Vanillezucker,
1 Tl Rum, 1 Prise Ingwer.

Eiscreme mit heißen Himbeeren

Die Butter in einer kleinen Kasserolle schmelzen, den Zucker dazugeben und leicht bräunen. Mit dem Orangensaft aufgießen, die Himbeeren dazugeben und bei geschlossenem Topf erhitzen. Zuletzt mit dem Himbeergeist abrunden. Die Eiscreme in 4 Portionsschüsseln verteilen und die heiße Himbeersauce separat dazu reichen. Diese exquisite Speise kann auch mit Brombeeren zubereitet werden.

20 g Butter, 50 g Zucker,
1 El Orangensaft,
300 g Himbeeren (tiefgekühlt),
1 El Himbeergeist,
1 Packung Vanilleeis.

Eiskaffee

Den Pulverkaffee in 1/2 l heißem Wasser lösen und völlig erkalten lassen. Das Vanilleeis in 4 Portionen teilen, in schmale hohe Gläser geben und mit dem kalten Kaffee begießen. Die Sahne steifschlagen, mit dem Vanillezucker verrühren und den Eiskaffee damit krönen.

4 gehäufte Tl Pulverkaffee,
1 Familienpackung
Vanilleeis, 1/8 l Sahne,
1 Paket Vanillezucker.

Erdbeer-Parfait

Die sauber gewaschenen, abgetropften Erdbeeren im Mixer pürieren (oder passieren) und mit dem Weißwein auf 1/2 l auffüllen. Den Zucker mit 2–3 El Wasser aufkochen, abkühlen lassen und zu dem Erdbeermus mischen. Die Gelatine in 1–2 El Wasser quellen lassen, durch leichtes Erwärmen lösen und nach kurzem Abkühlen unter den Fruchtbrei rühren. Das Ganze in den Kühlschrank stellen, bis das Gelee halb erstarrt ist und dann leicht mit dem Vanilleeis vermengen.
Richten Sie das Erdbeer-Parfait in Gläsern an und stellen Sie es noch 15–20 Minuten in das Tiefkühlfach.
Himbeer-Parfait und **Johannisbeer-Parfait** können auf die gleiche Weise zubereitet werden; nur sollten Sie die Früchte hier auf alle Fälle passieren, da die Kerne sonst störend wirken.

250 g Erdbeeren, Weißwein,
30–50 g Zucker,
1 Beutel (1 El) Gelatine,
1 Familienpackung Vanilleeis.

Früchteeisbecher

Für diesen schmackhaften Nachtisch eignen sich vor allem Beerenfrüchte, aber auch Ananas, gedünstete Pfirsiche oder Kirschen.
Die sauber gewaschenen, abgetropften Früchte mit Zucker und Maraschino vermischen und etwa 1 Stunde ziehen lassen. Die marinierten Früchte abwechselnd mit dem Vanilleeis in hohe Gläser (oder Glasschüsseln) ordnen. Zuletzt einen Tupfer steifgeschlagene Sahne daraufgeben und mit gehackten, gerösteten Mandeln oder Borkenschokolade bestreuen.

250 g beliebige Früchte, Zucker,
4 Tl Maraschino,
1 Familienpackung Vanilleeis,
1/8 l Sahne.

Pfirsich-Melba

Das Vanilleeis in 4 Glasschalen verteilen und die Pfirsichhälften – runde Seite nach oben – darauflegen. Das Himbeergelee mit dem Cognac glattrühren (bei zu festem Gelee noch 1–2 Tl Wasser dazugeben) und die Pfirsichhälften damit überziehen. Zuletzt mit der steifgeschlagenen Sahne verzieren (spritzen).

1 Familienpackung Vanilleeis,
4 Pfirsichhälften,
4 El Himbeergelee,
2 Tl Cognac, 1/8 l Sahne.

Zitronen-Mokka-Parfait

$\frac{1}{4}$ l Zitronensaft, $\frac{1}{4}$ l Weißwein, 50–70 g Zucker, 1 El Gelatine, 1 Familienpackung Mokkaeis.

Den Zitronensaft mit dem Weißwein und dem Zucker (Menge nach Geschmack) erwärmen. Die Gelatine in 2–3 El Wasser quellen lassen und im Zitronensaft lösen. Das Ganze in den Kühlschrank stellen, bis das Gelee zu erstarren beginnt, und dann locker mit dem Mokkaeis mischen. Das Gericht in Gläser füllen und noch 15–20 Minuten in das Tiefkühlfach stellen.

OBSTSPEISEN

Obstspeisen als Nachtisch sind leicht, gesund und erfrischend. Sie lassen sich auf viele Arten variieren. Angefangen vom einfachen Kompott – das Sie durch Zugabe von etwas Cognac oder Likör verfeinern können – bis zu den raffiniertesten Obstsalaten ist Ihrer Phantasie keine Grenze gesetzt.
Gleichgültig, zu welcher Obstspeise Sie sich entschließen, beachten Sie immer, daß Sie nur ganz frische (oder tiefgekühlte), einwandfreie Früchte verwenden.

Apfelkompott

750 g säuerliche Äpfel, 50 g Zucker, 1 Stück Zimtrinde, 1 Stück Zitronenschale, Saft von $\frac{1}{2}$ Zitrone, 3 Gewürznelken.

Den Zucker in $\frac{1}{4}$ l Wasser zu einem Sirup kochen (5 Minuten). Die Gewürze und die geschälten, geviertelten, entkernten Äpfel dazugeben und bei schwacher Hitze gar dünsten (5–15 Minuten). Die Äpfel vorsichtig in eine Glasschüssel legen und den abgekühlten Saft darüberseihen. Bis zum Gebrauch kalt stellen.

Apfelmus

1 kg mürbe Äpfel, 50–70 g Zucker, 1 Stück Zimtrinde, 3 Gewürznelken, 1 Stück Zitronenschale.

Die Äpfel vierteln, entkernen und mit dem Zucker und den Gewürzen in etwas Wasser ($\frac{1}{8}$ l) weichkochen (10–15 Minuten). Den Apfelbrei passieren, eventuell noch etwas nachzuckern und kalt stellen.

Aprikosenkompott

500 g Aprikosen, 100–150 g Zucker.

Die Aprikosen waschen, halbieren und entsteinen. Den Zucker in $\frac{1}{4}$ l Wasser zu einem Sirup kochen. Die Aprikosenhälften hineinlegen, bei schwacher Hitze weichdünsten (10–20 Minuten), in eine Glasschüssel legen und mit dem etwas eingekochten Saft übergießen. Ein besonders gutes Kompott erhalten Sie, wenn Sie die Aprikosen vor dem Kochen mit siedendem Wasser überbrühen und schälen.

Birnenkompott

750 g Birnen, 100 g Zucker, 1 Stück Zimtrinde, 1 Stück Zitronenschale.

Den Zucker mit den Gewürzen in $\frac{1}{4}$–$\frac{3}{8}$ l Wasser zu einem Sirup kochen. Die geschälten, geviertelten, vom Kerngehäuse befreiten Birnen dazugeben und bei schwacher Hitze weichdünsten (10–15 Minuten). Die Birnen im Saft erkalten lassen, in eine Glasschüssel legen und mit dem durchgeseihten Saft übergießen.

Dörrobstkompott

250 g beliebiges Dörrobst, 100–150 g Zucker, 1 Stück Zimtrinde, 1 Stück Zitronenschale.

Das Dörrobst (Sie können Äpfel, Birnen oder Zwetschgen verwenden) gut waschen, in eine Kasserolle geben, mit Wasser bedecken und über Nacht einweichen. Den Zucker, den Zimt und die Zitronenschale dazugeben. Die Früchte bei schwacher Hitze (im Einweichwasser) weichdünsten (20–30 Minuten), herausnehmen, in eine Schüssel legen und mit dem durchgeseihten Saft übergießen.

Erdbeerkompott

Den Zucker in 1/4 l Wasser zu einem Sirup kochen. Die gewaschenen Erdbeeren hineinlegen, einmal aufkochen, sofort vom Herd nehmen und zugedeckt erkalten lassen.

500 g Erdbeeren, 100 g Zucker.

Heidelbeerkompott

Die Heidelbeeren verlesen, waschen, gut abtropfen lassen, mit dem Zucker vermischen, in eine Kasserolle geben und mit dem Zitronensaft und 3–4 El Wasser übergießen. Bei schwacher Hitze zum Kochen bringen, 1 Minute kochen, vom Herd nehmen und zugedeckt erkalten lassen.

500 g Heidelbeeren, 150–200 g Zucker, Saft von 1/2 Zitrone.

Kirschenkompott

Die Kirschen entstielen, waschen und gut abtropfen lassen. Den Zucker in 1/4 l Wasser zu einem Sirup kochen. Die Kirschen hineingeben, bei geschlossenem Topf weichdünsten (etwa 15 Minuten), vom Herd nehmen, mit dem Zitronensaft würzen und im Saft erkalten lassen.

500 g Kirschen, 80–100 g Zucker, Saft von 1/2 Zitrone.

Mirabellenkompott

Den Zucker in 1/4 l Wasser zu einem Sirup kochen. Die gewaschenen Mirabellen mehrmals mit einer Nadel einstechen, in den kochenden Sirup legen, bei schwacher Hitze weichdünsten (10–15 Minuten), herausheben und in eine Glasschüssel legen. Den Saft noch 1/4 Stunde kochen lassen und dann über die Mirabellen gießen.
Sie können die Mirabellen auch vor dem Kochen kurz überbrühen, enthäuten, halbieren und entsteinen.

500 g Mirabellen, 50–60 g Zucker.

Pfirsichkompott

Die Pfirsiche kurz überbrühen, enthäuten, halbieren und entsteinen. Den Zucker in 1/4 l Wasser zu einem Sirup kochen, die Pfirsichhälften hineingeben und bei geschlossenem Topf und schwacher Hitze gar dünsten (10–20 Minuten). Die Pfirsiche in eine Glasschüssel legen und mit dem noch etwas eingedickten Saft begießen.

750 g Pfirsiche, 60 g Zucker.

Pflaumenkompott

Den Zucker mit der Zimtrinde und den Gewürznelken in 1/4 l Wasser zu einem Sirup kochen. Die Pflaumen waschen, halbieren, entsteinen, in den kochenden Sirup legen und bei schwacher Hitze gar dünsten (5–15 Minuten). Die Früchte mit einem Schaumlöffel herausheben, in eine Glasschüssel legen und mit dem durchgeseihten Saft übergießen. – Besonders gut schmeckt das Pflaumenkompott, wenn Sie anstelle des Wassers einen leichten Rotwein verwenden.

500 g Pflaumen, 60 g Zucker, 1 Stück Zimtrinde, 2 Gewürznelken.

Preiselbeerkompott

Die Preiselbeeren verlesen, waschen und gut abtropfen lassen. Den Rotwein mit dem Zucker und der Zimtrinde zu einem Sirup kochen. Die gereinigten Beeren hineingeben, kochen, bis sie glasig geworden sind (etwa 5 Minuten), vom Herd nehmen und zugedeckt erkalten lassen.

500 g Preiselbeeren, 1/10 l Rotwein, 250 g Zucker, 1 Zimtrinde.

Rhabarberkompott

500 g Rhabarber, 250 g Zucker, 1 Stückchen Zitronenschale.

Den Rhabarber schälen und in 2–3 cm lange Stücke schneiden. Den Zucker mit der Zitronenschale in $1/8$ l Wasser zu einem Sirup kochen. Die Rhabarberstücke darin weichkochen (sie sollen nicht zerfallen; etwa 10–15 Minuten) und zugedeckt erkalten lassen.

Sauerkirschenkompott

500 g Sauerkirschen, 150–200 g Zucker, 1 El Kirschwasser.

Die entstielten, gewaschenen Sauerkirschen in dem mit $1/4$ l Wasser zu einem Sirup verkochten Zucker weichdünsten (10–15 Minuten), mit dem Kirschwasser würzen und im eigenen Saft erkalten lassen.

Stachelbeerkompott

500 g Stachelbeeren, 250 g Zucker, 1 Stück Zitronenschale.

Die Stachelbeeren von Stiel und Blüte befreien und waschen. Den Zucker mit der Zitronenschale in $1/4$ l Wasser zu einem Sirup kochen. Die Stachelbeeren hineingeben, bei schwacher Hitze weichkochen (10–15 Minuten) und zugedeckt abkühlen lassen. Wenn nötig, noch etwas nachzuckern.

Bananen in Johannisbeersahne

4 Bananen, 2 El Zitronensaft, $1/8$ l Sahne, 8 Tl Johannisbeergelee, Johannisbeeren.

Die Bananen schälen, der Länge nach halbieren, mit Zitronensaft beträufeln und auf vier Dessertteller legen. Die Sahne steifschlagen, mit dem Johannisbeergelee mischen und über die Bananen häufen. Das Ganze etwa $1/2$ Stunde kühl stellen und vor dem Auftragen mit einigen frischen Johannisbeeren (oder Borkenschokolade) bestreuen.

Erdbeeren auf Burgunder Art

500 g Erdbeeren, 1–2 El Zucker, $1/8$ l roter Burgunder.

Die Erdbeeren waschen, gut abtropfen lassen, je nach Größe halbieren oder vierteln und mit Zucker vermischen. Dann in Stielgläser ordnen, mit je 2 El Burgunder begießen und wenigstens 2 Stunden durchziehen lassen. Zuletzt mit 1 El ungeschlagener Sahne übergießen oder mit einem Tupfen Schlagsahne krönen.

Erdbeer-Melonen-Schale

1 mittelgroße Melone, 300 g Erdbeeren, 30–50 g Zucker, $1/8$ l Rotwein, $1/8$ l Portwein, 1 El Cognac, Pfefferminze.

Die Melone halbieren, die Kerne entfernen und das Fruchtfleisch in kleinen Kugeln herausstechen (oder vorsichtig herauslösen und in kleine Würfel schneiden). Die Erdbeeren waschen, gut abtropfen lassen und halbieren oder vierteln (je nach Größe). Die Früchte vorsichtig vermischen und dabei zuckern. Den Rotwein mit dem Portwein und dem Cognac mischen und über die Früchte gießen. Den Salat in Sektschalen füllen und mit je 1 Messerspitze frischer gehackter Pfefferminze bestreuen.

Früchtebecher

300–500 g Früchte, Zucker nach Bedarf, 4 El Kirschwasser, $1/4$ l Sahne, 40 g Mandeln.

Verwenden Sie zu diesem schnell zubereiteten Nachtisch 300 g Erdbeeren, Himbeeren oder Brombeeren oder 500 g dunkle Kirschen oder Sauerkirschen.
Die gewaschenen, gut abgetropften Früchte (Kirschen entsteinen) mit Zucker und Kirschwasser vermengen, $1/2$ Stunde ziehen lassen und dann locker unter die steifgeschlagene Sahne heben. In hohe Gläser füllen, mit den geschälten, gehackten und gerösteten Mandeln bestreuen und kühl stellen.

Grapefruit, überbacken

Die Grapefruits halbieren und die Fruchtschnitze mit einem Messer loslösen, aber nicht herausnehmen. Den Grand Marnier darüberträufeln und zuletzt den mit dem Zucker sehr steif geschlagenen Eischnee daraufhäufen. Die Früchte in das sehr heiße Backrohr stellen (noch besser unter den Grill) und ganz kurz überbacken. Mit den Mandelstiften bestreuen.

2 Grapefruits, 4 Tl Grand Marnier, Eiweiß von 2 Eiern, 30 g Zucker, 10 Mandeln.

Heidelbeersalat

Die Heidelbeeren waschen, gut abtropfen lassen und mit dem Zucker (Menge nach Geschmack) und den geschälten, in längliche Stifte geschnittenen Mandeln vermischen. Den Joghurt mit dem Saft und der abgeriebenen Schale einer Zitrone verrühren und unter die Heidelbeeren heben.

500 g Heidelbeeren, 30–50 g Zucker, 50 g Mandeln, ¼ l Joghurt, ½ Zitrone.

Melonensalat

Die Melone schälen, die Kerne entfernen und das Fruchtfleisch in Würfel schneiden; die Orangen schälen (die weiße Haut völlig entfernen) und in Stücke schneiden. Die Trauben waschen und gut abtropfen lassen. Den Zucker mit dem Zitronensaft und dem Ingwer verrühren und die vorbereiteten Früchte mit dieser »Marinade« vermischen. ½ Stunde stehen lassen, dann in Portionsgläsern anrichten und mit den Mandelsplittern bestreuen.

1 Zuckermelone, 2 Orangen, ¼ l Blautrauben, 100 g Zucker, 4 El Zitronensaft, 1 Messerspitze Ingwer, 50 g Mandelsplitter.

Nachspeisen

Obstsalat

Zum Obstsalat können Sie alle Früchte, die gerade erhältlich sind, verwenden und nach Belieben mischen; so auch rohe mit gedünsteten Früchten (Pfirsiche, Aprikosen, Kirschen, Ananas).

Die gewaschenen Früchte – wenn nötig – schälen, in kleine Stücke schneiden und mit dem Zucker und dem Zitronensaft mischen. Wenigstens 1 Stunde ziehen lassen und dann mit dem Kirschwasser (oder Cognac oder Grand Marnier) abrunden. Den Salat in einer Glasschüssel anrichten und nach Belieben mit einigen gehackten Mandeln bestreuen.

750 g Früchte, Saft von ½–1 Zitrone, Zucker nach Geschmack, 1 El Kirschwasser, Mandeln.

Obstsalat Florida

Die Grapefruits halbieren, die Fruchtfleischstückchen sorgfältig herauslösen und mit dem Zucker mischen. Die Weintrauben waschen, halbieren, entkernen und zu den Grapefruitstückchen geben. Die geschälten, in Scheiben geschnittenen Bananen und die gehackten Walnüsse dazumischen und mit dem Kirschwasser abrunden.

Die Grapefruitschalen sorgfältig von allen »Hautresten« säubern und den Salat in die Fruchtschalen füllen.

2 Grapefruits, 40 g Zucker, 1 Tasse blaue Weintrauben, 4 Bananen, 20 g Walnüsse, 1 Tl Kirschwasser.

Orangen-Bananen-Salat

Die Orangen schälen (die weiße Schale völlig entfernen) und in dünne Scheiben schneiden (dabei entkernen). Die Bananen schälen, in 3–4 mm dicke Scheiben schneiden und sofort mit dem Zitronensaft beträufeln. Die Bananen- und die Orangenscheiben abwechselnd in eine Glasschüssel schichten. Den Zucker in 4 El Wasser kochen, abkühlen lassen und über die Früchte gießen. Den Salat ½ Stunde kühl stellen und vor dem Auftragen mit gehackten Pistazien bestreuen.

4 Orangen, 2 Bananen, 1 El Zitronensaft, 40–60 g Zucker, Pistazien.

Orangensalat

6 Orangen, Zucker,
4 Tl Grand Marnier oder Cognac,
30–40 g Mandeln.

Die Orangen schälen (die weiße Haut völlig entfernen) und in dünne Scheiben schneiden (noch besser: schneiden Sie die Orangenspalten heraus). Die Orangenstücke nach Geschmack zuckern, in eine flache Schale ordnen und mit dem Grand Marnier beträufeln. Mit einigen gehobelten Mandeln bestreuen.

Pfirsiche auf Burgunder Art

6 Pfirsiche, 60 g Mandeln,
40 g Zucker, 1/4 l roter Burgunder.

Die Pfirsiche kurz in kochendem Wasser überbrühen, schälen und in etwa 3 cm dicke Scheiben schneiden. Dann abwechselnd mit Zucker und den geschälten, gehobelten (oder in längliche Stifte geschnittenen) Mandeln in flache Glasschalen (oder in eine Glasschüssel) ordnen, mit dem Rotwein übergießen und vor dem Auftragen wenigstens 1 Stunde ziehen lassen.

Pflaumenkompott, überbacken

500 g große Pflaumen,
20–40 g Zucker, 1 Stück Zimtrinde, 2 Gewürznelken,
20 g Butter, 2 El Hagelzucker,
40 g Mandeln.

Die Pflaumen schälen (vorher kurz überbrühen), abtrocknen und mit dem Zucker, der Zimtrinde und den Gewürznelken in möglichst wenig Wasser gar dünsten. Dann nebeneinander auf eine gebutterte feuerfeste Platte legen, mit dem Hagelzucker bestreuen und bei starker Oberhitze (noch besser unter dem Grill) kurz überbräunen. Vor dem Auftragen mit den geschälten, in Stifte geschnittenen Mandeln bestreuen.

SÜSSE SAUCEN

Süße Saucen sind eine schmackhafte Ergänzung zu Flammeris, Grützen, Geleespeisen, Eisspeisen und zu Mehlspeisen, vor allem Kochpuddings und Aufläufe. Sie können heiß oder kalt serviert werden. Meist ist vor allem der geschmackliche Gegensatz reizvoll: Reichen Sie heiße Saucen zu Eisspeisen oder anderen kalten Speisen, oder ergänzen Sie eine warme Mehlspeise mit einer kalten Sauce.

Aprikosensauce

500 g Aprikosen, Zucker.

Die gewaschenen Aprikosen entsteinen, 2–3 Minuten in möglichst wenig Wasser kochen, abseihen und passieren. Den abgekühlten Aprikosenbrei mit einer beliebigen Menge Zucker schaumig rühren.

Erdbeersauce

300 g Erdbeeren, Zucker.

Die gewaschenen Erdbeeren im Mixer pürieren und mit dem Zucker (Menge nach Geschmack) schaumig rühren.

Fruchtsauce = Rote Sauce

100–150 g Zucker,
200 g Johannisbeeren,
200 g Himbeeren,
15 g Stärkemehl.

Den Zucker 10 Minuten in 1/4 l Wasser kochen, die gewaschenen Beeren und das in 2 El Wasser angerührte Stärkemehl dazugeben, 1–2 Minuten kochen und passieren.

Himbeersauce

300 g Himbeeren, Zucker,
1 Tl Himbeergeist.

Die gewaschenen, gut abgetropften Himbeeren passieren. Das Fruchtmus mit dem Zucker (Menge nach Geschmack) und dem Himbeergeist verrühren.

Himbeersauce, gekocht

Die gewaschenen Himbeeren passieren, mit dem Zucker und dem Madeira verrühren und aufkochen. Das Stärkemehl in 1–2 El zurückbehaltenem kaltem Fruchtsaft (oder Wein) verrühren und langsam unter die heiße Sauce rühren. Noch 1–2 Minuten kräftig durchkochen.

300 g Himbeeren, 30–40 g Zucker, $^{1}/_{10}$ l Madeira (oder Weißwein), 10 g Stärkemehl.

Orangensauce

Den Orangensaft mit Zucker und Orangenschale (ungespritzt) mischen und zum Kochen bringen. Das Stärkemehl in 2 El Orangensaft anrühren und langsam in die heiße Flüssigkeit geben. Noch einmal kräftig aufkochen lassen, vom Herd nehmen, mit Ingwer würzen und durch ein Sieb gießen. Die Orangensauce können Sie heiß oder kalt reichen.

$^{1}/_{4}$ l Orangensaft, 150 g Zucker, 2 El geriebene Orangenschale, 15 g Stärkemehl, 1 Prise Ingwer.

Rotweinsauce

Den Rotwein mit Zucker, Zitronenschale (ungespritzt), Zimtrinde und Gewürznelken erhitzen; das in 2 El kaltem Wein angerührte Stärkemehl dazurühren, einmal kräftig aufkochen lassen und vom Herd nehmen.

$^{3}/_{8}$ l Rotwein, 125 g Zucker, 1 Stück Zitronenschale, 1 Stück Zimtrinde, 3 Gewürznelken, 15 g Stärkemehl.

Rumsauce

Den Zucker in der zerlassenen Butter bei schwacher Hitze bräunen, mit dem Rum aufnehmen und – ohne zu kochen – darin lösen.

10 g Butter, 40 g Zucker, $^{1}/_{8}$ l Rum.

Schokoladensauce

Die Milch mit der Sahne, dem Zucker und dem Vanillezucker aufkochen und unter ständigem Rühren über die im Wasserbad erwärmte Schokolade gießen. Die Eigelbe mit dem Cognac verrühren und die heiße Schokoladenmilch langsam dazurühren.

Bis zum Erkalten immer wieder kräftig durchschlagen.

Einen besonders feinen Geschmack erhält die Schokoladensauce, wenn Sie anstelle des Cognacs 1–2 Messerspitzen gemahlenen Ingwer oder 2–3 kleingeschnittene, eingelegte Ingwerfrüchte unter die Sauce mischen = **Ingwer-Schokoladensauce.**

$^{1}/_{4}$ l Milch, $^{1}/_{8}$ l Sahne, 40 g Zucker, 1 Tl Vanillezucker, 150 g Schokolade, 2 Eigelbe, 1 El Cognac.

Vanillesauce

Die Milch mit Eigelb, Zucker, Vanillezucker und Stärkemehl verrühren, unter ständigem Schlagen erhitzen, kurz aufkochen und dann abkühlen lassen. Je nach Geschmack noch zusätzlich mit einigen Tropfen Cognac würzen.

Eine besonders feine Vanillesauce erhalten Sie, wenn Sie die Hälfte der Milch durch Sahne ersetzen.

$^{1}/_{2}$ l Milch, 3 Eigelbe, 30 g Zucker, 2 Pakete Vanillezucker, 10 g Stärkemehl.

Weinschaumsauce

Die Eigelbe mit dem Zucker und dem Weißwein vermischen und alles im Wasserbad schlagen, bis die Masse dick und schaumig geworden ist und zu steigen beginnt.

4 Eigelbe, 80 g Zucker, $^{1}/_{4}$ l Weißwein.

ALLERLEI GEBACKENES

Backen macht Spaß! Und Backen gehört zu den dankbarsten Beschäftigungen in der Küche. Mit einem gelungenen Kuchen, einem Kaffeegebäck, einer Torte oder einem hübschen kleinen Backwerk kann man immer noch Ehre einlegen. Natürlich können Sie all dies auch fertig kaufen, doch selbst das beste Konditoreigebäck hält, was den Geschmack angeht, einem Vergleich mit dem Selbstgebackenen nicht stand. In einer modernen Küche ist das Backen längst nicht mehr so zeitraubend wie früher. Wo unsere Großmütter noch stundenlang rührten und kneteten, brauchen wir heute – dank den Küchenmaschinen und Handrührgeräten – nur mehr Minuten. (Richten Sie sich bei allen elektrischen Geräten an die meist sehr genauen Gebrauchsanweisungen!) Zeitsparend sind außerdem die zahlreichen Halbfertigprodukte, die Sie auch als gute Köchin nicht verschmähen sollten. Sie können ihnen mit einigen gehackten Mandeln oder Nüssen, einigen Rosinen oder einer abgeriebenen Zitronen- oder Orangenschale eine persönliche Note geben. Fertiges Gebäck können Sie nach Ihrem Geschmack verzieren.
Auch hier gilt wie für alle Backrezepte überhaupt die eiserne Regel: Halten Sie sich genau an die Angaben für die Zutaten und die Zubereitungsvorschriften! Nirgendwo rächt sich der Leichtsinn beim Mischen nach Augenmaß so wie beim Backen! Neben den Mengenangaben ist auch die Reihenfolge der Zubereitung unbedingt einzuhalten, weil das Gelingen davon entscheidend abhängt. Beachten Sie deshalb die Hinweise für die Zubereitung der einzelnen Teigarten sehr genau.

Wenn Sie schnell und mit viel Freude backen wollen, richten Sie sich vor Arbeitsbeginn sämtliche Zutaten genau her und stellen Sie sich dabei folgende Fragen.
Ist das Mehl gesiebt beziehungsweise mit dem Backpulver gemischt und zum Sieben vorbereitet?
Ist der Zucker gesiebt?
Ist die Butter wirklich frisch (Sie können statt dessen auch gute Margarine verwenden) und wurde sie rechtzeitig aus dem Kühlschrank genommen?
Sind die Eier frisch und – je nach Rezept – sorgfältig getrennt? (Eiweiß, das auch nur Spuren von Eigelb enthält, läßt sich nicht mehr gut schlagen!)
Sind alle übrigen Zutaten den Angaben entsprechend bereitgestellt: Mandeln oder Nüsse gehackt oder gerieben, Schokolade geschmolzen . . . ?
Ist die Backform nach Vorschrift vorbereitet: gefettet, bemehlt, mit Bröseln ausgestreut . . . ?

Backwaren werden in der Regel im Rohr gebacken. Hohe Kuchen stellen Sie dabei so tief wie möglich in das Rohr, flache Kuchen und Kleingebäck auf die mittlere Leiste. Bei den einzelnen Rezepten sind jeweils die bestmöglichen Backtemperaturen angegeben. Wir haben auf exakte Zeitangaben verzichtet, weil die Backzeit vom Material der Backform, von der Höhe des Kuchens und von der Größe der Gebäckstücke beziehungsweise von der Dicke der Plätzchen abhängt. Bei kleinen Gebäckstücken erkennen Sie leicht an der gleichmäßigen Farbe, daß die Backzeit beendet ist. Wo Sie nicht sehen, ob ein Gebäck durchgebacken ist, machen Sie die sogenannte »Nadelprobe«. Stechen Sie mit einer Stricknadel (einer Spicknadel oder einem Hölzchen) in den Kuchen. Ist die Nadel nach dem Herausnehmen sauber, so ist der Kuchen richtig durchgebacken, weist sie dagegen Teigreste auf, muß er noch länger im Rohr bleiben.
Dabei muß allerdings beachtet werden, daß das Backrohr nicht zu früh und nicht zu oft geöffnet wird! Insbesondere empfindliches Gebäck fällt sonst leicht zusammen und wird speckig.
Stellen Sie fest, daß ein Kuchen, der noch nicht durchgebacken ist, oben zu dunkel wird, können Sie ihn mit einem Pergamentpapier oder einer Folie abdecken. Soll ein Gebäckstück dagegen mit mehr Oberhitze gebacken werden, können Sie ein zweites Backblech unterschieben.
Einige wenige Backwaren werden nicht im Rohr gebacken. Dazu gehören die Waffeln, die in einem Waffeleisen gebacken werden, das entweder über einer Gasflamme oder durch eine elektrische Hitzevorrichtung erhitzt wird. Die dünnen Leckerbissen sind in wenigen Minuten fertig.
Dazu gehört natürlich auch alles Gebäck, das schwimmend in reichlich Fett gebacken, also »fritiert« wird. Verwenden Sie zum Fritieren (wenn Sie keinen Fettopf haben oder keine Friteuse besitzen) einen schmalen hohen Topf. Als Ausbackfett eignet sich vor allem ein neutrales Öl oder

Kokosfett, in manchen Gegenden wird auch Schweineschmalz bevorzugt. Das Fett muß etwa 10 cm hoch im Topf stehen und vor dem Einlegen der Backwaren richtig erhitzt sein: ein Wassertropfen muß darin zischend verdampfen. (Bei nicht genügend heißem Fett saugt sich das Gebäck zu voll und wird schwer verdaulich; bei zu heißem Fett verbrennt das Gebäck außen, während es innen noch roh bleibt.) Legen Sie immer nur wenig Gebäckstücke auf einmal in das Fett und lassen Sie sie nach dem Herausnehmen gut abtropfen (auf Küchenkrepp).
Und jetzt machen wir uns ans Backen – vielleicht auch mit dem Gedanken, daß man von keinem Besuch unangenehm überrascht werden kann, wenn man immer ein wenig Kleingebäck oder einen gut haltbaren Kuchen auf Vorrat hat.

GEBÄCK AUS HEFETEIG

Hefeteig läßt sich vielfältig verarbeiten. Er ist vor allem als Kaffeegebäck (Napfkuchen, Zopf, Kleingebäck . . .) und als Blechkuchen (siehe auch Obstkuchen) allseits beliebt. – Pikante Hefekuchen finden Sie im Kapitel *Kleine Hauptgerichte,* warme Hefespeisen im Kapitel *Mehlspeisen*.
Die Zubereitung eines guten Hefeteiges ist – wenn Sie die folgenden Regeln beachten – einfach, wenn auch zeitraubend.
Hefeteig verdankt seine lockere Beschaffenheit der Hefe, die – bei idealen Bedingungen – genügend Zeit zum Gehen braucht, um ihre ganze Triebkraft entfalten zu können. Achten Sie darauf, daß Sie immer nur einwandfreie Hefe verwenden: sie muß frisch sein, eine hellbraune bis graue Farbe haben und feucht sein. Ausgetrocknete Hefe mit dunkleren Stellen oder sogar Rissen hat ihre Triebkraft verloren und ist ungeeignet.
Dauerbackhefe eignet sich genausogut wie Frischhefe. Sie hat außerdem den Vorteil, daß Sie sie auf Vorrat und daher immer zur Hand haben können. Beachten Sie bei der Verwendung genau die auf der Packung angegebene Gebrauchsanweisung!
Die Grundzutaten jedes Hefeteiges sind – außer Hefe – Mehl, Salz und Flüssigkeit (meist Milch). Aus ihnen allein kann bereits ein, wenn auch einfaches, Hefegebäck zubereitet werden. Das hinzugefügte Fett macht den Teig mürbe und saftig; die Eier verleihen ihm eine schöne Farbe, machen ihn aber leicht trocken. Alle übrigen Zutaten dienen der Verfeinerung des Geschmacks.
Bevor Sie mit der eigentlichen Zubereitung des Hefeteiges beginnen, stellen Sie sämtliche Zutaten für einige Stunden (noch besser über Nacht) in die warme Küche. Hefeteig aus kalten Zutaten gelingt nicht! Bei der Verarbeitung müssen Sie zudem darauf achten, daß der Teig mit keinem kalten Luftzug in Berührung kommt, sonst ist alle Mühe vergeblich! Also: Fenster und Türen schließen!
Die vorbereitete Mehlmenge in eine genügend große Schüssel sieben und in die Mitte eine Vertiefung eindrücken. Die Hefe zerbröckeln, mit 1–3 Messerspitzen (etwa 1 Messerspitze auf 10 g Hefe) Zucker vermischen und mit so viel lauwarmer Milch verrühren, bis ein dicker Brei entsteht. – Achten Sie dabei darauf, daß die Milch nicht zu heiß ist (wenn Sie eine Fingerspitze hineintauchen, muß sie sich angenehm warm anfühlen), sonst werden die Hefepilze getötet und der Teig kann nicht mehr gehen! Die Schüssel zudecken und die angerührte Hefe, die in der Küchensprache als »Vorteig« oder »Dämpferl« bezeichnet wird, so lange gehen lassen, bis sie sich um das Doppelte ihres Umfanges vermehrt hat. (Viele Köche bedecken den Vorteig mit einer dünnen Mehlschicht und warten, bis diese deutliche Sprünge zeigt.)

Das Mehl und den gegangenen Vorteig leicht vermengen, das Salz und den Zucker darüberstreuen und die Eier und die Butter dazugeben. Dabei erweist es sich als zweckmäßig, die Butter in einem kleinen Pfännchen zergehen zu lassen (sie darf jedoch nicht zu heiß werden), mit den Eiern zu verrühren und so zu dem Teig zu geben. Geschmackszutaten wie abgeriebene Zitronenschale, Vanillezucker, Rum oder ähnliches werden gleichfalls jetzt unter den Teig gemischt, während Rosinen, gehackte Mandeln, Zitronat oder andere »grobe« Zutaten erst in den fertigen Teig eingearbeitet werden.
Alle Zutaten miteinander vermischen und prüfen, ob der Teig die richtige Festigkeit hat. Dabei gilt: Hefeteig für Napfkuchen (Gugelhupf) wird weich gehalten, für Blechkuchen weich bis mittelfest und für geformtes Gebäck fester. Sollte der Teig nach dem Mischen zu fest sein, muß noch etwas lauwarme Milch zugegeben werden. Die angegebenen Flüssigkeitsmengen sind nur ungefähre Richtlinien, da die benötigte Flüssigkeit je nach der Quellfähigkeit des Mehls und der Größe der Eier schwankt.
Den fertig gemischten Teig mit einem Kochlöffel schlagen, bis er seidig glatt ist, sich von der Schüssel löst und Blasen schlägt. (Schneller geht es mit dem Knethacken, einer Küchenmaschine oder einem Handrührer.) Den gut abgeschlagenen Teig zudecken und zum zweiten Mal gehen lassen (je nach Rezept ¼ Stunde bis 1½ Stunden).
Den gegangenen Teig nochmals kurz abschlagen und dann – je nach Rezept – in eine gut gefettete, mit Mehl gestaubte oder mit Semmelbrösel ausgestreute Form füllen, auf ein gefettetes Kuchenblech streichen oder zu dem gewünschten Gebäckstück formen. Dann den Teig nochmals – jetzt zum dritten Mal – kurz gehen lassen.
Geformtes Hefegebäck nach dem Gehen mit zerlassener Butter oder einem verquirlten Ei bestreichen: mit Butter bestrichenes Gebäck wird mürber, mit Ei bestrichenes erhält eine schönere Farbe. Ein besonders hübsches Aussehen erhalten geformte Gebäckstücke, wenn sie vor dem letzten Gehen dick mit Ei bestrichen und dann nochmals leicht gedrückt werden: es entstehen sehr dekorative Sprünge.
Das fertig vorbereitete Hefegebäck in ein auf 180–200° vorgeheiztes Rohr stellen und backen. Lassen Sie dabei die Ofentür die ersten 5 Minuten einen Spalt offen, Ihr Gebäck wird dann viel flaumiger!
Fertiges Hefegebäck sofort vom Blech nehmen (oder stürzen) und auf einem Gitter abkühlen lassen. Wenn Sie es zusätzlich glasieren, bleibt es länger saftig.
Für besonders feine Backarten kann der Hefeteig auch als **Gerührter Hefeteig** zubereitet werden: Aus Butter, Zucker und Eiern eine Schaummasse rühren und diese mit Mehl und dem gegangenen Vorteig mischen.

Sehr fettreicher Hefeteig wird einem Mürbteig ähnlich kalt geknetet und daher auch **Hefemürbteig** genannt. Er wird nur für kleine Gebäckstücke (vgl. *Salzgebäck*) verwendet.

Hefeblätterteig, auch **Plunderteig** genannt, finden Sie im Kapitel *Gebäck aus Blätterteig.*

Gebackenes

Hefewaffeln

250 g Mehl, 20 g Hefe,
100 g Butter, 2 Eier,
¼ l lauwarme Milch,
40 g Zucker, ½ Tl Salz.

Die Hefe mit einer Prise Zucker und etwas lauwarmer Milch verrühren und zugedeckt gehen lassen. Das gesiebte Mehl mit der gegangenen Hefe, dem restlichen Zucker, dem Salz, der zerlassenen Butter und den Eiern vermischen und mit der restlichen Milch zu einem dünnen Teig verarbeiten; sehr gut abschlagen und zugedeckt bis zum doppelten Umfang gehen lassen. Den Teig löffelweise auf das Waffeleisen geben und rasch goldbraun backen.

Ausgezogene Nudeln

500 g Mehl, 20 g Hefe, etwa 1/4 l Milch, 40 g Zucker, 1/2 Tl Salz, 2 Eier, 50 g Butter, Fett zum Backen.

Die Hefe mit 1/2 Tl Zucker und etwas lauwarmer Milch verrühren und zugedeckt gehen lassen. Das gesiebte Mehl mit der gegangenen Hefe, dem restlichen Zucker, dem Salz, den Eiern und der zerlassenen Butter vermischen, wenn nötig, noch etwas lauwarme Milch zugeben und alles zu einem weichen Hefeteig verarbeiten. Er muß sehr gut abgeschlagen werden und danach 1/2–1 Stunde zugedeckt gehen. Aus dem gegangenen Teig mit einem bemehlten Eßlöffel größere Nudeln abstechen, zu kleinen Bällchen formen und zugedeckt bis zum doppelten Umfang gehen lassen. Die Bällchen dann mit bemehlten Händen so ausziehen, daß die Mitte dünn wird, der Rand aber einen gleichmäßigen Wulst bildet. Die Nudeln in das stark erhitzte Fett geben und schwimmend von beiden Seiten goldbraun backen.

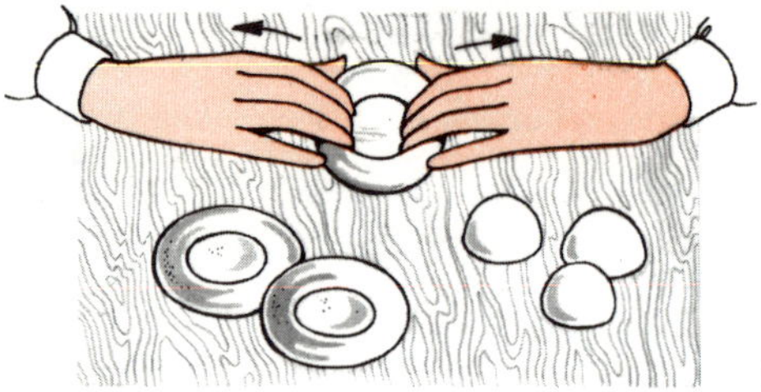

Hefebällchen zu Nudeln ausziehen

Berliner Pfannkuchen = Faschingskrapfen

40 g Hefe, etwa 1/8 l Milch, 100 g Butter, 50 g Zucker, 1 Paket Vanillezucker, 3 Eigelbe, 1 El Rum, 1/2 Tl Salz, 500 g Mehl, Aprikosenmarmelade.

Die Hefe mit einem Teil der lauwarmen Milch und etwas Zucker verrühren und zugedeckt gehen lassen. Die Butter mit dem restlichen Zucker, dem Vanillezucker und den Eigelben schaumig rühren, den Rum, das Salz und das gesiebte Mehl dazugeben und zuletzt die gegangene Hefe daruntermischen. Wenn nötig, noch etwas lauwarme Milch dazugeben und alles zu einem mittelfesten Teig verarbeiten; sehr gut abschlagen (der Teig muß seidig glatt sein und Blasen werfen) und zugedeckt bis zum doppelten Umfang gehen lassen. Den Teig dann halbieren und jede Hälfte auf einem bemehlten Brett fingerdick ausrollen. Auf einer Teigplatte mit einem runden Ausstecher (oder einem Glas) Kreise markieren und in die Mitte derselben je 1 Tl Marmelade geben. Die zweite Teigplatte darüberlegen und leicht festdrücken. Die Krapfen ausstechen, mit einem sauberen Tuch bedecken und etwa 1 Stunde gehen lassen. Die gegangenen Krapfen mit der Unterseite nach oben in reichlich erhitztes Fett geben (ein Wassertropfen muß zischend verdampfen), goldbraun backen, wenden und auf der zweiten Seite backen! Richtig zubereitete Faschingskrapfen müssen an der Nahtstelle einen hellen Streifen haben! Die fertigen Krapfen auf Küchenkrepp abtropfen lassen und mit Puderzucker bestreuen.

Krapfen ausstechen

Bayrische Küchel = Kirchweihnudeln

Kirchweihnudeln werden aus dem bei *Faschingskrapfen* beschriebenen Teig zubereitet. Aus dem gegangenen Teig mit einem bemehlten Eßlöffel Nudeln abstechen, diese nochmals gehen lassen und danach in heißem Fett schwimmend goldbraun backen.

Bienenstich

300 g Mehl, 15 g Hefe, 60 g Zucker, etwa 1/8 l Milch, 1/2 Tl Salz, 1 Ei, 1 Eigelb, 80 g Butter.

Die Hefe mit 1 Tl Zucker und etwas lauwarmer Milch verrühren und zugedeckt gehen lassen. Das Mehl mit der gegangenen Hefe mischen, den restlichen Zucker, das Salz, das Ei, das Eigelb und die zerlassene Butter dazurühren und noch so viel Milch zugeben, bis ein mittelfester Hefeteig entsteht. Den Teig gut abschlagen und zugedeckt 1/2–1 Stunde ruhen lassen. Den Teig dann fingerdick ausrollen, auf ein gefettetes Backblech geben und mehrmals mit einer Gabel einstechen. Den Mandelbelag gleichmäßig auf die Teigplatte verteilen. Den Kuchen nochmals 1/2 Stunde gehen lassen und dann in einem auf 180° vorgeheizten Rohr goldbraun backen (20–40 Minuten).

200 g Butter, 200 g Zucker, 3 El Milch, 200 g Mandeln.

Belag: Die Butter mit dem Zucker und der Milch zum Kochen bringen, die geschälten, gehackten Mandeln dazugeben und abkühlen lassen.

1/2 l Milch, 2 Eigelbe, 60 g Zucker, 2 Pakete Vanillezucker, 50 g Stärkemehl, 125 g Butter.

Bienenstich, gefüllt: Den Bienenstich nach dem Auskühlen waagrecht durchschneiden und mit gemischter Vanillebuttercreme füllen: Die Milch mit den Eigelben, Zucker, Vanillezucker und Stärkemehl verrühren, zum Kochen bringen, einmal aufwallen und dann unter häufigem Rühren abkühlen lassen. Die Butter schaumig rühren und die Creme löffelweise daruntermischen.

Dresdner Christstollen = Weihnachtsstollen

400 g Rosinen, 150 g Korinthen, 4 El Rum, 75 g Orangeat, 75 g Zitronat, 250 g Mandeln, 4 bittere Mandeln (oder etwas Bittermandelaroma), 1 kg Mehl, 100 g Hefe, Milch nach Bedarf, 150 g Zucker, 1 Tl Salz, die abgeriebene Schale von 1 Zitrone, 450 g Butter, 50 g Butter, Puderzucker.

Die Rosinen und die Korinthen sauber abwischen, mit dem Rum übergießen und zugedeckt einige Stunden marinieren lassen. Das Orangeat und das Zitronat fein hacken. Die Mandeln schälen (vorher überbrühen) und hacken.
Das Mehl in eine Schüssel sieben, in der Mitte eine Vertiefung machen, die mit 1 Tl Zucker und etwas lauwarmer Milch verrührte Hefe hineingeben und zugedeckt gehen lassen. Das Mehl mit der gegangenen Hefe vermischen, den restlichen Zucker, das Salz, die abgeriebene Zitronenschale und die zerlassene Butter daruntergeben und noch so viel Milch hinzufügen, bis ein fester Teig entsteht. Den Teig gut durchkneten, bis er seidig glatt geworden ist und Blasen schlägt. Erst jetzt die Rosinen und Korinthen, das Orangeat, das Zitronat und die gehackten Mandeln dazugeben und vorsichtig einarbeiten. Den Teig zudecken und an einem mäßig warmen Ort einige Stunden gehen lassen; danach in zwei Hälften teilen. Aus jeder der Hälften ein längliches Brot formen, mit einem Teigroller der Länge nach eindrücken und das kleinere Teigstück über das größere schlagen. Den so geformten Stollen auf ein gut gefettetes Backblech legen, zudecken und nochmals 1–2 Stunden gehen lassen; danach bei 220° hellbraun backen (45–60 Minuten). Den Stollen noch warm mit zerlassener Butter bestreichen und dick mit Puderzucker bestreuen.

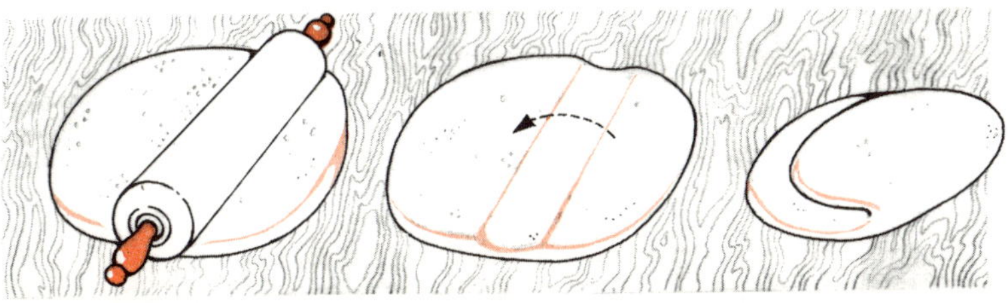

Teig in Brotform eindrücken zusammenklappen

Gugelhupf

300 g Mehl, 15 g Hefe, 4 El Milch, 100 g Butter, 50 g Zucker, die abgeriebene Schale einer Zitrone, 3 Eigelbe, 1 Tl Rum, 20 g Butter, 50 g Mandeln, Semmelbrösel.

Die Hefe mit einer Prise Zucker in lauwarmer Milch verrühren und zugedeckt gehen lassen. Die Butter mit dem Zucker, der abgeriebenen Zitronenschale und den nacheinander hinzugefügten Eigelben schaumig rühren. Den Rum, das gesiebte Mehl und zuletzt die gegangene Hefe daruntermischen und alles kräftig abschlagen, bis der Teig Blasen wirft. – Eine Gugelhupfform mit Butter ausstreichen, mit den geschälten, in Stifte geschnittenen Mandeln auslegen und mit Semmelbröseln bestreuen. Den Hefeteig in die vorbereitete Form füllen, zugedeckt gehen lassen (um mehr als die Hälfte), in ein auf 180° erhitztes Backrohr stellen und 45–60 Minuten hellbraun backen.

Hefehörnchen

300 g Mehl, 15 g Hefe, 60 g Zucker, etwa 1/8 l Milch, 1/2 Tl Salz, 1 Ei, 1 Eigelb, 80 g Butter, Marmelade, 1 Ei.

Die Hefe mit 1/2 Tl Zucker und etwas lauwarmer Milch verrühren und zugedeckt gehen lassen. Das Mehl mit der gegangenen Hefe, dem restlichen Zucker, dem Salz, dem Ei, dem Eigelb und der zerlassenen Butter vermischen, noch so viel Milch zugießen, bis ein festerer Teig entsteht, sehr gut abschlagen und 1/2 Stunde zugedeckt gehen lassen. Den Teig dann 2–3 mm dick ausrollen und in 10–12 cm große Vierecke schneiden. Auf jedes dieser Vierecke 1 Tl Marmelade geben, die Teigstücke vom Eck her aufrollen, zu Hörnchen formen, auf ein gefettetes Backblech legen und zugedeckt aufgehen lassen (um die Hälfte). Mit dem verquirlten Ei bestreichen und bei 180° hellbraun backen (20–30 Minuten). Die so zubereiteten Hörnchen können auch noch auf andere Art gefüllt werden:

150 g Walnüsse (oder Haselnüsse), 50 g Zucker, die abgeriebene Schale einer Zitrone, 1 Eigelb, 2–4 El Sahne.

Nußhörnchen: Die geriebenen Nüsse mit dem Zucker, der abgeriebenen Zitronenschale (ungespritzt) und dem Eigelb mischen. Noch so viel Sahne zugeben, daß eine gut streichfähige Masse entsteht. Die Hörnchen damit füllen.

250 g Quark, 1 Eigelb, 30 g Zucker, 1 Paket Vanillezucker, 20 g Butter.

Quarkhörnchen: Den passierten Quark mit dem Eigelb, dem Zucker und dem Vanillezucker verrühren und zuletzt die zerlassene Butter zugeben. Die wie oben zubereiteten Hörnchen mit dieser Quarkmischung füllen.

50 g Butter, 50 g Zucker, 1–2 Tl Zimt.

Zimthörnchen: Die wie oben vorbereiteten Teigvierecke mit zerlassener Butter bestreichen, mit einem Gemisch aus dem Zucker und dem Zimt bestreuen (je nach Geschmack können Sie einige gehackte Mandeln oder einige gehackte Rosinen dazugeben) und die Hörnchen wie oben beschrieben fertigstellen.

Hörnchen füllen, rollen und biegen

Hefeschnecken

300 g Mehl, 15 g Hefe, 60 g Zucker, etwa 1/8 l Milch, 1 Tl Salz, 1 Ei, 1 Eigelb, 80 g Butter, 50 g Butter,

Die Hefe mit 1/2 Tl Zucker und etwas lauwarmer Milch verrühren und zugedeckt gehen lassen. Das Mehl mit der gegangenen Hefe, dem restlichen Zucker, dem Salz, dem Ei, dem Eigelb und der zerlassenen Butter vermischen. Noch so viel Milch darunter geben, bis ein fester Teig entsteht, sehr gut abschlagen und zugedeckt um etwa die Hälfte gehen lassen. Diesen Teig zu einem fingerdicken

Rechteck ausrollen, mit der zerlassenen Butter bepinseln, mit Zucker, Zimt und den geschälten, gehackten Mandeln bestreuen und fest einrollen. Aus der Rolle fingerdicke Scheiben schneiden, auf ein gefettetes Backblech legen, zugedeckt um die Hälfte gehen lassen und in einem auf 180° vorgeheizten Rohr goldbraun backen (15–25 Minuten). Die Schnecken heiß vom Blech nehmen, auf ein Gitter legen und glasieren.

100 g Zucker, 1 Tl Zimt, 50 g Mandeln.

Teigplatte rollen in Scheiben schneiden

Hefetaschen

Die Hefe mit ½ Tl Zucker und etwas lauwarmer Milch verrühren und zugedeckt gehen lassen. Das Mehl mit der gegangenen Hefe, dem restlichen Zucker, dem Salz, dem Ei, dem Eigelb und der zerlassenen Butter verrühren. Noch so viel Milch dazugeben, bis ein fester Teig entsteht, gut abschlagen und ½ Stunde zugedeckt gehen lassen. Den gegangenen Teig 4–5 mm dick ausrollen und in etwa 6–10 cm große Rechtecke schneiden. Auf jedes Rechteck 1 Tl Marmelade (nach Wahl) streichen. Die Teigstücke der Länge nach zusammenfalten, an den Rändern leicht festdrücken, auf ein gefettetes Backblech legen, nochmals um etwa die Hälfte gehen lassen, mit dem verquirlten Ei bestreichen und bei 180° goldbraun backen. Die Taschen noch heiß mit Puderzucker bestreuen.
Hefetaschen können auch mit anderen Füllungen versehen werden: mit Äpfeln = **Apfeltaschen**; mit Nüssen = **Nußtaschen**; mit Quark = **Quarktaschen.**

300 g Mehl, 15 g Hefe, 60 g Zucker, etwa ⅛ l Milch, ½ Tl Salz, 1 Ei, 1 Eigelb, 80 g Butter, Marmelade, 1 Ei, Puderzucker.

Hahnenkämme füllen und einschneiden auseinanderziehen

Hahnenkämme aus Hefeteig

Werden genauso wie *Hefetaschen* zubereitet. Die fertig gefüllten Hefetaschen an der zusammengefalteten Seite 5–6 mal 1–2 cm tief einschneiden und so biegen, daß die Einschnitte auseinanderklaffen.

Hefezopf

500 g Mehl, 30 g Hefe, 1/8–1/4 l Milch, 60 g Zucker, 1/2 Tl Salz, die abgeriebene Schale von 1/2 Zitrone, 2 Eigelbe, 80 g Butter, 1 Ei zum Bestreichen.

Die Hefe mit 1/2 Tl Zucker und 3–4 El Milch verrühren, mit etwas Mehl bestreuen und zugedeckt gehen lassen. Das Mehl mit der gegangenen Hefe mischen, den restlichen Zucker, das Salz, die abgeriebene Zitronenschale (ungespritzt), die Eigelbe und die zerlassene Butter dazugeben und mit so viel Milch verrühren, bis ein fester Teig entsteht. Diesen Teig kräftig schlagen, bis er Blasen wirft, dann zugedeckt aufgehen lassen (um die Hälfte) und in 4 Stücke teilen: Aus drei Stücken eine dicke Rolle formen und einen Zopf flechten; das vierte Stück halbieren, zwei dünne Rollen daraus formen, verschlingen und auf den geflochtenen Zopf setzen. Den Zopf auf ein gut gefettetes Backblech setzen, nochmals zugedeckt gehen lassen (um etwa die Hälfte), mit dem verquirlten Ei bestreichen und bei 180° goldbraun backen (30–45 Minuten).

Hefezopf flechten   verschlungenen Zopf aufsetzen

Osterkranz

Zutaten wie bei Hefezopf, 50 g Mandeln.

Der Osterkranz wird aus dem bei *Hefezopf* beschriebenen Teig zubereitet. Den gegangenen Teig in 3 Stücke teilen, daraus jeweils eine Rolle formen, diese zu einem Zopf flechten und in Form eines Kranzes auf ein gefettetes Backblech legen. 1/2 Stunde zugedeckt gehen lassen, mit dem verquirlten Ei bestreichen und mit den geschälten, gesplitterten Mandeln bestreuen. Den Osterkranz 30–45 Minuten in einem auf 180° erhitzten Backrohr goldbraun backen.

Leipziger Butterkranz

300 g Mehl, 20 g Hefe, etwa 1/8 l Milch, 60 g Zucker, 150 g Butter, 1/2 Tl Salz, 1 El Rum, 1/2 Fläschchen Bittermandelaroma, 50 g Butter, 50 g Mandeln.

Die Hefe mit 1/2 Tl Zucker und etwas lauwarmer Milch verrühren und zugedeckt gehen lassen. Die Butter mit dem restlichen Zucker schaumig rühren. Das Salz, den Rum, das Bittermandelaroma, das gesiebte Mehl und zuletzt die gegangene Hefe daruntermischen und noch so viel Milch beigeben, daß ein fester Hefeteig entsteht. Diesen Teig sehr gut abschlagen, etwa 1 Stunde zugedeckt gehen lassen und dann in 3 Teile teilen. Aus jedem Stück eine daumendicke Rolle formen, einen Zopf daraus flechten und in Form eines Kranzes auf ein gut gefettetes Backblech legen. Kranz zugedeckt nochmals gehen lassen, mit den gehackten Mandeln bestreuen und bei 200° goldbraun backen (25–35 Minuten).

Mandelkranz aus Hefeteig

500 g Mehl, 30 g Hefe, 1/8–1/4 l Milch, 75 g Zucker, 125 g Butter, 2 Eier, 2 Eigelbe, 1/2 Tl Salz, die abgeriebene Schale von 1/2 Zitrone.

Die Hefe mit 1/2 Tl Zucker und 4–5 El lauwarmer Milch verrühren und zugedeckt gehen lassen. Die Butter mit dem restlichen Zucker und den nacheinander hinzugefügten Eiern und Eigelben schaumig rühren. Das gesiebte Mehl, das Salz, die abgeriebene Zitronenschale und zuletzt die gegangene Hefe dazugeben. Noch so viel Milch einrühren, bis ein mittelfester Teig entsteht, sehr gut abschlagen, bis er Blasen wirft; und dann zugedeckt gehen lassen (um etwa die Hälfte). Den gegangenen Teig zu einem etwa 1 cm dicken Rechteck ausrollen, mit der Mandelfüllung bestreichen und einrollen. Die Teigrolle in Form eines Kranzes auf ein gut gefettetes Kuchenblech legen und die aneinanderstoßenden Enden leicht zusammendrücken. Am äußeren Rand des Kranzes in fingerbreiten Abständen bis fast zur Mitte reichende Einschnitte vornehmen und die so entstandenen Teile etwas drehen und schuppenartig übereinanderlegen. Nochmals ½ Stunde zugedeckt gehen lassen, in einem auf 180° vorgeheizten Backrohr goldbraun backen (30–45 Minuten) und noch warm mit Orangenglasur überziehen.

Füllung: Die geschälten, geriebenen Mandeln mit dem Zucker, dem Eigelb und der nötigen Menge Sahne zu einer streichfähigen Masser verrühren.

200 g Mandeln, 100 g Zucker, 1 Eigelb, 5–6 El Sahne.

Glasur: Den Puderzucker mit dem Orangensaft und 2 El heißem Wasser zu einer dicklichen Masse verrühren.

200 g Puderzucker, 2 El Orangensaft.

Sie können diesen Kranz auch mit einer *Nußfüllung* zubereiten. Verwenden Sie 200 g geriebene Nüsse oder Haselnüsse und würzen Sie zusätzlich mit der abgeriebenen Schale von einer Zitrone = **Nußkranz aus Hefeteig.**

Teigplatte einrollen | Kranz einschneiden | Stücke verdrehen

Mohnstollen

500 g Mehl, 30 g Hefe, ⅛–¼ l Milch, 75 g Zucker, 1 Tl Salz, 125 g Butter, 1 Ei, 2 Eigelbe.

Die Hefe mit ½ Tl Zucker und etwas lauwarmer Milch verrühren und zugedeckt gehen lassen. Das Mehl mit der gegangenen Hefe, dem restlichen Zucker, dem Salz, der zerlassenen Butter, dem Ei, den Eigelben und so viel Milch verarbeiten, bis ein weicher Hefeteig entsteht; diesen so lange gut abschlagen, bis er Blasen wirft, und zugedeckt aufgehen lassen (um etwa die Hälfte). Diesen Teig in der Breite einer Kastenform 1 cm dick ausrollen, mit der Mohnfüllung bestreichen, zusammenrollen, in die gebutterte Kastenform legen und nochmals zugedeckt ½ Stunde gehen lassen. Den Stollen danach in der Mitte etwa 1 cm tief einschneiden, in das auf 180° vorgeheizte Rohr stellen und hellbraun backen (40–50 Minuten). Den Stollen noch 5 Minuten in der Form abkühlen lassen, dann herausnehmen und auf einem Gitter völlig erkalten lassen.

Mohnfüllung: Den gemahlenen Mohn mit dem Honig und der Milch unter ständigem Rühren fast bis zum Kochen erhitzen. Den Rum, die abgeriebene Zitronenschale, die Rosinen und die gehackten Mandeln daruntermischen und zugedeckt abkühlen lassen.

250 g Mohn, 4 El Honig, ¼ l Milch, 1 El Rum, 1 Zitrone, 50 g Rosinen, 50 g Mandeln.

Nußstollen

Hefeteig wie bei Mohnstollen, 250 g Walnüsse, 3 El Honig, ¼ l Milch, 30 g Butter, 30 g Semmelbrösel, 50 g Rosinen.

Wird wie Mohnstollen zubereitet und mit folgender Füllung bestrichen: Die Nüsse mit Honig und Milch fast bis zum Kochen erhitzen; die Butter, die Semmelbrösel und die Rosinen dazurühren und die Masse zugedeckt erkalten lassen.

Mohnstrudel auf Wiener Art

500 g Mehl, 25 g Hefe,
50 g Zucker, etwa 1/8 l Milch,
1/2 Tl Salz, 80 g Butter, 1 Ei,
2 Eigelbe.

Die Hefe mit 1/2 Tl Zucker und etwas lauwarmer Milch verrühren und zugedeckt gehen lassen. Das Mehl mit der gegangenen Hefe, dem restlichen Zucker, dem Salz, der zerlassenen Butter, dem Ei und dem einen Eigelb zu einem mittelfesten Teig verarbeiten und diesen so lange abschlagen, bis er Blasen wirft. Den fertigen Teig nochmals 1/2 Stunde zugedeckt gehen lassen, dann zu einem daumendicken Rechteck ausrollen, mit der Füllung bestreichen und einrollen. Den Strudel auf ein gefettetes Backblech legen, mit dem zweiten geschlagenen Eigelb bestreichen und nochmals gehen lassen (um die Hälfte). In einem auf 180° erhitzten Backrohr goldbraun backen (30–45 Minuten).

250 g Mohn, 80 g Zucker,
1 Messerspitze Zimt,
1 El Honig, 1 Tl Rum, 1/4 l Milch.

Mohnfüllung: Den geriebenen Mohn mit dem Zucker, dem Zimt, dem Honig, dem Rum und der Milch vermischen, unter ständigem Rühren fast bis zum Siedepunkt erhitzen und danach abkühlen lassen.

250 g Walnüsse,
50 g Semmelbrösel,
50 g Zucker, 1 Messerspitze
Zimt, 30 g Rosinen,
30 g Butter, 2 El Honig,
1 Tl Rum, 1/4 l Milch.

Nußstrudel auf Wiener Art wird wie *Mohnstrudel auf Wiener Art* zubereitet; anstelle der Mohnfüllung wird folgende *Nußfüllung* verwendet: Die geriebenen Nüsse mit den Semmelbröseln, dem Zucker, dem Zimt, den Rosinen, der Butter, dem Honig, dem Rum und der Milch unter ständigem Rühren erhitzen und danach zugedeckt abkühlen lassen.

Oltener Butterkuchen

300 g Mehl, 25 g Hefe, etwa
1/8 l Milch, 40 g Zucker,
1/2 Tl Salz, 1 Eigelb, 150 g Butter,
150 g grober Zucker,
75 g Mandeln.

Die Hefe mit 1/2 Tl Zucker und etwas lauwarmer Milch verrühren und zugedeckt gehen lassen. Das Mehl mit der gegangenen Hefe vermischen, den restlichen Zucker, das Salz, das Eigelb und noch so viel Milch dazugeben, daß ein mittelfester Teig entsteht, diesen sehr gut abschlagen und um die Hälfte gehen lassen. Den fertigen Teig fingerdick ausrollen, auf ein gefettetes Backblech legen und mehrmals mit einer Gabel einstechen. – Etwa 1/3 der Butter schmelzen und den Kuchen damit bestreichen. Den mit den geschälten, gehackten Mandeln vermischten Zucker darüberstreuen. In gleichmäßigen Abständen kleine Vertiefungen anbringen und die restliche Butter darin verteilen. Den Kuchen nochmals 1/2 Stunde zugedeckt gehen lassen und danach in einem auf 180° vorgeheizten Rohr hellbraun backen (20–30 Minuten). Nach kurzem Überkühlen in beliebige Stücke schneiden.

Preßburger Mohnbeugel

210 g Mehl, 100 g Butter,
1/2 Tl Salz, 30 g Zucker,
15 g Hefe, 3–4 El Sahne,
1 Eigelb, 1 Ei zum Bestreichen.

Mohnfüllung:
200 g Mohn, 60 g Zucker,
1 Messerspitze Zimt, die
abgeriebene Schale von 1 Zitrone,
1 El Honig, 1 Tl Rum, 1/8–1/4 l Milch.

Das Mehl mit der Butter verbröseln. Das Salz, den Zucker, die in der Sahne verrührte Hefe und das Eigelb dazugeben, alles rasch zu einem glatten Teig verarbeiten, sehr gut durchkneten und zugedeckt 1/2 Stunde ruhen lassen. Den Teig danach 2 mm dick ausrollen, in etwa 10 cm große Vierecke schneiden, mit einem gehäuften Teelöffel Mohnfüllung belegen, übers Eck zusammenrollen und zu Hörnchen formen. Die Mohnbeugel auf ein gefettetes Backblech legen, mit dem verquirlten Ei bestreichen und zugedeckt gehen lassen (um die Hälfte). Die gegangenen Hörnchen vorsichtig drücken (damit die Eikruste springt und die typische Maserung entsteht), in ein auf 180° erhitztes Backrohr stellen und goldbraun backen (15–25 Minuten).

Mohnfüllung: Den geriebenen Mohn mit allen übrigen Zutaten vermischen, unter ständigem Rühren erhitzen, vom Feuer nehmen und zugedeckt abkühlen lassen.

200 g Walnüsse, 50 g Zucker,
1 Messerspitze Zimt,
30 g Butter, 30 g Semmelbrösel,
1 El Honig, 1 Tl Rum, 1/8–1/4 l Milch.

Preßburger Nußbeugel werden wie *Preßburger Mohnbeugel* zubereitet, nur daß anstelle der Mohn- folgende *Nußfüllung* verwendet wird: Die Walnüsse reiben, mit allen übrigen Zutaten vermischen, unter ständigem Rühren fast bis zum Kochen erhitzen und zugedeckt abkühlen lassen.

Rosenkuchen

Die Hefe mit 1 Tl Zucker und etwas lauwarmer Milch verrühren und zugedeckt gehen lassen. Das Mehl mit der gegangenen Hefe mischen, den restlichen Zucker, das Salz, Ei und Eigelb und die zerlassene Butter dazurühren und noch so viel Milch zugeben, daß ein fester Hefeteig entsteht. Den Teig so lange gut abschlagen, bis er seidig glatt ist und Blasen wirft, zugedeckt aufgehen lassen (um die Hälfte) und danach zu einem schmalen (etwa 20 × 60 cm), ½ cm dicken Rechteck ausrollen. Die Teigplatte mit zerlassener Butter bepinseln, mit Zucker, Zimt und gehackten Rosinen bestreuen und von der Längsseite her einrollen. Die Rolle in etwa 3 cm breite Stücke schneiden und diese mit der Schnittfläche nach unten eng nebeneinander in eine gut gebutterte Springform setzen. Den Kuchen nochmals 20 Minuten gehen lassen und dann in einem auf 180° vorgeheizten Backrohr hellbraun backen. Den Rosenkuchen noch warm aus der Form nehmen und mit Zuckerglasur überziehen.

300 g Mehl, 15 g Hefe, 60 g Zucker, etwa ⅛ l Milch, ½ Tl Salz, 1 Ei, 1 Eigelb, 80 g Butter, 50 g Butter, 75 g Zucker, 1 Tl Zimt, 100 g Rosinen, 50 g Butter für die Form.

Glasur: Den Zucker mit dem Zitronensaft so lange in ⅛ l Wasser kochen, bis er Fäden zieht, kurz abkühlen lassen und auf den gebackenen Kuchen gießen.

150 g Zucker, 2 El Zitronensaft.

Zur Abwechslung kann der Rosenkuchen mit folgender *Nußfüllung* bestrichen werden: 50 g Butter mit 100 g Zucker, 1 Eigelb und 4 El Sahne verrühren und 200 g geriebene Walnüsse (oder Haselnüsse) daruntermischen. Auf die ungefettete Teigplatte streichen.

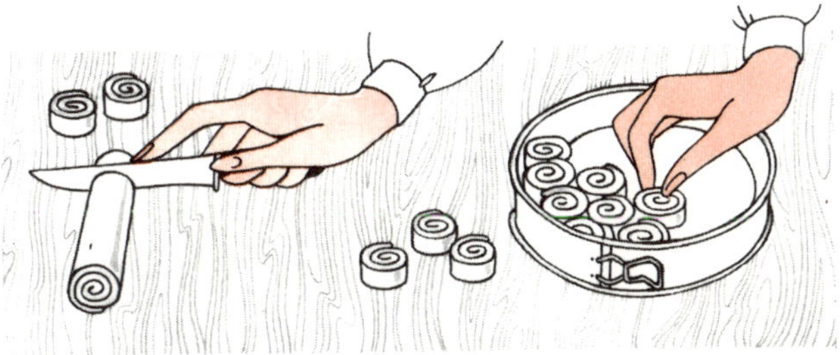

Teigrolle schneiden — Stücke einlegen

Savarin

Die Hefe mit einer Prise Zucker und etwas lauwarmer Milch verrühren und zugedeckt gehen lassen. Die Butter mit dem restlichen Zucker, dem Ei und den Eigelben schaumig rühren. Das gesiebte Mehl, das Salz und die gegangene Hefe daruntermischen und noch so viel lauwarme Milch dazugeben, daß ein weicher Teig entsteht. Diesen Teig so lange gut abschlagen, bis er Blasen wirft, dann in eine gut gefettete Ringform füllen, zugedeckt gehen lassen (um die Hälfte) und 35–45 Minuten in einem auf 180° vorgeheizten Rohr hellbraun backen. Nach kurzem Abdämpfen stürzen und den noch warmen Savarin mit dem Rumsirup tränken:

150 g Mehl, 10 g Hefe, 20 g Zucker, etwa ⅛ l Milch, 60 g Butter, 1 Ei, 2 Eigelbe.

Den so getränkten Savarin auf eine der folgenden Arten fertigstellen:

Die Öffnung mit abgetropften Kompottfrüchten füllen und den Kuchen mit Schlagsahne garnieren.

In die Öffnung Schlagsahne geben, unter die noch einige frische Himbeeren oder Erdbeeren gemischt werden können.

Den Savarin ohne weitere Füllung zu Tisch geben und warme *Weinschaumsauce* dazu reichen.

Rumsirup: Den Zucker in ¼ l Wasser zu einem dicken Sirup kochen und den Orangensaft und den Rum dazumischen.

100 g Zucker, 2 El Orangensaft, 2 El Rum.

Streuselkuchen

250 g Mehl, 15 g Hefe, etwa 1/8 l Milch, 30 g Zucker, 1/2 Tl Salz, 1 Ei, 60 g Butter, Marmelade.

Die Hefe mit 1/2 Tl Zucker und der Hälfte der lauwarmen Milch verrühren und zugedeckt gehen lassen. Das Mehl mit der gegangenen Hefe, dem restlichen Zucker, dem Salz, dem Ei und der zerlassenen Butter vermischen. Noch so viel Milch zugeben, daß ein weicher Teig entsteht, sehr gut abschlagen und 1/2 Stunde an einem warmen Ort zugedeckt gehen lassen. Den gegangenen Teig fingerdick ausrollen, auf ein gefettetes Kuchenblech geben, mehrmals mit einer Gabel einstechen, dünn mit Marmelade (Johannisbeermarmelade oder Pflaumenmus passen besonders gut) bestreichen, gleichmäßig mit den Streuseln bestreuen und nochmals zugedeckt gehen lassen. In einem auf 180° vorgeheizten Backrohr hellbraun backen (25–40 Minuten). Den Streuselkuchen noch warm in beliebige Rechtecke schneiden.

125 g Mehl, 50 g Mandeln, 50 g Zucker, 1/2 Tl Zimt, die abgeriebene Schale von 1/2 Zitrone, 75 g Butter.

Streuseln: Das Mehl mit den geschälten, geriebenen Mandeln, dem Zucker, dem Zimt und der abgeriebenen Zitronenschale vermischen, die zerlassene Butter darübergießen und so mit einer Gabel verrühren, daß lauter Klümpchen entstehen. Die Streuseln durch Reiben zwischen den Händen auf den Kuchen verteilen.

GEBÄCK AUS RÜHRTEIG

Rührteig gilt als der klassische »Kuchenteig«. Er ist schnell und einfach zuzubereiten und äußerst vielseitig verwendbar: Sie können ihn ebensogut zur Herstellung von Napf- und Kastenkuchen, von luftigen Blechkuchen und saftigen Obstkuchen, wie von Torten und knusprigem Kleingebäck verwenden.

Die Zusammensetzung der einzelnen Rührteige ist sehr unterschiedlich. Es gibt ganz einfache und sehr raffiniert zubereitete Rührteige. Allen aber ist eines gemeinsam: Ihre lockere Beschaffenheit beruht in erster Linie auf zahlreichen Luftbläschen, die sich durch intensives Rühren (und Schlagen des Schnees) im Teig bilden. Bei einigen Teigen wird zusätzlich Backpulver als Lockerungsmittel verwendet.

So einfach der Rührteig herzustellen ist – Sie sollten für das sichere Gelingen einige Tips beachten.

Vor Beginn des Backens alle Zutaten genau gewogen bereitstellen.

Die benötigte Backform vor der Teigzubereitung fetten und mit Semmelbröseln oder Mehl ausstreuen; der fertige Teig muß sofort in die Form und ins Rohr, sonst fällt er zusammen! Springformen werden nur am Boden gefettet! Wenn Sie einen Kastenkuchen backen, ist es vorteilhaft, die Form mit einem genau zurechtgeschnittenen Stück Folie auszulegen; der fertige Kuchen läßt sich dann besser aus der Form nehmen. Kuchen, die aufbewahrt werden sollen, können sofort nach dem Abkühlen verpackt werden.

Nehmen Sie die Butter (oder Margarine) rechtzeitig aus dem Kühlschrank, damit sie geschmeidig wird; auf keinen Fall darf sie erwärmt werden.

Die Butter zunächst allein und dann nochmals mit dem Zucker schaumig rühren. (Haben Sie eine Küchenmaschine oder ein Handrührgerät, können Sie Butter und Zucker gleichzeitig schaumig rühren!)

Die Eier unbedingt einzeln dazugeben und jedesmal vollkommen verrühren! Die Masse dann noch so lange weiterrühren, bis sie schaumig-dick geworden ist; auch muß der Zucker vollkommen gelöst sein (darf nicht mehr knirschen).

Schwarzwälder Kirschtorte, Rüblitorte und Erdbeertorte ▷

Mehl mit dem Backpulver sieben und schnell und leicht einziehen. Wird das Mehl zu fest eingerührt, geht der Teig nicht mehr richtig auf. (Auch wenn Sie ein elektrisches Rührgerät verwenden, sollten Sie das Mehl nur mit einem Rührlöffel einziehen.)
Ist eine Flüssigkeit vorgeschrieben, so wird sie zusammen mit dem Mehl unter den Teig gemischt. Die angegebenen Mengen sind dabei nur Richtlinien. Die tatsächlich benötigte Menge richtet sich nach der Quellfähigkeit des Mehles und der Größe der Eier.
Richtig zubereiteter Rührteig muß schwer reißend vom Löffel fallen. Zu fester Teig kann nicht aufgehen und wird rissig und trocken; zu weicher Teig fällt nach dem Backen wieder zusammen.
Rosinen, Zitronat und ähnliche Geschmackszutaten zunächst in Mehl wälzen und dann locker in den fertigen Teig einarbeiten; so sinken sie nicht unter.
Verlangt das Rezept Eischnee, so wird die Schaummasse nur mit einem Teil des Zuckers gerührt. Die Eiweiße steifschlagen, den zurückbehaltenen Zucker dazugeben und den Schnee nochmals schlagen, bis er glänzend ist und eine hochgezogene Spitze stehen bleibt und schnittfest ist. Den steifen Schnee zuletzt ganz leicht unterheben (auf keinen Fall mit einem elektrischen Rührgerät!) und den fertigen Teig sofort in die vorbereitete Form füllen und backen.
Den fertigen Kuchen aus dem Rohr nehmen, noch 5 Minuten in der Form lassen, stürzen und auskühlen lassen. Sollte der Kuchen sich nicht gleich aus der Form lösen, lockern Sie ihn mit einem spitzen Messer am Rande und wickeln Sie die Form für einige Minuten in ein kaltes, feuchtes Tuch.

Englischer Kuchen

Die Butter mit 3/4 des Zuckers und den nacheinander eingearbeiteten Eigelben schaumig rühren. Den Rum, die abgeriebene Zitronenschale, die geschälten, geriebenen Mandeln, das kleingeschnittene Zitronat und das kleingeschnittene Orangeat dazugeben. Das mit dem Backpulver vermischte Mehl darübersieben. Die Eiweiße zunächst allein, dann mit dem restlichen Zucker steifschlagen und mit dem Mehl unter die Schaummasse heben. Zuletzt die sauber abgewischten, in Mehl gewälzten Sultaninen und Korinthen einmischen. Die Masse in eine gut gebutterte, mit Mehl bestreute Kastenform füllen und bei 180° hellbraun backen (60–70 Minuten).

200 g Butter, 200 g Zucker, 5 Eier, 2 El Rum, die abgeriebene Schale von 1/2 Zitrone, 150 g Mandeln, 40 g Zitronat, 40 g Orangeat, 400 g Mehl, 1 Tl Backpulver, 100 g Sultaninen, 50 g Korinthen.

Frankfurter Kranz

Die Butter mit dem Zucker, dem Vanillezucker, der abgeriebenen Zitronenschale, dem Zitronensaft und den einzeln eingearbeiteten Eiern schaumig rühren. Den Rum und zuletzt das mit dem Stärkemehl und dem Backpulver vermischte, gesiebte Mehl einmengen. Die Masse in eine gut gefettete, mit Semmelbröseln ausgestreute Ringform füllen und bei 180° hellbraun backen (40–50 Minuten). Den Kranz abkühlen lassen, zweimal waagrecht durchschneiden, mit Rumcreme (oder Vanillecreme) füllen und bestreichen; mit Krokant bestreuen.

150 g Butter, 150 g Zucker, 1 Paket Vanillezucker, 1/2 Zitrone, 4 Eier, 1 El Rum, 100 g Mehl, 100 g Stärkemehl, 2 Tl Backpulver.

Rumcreme: Eigelbe, Zucker, Stärkemehl und die Milch verrühren, zum Kochen bringen und unter häufigem Rühren erkalten lassen. Die Butter schaumigschlagen und mit dem Rum löffelweise in die Creme einrühren.

2 Eigelbe, 60 g Zucker, 40 g Stärkemehl, 1/4 l Milch, 250 g Butter, 2 El Rum

Krokant: Die geschälten, gut gehackten Mandeln zusammen mit dem Zucker und der Butter hellbraun rösten.

150 g Mandeln, 50 g Zucker, 10 g Butter.

◁ *Schwarz-Weiß-Bäckerei, Vanillekipferl, Aprikosenaugen, Malteser-Plätzchen und Anisbögen (von links nach rechts)*

Gewürzkuchen

250 g Butter, 300 g Zucker, 4 Eier, 50 g Kakao, 1 Tl Zimt, ½ Tl Nelkenpulver, 1 Messerspitze Piment, 1 Messerspitze Kardamom, 350 g Mehl, 1 Paket Backpulver.

Die Butter mit ⅔ des Zuckers und den einzeln eingearbeiteten Eigelben schaumig rühren. Den Kakao und die Gewürze dazugeben. Das Mehl mit dem Backpulver mischen und über die Schaummasse sieben. Die Eiweiße allein und dann mit dem Zucker (löffelweise dazugeben) steifschlagen und mit dem Mehl und dem Backpulver unterheben. Die Masse in eine gut gebutterte, bemehlte Kastenform füllen und bei 180° hellbraun backen (60–70 Minuten). Den Kuchen aus der Form stürzen und mit Puderzucker bestreuen.

Gugelhupf = Gesundheitskuchen = Napfkuchen

200 g Butter, 250 g Zucker, 1 Paket Vanillezucker, 4 Eier, 375 g Mehl, 125 g Stärkemehl, 2 Tl Backpulver, 4–8 El Milch.

Die Butter mit dem Zucker, dem Vanillezucker und den einzeln eingearbeiteten Eiern kräftig schaumig rühren. Das Mehl mit dem Stärkemehl und dem Backpulver mischen, über die Schaummasse sieben und mit der nötigen Menge Milch unterheben. Den Teig in eine gut gefettete, mit Semmelbröseln ausgestreute Gugelhupfform (oder Kastenform) füllen und bei 180° hellbraun backen (45–60 Minuten). Den Kuchen auf ein Gitter stürzen und mit Puderzucker bestreuen.

Diesen Gesundheitskuchen können Sie verfeinern, wenn Sie 50–100 g sauber abgewischte, in Mehl gewälzte Rosinen unter den Teig mischen. Auch kann die Form mit grob gehackten Mandeln ausgestreut werden = **Rosinenkuchen.**

Gugelhupf mit Öl

200 g Zucker, 8 El Öl, 4 Eier, ½ Zitrone, 250 g Mehl, 2 Tl Backpulver.

¾ des Zuckers mit dem Öl, den Eigelben, dem Zitronensaft und der abgeriebenen Zitronenschale zu einer dicken weißlichen Masse verrühren. 4 El Wasser tropfenweise darunterrühren. Das mit dem Backpulver vermischte Mehl über diese Dottermasse sieben. Die 4 Eiweiße zunächst allein, dann mit dem restlichen Zucker nochmals steifschlagen, darüberhäufen und nun alles vorsichtig unter die Dottermasse heben. Die Masse in eine gut gebutterte, mit Semmelbröseln ausgestreute Gugelhupfform füllen und in einem auf 180° vorgeheizten Rohr backen (45–60 Minuten).

Königskuchen

250 g Butter, 250 g Zucker, 6 Eier, 2 El Rum, 100 g Mandeln, 1 Prise Salz, 100 g Zitronat, 50 g Rosinen, 50 g Sultaninen, ½ Tl geriebene Orangenschale, 250 g Mehl, 50 g Stärkemehl, 1 Tl Backpulver.

Die Butter mit dem Zucker, Salz, Orangensaft und den einzeln eingearbeiteten Eiern schaumig rühren. Den Rum, die geschälten, gehackten (oder in Stifte geschnittenen) Mandeln, das kleingeschnittene Zitronat und die sauber abgewischten, in Mehl gewendeten Rosinen und Sultaninen einrühren. Das Mehl mit dem Stärkemehl und dem Backpulver mischen, über die Schaummasse sieben und vorsichtig unterheben. Die Masse in eine gut gebutterte, bemehlte Kastenform füllen und bei 180° goldbraun backen. Den Kuchen nach kurzem Abdämpfen stürzen und mit Puderzucker bestreuen.

Mailänder Schnitten

200 g Butter, 100 g Zucker, 1 Zitrone, 4 Eier, 150 g Mehl, 1 Messerspitze Backpulver, Marmelade.

Die Butter mit ¾ des Zuckers, dem Zitronensaft, der abgeriebenen Zitronenschale und den nacheinander eingearbeiteten Eigelben schaumig rühren. Das mit dem Backpulver gesiebte Mehl und den mit dem restlichen Zucker sehr steif geschlagenen Eischnee unterziehen. Die Masse daumendick in eine gefettete, bemehlte Backform geben und bei 160° goldgelb backen (25–30 Minuten). Den fertigen Kuchen mit Puderzucker bestreuen und in kleine Quadrate schneiden. Auf jedes Stück 1 Tl Marmelade geben.

Mandelschnitten

Die Butter mit 3/4 des Zuckers, dem Zitronensaft, der abgeriebenen Zitronenschale und den nacheinander eingearbeiteten Eigelben schaumig rühren. Die mit der Schale geriebenen Mandeln dazugeben und zuletzt das gesiebte Stärkemehl und die zunächst allein und dann mit dem restlichen Zucker sehr steif geschlagenen Eiweiße unterheben. Die Masse daumendick auf ein gefettetes, mit Semmelbröseln ausgestreutes Kuchenblech streichen und bei 160° hellgelb backen (25–40 Minuten). Noch warm mit Puderzucker bestreuen und nach dem Erkalten in beliebig große Vierecke schneiden; diese können Sie mit einem Tupfer Marmelade oder einem Tupfer geschlagener Sahne verzieren.

200 g Butter, 200 g Zucker, 1/2 Zitrone, 5 Eier, 200 g Mandeln, 50 g Stärkemehl.

Marmorgugelhupf

Die Butter mit dem Zucker, dem Vanillezucker und den einzeln eingearbeiteten Eiern schaumig rühren. Das Mehl mit dem Stärkemehl und dem Backpulver mischen, über die Schaummasse sieben und vorsichtig unterheben. Die Hälfte des Teiges in eine gut gefettete, mit Semmelbröseln ausgestreute Gugelhupfform füllen. Die zweite Teighälfte mit dem gesiebten Kakao und der Milch verrühren und zu der ersten Teighälfte in die Form geben. Mit einer Gabel vorsichtig durchziehen; die beiden Teige dürfen sich dabei aber nicht vermischen. Den Marmorgugelhupf in einem auf 180° erhitzten Rohr backen (45–60 Minuten), stürzen und mit Puderzucker bestreuen.

250 g Butter, 250 g Zucker, 1 Paket Vanillezucker, 6 Eier, 375 g Mehl, 125 g Stärkemehl, 2 Tl Backpulver, 25 g Kakao, 2–3 El Milch.

Mozartschnitten

Die Butter mit dem Zucker und der (im Wasserbad) geschmolzenen Schokolade schaumig rühren. Die Eier einzeln einarbeiten und alles nochmals schaumig rühren. Den Pulverkaffee daruntermischen und zuletzt das zusammen mit dem Stärkemehl und dem Backpulver gesiebte Mehl einziehen. Die Masse 1/2 cm dick auf ein gefettetes, bemehltes Kuchenblech streichen und bei 180° backen (25–30 Minuten). Den Kuchen nach dem Auskühlen halbieren. Die eine Hälfte mit 3/4 der inzwischen vorbereiteten Buttercreme bestreichen und die zweite Hälfte daraufsetzen. Das Ganze für wenigstens 1 Stunde kalt stellen und danach in 4–5 cm große Schnitten teilen. Die Schnitten mit Schokoladenguß glasieren, mit den gehackten Mandeln bestreuen und mit Buttercreme verzieren.

150 g Butter, 150 g Zucker, 150 g Kochschokolade, 4 Eier, 2–3 Tl Pulverkaffee, 100 g Mehl, 50 g Stärkemehl, 2 Tl Backpulver.

Buttercreme: Die Butter mit dem Zucker, mit Vanillezucker und den nacheinander eingearbeiteten Eigelben schaumig rühren.

150 g Butter, 100 g Zucker, 2 Pakete Vanillezucker, 2 Eigelbe.

Schokoladenguß: Den Zucker mit dem Kakao und 4 El heißem Wasser zu einem dickflüssigen Guß verrühren und zuletzt das (im Wasserbad) geschmolzene Kokosfett dazugeben.

200 g Puderzucker, 30 g Kakao, 20 g Kokosfett.

Orangenkuchen

Die Butter mit dem Zucker, der geriebenen Orangenschale und den einzeln eingearbeiteten Eiern kräftig schaumig rühren. Den Grand Marnier daruntermischen. Das Mehl mit dem Stärkemehl und dem Backpulver mischen, über die Schaummasse sieben und vorsichtig einziehen. Die Masse in eine gut gefettete Kastenform füllen und bei 160° hellbraun backen (45–60 Minuten). Den Kuchen auf ein Kuchengitter stürzen, mehrmals mit einer Stricknadel einstechen, mit Orangensaft tränken und mit Orangenguß glasieren. Je nach Belieben noch mit einigen Orangenspalten garnieren.

150 g Butter, 150 g Zucker, 1 Tl geriebene Orangenschale, 4 Eier, 2 El Grand Marnier (oder Rum), 150 g Mehl, 150 g Stärkemehl, 1 Messerspitze Backpulver, 1/8 l Orangensaft.

Orangenguß: Den Puderzucker mit dem Orangensaft zu einem dicken Guß verrühren.

200 g Puderzucker, 4 El Orangensaft.

Diesen sehr saftigen Kuchen können Sie auch in einer Springform zubereiten = **Orangentorte.**

Rehrücken

140 g Butter, 140 g Zucker,
100 g Schokolade, 6 Eier,
100 g Mandeln, 40 g Semmelbrösel,
40 g Mehl,
3–4 El Aprikosenmarmelade.

Die Butter mit 3/4 des Zuckers, der im Wasserbad erweichten Schokolade und den einzeln eingearbeiteten Eigelben schaumig rühren. Die geriebenen Mandeln, die Semmelbröseln und das Mehl daruntermengen. Die Eiweiße zunächst allein und dann mit dem restlichen Zucker sehr steif schlagen und unter die Buttermasse mischen. Diese Masse in eine gut gebutterte, mit Semmelbröseln ausgestreute Rehrückenform füllen und langsam bei etwa 180° backen (35–50 Minuten). Den gebackenen Rehrücken auf ein Kuchengitter stürzen, abkühlen lassen und dann waagrecht in der Mitte durchschneiden. Mit Marmelade füllen, zusammensetzen und auch oben mit Marmelade bestreichen. Zuletzt mit Schokoladenglasur überziehen und mit geschälten, in Stifte geschnittenen Mandeln »spicken«.

150 g Schokolade, 1 Tl Öl,
250 g Zucker.
Mandeln.

Schokoladenglasur: Die Schokolade mit dem Öl im Wasserbad erwärmen. Den Zucker mit 1/8 l Wasser kochen, bis er Fäden zieht. Die Zuckerlösung abkühlen lassen und danach löffelweise und unter ständigem Rühren zu der erweichten Schokolade geben, bis eine glatte Masse entsteht.

Rehrücken mit Mandeln verzieren

Sandkuchen

250 g Butter, 250 g Zucker,
1/2 Zitrone, 5 Eier, 1 El Rum,
150 g Mehl, 100 g Stärkemehl,
1 Tl Backpulver.

Die Butter mit dem Zucker, der abgeriebenen Zitronenschale, dem Zitronensaft und den nacheinander eingearbeiteten Eiern schaumig rühren und den Rum dazugeben. Das Mehl mit dem Stärkemehl und dem Backpulver mischen, über die Schaummasse sieben und schnell und vorsichtig einziehen. Die Masse in eine gut gebutterte, mit Semmelbröseln ausgestreute Gugelhupfform oder größere Kastenform füllen und 50–75 Minuten in einem auf 160° erhitzten Rohr goldbraun backen. Den Kuchen stürzen und mit Puderzucker bestreuen.

Sandwaffeln

250 g Butter, 150 g Zucker,
4 Eier, 1 El Cognac,
1 Messerspitze Zimt,
250 g Stärkemehl.

Die Butter mit dem Zucker und den nacheinander eingearbeiteten Eiern kräftig schaumig rühren. Den Cognac und den Zimt dazurühren und zuletzt das gesiebte Stärkemehl einziehen. Den Teig löffelweise in das leicht gefettete Waffeleisen geben und goldbraun backen.

Schokoladenschnitten

120 g Butter, 120 g Zucker,
80 g Schokolade, 5 Eier,
100 g Mandeln, 30 g Brösel,
30 g Mehl, Marmelade.

Die Butter mit 3/4 des Zuckers, der im Wasserbad erwärmten Schokolade und den einzeln eingearbeiteten Eigelben schaumig rühren. Die geschälten, geriebenen Mandeln, die Semmelbrösel und das Mehl daruntermischen. Die Eiweiße zunächst allein, dann mit dem restlichen Zucker steifschlagen und unter die Schokoladenmasse geben. Diese fingerdick auf ein gefettetes, mit Semmelbröseln ausgestreutes Kuchenblech streichen, in ein auf 180° vorgeheiztes Rohr geben und 20–35 Minuten backen. Die fertigen Schnitten mit Puderzucker bestreuen, in kleine Quadrate schneiden und mit Marmelade verzieren.

GEBÄCK AUS BISKUITTEIG

Biskuitteig ist eine Abart des Rührteiges. Er wird vollkommen ohne Fett und mit einer relativ geringen Mehlmenge zubereitet und ist daher besonders leicht und gut bekömmlich.
Biskuitteig wird vor allem für Torten, feine Backwaren (Rouladen) und Kleingebäck verwendet.
Einfaches Biskuit – ohne jede Füllung – ist ideal für Kleinkinder und findet auch in der Schonkost Verwendung.
Wie der gewöhnliche Rührteig erhält auch der Biskuitteig seine lockere Beschaffenheit durch die zahlreichen eingeschlossenen Luftbläschen, die sich beim sorgfältigen Rühren der Schaummasse beziehungsweise beim Schlagen des Schnees bilden. Auch muß das Mehl immer gesiebt werden; es wird dabei nicht nur frei von Klümpchen, sondern auch luftig locker.
Für Biskuitteig gibt es zwei Zubereitungsarten; sie sind – bei der nötigen Sorgfalt – beide gleich gut, und es bleibt Ihrem persönlichen Geschmack überlassen, für welche Sie sich entscheiden:
1. Die Eigelbe mit ⅔–¾ der angegebenen Zuckermenge rühren, bis eine dicke, schaumige, weißliche Masse entsteht. Die Eiweiße erst allein, dann mit dem restlichen Zucker (langsam dazugeben) steifschlagen, bis der Schnee Spitzen zieht und glänzend ist. Das Mehl – eventuell mit Backpulver gemischt – sieben und mit dem Eischnee unter die Schaummasse heben. Sofort backen!
2. Die Eiweiße mit 1 Tl kaltem Wasser steifschlagen, den Zucker löffelweise dazugeben und so lange weiterschlagen, bis der Schnee glänzend ist und Spitzen zieht. Die Eigelbe verquirlen und mit dem gesiebten Mehl vorsichtig unter den Schnee mischen. Sofort backen!
Wasserbiskuit ist eine preiswerte Variante des echten Biskuitteiges und kann wie dieser verwendet werden.
Eine weitere Variante des Biskuitteiges ist der vor allem in alten Kochbüchern häufig erwähnte *Eischwerteig:* Charakteristisch für diese Zubereitungsart ist, daß sich die Menge von Zucker und Mehl nach dem Gewicht der Eier richtet.
Biskuitteig wird in einer gut gefetteten, gestaubten Form oder auf einem mit gefettetem Pergamentpapier ausgelegten Backblech gebacken. Springformen werden auch hier nur am Boden gefettet!

Baumstamm

5 Eier, 100 g Zucker,
1 Paket Vanillezucker, 50 g Mehl,
50 g Stärkemehl.

Die Eigelbe mit ¾ des Zuckers und dem Vanillezucker kräftig schaumig rühren. Das Mehl und das Stärkemehl mischen und über die Schaummasse sieben. Die Eiweiße mit dem restlichen Zucker (löffelweise dazugeben) steifschlagen und unterheben. Die Masse fingerdick auf ein mit einem gefetteten Pergamentpapier ausgelegtes Backblech streichen, bei 220° hellbraun backen (5–15 Minuten), sofort auf ein Brett oder ein Tuch stürzen und locker einrollen. Die abgekühlte Roulade auseinanderrollen, mit ⅔ der Buttercreme füllen und erneut einrollen.
Die beiden Randstücke abschneiden und mit etwas Buttercreme als »Aststümpfe« auf die Roulade kleben.
Alles zusammen mit der restlichen Buttercreme bestreichen und mit einer Gabel »Rillen« anbringen.

250 g Butter, 200 g Puderzucker,
1 Paket Vanillezucker,
100 g Schokolade, 2 Eier.

Buttercreme: Die Butter mit dem Puderzucker und dem Vanillezucker schaumig rühren, die im Wasserbad geschmolzene Schokolade und zuletzt die Eier einrühren.

Biskuitroulade

4 Eier, 100 g Zucker, 1 Paket Vanillezucker, 100 g Mehl, Puderzucker, Marmelade.

Die Eigelbe mit ¾ des Zuckers und dem Vanillezucker schaumig rühren. Das Mehl über die Schaummasse sieben. Die Eiweiße zunächst allein, dann mit dem restlichen Zucker steifschlagen. Das Mehl und den Schnee gleichzeitig unter die Schaummasse heben. Den Biskuitteig etwa ½ cm dick auf ein gefettetes Pergamentpapier (das auf einem Kuchenblech liegt) streichen, in ein auf 220° vorgeheiztes Backrohr stellen und 5–15 Minuten hellbraun backen. Die Biskuitplatte auf ein mit Puderzucker bestreutes Brett stürzen (das Pergamentpapier abziehen), mit Marmelade bestreichen, eng zusammenrollen und mit Puderzucker bestreuen.

Biskuitroulade mit Schlagsahne

4 Eier, 100 g Zucker, 1 Paket Vanillezucker, 100 g Mehl, ¼–⅜ l Schlagsahne, Kochschokolade.

Aus Eiern, Zucker, Vanillezucker und Mehl eine Biskuitplatte wie bei *Biskuitroulade* beschrieben backen, auf ein Brett (oder Blatt Papier) stürzen, locker zusammenrollen und abkühlen lassen. Die abgekühlte Roulade vorsichtig wieder aufrollen, mit ⅔ der geschlagenen Sahne bestreichen und erneut einrollen. Mit der restlichen Schlagsahne bestreichen und mit geriebener Schokolade bestreuen.

Biskuitroulade mit Früchten

Wird wie *Biskuitroulade mit Schlagsahne* zubereitet. Mischen Sie unter den zum Füllen bestimmten Teil der Schlagsahne 300–500 g Erdbeeren, Himbeeren, Johannisbeeren oder kleingeschnittene Ananasscheiben.

Biskuit-Schokolade-Roulade

4 Eier, 200 g Zucker, 40 g Kakao, 60 g Mehl, 60 g Stärkemehl, 1 gehäufter Tl Backpulver, ⅜ l Sahne, 2 Pakete Vanillezucker.

Die Eigelbe mit 4 El Wasser schaumig rühren, ¾ des Zuckers nach und nach dazugeben und so lange weiterrühren, bis eine dicke schaumige Masse entsteht. Kakao, Mehl, Stärkemehl und Backpulver miteinander vermischen, über die Schaummasse sieben und locker einziehen. Die Eiweiße zunächst allein, dann mit dem restlichen Zucker sehr steif schlagen und unterheben. Die Masse fingerdick auf ein mit gefettetem Pergamentpapier ausgelegtes Backblech streichen und bei 200° 5–15 Minuten backen. Sofort auf ein Tuch stürzen und locker zusammenrollen. Die Sahne steifschlagen und mit dem Vanillezucker abschmecken. Die abgekühlte Roulade vorsichtig auseinanderrollen, mit ¾ der Schlagsahne füllen und wieder zusammenrollen. An der Oberfläche mit der restlichen Sahne bestreichen und mit halbierten Walnüssen oder Borkenschokolade verzieren.

Bischofsbrot

4 Eier, 4 eischwer Zucker, 2 El Rum, die abgeriebene Schale von ½ Zitrone, 30 g Zitronat, 5 kandierte Kirschen, 30 g Sultaninen, 30 g Rosinen, 50 g Mandeln, 150 g Schokolade, 4 eischwer Mehl, 1 Tl Backpulver, 30 g Butter.

Die Eier mit dem Zucker schaumig rühren, bis eine dickliche weiße Masse entsteht. Den Rum, die abgeriebene Zitronenschale, das Zitronat und die kandierten Kirschen, beides kleingeschnitten, die sauber abgewischten, in Mehl gewälzten Sultaninen und Rosinen, die mit der Schale grob gehackten Mandeln und die ebenfalls grob gehackte Schokolade einrühren. Das Mehl mit dem Backpulver mischen, über die Schaummasse sieben und mit der zerlassenen, nicht mehr warmen Butter unterziehen. Die Masse in eine gut gebutterte, mit Semmelbröseln ausgestreute Kastenform geben und bei 180° hellbraun backen (50–65 Minuten).

Kastenbiskuit

6 Eier, 180 g Zucker,
1 Paket Vanillezucker,
120 g Stärkemehl.

Die Eigelbe mit ⅔ des Zuckers und dem Vanillezucker schaumig rühren. Das gesiebte Stärkemehl einziehen und zuletzt die mit dem restlichen Zucker steifgeschlagenen Eiweiße unterheben. Die Masse in eine gebutterte, bemehlte Kastenform füllen, und in einem auf 180° erhitzten Backrohr 25–35 Minuten goldbraun backen. Nach kurzem Überkühlen aus der Form stürzen und mit Puderzucker bestreuen.
Zur Abwechslung kann das Kastenbiskuit noch ein- bis zweimal geschnitten und mit beliebiger Marmelade gefüllt werden. Auch können Sie es mit Couverture oder einer anderen Glasur überziehen.

Nußroulade

4 Eier, 100 g Zucker,
70 g Walnüsse (oder Haselnüsse), die abgeriebene Schale von ½ Zitrone
30 g Semmelbrösel,
Marmelade.

Die Eigelbe mit der Hälfte des Zuckers schaumig rühren. Die geriebenen Nüsse, die abgeriebene Zitronenschale und die Semmelbrösel einrühren. Die Eiweiße zunächst allein, dann mit dem restlichen Zucker (löffelweise dazugeben) sehr steif schlagen und unterheben. Die Masse fingerdick auf ein gefettetes Pergamentpapier streichen, 10–20 Minuten in einem auf 200° vorgeheizten Rohr backen und sofort auf ein Brett stürzen. Die Teigplatte mit Marmelade bestreichen und zusammenrollen. Mit Zitronenglasur überziehen und mit halbierten Nußkernen, die auf die noch feuchte Glasur gedrückt werden, verzieren.

200 g Puderzucker,
2 El Zitronensaft.

Zitronenglasur: Den Puderzucker mit dem Zitronensaft und 2 El heißem Wasser zu einem dicken Guß verrühren.
Zur Abwechslung können Sie die Nußroulade auch mit leicht gesüßter, steifgeschlagener Sahne füllen und bestreichen.

Gebackenes

GEBÄCK AUS MÜRBTEIG

Mürbteig, öfter auch Knetteig genannt, gehört zu den beliebtesten Teigsorten. Er ist leicht und schnell zubereitet, er schmeckt gut, und er gelingt immer!
Mürbteig besteht im wesentlichen aus Mehl und einer reichlichen Menge Fett (Butter oder Margarine), durch die der Teig seine mürbe Beschaffenheit erhält. Meist werden noch ein Bindemittel (Ei oder Eigelb, saure Sahne, etwas Flüssigkeit) und verschiedene Geschmackszutaten wie Zucker, Vanillezucker, Zitronenschale oder Mandeln zugefügt. Auf keinen Fall darf eine Prise Salz fehlen, der Teig wird dadurch schmackhafter, die einzelnen Gewürze treten intensiver hervor.
Für die richtige Zubereitung eines Mürbteiges gilt als oberstes Gebot: schnell arbeiten. Das Mehl auf ein Backbrett sieben (falls das Rezept Backpulver vorschreibt, wird dieses gleichzeitig mitgesiebt), die kleingeschnittene kalte Butter darüber verteilen und rasch mit beiden Händen zerbröseln oder mit einem Messer zerhacken. Die trockenen Geschmackszutaten über das Mehl-Butter-Gemisch streuen. In der Mitte eine Grube machen, die flüssigen Zutaten hineingeben, das Mehl von außen her daruntermischen und alles rasch zu einem glatten Teig kneten.
Achten Sie darauf, daß der Teig nie zu warm wird (warme Hände nötigenfalls unter kaltes Wasser halten) und daß alle Zutaten so fein wie möglich sind (Puderzucker verwenden, eventuell vorgesehene Mandeln und dergleichen so fein wie möglich reiben). Zu grobe Zutaten machen den Teig – ebenso wie zu lange Bearbeitung mit warmen Händen – brüchig; er läßt sich dann nur mehr schwer ausrollen!

Fertig gekneteter Mürbteig muß ½ Stunde, sehr weicher Teig noch länger kalt ruhen. Erst dann wird er ausgerollt (oder direkt auf ein Backblech gedrückt) und nach Rezept weiterverarbeitet. Einfetten des Backblechs ist – wegen des hohen Fettgehaltes des Teiges – nicht nötig.
Mürbteiggebäck wird schnell und heiß gebacken (180–200°). Das Gebäck darf nicht zu dunkel werden, da es sonst bitter schmeckt. Die fertig gebackenen Stücke sofort vom Blech nehmen und auf einem Gitter auskühlen lassen.
Mürbteig wird hauptsächlich zur Bereitung von Obstkuchen und Weihnachtsgebäck (siehe in den entsprechenden Abschnitten) verwendet. Daneben gibt es noch einige schmackhafte Blechkuchen, deren Rezepte im folgenden wiedergegeben werden.
Mürbteig können Sie jederzeit auch auf Vorrat zubereiten. Er hält sich – gut verpackt – 8 Tage im Kühlschrank oder ½ Jahr in der Tiefkühltruhe.

Haselnußschnitten

210 g Mehl, 150 g Butter,
125 g Zucker, 1 Prise Salz,
2 Eigelbe, Aprikosenmarmelade,
3 Eiweiße, 150 g Zucker,
150 g Haselnüsse.

Das Mehl mit der Butter verbröseln, den Zucker, das Salz und die Eigelbe dazugeben, alles rasch zu einem glatten Mürbteig verarbeiten und ½ Stunde kühl ruhen lassen. Den Teig etwa ½ cm dick ausrollen, auf ein Kuchenblech legen, mehrmals mit einer Gabel einstechen, bei etwa 180° hellbraun backen (15–25 Minuten) und nach dem Abkühlen mit Aprikosenmarmelade bestreichen. Die Eiweiße zunächst allein, dann mit dem Zucker (löffelweise dazugeben) sehr steif schlagen. Die Haselnüsse im Rohr leicht anrösten, bis sich die Schale zwischen den Händen abreiben läßt, und unter den Schnee heben. Die Eiweißmasse auf den vorgebackenen Mürbteigboden streichen, den Kuchen zurück ins Rohr stellen und hellbraun backen (10 Minuten bei 200°). Noch warm in beliebige Vierecke schneiden.
Anstelle der Haselnüsse können auch Mandeln = **Mandelschnitten** oder Nüsse = **Nußschnitten** verwendet werden.

Hasenöhrl

250 g Mehl, 1 Prise Salz,
75 g Butter, 2 El saure Sahne,
1 El Rum, 2 Eier, 2 Eigelbe.

Das Mehl mit dem Salz und der Butter verbröseln, die saure Sahne, den Rum, die Eier und die Eigelbe dazugeben, alles rasch zu einem glatten Mürbeteig verarbeiten, sehr gut durchkneten und ½ Stunde kühl ruhen lassen. Den Teig etwa 3 mm dick ausrollen und in 8–10 cm große verschobene Vierecke schneiden. In die Mitte jedes Viereckes einen Längsschnitt machen und ein Eck des Teigstückes durch die Öffnung ziehen.
Die Hasenöhrl in stark erhitztem Fett schwimmend von beiden Seiten goldbraun backen (6–10 Minuten pro Seite), abtropfen lassen und mit Puderzucker bestreuen.

Gitterkuchen

250 g Mehl, 150 g Butter,
50 g Zucker, 1 Prise Salz,
3 Eigelbe, 1 El Sahne,
1 El Rum, Marmelade,
1 Eigelb.

Das Mehl mit der Butter verbröseln, den Zucker, das Salz, die Eigelbe, die Sahne und den Rum dazugeben, alles rasch zu einem glatten Teig kneten und 1 Stunde kühl ruhen lassen. ⅔ des Teiges 3–4 mm dick auf ein Backblech rollen, einige Male mit der Gabel einstechen und mit Marmelade (Aprikosen oder Johannisbeeren) bestreichen. Den restlichen Teig dünn ausrollen, mit einem Teigrädchen fingerbreite Streifen teilen, über die Marmelade legen und mit dem verquirlten Eigelb bestreichen. Den Gitterkuchen in einem auf 180° vorgeheizten Rohr goldbraun backen (20–30 Minuten) und noch heiß in beliebig große Rechtecke schneiden.

Polsterzipfe

Das Mehl mit der Butter verbröseln, den Zucker, das Salz, den Rum und die Eier dazugeben und alles rasch zu einem geschmeidigen Mürbeteig verarbeiten (sollte der Teig zu fest sein, können Sie noch 1–2 El Weißwein dazugeben) und 20 Minuten kühl ruhen lassen. Den Teig etwa 3 mm dick ausrollen und in 6–8 cm große Quadrate schneiden. In die Mitte jedes Quadrates 1 Tl Marmelade geben. Die Teigränder mit Eiweiß bestreichen, die Vierecke übers Eck zusammenklappen und an den Rändern leicht festdrücken. Die Polsterzipfe in heißes Fett geben, schwimmend von beiden Seiten goldbraun backen (4–6 Minuten pro Seite), herausheben, gut abtropfen lassen und mit Puderzucker bestreuen.

250 g Mehl, 60 g Butter, 30 g Zucker, 1 Prise Salz, 1 El Rum, 3 Eier, Marmelade, 1 Eiweiß.

Prasselkuchen

Das Mehl mit der Butter verbröseln, die Sahne und das Salz dazugeben, alles rasch zu einem Mürbeteig verarbeiten und 1 Stunde kühl stellen. Den Teig direkt auf ein Backblech ausrollen (3–4 mm dick), mehrmals mit einer Gabel einstechen, mit Eiweiß bestreichen, mit dem Hagelzucker und den geschälten, in Stifte geschnittenen Mandeln bestreuen und in einem auf 180° vorgeheizten Rohr hellbraun backen (20–30 Minuten). Den fertigen Kuchen noch warm in Vierecke schneiden.

280 g Mehl, 200 g Butter, 3 El Sahne, 1 Prise Salz, 1 Eiweiß, 50 g Hagelzucker, 100 g Mandeln.

Quarkschnitten

Das Mehl mit der Butter verbröseln, den Zucker, das Salz, den Zimt, die abgeriebene Zitronenschale (ungespritzt), die geriebenen Mandeln und das Ei daruntermischen, alles rasch zu einem mürben Teig verarbeiten und ½ Stunde kühl ruhen lassen. ⅔ des Teiges etwa ½ cm dick ausrollen, auf ein Kuchenblech geben, mehrmals mit der Gabel einstechen und gleichmäßig mit der Quarkfüllung bestreichen. Den restlichen Mürbteig 2–3 mm stark ausrollen, in fingerbreite Streifen schneiden, gitterartig über den Quarkbelag legen und mit dem verquirlten Eigelb bestreichen. Den Kuchen bei 180° hellbraun backen (25–40 Minuten).

240 g Mehl, 160 g Butter, 30 g Zucker, 1 Prise Salz, 1 Messerspitze Zimt, die abgeriebene Schale von 1 Zitrone, 60 g Mandeln, 1 Ei, 1 Eigelb.

Quarkbelag: Die Butter mit der Hälfte des Zuckers, den nacheinander eingearbeiteten Eigelben und den Gewürzen schaumig rühren. Das gesiebte Stärkemehl und den passierten Quark einrühren und zuletzt die zunächst allein und dann mit dem restlichen Zucker (löffelweise dazugeben) sehr steif geschlagenen Eiweiße einrühren. Je nach Geschmack können noch 50 g sauber abgewischte Rosinen daruntergemischt werden.

100 g Butter, 200 g Zucker, 3 Eier, die abgeriebene Schale von ½ Zitrone, 1 El Rum, 30 g Stärkemehl, 1 kg Quark.

Schneeballen

Das gesalzene Mehl mit den Eigelben, dem Rum und der nötigen Menge Sahne zu einem mittelfesten Teig verarbeiten. Diesen gut durchkneten, bis er Blasen wirft, und danach ½ Stunde kühl ruhen lassen. Den Teig zu einer 2 cm dicken Rolle formen, etwa daumendicke Scheiben davon abschneiden und diese so dünn wie möglich ausrollen. Die Teigflecken einzeln in erhitztes Fett geben (sie müssen frei schwimmen können) und sofort (!) mit zwei Gabeln so zusammendrücken, daß ein faltiger Ball (etwa in der Größe eines Tennisballes) entsteht. Die Schneeballen goldbraun backen (6–10 Minuten pro Seite), herausheben, gut abtropfen lassen und mit Zucker bestreuen. Schneeballen schmecken auch warm sehr gut!
Reichen Sie Himbeersaft dazu.

120 g Mehl, 1 Prise Salz, 4 Eigelbe, 1 El Rum, 1–2 El saure Sahne.

GEBÄCK AUS BRANDTEIG

Gebäck aus Brandteig ist schnell und – im Gegensatz zu einer weit verbreiteten Meinung – leicht zuzubereiten. Wenn Sie die folgenden Hinweise genau beachten, können Sie sicher sein, in kürzester Zeit ein wohlgelungenes, lockeres und leichtes Gebäck zu erhalten.
Die vorgeschriebene, genau abgemessene Menge Wasser mit Butter und Salz aufkochen. Das Mehl abseits vom Herd dazurühren. Den Topf zurück auf den Herd stellen und den Teig erhitzen, bis er einen Kloß bildet und sich – bis auf ein feines Häutchen – vom Topfboden löst (= abbrennen).
Den Teigkloß in eine Schüssel geben, ein Ei dazugeben und verrühren, bis der Teig wieder glatt geworden ist.
Den Teig abkühlen lassen und danach die nächsten Eier auf die gleiche Weise einarbeiten.
Der fertige Teig muß glatt und glänzend sein und in großen stumpfen Spitzen vom Löffel fallen.
Die richtige Konsistenz des Teiges ist wichtig für das gute Gelingen des Gebäcks! Zu fester Teig geht nicht auf, zu weicher Teig zerfließt. Seien Sie daher vorsichtig bei der Zugabe der Eier: Jede Mehlsorte braucht eine verschieden große Menge Flüssigkeit (in diesem Fall Eier), jedes Ei ist verschieden groß.
Sind Sie sich Ihrer Sache nicht ganz sicher, so verquirlen Sie das letzte Ei und geben zunächst nur die Hälfte dazu!
Gebäck aus Brandteig wird auf einem schwach gefetteten, gut mit Mehl bestaubten Blech gebacken. Spritzen Sie (oder verwenden Sie zwei Teelöffel) den fertigen Teig in der gewünschten Form und in genügend großen Abständen (Gebäck aus Brandteig geht stark auf) auf das Backblech und schieben Sie dieses in das sehr heiße Backrohr (etwa 220°).
Lassen Sie sich nicht verleiten, die Ofentür zu früh zu öffnen, das Gebäck fällt unweigerlich zusammen!
Das fertige Gebäck, das eine goldbraune Farbe haben soll, wird sofort vom Blech genommen, mit einem spitzen Messer (oder einer spitzen Schere) aufgeschnitten und auf ein Gitter zum Abkühlen gegeben.
Und beachten Sie bitte: Gebäck aus Brandteig schmeckt frisch am besten!

Eclairs = Liebesknochen

25 g Butter, 1 Prise Salz,
50 g Mehl, 25 g Stärkemehl,
2–3 Eier.

1/8 l Wasser mit Butter und Salz aufkochen, das Mehl und das Stärkemehl hineingeben und unter ständigem Rühren weiter erhitzen, bis sich der entstandene Teigkloß vom Topfboden löst. Den Teig in eine Schüssel geben und die Eier einzeln einrühren. Den fertigen Teig in einen Spritzsack mit großer Stern-Tülle geben. Auf ein gefettetes, bemehltes Blech etwa 10 cm lange Streifen spritzen; in das auf 220° vorgeheizte Backrohr geben und, ohne das Rohr zu öffnen, goldbraun backen (25–35 Minuten). Die fertigen Eclairs sofort mit einer spitzen Schere oder einem Messer aufschneiden, fertig abkühlen lassen, mit Mokkacreme füllen und mit Kaffeeglasur überziehen.

2 Eier, 75 g Zucker,
3 Tl Pulverkaffee, 25 g Stärkemehl,
1/4 l Milch, 1/8 l Sahne.

Mokkacreme: Die Eier mit dem Zucker schaumig rühren. Den Pulverkaffee, das Stärkemehl und die Milch dazugeben, unter ständigem Schlagen mit der Schneerute kurz zum Kochen bringen, vom Herd nehmen und unter häufigem Weiterschlagen abkühlen lassen. Die Sahne steifschlagen und mit der abgekühlten Creme vermischen.

250 g Puderzucker,
1 Tl Pulverkaffee, 2 El Milch.

Kaffeeglasur: Den Puderzucker so lange mit Kaffee, Milch und Wasser verrühren, bis ein dickflüssiger Guß entsteht.

Schokoladen-Eclairs

Die Eclairs wie vorher beschrieben backen, mit Schokoladencreme füllen und mit Schokoladenglasur überziehen.

Schokoladencreme: Die Milch mit den Eigelben, der Hälfte des Zuckers, der Schokolade und dem Stärkemehl verrühren, zum Kochen bringen, wieder vom Herd nehmen und unter häufigem Schlagen mit einer Schneerute abkühlen lassen. Die Eiweiße zunächst allein, dann mit dem restlichen Zucker nochmals steifschlagen und unter die Creme mischen.

1/4 l Milch, 3 Eier,
100 g Zucker, 50 g Schokolade,
30 g Stärkemehl.

Glasur: Den Zucker so lange mit der heißen Milch verrühren, bis er vollkommen gelöst ist. Die Schokolade mit dem Kokosfett im Wasserbad schmelzen und mit der Zuckerlösung verrühren.

150 g Puderzucker, 4 El heiße Milch, 150 g Schokolade,
20 g Kokosfett.

Lukka-Augen

1/8 l Wasser mit der Butter und dem Salz aufkochen, das Mehl dazuschütten und weiter erhitzen, bis sich der Teig vom Topf löst. Dann in eine Schüssel geben, kurz überkühlen lassen und die Eier einzeln einrühren. Aus dem fertigen Teig mit zwei Teelöffeln kleine Häufchen auf ein gefettetes, bemehltes Backblech setzen, in das auf 220° vorgeheizte Backrohr stellen und hellbraun backen (25–35 Minuten). Die fertigen Krapferln noch heiß mit einer spitzen Schere aufschneiden, abkühlen lassen, mit Vanillecreme füllen und mit Zitronenguß (oder Punschguß) glasieren.

80 g Butter, 1 Prise Salz,
125 g Mehl, 3–4 Eier.

Vanillecreme: Die Milch mit den Eigelben, der Hälfte des Zuckers, dem Vanillezucker und dem Stärkemehl verrühren, unter ständigem Schlagen mit der Schneerute zum Kochen bringen, einmal kurz aufkochen lassen, vom Herd nehmen und unter weiterem Schlagen abkühlen lassen. Die Eiweiße zunächst allein, dann mit dem Zucker (löffelweise dazugeben) steifschlagen und unter die Creme ziehen.

1/4 l Milch, 3 Eier, 100 g Zucker,
2 Pakete Vanillezucker,
30 g Stärkemehl.

Glasur: Den gesiebten Puderzucker mit Zitronensaft und 2 El Wasser verrühren, bis ein dicker Guß entsteht.

250 g Puderzucker,
2 El Zitronensaft (Rum),

Strauben = Spitzkuchen

1/8 l Wasser mit Butter und Salz aufkochen, das Mehl hineinschütten und weiter erhitzen, bis sich der entstandene Teigkloß vom Topfboden löst. Dann in eine Schüssel geben und die Eier einzeln einrühren. Den fertigen Teig in einen Spritzsack mit größerer Stern-Tülle füllen. Auf ein gefettetes Pergamentpapier Ringe spritzen, diese in heißes Backfett (Fettopf) gleiten lassen und schwimmend von beiden Seiten goldbraun backen (8–12 Minuten pro Seite). Die Strauben herausheben, auf Küchenkrepp abtropfen lassen und mit Puderzucker bestreuen.

60 g Butter, 1 Prise Salz,
100 g Mehl, 2–3 Eier,
Backfett.

Strauben auf Pergamentpapier spritzen — in heißes Fett gleiten lassen

Windbeutel

80 g Butter, 1 Prise Salz, 125 g Mehl, 3–4 Eier. ¼ l Sahne, 1 Paket Vanillezucker, 1 El Puderzucker.

⅛ l Wasser mit der Butter und dem Salz aufkochen, das Mehl hineinschütten und weiter erhitzen, bis sich der entstandene Kloß vom Topfboden löst. Den Teig in eine Schüssel geben und die Eier nach kurzem Überkühlen einzeln dazurühren. Mit zwei Teelöffeln kleine Häufchen auf ein gefettetes, bemehltes Backblech setzen, in ein auf 220° vorgeheiztes Backrohr stellen und ohne die Tür zu öffnen hellbraun backen (25–35 Minuten). Die Windbeutel sofort mit einer spitzen Schere aufschneiden und abkühlen lassen.
Die Sahne steifschlagen, mit Zucker und Vanillezucker würzen und die abgekühlten Windbeutel damit füllen. Mit Puderzucker bestreuen.

GEBÄCK AUS BLÄTTERTEIG

Blätterteig ist der feinste, aber auch der in der Herstellung komplizierteste Teig. Seine Zubereitung erfordert Zeit, Sorgfalt und nicht zuletzt einige Erfahrung. Wer sich die Arbeit erleichtern will, verwende ruhig tiefgekühlten Blätterteig. Er wird bei Zimmertemperatur aufgetaut und kann wie selbstgemachter Blätterteig verwendet werden.

Blätterteig besteht aus zwei verschiedenen Teigen, dem Butterteig – auch Butterstück genannt – und dem Strudelteig. Beide Teige werden zuerst getrennt zubereitet und dann gemeinsam – indem sie ineinandergelegt werden – weiterverarbeitet. Dabei dürfen sie sich aber in keiner Phase vermischen, da der fertige Teig sonst nicht mehr »blättern« (aufgehen) kann. Ein solches Vermischen kann durch einfache Vorsichtsmaßregeln vermieden werden:

Verwenden Sie immer nur ganz kalte Zutaten.

Verarbeiten Sie den Blätterteig stets in einem kalten Raum und achten Sie darauf, daß auch Ihre Hände kalt sind.

Vermeiden Sie von dem Augenblick an, wo Sie die beiden Teigstücke ineinandergelegt haben, jegliches Kneten.

Rollen Sie den Teig immer nur rasch und leicht nach einer Richtung aus; besser noch klopfen Sie ihn mehr flach, als daß Sie ihn rollen.

Schneiden Sie den fertig ausgerollten Blätterteig immer nur mit einem scharfen Messer, damit die Ränder nicht zusammenkleben können.

Wenn Sie die fertigen Gebäckstücke mit Ei oder Eigelb bestreichen, achten Sie darauf, daß Sie nicht über den Rand streichen.

Die fertig vorbereiteten Gebäckstücke werden auf ein mit kaltem Wasser abgespültes, nasses Backblech gelegt und rasch in einem auf 200–220° vorgeheizten Backrohr goldgelb gebacken.

Gebäck aus Blätterteig schmeckt frisch am besten! Trockenes Gebäck (Salzgebäck) läßt sich in einer gut verschlossenen Dose einige Tage aufbewahren, gefülltes Blätterteiggebäck sollte innerhalb weniger Stunden gegessen werden!

Blätterteig

100 g Mehl, 250 g Butter.

Butterstück: 100 g Mehl rasch mit der sehr kalten kleingeschnittenen Butter verkneten; einen etwa zweifingerdicken Ziegel formen, auf ein Pergamentpapier legen und kalt stellen.

150 g Mehl, 1 Prise Salz, 1 Eigelb, 4 El Wein.

Strudelteig: Das restliche Mehl (150 g) auf das Backbrett sieben und mit Salz, dem Eigelb, dem Wein und 2–4 El Wasser vermengen, bis ein mittelfester Teig entsteht. Diesen Teig gut durchkneten (auf das Brett schlagen), bis er seidig glatt geworden ist. Den fertigen Teig zudecken und kalt stellen.

Den Strudelteig zu einem Viereck ausrollen, das in der Mitte etwa drei- bis viermal so dick wie an den Rändern sein soll. Das Butterstück auf die verdickte Mitte legen und die Teigränder von allen Seiten darüberschlagen: das Butterstück muß vollkommen vom Strudelteig eingehüllt sein. Dieses Paket rasch zu einem schmalen Rechteck (etwa 15×35 cm) ausrollen; dabei darf aber immer nur ganz leicht in eine Richtung, und zwar nach der offenen Seite hin, gerollt werden. Die beiden Schmalseiten so zur Mitte schlagen, daß sie einander berühren und den ganzen Streifen nochmals in der Mitte zusammenklappen, so daß jetzt vier Teigschichten aufeinander liegen und das Paket das Aussehen eines Buches hat. Nach dieser »ersten Tour« den Teig etwa ½ Stunde kalt stellen (er muß wieder ganz hart sein). Den Teig dann zur »zweiten Tour« wieder nach der offenen Seite zu ausrollen, wie oben beschrieben zusammenfalten und kalt stellen. Noch eine dritte und vierte Tour arbeiten, also den Teig noch zweimal ausrollen, zusammenklappen und kalt stellen.

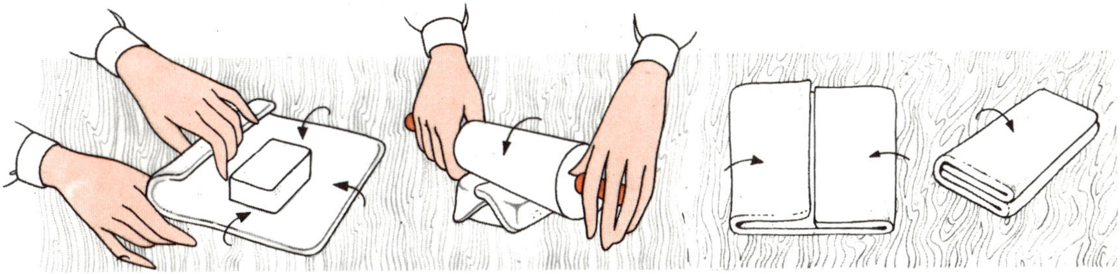

Blätterteig: Butterstück in Strudelteig einpacken — Teig zur offenen Seite hin ausrollen — Teigplatte zusammenlegen

Hefeblätterteig = Plunderteig

375 g Mehl, 25 g Hefe, 30 g Zucker, etwa ⅛ l Milch, ½ Tl Salz, 40 g Butter, 1 Eigelb, 150 g Butter.

Das Mehl in eine Schüssel sieben und in der Mitte eine Vertiefung eindrücken. Die zerbröselte, mit 1 Tl Zucker vermischte Hefe hineingeben, mit etwas lauwarmer Milch übergießen und zugedeckt gehen lassen (= Vorteig). Den gegangenen Vorteig mit dem Mehl mischen, den restlichen Zucker, das Salz, die zerlassene Butter und das Eigelb dazugeben und noch so viel Milch hinzufügen, daß ein festerer Hefeteig entsteht. Den Teig ½ Stunde gehen lassen und danach zu einem 1 cm dicken Rechteck ausrollen. – Die kalte Butter in dünne Scheiben schneiden. Die Hälfte der Butter auf das mittlere Drittel der Hefeteigplatte legen, ein seitliches Teigdrittel darüberschlagen, die zweite Hälfte der Butter darauflegen und mit dem letzten Teigdrittel bedecken. Das so erhaltene Teigstück nach der offenen Seite zu ausrollen, so daß ein schmales Rechteck entsteht, das wieder dreifach zusammengeschlagen wird. Den Teig ½ Stunde kühl ruhen lassen, nochmals nach der offenen Seite zu ausrollen und nochmals dreimal zusammenschlagen. Den so fertiggestellten Teig ½ Stunde bis 1 Stunde kühl ruhen lassen.

Quarkblätterteig

200 g Mehl, 1 Prise Salz, 200 g Butter, 200 g Quark.

Das Mehl auf einem Backbrett möglichst rasch mit Salz, der kleingeschnittenen Butter und dem passierten Quark zu einem glatten Teig verarbeiten. Den fertigen Teig 2–3 Stunden kalt ruhen lassen.
Quarkblätterteig ist einfacher und schneller zuzubereiten als echter Blätterteig. Er wird vor allem für Kleingebäck verwendet.

Äpfel im Schlafrock

Blätterteig, 8 kleine Äpfel,
4 El Zitronensaft, 4 Tl Zucker,
1 Tl Zimt, Johannisbeermarmelade,
2 El Mandeln, 1 Ei.

Die Äpfel schälen, vom Kerngehäuse befreien (ausstechen), mit Zitronensaft beträufeln, mit Zucker und Zimt bestreuen und zugedeckt etwa 1 Stunde ziehen lassen. – Den Blätterteig etwa ½ cm dick ausrollen und mit einem Teigrädchen in größere Vierecke (etwa 10 cm) teilen. Die marinierten Äpfel auf die Teigvierecke setzen und mit Marmelade, die vorher mit den geschälten, gehackten Mandeln vermischt wird, füllen (je nach Geschmack können Sie noch 2–3 El Rosinen daruntermischen). Die Teigränder mit Eiweiß bestreichen, über den Äpfeln zusammenfalten und festdrücken. Die Pakete auf ein nasses Backblech setzen, mit den verquirlten Eigelben bestreichen und in einem auf 220° vorgeheizten Rohr goldgelb backen (20–35 Minuten).

Blätterteigbrezen

Blätterteig, 1 Ei, 2 Tl Zucker,
1 Tl Zimt.

Den Blätterteig 3–4 mm dick ausrollen und mit einem Teigrädchen in etwa 1 cm breite, 10 cm lange Streifen teilen. Die Teigstreifen leicht zu Spiralen drehen und zu Brezen formen. Die Brezen mit dem verquirlten Ei bestreichen, mit dem mit dem Zimt vermischten Zucker bestreuen, auf ein nasses Blech setzen und bei 220° goldbraun backen (10–20 Minuten).
Anstelle des Zimtzuckers können die Blätterteigbrezen auch mit geschälten, geriebenen Mandeln, die mit der gleichen Menge Zucker vermischt werden, bestreut werden. Nur ganz hell backen!

Cremeschnitten

Blätterteig, Johannisbeergelee.

Den Blätterteig etwa 3 mm dick ausrollen und in 8–10 cm breite Streifen schneiden. Die Streifen auf ein nasses Backblech legen, in ein auf 220° vorgeheiztes Rohr stellen und goldbraun backen (10–20 Minuten). Die Hälfte der gebackenen Streifen mit Vanillecreme bestreichen. Die andere Hälfte (auf der glatten Unterseite) dünn mit Johannisbeergelee bestreichen, mit Zitronenguß glasieren und in 3 cm breite Stücke schneiden. Die glasierten Stücke auf die Vanillecremestreifen legen und kalt stellen.
Erst wenn die Creme völlig gestockt ist, mit einem scharfen Messer in Schnitten teilen.

½ l Milch, 4 Eier, 150 g Zucker,
2 Pakete Vanillezucker,
60 g Stärkemehl.

Vanillecreme: Die kalte Milch mit den Eigelben, der Hälfte des Zuckers, dem Vanillezucker und dem Stärkemehl verrühren, zum Kochen bringen, einmal kurz aufkochen und unter ständigem Schlagen mit der Schneerute erkalten lassen. Die Eiweiße zunächst allein, dann mit dem Zucker nochmals (löffelweise dazugeben) steifschlagen und unter die erkaltete Creme ziehen.

2 El Zitronensaft, 250 g Zucker,
2 El Milch.

Zitronenguß: Den Zucker mit dem Zitronensaft und der heißen Milch verrühren, bis ein dickflüssiger Guß entsteht.

Hahnenkämme aus Blätterteig

Blätterteig (Quarkblätterteig
oder Hefeblätterteig),
Marmelade.

Den kalten Teig 3 mm stark ausrollen und dann in etwa 8 × 10 cm große Stücke schneiden. Jedes dieser Stücke mit 1 Tl Marmelade (Johannisbeeren oder Aprikosen) bestreichen, der Länge nach zusammenklappen und an den Rändern leicht festdrücken. Die so erhaltenen Taschen in 1 cm breiten Abständen einschneiden, leicht rund biegen, auf ein nasses Backblech legen und bei 220° hellbraun backen (15–25 Minuten). Die fertigen Hahnenkämme mit Zuckerguß glasieren.

200 g Puderzucker,
1 El Himbeersaft.

Zuckerguß: Den Zucker mit dem Himbeersaft und 3 El Wasser rühren, bis ein dicker hellrosa Guß entstanden ist.

Hörnchen aus Blätterteig

Den kalten Teig etwa 3 mm dick ausrollen und in 5–6 cm große Quadrate schneiden. Auf jedes dieser Quadrate 1 schwachen Tl Marmelade geben. Die Vierecke vom Eck her aufrollen und zu Hörnchen formen. Die Hörnchen auf ein nasses Backblech legen und 15–25 Minuten bei 220° hellbraun backen; noch heiß mit Puderzucker bestreuen.

Blätterteig (Quarkblätterteig oder Plunderteig), Marmelade, Puderzucker.

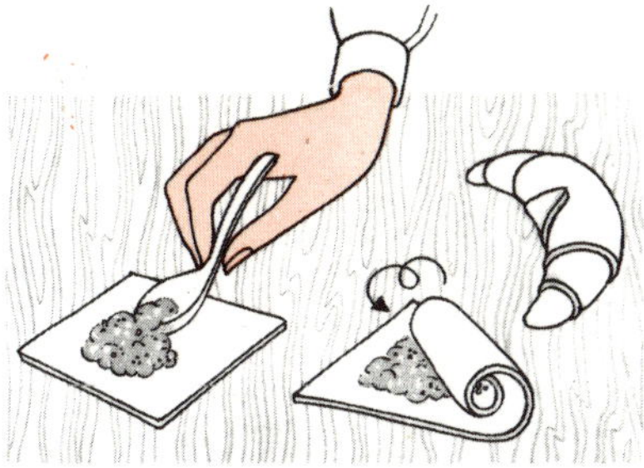

Hörnchen füllen, rollen und biegen

Nußkranz

Den Hefeblätterteig etwa ½ cm dick ausrollen, mit der zerlassenen Butter bepinseln, gleichmäßig mit der Nußfüllung bestreichen und einrollen. Die Rolle der Länge nach halbieren und die beiden Hälften so miteinander verschlingen, daß die Schnittfläche nach oben schaut. Diesen Zopf kreisförmig auf ein nasses Backblech legen (die Enden leicht mit Wasser aneinanderkleben), ½ Stunde gehen lassen und in einem auf 220° vorgeheizten Backrohr goldbraun backen (30–45 Minuten). Den fertigen Nußkranz mit Punschglasur bestreichen.

Hefeblätterteig, 30 g Butter.

Füllung: Die geriebenen Nüsse mit dem Puderzucker und dem Ei mischen und noch so viel Sahne daruntergeben, daß eine streichfähige Masse entsteht.

150 g Nüsse, 100 g Puderzucker, 1 Ei, Sahne

Glasur: Den Puderzucker mit dem Rum und 2 El heißem Wasser zu einem dickflüssigen Guß verrühren.

200 g Puderzucker, 2 El Rum.

Anstelle der Nüsse kann der Plunderteigkranz auch mit ungeschälten, geriebenen Mandeln gefüllt werden = **Mandelkranz.**

Schweinsohren

Den kalten Blätterteig auf einem mit Kristallzucker bestreuten Backbrett zu einem langen, schmalen, 4–5 mm dicken Rechteck ausrollen. Die Teigplatte mit Kristallzucker bestreuen und von beiden Längsseiten her locker aufrollen, so daß eine Doppelrolle entsteht. Mit einem dünnen scharfen Messer ½ cm dicke Schnitten schneiden, auf ein nasses Backblech legen und bei 220° goldbraun backen (10–20 Minuten).

Blätterteig, Kristallzucker.

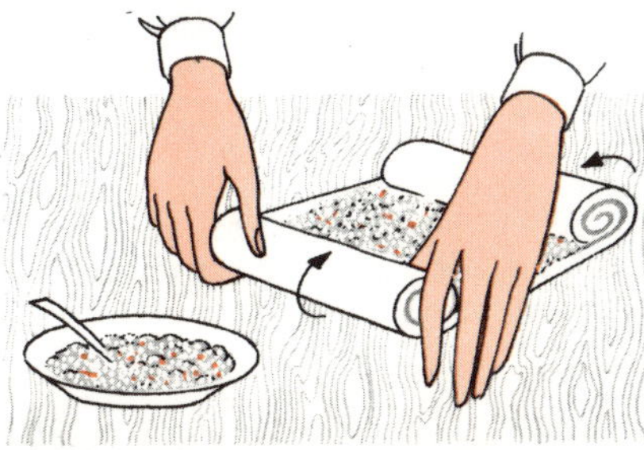

Schweinsohren: Gefüllte Teigplatte einrollen — in Scheiben schneiden

Windmühlen aus Blätterteig

Blätterteig (Quarkblätterteig oder Hefeblätterteig), Marmelade (Johannisbeer oder Aprikosen)

Den sehr kalten Teig 3–5 mm stark ausrollen und mit einem Teigrädchen in etwa 10 cm große Quadrate teilen. Jedes Quadrat von den Ecken her so weit einschneiden, daß in der Mitte ein 1–1½ cm großes geschlossenes Stück übrig bleibt. Auf dieses Stück 1 kleinen Tl Marmelade geben. Jedes zweite Teigeck zur Mitte biegen und leicht festdrücken. Die fertig geformten Windmühlen auf ein nasses Backblech legen und bei 220° 15–25 Minuten hellbraun backen. Noch warm mit Puderzucker bestreuen oder mit Zuckerglasur (siehe *Hahnenkämme*) bestreichen.

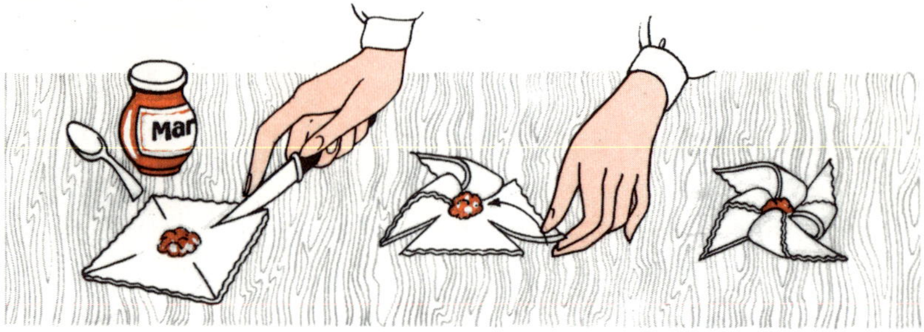

Windmühlen: Gefüllte Teigflecken einschneiden — zur Mitte biegen

Zimtschnecken

Hefeblätterteig, 30 g Butter, 50 g Nüsse, 50 g Rosinen, 50 g Zucker, 1 Tl Zimt.

Den Hefeblätterteig zu einem etwa ½ cm dicken Rechteck ausrollen, mit der zerlassenen Butter bepinseln, mit den geriebenen Nüssen, den gehackten Rosinen, Zimt und Zucker bestreuen und einrollen. Von der Rolle ½–1 cm dicke Scheiben abschneiden, auf ein mit kaltem Wasser gespültes Backblech legen, kurz gehen lassen und in einem auf 220° vorgeheizten Backrohr 15–25 Minuten goldbraun backen. Die Rollen noch warm mit Zitronen-Rum-Glasur bestreichen.

BACKEN MIT OBST

Obstkuchen gehören zu den beliebtesten Gebäckstücken. Kein Wunder: Hier können sogar »Linienbewußte« schlemmen. Ein Obstkuchen mit einer dünnen Teigschicht und reichlich Fruchtbelag kann – wenn er nicht zu stark gezuckert wird – in jeden auf Kalorien bedachten Speisezettel eingebaut werden.

Obstkuchen und Obsttorten lassen sich aus den verschiedensten Teigen zubereiten: Mürbteig und Hefeteig eignen sich besonders für Blechkuchen mit einer dünnen Teigschicht und einem dicken Belag verschiedenster Früchte; aus Biskuitteig und Mürbteig können wir die köstlichsten Torten zaubern und aus Rührteig entstehen alle die Köstlichkeiten, bei denen die Früchte tief in einem schmackhaften Teigbett versinken.

Lassen Sie sich von den folgenden Rezepten überzeugen und zum Backen verleiten. Beachten Sie dabei aber eines: Alle Obstkuchen müssen sofort nach dem Backen vom Blech beziehungsweise aus der Form genommen und auf ein Gitter gegeben werden, da die Teigschicht sonst feucht und unansehnlich wird.

Erdbeerbowle ▷

Apfelkuchen, gedeckt

Das Mehl mit der Butter verbröseln. Die Gewürze, die Eigelbe und die Sahne dazugeben, alles rasch zu einem mürben Teig verarbeiten und ½ Stunde kühl ruhen lassen. Den Teig halbieren und jede Hälfte zu einer etwa 2 mm starken Platte ausrollen. – Die Äpfel schälen, vom Kerngehäuse befreien, raspeln und mit Rum; Zucker, Zimt und Rosinen vermischen. Eine der beiden Teigplatten auf ein Kuchenblech legen, die gewürzten Äpfel darübergeben und mit der zweiten Teigplatte bedecken. Den Kuchen mit dem verquirlten Ei bestreichen, mit den geschälten, gestiftelten Mandeln bestreuen und in einem auf 180° erhitzten Rohr 25–40 Minuten goldbraun backen. Den Kuchen noch warm in 5–6 cm große Stücke schneiden.

280 g Mehl, 200 g Butter, 1 Prise Salz, die abgeriebene Schale von 1 Zitrone, 1 Prise Zimt, 3 Eigelbe, 5 El Sahne, 1 kg mürbe Äpfel, 1 El Rum, 2–4 El Zucker, 1 Tl Zimt, 50 g Rosinen, 1 Ei, 50 g Mandeln.

Apfelkuchen mit Guß

Das Mehl leicht salzen, mit der kalten kleingeschnittenen Butter vermengen und rasch zu einem mürben Teig verkneten. Den Teig kurz ruhen lassen und dann ½ cm dick auf ein Kuchenblech drücken. (Der Teig ist so mürbe, daß er sich nicht ausrollen läßt.) Die geschälten, vom Kerngehäuse befreiten Äpfel in dünne Scheiben schneiden (mit dem Gurkenhobel) oder raspeln, auf den Teigboden legen und mit Zucker und Zimt bestreuen. Den Kuchen bei 180° backen, bis sich die Ränder gelb zu färben beginnen (20–30 Minuten). – Die Sahne mit dem Ei, dem Zucker und dem Vanillezucker verquirlen, über den Kuchen gießen und alles noch weitere 10 Minuten backen. Den Kuchen noch warm in beliebig große Stücke schneiden.

200 g Mehl, 1 Prise Salz, 150 g Butter, 750 g Äpfel, 3–4 El Zucker, 1 Tl Zimt, ¼ l Sahne, 1 Ei, 15 g Zucker, 1 Paket Vanillezucker.

Apfelkuchen auf Wiener Art

Das gesalzene Mehl mit der Butter verbröseln, die Eigelbe und den Wein dazugeben, alles rasch zu einem mürben Teig verarbeiten und ½ Stunde kühl ruhen lassen. ⅔ des Teiges etwa 4 mm dick ausrollen und auf ein Kuchenblech legen (oder direkt auf das Blech drücken) und mehrmals mit einer Gabel einstechen. – Die Äpfel schälen, in feine Scheiben schneiden (oder raspeln), mit dem Zucker, dem Zimt und der abgeriebenen Zitronenschale vermischen und über den Teigboden verteilen. Die geschälten, in Stifte geschnittenen Mandeln darüberstreuen. – Den restlichen Teig etwa 3 mm dick ausrollen, in fingerbreite Streifen schneiden und gitterartig über die Äpfel verteilen. Den Kuchen mit dem verquirlten Ei bestreichen und bei 180° hellbraun backen (25–40 Minuten).

280 g Mehl, 1 Prise Salz, 200 g Butter, 3 Eigelbe, 1 El Weißwein, 1 kg Äpfel, 2–4 El Zucker, 1 Tl Zimt, die abgeriebene Schale von 1 Zitrone, 50 g Mandeln, 1 Ei.

Apfelrollen

Das Mehl mit der Butter verbröseln, den Quark und das Ei dazugeben und alles rasch zu einem glatten Teig verarbeiten. Den Teig 2 Stunden kühl ruhen lassen, danach ½ cm dick ausrollen und in etwa 10 cm große Quadrate schneiden. Die Äpfel schälen, entkernen, raspeln (oder in dünne Scheiben schneiden) und mit dem Zucker, dem Zimt, dem Rum, den geschälten, gehackten Mandeln und den Rosinen vermischen. Die Apfelmischung auf die Teigstücke verteilen. Jedes Quadrat zu einer Rolle aufrollen, an den Rändern gut zusammendrücken und mit dem verquirlten Ei bestreichen. Die Rollen auf ein gefettetes Blech legen und in einem auf 180° vorgeheizten Rohr hellbraun backen (30–45 Minuten).

250 g Mehl, 250 g Butter, 200 g Quark, 1 Ei, 500 g säuerliche Äpfel, 200 g Zucker, 1 Tl Zimt, 1 El Rum, 100 g Mandeln, 1 El Rosinen, 1 Ei.

◁ *Gedeckter Tisch*

Aprikosen-Mandelkuchen

100 g Butter, 100 g Zucker,
6 Eier, 100 g Mandeln,
100 g Semmelbrösel,
¾ kg–1 kg Aprikosen,
2 El Puderzucker.

Die Butter mit ¾ des Zuckers und 2 (ganzen) Eiern schaumig rühren. Die übrigen 4 Eigelbe einzeln einrühren und nochmals schaumig schlagen. Die geschälten, geriebenen Mandeln und die Semmelbrösel daruntermengen. Zuletzt die 4 Eiweiße zunächst allein, dann mit dem restlichen Zucker steifschlagen und unterheben. Die Masse daumendick auf ein gebuttertes, mit Semmelbröseln ausgestreutes Kuchenblech streichen, mit den gewaschenen, abgetropften, entkernten und geviertelten Aprikosen belegen und mit Zucker bestreuen. Den Kuchen in einem auf 180° vorgeheizten Rohr 40–50 Minuten hellbraun backen. Den fertigen Kuchen mit Puderzucker bestreuen, abkühlen lassen und in Rechtecke schneiden.
Nach dem gleichen Rezept können noch zubereitet werden:

Apfel-Mandelkuchen: Etwa ¾ kg mürbe Äpfel schälen, entkernen, je nach Größe in Viertel oder in Achtel schneiden, mit 1 Tl Zimt und 1 El Puderzucker vermischen und auf die Teigplatte legen.

Kirschen-Mandelkuchen: Etwa 1 kg Kirschen waschen, gut abtropfen lassung und auf den Teig legen.

Pfirsich-Mandelkuchen: ¾–1 kg Pfirsiche kurz mit kochendem Wasser überbrühen, schälen, in Spalten (Viertel oder Achtel, je nach Größe) schneiden und auf den Kuchenteig legen.

Zwetschgen-Mandelkuchen: Etwa 1 kg Zwetschgen waschen, gut abtropfen lassen, halbieren und entsteinen. Die Zwetschgenhälften mit 1 Tl Zimt vermischen, auf den Teig legen und mit 2 El Puderzucker bestreuen.

Aprikosenkuchen mit Streusel

180 g Mehl, 120 g Butter,
60 g Zucker, 1 Prise Salz,
1 abgeriebene Zitronenschale,
1 Eigelb, ¾–1 kg Aprikosen,
4–5 El Zucker, 75 g Mehl,
50 g Mandeln, 50 g Zucker,
50 g Butter.

Das Mehl mit der Butter verbröseln, Zucker, Salz, die abgeriebene Zitronenschale und das Eigelb dazugeben und rasch einen mürben Teig kneten. Den Teig ½ Stunde kühl ruhen lassen, danach etwa 3 mm dick ausrollen, auf ein Kuchenblech legen, mehrmals mit einer Gabel einstechen und 15–20 Minuten bei 160° hellbraun backen. Die Aprikosen waschen, gut abtropfen lassen, vierteln, dicht nebeneinander auf die vorgebackene Teigplatte legen und mit Puderzucker bestreuen. – Das Mehl mit den geschälten, geriebenen Mandeln und dem Zucker mischen, die zerlassene Butter darübergießen und locker vermischen. Den Streusel durch Reiben zwischen beiden Handflächen über die Aprikosen verteilen. Den Kuchen zurück in das Backrohr stellen und noch 20–30 Minuten bei 180° backen. Den Kuchen noch warm in Rechtecke schneiden.
Nach dem gleichen Rezept können Sie noch zubereiten:

Apfelkuchen mit Streusel: 1 kg Äpfel in dünne Scheiben schneiden (oder raspeln), mit 2 El Zucker, ½ Tl Zimt und der abgeriebenen Schale von ½ Zitrone vermischen und über den Hefeteig verteilen; mit den Streuseln bestreuen.

Brombeerkuchen mit Streusel: ¾–1 kg Brombeeren waschen, gut abtropfen lassen, auf den Teigboden verteilen, mit 3–4 El Puderzucker bestreuen und mit den Streuseln bedecken.

Heidelbeerkuchen mit Streusel: 400–500 g Heidelbeeren waschen, gut abtropfen lassen, auf den Teigboden verteilen, mit 2–3 El Puderzucker bestreuen und mit den Streuseln bedecken.

Zwetschgenkuchen mit Streusel: ¾–1 kg Zwetschgen waschen, halbieren, auf den vorgebackenen Teigboden legen und mit 3–4 El Zucker, 1 Tl Zimt und 1 Messerspitze Nelkenpulver bestreuen und mit den Streuseln bedecken.

Heidelbeerkuchen

Die Butter mit dem Zucker und der abgeriebenen Zitronenschale schaumig rühren. Die Eier einzeln einarbeiten, nochmals schaumig rühren und zuletzt das gesiebte Mehl daruntermischen. Die Masse auf ein gefettetes, bemehltes Backblech streichen, mit den gewaschenen, gut abgetropften Heidelbeeren belegen und mit Zucker bestreuen (Menge nach Geschmack). Den Kuchen in ein auf 180° erhitztes Backrohr stellen und hellbraun backen (30–45 Minuten). Nach dem Erkalten in beliebig große Stücke schneiden.

100 g Butter, 100 g Zucker, die abgeriebene Schale von ½ Zitrone, 2 Eier, 100 g Mehl, ½ kg Heidelbeeren, 2–4 El Puderzucker.

Heidelbeerschnitten

Das Mehl mit der Butter verbröseln, den Zucker, das Salz und die Eigelbe dazugeben, alles rasch zu einem mürben Teig verarbeiten und ½ Stunde kühl ruhen lassen. Den Teig danach ½ cm dick ausrollen, auf ein Kuchenblech legen, mehrmals mit einer Gabel einstechen und bei 160° hellbraun backen. Die Eiweiße zunächst allein, dann mit dem Zucker (löffelweise dazugeben) steifschlagen, bis der Schnee glänzend und schnittfest geworden ist. Die gewaschenen, gut abgetropften Heidelbeeren unter den Schnee heben. Die Masse auf den vorgebackenen Mürbteigboden streichen. Den Kuchen in ein auf 200° erhitztes Rohr stellen und so lange backen, bis die Schneemasse braune Konturen erhält. Den Kuchen noch warm in Stücke schneiden.

180 g Mehl, 120 g Butter, 60 g Zucker, 1 Prise Salz, 2 Eigelbe.

2 Eiweiße, 140 g Zucker, 250 g Heidelbeeren.

Kirschkuchen

Die Butter mit dem Zucker und den nacheinander eingearbeiteten Eiern schaumig rühren. Das Mehl und das Stärkemehl über die Schaummasse sieben und vorsichtig unterheben. Die Masse daumendick auf ein gebuttertes, bemehltes Kuchenblech streichen und dicht mit den gewaschenen, gut abgetropften Kirschen belegen. In ein auf 180° erhitztes Rohr stellen und den Kuchen goldgelb backen (30–45 Minuten). Den Kuchen mit Puderzucker bestreuen und in beliebig große rechteckige Stücke schneiden.
Dieser Kuchen kann genausogut mit Sauerkirschen oder anderen Früchten zubereitet werden = **Sauerkirschenkuchen, Aprikosenkuchen, Pfirsichkuchen, Zwetschgenkuchen.**

140 g Butter, 140 g Zucker, 3 Eier, 60 g Mehl, 60 g Stärkemehl, ¾–1 kg dunkle Kirschen.

Gebackenes

Kirschkuchen, dunkel

Die Butter mit ¾ des Zuckers und den einzeln eingearbeiteten Eigelben schaumig rühren. Die mit der Schale geriebenen Mandeln, die geriebene Schokolade und die abgeriebene Zitronenschale dazurühren. Zuletzt die Eiweiße zunächst allein, dann mit dem restlichen Zucker (löffelweise dazugeben) steifschlagen und unter die Schaummasse heben. Den Teig daumendick auf ein gefettetes, mit Semmelbröseln ausgestreutes Kuchenblech streichen, mit den gewaschenen, gut abgetropften Kirschen belegen und 30–40 Minuten bei 180° hellbraun backen. Den Kuchen noch warm mit Puderzucker bestreuen und nach dem Abkühlen in beliebig große Vierecke schneiden.
Nach dem gleichen Rezept können Sie noch zubereiten:

Himbeerkuchen, dunkel: Anstelle der Kirschen 500 g feste, gewaschene und gut abgetropfte Himbeeren verwenden.

Aprikosenkuchen, dunkel: ½–¾ kg Aprikosen waschen, entkernen, vierteln und statt der Kirschen auf den Teig geben.

200 g Butter, 200 g Zucker, 4 Eier, 200 g Mandeln, 100 g Schokolade, ½ abgeriebene Zitronenschale, etwa ¾ kg Kirschen.

Kirschtorte

140 g Butter, 140 g Zucker, ½ abgeriebene Zitronenschale, 4 Eier, 50 g Mandeln, 150 g Mehl, 2 Messerspitzen Backpulver, 1 große Oblate, 500 g Kirschen.

Die Butter mit ¾ des Zuckers, der abgeriebenen Zitronenschale und den nacheinander eingearbeiteten Eigelben schaumig rühren. Die geschälten, geriebenen Mandeln einrühren. Das Mehl mit dem Backpulver über die Schaummasse sieben und zusammen mit dem Eischnee – die Eiweiße zunächst allein, dann mit dem restlichen Zucker steifschlagen – dazugeben. Die Hälfte der Masse in eine nur am Boden gefettete Springform füllen und mit der in der Größe der Springform zurechtgeschnittenen Oblate bedecken. Die gewaschenen, gut abgetropften und entsteinten Kirschen auf die Oblaten legen und mit dem restlichen Teig bedecken. Die Torte in ein auf 180° erhitztes Backrohr stellen und hellbraun backen (40–50 Minuten). Noch heiß mit Puderzucker bestreuen und aus der Form lösen.

Johannisbeerkuchen

100 g Butter, 100 g Zucker, 1 Paket Vanillezucker, 4 Eier, 75 g Semmelbrösel, 250 g Johannisbeeren, Puderzucker.

Die Butter mit ¾ des Zuckers, dem Vanillezucker und den nacheinander eingearbeiteten Eigelben schaumig rühren. Die Eiweiße zunächst allein, dann mit dem restlichen Zucker steifschlagen (schnittfest) und unter die Schaummasse heben. Den Teig daumendick auf ein gut gefettetes, mit Semmelbröseln ausgestreutes Kuchenblech geben. Die entstielten, gewaschenen und gut abgetropften Johannisbeeren über den Kuchen verteilen (sie sinken während des Backens ein). Den Kuchen in ein auf 180° vorgeheiztes Rohr stellen und hellbraun backen (30–45 Minuten). Den Kuchen dick mit Puderzucker bestreuen und in beliebig große Rechtecke schneiden.

Johannisbeerkuchen mit Schneehaube

180 g Mehl, 120 g Butter, 50 g Zucker, 1 Prise Salz, 1 Prise Zimt, die abgeriebene Schale von ½ Zitrone, 1 Eigelb, 300–400 g Johannisbeeren, 2–4 El Puderzucker, 3 Eiweiße, 100 g Zucker.

Das Mehl mit der Butter verbröseln. Den Zucker, das Salz, den Zimt, die abgeriebene Zitronenschale und das Eigelb dazugeben, rasch einen mürben Teig kneten und diesen ½ Stunde kühl ruhen lassen. Den fertigen Teig 3–4 mm stark ausrollen, auf ein Kuchenblech legen, mehrmals mit einer Gabel einstechen und bei 160° hellbraun backen (15–20 Minuten).

Die entstielten, gewaschenen, gut abgetropften Johannisbeeren auf die Teigplatte legen und mit Puderzucker bestreuen. Die Eiweiße zunächst allein, dann mit dem Zucker (löffelweise dazugeben) steifschlagen (schnittfest). Die Schaummasse über die Johannisbeeren streichen.

Den Kuchen nochmals – und diesmal bei 220° – überbacken, bis die Schneehaube braune Ränder erhält (etwa 10 Minuten). Den fertigen Kuchen in 5–6 cm große Vierecke schneiden und möglichst bald zu Tisch geben.

Obstkuchen aus Hefeteig

250 g Mehl, 15 g Hefe, etwa ⅛ l Milch, 1 Tl Salz, 40 g Zucker, 60 g Butter, 1 Eigelb.

Das Mehl in eine Schüssel sieben, in die Mitte eine Vertiefung machen, die zerbröselte Hefe hineingeben, mit 1 Tl Zucker und 3–4 El lauwarmer Milch verrühren und zugedeckt gehen lassen. Das Mehl mit der gegangenen Hefe, dem Salz, dem Zucker, der zerlassenen Butter und dem Ei vermischen und noch so viel lauwarme Milch hinzufügen, daß ein weicher Hefeteig entsteht. Den Teig gut abschlagen, zudecken und an einem mäßig warmen Ort 20 Minuten gehen lassen. Den Teig dann mit einer in zerlassene Butter getauchten Teigspachtel auf ein gut gefettetes Kuchenblech streichen (etwa 2–3 mm dick), mit Obst belegen, nochmals ½ Stunde gehen lassen und in einem auf 200° vorgeheizten Rohr backen (25–40 Minuten).

Beinahe noch besser schmeckt dieser Kuchen, wenn er zusätzlich mit Streuseln belegt wird:

Das Mehl mit dem Zucker und den geschälten, geriebenen Mandeln in einer großen Schüssel mischen, die zerlassene Butter dazugeben, locker vermischen und die Streuseln durch Reiben zwischen beiden Händen über den Obstbelag streuen.

100 g Mehl, 50 g Zucker, 50 g Mandeln, 60 g Butter.

Die beliebtesten nach diesen beiden Rezepten herzustellenden Hefeobstkuchen sind:

Aprikosenkuchen aus Hefeteig, Aprikosen-Streuselkuchen aus Hefeteig: Die Aprikosen waschen, gut abtropfen lassen, entkernen und vierteln. Die Aprikosenspalten dicht auf den Hefeteig legen und mit Zucker bestreuen. Je nach Geschmack noch mit Streuseln belegen.

1–1½ kg Aprikosen, 5–6 El Puderzucker.

Heidelbeerkuchen aus Hefeteig, Heidelbeer-Streuselkuchen aus Hefeteig: Die gewaschenen, gut abgetropften Heidelbeeren auf den Hefeteig verteilen und mit Zucker bestreuen. Je nach Belieben noch mit Streusel bestreuen.

½–¾ kg Heidelbeeren 4–5 El Puderzucker.

Rhabarberkuchen aus Hefeteig, Rhabarber-Streuselkuchen aus Hefeteig: Die Semmelbrösel in der Butter hellbraun rösten und gleichmäßig auf den Hefeteig streuen. Den Rhabarber waschen, schälen, in etwa 2 cm lange Stücke schneiden, über die Teigplatte verteilen und mit Zucker bestreuen. Auch dieser Kuchen kann noch mit Streuseln verfeinert werden.

40 g Semmelbrösel, 20 g Butter, 1 kg Rhabarber 6–8 El Zucker.

Zwetschgenkuchen aus Hefeteig, Zwetschgen-Streuselkuchen aus Hefeteig: Die gewaschenen, entsteinten Zwetschgen halbieren, auf die Teigplatte legen und mit Zucker, Zimt und Nelkenpulver bestreuen. Zu diesem Kuchen paßt ein zusätzlicher Streuselbelag besonders gut.

1–1½ kg Zwetschgen, 4–5 El Zucker, 2 Tl Zimt, 1 Messerspitze Nelkenpulver.

Gebackenes

Obstkuchen mit Quarkbelag

Das Mehl mit der gegangenen Hefe, Zucker, Salz, Butter und Ei zu einem weichen Hefeteig verarbeiten. Diesen nach dem Gehen etwa ½ cm dick auf ein gut gefettetes Backblech streichen und mit den vorbereiteten Früchten belegen (vgl. auch *Obstkuchen aus Hefeteig*).

Den Quark passieren und mit dem Zucker und den Eigelben schaumig rühren. Die geschälten, geriebenen Mandeln, das in der Sahne angerührte Stärkemehl und den Rum daruntermischen. Die Masse über den Obstbelag streichen und den Kuchen in einem auf 200° vorgeheizten Rohr hellbraun backen.

250 g Mehl, 15 g Hefe, etwa ⅛ l Milch, 40 g Zucker, 1 Prise Salz, 50 g Butter, 1 Ei, ½ abgeriebene Zitronenschale, ½–¾ kg Früchte, 500 g Quark, 250 g Zucker, 2 Eigelbe, 40 g Mandeln, 30 g Stärkemehl, ⅛ l Sahne, 1 El Rum.

Nach diesem Rezept werden zubereitet:

Aprikosenkuchen mit Quark: ½–¾ kg Aprikosen waschen, entsteinen, vierteln und dicht auf den Teigboden legen, mit 1–2 El Zucker bestreuen und mit der Quarkmasse bedecken (Abb. s. S. 384).

Apfelkuchen mit Quark: Anstelle der Aprikosen ½–¾ kg geschälte, entkernte Äpfel in Scheiben schneiden, auf den Hefeteig legen, mit 2 El Zucker und ½ Tl Zimt bestreuen und mit der Quarkmasse bedecken.

Brombeerkuchen mit Quark: Anstelle der Aprikosen ½–¾ kg gut gewaschene, abgetropfte Brombeeren verwenden.

Zwetschgenkuchen mit Quark: ½–¾ kg gewaschene Zwetschgen halbieren, entsteinen, mit der runden Seite nach unten auf den Teigboden legen und mit 2 El Zucker, 2 Tl Zimt und 1 Messerspitze Nelkenpulver bestreuen. Den Quarkbelag darüberhäufen.

Obsttorte

150 g Mehl, 150 g Butter, 75 g Zucker, 1 Prise Salz, 1 Prise Zimt, 1 abgeriebene Zitronenschale, 75 g Mandeln, 2 El Johannisbeermarmelade, ½–¾ kg Früchte, 2 El Gelatine, 40 g Zucker.

Das Mehl mit der Butter verbröseln, den Zucker, die Gewürze und die geschälten, geriebenen Mandeln dazugeben und alles rasch zu einem mürben Teig verarbeiten. ⅔ des Teiges zu einer runden Platte ausrollen und auf den Boden einer Springform (oder Obstkuchenform) legen. Den restlichen Teig zu einer Rolle formen und entlang des Tortenrandes festdrücken. Den Teigboden mehrmals mit einer Gabel einstechen, in ein auf 180° erhitztes Rohr stellen und hellbraun backen (30–40 Minuten). Die gebackene Torte aus der Form nehmen, abkühlen lassen, dünn mit Marmelade bestreichen und mit den Früchten belegen. (Verwenden Sie je nach Jahreszeit und Geschmack verschieden weiche Früchte, roh oder gedämpft; am schönsten ist es, wenn Sie diese kreisförmig anordnen.) – Die Gelatine in einigen Eßlöffeln kaltem Wasser quellen lassen. Den Zucker in ¼ l Wasser aufkochen, die gequollene Gelatine dazugeben und in der heißen Flüssigkeit lösen. Den Guß abkühlen lassen, bis er zum Stocken kommt und dann über die Früchte gießen. Die Torte vor der Verwendung noch so lange kühl stellen, bis der Guß gestockt ist.
Ähnlich wie diese Obsttorte können noch andere wohlschmeckende Torten zubereitet werden:

Erdbeertorte

Mürbteigboden, 1 kg Erdbeeren, 50 g Zucker, 2 El Gelatine.

Einen Mürbteigboden wie bei *Obsttorte* backen und dicht mit Erdbeeren belegen. Die restlichen Erdbeeren im Mixer pürieren (oder passieren). Das Erdbeermark, wenn nötig, mit Wasser – noch besser Wein – auf ¼ l Flüssigkeit ergänzen und mit dem Zucker erhitzen. Die Gelatine in einigen Löffeln kaltem Wasser quellen lassen, zu der heißen Erdbeermasse geben und darin lösen. Den Guß so lange überkühlen lassen, bis er zu stocken beginnt und danach über die Erdbeeren gießen. Die fertige Torte vor der Verwendung kalt stellen.
Wenn Sie wollen, können Sie die Erdbeertorte noch mit geschlagener Sahne oder mit einigen Makronen verzieren (Abb. s. S. 417).

Himbeertorte

Mürbteigboden, 1 kg Himbeeren, 50 g Zucker, 2 El Gelatine.

Den gebackenen Mürbteigboden mit gut gewaschenen, abgetropften reifen Himbeeren belegen. Die restlichen Himbeeren durch ein Sieb streichen und die Torte wie unter *Erdbeertorte* beschrieben fertigstellen.

Johannisbeertorte

Mürbteigboden, 1 kg Johannisbeeren, 100 g Zucker, 2 El Gelatine.

Den gebackenen Mürbteigboden mit den entstielten, gewaschenen, gut abgetropften Johannisbeeren belegen. Die restlichen Johannisbeeren durch ein Sieb drücken und mit Wasser (oder Wein), Zucker und Gelatine wie unter *Erdbeertorte* beschrieben zu einem Guß verarbeiten.

Obsttorte mit Wasserbiskuitboden

2 Eier, 100 g Zucker, 2 Tl Zitronensaft, 50 g Mehl, 50 g Stärkemehl, 2 Messerspitzen Backpulver, ½–¾ kg Früchte, 2 El Gelatine, 40 g Zucker.

Die Eigelbe mit ¾ des Zuckers und dem Zitronensaft zu einer schaumigen, dicken Masse verrühren. Mehl, Stärkemehl und Backpulver vermischen und über die Schaummasse sieben. Die Eiweiße zunächst allein, dann mit dem restlichen Zucker steifschlagen. Mehl und Schnee vorsichtig unter die Schaummasse heben. Den Teig in eine nur am Boden gefettete Springform geben, bei 180° hellbraun backen (20–30 Minuten), aus der Form nehmen und abkühlen lassen. – Den Boden zurück in die Form legen, mit Marmelade bestreichen, mit Früchten belegen und wie unter *Obsttorte* beschrieben fertigstellen.

Obsttorte auf amerikanische Art

Die Früchte sauber waschen und gut abtropfen lassen; größere Früchte in Stücke schneiden. – Den Boden einer Springform mit Pergamentpapier auslegen, mit der zerlassenen Butter bestreichen und mit Zucker bestreuen. Die vorbereiteten Früchte kranzförmig auf den Tortenboden ordnen. – Die Butter mit dem Zucker, der abgeriebenen Zitronenschale und den einzeln eingearbeiteten Eiern schaumig rühren. Das Mehl mit dem Backpulver über die Schaummasse sieben und vorsichtig unterziehen. Den Teig über die Obstschicht füllen und die Torte bei 200° hellbraun backen (45–60 Minuten, eventuell gegen Ende der Backzeit die Oberseite mit einem Pergamentpapier abdecken). Die fertige Torte nach kurzem Überkühlen auf eine Platte stürzen und das Pergamentpapier vorsichtig abziehen. Vor dem Auftragen mit Puderzucker bestreuen.

½–¾ kg Früchte, 40 g Butter, 60 g Zucker, 125 g Butter, 100 g Zucker, ½ abgeriebene Zitronenschale, 3 Eier, 125 g Mehl, 1 Tl Backpulver.

Obsttörtchen aus Blätterteig

Den Blätterteig etwa ½ cm dick ausrollen und runde Plätzchen (6–8 cm) ausstechen. Aus dem restlichen Teig ½–1 cm breite Streifen schneiden und um den Rand der angefeuchteten Plätzchen legen. Diese Törtchen auf ein nasses Blech setzen, mit dem geschlagenen Ei bestreichen und 15–20 Minuten bei 220° goldgelb backen. Die Törtchen mit einem Teil der steifgeschlagenen Sahne füllen, mit beliebigen Früchten belegen und mit der restlichen Sahne verzieren.
Blätterteigtörtchen gibt es auch fertig zu kaufen! Sie müssen nurmehr gefüllt werden.

Blätterteig, 1 Ei, ¼ l Sahne, ½–1 kg Früchte.

Obsttörtchen aus Mürbteig

Das Mehl salzen und mit der Butter verbröseln. Den Zucker und das Eigelb daruntermischen, alles rasch zu einem mürben Teig verkneten und ½ Stunde kühl ruhen lassen. Den Teig etwa ½ cm dick ausrollen, in Obsttörtchenformen drücken, mehrmals mit einer Gabel einstechen und bei 180° 15–30 Minuten hellbraun backen. (Wenn Sie keine Obsttörtchenformen haben: stechen Sie aus der Hälfte des Teiges 6–8 cm große Plätzchen aus, formen den restlichen Teig zu einer dünnen Rolle, drücken diese auf den mit Wasser bestrichenen Rand der Plätzchen und backen wie beschrieben.) Die Törtchen dünn mit Marmelade bestreichen, mit beliebigen Früchten belegen und mit Gelatineguß begießen. Je nach Belieben noch mit etwas geschlagener Sahne garnieren.

210 g Mehl, 1 Prise Salz, 140 g Butter, 70 g Zucker, 1 Eigelb, Marmelade, etwa ½ kg Früchte.

Gelatineguß: Die Gelatine in 2–3 El kaltem Wasser quellen lassen. Den Zucker in ¼ l Wasser (Sie können auch einen zum Obstbelag passenden Fruchtsaft verwenden) aufkochen. Die Gelatine in der heißen Flüssigkeit lösen und kurz überkühlen lassen.

2 El Gelatine, 40 g Zucker.

Quark-Apfelkuchen

Die Butter mit dem Zucker, dem Saft und der abgeriebenen Schale der Zitrone schaumig rühren. Die Eier und den passierten Quark dazurühren. Das mit dem Backpulver vermischte Mehl darübersieben und vorsichtig unterheben. Den Teig in eine gefettete, gemehlte Springform füllen. Die Äpfel schälen, vom Kerngehäuse befreien, in Achtel schneiden, mit Zimt und Zucker mischen und auf dem Teig verteilen. In einem auf 140° vorgeheizten Backrohr hellbraun backen (50–65 Minuten). Den fertigen Kuchen mit Puderzucker bestreuen und in tortenförmige Stücke schneiden (Abb. s. S. 384).
Genauso wie Quark-Apfelkuchen können noch zubereitet werden: **Quark-Aprikosenkuchen, Quark-Brombeerkuchen, Quark-Kirschkuchen, Quark-Pfirsichkuchen, Quark-Rhabarberkuchen** und **Quark-Zwetschgenkuchen.**

125 g Butter, 250 g Zucker, 1 Zitrone, 2 Eier, 200 g Quark, 3 Tl Backpulver, 250 g Mehl, 750 g Äpfel, 1 Messerspitze Zimt, 1 El Zucker.

Weintraubenschnitten

180 g Mehl, 1 Messerspitze Backpulver, 100 g Butter, 50 g Zucker, 1 Prise Salz, 1 abgeriebene Zitronenschale, 1 Ei, 750 g Weintrauben, ¼ l Milch, 2 Eigelbe, 100 g Zucker, 1 Paket Vanillezucker, 20 g Stärkemehl.

Das Mehl mit dem Backpulver sieben und mit der Butter verbröseln. Den Zucker, das Salz, das Abgeriebene der Zitrone und das Ei dazumischen und alles rasch zu einem Mürbteig verkneten. Den Teig ½ Stunde kühl ruhen lassen. Den Boden einer größeren Kastenform mit ⅔ des Mürbteiges auslegen. Den restlichen Teig halbieren, zu zwei Rollen in der Länge der Kastenform ausrollen und an den Längsseiten auf den Teigboden drücken. Den Teig mehrmals mit einer Gabel einstechen, in ein auf 160° vorgeheiztes Backrohr stellen, 25–35 Minuten hellbraun backen und aus der Form nehmen. – Die Weintrauben entstielen, waschen und gut abtropfen lassen. – Die Milch mit den Eigelben, dem Zucker, dem Vanillezucker und dem Stärkemehl verrühren, zum Kochen bringen und 1–2 Minuten kräftig kochen lassen. Die entstandene Creme unter häufigem Rühren abkühlen lassen, in die Mitte des gebackenen Mürbteigbodens streichen und mit den Weintrauben belegen.

TORTEN

Der festlichste aller Kuchen ist die Torte, die meist den Höhepunkt eines Geburtstages, einer Hochzeit oder eines sonstigen Festes bildet. Bei der Torte kommt es weniger auf den Teig an als auf die Füllung aus Creme, geschlagener Sahne oder Marmelade und nicht zuletzt auf die Verzierungen, die mehr oder weniger kunstvoll – je nach Anlaß – sein können.
Eine Torte reicht für mehrere Personen. Wollen Sie einmal im kleinen Kreis schlemmen, so nehmen Sie die Hälfte der in den Rezepten angegebenen Mengen, backen Ihre »Torte« in einer mittelgroßen Kastenform und verzieren sie entsprechend. Sie haben so statt einer *Torte* die entsprechenden *Schnitten.*
Torten werden am besten schon am Vortag gebacken (sie lassen sich dann besser schneiden) und am folgenden Tag ein- oder zweimal durchgeschnitten, so daß mehrere Tortenblätter entstehen. Sie können dazu ein langes dünnes Messer verwenden, oder aber Sie kerben die Torte leicht ein und teilen sie mit einem Zwirnfaden, den Sie in die Kerbe legen, überkreuzen und auseinanderziehen, so daß die Torte vollständig geteilt wird.

Durchteilen einer Torte mit einem Faden — mit einem Messer

Zum Füllen die entstandenen Tortenblätter zunächst abheben; wenn Sie ein Stück Pergamentpapier dazwischenschieben, gelingt dies leicht und ohne die Gefahr, daß die Tortenblätter dabei zerbrechen. Danach das unterste Tortenblatt auf eine Platte (oder ein Brett) legen und mit Füllung bestreichen. Das nächste Tortenblatt darauflegen, ebenfalls mit Füllung bestreichen und mit dem dritten Tortenblatt bedecken. Damit Sie die Torte wieder schön gleichmäßig zusammensetzen können, stecken Sie am besten vor dem Abheben kleine Hölz-

chen in die Tortenblätter (oder bringen eine senkrechte Kerbe an) und achten darauf, daß diese beim Zusammensetzen wieder genau aufeinanderliegen.
Das Füllen der Torte kann – ebenso wie das nachfolgende Verzieren – auf einem Kuchengitter, einem Brett oder direkt auf der Tortenplatte erfolgen, wobei Sie die Ränder der Platte am besten mit Pergamentpapier abdecken, damit sie nicht unnütz verschmutzt werden. Wollen Sie die Torte erst nach dem Fertigstellen auf die Platte geben, legen Sie diese zunächst auf zwei breite, gekreuzte Pergamentpapierstreifen; Sie können sie dann je nach Wunsch von einem Ort zum anderen heben.
Die gefüllte Torte gleichmäßig an der Oberseite und am Rand mit einem Teil der Creme, der geschlagenen Sahne oder mit Glasur (Zuckerguß) überziehen. Verwenden Sie zum Überziehen mit Buttercreme ein breites Messer (oder Pfannenmesser), das Sie immer wieder in heißes Wasser tauchen: die Creme kann so leicht glatt gestrichen werden. – Zum Überziehen mit geschlagener Sahne verwenden Sie ebenfalls ein breites Messer, tauchen es aber in kaltes Wasser. Zum Glasieren gießen Sie die fertige Glasur in die Mitte der Torte und lassen sie durch Neigen der Torte in die jeweils gewünschte Richtung gleichmäßig nach allen Seiten abfließen. Damit die Glasur auch an den Rändern schön verteilt wird, helfen Sie mit einem in heißes (bei warmen Glasuren) oder in kaltes (bei kalten Glasuren) Wasser getauchten Messer nach.
Und nun beginnt die künstlerische Arbeit: Je nach Anlaß können Sie die Torte mehr oder weniger prächtig verzieren:
Mit Buttercreme bestrichene Torten lassen sich schnell und einfach mit den Spitzen einer Gabel durch Einziehen von Strichen, Gittern oder Wellenlinien verzieren. Kaum mehr Arbeit macht es, wenn Sie die Torte mit gehackten Mandeln (Nüssen, Haselnüssen), mit Krokant, Schokoladenstreuseln oder ähnlichem bestreuen. Wollen Sie den Tortenrand auf die gleiche Weise bestreuen, so geben Sie das Streumaterial zunächst auf einen Papierstreifen rund um die Torte, ziehen es dann mit einer Teigkarte hoch und drücken es leicht fest. Besonders hübsch ist es, wenn Sie noch einen Rest Creme zurückbehalten haben und diesen jetzt auf die Torte spritzen. Verwenden Sie dazu eine mittlere, sternförmige Tülle. Vor dem Einfüllen der Creme sollten Sie den Spritzsack anfeuchten und zur Hälfte umbiegen: die Creme bleibt dann nicht hängen. Zusätzlich können Sie noch mit halbierten Nüssen, Fruchtstückchen oder was immer Sie wollen garnieren.
Mit geschlagener Sahne bestrichene Torten werden wie Cremetorten garniert.
Glasierte Torten können Sie ebenfalls mit Fruchtstücken oder halbierten Nüssen belegen oder mit einem Rest der Cremefüllung spritzen. Auch eine Verzierung des Randes mit gehackten Mandeln und dergleichen macht sich gut, diese drückt man wie oben beschrieben auf die noch feuchte Glasur. Sehr dekorativ wird die Torte mit einem *durchzogenen Guß:* Nehmen Sie 1–1½ El des Gusses beiseite und färben ihn mit einer Kontrastfarbe: braun (mit Kakao) bei Zitronen- oder Orangenguß, dunkelrot (mit Marmelade) bei Punsch- oder Rumglasur, weiß (etwas Guß extra zubereiten) bei Schokoladeglasur oder Kaffeeglasur. Spritzen Sie diesen gesondert gefärbten Guß in Streifen oder Ringen auf die glasierte, noch feuchte Torte (etwa 2 cm Abstand) und ziehen Sie mit einem Messer dazu senkrechte Linien, wenn Sie Streifen gespritzt haben, von der Mitte ausgehende sternförmige Strahlen, wenn Sie Ringe gespritzt haben.
Kinderleicht ist es auch, die Zahl eines Geburtstages oder einen Namen auf die bereits glasierte Torte zu spritzen: Bereiten Sie eine Spritzglasur, färben Sie sie in der gewünschten Farbe und spritzen Sie am besten mit einer Tüte aus Pergamentpapier, von der Sie eine dünne Spitze abgeschnitten haben. Auf die gleiche Art können auch verschiedene Muster, Ranken und ähnliches aufgespritzt werden.

200 g Puderzucker, 1 Eiweiß, Zitronensaft.

Spritzglasur = Eiweißglasur: Den Puderzucker, gesiebt, mit dem Eiweiß und etwa 10 Tropfen Zitronensaft verrühren, bis eine dicke Masse entsteht. Die fertige Glasur kann nun mit 1 El Kakao, 1 El Pulverkaffee, 1 El Erdbeer- oder Himbeersirup nach Wunsch gefärbt werden.

Biskuittorte

6 Eier, 150 g Zucker, 1 abgeriebene Zitronenschale, 100 g Mehl, 50 g Stärkemehl, ½ l Sahne, 2 Tl Gelatine, 2–4 El Puderzucker.

Die Eier mit ¾ des Zuckers und der abgeriebenen Zitronenschale schaumig rühren. Die Eiweiße zunächst allein und dann mit dem restlichen Zucker steifschlagen. Das Mehl mit dem Stärkemehl mischen und mit dem Eischnee unter die Schaummasse heben. Den Teig in eine nur am Boden gefettete, bemehlte (oder mit Pergamentpapier ausgelegte) Springform füllen und die Torte bei etwa 180° backen (25–35 Minuten). Die fertige Torte stürzen und nach dem Auskühlen, noch besser am nächsten Tag, zweimal durchschneiden, so daß drei Tortenblätter entstehen.
Die Sahne fast steif schlagen. Die Gelatine in 2–3 El kaltem Wasser quellen lassen, durch leichtes Erwärmen lösen und daruntermischen. Die Sahne fertigschlagen und nach Geschmack süßen. – Die Torte mit etwa ¾ der Schlagsahne füllen, zusammensetzen und mit der restlichen Sahne bestreichen. Mit Schokoladenstreuseln oder gehackten Mandeln bestreuen und mit kandierten Früchten (oder gespritzter Schlagsahne) verzieren.
Diese Biskuittorte kann noch auf verschiedene Art verändert werden:

4 Scheiben Ananas (aus der Dose).

Ananas-Sahne-Torte: 3 Ananasscheiben kleinschneiden und mit etwa ¾ der geschlagenen Sahne vermengen. Die Torte mit der Ananassahne füllen, mit der restlichen Sahne bestreichen und mit der in gleichmäßige Stücke geschnittenen vierten Ananasscheibe verzieren.

500 g Erdbeeren.

Erdbeer-Sahne-Torte: Die gewaschenen, gut abgetropften Erdbeeren im Mixer pürieren. Das Erdbeerpüree mit der diesmal mit 3 Tl Gelatine gesteiften, geschlagenen Sahne vermischen und die Torte mit dieser Mischung füllen und überziehen.
Den Tortenrand mit gehobelten Mandeln bestreuen und die Torte mit einigen ganzen oder halbierten Erdbeeren verzieren.

125 g Schokolade.

Schokolade-Sahne-Torte: Die geschlagene, gesteifte Sahne mit der geriebenen Schokolade vermengen. Die Torte damit füllen und bestreichen und mit gehackten Haselnüssen oder Krokant bestreuen. – Zur Abwechslung können Sie noch 1–2 El Grand Marnier oder Cognac unter die Schokoladensahne mischen.

Biskuittorte auf andere Art

5 Eier, 5 El Wasser, 250 g Zucker, 1 Paket Vanillezucker, 100 g Mehl, 100 g Stärkemehl, 1 Messerspitze Backpulver, ½ l Sahne.

Die Eigelbe mit 5 El Wasser, der Hälfte des Zuckers und dem Vanillezucker schaumig rühren. Die Eiweiße zunächst allein, dann mit dem restlichen Zucker (löffelweise dazugeben) nochmals steifschlagen. Den steifen Schnee über die Schaummasse geben, das mit dem Stärkemehl und dem Backpulver gemischte Mehl darübersieben und beides rasch unter die Schaummasse heben. Den Teig in eine nur am Boden gefettete, gestaubte (oder mit Pergamentpapier ausgelegte) Springform füllen und 30–40 Minuten bei etwa 180° backen. Die Torte nach kurzem Abkühlen stürzen und auf eine der unter *Biskuittorte* beschriebenen Arten fertigstellen.

Brottorte

8 Eier, 150 g Zucker, ½ Tl Zimt, 1 Messerspitze Nelkenpulver, 100 g Mandeln, 30 g Orangeat, 30 g Zitronat, 100 g Mischbrotbrösel, 1–2 El Rum.

2 Eier und 6 Eigelbe mit ¾ des Zuckers und den Gewürzen schaumig rühren. Die sauber abgewischten, mit der Schale geriebenen Mandeln mit dem gehackten Orangeat und Zitronat dazumengen. Die Mischbrotbrösel mit 1–2 El Rum (je nach Geschmack) befeuchten und ebenfalls mit der Schaummasse vermischen. Zuletzt die 6 Eiweiße allein und dann mit dem restlichen Zucker sehr steif schlagen und unter die Brotmasse ziehen. Die Masse in eine am Boden gefettete, bemehlte Springform füllen und bei 150° backen, bis eine Nadel beim Einstich rein bleibt (50–80 Minuten). Die fertige Torte aus der Form stürzen, noch lauwarm mit Rumglasur überziehen und mit gehobelten Mandeln bestreuen.
Zur Abwechslung können Sie die Brottorte vor dem Glasieren noch mit 4–5 El Rotwein, den Sie mit 1–2 El Zucker und einer Zimtrinde erhitzt haben, tränken.

200 g Kristallzucker, 200 g Puderzucker, 2 El Rum.

Rumglasur: Den Kristallzucker mit ⅛ l Wasser kochen, bis er anfängt, Fäden zu ziehen. Den gesiebten Puderzucker und nach dem Abkühlen den Rum dazugeben und bis zum Dickwerden der Glasur weiterrühren.

Haselnußtorte

200 g Haselnüsse, 140 g Zucker, 4 Eier, 2 Eiweiße, 60 g Semmelbrösel, ⅜ l Sahne, 1 El Zucker, 2 El Himbeermarmelade.

Die Haselnüsse im Rohr hellbraun rösten und danach so lange zwischen den Händen oder mit einem sauberen Tuch reiben, bis sich die Schale gelöst hat. Die geschälten Haselnüsse reiben. – ¾ des Zuckers mit den Eigelben sehr schaumig rühren. 140 g geriebene Haselnüsse und die Semmelbrösel dazugeben, zuletzt die mit dem restlichen Zucker sehr steif geschlagenen 6 Eiweiße unterziehen.
Die Masse in eine nur am Boden gefettete, bemehlte Tortenform füllen und bei 160° hellbraun backen (50–80 Minuten).
Die Torte nach dem Auskühlen – noch besser am nächsten Tag – zweimal durchschneiden.
Die Sahne steifschlagen, ganz leicht zuckern und dann mit den restlichen Haselnüssen vermischen. Die Torte mit ⅔ der Haselnußsahne füllen, zusammensetzen und mit Himbeermarmelade bestreichen. Die Torte oben und an den Rändern mit der restlichen Haselnußsahne bestreichen und mit gehackten Haselnüssen oder Krokant bestreuen. Zuletzt mit einigen ganzen Haselnüssen verzieren.

Kaffeecremetorte

4 Eier, 100 g Zucker, 1 abgeriebene Zitronenschale, 50 g Mehl, 50 g Stärkemehl.

Die Eier mit ¾ des Zuckers und dem Abgeriebenen der Zitronenschale schaumig rühren. Das Mehl und das Stärkemehl sieben und unter die Schaummasse geben. Die Eiweiße mit dem restlichen Zucker sehr steif schlagen und vorsichtig unterheben. Die Masse in eine nur am Boden gebutterte, bemehlte Springform füllen und bei 180° hellbraun backen (25–40 Minuten). Die Torte nach dem Abkühlen – oder am nächsten Tag – in 3 Blätter schneiden, mit Kaffeecreme füllen, wieder zusammensetzen, mit Kaffeeglasur überziehen und mit etwas zurückbehaltener Kaffeecreme oder mit Schokoladenkaffeebohnen verzieren.

3 Eigelbe, ⅛ l Sahne, 140 g Zucker, 140 g Butter, 2–3 Tl Pulverkaffee.

Creme: Die Eigelbe mit der Sahne und ⅓ des Zuckers im Wasserbad zu einer dicken Creme schlagen und unter häufigem Rühren wieder erkalten lassen. Die Butter mit dem restlichen Zucker und dem Pulverkaffee schaumig rühren und die Eigelbmasse löffelweise daruntermischen.

2 Tl Pulverkaffee, 200 g Puderzucker, 1 Eiweiß.

Glasur: Den Kaffee in 3 El heißem Wasser lösen. Nach dem Abkühlen den Puderzucker und das Eiweiß dazugeben und weiterrühren, bis eine zähflüssige Masse entstanden ist.

Linzertorte

200 g Mehl, 200 g Butter,
100 g Zucker, 1 Prise Salz,
100 g Walnüsse,
40 g Semmelbrösel, 1 Ei,
1 Messerspitze Zimt,
1 Messerspitze Nelkenpulver,
½ abgeriebene Zitronenschale,
5 El Johannisbeermarmelade,
1 Ei.

Das Mehl mit der Butter verbröseln. Den Zucker, das Salz, die geriebenen Nüsse, die Semmelbrösel, die Gewürze und das Ei dazugeben und alles rasch zu einem glatten Teig kneten, der noch ½ Stunde kühl ruhen muß. Gut die Hälfte des Teiges auf den Boden einer ungefetteten Tortenform drücken und mit der Johannisbeermarmelade bestreichen; dabei rundherum einen daumenbreiten Rand frei lassen. ⅔ des übriggebliebenen Teiges zu bleistiftdicken Rollen formen und die Torte damit gitterartig belegen. Aus dem restlichen Teig eine finger- bis daumendicke Rolle formen, um den Rand der Torte legen und festdrücken. Das Gitter und den Rand mit dem verquirlten Ei bestreichen und in einem auf 150° erhitzten Rohr langsam hellbraun backen (45–60 Minuten). Linzertorte können Sie auch mit ungeschälten, geriebenen Mandeln zubereiten.

Malakowtorte

150 g Butter, 150 g Zucker,
4 Eigelbe, 100 g Mandeln,
⅛ l Sahne, 3 El Cognac,
Löffelbiskuits, 1 El Grand
Marnier (oder Cognac),
¼ l Sahne,
1 Rippe Kochschokolade.

Die Butter zunächst allein und dann mit dem Zucker und den einzeln eingearbeiteten Eigelben schaumig rühren. Die geschälten, geriebenen Mandeln daruntermischen und zuletzt die ungeschlagene Sahne und den Cognac löffelweise und unter ständigem Rühren dazugeben. – Den Boden und den Rand einer Tortenform mit Löffelbiskuits auslegen und mit etwas Grand Marnier beträufeln. Einen Teil der vorbereiteten Creme darüberstreichen, mit weiteren Löffelbiskuits (wieder mit Grand Marnier beträufeln!) belegen, wieder Creme darüberstreichen und so fortfahren, bis alle Creme aufgebraucht ist. Die letzte Lage soll von Löffelbiskuits gebildet werden! Die fertig geschichtete Torte wenigstens 24 Stunden kalt stellen. Die Torte aus der Form nehmen, mit geschlagener Sahne überziehen und mit geriebener Schokolade bestreuen. Den Rest der geschlagenen Sahne zum Verzieren verwenden.

Mariannentorte

100 g Butter, 100 g Zucker,
100 g Schokolade, 6 Eier,
50 g Stärkemehl.

Die Butter mit ¾ des Zuckers, der im Wasserbad erweichten Schokolade und den einzeln eingearbeiteten Eigelben schaumig rühren. Das gesiebte Stärkemehl und die zunächst allein und dann mit dem restlichen Zucker sehr steif geschlagenen Eiweiße unterziehen. Die Masse in eine gefettete, mit Mehl bestaubte Tortenform füllen und 50–80 Minuten bei 180° backen. Die Torte nach dem Auskühlen – noch besser am nächsten Tag – in der Mitte durchschneiden, mit einem Teil der untenstehenden Creme füllen, mit der restlichen Creme überziehen und mit geriebener Schokolade bestreuen.

2 Eigelbe, 6 El Orangensaft,
120 g Zucker, 120 g Butter,
50 g Mandeln,
1 Rippe Kochschokolade.

Creme: Die Eigelbe mit dem Orangensaft und der Hälfte des Zuckers im Wasserbad zu einer dicken Creme schlagen und unter ständigem Weiterschlagen abkühlen lassen. Die zweite Hälfte Zucker mit der Butter schaumig rühren. Die geschälten, geriebenen Mandeln und die Eimasse löffelweise daruntermischen.

Mohntorte

150 g Butter, 200 g Zucker,
1 abgeriebene Zitronenschale,
5 Eier, 200 g Mohn.

Die Butter mit ¾ des Zuckers, der abgeriebenen Zitronenschale und den nacheinander eingearbeiteten Eigelben schaumig rühren. Den geriebenen Mohn einrühren. Zuletzt die Eiweiße allein und dann mit dem restlichen Zucker sehr steif schlagen und unter die Mohnmasse mengen. In eine gebutterte, mit Semmelbröseln ausgestreute Springform füllen, in einem auf 150° vorgeheizten Rohr hell backen (45–60 Minuten). Die Torte noch warm mit Puderzucker bestreuen.

Meringuetorte

6 Eiweiße, 375 g Kristallzucker, ¾ l Sahne, 2 Pakete Vanillezucker.

Die Eiweiße steifschlagen. Die Hälfte des Zuckers löffelweise dazugeben und dabei ständig weiterschlagen, bis eine glänzende, schnittfeste Masse entsteht. Den restlichen Zucker vorsichtig einrühren. – 2 »Tortenböden« aus Pergamentpapier ausschneiden und auf ein Backblech legen. Den einen Boden spiralenförmig mit der Meringuemasse bespritzen; auf den zweiten Boden dicht nebeneinander kleine Häufchen setzen. In einem auf 100° erwärmten Backrohr mehr trocknen als backen (etwa 1½ Stunden). Die heißen Böden auf ein feuchtes Tuch legen, kurz überkühlen lassen, vom Papier befreien und etwa 5 Minuten im Rohr nachtrocknen. Die Sahne steifschlagen, mit dem Vanillezucker würzen und auf den Spiralenboden häufen. Den zweiten Boden daraufdrücken. Sofort auftragen!
Aus dem gleichen Teig lassen sich auch kleine Törtchen (*Meringuen*) zubereiten. Spritzen Sie die Eiweißmasse in Häufchen auf ein gut gefettetes, bemehltes Backblech, sieben Sie etwas Puderzucker darüber und backen Sie wie oben beschrieben. Den Boden der fertigen Meringuen leicht eindrücken und je zwei Hälften mit geschlagener Sahne zusammensetzen.

Spritzen der beiden Böden für die Meringuetorte

Gebackenes

Nußtorte

140 g Zucker, 5 Eier, 1 Zitrone, 140 g Nüsse, 50 g Semmelbrösel, 1 Tl Rum, etwa 6 El Johannisbeer- oder Himbeermarmelade.

¾ des Zuckers mit den Eigelben, dem Zitronensaft und der abgeriebenen Zitronenschale schaumig rühren. Die geriebenen Nüsse und die mit dem Rum befeuchteten Semmelbröseln dazugeben und zuletzt den mit dem restlichen Zucker sehr steif geschlagenen Schnee der 5 Eiweiße unterziehen. Die Masse in eine nur am Boden gebutterte, mit Semmelbröseln ausgestreute Tortenform füllen und in einem auf 180° erhitzten Rohr hellbraun backen (50–80 Minuten). Die gebackene Torte einige Stunden, noch besser über Nacht, auskühlen lassen, ein- oder zweimal auseinanderschneiden, mit Johannisbeermarmelade füllen und mit Zitronenglasur überziehen. Zuletzt mit halbierten Nußkernen, die auf die noch feuchte Glasur gedrückt werden, verzieren.

200 g Staubzucker, 2 El Zitronensaft.

Zitronenglasur: Den Puderzucker mit dem Zitronensaft und 2 El heißem Wasser verrühren, bis eine dickflüssige Masse entstanden ist.

Oblatentorte

1 Paket Karlsbader Oblaten, 250 g Butter, 200 g Puderzucker, 100 g Schokolade, 2 El Sahne.

Die Butter mit dem langsam hinzugefügten Puderzucker schaumig rühren. Die im Wasserbad erwärmte Schokolade und die Sahne dazurühren. Einen Teil der Creme auf eine Oblate streichen, die nächste Oblate darübergeben, leicht festdrücken und ebenfalls mit Creme bestreichen. So weiter verfahren, bis alle Oblaten verbraucht sind. Die Torte oben und am Rand mit der restlichen Creme bestreichen (etwa 2 El zum Spritzen des Tortenrandes zurückbehalten!).

Orangen-Mandel-Torte

8 Eier, 250 g Zucker, 1 Orange, 200 g Mandeln, 75 g Semmelbrösel, 1/8 l Orangensaft, 3 El Grand Marnier.

Die Eigelbe mit 3/4 des Zuckers, dem Orangensaft und der abgeriebenen Orangenschale schaumig rühren. Die geschälten, geriebenen Mandeln und die Böseln dazurühren und zuletzt den schnittfest geschlagenen Schnee (zuerst allein und dann mit dem restlichen Zucker schlagen) unterziehen. Die Masse in eine am Boden gefettete, mit Semmelbröseln ausgestreute Springform füllen und 50–80 Minuten bei 180° backen. Nach kurzem Überkühlen stürzen. – Den Orangensaft mit dem Grand Marnier mischen und die vollständig erkaltete Torte damit tränken. Mit Orangenglasur überziehen und mit halbierten Orangenspalten garnieren.

250 g Puderzucker, 4 El Orangensaft, einige Tropfen Grand Marnier.

Orangenglasur: Den gesiebten Zucker mit dem Orangensaft verrühren, mit dem Grand Marnier abschmecken und so lange weiterrühren, bis eine dickliche Masse entsteht.

Zur Abwechslung können Sie die Torte nach dem Abkühlen ein- bis zweimal durchschneiden und mit bitterer Orangenmarmelade füllen.

Panamatorte

6 Eier, 140 g Zucker, 1 Paket Vanillezucker, 140 g Mandeln, 80 g Schokolade, 100 g Mandeln, 50 g Zucker.

Die Eigelbe mit 3/4 des Zuckers und dem Vanillezucker schaumig rühren. Die ungeschälten, geriebenen Mandeln und die geriebene Schokolade daruntermischen und zuletzt den mit dem restlichen Zucker sehr steif geschlagenen Schnee der 6 Eiweiße unterziehen. Die Masse in eine nur am Boden gebutterte, mit Semmelbröseln ausgestreute Tortenform füllen, in einem auf 180° erhitzten Backrohr 30–45 Minuten backen. Die Torte nach dem Auskühlen oder am nächsten Tag in der Mitte durchschneiden, mit einem Teil der Creme füllen, zusammensetzen und mit der restlichen Creme überziehen. Zuletzt die grob gehackten, mit dem Zucker hellbraun gerösteten Mandeln darüberstreuen. Bis zum Gebrauch kalt stellen.

140 g Butter, 140 g Zucker, 70 g Schokolade, 2 Eier.

Creme: Die Butter mit dem Zucker, der im Wasserbad erweichten Schokolade und den nacheinander zugegebenen Eiern schaumig rühren.

Pischingertorte

10 Karlsbader Oblaten, 250 g Butter, 100 g Zucker, 150 g Kochschokolade, 2 Eigelbe, 1 gehäufter El Pulverkaffee, 100 g Haselnüsse, Couverture.

Die Butter mit dem Zucker und der im Wasserbad erweichten Schokolade schaumig rühren. Die Eigelbe einrühren und zuletzt den Pulverkaffee und die geriebenen Haselnüsse dazugeben. Die Creme dünn auf die Oblaten streichen (das oberste Blatt unbestrichen lassen), diese zusammensetzen, beschweren und einige Stunden kühl stellen. Die Torte mit geschmolzener Couverture überziehen.

Prinzregententorte

200 g Butter, 250 g Zucker, 1/2 Zitrone, 5 Eier, 150 g Mehl, 50 g Stärkemehl.

Die Butter mit 3/4 des Zuckers, dem Zitronensaft und der abgeriebenen Zitronenschale schaumig rühren. Die Eigelbe einzeln dazugeben und immer wieder sehr schaumig rühren. Das Mehl mit dem Stärkemehl sieben. Die Eiweiße zunächst allein und dann mit dem restlichen Zucker sehr steif schlagen. Das Mehl und den Eischnee gleichzeitig unter die Schaummasse heben. Etwa 1/6–1/8 der Masse in eine am Boden gefettete, bemehlte Springform füllen und bei 180° zu einem hellen Tortenboden backen (10–20 Minuten). Den restlichen Teig ebenfalls portionsweise backen, so daß zuletzt 6–8 Tortenböden entstehen. Die Tortenblätter (bis auf eines) nach dem Abkühlen mit Schokoladencreme bestreichen (dabei 1–2 El Creme zurückbehalten), zusammensetzen, mit einem Brett beschweren und einige Stunden kühl stellen.

Die fertige Torte mit im Wasserbad erwärmter Couverture überziehen und mit der zurückbehaltenen Schokoladencreme verzieren. (Oder eine Eiweißglasur zubereiten und einen durchzogenen Guß herstellen.)

Schokoladencreme: Die Eier mit dem Zucker im Wasserbad schaumig schlagen, vom Herd nehmen, die geriebene Schokolade hineingeben und dann unter häufigem Rühren erkalten lassen. Die Butter schaumig rühren und die Schokoladenmasse löffelweise einarbeiten.

4 Eier, 150 g Zucker,
150 g geriebene Schokolade,
150 g Butter.

Quark-Obst-Torte

Das Mehl mit der Butter verbröseln, Zucker, Salz, die abgeriebene Zitronenschale und das Eigelb dazugeben und alles rasch zu einem mürben Teig verarbeiten. Den Teig ½ Stunde kühl ruhen lassen, dann auf den Boden einer gefetteten Springform drücken, mehrmals mit einer Gabel einstechen und in einem auf 160° erhitzten Backrohr hellbraun backen (30–40 Minuten). – Die Früchte (besonders geeignet sind Erdbeeren, Himbeeren, Heidelbeeren, Brombeeren, Johannisbeeren, gedämpfte Pfirsiche, gedämpfte Aprikosen oder Ananasscheiben) waschen und sehr gut abtropfen lassen; größere Früchte zerkleinern. – Die Eigelbe mit ¾ des Zuckers, dem Zitronensaft, der abgeriebenen Zitronenschale und dem Kirschwasser schaumig rühren. Den passierten Quark und die in einigen Eßlöffeln heißem Wasser gelöste Gelatine (vorher im kalten Wasser quellen lassen und ausdrücken) dazumischen. Zuletzt die steifgeschlagene Sahne und den mit dem restlichen Zucker steifgeschlagenen Schnee der 3 Eiweiße einrühren.

Den Rand der Tortenform mit einem feuchten oder leicht geölten Pergamentpapier auskleiden. Die gut abgetropften Früchte auf den ausgekühlten Mürbteigboden verteilen. Die Quarkmasse darübergeben, glattstreichen und mit gehobelten Mandeln bestreuen. Die Torte einige Stunden kalt stellen, aus der Form nehmen (die Ränder vorher mit einem in heißes Wasser getauchten Messer lösen) und je nach Belieben noch mit einigen Früchten verzieren.

150 g Mehl, 100 g Butter,
50 g Zucker, 1 Prise Salz,
1 abgeriebene Zitronenschale,
1 Eigelb, 750 g weiche Früchte,
3 Eier, 250 g Zucker, 1 Zitrone,
1 El Kirschwasser, 500 g Quark,
12 Blatt Gelatine, ¼ l Sahne,
25 g gehobelte Mandeln.

Quark-Orangen-Torte

Das Mehl mit der Butter verbröseln, Zucker, Salz und Eigelb dazugeben und alles möglichst rasch zu einem glatten Mürbteig verarbeiten, der noch 20 Minuten kühl ruhen soll. Dann den Teig halbieren, jede Hälfte auf den Boden einer Springform drücken, mehrmals mit einer Gabel einstechen und 20–30 Minuten bei 160° backen. Die eine dieser Platten sofort nach dem Backen in 12 Portionsstücke schneiden.

Den Quark passieren und mit den Eigelben, dem Zitronensaft, dem Orangensaft, dem Cointreau und dem Zucker glattrühren. Die Gelatine in kaltem Wasser quellen lassen, ausdrücken, in 2–3 El heißem Wasser lösen und dazugeben. Die Orangen so schälen, daß die weiße Haut vollständig entfernt wird. Die Orangenspalten herauslösen, kleinschneiden und unter die Quarkmasse mischen. Mit der getrockneten Orangenschale würzen. Zuletzt die steifgeschlagene Sahne und die mit einigen Tropfen Zitronensaft steifgeschlagenen Eiweiße dazumischen.

Die ungeteilte Tortenplatte zurück in die Springform legen und den Rand derselben mit einem geölten Stück Pergamentpapier auslegen. Die Quarkcreme auf den Boden füllen, glattstreichen und das Ganze für einige Stunden in den Kühlschrank stellen. Die Torte aus der Form nehmen und den Pergamentstreifen abziehen. Die in Portionsstücke geteilte Tortenplatte obenauf legen und dick mit Puderzucker bestreuen. Lassen Sie die fertige Torte bis zum Auftragen kühl stehen (Abb. s. S. 384).

250 g Mehl, 125 g Butter,
75 g Zucker, 1 Prise Salz,
1 Eigelb.
500 g Quark, 2 Eier,
3 El Zitronensaft, ⅛ l Orangensaft,
2 El Cointreau, 250 g Zucker,
12 Blatt Gelatine, 3 Orangen,
1 Tl getrocknete Orangenschale,
½ l Sahne.

Quark-Sahne-Torte

3 Eier, 75 g Zucker, 1 abgeriebene Zitronenschale, 50 g Mehl, 25 g Stärkemehl, 4 Eier, 200 g Zucker, 1 Paket Vanillezucker, ½ Zitrone, 500 g Quark, 12 Blatt Gelatine, ¼ l Sahne.

Die Eigelbe mit ¾ des Zuckers, dem Vanillezucker und der abgeriebenen Zitronenschale schaumig rühren. Das Mehl und das Stärkemehl über die Schaummasse sieben und zusammen mit dem Eischnee unter die Schaummasse geben. Den Teig in eine gefettete, mit Mehl bestaubte Tortenform füllen und bei 180° hellbraun backen (30–40 Minuten). Am nächsten Tag einmal durchschneiden.
Die Eigelbe mit der Hälfte des Zuckers, dem Zitronensaft und der abgeriebenen Zitronenschale schaumig rühren. Den passierten Quark und die gelöste Gelatine (in kaltem Wasser quellen lassen, ausdrücken und in 2–3 El heißem Wasser lösen) darunterrühren. Zuletzt die steifgeschlagene Sahne und die sehr steifgeschlagenen Eiweiße unterheben.
Einen Tortenboden zurück in die Springform legen und den Rand derselben mit einem nassen (oder leicht geölten) Pergamentpapier auskleiden. Die Quark-Sahne-Creme darauffüllen, glattstreichen und mit dem zweiten Tortenboden bedecken. Die Torte einige Stunden kalt stellen, aus der Form nehmen (den Rand vorher mit einem in heißes Wasser getauchten Messer lösen) und mit Puderzucker bestreuen.

Quarktorte auf Wiener Art

120 g Butter, 120 g Puderzucker, 1 Paket Vanillezucker, 1 Prise Salz, das Abgeriebene von einer Zitrone, 4 Eier, 120 g Walnüsse, 120 g Quark.

Die Butter mit ¾ des Zuckers, dem Vanillezucker, der abgeriebenen Zitronenschale und dem Salz schaumig rühren. Die Eigelbe einzeln einarbeiten. Die geriebenen Walnüsse und den passierten Quark dazumischen und zuletzt die mit dem restlichen Zucker sehr steif geschlagenen Eiweiße unterziehen. Die Tortenmasse in eine gebutterte, mit Semmelbröseln ausgestreute Tortenform füllen und in einem auf 150° vorgeheizten Rohr goldbraun backen (40–60 Minuten). Die fertige Torte auf eine Platte stürzen und sofort mit Puderzucker bestreuen.

Rüblitorte

7 Eigelbe, 200 g Zucker, 1 Messerspitze Salz, ½ abgeriebene Zitronenschale, 1 Messerspitze Zimt, 1 Messerspitze Nelkenpulver, 1 Gläschen Kirschwasser, 200 g Karotten, 125 g Haselnüsse, 125 g Mandeln, 50 g Semmelbrösel, 50 g Mehl, 1 Tl Backpulver, 5 Eiweiße, 100 g Zucker.

Die Eigelbe mit dem Zucker und den Gewürzen sehr schaumig rühren. Das Kirschwasser hineingeben und die sehr fein geriebenen Karotten, die geriebenen Haselnüsse, die geriebenen Mandeln und die Semmelbrösel dazumischen. Zuletzt das Mehl mit dem Backpulver sieben und unterheben. Die Eiweiße zunächst allein, dann mit dem Zucker (langsam dazugeben) steifschlagen. Den Schnee unter den Teig heben. Die Masse in eine gebutterte, mit Semmelbröseln ausgestreute Springform füllen und die Torte bei 190° hell backen (45–55 Minuten). Die Torte auf ein Kuchengitter stürzen, abkühlen lassen und dann mit Zitronenglasur überziehen. Besonders hübsch ist es, wenn Sie die fertige Torte noch mit kleinen, aus Marzipan geformten Karotten (= Rübli) verzieren (Abb. s. S. 417).
Die Rüblitorte sollte vor der Verwendung 1–2 Tage stehen, damit sie ihr volles Aroma entfalten kann.

200 g Puderzucker, 2 El Kirschwasser, 1–2 El Zitronensaft.

Zitronenglasur: Den gesiebten Zucker mit dem Kirschwasser und dem Zitronensaft verrühren, bis eine dicke Glasur entsteht.

Sandtorte

250 g Butter, 250 g Zucker, 6 Eier, 1 abgeriebene Zitronenschale, 1 El Rum, 125 g Mehl, 125 g Stärkemehl, 1 Tl Backpulver.

Die Butter mit dem Zucker schaumig rühren. Die Eier nacheinander einarbeiten und nochmals sehr schaumig rühren. (Mit der Hand wenigstens ½ Stunde, mit einem elektrischen Rührgerät etwa 10 Min.) Die abgeriebene Zitronenschale und den Rum dazumischen. Das Mehl, das Stärkemehl und das Backpulver zusammen sieben und vorsichtig unter die Schaummasse heben. Die Masse

in eine gebutterte, bemehlte Springform füllen, in ein auf 160° erhitztes Backrohr stellen und ganz langsam fertig backen (50–80°). 15 Minuten in der Form abkühlen lassen, auf ein Gitter stürzen und mit Puderzucker bestreuen.
Backen Sie die Sandtorte 1–2 Tage vor Verwendung, sie schmeckt besser!

Sachertorte

150 g Butter, 150 g Zucker, 150 g Kochschokolade, 8 Eier, 120 g Mehl, 1 El Aprikosenmarmelade.

Die Butter mit 3/4 des Zuckers und der im Wasserbad erweichten Kochschokolade schaumig rühren. Die Eigelbe einzeln einarbeiten und nochmals schaumig rühren. Das gesiebte Mehl und die mit dem restlichen Zucker sehr steif geschlagenen Eiweiße einziehen. Die Masse in eine gebutterte, mit Semmelbröseln ausgestreute Springform füllen und die Torte (50–80 Minuten) bei 180° backen. Die Torte aus der Form nehmen, nach dem Abkühlen dünn mit Aprikosenmarmelade bestreichen und mit folgender Schokoladenglasur überziehen:

150 g Schokolade, 1 Tl Öl, 250 g Zucker.

Schokoladenglasur: Die Schokolade mit dem Öl im Wasserbad erwärmen. Den Zucker mit 1/8 l Wasser kochen, bis er Fäden zieht. Die Zuckerlösung abkühlen lassen und dann löffelweise und unter ständigem Rühren zu der erwärmten Schokolade geben, bis eine glatte Masse entsteht.

Schichttorte

250 g Butter, 250 g Zucker, 1 abgeriebene Zitronenschale, 7 Eier, 2 El Rum, 250 g Mehl.

Die Butter mit dem Zucker (3–4 El zurücklassen), der abgeriebenen Zitronenschale und den nacheinander eingearbeiteten Eigelben sehr schaumig rühren. Den Rum hinzufügen. Das gesiebte Mehl und die zunächst allein und dann mit dem restlichen Zucker sehr steif geschlagenen Eiweiße unterziehen. 1–2 El der Masse in eine nur am Boden gebutterte, bemehlte Tortenform füllen, verstreichen, in das auf 180° erhitzte Rohr geben und nur bei Oberhitze hellbraun (etwa 5 Minuten) backen. (Können Sie bei Ihrem Backrohr die Unterhitze nicht abschalten, so schieben Sie ein leeres Backblech unter.) Auf die gebakkene Schicht wieder 1–2 El Teig streichen, wieder backen und so weiter verfahren, bis der ganze Teig verbraucht ist. Die fertige Torte aus der Form nehmen, mit Zitronenguß überziehen und je nach Geschmack mit kandierten Kirschen oder halbierten Walnüssen verzieren.

250 g Puderzucker, 2 El Zitronensaft.

Zitronenguß: Den gesiebten Puderzucker mit 2 El Wasser und dem Zitronensaft zu einer dickflüssigen Masse verrühren.
Die Schichttorte ist um so besser, je mehr Teigschichten gebacken werden. Dies gelingt allerdings nur, wenn der Teig die richtige Konsistenz hat: Er muß dickflüssig sein. Sollte das nicht der Fall sein (zu kleine Eier), so können Sie noch 1–4 El Sahne vorsichtig unter den fertigen Teig rühren.
Zur Abwechslung können Sie die Hälfte des Teiges mit 30 g Kakao dunkel färben und abwechselnd eine weiße und eine dunkle Schicht backen. Überziehen Sie die fertige Torte dann mit geschmolzener Couverture.

Schokoladentorte

175 g Butter, 175 g Zucker, 150 g Schokolade, 6 Eier, 75 g Semmelbrösel, 3/8 l Sahne.

Die Butter mit 3/4 des Zuckers, der im Wasserbad erweichten Schokolade und den nacheinander eingearbeiteten Eigelben schaumig rühren. Die Eiweiße allein und dann mit dem restlichen Zucker steifschlagen und zusammen mit den Semmelbröseln unter die Schaummasse heben. Den Teig in eine gebutterte, mit Semmelbröseln ausgestreute Springform füllen und 50–80 Minuten bei 150° backen. Die Torte stürzen, auskühlen lassen und zweimal durchschneiden. Die zwei unteren Tortenblätter mit geschlagener Sahne bestreichen, die Torte wieder zusammensetzen und mit der restlichen Schlagsahne überziehen. Die Tortenränder mit Schokoladenstreuseln bestreuen und die fertige Torte nach Belieben mit Schokoladentrüffeln oder kandierten Früchten verzieren.

Schneidertorte

100 g Butter, 60 g Schokolade, 140 g Zucker, 6 Eier, 140 g Mandeln, 20 g Mehl.

Die Butter mit der im Wasserbad erweichten Schokolade und ¾ des Zuckers schaumig rühren. Die Eigelbe einzeln einarbeiten und nochmals sehr schaumig rühren. Die sauber abgewischten, mit der Schale geriebenen Mandeln, das Mehl und zuletzt den mit dem restlichen Zucker sehr steif geschlagenen Schnee der 6 Eiweiße unterziehen. Die Masse in eine am Boden gebutterte, mit Semmelbröseln ausgestreute Tortenform füllen und die Torte 50–80 Minuten bei 150° backen. Die Torte stürzen, auskühlen lassen und dann zweimal durchschneiden. Die zwei unteren Tortenblätter mit Schokolade-Haselnuß-Creme bestreichen. Die Torte wieder zusammensetzen und mit Schokoladenglasur (oder erweichter Couverture) überziehen.

140 g Zucker, 1 Paket Vanillezucker, 3 Eier, 10 g Stärkemehl, 140 g Butter, 40 g Schokolade, 80 g Nüsse.

Schokolade-Nuß-Creme: Zucker, Vanillezucker, Eier und Stärkemehl im Wasserbad schaumig schlagen und unter häufigem Weiterschlagen erkalten lassen. Die Butter mit der im Wasserbad erweichten Schokolade schaumig rühren, mit den geriebenen Nüssen vermischen und die Eiercreme löffelweise einrühren.

150 g Schokolade, 1 Tl Öl, 250 g Zucker.

Schokoladenglasur: Die Schokolade mit dem Öl im Wasserbad erweichen. Den Zucker mit ⅛ l Wasser kochen, bis er Fäden zieht, abkühlen lassen und dann löffelweise und unter ständigem Rühren zu der erweichten Schokolade geben, bis eine glatte Masse entsteht.

Schwarzwälder Kirschtorte

140 g Butter, 140 g Zucker, 100 g Schokolade, 6 Eier, 100 g Mandeln, 40 g Semmelbrösel, 40 g Mehl, ⅜ l Sahne, 1 Tl Gelatine, gedünstete Sauerkirschen, Borkenschokolade.

Die Butter mit ¾ des Zuckers, der im Wasserbad erwärmten Schokolade und den einzeln eingearbeiteten Eigelben sehr schaumig rühren. Die geschälten (vorher in heißem Wasser abbrühen) geriebenen Mandeln, die Semmelbrösel und das Mehl daruntermischen. Die Eiweiße allein und dann mit dem restlichen Zucker steifschlagen und vorsichtig unter die Schokoladenmasse heben. In eine gebutterte, mit Semmelbröseln ausgestreute Springform füllen und in einem auf 170° vorgeheizten Rohr 50–80 Minuten backen. Die fertige Torte einige Stunden, noch besser über Nacht, auskühlen lassen und dann zweimal durchschneiden.

Die Sahne fast steif schlagen, mit der in wenig heißem Wasser gelösten, überkühlten Gelatine versetzen und fertig schlagen. 2 Tortenblätter fingerdick mit der geschlagenen Sahne bestreichen und mit entsteinten Sauerkirschen (Menge nach Geschmack) belegen. Die Torte zusammensetzen, an den Rändern und der Oberseite mit der restlichen Schlagsahne überziehen, mit Borkenschokolade bestreuen und mit halbierten Sauerkirschen belegen (Abb. s. S. 417).

KLEINGEBÄCK

Kleingebäck ist in all seinen vielen Variationen ein immer beliebter Leckerbissen. Besondere Bedeutung erhält es aber zu Weihnachten. Ein Teller mit buntem Weihnachtsgebäck ist heute noch in den meisten Familien Tradition.

Kleingebäck kann aus den verschiedensten Teigarten zubereitet werden und ist dementsprechend mehr oder weniger lange haltbar:

Am zartesten sind die Makronen und andere Eiweißgebäcke. Backen Sie sie möglichst kurz vor der Verwendung und bewahren Sie sie – lageweise in gut schließenden Blechbüchsen geschichtet – an einem kühlen Ort auf.

Gebäckstücke aus Mürbteig sind 14 Tage bis 4 Wochen haltbar. Sie werden in gut verschlossenen Blechbüchsen oder in Schüsseln an einem kühlen Ort aufbewahrt. Wichtig ist nur, daß die Gebäckstücke noch heiß vom Blech genommen und auf ein Gitter zum Abkühlen gelegt werden.

Hartgebäck wie Honigkuchen, Lebkuchen oder Springerle sollen wenigstens 4 Wochen vor Gebrauch gebacken und in gut verschlossenen Blechbüchsen aufbewahrt werden. Sie entfalten so langsam ihr volles Aroma. Hartgebäck ist monatelang haltbar. 2–3 Tage vor Gebrauch wird die Dose geöffnet und an einen feuchten Ort gestellt. Man erhält so ein wunderbar duftendes, mürbes Gebäck. – Haben Sie keinen feuchten Raum zur Verfügung, können Sie sich so helfen: Schneiden Sie 1–2 Kartoffeln in dicke Scheiben und legen Sie diese auf einem Stück Folie in die verschlossene Dose.
Das Backen von Weihnachtsgebäck macht weniger Mühe und geht schneller vor sich, wenn eine Anzahl Regeln beachtet werden:

Legen Sie sich vor Beginn der Arbeit alle Zutaten zurecht.

Bereiten Sie sich nach Möglichkeit 2–3 Backbleche vor; Sie müssen dann nicht jedesmal warten, bis ein Blech abgekühlt und sauber abgewischt ist.

Backbleche für Hartgebäck und Makronen müssen sorgfältig gefettet und mit Mehl gestaubt werden: Streichen Sie etwas zerlassene Butter mit einem Pinsel auf (oder verwenden Sie Backwachs oder Kokosfett, das auf die leicht erwärmten Bleche gestrichen wird). Geben Sie dann 1 Tl Mehl in eine Ecke des Bleches und verteilen Sie es durch Schräghalten und Klopfen über die ganze Fläche.

Backbleche für Mürbteiggebäck werden nur bei fettarmen Teigen leicht mit Butter oder Wachs bestrichen.

Benutzte Bleche noch warm mit Pergamentpapier, eventuell unter Zusatz von etwas Salz, abreiben.

Teige zum Ausrollen auf ein möglichst großes Brett legen und rasch und leicht von der Mitte zum Rand hin rollen. (Kein zu großes Teigstück auf einmal nehmen!). Während des Ausrollens auf beiden Seiten mit etwas Mehl bestreuen und immer wieder mit einem Pfannenmesser vom Brett lösen. Verwenden Sie nicht zu viel Mehl, der Teig wird sonst hart und brüchig, das Gebäck zäh! Hartgebäck kann auch auf einem mit Puderzucker bestreuten Brett ausgerollt werden.

Werden Plätzchen ausgestochen, so müssen die Ausstecher vorher in Mehl getaucht werden.

Mit Eigelb bestrichene Plätzchen werden besonders schön goldbraun, wenn Sie das Eigelb mit ½ Tl Honig vermischen.

Mandeln, die vor dem Backen auf die Plätzchen gegeben werden, sollen noch feucht sein; sie behalten so ihre helle Farbe.

Haselnußmakronen

3 Eiweiße,
210 g Kristallzucker,
210 g Haselnüsse.

Die Eiweiße zunächst allein und dann mit dem Zucker (löffelweise dazugeben) sehr steif schlagen. Die geriebenen Haselnüsse vorsichtig daruntermischen. Auf kleine runde Oblaten mit zwei Teelöffeln kleine Häufchen setzen (wenn Sie keine Oblaten verwenden wollen, können Sie die Makronen auch direkt auf ein gut gefettetes Backblech geben), in ein auf 120° erhitztes Rohr stellen und ganz hell backen (20–30 Minuten). Die fertigen Makronen sofort nach dem Erkalten in gut verschließbare Blechbüchsen füllen und darin aufbewahren, da sie sehr leicht austrocknen.
Einen besonders feinen Geschmack erhalten die Haselnußmakronen, wenn Sie die Haselnüsse vor dem Reiben im erhitzten Rohr leicht anrösten und die Schale mit den Händen abreiben.

Mandelmakronen

3 Eiweiße,
210 g Kristallzucker,
210 g Mandeln.

Die Eiweiße zunächst allein und dann mit dem Zucker (löffelweise dazugeben) steifschlagen. Die geschälten, geriebenen Mandeln vorsichtig daruntermischen und die Makronen wie unter *Haselnußmakronen* beschrieben fertigstellen.

Nußmakronen

3 Eiweiße,
210 g Kristallzucker,
210 g Walnüsse.

Die Eiweiße zunächst allein und dann mit dem Zucker (löffelweise dazugeben) steifschlagen. Die geriebenen Walnüsse daruntermischen und die Makronen wie unter *Haselnußmakronen* beschrieben fertigstellen.

Kokosmakronen

3 Eiweiße, 210 g Kristallzucker,
1 Paket Vanillezucker,
210 g Kokosflocken.

Die Eiweiße zunächst allein, dann mit dem Kristallzucker und dem Vanillezucker steifschlagen. Die Kokosflocken einrühren. Die Makronen wie unter *Haselnußmakronen* beschrieben fertigstellen.

Mandelbögen

3 Eiweiße,
210 g Kristallzucker,
1 Paket Vanillezucker,
das Abgeriebene von 1 Zitrone,
1 Messerspitze Zimt,
210 g Mandeln.

Die Eiweiße zunächst allein und dann mit dem Zucker (löffelweise dazugeben) und dem Vanillezucker sehr steif schlagen. Die abgeriebene Zitronenschale, den Zimt und die geschälten, geriebenen Mandeln unterziehen. Die Masse auf lange, etwa 8 cm breite Oblatenstreifen streichen (½ cm dick), 2 Stunden trocknen lassen und dann in 2 cm breite Streifen schneiden. Diese auf ein Backblech legen und bei 180° ganz hell backen (15–20 Minuten). Die gebackenen Streifen sofort vom Blech nehmen und über eine saubere Flasche oder ein Nudelholz biegen und so erkalten lassen.
Einen besonders feinen Geschmack erhalten die Mandelbögen, wenn Sie die geschälten, geriebenen Mandeln vor der Verwendung mit 3–4 El Zucker hellbraun rösten und dann abkühlen lassen!

Schokoladenmakronen

3 Eiweiße, 180 g Kristallzucker,
1 Paket Vanillezucker,
180 g Mandeln,
150 g Schokolade.

Die Eiweiße zuerst allein und dann mit dem Kristallzucker (löffelweise dazugeben) und dem Vanillezucker sehr steif schlagen. Die geschälten, geriebenen Mandeln und die geriebene Schokolade vorsichtig unterziehen. Die Masse mit zwei Teelöffeln auf kleine runde Oblaten (oder ein sehr gut gefettetes Backblech) setzen, und bei 130° so backen, daß die Makronen innen noch weich sind (15–20 Minuten). Die Makronen mit geschmolzener Couverture verzieren. Diese Makronen können Sie auch mit 2–3 Tl löslichem Kaffee – anstelle der Schokolade – backen = **Kaffeemakronen.**

Zimtsterne

4 Eiweiße, 250 g Kristallzucker,
1 El Zitronensaft,
1 El Zimt, 350 g Mandeln.

Die Eiweiße steifschlagen, den Zitronensaft und den Zucker nach und nach dazugeben und weiter schlagen, bis eine feste, glänzende Masse entsteht. 4 El dieser Masse zur Seite stellen. Die restliche Schaummasse mit dem Zimt und den trocken abgewischten, ungeschält geriebenen Mandeln mischen. Den so erhaltenen Teig in kleinen Portionen auf einem mit Zucker bestreuten Brett ½–1 cm dick ausrollen. Kleine Sterne ausstechen, auf ein gut gefettetes (gewachstes) Blech legen, 2 Stunden trocknen lassen und dann mit der zurückbehaltenen Schaummasse bestreichen. In ein auf 120° erhitztes Rohr stellen und langsam backen, wobei die Glasur weiß bleiben muß (20–30 Minuten).

Heidesand

Die Butter erhitzen, bräunen, vom Herd nehmen und abkühlen lassen. Die wieder erstarrte Butter zunächst allein, dann mit dem Zucker, dem Vanillezucker und der Milch sehr schaumig rühren und zuletzt das mit dem Backpulver gesiebte Mehl einarbeiten. Alles zu einem glatten Teig kneten. Aus dem Teig 2–3 cm dicke Rollen formen und einige Stunden kalt stellen. Die harten Rollen in ½ cm dicke Scheiben schneiden, auf ein gefettetes Backblech legen und bei 160° goldgelb backen (15–25 Minuten).

200 g Butter, 175 g Zucker,
1 Paket Vanillezucker,
1 El Milch, 280 g Mehl,
1 Tl Backpulver.

Albertkekse

Die Butter mit dem Zucker schaumig rühren. Das Ei, das Eigelb und die Sahne dazugeben, nochmals schaumig rühren. Zuletzt das Stärkemehl, das mit dem Backpulver gesiebte Mehl und das Salz dazugeben. Auf einem bemehlten Brett einen glatten Teig kneten, kurz rasten lassen und dann messerrückendick ausrollen. Aus dem Teig runde Plätzchen ausstechen, auf ein gefettetes Backblech setzen und mit einer Gabel oder einer Stricknadel mehrere Löcher stechen. Die Albertkekse bei 180° hellgelb backen (15–25 Minuten).

50 g Butter, 100 g Zucker, 1 Ei,
1 Eigelb, 2 El Sahne,
125 g Stärkepuder, 175 g Mehl,
1 Messerspitze Backpulver,
1 Prise Salz.

Aprikosenaugen

Das Mehl mit der kleingeschnittenen Butter verbröseln. Zucker, Salz, das Abgeriebene der Zitrone und die Eigelbe dazumischen; einen glatten Teig kneten und diesen ½ Stunde ruhen lassen. Den Teig dann 2 mm dick ausrollen. Kleine runde Plätzchen oder Sterne ausstechen. Aus der Hälfte dieser Plätzchen in der Mitte ein kleines Loch ausstechen (mit einem Fingerhut), auf ein Backblech setzen und bei 180° hell backen (15–25 Minuten). Die gelochten Plätzchen noch warm mit Puderzucker bestreuen. Die anderen Plätzchen nach dem Abkühlen mit Aprikosenmarmelade bestreichen und die gelochten aufsetzen.
Zur Abwechslung können Sie die gelochten Plätzchen vor dem Backen mit Eigelb bestreichen und mit gehackten Mandeln bestreuen (Abb. s. S. 418).

300 g Mehl, 200 g Butter,
100 g Zucker, 1 Prise Salz,
½ abgeriebene Zitronenschale,
2 Eigelbe, Puderzucker,
Aprikosenmarmelade.

Butter-Esle

Das Mehl mit dem Zucker vermischen und mit der kleingeschnittenen Butter verbröseln. Die Eigelbe und eine Prise Salz dazugeben. Alles zu einem glatten Teig kneten und 1 Stunde kühl stellen. Aus dem Teig fingerdicke Rollen formen und diese in gleichmäßige, 10 cm lange Stücke schneiden. Die Stücke zu »S« formen, mit dem mit 1 Tl Wasser verquirlten Eigelb bestreichen und mit Hagelzucker bestreuen. Die »S« vorsichtig auf ein Backblech setzen und bei 180° goldgelb backen (15–25 Minuten).

250 g Mehl, 80 g Zucker,
125 g Butter, 3 Eigelbe,
Salz, 1 Ei, Hagelzucker.

Gewürztaler

Das Mehl mit Butter, Zucker, Honig, dem in der Milch gelösten Hirschhornsalz und Pottasche, den geschnittenen, geriebenen Mandeln, dem fein gehackten Zitronat und den Gewürzen zu einem Teig verarbeiten und diesen ½ Stunde ruhen lassen. Den Teig danach 3–4 mm stark ausrollen, auf ein gut gefettetes oder gewachstes Blech legen und 10–15 Minuten bei 130° backen. Die Gewürztaler noch warm mit Schokoladenglasur überziehen und je nach Belieben mit einer halben geschälten Mandel, einem Pignolienkern, einem Stückchen Zitronat oder ähnlichem verzieren.

300 g Mehl, 120 g Zucker,
100 g Butter, 80 g Honig,
2 g Hirschhornsalz,
½ g Pottasche, 3 El Milch,
40 g Mandeln, 15 g Zitronat,
1 Prise Salz, 1 Paket
Lebkuchengewürz.

Schokoladenglasur: Die Schokolade zusammen mit dem Kokosfett im Wasserbad schmelzen. Den Zucker mit 4 El Wasser 5 Minuten kochen lassen und nach kurzem Überkühlen nach und nach unter die geschmolzene Schokolade rühren.

150 g Schokolade, 10 g Kokosfett,
200 g Zucker.

Husarenkrapferl

210 g Mehl, 150 g Butter, 70 g Zucker, 1 Paket Vanillezucker, 2 Eigelbe, 50 g Mandeln, 1 abgeriebene Zitronenschale, 1 Eigelb, Johannisbeer- oder Aprikosenmarmelade.

Das Mehl mit der sehr kalten, kleingeschnittenen Butter verbröseln. Den Zucker, den Vanillezucker, die Eigelbe, die geschälten, geriebenen Mandeln und die abgeriebene Zitronenschale dazugeben und alles rasch zu einem glatten Teig verkneten, der 1 Stunde kühl ruhen muß. Aus dem Teig kleine Kugeln formen (etwa 1½ cm Durchmesser), auf ein ungefettetes Blech setzen und in der Mitte mit einem bemehlten Finger eine Vertiefung eindrücken. Die Krapferl mit einem verquirlten Eigelb bestreichen, in ein vorgeheiztes Backrohr stellen und 15–20 Minuten bei 150° backen. Die Vertiefung der fertigen Krapferl noch warm mit beliebiger Marmelade füllen.

Linzer Bäckerei

280 g Mehl, 200 g Butter, 100 g Zucker, 100 g Mandeln, 1 Eigelb, 1 El Zitronensaft, 1 Messerspitze Zimt, 1 Ei, Hagelzucker.

Das Mehl mit der Butter verbröseln. Den Zucker, die ungeschälten, geriebenen Mandeln (vorher trocken abwischen), das Eigelb und die Gewürze dazugeben. Alles rasch zu einem glatten Teig verarbeiten und 1 Stunde kühl ruhen lassen. Den Teig 2–3 mm stark ausrollen. Beliebige Formen ausstechen, auf ein Backblech legen, mit dem mit 1 El Wasser verquirlten Ei bestreichen und mit Hagelzucker bestreuen. Die Linzer Bäckerei in einem auf 180° erhitzten Rohr hellbraun backen (10–15 Minuten).

Mailänderli

225 g Butter, 225 g Zucker, 2 Eier, 1–2 El Zitronensaft, 1 Prise Salz, 75 g Mandeln, 350 g Mehl, ½ Tl Backpulver, 1 Ei.

Die Butter mit dem Zucker und den nacheinander eingearbeiteten Eiern schaumig rühren. Den Zitronensaft, das Salz und die Mandeln dazurühren und zuletzt das mit dem Backpulver gesiebte Mehl dazumischen. Einen glatten Teig kneten und diesen wenigstens 1 Stunde kühl ruhen lassen. Den Teig auf einem bemehlten Brett ½ cm dick ausrollen. Halbmonde (natürlich können Sie auch andere Formen nehmen) ausstechen und mit dem verquirlten Ei bestreichen. Die Mailänderli vorsichtig auf ein Backblech geben und 10–20 Minuten bei 180° goldbraun backen.

Malteser Plätzchen

125 g Butter, 100 g Zucker, 1 Paket Vanillezucker, 1 Ei, 1 Prise Salz, 80 g Haselnüsse, 250 g Mehl, Hagebuttenmarmelade, Couverture.

Die Butter mit dem Zucker und dem Vanillezucker schaumig rühren. Das Ei, das Salz und die gerösteten, geriebenen Haselnüsse dazurühren und zuletzt das gesiebte Mehl einarbeiten. Den Teig 1–2 Stunden kühl ruhen lassen und dann etwa 3 mm dick ausrollen. Aus der Teigplatte kleine runde Plätzchen (3–4 cm) ausstechen, auf ein ungefettetes Backblech legen und bei 150° hellbraun backen. Die fertigen Plätzchen abkühlen lassen und je 2 Plätzchen mit Hagebuttenmarmelade zusammensetzen. Die Couverture im Wasserbad schmelzen und die Oberfläche der Plätzchen damit überziehen (Abb. s. S. 418).

Mandelringe

75 g Butter, 100 g Zucker, 1 Paket Vanillezucker, 3 Eier, 100 g Mandeln, 50 g Stärkemehl, 200 g Mehl, 1 Tl Backpulver, 50 g gehackte Mandeln.

Die Butter mit dem Zucker, dem Vanillezucker und den einzeln eingearbeiteten Eiern schaumig rühren. Die geschälten, geriebenen Mandeln, das Stärkemehl und das mit dem Backpulver gesiebte Mehl dazugeben und gut vermischen. Die Masse in einen Spritzsack mit glatter Lochtülle füllen und auf ein gefettetes Backblech Ringe spritzen. Diese mit gehackten Mandeln bestreuen und in dem auf 200° vorgeheizten Backrohr goldgelb backen (10–20 Minuten). Genauso gut schmeckt dieses Gebäck, wenn Sie statt der Mandeln geröstete, geschälte (Schale zwischen den Händen abreiben) Haselnüsse verwenden!

Mandelstifte

Die Butter, den Zucker und das Ei schaumig rühren, die Gewürze, die geschälten, geriebenen Mandeln und zuletzt das Mehl einarbeiten. Den Teig wenigstens 1 Stunde kühl ruhen lassen, dann zu bleistiftlangen Rollen formen und diese in Stücke (4–5 cm lang) schneiden. Die so erhaltenen Stücke zunächst in dem verquirlten Ei und danach in den mit dem Zucker vermischten, geschälten und geriebenen Mandeln wälzen, auf ein gut gefettetes Blech legen und in dem auf 180° vorgeheizten Rohr 10–20 Minuten backen. – Die fertigen Stifte sollen ganz hell sein!

120 g Butter, 120 g Zucker, 1 Ei, 120 g geschälte, geriebene Mandeln, 1 abgeriebene Zitronenschale, 1 Paket Vanillezucker, 1 Prise Salz, 120 g Mehl, 2 Eier, 200 g Mandeln, 100 g Zucker.

Mürbe Plätzchen = Ausstecherle

Das Mehl mit der Butter verbröseln, den Zucker, den Vanillezucker, das Salz, die abgeriebene Zitronenschale und das Eigelb daruntermischen, gut durchkneten, ½ Stunde ruhen lassen und dann 2–3 mm dick ausrollen. Aus dem Teig beliebige Plätzchen ausstechen, mit dem mit 1 El Wasser verquirlten Eigelb bestreichen und mit geraspelten Mandeln oder geraspelten Nüssen oder Hagelzucker bestreuen. Auf ein Backblech setzen und in einem auf 180° erhitzten Rohr goldgelb backen (10–20 Minuten).
Zur Abwechslung können Sie die Plätzchen auch direkt nach dem Ausstechen backen und erst danach mit Zitronenguß bestreichen (200 g Zucker mit 2 El Zitronensaft und 2 El Wasser verrühren) und mit bunten Zuckerstreuseln bestreuen.

300 g Mehl, 200 g Butter, 100 g Zucker, 1 Paket Vanillezucker, 1 Prise Salz, 1 abgeriebene Zitronenschale, 1 Eigelb, 1 Ei, geraspelte Mandeln oder Nüsse oder Hagelzucker.

Nußtaler

Das Mehl mit der kleingeschnittenen Butter verbröseln, den Zucker, die Gewürze und die geriebenen Walnüsse dazugeben, alles möglichst rasch zu einem mürben Teig verarbeiten und ½ Stunde kühl stellen. Den Teig auf einem schwach bemehlten Brett 4–5 mm dick ausrollen, etwa 3 cm große Plätzchen daraus ausstechen und bei 180° hellbraun backen (5–15 Minuten). Die Plätzchen mit Himbeermarmelade zusammensetzen, mit Zitronenguß glasieren und mit einer halbierten Nuß belegen.

175 g Mehl, 125 g Butter, 60 g Zucker, 1 abgeriebene Zitronenschale, 1 Prise Salz, 1 Paket Vanillezucker, 50 g Walnüsse, Himbeermarmelade.

Zitronenguß: Den gesiebten Zucker mit Zitronensaft und Milch verrühren, bis eine dickflüssige Masse entsteht.

200 g Puderzucker, 2 El Zitronensaft, 2 El Milch.

Schokoladenbrezeln

Das Mehl mit dem Kakao vermischen und mit der kleingeschnittenen Butter verbröseln. Den Zucker, das Salz und das Eigelb dazugeben und alles rasch zu einem Teig verarbeiten. Den Teig kurz ruhen lassen, dann bleistiftstarke Rollen daraus formen und diese in 12 cm lange Stücke schneiden. Die einzelnen Stücke zu Brezeln formen, auf ein Backblech setzen und 10–15 Minuten bei 180° backen. Die Brezeln noch warm in Schokoladenguß tauchen und auf einem Gitter abtropfen lassen.

225 g Mehl, 15 g Kakao, 150 g Butter, 75 g Zucker, 1 Prise Salz, 1 Eigelb.

Schokoladenguß: Die Schokolade mit dem Kokosfett im Wasserbad schmelzen und glattrühren.

150 g Schokolade, 30 g Kokosfett.

Schokoladennüsse

Die Butter mit dem Zucker und der geriebenen Schokolade schaumig rühren. Die geriebenen Haselnüsse dazugeben. Mit nassen Händen nußgroße Kugeln formen, auf ein gefettetes Blech setzen und 1–2 Stunden kalt ruhen lassen. Die Nüsse in einem auf 130° erhitzten Backrohr ganz kurz backen (5–15 Minuten). Sie müssen innen noch weich sein!

150 g Butter, 175 g Zucker, 150 g Schokolade, 240 g Haselnüsse.

Schwarz-Weiß-Bäckerei

375 g Mehl, 250 g Butter,
125 g Puderzucker,
1 Paket Vanillezucker,
1 abgeriebene Zitronenschale,
1–2 El Kakao.

Das Mehl mit der Butter verbröseln. Zucker, Vanillezucker und die abgeriebene Zitronenschale dazugeben und alles rasch zu einem mürben Teig verkneten. Den fertigen Teig halbieren und die eine Hälfte so lange mit dem Kakao verkneten, bis der Teig gleichmäßig dunkel geworden ist. Beide Teighälften ½ Stunde kühl stellen und dann auf eine der folgenden Arten weiterverarbeiten:
Schachbrettmuster: Aus einem Teil des hellen Teiges eine dünne, rechteckige Platte ausrollen. Den restlichen hellen und den dunklen Teig 5–6 mm dick ausrollen und in Streifen schneiden, die schachbrettartig auf die dünne helle Teigplatte gelegt werden; die einzelnen Streifen dabei mit Wasser bepinseln und so »aneinanderkleben«. Zuletzt die dünne helle Teigplatte von allen Seiten über das »Schachbrett« schlagen. Die so erhaltene Teigstange kühl stellen.
Schneckenmuster: Aus hellem und dunklem Teig je eine etwa 3 mm dicke Teigplatte ausrollen; mit Wasser bepinseln, übereinanderlegen und einrollen.
Pfauenaugen: Aus einem der beiden Teige eine dünne, rechteckige Platte ausrollen und mit Wasser bepinseln. Aus dem anderen Teig eine etwa 1½ cm dicke Rolle formen, darauflegen und einrollen. Kühl stellen.
Die im Kühlschrank hart gewordenen Teigstangen in 3–4 mm dicke Scheiben schneiden, auf ein schwach gefettetes Backblech setzen und in dem auf 170–180° vorgeheizten Backrohr ganz hell backen (10–12 Minuten).

Schachbrettmuster

Schneckenmuster

Pfauenauge

Spekulatius

250 g Mehl, ½ Tl Backpulver,
1 Prise Salz, 1 Tl Zimt,
1 Messerspitze Nelkenpulver,
1 Messerspitze Kardamom,
½ abgeriebene Zitronenschale,
125 g Butter, 250 g Zucker,
2 Eier.

Das Mehl mit dem Backpulver und mit sämtlichen Gewürzen mischen. Die kleingeschnittene Butter, den Zucker und die Eier dazugeben. Alles möglichst rasch zu einem glatten Teig kneten und für einige Stunden, noch besser über Nacht, kühl stellen. Den Teig etwa 1 cm dick ausrollen und in die gut bemehlten Spekulatiusformen drücken. Allen überstehenden Teig so wegschneiden, daß nur mehr die Vertiefungen der Formen ausgefüllt sind. Die Spekulatius aus der Form lösen (mit der Kante der Form auf ein Brett schlagen), auf ein schwach gefettetes Backblech setzen und bei 180° hellbraun backen (15–25 Minuten).

Spitzbuben

300 g Mehl, 200 g Butter,
100 g Zucker, 2 Eigelbe,
1 abgeriebene Zitronenschale,
1 Prise Salz, Johannisbeergelee.

Das Mehl mit der kleingeschnittenen Butter verbröseln. Den Zucker, die Eigelbe, die abgeriebene Zitronenschale und das Salz dazugeben und alles möglichst rasch zu einem Mürbteig verarbeiten, der noch ½ Stunde kühl ruhen soll. Den Teig 3 mm dick ausrollen, runde oder gezackte Plätzchen in 3 verschiedenen Größen ausstechen und bei 180° hell (5–15 Minuten) backen. Je 3 Plätzchen turmartig übereinandersetzen, dabei mit der Johannisbeermarmelade festkleben. Mit Zitronenguß glasieren oder mit Puderzucker bestreuen.

Zitronenguß: Den Puderzucker mit Zitronensaft und 2 El Wasser verrühren, bis eine dickliche weiße Masse entstanden ist. Jeweils ½ Tl in die Mitte der Türme geben und nach allen Seiten abrinnen lassen.

200 g Puderzucker,
2 El Zitronensaft.

Spritzbäckerei

Die Butter mit dem Zucker und den Gewürzen schaumig rühren. Die Eigelbe einzeln einrühren. Zuletzt das Mehl einarbeiten. Die Masse in einen Spritzsack mit großer Stern-Tülle füllen und beliebige Formen auf ein mit Pergamentpapier ausgelegtes Backblech spritzen. In einem auf 180° erhitzten Backrohr hellbraun backen (10–20 Minuten).
Die fertige Bäckerei beliebig verzieren:
100 g Zucker mit 1 El Zitronensaft und 1 El Wasser 5 Minuten lang rühren. Kleingeschnittene, kandierte Früchte in diese Glasur tauchen und die fertige Spritzbäckerei damit belegen.
Die Spritzbäckerei jeweils zur Hälfte in geschmolzene Couverture tauchen.

220 g Butter, 110 g Zucker,
1 abgeriebene Zitronenschale,
1 Prise Zimt, 1 Prise Salz,
3 Eigelbe, 330 g Mehl.

Vanillekipferl

Das Mehl mit der kleingeschnittenen Butter verbröseln, die übrigen Zutaten dazugeben und alles rasch zu einem mürben Teig verarbeiten; 1 Stunde kühl stellen. Aus diesem Teig daumendicke Rollen formen, die dann in 1 cm breite Stücke geschnitten werden. Aus jedem dieser Stücke ein Hörnchen (= Kipferl) formen, auf ein ungefettetes Backblech legen und 10–20 Minuten bei 180° blaß backen. Die Hörnchen noch heiß in mit Vanillezucker gemischten Puderzucker wälzen. (Achtung, die ganz frischen Vanillehörnchen zerbrechen leicht!)

210 g Mehl, 180 g Butter,
50 g Puderzucker, 70 g Mandeln,
2 Eigelbe, 50 g Puderzucker,
3 Pakete Vanillezucker.

Vanilleröllchen

Die Eiweiße mit dem Zucker und dem Vanillezucker steifschlagen. Die abgeriebene Zitronenschale und das gesiebte Mehl dazugeben und zuletzt die zerlassene, wieder abgekühlte Butter einrühren. Die Masse mit einem Teelöffel auf ein gefettetes, bemehltes Backblech geben und die Häufchen auseinanderstreichen. In ein auf 200° erhitztes Backrohr stellen und braun backen (5–10 Minuten). Die Plätzchen rasch vom Backblech nehmen und eng über einen Kochlöffelstiel rollen.
Dieses Gebäck wird schnell hart und läßt sich dann nicht mehr rollen. Backen Sie daher nicht zu viele Stücke auf einmal!

2 Eiweiße, 120 g Zucker,
2 Pakete Vanillezucker,
½ abgeriebene Zitronenschale,
60 g Mehl, 60 g Butter.

Zimtkarten

Das Mehl mit der kleingeschnittenen Butter verbröseln, den Zucker, die Eigelbe und die Gewürze dazugeben und alles zu einem glatten Teig verarbeiten. Den Teig nach kurzem Rasten 2 mm dick ausrollen, in beliebig große Rechtecke schneiden und diese auf ein Backblech setzen. Die Karten mit dem leicht geschlagenen Eiweiß bestreichen, mit geschälten, halbierten Mandeln belegen und bei 150° hell backen (5–10 Minuten).

250 g Mehl, 150 g Butter,
100 g Zucker, 2 Eigelbe,
1 Tl Zimt, 1 Messerspitze Nelkenpulver, 1 Prise Salz,
1 abgeriebene Zitronenschale,
1–2 Eiweiße, 50 g Mandeln.

Anisbögen

Die Eier mit dem Puderzucker sehr schaumig rühren und 1 Tl feingehackten Anis und das Mehl vorsichtig unterziehen. Mit 2 Teelöffeln nußgroße Häufchen auf ein gefettetes, mit Mehl bestreutes Blech setzen, in ein auf 180° erhitztes Rohr stellen und so lange backen, bis die Ränder zu bräunen beginnen (5–10 Minuten). Die Plätzchen rasch vom Blech nehmen und noch warm über eine dünne Flasche oder einen dicken Kochlöffelstiel biegen (Abb. s. S. 418).

2 Eier, 100 g Puderzucker,
60 g Mehl, Anis.

Aachener Printen

500 g brauner Sirup,
75 g Zucker, 100 g Kandiszucker,
50 g Orangeat, 1 Tl gehackte Orangenschale, 1 Tl Zimt,
1 Tl Anis fein gemahlen,
1 Messerspitze Nelkenpulver,
1 Tl Koriander, 10 g Pottasche,
1 El Rum, 600 g Mehl,

Den Sirup mit 2–3 El Wasser, dem Zucker und dem Kandiszucker aufkochen, vom Herd nehmen und unter mehrmaligem Rühren erkalten lassen. Das feingehackte Orangeat und die Gewürze in die abgekühlte Sirupmasse rühren und zuletzt die im Rum gelöste Pottasche und 500 g Mehl dazugeben. Den Teig gut durchkneten, zu einem Laib formen und zugedeckt an einem mäßig warmen Ort wenigstens 5 Tage (mehr schadet nicht!) ruhen lassen.
Nach dieser Zeit den Teig mit dem restlichen Mehl nochmals gut durchkneten, 3–4 mm dick ausrollen und in lange, schmale Rechtecke (etwa 3 × 8 cm) schneiden. Die Printen auf ein gefettetes, bemehltes Backblech setzen, mit Milch bestreichen, in ein auf 180° erhitztes Rohr stellen und langsam backen (15–20 Minuten). Die fertigen Printen mit Honig, der zuvor mit etwas heißem Wasser verrührt wurde, bestreichen oder mit Schokoladenglasur überziehen.

150 g Puderzucker,
4 El heiße Milch,
150 g Kochschokolade,
10 g Kokosfett

Schokoladenglasur: Den Zucker mit der Milch verrühren, bis er vollkommen gelöst ist. Die mit dem Kokosfett im Wasserbad geschmolzene Schokolade langsam dazurühren.
Die echten Aachener Printen werden mit Sirup und Kandiszucker zubereitet. Natürlich können Sie statt dessen auch Honig und gewöhnlichen Zucker verwenden.

Anisplätzle

3 Eier, 180 g Zucker,
1 Paket Vanillezucker,
1 El Anis.

Die Eiweiße zunächst allein, dann mit der Hälfte des Zuckers steifschlagen. Die Eigelbe mit dem restlichen Zucker, dem Vanillezucker und dem zerstoßenen (oder fein gehackten) Anis schaumig rühren und unter die Eiweißmasse ziehen. Die Masse in einen Spritzsack mit glatter Lochtülle füllen und kirschgroße Punkte auf ein gut gefettetes Backblech setzen. Die Plätzle über Nacht trocknen lassen und am nächsten Tag bei 150° ganz hell backen (20–30 Minuten).

Basler Leckerli

500 g Honig, 250 g Zucker,
1 El Zimt, ½ Tl Nelkenpulver,
1 Messerspitze Muskatblüte,
die feingehackte Schale von 1 Zitrone, die feingehackte Schale von 1 Orange,
250 g Mandeln, 75 g Orangeat,
75 g Zitronat, 15 g Pottasche,
3 El Kirschwasser, 600 g Mehl.

Den Honig mit dem Zucker und 2 El Wasser aufkochen und unter ständigem Rühren wieder abkühlen lassen. Die Gewürze, die ungeschälten (nur mit einem Tuch sauber abwischen), gehackten Mandeln, das gehackte Orangeat, das gehackte Zitronat und die im Kirschwasser gelöste Pottasche dazugeben. Zuletzt das gesiebte Mehl einarbeiten. Den Teig sehr gut durchkneten und dann wenigstens 24 Stunden bei Zimmertemperatur ruhen lassen. Am nächsten Tag den Teig nochmals durchkneten, 3–5 mm dick ausrollen, auf ein gut gefettetes, bemehltes Backblech legen und 15–25 Minuten bei 200° backen. Die gebackene Platte mit Zitronenguß glasieren und in etwa 3 × 5 cm große Stücke schneiden.

250 g Puderzucker,
5 El Zitronensaft.

Zitronenguß: Den Puderzucker mit dem Zitronensaft verrühren, bis ein dickflüssiger Guß entsteht.

Elisenlebkuchen

5 Eier, 500 g Zucker, 1 Paket Vanillezucker, 1 El Zimt,
1 Tl Nelkenpulver, 1 Messerspitze Kardamom, 500 g Mandeln,
100 g Zitronat, 100 g Orangeat.

Die Eier mit dem Zucker und den Gewürzen sehr schaumig rühren. Das feingehackte Zitronat und Orangeat daruntermischen. Zuletzt die mit einem trockenen Tuch abgewischten, ungeschält geriebenen Mandeln einrühren. Die Masse ½–1 cm dick auf runde Oblaten streichen, in ein auf 160° erhitztes Rohr schieben und langsam backen (20–30 Minuten).
Die fertigen Lebkuchen noch warm mit Orangenguß glasieren oder mit erweichter Couverture überziehen.

200 g Puderzucker,
4 El Orangensaft.

Orangenguß: Den Puderzucker mit dem durchgeseihten Orangensaft so lange rühren, bis eine dickflüssige Masse entsteht.

Haselnußlebkuchen

Die Eier mit dem Zucker und den Gewürzen schaumig rühren. Das feingehackte Orangeat und die geriebenen Haselnüsse dazugeben. Die Masse fingerdick auf runde Oblaten streichen, 4–5 Stunden trocknen lassen und dann bei 150° hellbraun backen (20–30 Minuten). Noch heiß mit Orangenguß oder Schokoladenguß glasieren und mit farbigen Zuckerstreuseln oder halbierten Mandeln verzieren.

4 Eier, 300 g Puderzucker,
1 Prise Salz, 1 Tl Zimt,
1 Messerspitze Nelkenpulver,
75 g Orangeat, 500 g Haselnüsse.

Orangenguß: Den Puderzucker mit dem Orangensaft und 2 El Wasser rühren, bis eine dickliche Masse entstanden ist.

200 g Puderzucker,
2 El Orangensaft.

Schokoladenguß: Die Schokolade mit dem Kokosfett im Wasserbad schmelzen und glattrühren.

150 g Blockschokolade,
15 g Kokosfett.

Honigkuchen

Den Honig erhitzen und mit so viel Mehl versetzen, bis ein dickflüssiger Teig entsteht. Die Eier mit dem Zucker und den Gewürzen schaumig rühren. Das in der Milch gelöste Hirschhornsalz und die geriebenen Haselnüsse dazugeben. Zuletzt das restliche Mehl einarbeiten. Den Honigteig und den Eierteig zusammenkneten und auf einem bemehlten Brett etwa ½ cm dick ausrollen. Beliebige Figuren ausstechen, vorsichtig auf ein gut gewachstes Blech setzen, 2 Stunden ruhen lassen und dann in einem auf 180° erhitzten Backrohr (20–30 Minuten) hellbraun backen. Die fertigen Lebkuchen noch warm mit Punschglasur überziehen oder mit Spritzglasur verzieren.

250 g Honig, 500 g Mehl.
2 Eier, 150 g Zucker,
1 Tl Zimt, 1 Tl Nelkenpulver,
1 Messerspitze Muskatblüte,
5 g Hirschhornsalz,
1 El Milch, 100 g Haselnüsse.

Punschglasur: Puderzucker, Rum und Milch miteinander verrühren, bis eine dickflüssige Masse entsteht.

200 g Puderzucker,
2 El Rum, 2 El Milch.

Ingwerbrötchen

Den Zucker mit dem Ei, dem Eigelb, der abgeriebenen Zitronenschale und dem Ingwer schaumig rühren. Das gesiebte Mehl und das im Kirschwasser gelöste Hirschhornsalz dazugeben, gut durchkneten und etwa 5 mm stark ausrollen. Aus der Teigplatte runde Brötchen ausstechen, auf ein gut gefettetes Backblech setzen und einige Stunden – noch besser über Nacht – trocknen lassen. Die Plätzchen bei 130° ganz hell backen (20–30 Minuten). Je nach Belieben können Sie die fertigen Ingwerbrötchen noch zur Hälfte in im Wasserbad geschmolzene Couverture tauchen.

1 Ei, 1 Eigelb, 125 g Zucker,
1 abgeriebene Zitronenschale,
1–2 Tl gemahlener Ingwer,
1 Messerspitze Hirschhornsalz,
1 Tl Kirschwasser,
120–150 g Mehl.

Muskaziendli

Die Eier mit dem Zucker und den Gewürzen schaumig rühren. Die sauber abgewischten, mit der Schale geriebenen Mandeln und die geriebene Schokolade daruntermischen. Zuletzt das Mehl einrühren. Den Teig gut durchkneten, auf einem bemehlten Brett zu einer daumendicken Rolle formen und diese in etwa ½–1 cm große Stücke schneiden. Die Stücke auf ein gut gefettetes Backblech legen (Schnittfläche nach unten), mit einer geschälten, halbierten Mandel belegen und in einem auf 130° erhitzten Rohr backen (25–35 Minuten).

3 Eier, 180 g Zucker,
½ Tl Zimt, 1 Messerspitze
Nelkenpulver, 1 Messerspitze
Muskat, 1 Messerspitze
Muskatblüte, 180 g Mandeln,
150 g Schokolade,
150 g Mehl.

Geduldsbiskuits = Geduldszeltle

Die Eier mit dem Zucker, dem Vanillezucker und der abgeriebenen Zitronenschale schaumig rühren. Das gesiebte Mehl daruntermischen. Die Masse in einen Spritzsack mit glatter Lochtülle füllen und auf ein gut gewachstes Blech jeweils zwei kleine Punkte eng nebeneinandersetzen. Die so erhaltenen Zeltle wenigstens 4–5 Stunden – noch besser über Nacht – trocknen lassen und danach bei 130° ganz leicht backen (15–25 Minuten).

2 Eier, 100 g Zucker, 1 Paket
Vanillezucker, 1 abgeriebene
Zitronenschale, 125 g Mehl.

Nürnberger Pfefferkuchen

250 g Zucker, 4 Eier,
50 g Orangeat, 50 g Zitronat,
100 g Mandeln, 100 g Haselnüsse,
1 El Zimt, 1 Tl Nelkenpulver,
1 Tl Kardamom,
2 g Hirschhornsalz, 1 El Milch,
200 g Mehl.

Den Zucker mit den Eiern sehr schaumig rühren. Das fein geschnittene Orangeat und Zitronat, die geschälten, grobgehackten Mandeln und Haselnüsse, die Gewürze und das in Milch aufgelöste Hirschhornsalz darunterrühren. Zuletzt das Mehl daruntermischen. Den Teig zudecken und über Nacht an einem kühlen Ort ruhen lassen. Die Lebkuchen am nächsten Tag ½–1 cm dick auf runde oder rechteckige Oblaten streichen, mit geschälten, halbierten Mandeln belegen, noch einige Stunden trocknen lassen und dann in einem auf 160° erhitzten Rohr 25–35 Minuten hellbraun backen. Noch warm mit Zuckerguß glasieren und im abgeschalteten Rohr etwas trocknen lassen.

200 g Puderzucker, 2 El
Zitronensaft, 1 El heiße Milch.

Zuckerguß: Puderzucker mit Zitronensaft und Milch 5–10 Minuten kräftig rühren, bis eine dickflüssige Masse entsteht.

Orangenzungen

4 Eier, 2 Eigelbe, 300 g Zucker,
1 Paket Vanillezucker,
75 g Orangeat, 1 abgeriebene
Zitronenschale, 200 g Mehl.

Die Eier mit dem Zucker und dem Vanillezucker schaumig rühren. Das feingehackte Orangeat, die abgeriebene Zitronenschale und das gesiebte Mehl dazumischen. Die Masse in einen Spritzsack mit kleiner glatter Lochtülle füllen und auf ein gut gefettetes, bemehltes Backblech 3 cm lange, in der Mitte dünnere Zungen spritzen. Die Zungen 2–3 Stunden trocknen lassen und dann in einem auf 180° vorgeheizten Backrohr ganz hell backen (20–30 Minuten).

Pfeffernüsse

180 g Honig, 120 g Zucker,
1 Ei, 1 Paket Lebkuchengewürz,
½ Tl Pfeffer, 350 g Mehl,
5 g Hirschhornsalz, 1 El Rum.

Honig und Zucker bei geringer Hitze erwärmen, bis eine zähflüssige Masse entstanden ist. Das Ei und die Gewürze darunterrühren. Zuletzt das gesiebte Mehl und das im Rum gelöste Hirschhornsalz dazugeben. Aus dem gut durchgekneteten Teig etwa 2 cm dicke Rollen formen, die in 1 cm breite Stücke geschnitten werden. Die einzelnen Stücke zu kleinen Kugeln formen, auf ein gut gefettetes Blech setzen und bei 180° 20–30 Minuten backen. – Die fertigen Pfeffernüsse in eine Schüssel geben, unter ständigem Wenden (am besten mit einem Holzlöffel), mit Zuckerglasur übergießen und, wenn sämtliche Nüsse gleichmäßig überzogen sind, auf ein Brett zum Trocknen geben.

Pomeranzenbrötle

4 Eier, 250 g Zucker,
60 g Mandeln,
2 Tl Orangenschale,
½ abgeriebene Zitronenschale,
300 g Mehl.

Die Eier mit dem Zucker sehr schaumig rühren. Die geschälten, gehackten Mandeln, die fein gehackten Orangenschale, die abgeriebene Zitronenschale und zuletzt das gesiebte Mehl dazurühren. (Die Masse darf nicht mehr fließen, eventuell noch etwas mehr Mehl nehmen!) Von der sehr weichen Masse mit einem Teelöffel kleine Häufchen auf ein gut gefettetes, bemehltes Blech setzen, ½–1 Stunde trocknen lassen und dann bei 150° ganz hell backen (15–25 Minuten).

Schokoladenhonigkuchen

250 g Honig, 250 g Zucker,
½ Tl Zimt, 1 Prise Nelkenpulver,
1 Prise Ingwer,
150 g Blockschokolade,
50 g Orangeat, 450 g Mehl,
5 g Hirschhornsalz, 1 Tl Rum.

Den Honig mit dem Zucker auf schwachem Feuer zergehen lassen. Nach dem Abkühlen die Gewürze, die geriebene Schokolade, das fein gehackte Orangeat, das gesiebte Mehl und zuletzt das im Rum aufgelöste Hirschhornsalz dazugeben. Die Masse 1–1½ cm dick ausrollen, auf ein gut gefettetes Blech geben und bei 180° backen (25–35 Minuten). Den fertigen Honigkuchen noch heiß in beliebige Stücke schneiden und mit Punschglasur überziehen.

200 g Puderzucker, 2 El Rum.

Punschglasur: Den Puderzucker mit dem Rum und 2 El heißem Wasser zu einer dickflüssigen Masse verrühren.

Springerle = Nürnberger Marzipan

Die Eier mit dem Zucker sehr schaumig rühren (im Originalrezept heißt es »1 Stunde rühren«, mit einem Handmixer oder einem Rührgerät geht es natürlich wesentlich schneller). Die abgeriebene Zitronenschale, den fein gehackten Anis und das im Kirschwasser gelöste Hirschhornsalz dazugeben. Zuletzt das fein gesiebte Mehl einarbeiten, gut durchkneten und 2 Stunden ruhen lassen. Den Teig etwa 1 cm dick ausrollen, in bemehlte Springerle-Modeln drücken, herauslösen und in der Größe der Modeln zurechtschneiden. Die Springerle auf ein gut gefettetes Backblech geben (das Sie vorher noch mit Anis bestreuen können) und 24 Stunden bei Zimmertemperatur trocknen lassen. Das Gebäck danach in ein auf 150° erhitztes Backrohr stellen und nur mit Unterhitze 25–35 Minuten ganz hell backen.
(Können Sie die Oberhitze bei Ihrem Backrohr nicht abschalten, so bedecken Sie die Springerle mit Pergamentpapier oder schieben Sie ein Abdeckblech darüber.)

2 Eier, 250 g Zucker, 250 g Mehl, 1 abgeriebene Zitronenschale, 1 El Anis, 1 Messerspitze Hirschhornsalz, 1 El Kirschwasser.

Schokoladentrüffeln

Die Butter mit dem Zucker schaumig rühren. Die geschälten, geriebenen Mandeln, die geriebene Schokolade und die Eiweiße darunterrühren und die Masse wenigstens 1 Stunde kalt stellen. Mit nassen Händen kleine Kugeln formen (etwa 2 cm) und diese in Schokoladenstreuseln (oder in einer Mischung aus 3 El Zucker und 1 El Kakao) wälzen. Die fertigen Kugeln in Papierkapseln geben und bis zur Verwendung kühl aufbewahren.

100 g Butter, 250 g Zucker, 150 g Mandeln, 150 g Schokolade, 2 Eiweiße.

Marzipan

Die Mandeln abbrühen, schälen, nochmals kalt abwaschen, gut trocknen und zweimal durch die Mandelmühle drehen (achten Sie darauf, daß Sie nur weiße, einwandfreie Mandeln verwenden). Die Mandeln, den Zucker und das Rosenwasser in einen Topf mit glattem Boden geben und unter ständigem Rühren bei schwachem Feuer erhitzen, bis sich die Masse vom Topfboden löst und beim Kneten nicht mehr an den Fingern klebt. Diese Marzipanmasse zu einem glatten Kloß formen und nach Belieben weiterverarbeiten:

250 g Mandeln, 10 bittere Mandeln, 2 El Rosenwasser, 250 g Puderzucker.

Lübecker Marzipan: Auf einem mit Puderzucker bestreuten Brett kleine längliche Brote (4–8 cm) formen (die Sie auch noch einkerben können), auf ein mit Pergamentpapier belegtes Backblech legen und im lauwarmen Ofen kurz trocknen lassen (etwa 10 Minuten). Wenn Sie wollen, können Sie die Brote noch mit geschmolzener Couverture überziehen.

Königsberger Marzipan: Die Marzipanmasse auf einem mit Puderzucker bestreuten Brett ½ cm dick ausrollen und 5–8 cm große Scheiben oder Herzen ausstechen. Den Rand dieser Figuren mit Rosenwasser befeuchten, einen schmalen Streifen Marzipanmasse aufsetzen, mehrmals mit einem Messerrükken einkerben und mit Eigelb bepinseln. Die Figuren auf ein mit Pergamentpapier ausgelegtes Backblech legen und in einem auf 150° erhitzten Rohr trocknen, bis die Ränder leicht braun geworden sind. Das Innere der getrockneten Figuren mit Punschglasur (oder Zitronenglasur) bestreichen und mit kandierten Früchten verzieren.
Glasur: Zucker und Rum mit 2 El Wasser zu einer dicklichen Masse verrühren.

200 g Puderzucker, 2 El Rum.

Marzipankartoffeln: Aus der Marzipanmasse eine daumendicke Rolle formen und in 1–2 cm große Stücke teilen. Aus den Stücken Kugeln formen und diese mehrmals mit einer Stricknadel einstechen. Die »Kartoffeln« in Kakaopulver wälzen und an der Luft trocknen. Zuletzt mit einem Messer mehrere Kerben anbringen (»Pellkartoffeln«).

Krokant

250 g Mandeln, 175 g Zucker, 30 g Butter.

Die Mandeln schälen (vorher überbrühen) und in längliche Stifte schneiden. Den Zucker mit der Butter unter ständigem Rühren schmelzen, die Mandelsplitter dazugeben und alles hellbraun rösten. Mit 2 Teelöffeln kleine Häufchen der Krokantmasse auf ein geöltes Pergamentpapier setzen und erstarren lassen.
Wenn Sie wollen, können Sie den fertigen Krokant nach dem Erstarren noch ganz oder teilweise mit Couverture überziehen.

Windbäckerei

3 Eiweiße, 180 g Kristallzucker, 1 Paket Vanillezucker.

Die Eiweiße steifschlagen. Den Kristallzucker mit dem Vanillezucker mischen, löffelweise zu dem Eischnee geben und jedesmal weiterschlagen, bis zuletzt eine glänzende weiße Masse entsteht.
Auf ein mit Pergamentpapier belegtes Backblech mit einer großen Sterntülle beliebig Formen spritzen und in einem auf 100–120° erhitzten Rohr mehr trocknen als backen (25–35 Minuten).
Besonders lustig ist es, wenn Sie einen Teil der Eiweißmasse mit einigen Tropfen Fruchtsaft, mit 1 Tl Pulverkaffee oder mit 1 Tl Kakao färben. Wenn Sie dann noch Ringe spritzen, so haben Sie einen vor allem bei Kindern beliebten Weihnachtsschmuck.

SALZGEBÄCK

Salzgebäck erfreut sich in letzter Zeit immer größerer Beliebtheit. Es schmeckt gut zu einem Glas Wein oder einem Glas Bier und ist daher wie geschaffen für kleine Einladungen. Einige warme Gebäckstücke wie »Schinkenhörnchen« oder »Piroggen« können sogar einen kleinen Imbiß ersetzen.

Käselocken

200 g Mehl, 1 Tl Salz, 3 Eier, ⅛ l Milch, 100 g Käse, Backfett.

Das Mehl mit dem Salz, den Eigelben, der Milch und ⅛–¼ l Wasser verrühren, bis ein dickflüssiger Teig entsteht. Den Teig 1 Stunde ruhen lassen. Danach den geriebenen Käse einrühren und zuletzt die mit einer Prise Salz sehr steif geschlagenen Eiweiße einziehen. Den Teig in einen Spritzsack mit mittelgroßer glatter Lochtülle füllen und kleine Spiralen in das in einem Fettopf erhitzte Fett spritzen.
Die Käselocken goldbraun backen (3–6 Minuten), herausheben und auf Küchenkrepp abtropfen lassen.

Käsegebäck

200 g Mehl, 200 g Butter, 200 g Käse, 1 Messerspitze Salz, 1 Prise Muskat, 1 Eigelb.

Das Mehl mit der Butter verbröseln, den geriebenen Käse (Sie können jede Sorte Hartkäse verwenden), Salz und Muskat dazugeben und möglichst rasch einen mürben Teig kneten; 1 Stunde ruhen lassen. Den Teig etwa 3 mm dick ausrollen, kleine runde Scheiben oder Halbmonde ausstechen (oder daumengroße Stangen ausrollen), mit dem verquirlten Ei bestreichen und mit geriebenem Käse und Paprika, oder mit Kümmel, oder mit Mohn bestreuen. Die Plätzchen vorsichtig auf ein Backblech geben und bei 180° goldgelb backen (5–20 Minuten).

Käsegebäck, gefüllt

Aus Mehl, Butter, Käse, Salz und Muskat einen Mürbteig wie vorher beschrieben zubereiten, 1 Stunde ruhen lassen und dann 3 mm dick ausrollen. Aus der Teigplatte kleine runde Plätzchen (etwa 3 cm) ausstechen. Die Hälfte der Plätzchen mit dem mit 1 Tl Wasser verquirlten Eigelb bestreichen und mit geriebenem Käse bestreuen. Die Plätzchen auf ein Backblech setzen und 5–20 Minuten bei 180° goldgelb backen. – Inzwischen die Butter mit dem Käse verrühren und mit Salz und Pfeffer würzen. Die Käsecreme auf die unbestrichenen, erkalteten Plätzchen streichen und die mit Eigelb bestrichenen Plätzchen darüberlegen.

200 g Mehl, 200 g Butter, 200 g Käse, 1 Messerspitze Salz, 1 Prise Muskat, 1 Eigelb, 50 g Butter, 100 g geriebener Käse, Salz, Pfeffer.

Käsescheiben

Das Mehl mit dem Backpulver sieben, die Butter darüberschneiden und mit dem Mehl verbröseln. Die geschälten, geriebenen Mandeln, den geriebenen Käse, das Salz, das Ei und die saure Sahne daruntermischen und alles rasch zu einem glatten Teig verkneten; ½ Stunde kühl ruhen lassen. Aus dem Teig Rollen von etwa 3 cm formen und diese nochmals für ½–1 Stunde in den Kühlschrank stellen. Die harten Rollen in 4–5 mm dicke Scheiben schneiden und diese auf ein Backblech setzen. Jede Scheibe mit einer Salzmandel verzieren und mit einem mit 1 El Wasser verquirlten Eigelb bestreichen. Die Käsescheiben bei 200° goldbraun backen (10–20 Minuten).

Die Käsescheiben werden sehr pikant, wenn Sie die Mandeln vor dem Reiben hellbraun anrösten. Auch können Sie die Salzmandeln durch halbierte Walnußkerne ersetzen.

125 g Mehl, 1 Tl Backpulver, 100 g Butter, 100 g Mandeln, 100 g harter Käse (Gouda), ½–1 Tl Salz, 1 Ei, 1 El saure Sahne, Salzmandeln.

Käsestangen

Den Blätterteig bei Zimmertemperatur auftauen lassen. Den Emmentaler fein reiben und mit dem Salz mischen. Den aufgetauten Blätterteig auf einem Teil des gesalzenen Käses zu einem etwa 1 cm dicken Rechteck ausrollen und in etwa 8 cm lange, 1½–2 cm breite Streifen schneiden. Die Stangen mit dem mit 1 Tl Wasser verquirlten Eigelb bestreichen (dabei dürfen die Ränder nicht mitbestrichen werden, da der Blätterteig sonst nicht »aufblättern« kann), mit Mohn oder Paprika bestreuen, auf ein mit kaltem Wasser gespültes Backblech legen und in einem auf 220° vorgeheizten Rohr goldbraun backen (10–15 Minuten).

Wollen Sie die Käsestangen würziger, so verwenden Sie statt des geriebenen Emmentalers geriebenen Parmesan.

1 Paket Blätterteig, 125 g Emmentaler, 1 Tl Salz, 1 Eigelb, Paprika, Mohn.

Käsetrüffeln

Die Butter mit den Gewürzen schaumig rühren (würzen Sie die Trüffeln je nach Geschmack mehr oder weniger stark) und den geriebenen Käse daruntermischen. Die Masse ½–1 Stunde kalt stellen. Danach mit nassen Händen kleine Kugeln formen und diese sofort in dem zerriebenen Pumpernickel wälzen. Stellen Sie die fertigen Trüffeln bis zum Anrichten kühl und legen Sie sie beim Servieren auf Salatblätter.

125 g Butter, 100 g geriebener Käse (Gouda, Parmesan oder Emmentaler), Salz, Pfeffer, Paprika, Selleriesalz, 3 Scheiben Pumpernickel (zerrieben).

Käse-Kräuter-Trüffeln

Die Butter mit Salz, Pfeffer, Knoblauchsalz und den gehackten Kräutern schaumig rühren. Den geriebenen Käse dazumischen und die Trüffeln wie oben beschrieben fertig stellen.

125 g Butter, 100 g Käse, Salz, Pfeffer, Knoblauchsalz, Estragon.

Kümmelstangen

150 g Mehl, 150 g Butter, 150 g Quark, 1 Tl Salz, 1 Eigelb, Kümmel.

Mehl, Butter, Quark und Salz möglichst rasch zu einem Quarkblätterteig verarbeiten und diesen am besten über Nacht kalt ruhen lassen. Am nächsten Tag den Teig 3 mm dick ausrollen und mit einem Teigrädchen in etwa 10 cm lange, 1½ cm breite Streifen teilen; die Streifen in der Mitte mit dem Eigelb bestreichen, mit Kümmel bestreuen, auf ein nasses Backblech legen und bei 200° hellbraun backen (15–20 Minuten).

Mürbe Stangen

250 g Mehl, 1 Tl Salz, 125 g Butter, 25 g Hefe, 2–4 El saure Sahne, 1 Ei.

Das Mehl mit dem Salz mischen und mit der kleingeschnittenen Butter verbröseln. Die Hefe mit 2 El Sahne verrühren und rasch mit dem Butter-Mehl-Gemisch verkneten. Wenn nötig, noch etwas Sahne dazugeben. Einen festen, glatten Teig kneten und ½ Stunde ruhen lassen. – Den Teig 4–5 mm dick ausrollen, etwa 1 cm breite, 3 cm lange Stangen schneiden (mit dem Teigrädchen), auf ein leicht gefettetes Backblech geben und mit verquirltem Ei bestreichen. Je nach Geschmack mit grobem Salz, mit geriebenem Käse, mit gehacktem Kümmel, mit ungemahlenem Mohn oder mit Paprika bestreuen und bei 160° goldbraun backen (10–20 Minuten). Diese Stangen schmecken frisch am besten!

Piroggen

500 g Mehl, 30 g Hefe, ca. ¼ l Milch, 1 Tl Salz, 1 Ei, 2 Eigelbe, Butter oder Eigelb zum Bestreichen.

Piroggen, in ihrer russischen Heimat »Piroshki« genannt, sind kleine Pastetchen, die auf verschiedene Art gefüllt und nach dieser Füllung benannt werden: Die Hefe in der Hälfte der Milch verrühren und diesen Vorteig um das Doppelte gehen lassen. Das Mehl mit der gegangenen Hefe, dem Salz, dem Ei, den Eigelben und der nötigen Menge Milch zu einem mittelfesten Hefeteig verarbeiten; diesen kräftig schlagen, bis er seidig glatt ist und Blasen schlägt. Den Teig ½–1 Stunde zugedeckt an einem warmen Ort gehen lassen. Aus dem gegangenen Teig Kugeln in Größe eines Tischtennisballes formen und jede dieser Kugeln zu einem 3–4 mm dicken Plätzchen ausrollen. Die vorbereitete Füllung (siehe unten) mit einem Teelöffel in die Mitte der Plätzchen geben und die Teigränder übereinanderschlagen (oder nach oben zusammenschlagen) und festdrücken. Die so entstandenen Plätzchen auf ein gefettetes Backblech legen, zudecken und nochmals ½ Stunde gehen lassen. Die Piroggen danach mit verquirltem Eigelb oder zerlassener Butter bestreichen (mit Eigelb bestrichene Piroggen erhalten eine schönere Farbe, mit Butter bestrichen werden sie mürber) und in einem auf 180° vorgeheizten Rohr hellbraun backen (15–25 Minuten).
Zur Abwechslung: Piroggen können auch in reichlich Fett (Friteuse) schwimmend gebacken werden.

400 g beliebiges Fleisch (Reste), 1 mittelgroße Zwiebel, 2 El Öl, Salz, Pfeffer, 2 Eier.

Fleischpiroggen: Das Fleisch durch den Fleischwolf drehen, die Zwiebel fein hacken und im Öl andünsten. Das Fleisch dazugeben, durchrösten und mit Salz und Pfeffer würzen. Zuletzt die gehackten Eier daruntermischen.

400 g Sauerkraut, 120 g Speck, 1 mittelgroße Zwiebel, Salz, Pfeffer, 2 hartgekochte Eier, 2–3 El saure Sahne.

Krautpiroggen: Das Sauerkraut fein hacken. Den kleingewürfelten Speck auslassen, die gehackte Zwiebel und das Sauerkraut dazugeben und alles im eigenen Saft dämpfen. Das fertige Kraut mit Salz und Pfeffer pikant abschmekken, mit den gehackten Eiern vermischen und mit der sauren Sahne binden.

400 g Steinpilze, 1 kleine Zwiebel, 30 g Butter, 3–4 El saure Sahne, Salz, Pfeffer, 1 El Petersilie.

Pilzpiroggen: Die Pilze (Sie können auch Pfifferlinge oder Champignons verwenden) waschen, putzen, grob hacken, mit der gehackten Zwiebel in der Butter gar dünsten, mit der sauren Sahne verrühren und mit Salz, Pfeffer und der gehackten Petersilie (oder gehacktem Dillkraut) würzen.

Quarkpiroggen: Den Quark passieren und mit dem Eigelb und der leicht erwärmten Butter schaumig rühren. Mit Salz, Pfeffer und beliebigen Kräutern (Petersilie, Dillkraut, Estragon, Kerbel ...) würzen. Den Speck in kleine Würfel schneiden, im eigenen Fett goldbraun braten und unter die Quarkmasse mischen.

250 g Quark, 1 Eigelb, 15 g Butter, Salz, Pfeffer, 2 El Kräuter.

Schinkenpiroggen: Den Reis sauber waschen, 10–20 Minuten in 1 l Salzwasser kochen und gut abtropfen lassen. Den Schinken, die Eier und die Petersilie hacken und mit der zerlassenen Butter unter den Reis mischen.

80 g Rundkornreis, Salz, 150 g Schinken, 2 Eier, 1 El Petersilie, 40 g Butter.

Rothenburger Pastetchen

Den Blätterteig bei Zimmertemperatur auftauen, dann auf einem mit Mehl bestaubten Brett 2–3 mm stark ausrollen und in größere Dreiecke (15–20 cm) schneiden. Die Zwiebeln grob hacken und mit der gehackten Petersilie in der Butter andünsten. Das zweimal durch den Fleischwolf gedrehte Kalbfleisch dazugeben und mitrösten. Die Eier und die nötige Menge Semmelbrösel dazugeben (die Masse soll nicht zu fest sein, darf aber auch nicht fließen) und mit Salz, Pfeffer und Muskatnuß abschmecken. Die fertige Fleischmasse auf die Teigdreiecke verteilen. Jedes der Dreiecke zu einem Hörnchen einrollen und auf ein nasses Backblech legen. Die Hörnchen mit dem mit 1 El Wasser verquirlten Eigelb bestreichen und in einem auf 250° erhitzten Backrohr 10–12 Minuten goldbraun backen.
Servieren Sie die fertigen Pastetchen noch warm zu einem beliebigen Salat oder reichen Sie sie kalt zu einem Glas Wein.
Sie können die Rothenburger Pastetchen aber auch mit Bratresten (anstelle des frischen Fleisches), die durch den Fleischwolf gedreht werden, zubereiten und servieren.

1 Paket tiefgekühlter Blätterteig (300 g), 2 große Zwiebeln, 1 El Petersilie, 20 g Butter, 100 g Kalbfleisch, 100 g Schweinefleisch, 2 Eier, 4–5 El Semmelbrösel, Salz, Pfeffer, Muskat, 1 Eigelb.

Schinkenhörnchen

Das Mehl mit der Butter verbröseln. Das Salz, die mit der Sahne verrührte Hefe und die Eier dazugeben und alles rasch zu einem mittelfesten Teig verarbeiten. (Sollte der Teig zu fest sein, noch etwas Sahne dazugeben.) Den Teig nach kurzem Rasten 2–3 mm dick ausrollen und in 10–12 cm große Vierecke schneiden. In die Mitte von jedem Viereck einen Teelöffel der Schinkenfüllung geben. Die Vierecke von einem Eck her aufrollen und zu Hörnchen formen. Die gefüllten Hörnchen auf ein gefettetes Backblech legen, mit einem mit etwas Wasser verquirlten Eigelb bestreichen und bei 160° goldbraun backen (15–25 Minuten).

250 g Mehl, 150 g Butter, Salz, 15 g Hefe, 3 El Sahne, 2 Eier, 1 Eigelb.

Schinkenfüllung: Den Schinken sehr fein hacken oder durch den Fleischwolf drehen, mit der sauren Sahne vermengen und mit Pfeffer (auch etwas Meerrettich paßt gut) würzen.
Schinkenhörnchen können auch aus Blätterteig oder aus Quarkblätterteig zubereitet werden.

250 g Schinken, ⅛ l saure Sahne, Pfeffer, 1 Ei.

Salzstangen

Den Blätterteig auftauen, dann auf einem mit Salz bestreuten Brett 1 cm dick ausrollen und in 10 cm lange, schwach ½ cm breite Streifen schneiden. Die Streifen spiralenförmig zusammendrehen, auf ein mit kaltem Wasser gespültes Backblech legen und in einem auf 220° vorgeheizten Backrohr ganz hell backen (10–15 Minuten).

1 Paket Blätterteig, 2–3 Tl Salz.

GETRÄNKE

Getränke erhöhen den Genuß einer guten Mahlzeit. Sie runden sie ab und machen sie sogar manchmal zu einem Erlebnis. Aber auch für das Gelingen eines geselligen Beisammenseins spielen die Getränke oft eine wesentliche Rolle. Viele Zusammenkünfte verdanken ihnen sogar ihren Namen; man denke nur an das Kaffeekränzchen, den Fünfuhrtee, den Frühschoppen oder die Cocktailparty.
Über die Zubereitung unserer gebräuchlichsten warmen Getränke wie Kaffee und Tee brauchen wir hier wohl nichts weiter zu sagen. Jeder weiß, daß für beide Getränke frisches Wasser abgekocht werden muß; denn Wasser aus dem Boiler beeinträchtigt den Geschmack. Neben dem bewährten Filterkaffee erfreut sich der türkische Kaffee, für den man sehr fein gemahlenen Kaffee mit Zucker zum Kochen bringt, immer größerer Beliebtheit. Mehr und mehr Raum nimmt im Haushalt auch der bequeme »Instant-Coffee« ein, mit dem man in Sekundenschnelle guten Kaffee zubereiten kann; dabei ist es gleichgültig, ob man warmes oder kaltes Wasser nimmt.
Noch schneller ist Tee zubereitet; man muß ihn nur aufgießen, kurz ziehen lassen und schon ist das wohlschmeckende Getränk servierbereit. Hier hängt der gewünschte Erfolg vor allem von der Wahl der richtigen Teesorte ab.
In diesem Kapitel wollen wir uns daher auf all die Getränke beschränken, die – seien es alkoholische oder nicht alkoholische – aus mehreren Bestandteilen gemischt werden.

ALKOHOLFREIE MISCHGETRÄNKE

Große Durstlöscher sind die beliebten *Milchmischgetränke*. Man kann sie mit Trinkmilch, Joghurt oder Buttermilch zubereiten. Das Verquirlen kann von Hand geschehen; ein Mixgerät leistet natürlich gute Dienste. Achten Sie darauf, daß bei der Zubereitung von Milchmischgetränken die Milch und die übrigen Zutaten sehr kalt sind und mischen Sie sie immer so schnell wie möglich; sonst gerinnt die Milch.
Die Mischgetränke ohne Milch haben den Vorteil, weniger Kalorien zu enthalten und nicht so leicht zu sättigen. Sie sind – vor allem in der heißen Jahreszeit – stets willkommene Durstlöscher.
Die folgenden Rezepte sind jeweils für 1 Person berechnet.

Erdbeermilch

Die Früchte sauber waschen, im Mixer pürieren und nach Geschmack zuckern. Die kalte Milch dazugießen und das Getränk schaumig schlagen.
Auf die gleiche Art können **Himbeermilch, Johannisbeermilch** und **Brombeermilch** zubereitet werden, nur daß das Fruchtmus wegen der störenden Kerne passiert werden soll.

125 g Erdbeeren, 1–2 El Zucker, ¼ l Milch.

Bananenmilch

Die Bananen schälen, im Mixer pürieren und mit Zucker und Zitronensaft würzen. Die kalte Milch unter ständigem Schlagen dazugießen.
Nach dem gleichen Rezept können noch **Aprikosenmilch** oder **Pfirsichmilch** zubereitet werden: Verwenden Sie frische oder gedämpfte Früchte.

1 Banane, 1 Tl Vanillezucker, 1 Tl Zitronensaft, ¼ l Milch.

Mokkamilch

Den Kaffee mit dem Zucker (Menge nach Geschmack) verrühren und die kalte Milch unter ständigem Schlagen dazugießen.

2–3 Tl Pulverkaffee, Zucker, ¼ l Milch.

Orangenmilch

Die Orangen auspressen und mit dem Zucker und der abgeriebenen Orangenschale verrühren. Die eisgekühlte Milch dazuschlagen; sofort servieren!
Auf die gleiche Weise kann auch **Zitronenmilch** zubereitet werden.

1 Orange, 1 El Zucker, ¼ l Milch.

Himbeertrunk

Die Himbeeren gut waschen, abtropfen lassen, mit dem Zucker vermischen, 1–2 Stunden stehenlassen und dann in kleine Gläser füllen. Den Saft der Grapefruit darübergießen und 1 El zerstoßenes Eis dazugeben.

125 g Himbeeren, 1 El Zucker, ½ Grapefruit.

Orangencocktail

Die Orangen auspressen und den Saft mit dem Zitronensaft, dem Grapefruitsaft und etwas Zucker mischen. Zur Verfeinerung können noch einige sehr fein geschnittene Stückchen Grapefruitfleisch in das Getränk gegeben werden.

1–2 Orangen, 1 El Zitronensaft, 2 El Grapefruitsaft, Zucker.

Tomatencocktail

Den Tomatensaft mit Salz, Pfeffer und Zitronensaft kräftig würzen und zuletzt das halbe verquirlte Eigelb daraufgeben.

1 Glas Tomatensaft, Salz, Pfeffer, 1 Tl Zitronensaft, ½ Eigelb.

BOWLEN UND PUNSCHE

Bowlen und Punsche gehören nicht ausgesprochen zu den Durstlöschern, dafür sind sie ganz große Stimmungsmacher. Davon zeugt jede Gesellschaft, die sich an einem warmen Sommerabend um die »Bowl« (= Schüssel) mit dem köstlichen Getränk versammelt.
Eine gute Stimmung verbreitet seinerseits der wärmende Punsch an frostigen Winterabenden.

Erdbeerbowle

500–700 g Erdbeeren,
100–150 g Zucker, 2 Flaschen leichter Weißwein,
1 Flasche Sekt.

Die Früchte waschen, abtropfen lassen (größere Früchte halbieren), mit dem Zucker vermischen, in die Bowle geben und etwa 1 Stunde ziehen lassen. 1 Flasche Wein dazugießen und zugedeckt eine weitere Stunde ziehen lassen. Die zweite Flasche Wein und den Sekt gut kühlen und unmittelbar vor dem Auftragen dazugießen.
Erdbeerbowle schmeckt besonders gut mit frischen Walderdbeeren!

Maibowle = Waldmeisterbowle

1 größerer Strauß Waldmeister,
100 g Zucker, 2 Flaschen Weißwein, 1 Flasche Sekt.

Den Waldmeister verlesen, kurz waschen und gut abtrocknen. Den Zucker in das Bowlengefäß geben und mit einer Flasche Weißwein übergießen. Den zusammengebundenen Waldmeister mit den Blättern nach unten in den Wein hängen, 20–30 Minuten ziehen lassen und wieder entfernen. Die zweite Flasche Wein und den Sekt gut kühlen und kurz vor dem Auftragen dazugießen.

Kalte Ente

Die Schale von 1–2 Zitronen,
2 Flaschen Weißwein,
1 Flasche Sekt.

Die dünn und spiralenförmig abgeschnittene Zitronenschale in den kalten Wein geben und etwa 30 Minuten ziehen lassen. Unmittelbar vor dem Anrichten den eiskalten Sekt dazugeben.

Pfirsichbowle

500–750 g Pfirsiche,
50–100 g Zucker, 2 Flaschen Weißwein, 1 Flasche Sekt.

Die Pfirsiche schälen (vorher kurz überbrühen), entkernen, in kleine Würfel schneiden, mit dem Zucker mischen, mit ½ Flasche Wein übergießen und zugedeckt 1 Stunde durchziehen lassen. Den restlichen Wein daruntermischen und unmittelbar vor dem Auftragen den eisgekühlten Sekt dazugießen.

Feuerzangenbowle

2 Flaschen Rotwein,
Saft von 1 Zitrone, Saft von 1 Orange, 2–3 Gewürznelken,
1 kleiner Zuckerhut,
etwa ½ l Rum.

Den Wein mit dem Zitronensaft, dem Orangensaft und den Gewürznelken in einem Kupferkessel (oder einem anderen feuerfesten Geschirr) fast bis zum Kochen erhitzen und zu Tisch geben. Eine Feuerzange quer über den Kessel legen. Den Zuckerhut darauflegen, mit einigen Löffeln Rum übergießen und anzünden. Den restlichen Rum löffelweise dazugeben, bis der Zucker restlos geschmolzen und in den erhitzten Wein getropft ist.

Glühwein

1 Flasche Wein,
150–200 g Zucker, 1 Zimtrinde,
4–6 Gewürznelken, 1 kleines Stück Zitronenschale.

Den Wein mit etwa ⅛ l Wasser verdünnen und mit dem Zucker und allen Gewürzen bis nahe zum Siedepunkt erhitzen. In erwärmte Gläser seihen und kochend heiß servieren.
Glühwein kann aus Weiß- oder Rotwein zubereitet werden.

Grog

Den Würfelzucker in das Grogglas legen und bis zu 2/3 mit kochendem Wasser übergießen. Den Rum dazugeben und gut verrühren.
Grog wird für jede Person getrennt zubereitet.

3 Stück Würfelzucker, 1/3 Glas Rum.

Silvesterpunsch

Den Würfelzucker an der Orangen- und Zitronenschale abreiben, mit dem Zucker mischen und mit dem ausgepreßten Orangen- und Zitronensaft übergießen. Den Wein und die Gewürze dazugeben, bis nahe zum Siedepunkt erhitzen und mit dem Rum versetzen. Abseihen und sehr heiß auftragen.
Anstelle des Rums können Sie den Silvesterpunsch auch mit Arrak oder Cognac zubereiten.
Eine andere Variante: Erhitzen Sie den Rum gesondert, zünden Sie ihn an und gießen Sie den brennenden Alkohol über den durchgeseihten Punsch.

200 g Zucker, 50 g Würfelzucker, 1 Orange, 1 Zitrone, 2 Flaschen Rotwein, 1 Stück Zimtrinde, 2 Gewürznelken, 1/4 l Rum.

COCKTAILS

Cocktails trinkt man entweder vor dem Essen als Appetitanreger (Martini, Campari . . .) oder danach beim geselligen Beisammensein. Die nachfolgenden Rezepte sollen nur einige Anregungen geben; denn der Phantasie sind hier keine Grenzen gesetzt: Die Mischungen können so bunt wie ein Hahnenschwanz (Cocktail) sein.
Die »harten« Cocktails sind die *»Short drinks«*.
Einige Getränke verlängern wir mit Sekt oder Sodawasser und erhalten so die beliebten *»Long drinks«,* zu denen natürlich auch Campari gespritzt und ähnliche Aperitifs zählen.

Americano

Campari und Vermouth mit 1 Stück Eis in ein hohes Glas geben. Mit Sodawasser auffüllen, umrühren und zuletzt 1 Stück Zitronenschale hineingeben.

1 Teil Campari, 1 Teil roter Vermouth, Sodawasser.

Bloody Mary

Tomatensaft und Wodka gut schütteln und mit frisch gemahlenem Pfeffer und Salz kräftig abschmecken.

4 Teile Tomatensaft, 1 Teil Wodka, Pfeffer, Salz.

Bronx

Rum und Orangensaft mit zerstoßenem Eis kräftig schütteln und dann in Cocktailgläser seihen.

2 Teile Rum
1 Teil Orangenjuice

Champagner-Flip

Brandy und Whisky mit dem Eigelb und Eiswürfeln kräftig schütteln, in ein Glas geben und mit Champagner (oder Sekt) auffüllen. Mit etwas geriebener Muskatnuß bestreuen.

1 Teil Brandy, 1 Teil Whisky, 1 Eigelb, 2 Teile Sekt

Gin Fizz

Den Gin mit Zitronensaft, Zucker und 2 El gestoßenem Eis kräftig schütteln, in ein hohes Glas geben und mit Sodawasser auffüllen.

1 Schnapsglas Gin, 2 Tl Zucker, Saft von 1/2 Zitrone, Sodawasser.

Manhattan

3 Teile Whisky, 1 Teil roter Vermouth, 2 Spritzer Angostura.

Whisky, Vermouth und Angostura mit zerstoßenem Eis mixen, in Cocktailgläser seihen und mit je 1 Cocktailkirsche garnieren.

Martini dry

4 Teile Gin, 1 Teil trockener Vermouth, 2 Spritzer Orangenbitter.

Gin, Vermouth und Orangenbitter mit zerstoßenem Eis mixen und über je 1 Olive in Cocktailgläser seihen.

Negroni

1 Teil Gin, 1 Teil italienischer Vermouth, 1 Teil Campari.

Gin, Vermouth und Campari mit einigen Eiswürfeln mixen und in hohe Gläser füllen. Je 1 Orangen- und Zitronenscheibe dazugeben.

Screwdriver

1 Gläschen Wodka, Orangensaft.

2 Eiswürfel in ein hohes Glas geben, mit dem Wodka übergießen und mit Orangensaft auffüllen.

Sekt-Cocktail

1 Stück Würfelzucker, Zitronenschale, 1 Spritzer Angostura, Sekt.

Den Würfelzucker an der Zitronenschale abreiben, in ein Sektglas legen und mit Angostura tränken. Mit eiskaltem Sekt auffüllen und 1 Stück Zitronenschale hineingeben.

Sekt-Orange

2 Teile Sekt, 1 Teil Orangensaft.

Den eisgekühlten Sekt mit dem Orangensaft vermischen und in Sektgläsern servieren.

Side car

1 Teil Cognac, 1 Teil Zitronensaft, 1 Teil Cointreau.

Cognac, Zitronensaft und Cointreau mit zerstoßenem Eis mischen und in Cocktailgläser seihen.

Tom Collins

4 Teile Gin, 1 Teil Zitronensaft, 2 Tl Zucker.

Gin, Zitronensaft und Zucker in einem hohen Glas verrühren, 2 Eiswürfel dazugeben und mit Sodawasser auffüllen.

White Lady

2 Teile Gin, 1 Teil Zitronensaft, 1 Teil Cointreau.

Gin, Zitronensaft und Cointreau mit zerstoßenem Eis mischen und in Cocktailgläser seihen.

Wodka Martini

4 Teile Wodka, 1 Teil trockener Vermouth.

Wodka und Vermouth mit zerstoßenem Eis mixen, in Cocktailgläser seihen und mit einer Zitronenscheibe servieren.

RICHTIGE ERNÄHRUNG

Gut kochen heißt nicht nur Gerichte schmackhaft zubereiten, sondern auch die Grundlagen einer gesunden Ernährung beachten. Vor allem der in der beruflichen Anspannung stehende Mensch bedarf einer Kost, die ihn leistungsfähig und gesund erhält. Alle Rezepte dieses Kochbuches sind so ausgesucht, daß sie den Erfordernissen einer modernen Ernährung entsprechen. Rezepte, die sich zwar einer alten Tradition rühmen können, aber diesen Anforderungen nicht standhalten, sind nur dann aufgenommen worden, wenn sie sich entsprechend abändern ließen. Nur ausnahmsweise wird die Verwendung von Schweineschmalz empfohlen, ansonsten den leichter verdaulichen Ölen der Vorzug gegeben.
Die in diesem Kochbuch ausgewählten Rezepte sind also alle auf die richtige Ernährung für den gesunden Menschen abgestimmt.
Der Kranke und der Rekonvaleszent aber können sich nicht so ernähren wie der Gesunde. Denn was für diesen gut und bekömmlich ist, kann für den Kranken geradezu gefährlich sein. Es ist oft entscheidend für den Verlauf einer Krankheit oder für eine schnelle Genesung, daß man die Diät, die der Arzt vorgeschrieben hat, genau einhält. Das gilt vor allem bei akuten Erkrankungen von Magen, Leber, Nieren und Herz. Man hüte sich, Empfehlungen von Laien zu befolgen, die in einzelnen Fällen mehr Schaden anrichten als nützen. Hinweise wie in diesem Kochbuch können und wollen die ärztliche Diätvorschrift nicht ersetzen. Sie sollen vielmehr Anregungen zu einer schonenden Kost geben, die den Körper

unterstützt, leichte Erkrankungen wie Erkältungskrankheiten, leichte Nervosität, Grippen oder leichte Magenverstimmungen besser zu überwinden hilft.

Bei allen diesen Erkrankungen soll darauf geachtet werden, daß der Verdauungsapparat wenig belastet wird und ihm keine Speisen zugemutet werden, die entweder schon als Nahrungsmittel schwerverdaulich sind oder durch falsche Zubereitung schwerverdaulich werden.

Im folgenden werden die wichtigsten Grundnahrungsmittel genannt, die als Schonkost besonders geeignet sind; es werden aber auch die aufgeführt, die dafür ungeeignet sind. Mit Hilfe dieser Liste werden Sie einen Speiseplan auch für »leichte« oder »leichtverdauliche« Kost abwechslungsreich gestalten können.

geeignet	*ungeeignet*
GEMÜSE	
Spargel, Tomaten, zarte Salatblätter, Blumenkohl, Schwarzwurzel, Spinat, Mohrrüben, Kartoffeln	Hülsenfrüchte, sämtliche Kohlarten, Paprikaschoten, Pilze, Zwiebeln
FLEISCH	
Hühnerfleisch, mageres Kalb- und Rinderfleisch, Leber, Lunge, Herz	Rauchfleisch, gepökeltes Fleisch, fettes Fleisch, scharfe Würste . . .
MILCHPRODUKTE	
magere Milch, Buttermilch, Quark, Joghurt, magerer Käse	fette und scharfe Käse
EIER	
Omeletten (fettarm), weichgekochte Eier	hartgekochte Eier, Spiegeleier
FISCHE	
alle mageren See- und Flußfische, gekocht	Fischkonserven, geräucherte Fische und Salzheringe
FETTE	
hochwertige Pflanzenöle, Butter	Schmalz, Speck
SUPPEN	
Hühnersuppen, Schleim-Suppen, Kalbfleischbrühe	fette oder stark gewürzte Fleischbrühen, Suppen aus Hülsenfrüchten
OBST	
Bananen, Grapefruit, Orangen	rohes Steinobst, kandierte Früchte, getrocknete Früchte, Mandeln, Nüsse etc.
BROT	
Zwieback, Knäckebrot	frisches Brot
GETRÄNKE	
leichte Kräutertees, leichter schwarzer Tee, heller Milchkaffee	Kaffee, Alkohol, alle eisgekühlten Getränke

Nicht nur für die Kranken und Rekonvaleszenten, sondern auch für die Gesunden empfiehlt es sich bei der Auswahl und der Zubereitung des Essens, einige Regeln einzuhalten. Eine einseitige, zu kräftige oder minderwertige Nahrung kann Leistungsfähigkeit und Wohlbefinden stark beeinträchtigen. Dabei ist ein Zuviel meist schädlicher als ein Zuwenig.

So hat uns nicht zuletzt die rasche Zunahme der Herz- und Kreislaufkrankheiten auf die Folgen einer zu fettreichen Nahrung aufmerksam gemacht. Wir sind »fettbewußt« geworden, und wir haben gelernt, daß die ungesättigten Fettsäuren gesünder sind als gesättigte.

Nach Meinung vieler Ernährungsfachleute ist es nicht so wichtig, *welches* Fett wir zu uns nehmen, vorausgesetzt, daß wir *weniger* davon essen und den Körper nicht belasten.

Der beste Maßstab dafür, wieviel man essen und trinken soll, ist der Kalorienbedarf. Die Kalorien sind der Ausdruck für die Menge des »Brennstoffs«, den unser Körper zur Aufrechterhaltung seiner Lebensfunktionen braucht. Führen wir ihm nun mehr Brennstoffe zu, als er verbrauchen kann, dann lagert er das Überschüssige ab, und wir »setzen an«.

Um den Körper nicht überflüssig zu belasten und ihn fit zu erhalten, müssen wir also danach trachten, ein richtiges Verhältnis zwischen dem Genuß des Essens und maßvoller Ernährung zu finden.

Ein normal arbeitender Mensch benötigt im Tag etwa 2 000–2 500 Kalorien, ein Schwerarbeiter das Doppelte, nämlich bis zu 4 000 Kalorien. Je schwerer man körperlich arbeitet und je intensiver man Sport betreibt, desto mehr Kalorien braucht man natürlich.

Dienen die Kalorien, die man aus den Nahrungsmitteln gewinnt, der körperlichen Leistung, so wird ein weiterer Teil der Nahrungsmittel zur Auf- und Abbauleistung des menschlichen Körpers genutzt. Also hängt die Wertigkeit der Lebensmittel neben dem Kaloriengehalt auch davon ab, wie weit die für den stetigen körperlichen Aufbau nutzbaren und notwendigen Bausteine in den Kohlenhydraten, Fetten und Eiweißen enthalten sind und wieviel Vitamine und Mineralien dem Körper zugeführt werden.

Nach wie vor besteht aber für denjenigen, der schlank bleiben oder abnehmen will, die einfachste Methode darin, die Kalorienzufuhr genau zu kontrollieren. Man muß dazu nur den Kaloriengehalt der Nahrungsmittel kennen, die man täglich zu sich nimmt. Nach einiger Übung wird man dann leicht feststellen können, ob man seinen Kalorienbedarf deckt oder ihn bedenklich überschreitet. Man wird auch bald herausgefunden haben, bei welcher Kalorienzahl man sein Gewicht hält und wieviel Kalorien man weniger zu sich nehmen muß, um nach Wunsch abzunehmen.

Am Ende des Buches finden Sie eine Tabelle, die Ihnen bei dieser Überwachung Ihres Speiseplanes helfen soll. Sie gibt Ihnen über den Kaloriengehalt der wichtigsten Nahrungsmittel und auch über den Anteil an Kohlenhydraten und an Fetten Auskunft. Die Tabelle umfaßt all das, was man wissen muß, wenn man bemüht ist, sein Gewicht zu halten und weder zu viel Fett noch zu viel Kalorien zu sich nehmen will.

WIR DECKEN DEN TISCH

Und nun setzen wir uns zu Tisch und lassen es uns schmecken! Eines sollten wir dabei bedenken: Man ißt nicht nur mit dem Mund, sondern vor allem mit den Augen. Daher gilt unser Augenmerk nicht nur den Zutaten und der Kochzeit, sondern auch dem freundlichen und angenehmen Aussehen der Speisen. Der Erfolg einer ganzen Mahlzeit hängt oft davon ab, ob wir die Gerichte hübsch präsentieren, so daß sie noch vor dem ersten Bissen eine Augenweide darstellen. »Zuerst ißt man mit den Augen« gilt nicht nur für schön angerichtete Salate oder künstlerisch geschmückte Torten, sondern auch für jeden noch so einfachen Braten, für das einfache Schnitzel oder eine kleine Eierspeise. Eine Platte, auf der verschiedene Gemüse sorgfältig um einen Braten herum angeordnet sind, weckt erst die rechten Erwartungen. Denn wem beim Anblick eines so schön garnierten Bratens bereits das Wasser im Mund zusammenläuft, der wird beim Essen auch den Geschmack herrlich finden.

Verschiedene Anregungen zum appetitlichen Herrichten der Speisen geben Ihnen die Garnierungsvorschläge aus dem Kapitel *Vorspeisen*. Auch bei vielen Rezepten finden Sie Hinweise, wie Sie das Gericht hübsch präsentieren können. Versuchen Sie es einmal; Sie werden sehen, wieviel Freude es Ihnen machen wird, die von Ihnen zubereiteten Speisen dekorativ anzurichten. Ein Sträußchen Petersilie, eine Zitronenscheibe, geachtelte Tomaten oder Eier tun hier gute Dienste. Meist sind es ein paar Kleinigkeiten, mit denen Sie eine große Wirkung erzielen.

Und jetzt decken wir den Tisch – für uns und unsere Gäste

Eine wichtige Rolle bei der gelungenen Gestaltung einer Mahlzeit spielt auch, wie der Tisch gedeckt ist. Ein hübsches Porzellan und ein sauberes Tischtuch sollten eine Selbstverständlichkeit sein. Dabei sollte beides in Farbe und Muster sorgfältig aufeinander abgestimmt sein. Zu einem Porzellan mit Blumenmuster wird man keine karierte, sondern eine einfarbige Decke wählen und nicht zuletzt auch auf den passenden Farbton der Servietten achten. Immer größerer Beliebtheit erfreuen sich neben der Tischdecke auch die Sets. Bei rustikalem Geschirr und schöner Tischdecke nehmen sie sich oft sehr gut aus. Sie werden in Stoff, Stroh und Plastik in vielen Formen und Farben im Handel angeboten. Bei besonders festlichen Gelegenheiten wird man freilich dem bewährten Tischtuch den Vorzug geben.
Darüber hinaus kann eine mit Bedacht gewählte Tischdekoration eine Mahlzeit zum festlichen Ereignis machen. Ein frischer Blumenstrauß tut stets seine Wirkung. Freilich sollte er nicht so hoch sein, daß sich die Tischrunde nur »durch die Blume« sehen kann. Besonders hübsch bei festlichen Gelegenheiten machen sich dekorative, auf dem Tischtuch verteilte Blüten. (Ein solcher Schmuck paßt freilich nicht zum rustikalen Gedeck.)
Eine weitere Tischdekoration, die jeder Tafel einen festlichen Glanz verleiht, sind die Kerzen. Besonders hübsch wirkt ein gedeckter Tisch, wenn der Farbton der Sets oder der Servietten bei den Kerzen wiederkehrt.
Auch die Servietten können recht dekorativ wirken, etwa übers Eck zusammengerollt und in das Weinglas gesetzt, so daß beide Enden oben herausragen, oder zu einer Tasche gefaltet, aus der eine Semmel hervorschaut.
Für eine Mahlzeit mit mehreren Gängen wird am besten ein »Platzteller« verwendet, der nicht ausgewechselt wird und auf den man jeweils die einzelnen Teller gibt. Die Bestecke werden so gelegt, daß sich außen Gabel und Messer für die Vorspeise beziehungsweise der Löffel für die Suppe befindet und dann in der Reihenfolge nach innen das Besteck für die folgenden Gänge angeordnet ist. Links die Gabeln mit den Zinken nach oben, rechts die Messer mit der Schneide nach innen und der Suppenlöffel. Am oberen Tellerrand legen wir das kleine Besteck für den Käse und eventuell noch (oder) Löffel oder Gabel für Kuchen oder Obst. Ein kleiner Salatteller findet links oben Platz, rechts ordnen wir die Gläser an. Werden verschiedene Getränke gereicht, so kommt links zuerst das Wasserglas, dann das Rotweinglas, weiter rechts das Weißweinglas und ganz rechts die Gläser für eventuelle Aperitifs.
Gereicht wird das Essen den Gästen von links, die Gläser werden von rechts eingeschenkt und rechts wird auch das leere Geschirr weggenommen.

Wir stellen ein Menü zusammen

Auch zu festlichen Anlässen genügt heute eine relativ einfache Speisenfolge. Die 7 bis 10 Gänge, die man früher reichte, lassen sich heute ohnehin nur mehr im Restaurant organisieren. Dafür würde uns heute nicht nur die Zeit, sondern auch das Personal und – der Magen fehlen.
Das private Menü soll also nicht durch seine Länge, sondern durch die Stimmung und die ganz persönliche Note zum besonderen Anlaß werden. Die Speisenabfolge muß man selbst bestimmen. Einige Hinweise sollen Ihnen dabei helfen.
Ausgegangen wird immer von der »klassischen« Mahlzeit aus Suppe/Vorspeise – Hauptspeise mit Beilagen – Nachspeise. Will man nun »größer« speisen, so gibt man vor oder nach der Suppe zusätzliche Vorspeisen, eventuell eine zweite Hauptspeise und diverse Nachspeisen. Regel für die Vorspeisen: Kalte Vor-

speisen gibt man vor der Suppe, warme nachher. Bei zwei Hauptspeisen reicht man die leichtere vor der schwereren. Man kann also nach folgendem Schema eine Mahlzeit ausbauen:

einfach	*groß*	*sehr groß*
Suppe	kalte Vorspeise oder Suppe	kalte Vorspeise und Suppe
Hauptspeise	warme Vorspeise	warme Vorspeise
Nachspeise	Hauptspeise	leichte Hauptspeise (Fisch oder Huhn)
Kaffee	Käse	schwere Hauptspeise (Fleisch, Wild)
	Früchte	Käse
	Kaffee	Früchte, Kompott
		Süßigkeiten, Mehlspeisen
		Kaffee

Büfett

Wer keine große formelle Speisenfolge servieren will, hat die Möglichkeit, auch die verwöhntesten Gäste zu einem kalten Büfett zu bitten. Auf einem dazu geeigneten, je nach Geschmack dekorierten Tisch werden warme und kalte Platten, Salate, Saucen und einige Sorten Gebäck angeordnet. Dazu Geschirr, reichlich Besteck und Servietten aus Stoff oder Papier. An einem Nebentisch stellen wir reichlich Getränke auf, von denen sich die Gäste die geeigneten aussuchen und sich selbst bedienen. Jeder Gast bedient sich nun selbst und nimmt mit seinem Teller formlos irgendwo Platz. Das Büfett, ob kalt oder warm, verursacht natürlich dem Gastgeber bedeutend weniger Arbeit als ein »gesetztes« Essen.

Getränke

Außerordentlich wichtig sowohl für die Stimmung als auch für Bekömmlichkeit ist die richtige Wahl der Getränke. Davon kann das Gelingen eines Imbisses und noch viel mehr einer festlichen Mahlzeit abhängen. Wenn man hier ganz unsicher ist, lasse man sich am besten von einem Fachmann beraten. Jeder Weinhändler kann einem Tips geben für den geeigneten Wein zu der jeweiligen Speise.

Allerdings wird man auch nicht fehlgehen, wenn man folgende Regeln beachtet:

1. Zu weißem Fleisch (Kalbfleisch, Geflügel, Fisch, Vorspeisen und eventuell auch Schweinefleisch) immer Weißwein. Je leichter die Speise, desto leichter und spritziger soll der Wein sein. Zu sehr gewürzten Speisen nehmen wir auch einen gehaltvolleren Wein.

2. Rotwein servieren wir zu gegrilltem Rindfleisch, zu anderen roten Fleischarten wie Wild, dann zu würzigem Käse. Je leichter und heller das Fleisch, um so heller und leichter kann auch der Rotwein oder Rosé sein.
3. Bier schmeckt vor allem gut zu Schweinebraten, kaltem Fleisch, gebakkenem Fisch und noch zu vielen guten Dingen – wenn man einen richtigen Durst hat, der durch Wein nicht zu löschen wäre.
4. Weißwein soll gut gekühlt, wenn möglich mit einer Temperatur von 8–12° serviert werden. Sekt kann auch etwas kühler sein, aber nicht unter 6°. Auch Rosé und helle Rotweine können »frisch« (zwischen 10 und 14°) serviert werden. Die anderen Rotweine sollten Zimmertemperatur (18–20°) haben, damit sie ihr Bouquet voll entwickeln können.
5. Vor dem Essen können uns die Aperitifs helfen, die Stimmung und den Appetit unserer Gäste zu heben. Im Sommer, wenn es auch den Durst zu löschen gilt, servieren wir dabei vor allem sogenannte »Long drinks«, d. h. mit Mineral- oder Sodawasser aufgespritzte Aperitifs. Dazu serviert man vor allem Campari, Vermouth und etwa Dubonnet. Alle diese appetitanregenden Drinks können wir natürlich auch »trocken«, also pur servieren. Liebhabern von harten Schnäpsen bieten wir Cognac, Whisky (beide pur oder »long«), aber auch Gin, Korn oder Aquavit. Auch einige Cocktails (siehe Kapitel *Getränke*) eignen sich als Aperitifs.
6. Nach dem Essen, ganz besonders dann, wenn man ihm vielleicht etwas zuviel zugesprochen hat, schätzen viele einen harten Schnaps, um dem schweren Magen etwas Hilfe zukommen zu lassen. Von den Franzosen haben wir vielerorts die Sitte übernommen, mit dem Mokka ein Gläschen Cognac, Calvados oder aber einen süßen Likör zu trinken. Zum geselligen Beisammensein nach dem Essen bieten wir den Gästen meist den Wein an, der ihnen bei Tisch am besten geschmeckt hat. Besonders geeignet ist ein Weißwein, da der Rotwein eher etwas schläfrig macht und so meist nicht dazu beiträgt, eine gesellige Runde zu beleben.

WAS HEISST »À LA ...«?

Wenn einem erfinderischen Koch ein spezielles Gericht besonders gut gelang, gab er ihm einen Namen, sei es seinen eigenen, den eines berühmten Gastes oder eine Phantasiebezeichnung. Im Laufe der Zeit wurden diese Gerichte zu einem festen Begriff und viele sind heute auf jeder besseren Menükarte zu finden.
Die folgende Aufstellung dient nicht zuletzt dazu, daß wir uns auf der Menükarte besser zurechtfinden. Natürlich kann man auch seinen Gästen Gerichte mit berühmten Namen zubereiten. Um Ihnen die Wahl in der Küche und im Restaurant zu erleichtern, haben wir im folgenden die häufigsten Bezeichnungen »à la ...« (vollständig: »à la manière de ...«, »nach Art des ...«) zusammengestellt.

Man nennt:

à l'Alsacienne	(auf Elsässer Art) Fleisch- oder Geflügelgerichte, die auf Sauerkraut angerichtet und oft mit gebratenen Schinkenscheiben belegt werden.
à la Béarnaise	Fleisch- oder Geflügelstücke, die mit Tomatenscheiben und Spargelspitzen garniert und mit einer *Sauce Béarnaise* serviert werden.
à la Bolognaise	Gerichte, die mit einer mit viel Hackfleisch vermischten, pikant abgeschmeckten Tomatensauce übergossen werden.
à la bonne Femme	(nach Hausmütterchen-Art) Fleischgerichte, die in einem mit Champignons und Kräutern versehenen Weißweinsud geschmort werden.

à la Bordelaise	Fleischstücke, die kurz gebraten, mit Scheiben von Rindermark belegt und mit einer Rotweinsauce übergossen werden.
à la Bourguignonne	Fisch-, Geflügel- oder Fleischgerichte, die in einer mit Champignons, Speckwürfelchen und glasierten Zwiebeln angereicherten Rotweinsauce geschmort werden.
à la Bretonne	Fleischspeisen, zu denen als Beilage weiße Bohnen gereicht werden; die Hälfte davon wird mit einer braunen, mit Wein, Tomatenmark und Schalotten abgeschmeckten Sauce gebunden.
à la Carbonara	Speisen, die mit angebratenen Speck- und (oder) Schinkenwürfeln vermischt werden.
à la Céléstine	Gerichte, die mit in dünne Streifen geschnittenen Pfannkuchen (mit viel gehackter Petersilie zubereitet) belegt werden.
à la Chantilly	Saucen, die mit steifgeschlagener Sahne vermischt werden – oder Geflügel-, Fleisch- oder Fischgerichte, zu denen man solche Saucen reicht.
à la Chasseur	(nach Jäger-Art) Speisen, die mit viel Pilzen (meist Pfifferlinge oder Herrenpilze) zubereitet werden. Oft ist die dazugehörige Sauce noch mit Wein und Tomatenmark abgeschmeckt und das fertige Gericht mit Zwiebelscheiben belegt.
à la Cumberland	Gerichte, die mit *Cumberlandsauce* serviert werden.
à la Dubarry	Speisen mit Blumenkohl als Beilage; er wird mit einer mit Sahne zubereiteten *Béchamelsauce* überzogen und gratiniert.
à la Duchesse	(auf Herzogin-Art) Fleisch- und Geflügelgerichte, die mit *Madeirasauce* und *Herzoginkartoffeln* aufgetragen werden.
à la Fiorentina	Fleisch-, Geflügel- oder Eiergerichte, die auf oder mit gedünstetem Blattspinat serviert werden.
à la St. Germain	Fleischgerichte – meist Kalbfleisch –, die mit kleinen gedünsteten Karotten garniert, mit *Sauce Béarnaise* überzogen und mit Erbsbrei aufgetragen werden.
à la Hongroise	(auf ungarische Art) Speisen, die kräftig mit Paprika gewürzt werden.
à l'Indienne	Speisen, die in einer Currysauce zubereitet oder mit dieser gereicht werden.
à la Jardinière	(auf Gärtnerinnen-Art) Fleisch- oder Geflügelgerichte, die mit möglichst viel verschiedenen, in Butter gedämpften Gemüsen garniert werden.
à la Julienne	Gerichte, die fein geschnittenes Gemüse in irgendeiner Form – in der Hauptsache Wurzelgemüse – enthalten.
à la Lyonnaise	Speisen mit einer großen Menge Zwiebeln – meist in Butter gebraten.
à la Maître d'Hotel	Gerichte, die meist mit *Kräuterbutter* garniert werden oder aber eine Spezialität des jeweiligen Koches sind.
à la Maréchal	Huhngerichte, die mit Spargelspitzen und fein geschnittenen Trüffeln angereichert werden.

à la Marengo	Huhn- oder Kalbfleischgerichte, die in einer hauptsächlich aus Weißwein, Tomaten und Champignons bestehenden Sauce zubereitet werden.
à la Meunière	(nach Müllerin-Art) in Butter gebratene Fische, die im letzten Moment mit reichlich frischen gehackten, rasch in Butter angedünsteten Kräutern übergossen werden.
à la Milanaise	Kalbfleisch, das mit einer Schinkenscheibe paniert und mit Spaghetti und Tomatensauce angerichtet wird.
à la Mirabeau	Speisen, die mit gewässerten Sardellenstreifen – oft auch zusätzlich mit in Scheiben geschnittenen Oliven – belegt und mit Sardellenbutter übergossen werden.
à la Mornay	Gerichte, die mit einer *Sauce Mornay* überzogen und kurz gratiniert werden.
à la Napolitaine	Fleischgerichte mit Spaghetti als Beilage, mit einer Tomatensauce vermischt und mit Käse bestreut.
à l'Opéra	Steaks, die mit in Madeira geschmorter Hühnerleber und Spargel serviert werden.
à la Parmentier	Gerichte, in denen Kartoffeln – gleichgültig, in welcher Form – verwendet werden.
à la Périgord	Speisen, bei denen in Scheiben geschnittene oder gehackte Trüffeln als Garnitur oder als Füllung Verwendung finden.
à la Princesse	Kalbfleisch- oder Geflügelgerichte, die mit Spargelspitzen und Trüffeln garniert und mit einer *Champignonsauce* serviert werden.
à la Provençale	Gerichte, die in Knoblauchöl gedünstete Champignons und Tomaten als Beilage erhalten,
à la Reine	Kurz gebratene Fleischstücke, die mit Hühnerhaschee bestrichen, mit Sahnesauce begossen und mit Spargelspitzen garniert werden.
à la Richelieu	Fleischspeisen, zu denen mit Champignoncreme gefüllte Tomaten und Schloßkartoffeln serviert werden.
à la Rossini	Fleischstücke, die meist kurz gebraten sind und mit einer Gänseleberscheibe und einer Trüffelscheibe belegt werden.
à la Russe	Fleischgerichte mit in Butter gedünsteten und mit saurer Sahne gebundenen Steinpilzen als Beilage. Meist werden noch Salzgurken dazu gereicht.
à la Strasbourgoise	Speisen, die mit gebratener Gänseleber (meist auch noch mit gebratenem Schinken) belegt und mit Sauerkraut serviert werden.
à la Tyrolienne	Fleischgerichte, die mit gebackenen Zwiebeln und gebratenen Tomaten garniert und mit einer *Tiroler Sauce* aufgetragen werden.
à la Wellington	Fleischgerichte (meist Filetbraten), die in einer schützenden Hülle von Blätterteig gebacken werden.

REGISTER

Bei den einzelnen Rezepten werden häufig dazu passende Gerichte erwähnt. Sie sind *kursiv* gesetzt und unter dem betreffenden Stichwort zu finden.

TABELLE DER KALORIEN, KOHLENHYDRATE UND FETTE

In 100 g eßbarem Anteil sind enthalten

		Kalorien	Kohlen-hydrate (in g)	Fette (in g)
Milch/ Käse	Vollmilch	61	4,9	3,0
	Magermilch	35	4,8	0,1
	Sahne	302	2,9	30,4
	Buttermilch	36	4,0	0,5
	Joghurt	74	4,5	3,8
	Speisequark	125–180	~4,5	~8,0
	Hartkäse/ Emmentaler	417	3,4	30,5
	Tilsiter	297	3,1	17,2
	Camembert	225–400	~2,0	~23,0
	Schmelzkäse	200–350	~7,0	~16,0
Fette	Butter	755	0,7	81,0
	Erdnußöl	925	0,2	99,4
	Maisöl	930	–	100,0
	Margarine	733	0,4	78,4
	Olivenöl	927	0,2	99,6
	Sonnenblumenöl	928	–	99,8
	Schweineschmalz	947	–	99,7
Eier	Hühnerei	167	0,7	11,2
	Hühnereigelb	377	0,3	31,9
	Hühnereiweiß	54	0,7	0,2
Fisch	Hering	255	–	18,8
	Thunfisch	242	–	15,5
	Aal, geräuchert	337	0,8	26,4
	Salzhering	233	–	15,4
	Matjeshering	285	–	22,6
	Makrele, geräuchert	238	–	15,5
	Thunfisch in Öl	304	–	20,9
	Aal	299	–	25,6
	Forelle	104	–	2,1
	Hecht	89	–	0,1
	Karpfen	151	–	7,1
Fleisch	Rindfleisch } mittelfett	283	–	21,7
	Schweinefleisch } mittelfett	480	–	45,0
	Kalbfleisch } mittelfett	177	–	9,5
Innereien	Leber	143	~3,0	~4,0
	Niere	125–140	–	~5,0
	Kalbshirn	128	5,9	8,6
	Kalbszunge	134	–	6,2
	Rindszunge	223	0,4	15,9
Geflügel	Ente	243	–	17,2
	Gans	364	–	31,0
	Brathuhn	144	–	5,6
	Truthahn	223	0,4	20,2

		Kalorien	Kohlen-hydrate (in g)	Fette (in g)
Wild	Hase	124	–	3,0
	Reh	106	–	1,3
Gemüse/ Salat	Blaukraut	27	4,8	0,2
	Blumenkohl	28	3,9	0,3
	Bohnen, grün	33	5,0	0,3
	Endivie	17	2,1	0,2
	Erbsen, grün	93	13,9	0,5
	Gurke	10	1,3	0,2
	Kopfsalat	15	1,7	0,3
	Lauch	38	6,3	0,3
	Mohrrübe	35	7,3	0,2
	Rote Rüben	37	7,6	0,1
	Sauerkraut	26	4,0	0,3
	Sellerieknolle	38	7,4	0,3
	Spargel	20	2,9	0,1
	Spinat	23	2,4	0,4
	Tomate	19	3,3	0,2
	Weißkohl	25	4,2	0,2
	Zucchini	28	5,5	0,1
	Zwiebel	45	9,6	0,3
Pilze	Champignons	25	2,9	0,2
Obst/ Früchte	Apfel	52	12,0	0,3
	Apfelsine	54	9,1	0,3
	Aprikosen	54	12,4	0,1
	Banane	90	21,0	0,2
	Birne	59	13,3	0,4
	Erdbeeren	40	8,0	0,4
	Grapefruit	32	9,8	0,2
	Johannisbeeren, rot	37	7,9	0,2
	Kirschen	62	13,5	0,5
	Pfirsiche	46	10,5	0,1
	Pflaumen	53	12,3	0,1
	Weintrauben	74	16,5	0,5
Beilagen	Teigwaren	360	75,9	1,0
	Reis	370	78,7	0,6
	Kartoffel	85	18,9	0,15
Getreide-produkte	Haferflocken	402	66,2	6,6
	Weizengrieß	370	75,3	0,8
	Weizenmehl	368	74,0	1,0
	Semmeln	278	57,5	0,5
	Knäckebrot	383	77,2	1,4
	Pumpernickel	247	49,4	0,9
	Roggenbrot	253	51,2	1,0
	Vollkornbrot	239	46,4	1,2
	Weißbrot	259	50,1	1,2